陝西省"十二五"古籍整理重大項目
陝西省社會科學基金重點項目

陝西古代文獻集成

【第二輯】

陝西古代文獻集成編纂委員會 編

主編◎賈三强

禮記説義纂訂（下）

[清]楊梧 撰

馬梅玉 點校 趙陽陽 審校

陝西新華出版傳媒集團
陝西人民出版社

圖書在版編目（CIP）數據

陝西古代文獻集成. 第二輯 / 賈三强主編. -- 西安:
陝西人民出版社, 2017
ISBN 978-7-224-12455-2

Ⅰ. ①陝… Ⅱ. ①賈… Ⅲ. ①地方文獻－彙編－陝西
－古代 Ⅳ. ①K294.1

中國版本圖書館CIP數據核字(2017)第265363號

《禮記説義纂訂（下）》 馬梅玉 點校
趙陽陽 審校

陝西古代文獻集成·第二輯

編　　者	賈三强
出版發行	陝西新華出版傳媒集團　陝西人民出版社 （西安北大街147號　郵編：710003）
印　　刷	中煤地西安地圖制印有限公司
開　　本	787mm×1092mm　16開　33印張　4插頁
字　　數	475千字
版　　次	2017年3月第1版　2017年3月第1次印刷
書　　號	ISBN 978-7-224-12455-2
定　　價	158.00元

陕西省古籍保護整理出版工作
領導小組編纂委員會

主　　任　莊長興　陕西省人民政府副省長

副 主 任　王曉馳　陕西省人民政府副秘書長

　　　　　鍾順虎　中共陕西省委宣傳部常務副部長

　　　　　劉寬忍　陕西省文化廳廳長

　　　　　任宗哲　陕西省社會科學院院長

委　　員　劉　强　陕西省發展和改革委員會副主任

　　　　　王建利　陕西省教育廳廳長

　　　　　史高領　陕西省科學技术廳副廳長

　　　　　張寧崗　陕西省民族事務委員會主任、陕西省宗教事務局局長

　　　　　習雲傑　陕西省財政廳總會計師

　　　　　錢遠剛　陕西省新聞出版廣電局局長

　　　　　趙　榮　陕西省文物局局長

　　　　　張祖培　陕西省人民政府參事室主任

　　　　　秦向東　陕西省地方志辦公室主任

　　　　　王建領　陕西省檔案局局長

　　　　　周天游　陕西省古籍整理專家委員會主任

　　　　　白寬犁　陕西省社會科學院副院長、陕西省古籍整理專家委員會副主任

　　　　　賈二强　陕西省古籍整理專家委員會副主任

顧　　問　任宗哲　郭立宏

主　　編　吴敏霞

副 主 編　王祥瑞

《陝西古代文獻集成》編纂工作領導小組

組　　長　任宗哲　郭立宏
副組長　白寬犁　高　嶺
成　　員　吴敏霞　惠西平　吴振磊　段建軍　王祥瑞　潘麗華　韋禾毅

《陝西古代文獻集成》編纂委員會
特邀顧問

張豈之　趙世超

學術委員會

主　　任　周天游
副主任　白寬犁　賈二强
委　　員　周天游　周偉洲　閻　琦　白寬犁　賈二强　吴敏霞　張懋鎔
惠西平　郭憲曾　李　浩　王煒林　向　德　張　弘　趙力光
趙建黎　徐大平　史天社　淡懿誠

編纂委員會

主　　編　賈三强
副主編　吴敏霞　趙望秦
委　　員　賈三强　吴敏霞　趙望秦　張新科　段建軍　霍有明　傅紹良
周曉薇　郝潤華　李芳民　張　沛　張文利　趙小剛
主編助理　王　珂　杜學林　李向菲　孫海橋

禮記說義纂訂（下）

[清]楊　梧　　撰
馬梅玉　點校
趙陽陽　審校

目録

禮記説義纂訂卷之九

陜西涇陽楊梧鳳閣著
兄楠龍棟定
姪昌齡三開、紹齡七來
男延齡九如
孫惺慧益較

禮器

《禮運》曰“禮義爲器，故事行有考也”，然意猶未盡，故又撮此二字以成篇。陳注云：“器有二義，一是學禮者成德器之美，一是行禮者明用器之制。”方氏又云：“《禮運》言道之運，《禮器》言器之用，道散而爲器，道則運而無所積，器則滯而有所拘，故繼禮運而後有禮器焉。”

“禮器，是故大備”節

此詳以禮成德之事，見人不可斯須去禮意。首三句作冒，自“釋回”至“易葉”，推理之用有益于人，故能使人行全德備也。“故君子有禮”以下，方實着在君子身上，“有禮”，就用功説到成功處。大旨重“釋回”、“增美”四字，而“增美”又從“釋回”中來。蓋已克而禮纔復也，筠是文雅意，心是真實意。舍文雅真實之外，何者爲成人之行？何者爲盛德日用？此禮去“釋回”、“增美”，即禮器也。

夫人能以禮爲治身之器，則日就規矩，衆動得宜，故能大備成人之行也。其行既備，則涵養漸熟，合内外而無欠缺，則其德盛矣。夫禮何如而能使大備如此哉？以禮之爲用，所以去僞，能消釋人回邪之心；所以著誠，能增益人忠信之質。由是以措諸身，則視聽言動無不正；以施諸事，則彝倫物則無不行，其切于人也，措正、施行，如竹箭之有筠，文以君子之容也。釋回、增美，如松柏之有心，實以君子之德也。惟此二物，有筠心之大節，故柯葉之茂，經四時而不改易。君子有禮，何以異是哉！内外人之親疏者也，物則盡乎人矣，鬼神則至幽矣，諧和無怨，懷仁饗德，緊根有禮說。亦若貫四時而不改柯易葉也，此之謂大備盛德，然非禮以爲器，其何以致此哉！

按：此節得力在“禮器”二字，以工夫言，“大備”在散殊上看，“盛德”在統體上看。二項相赶説，非分爲二物也，玩《注》自見。“盛德”句，就“大備”上斷之之詞，人稟五行之秀氣，其質未始不美，然或不美，蔽于回邪以損之爾，故“釋回”然後可以“增美質”也。措正施行，又由“增美”來，竹箭松柏喻人，筠心喻禮，美質之謂也。“其在人”句，亦只就禮切于人説。“居天下”二句，興起“君子有禮”句，至此方實着君子身上，正用禮如用器處，中間二“故”字不閑。仁德，總禮之别名。

○“先王之立禮也”節

此見學禮者當會本、文之全也。首二句，言禮制之備本、文。中二句，指有本、有文之實。末二句，申所以有本、有文之意。見本、文不可偏廢意，上“立”是創立，與下“立”字不同，未涉人身上去。

夫禮制始于先王，而先王之立禮也，有本焉，藏于禮之中，如木之根本也，有文焉，達于禮之外，如木之枝葉也。何謂本？盡己之謂忠，以實之謂信，本先王心上説，到制禮中有一段誠懇意味便是。有此而本體純全，不至虚妄矣。何謂文？禮之合宜爲義，有條理爲理，在禮制上説，有文而節文周密，不至錯亂矣。無本則文無所託以立，無文則本亦無所附以行，學禮者由本及文，而忠信義理合焉，斯得先王立禮之意矣。“盡己”是内不欺己，“以實”是外不欺物。

按：禮本在廣大精微上會，禮文在纖悉委曲上會，本文意要互看，稍重忠信，或分制禮、行禮、學禮者，未是。

○“禮也者，合于天時”節

上言忠信爲本易見，而義理爲文難覩，故此下廣説義理爲文之事也。通節重首二句，見行禮順造化。“順鬼神”三句，自然協幽明也。“天時”四句，推喻當順之意。末二比，反言以見當順之意。“理萬物”句，雖宜緊補，然順造化内意已有了。君子之行禮也，必用夫物，其用物也，以上則合于天時，因此時而用此物也，以下則設于地財，因此地而用此物也。由是自能以其順天地者而順于鬼神，自能以其合天地者而合于人心，自能以其理天地者而理此萬物也。禮無不順如此，亦以造化之間，本有當順耳，是故四時各有所生之物，故當合于天時，地理各有所宜之產，故當設于地財。豈惟天時、地財爲然，以至人官各有一定之能，物曲各有自然之利，亦猶之天地而已，如此者順之至也。不然，以不生不養者而行夫禮焉，則造化之逆，必不足以合神人之和。君子不用之以行禮，鬼神弗享，故也，觀此則順鬼神者，當順造化可知。居山居澤，雖貴异物以行禮，然物理之失，不足以即人心之安，君子謂之不知禮，觀此則合人心者，當順造化可知，鬼神人心逆，而萬物何由理耶？則理萬物，又當順造化，可以意推，則行禮之貴因也。

按：常説，合天時、設地財，由是順鬼神、合人心、理萬物，則“人官有能”二句，殊爲無用，又以君子不以爲禮，應合人心；鬼神弗享，應順鬼神，則將置前二句于何地？“合于天時”五句，宜平看，天時各有所生之物，何可不合于天時也，地理各有所宜之產，何可不設于地財也。設有處置得宜意。人官各有一定之能，官人者何可不合于人心也。物曲各有自然之利，制物者何可不理萬物也。上説合天時凡五件，“天時有生”以下止説四件，中間着“鬼神弗享”一句，便完備無遺，此是文章之妙。“人官”句，《注》以助祭執事説。一説：在朝廷官人上説，蓋禮之大者在朝廷，朝廷之大者在用人，用人各當其能，此所以合于人心也。“理萬物”“理”字，謂不撓物理物性也。人官有能，謂人之官使處各有材能。物曲有利，謂物之委曲處各有利用。

○“故必舉其定國”節

此承上章“合天時”、“設地財”之意，而言制禮節財之道也。首二句是綱，中四句是目，廣狹上下，即定數也。大倫厚薄，即大經也，此全爲備荒而設、待荒而節，雖節無及，惟節于未荒之年，所以有備無患也，全要看“節矣”二字，就是用三留一，三十年通融之法，與《王制》“冢宰制國用”節參看。

夫禮非財不行，而財非制則不節，故制禮者，必舉其定國之數，以爲行禮經常之法焉。定國之數者何？地與年二者而已，禮之倫類以地之廣狹，地廣者所入多，宜備，地狹者所入寡，宜降，此一定而不易者。禮之厚薄，與年之上下，上年所入多，宜厚，下年所入少，宜薄，此隨時而不同者也，此所謂禮之大經也。禮與財常相制而不相離，是之謂節，是故年雖大殺，衆不匡懼，則上之制禮，因地因年而爲之節耳。

按：定國之數，猶言國之成數也，舉有量入爲出意。

○“禮，時爲大”五節

此見禮不可執一泥也。“禮”字微讀，以制禮言，五句虛，是綱，下五節實，是目。蓋時乃變通之禮，順體宜稱，乃經常不易之禮，而世運之盛衰，人事之變化不與，故不得與時並大。這章書，見世間之禮，活者極大，呆者極小，“次之”之意，俱在言外，即氣次之次，次只是次于大，非四者各有次。

“禮時爲大”節，當以天人立説，這個“時”字，即《易》道“窮則變，變則通，通則久”之説。四“次”字以人爲之有意，不若天道之無心也。禪受就是因之禮，放伐就是革之禮，不必此外别求一代禮制，以是推之，則或世道之由朴而文，或国祚之由禅而继，或建官之由百而倍，或子、丑、寅之迭建，或忠、質、文之異尚，孰非時之所爲乎？

人謂“禮爲一定之制矣”，抑知禮不可執一泥乎？時者天之運也，天有一時之運，人即有一時之禮，或因或革，各隨其時，非時爲大乎？若夫人道之自然而不可紊者爲順，行禮之隆殺而各隨其輕重者爲體，隨時合宜而不得不然者爲義，稱其分守而不敢不遵者爲稱，此四者皆人之所以奉若天道者，故皆次于時焉。何言乎“時爲大”也，時當與賢，故堯舜奉天而禪授，時當除暴，故湯武順天而放伐，此皆天時，人不得而違者。《大雅·文王有聲》之詩，云文王之作豐邑，初非急于成己之謀，惟追先王之事，而致方來之孝耳。時當追述而追述之，亦禮之時也，而帝王因革之時，可例見矣，此其所以爲大也。

按：引《詩》言武王聿追文王之道以趨時也。

《有聲》之詩，“築城伊淢”，淢，城溝也。“作豐伊匹”，言豐邑之城，因舊溝爲限也。“匪棘其欲，遹追來孝，王后烝哉”，咏文王之克君也。

“天地之祭”節，明順次之意，四件平看，祭事道義中便有序意，但且虛虛説個所行禮，“倫”字即在上文討出，總以尊卑立説，變順言倫者，必人盡此倫而不虧，然後謂之順，是人去順他，故爲禮之次。

天地有郊社之祭，宗廟有禘嘗之事，夫子有慈孝之道，君臣有仁忠之道，蓋天尊而地卑，祖尊而禰卑，父尊而子卑，君尊而臣卑，莫不有自然之序，而爲倫之不可紊者，有序曰倫，循序曰順。

“社稷、山川”節，明體次之意。自天地而推之，天子、諸侯，社稷有祈報之禮，山川有望祀之禮。自宗廟而推之，天神人鬼，有内外之祭，體之屬于天子者，分尊而禮隆，體之屬于諸侯者，分卑而禮殺，因分行禮，全在人爲，非體次之乎。

按：天子社稷主天下土穀，山川利天下財用，鬼神在天下者；諸侯社稷主一國土穀，山川利一國財用，鬼神在一國者，體有輕重，則禮有隆殺，猶肢體之各具也，在牲牢上見。

“喪、祭之用”節，明宜次之意。自父子之道而極之，于是乎有喪祭之用。自君臣之義而極之，于是有賓客之交。喪、祭所以明臣子之恩，而賓客所以通天下之好，乃義之不得不然，則人當隨事以制其宜，故曰“宜次之”。此“義”字與上“倫”字何别？倫者禮之當然，義者事之宜然，在統體散殊上見。

按：喪則斂有衣服，葬有器具，祭則天產報魂，地產報魄，此禮之行于幽者。諸侯、大夫朝聘，則有饔餼牢醴，大夫、士相見，則有幣帛飲食，此禮之行于明者。義之爲言宜也，如君子不以天下儉其親，禮者君子之所以相接是也。

“羔、豚而祭”節，明稱次之意。“羔、豚”一段，言君臣之祭不同。“諸侯”一段，言國家之守不一，事宜而稱同，故皆曰“稱”。

今夫君臣之分不同，故羔、豚至薄，百官以之而祭，不爲不足。百官指士言。太牢至豐，天子以之而祭，不爲有餘，此則應儉者不可豐，應隆者不可殺，此之謂稱其禮而已，以至國家之守不一。諸侯有國者也，則以龜爲寶而決疑焉，以圭爲瑞而申信焉。大夫特有家而已，故龜不得爲寶，圭不得而藏焉，臺門不得而設焉，此則國稱乎國之分，家稱乎家之分，非言有稱而何？是君、臣、國、家之辨，皆人去稱物以平其施，故曰“稱次之”。

按：祭皆指祭先説，皆足無餘，在祭畢燕享時見。士分卑而助祭之執事少，故皆足。天子分尊而助祭之執事多，故不必有餘。此句要補出“天子”，此舉極尊極卑者以例其餘也。諸侯以圭爲瑞，公桓、侯信、伯躬、子穀、男蒲是也。圭形直者爲信，屈者爲躬。大夫有事，買龜以卜，不寶之于平時，爲君使則執圭，不藏之于家。臺門以壯國體，諸侯有保捍之重，故有臺門，在門之兩傍，大夫不然。

“禮有以多”至“蓋言稱也”

此下至“蓋言稱也”，雖只頂上“稱次之”而言，然時順體宜，都寓在裏面，時者天道之稱，稱者人道之時，稱之道與時參焉者也，故明稱之意獨詳，多者惟恐其數目之不備，少者惟恐其减去之不極，小者惟恐其收斂之不密，高者惟恐其統體之不崇，下者慮夫制之不安于卑也，文者慮夫美之或涉于晦也，大者慮夫包藏之不廣也，素者慮夫本質之不完也，少、小、下、素屬儉一邊，多、大、高、文屬豐一邊，亦何莫非稱乎？禮之當省也以此。

“禮有以多爲貴”七節

此詳禮貴多之稱也。有以多爲貴者，以廟數言之，天子獨隆，而臣則以漸而殺，非特以誠深孝篤爲然，不如是，無以致尊祖之義，盡親親之仁也。以豆數言之，天子獨備，而臣則以漸而寡，非特以備物多品爲然，不如是，無以極九州之美、備四時之和也。以介牢之數言之，諸侯極多，大夫則减去二等也。以席葬重翣之數言之，天子極多，而臣以漸减也。末句“此”字，指上廟、豆、介、牢、席、葬、重、翣說，總是多者貴，少者賤，故曰“此以多爲貴也”，遙應“禮有以多爲貴者”，非單承本節而言，餘倣此。

按：廟數要得仁孝意，立廟仁也，仁心無窮而孝道有限，故數各不同，然亦本德來，如德厚者流光遠，德薄者流光近，是也。廟兼祧廟，見《王制》。士一，指下士言，適士則二廟。豆數要得勤儉意，聽朔朝聘，勤也。奉養宜隆而物力宜節，故數各不同。天子之豆，以朔食言，朝踐八，饋食八，加豆八，羞豆二，合之二十有六。諸公更相朝，堂上之豆數，朝事八，饋食八，合之十有六，去加豆八，羞豆二也。諸侯相朝時，堂上之豆數，朝事六，饋食六，合之十有二，去朝事二，饋食二矣。此二節國君朝于鄰國而主待賓之禮，上大夫爲使臣行大聘，主君食之，八豆半于諸公，下大夫爲使臣行小聘，主君食之，六豆半于諸侯，然皆主朝踐言，視君去饋食矣。此二節諸臣聘于鄰國而主待使之禮，天子之祭二十六豆，故朔食亦如之。豆以實地產爲主，故每用陰數，諸侯七介七牢。諸侯指侯、伯言。五年行朝禮，而介牢之數少，介爲輔行之人，牢乃天子所賜之牲也。七介者，上介一，次介三，末介三也。七牢者，飪牢一，内烹調者，餼牢三，牲未殺者，腥牢三，生肉也。《周禮》公九介九牢，侯、伯七，子、男五，今言七，舉中以言也。五介，上介一，次介二，末介二。五牢，飪牢一，餼牢二，腥牢二。諸侯之大夫，爲君使行聘，各降其君二等，然只指侯、伯之大夫者，亦舉中而言也。天子之席，以祫祭言。五重，莞、藻、次、蒲、熊也。諸侯之席，謂相朝時賓主皆然。三重，莞、藻、蒲也。大夫，主上大夫行聘饗時説。再重，莞、蒲也。《儀禮》之例，一種席皆稱重，凡席有兩，則稱二重。

“有以少爲貴者”八節

此詳禮貴少之稱也。禮有以少爲貴者，天子巡狩至侯國無介，介所以佐賓，天子分尊，無爲賓之義也。天無物可以稱其德，特牲是犢牛，貴誠也。天子適諸侯，諸侯奉膳，亦止犢牛，蓋尊君之禮，視尊天不殊也。若諸侯相朝，主君行享既畢，惟酌鬱鬯之酒以獻賓，而不用籩豆之薦，以朝禮之隆，相接以德不以味也。大夫，行聘而主君禮之也，鬯酒既酌，又有脯醢以薦，以聘禮之殺，相接以敬，亦以味也。天子但一犢而已，諸侯又酌鬯，是犢爲少也。諸侯但酌鬯而已，大夫則酒與脯兼陳，是無薦爲少也。天子一食，還重君位尊禮重上，德意雖不可少，但不甚重，諸侯、大夫則漸多，食力則無數，此非以貴賤爲多少之數乎？此節宜泛主禮食言，若公庭恐食力者未必在也。一就七就，非以車之貴賤爲多少乎？席以致敬，而鬼神之祭單席，神人之别也。諸侯視朝，于大夫則每人特揖，于士則衆人一揖，非以貴賤分揖數乎？故曰“以少爲貴也”。

“有以大爲貴者”節

此詳禮貴大貴小之稱也。有以大爲貴者，宫室之量，《周官》典命宫室以命數爲節，上公九，侯、伯七，子、男五，各有差。器皿之度，天子路弓斗房，皆以大稱，其餘則否。棺椁之厚，尊者之官至四重，卑者止一重，椁周于官。丘封之大，《周官》冢人“以爵等爲丘封之度”，此皆以大爲貴也。有以小爲貴者，宗廟之祭禮，其獻尸也，主人貴，以一升之爵，佐食賤，則以五升之散，其舉而自飲也。尸尊，以三升之觶，主人卑，則以四升之角，此行酒之器，因其分也。子、男之饗禮，諸臣之尊，用缶壺，缶大于壺，容四石，陳于門外，壺容一石，陳于門内，君之尊用瓦甒，僅容五斗，則陳于堂上，此列尊之法，異其所也。一是祭之用爵尚其小，一是饗禮之設尊尚其小，故曰“此以小爲貴也”。

按：享禮獻數，各隨其命，子、男五命，五獻，子、男享禮也。于瓦甒言君尊，則知缶壺爲諸臣之尊。缶壺曰門，則瓦甒在堂矣。在堂者，人君面尊專惠也。

“有以高者爲貴者”節

此詳禮貴高之稱也。有以高爲貴者，天子之堂，堂上高于堂下九尺，諸侯高七尺，大夫高五尺，士三尺，是堂上之制，隆于尊而漸殺于卑也。天子、諸侯臺門，是門之制，專于尊而不及于卑也，故曰“此以高爲貴也”。

按：《周禮》：“堂一筵，謂九尺也。”陽數成于九，天子體陽道之極，故堂階之高，其尺以九爲節，自是而下，降殺以兩，前言家不臺門，惟有國者得爲之也。有國者以天子、諸侯言。

“有以下爲貴者”節

此詳禮貴下之稱也。有以下爲貴者，以壇祭言之，至敬祭天則不壇，但掃地致潔而祭，以尊禁言之，天子、諸侯之尊，廢其禁而不用，大夫用無足之棜，士用有足之禁。夫以壇視地，則壇高而地下，以禁視棜，則有足高而無足下，以棜視廢禁，則用者高而廢者下，故曰“此以下爲貴也”。

按：設尊用棜禁者，棜則欲其不流，禁則欲其不犯。天子、諸侯，就享禮見；大夫、士，就鄉飲見。

“禮有以文爲貴者”節

此詳禮貴文之稱也。有以文爲貴者，以服言之，天子繪龍于袞，則極文矣。諸侯繡斧形之黼，大夫繡兩己相背之黻，士玄衣纁裳，不得繡繪，取其質也，是服飾貴文也。以冕言之，天子之冕以朱、緑二色之藻貫玉而垂爲旒，前後各十有二，則極文矣。諸侯九旒，上大夫七旒，下大夫五旒，亦以漸而降，是冕飾貴文也，故曰“此以文爲貴也”。

“有以素爲貴者”節

此詳禮貴素之稱也。有以素爲貴者，郊祭至敬，無文飾之美，父黨至親，無修容之觀，以郊禮言之，大圭天子搢以對越者，無琢雕之文，太羹惟肉汁，無鹽梅之和，天子藉以獻天者，祭天乘大路，取朴素也。以蒲越爲席，非莞、簟也，其盛酒之犧尊，以疏布巾覆之，無黼黻文繡，其沐盥之杓，以白木，無丹漆雕幾。至尊莫若天，至親莫若父，而皆不貴文，故曰“此以素爲貴也”。

○“孔子曰：禮不可”節

此原稱之要于省也。首三句是夫子之言，“此之謂”二句，是記者之言，以申結上文意。“此”字指上文諸禮言，“謂”字指孔子之言。“蓋言稱”句，又發明夫子不豐不殺之意。

夫禮之所貴不同者，無非欲其稱而已矣。不觀孔子之言乎，嘗謂“人之于禮，不可不省也”，何也？禮不同也，應儉者不可豐，應隆者不可殺，一不省，而豐與殺悉不當，可不省乎？夫子之言如此，是不豐者，正吾少小下素爲貴，一于儉之謂也。不殺者，正吾多大高文爲貴，一于豐之謂也。然是言也，其意果何如也？蓋禮之等雖不同，而各有當然之則，不豐云者，非以菲廢禮，蓋言禮有以殺爲宜者，不豐所以稱其宜殺之則也，不殺云者，非以美沒禮，蓋言禮有以隆爲宜者，不殺所以稱其宜隆之則也。吾言惟以明稱之義，而孔子此言亦言其稱，所以與吾言合也。

○“禮之以多爲貴”三節

此詳明外心、内心之稱也。一説：貴多是季秋太饗報功禮，貴少是冬至郊祀圜丘禮。一説：上節是制禮，惟制禮故主于備物；下節是行禮，惟行禮故主于存誠。夫季秋、冬至，既屬無據，且二者皆行禮也。豈有制之者豐而行之者嗇乎？又一説：二者乃一事，而各言之，果爾，豈應自相牴牾乎？只虚虚還他二項便了。論禮到多少、大小、高下、文質，可謂盡其變矣，然其本在心，故又就多少而論曰外心、内心，結以樂其發、慎其獨，凡禮内盡志、外盡物，而凡物皆天地之所產也，故一則曰“德發揚，詡萬物”，一則曰“德產之致也精微”。須知天地德一也，而前後云云者，一言其著，一言其微耳。看來貴多貴少，自是截然兩時事，兩舉之者，正見君子之禮之妙，當其多，便若必不可少，當其少，便若必不可多，隨其心之所在，自與天地之德真相契者，此禮之所以爲稱也。末節聖人、先王，作一人看，上泛論禮，下言制禮之實，非上行禮、下制禮，截然兩事也，言貴多，則大、高、文在其中，言貴少，則小、下、素在其中。

“禮之以多爲貴”節。“外心”句是貴多之故，“德發揚”以下，明天地是德甚大，是外心之故。詡，猶普也，偏也。一云，詡，言能翕張相濟而和也，訓“詡”字極當。“得不”句應首句，“樂發”應次句，此二句緊連説，但要知備物在“樂發”之後，揚詡大博，天地之發也，外心備物，君子之發也。樂其心之樂，即樂天地之發，此君子與天地合德也。

上文原稱于心，已歸到心上矣，然心亦有内外之别，而稱從此分焉。禮之以多爲貴者，用心于外，備物以致饗者也。所以然者何？聖人見夫天地之德，發揚昭著，故普偏于萬物，而以之資始資生，是其理之所該者大，故物之所成者廣，造化之德，流行于外者如此，使非徧取天下之物，何以稱其德而報其功，則德不以多爲貴乎？故君子樂其用心于外以備物也，正所謂外心也。

按：“發揚”與“詡物”，是二件，串看，“大理”承“德發揚”來，“物博”承“詡萬物”來。舊説，“大理”即“德發揚”，“物博”即“詡萬物”，如此似複。自主宰萬物，爲天地之心，曰德，自流行賦予，爲天地之命，曰理。一云，“大理”是德的本原，所謂萬物統體、一太極者是也。有是理，然後有是生物之德，亦好。

“禮之以少爲貴者”節。“内心”句，是貴少之故。“德產”以下，明天地之德之妙，是内心之故。“不得不”句，應首句；“慎獨”句，應次句，亦緊連説，但要知“貴少”在“慎獨”之後，“獨”字正與“精微”二字相應，蓋以吾精微之德，或可稱天地精微之德也，此正君子與天地相冥契處。

夫禮之以少爲貴者，以心主于誠以期感格者也，所以然者何？聖人有見于天地生物之德，流行周徧，莫載莫破，一密緻，無滲漏也。且生物之德，皆誠通誠復之真機，純一而不雜，又何精也。且生物之德，皆無聲無臭之真宰，不見而不聞，又何微也！合此三者，德產妙矣。君子知盡天下之物，無可以稱其精微者，蓋德妙而物粗也。如此，則得不以少爲貴乎？故君子素行不愧，慎吾心之獨，存誠以交神明也，正所謂内心也。

按：天地之大德曰生，則天下之物，皆德之所生也，故曰“德產”，即所謂“德發揚”、“詡萬物”也。《注》密、緻、精微三項平看，與本文句法不類，且密緻亦何關貴少，“致”當“極致”看，天地之生物，雖如此其盛，而究其極致，則精微也。“慎獨”分明是存其心、養其性以事天的工夫，不專在方祭之齋、正祭之敬上説。

“古之聖人”節。首四句撮上二節而言，因心之内外，故用物有多寡爲遞下之語。下四句，言用物之多寡，必稱其心之内外。中“是故”二字不閑，“制”字亦不必太泥。末句指出“稱”字以結之，正遙應前面“稱”字。

由是觀之，古之聖人，或竭吾心之誠敬而内之爲尊，或備在外之儀物而外之爲樂。惟内之爲尊也，故少物亦足以爲貴，惟外之爲樂也，必多物乃可以爲美。從是看來，則知先王之制禮，其以少爲貴者，非故簡也，乃宜少者不可多，唯稱其外心之敬也。其以多爲貴者，非故繁也，乃宜多者不可寡，唯稱其外心之敬也。先王制禮各有所稱如此，君子行禮，可不知所稱乎？

按：内尊、外樂承大理、德產來，貴少、貴多，承内尊、外樂來。樂，即上“樂發”，然不過暢吾懷而已，無工夫。尊則有承奉不失、守定這誠敬，唯恐失墜之意。

“是故君子太牢”四節

此推言貴稱之意而約之于慎也。惟禮貴于稱，是故君子太牢而祭，禄厚者用禮隆，于分爲稱，謂之禮。匹士太牢而祭，蓋禄薄禮宜殺，于分爲不稱，謂之攘，攘非禮也，則禮不可不稱也。若管仲以諸侯之大夫而僭天子之禮，則過于豐，其失也濫，濫而無所制也。晏平仲以天下之故而儉其君親，則過于殺，其失也隘，隘者狹陋而無所容也。從此看來，君子之行禮，不可不慎也。禮所以綱維世變，防範人心，乃衆人之紀也，紀散而不齊，則變生矣。禮關治亂如此，可不慎乎？慎之之道維何？亦曰“求其稱”而已矣。

按：天子、諸侯、卿大夫之貴者，皆曰君子，俱以祭宗廟言。太牢，如天子以犧牛，諸侯以肥牛，大夫以索牛是也。大夫嘗祭少牢，卒哭，祔，用太牢。士常祭特豚，卒哭，祔，加一等，用少牢。匹士猶云匹夫，匹，偶也，士賤不得特使，爲介乃行，士與正使爲偶，由庶人與妻爲偶也。攘，非其有而取之也。末節記者所謂“慎”，即前夫子所謂“省”，省在心上説。此節主在上之人以禮教化成天下人説，故曰“衆之紀”。紀乃統紀，正名辨分，使上不傴，下不僭，便是。

○“孔子曰：我戰則克”節

上言行禮不可不慎，此節引孔子之言而釋之。戰祭便是禮了，得道即在“慎”字上形容。國之大事，在祀與戎。孔子曰“我戰則克，祭則受福”，豈臆倖也哉？蓋戰得其道，得所以克之理也。如“臨事而懼，好謀而成”是，祭得其道，亦是得所受福之理，如“如在其上”，如“在其左右”是，大都從慎心來。

按：“克”與“受福”，都在先一着説，福即“福者備也”之福，平日有内盡己、外順道工夫。一云，合禮于道，蓋得其道于先，而克與福自因事而應，此禮之所以貴有道也，不粘前節“慎”字，此又一見。

“君子曰：祭祀不祈”節

此賢者過禮之事，皆由好大之心太重，故君子戒之。君子曰：“行禮無他，慎守其常而已。”徇私者有要福而祈者矣。不知祭有常禮，不可祈也。欲速者有先時爲快者矣，不知祭有常時，不可以先時爲快也。“葆大”雖可樂也，爲器幣自有常制，豈可失之過乎？嘉事雖可善也，而冠昏之奠告，自有常儀，豈可失之繁乎？牲之用，各有所宜，不須並及肥大也；品之薦，各有定數，不必以多品爲美也。可見行禮者不可過也。

“孔子曰：臧文仲”二節

此夫子正魯禮之失也。曰“人之稱文仲也知禮矣，自今觀之，安知禮乎？”夏父弗綦典禮，其祀也，移閔公置僖公之下，是以臣先君以庶先適，逆亂尊卑，不可之大者，而文仲柄政弗能止，是不知禮也。弗綦燔柴于爨，是以爨神爲火神，不知爨乃老婦之祭，但當盛食于盆，盛酒于瓶而已，是以賤爲貴，以殺爲豐，無知妄作，亦不可之大者，而文仲又弗能止，不知禮也。臧文仲安知禮？

按：夏父弗綦，人姓名，爲魯宗伯。逆紀，躋僖公也。魯莊公薨，立適子閔公，閔爲君時，僖爲臣，閔少而死，後乃立閔之庶兄僖公。僖死，其子文公立。弗綦佞文公云：“吾見新鬼大，故鬼小。”故文公三年，祫祭于太廟，躋僖公于閔公之上，是臣居君上，逆亂昭穆，其不知禮一。火神、竈、爨，三祭不同。火神，祝融也。孟夏迎氣，祭之于郊，有燔柴之禮。竈者五祀之一，下則有俎豆及籩豆設于竈陘，又延尸入奥，以先炊配。爨者，宗廟祭後，直祭先炊老婦之神，在于爨竈，弗綦以爨神爲火神，故燔柴以祭，其不知禮二。此皆文仲不能正失禮之事。

○“禮也者，猶體也”二節

此論禮貴于當而推其本，下節明君子用敬之實也。首句至“不成人”，言禮制當備，引下備意。“設不當”二句，言設欲其當，引下當意。禮有大、小、顯、微，明禮之備處。“大者不可損”四句，明設之之不可不當處，故“經禮”一段，又推設之之要存乎敬，要知上節“敬”字，即下節“誠”字，用心于禮謂之敬，實用心處便是誠，非敬外别有個誠。兩節依陳注重“敬”字，惟誠斯可稱敬，惟敬則行禮自備而當矣。不可説上是禮本于敬，下爲禮本于誠。

“禮也者，猶體也”節。首句虚，勿露全具意。“體不備”二句，正見備意。禮制既備，則易于雜亂，難于裁定，故隨出一個“當”字。備、當雖是兩件，然由“備”説到“當”來，畢竟“當”意較略重些，欲備而當，豈無其要？故説“經禮”一段，三千三百，只大、小、顯、微的體統散殊處，不可以大顯屬三百，小微屬三千，雖有三千三百之不同，而其極則一而已。一者敬也，蓋敬是所以大小顯微之物，敬如大德敦化，禮如小德川流。看來大小顯微，畢竟從心而出，所以一敬便貫得去。以上全着禮上説，與人無干。“未有”句，方着人之行禮説，禮譬室，敬譬户，然實是比辭，非譬喻也，與誰能出不由户一般。

此明體次之之義。夫禮也者，猶人之身體也，體不備，君子謂之不成人，禮如不備，君子亦謂之不成禮矣。可見體要備，禮亦要備，故曰“禮也者，猶體也”。然制禮固貴乎備，而設禮則貴乎當，若設之不當，則處置不得其宜。禮雖備何用？亦與不備乎等耳，故禮之全體，有大者焉，充極乎規模之廣，有小者焉，曲盡乎節目之詳，有顯而爲章程之著者，有微而爲精意之存者，總之皆所謂備也。若于大者而損之，則失之隘，于小者而益之，則失之濫，于顯者而揜之，則無章程之辨，于微者而大之，則無存誠之意，皆不可也。夫欲設之而當，豈無其要乎？故禮之大小顯微，其大綱爲經禮，其細目爲曲禮，雖有三千三百之多，然要其極致，皆本于心之一敬而已，未有入室而不由户者，豈有設禮而不由敬者哉！

按：百骸九竅具，然後足以爲人，大小精粗備，然後足以爲禮。設，謂所置之處。不當，若眉眼口鼻錯處之類。損，謂减削其大而使之小。益，謂增補其小而使之大。揜，謂蓋藏其顯而使之微。大，謂充廓其微而使之顯也。"經禮"以下，以"備"字起出"一"字來，一指禮之本原説，蓋禮本于太一也，對三千三百而言。"其致一也"句，一云禮之極致惟一"當"而已，不添出"敬"字，亦説得去，其實"當"即"敬"也，即下"誠"也。

"君子之于禮也"節。"誠"字，就在竭情盡慎及美文中見，蓋敬實心也，實心即誠，見得君子之心，發之内也，是實的，發之外也，是實的，此正是其致一也。

夫禮固本于敬矣，然敬雖有内心、外心之殊，總之皆實心也，有以少、小、下、素爲貴，而用心于内者焉。吾見情之發者，極其精專，心之主者，常存謹畏，神之肅者，極其恭敬，而内心無不實矣。有以多、大、高、文爲貴，而用心于外者焉。吾見品物之陳列，精緻而華美，儀節之散見，輝煌而文彩，有美而文，而外心無不實矣，此之謂能敬也，"備"與"當"所從來也。

按：心之流通曰情，心之凝聚曰慎，心之純一曰敬，三平看。所以竭，所以盡，所以致者，誠也。非誠必有虧欠而不到者矣。心之昭著而品物精華曰美，心之錯綜而儀具輝煌曰文，"美"、"文"二字，玩"而"字串看。所以美而文者，誠也，非誠必有汶黯而無色者矣。"若"者，句末之助辭，表裏相似、内外相稱之謂。

○"有直而行也"節

此亦申上經、曲之意，言君子行禮，有此九者，皆協義以起禮，不可執一論也。"君子于禮"句提起，八句各相反看，此禮制不同處。惟末句自爲一事，《注》事不可用出，唯融會其意，方解得本文親切。

夫直而行者，情切而儀文可略者也，然有微情之禮在。一以直行之禮，反以徑而廢矣，故又有曲而殺之禮，尊有所伸，則卑有所屈也。經而等者，禮反以無辨而病矣，故又有順而討之禮，天地分而君臣定，卑高陳而貴賤位也。撕而播，則上之惠，常流于下而不匱。推而進，則下之情，常通于上而不壅，此天下之恩義，所以常周流也。放而文，則分極尊者文亦極隆，主威振而莫敵。放而不致，則分漸卑者文亦漸殺，臣道卑而不踰，此天下之名分，所以常辨别也。順而摭，賤者不嫌于僭上也。微文末節，亦有不必拘，不然，則行禮難乎爲下矣。此皆錯綜斟酌，而不狃于一偏者也，君子不可不知也。撕，音芟，放，並上聲。摭，音隻。

“三代之禮一也”四節

此言三代之禮因革亦隨乎時宜意，但所重在因上。前兩節本文兩“禮”字，皆指綱常説。首二句提起，或素或青，與“周尸”二句對，“夏造殷因”，與“其禮亦然”對。道者禮之原頭，總上文推本言之也。

彼三綱五常，禮之大體，三代之君，皆以此立教率民，是以三代之民，共由此三綱五常之中，其間有不同者，但或素或青，制作之未異耳。若禮之大體，則夏造于前，殷因于後，何嘗有不同哉？豈特夏、殷爲然，即周之所異者，不過坐尸詔侑無方，亦事尸之末節，而至于綱常之由，猶之殷，猶之夏也。若是者何？夫禮不原于率性之道，聖人制作，或可容其異同，乃是禮也。出于天命之正理，根于人性之同然，其道原一，而禮之因道而由者，安得有不一哉？“夏立尸”節，此因上事尸之禮，故并言三代尸禮之異，若綱常之禮，何嘗不同耶？

按：夏禮以尸本人，故不宜使久坐神位，但當飲食暫坐，殷禮以尸象神，宜安之，故坐。周則不但坐尸，而詔者告尸威儀，侑者勸尸飲食無方，象生前孝子左右就養無方，則尊之者益至，不但詔侑無方，而又旅酬六尸。周尚文，則享之者益周。此事尸之禮異處，須知夏殷舉邑，周舉尸，以一例餘可互見也。舊説，禮即事尸之禮，“道”字即子孫事祖考之道，不可從。“夏立尸”二節，一云，此錯簡，當在“周坐尸”之上。一云，此二節見記文錯綜之妙，則又深於古文者也。

“君子曰：禮之近”節

此論至禮不狥俗情也。君子曰：“禮之設也，爲人情也。”而情亦有當遠者，蓋近則褻，遠則敬也。其事本多端，下獨舉四者之祭以明之者，禮莫重于祭故也。郊以祭天，則薦血，蓋主乎敬而不尚乎味也，何嘗近人情哉？若天子大饗于祭宗廟，則兼薦腥，而去人情稍近矣，猶未爓也。至于三獻祭社稷五祀，則兼薦湯爓之肉，而去人情稍近亦，猶未熟也。至于一獻祭群小祀，則但用熟肉，而純乎人情之便矣。是禮漸卑者情漸近，禮漸尊者情漸遠，孰謂禮之近人情者而可爲至哉！

按：近人情，凡情欲皆是，下舉飲食一端以明之。獻，酌酒以獻，祭社稷即五祀，其禮皆三獻，故因名其祭爲三獻也。血與腥，皆尚氣者，而血尤全乎天，爓與熟，皆尚味者，而熟尤近于人。夫禮者稱情以立文，而言近人情者非至，何也？蓋人情有二，有道心之情，原乎性命之正者也。故聖人稱情而立之文，有人心之情，發于形氣之私者也，故聖人緣情而爲之戒，此謂近人情者非至，乃飲食之欲，人心之情者也。看來下三節，致其情，慎之至，溫之至，正誠敬之積也，道心之情也。兩“至”字，正與首節“至”字照應。

“是故君子之于”三節

此總言君子行禮誠敬，一法先王之意，就在漸次中便含誠敬，下一言賓禮漸次以行其誠敬，一言祭禮漸次以行其誠敬，一言禮樂之行，亦有漸次而成和敬，三節不可平看。由朝禮推到祭禮上，又由祭禮推到擯詔相步上，此禮之漸次委曲，俱本于誠敬。蓋誠敬非朴實無文之物，有了誠敬，沒有些委曲，則不溫潤雅致，所以禮之文少不得的，通重誠敬說。“誠”、“敬”二字，制禮、行禮，皆不能外，君子率而行之，豈非始于古乎？頖，與“泮”同。惡池，與“滹沱”同。繫，音計。溫，讀爲醞。

“君子之于禮也”節。夫君子之行禮也，漸次委曲，不敢直情徑行，可謂致其情矣。然非自作己意而故爲是極致之情也。蓋君子所行之禮，即先王所制之禮。先王制禮，一以誠敬爲本，乃天理人情之極致，自古及今皆然。後世君子，亦守古而行之以漸次，求以自盡吾誠敬耳，此禮原始于古也。以朝禮言，介紹禮之文也。兩君相見，當來朝之初，賓有七介，傳命以入，而賓之情通于主，主有七介，傳命以出，而主之情通于賓，不如是，則太愿慤而無禮之文矣。辭讓，禮之容也。入門時賓有三辭而致敬于主，主有三讓而致敬于賓，不如是，則太迫蹙而無禮之容矣。皆情之不致也。故必如此漸次，然後成朝禮而誠敬，以將此致情之一證也。

按：于禮，指行禮言，便有致情意在。儀文委曲，禮度從容上看，此儀文之中，政誠敬之所寓，但把下三節照看，此只説漸次。若誠敬意在“始”與“古”上見，不露更妥。“七介”以下一屬禮文，一屬禮容。上公九介，侯、伯七介，子、男五介，此舉其中而言，賓主皆然，變擯爲介耳，所以達其情。三辭有禮辭、固辭、終辭，屬賓。三讓有禮讓、固讓、終讓，屬主，所以舒其行。已慤、已蹙，推七介三辭三讓之意。

“故魯人將有事”節。三個“先有事”，是不敢躐而行之。“三月繫”以下見不敢驟而行之，慎之至。頂上二項，以心言。

以祭禮言魯人以周公之故，將有祭于上帝，必先有事于頖宫，以告后稷，然後郊也。晋人將有事于河，必先有事于惡池，以惡池河之從祀也。齊人將有事于泰山，必先有事于配林，以配林泰山之從祀也。又三月繫牲，七日散齊，三日致齊，皆積之以誠，而行之以漸，正慎之至也。不然，則亦失于慤，且蹙而非慎矣，此又致情之一證也。

“故禮有擯詔”節，上言禮樂之始，此言禮樂之輔，言有輔而行之以漸，亦誠敬之始于古也。溫者，承藉之意。

不特此也，禮容不可急遽，故賓主相見，有擯相者以詔告威儀。樂工無目，必有相者，以扶助行步，蓋禮有擯詔，則賓主得擯介以相輔，威儀詳整，而儀文無迫蹙之愆，是擯詔承藉賓主之至。樂有相步，則瞽與相相資，步履安詳，而聲音有和同之美，是相步承藉樂工之至，禮樂相接以成文理，猶玉有幣以承之，而文采溫潤可觀也。使不擯詔、不相步，則亦失于愿慤而非溫矣。夫有所輔而行之以漸，亦誠敬之由于古也，此又致情之一證也。

按：賓有介，主有擯，前統言介，此統言擯，互見也。樂工必用瞽，以善聽而審于音也。樂工有瞭視三百人，因使掌樂焉。相步，即瞭視之人。“溫”作“醞”，承藉之義。一云，溫，如字，溫者，和緩之意，言有擯相。一告威儀，一扶行步，則緩而不迫，和而不乖，豈非溫之至乎？此説甚便。

○“禮也者，反本”三節

此明禮之有主也。首二句作冒，言先王制禮的意思。反本修古，就是不忘其初，“不忘”在“反”、“修”見出。“初”在“本”、“古”見出。“凶事”二句，反本之事。“醴酒”一節，修古之事。末節，結言制禮有主，而學之非難意。“必”字宜玩。述以言，即《樂記》“道古”之謂。學以行，即《燕居》“事之”之謂。稱述以明其理，而多學以習其事，宜串看。蓋有主，則直反到本心之初，與禮制之初的去處，直見得心之所以然，禮之所自起，這個道理，愈説愈不窮，愈學愈不厭。言初，有許多真處也。

且今之學禮者，亦知禮之所主乎？禮有本末，逐末流而不知所反，則非禮，故禮在復本然之心。禮有古今，從今便而不知所修，則非禮，故禮在修舉上古渾朴之意。本者，末之初，古者，今之初，反之修之，是不忘其初者也。何謂本？擗踊哭泣之事，不待詔而告之，蓋以發于愛親之本心也。朝廷養老尊賢之事，必作樂以樂之，蓋以發于尊敬之本心也，則反本不忘其初可見矣。何謂古？今世醴酒之用，美矣，而列尊則古玄酒之是尚。今世割刀之用，利矣，而宗廟中則古鸞刀之是貴。今世下莞上簟，可謂安矣，而郊祀之席，則古槀鞂之是設，則修古不忘其初可見矣。由是言之，先王之制禮也，雖多而難學，然必有主于多之中者，蓋本者末之主，古者今之主，反之修之，是之謂有主也，後人從此反本修古去學，拿定主意，則有個依據，便是一理貫通，件件解得，故可稱述而學之不厭，禮之大明大行于天下也，非此之故耶？

按：禮就以制禮言，本末一物，欲追還之而已，故于本曰反。古今異時，必有損益焉，故于古曰修。不忘其初，謂全之我者，與得于天者無間，是不忘本心之初也。行之今者，與制于古者無間，是不忘禮制之初也。升歌清廟，下管象武，此養老之樂，間歌三終，合樂三終，此尊賢之樂。一云，本心之願望，指老與賢者説。蓋樂以滌邪穢，融渣滓，當尊養時作之，使老者賢者，養性情而樂和平，復本然之良心也。醴酒，五齊第二酒也，列尊在玄酒之下。兩個“之用”不同，醴酒已用，割刀却不曾用，只言其可用耳。反本修古，所指甚廣，中兩段舉以示例耳。末節首二句從上文見出，承上起下之辭，末句玩一“可”字，還重制禮之善上。學者之意輕，蓋昧其所主，則見禮之文甚煩，而苦其難得其所主，則知禮之體甚約，而欲罷不能矣，禮之貴有主也如此。

“君子曰：無節于”節

此節言禮爲觀人修己之要。首四句屬觀人，中四句屬修己，觀物察物以人言，末“物”字方是事，兼觀人修己在內，是非、得失、作事出言，皆物也，四平看。

夫禮者節也，顧人皆求節于外，而不知求節于內。君子曰，無節于內者，胸中無主，則藻鑑昏，雖見人行禮之事，亦無以審其得失矣。節者何禮也？欲察物而不由禮，己之探索愈詳，物之條理愈隱，安能得其是非之實乎？觀物之須禮如此，故禮者言行之本也。自己作事不宜禮，則怠肆而不敬，出言不以禮，則躁妄而不信，此由無節于內而然。觀物、察物、作事、出言，皆是節于外事。外之節，由于內之節，故曰“禮也者，物之致也”。“致”之言“至”也，極也，是人已間至極不可易之理，物之各得其節者是也，人可不隆禮哉？

按：節于內，在觀人之先，由禮。在方觀之際觀者，偶見而識其得失，欲察者，有心去察其得失也。一“不由禮”，兩“不以禮”，皆本無節于內說。禮者，敬而已，不以禮，則不能無妄作，故弗之敬。信是信實，不以禮，則不能無妄出，故弗之信。《注》說取信于人，非，故曰“是斷詞，非古語”。一說：此節“觀人”、“行己”對言，殊非立言之旨。玩中間“故”字，承上文，是因觀人推到修己上。三“物”字一樣看。“作事”四句，言苟無禮，則存乎己者，尚未定，而欲察物，必不能矣。可見，禮爲物之極致，欲察物者，所以必由禮也，盡有理，可從。

○“是故昔先王”節

此明報功之禮也。首三句言先王之禮，因物致義制禮，指祭祀。下“大事”四句，便是“因”字。舊說，只作“用財物行禮”，至末句，方露出生物之功，中間六句，皆無着落。此因其財物內，便有因天地生成之功意在，但未可露出耳。致，推極也。義，即報反之誠也。“致”字極深，從“因”字來，蓋因萬物之生，天地有這許多化機功德在內，安得不極盡吾心報之之義，所以曰“達”。亹亹，就是義，正君子心通造化處。君子即先王也。夫祭以報功，故昔先王之制祭禮也，因其有生成財物之功，而致其報反之義焉耳，故天時日月，物之所以受氣也，丘陵川澤，物之所以受質也，皆生成財物者也。故作郊祀之大事，必順天時，而行之有定序；爲朝夕之祭，必放日月，而行之有定處；爲高上之祭，必因丘陵，以丘陵高而顯也；爲卑下之祭，必因川澤，以川澤深而隱也。天時日月，皆天也；丘陵川澤，皆地也。四者之禮，皆須財物行之，但未到致義處，天時雨澤，方實言致義意，當天時之降雨澤，君子知天地生成財物之功，如此乎亹亹而不已也，安得不因財物行禮，而舉天時、日月、山川之祭，以致其報反之誠乎？

○“尚有德，尊有道”節

此言先王積誠主祭，而獲自然之效也。“尚有德”五句，以擇人修職言。“因天”四句，以所擇之人行祭也。“鳳凰降”六句，以因祭獲效言。末二句，總上文斷之之詞。大旨要得他一段所以動天的精神纔妙。難道有德、道、能的人，只來助祭，更不做着實正事，便能感得天心，而休徵便應？聖人自有位天地、育萬物工夫，特因祭極言之耳。

此承上祭而言，蓋祭有財物，又有執事，而執事貴得其人，故平日必擇有德者，加諸上位；有道者，隆以體貌；有能者，任以職守。俾道德置之道德之位，才能置才能之位，蓋多賢簡在，各展其奇，而感格皇天之本，已萃衆人之精神矣。其將祭也，聚此道、德、才能而誓戒之。蓋禮莫重于祭，而祼將之職，非賢莫興也，而君心之精白戒謹，可知矣。由是因天行郊禮以祭天，因地行社禮以祭地，其巡狩方岳也，因名山升諸侯平成之事告天，此事天于外。而五年一行者，而列辟之懋績，與天子之馨香，俱達于天心矣。其饗帝也，因建都吉士，行燔柴之禮報天，此事天于内。而一年一行者，而大君之精意，與泰壇之精禋而偕格矣。夫治功乎成，諸侯之奇勳也。以此升中，則天亦以希世之物、文明之瑞應之。南郊之舉，天子之常事也，以此饗帝，則天亦以一歲分劑，一旦氣候應之，聖人于此，夫何爲哉？唯高拱南面以坐致太平而已，何也？道德、賢能之舉，能贊吾格天，獨不能佐吾理物乎？則夫恭己而天下大治也。此用人行祭，自然之符驗也。

按：德以心言，道以行言，能以才言。“舉賢”句，就平時説，賢與衆，即指道、德、能也。以其備諸己曰賢，以將祭而列諸職曰衆。一説：將祭之時，選舉賢能，置之祭位，則射以擇士，是也。聚衆誓戒，如《郊特牲》曰“獻命，庫門之内戒百官，大廟之命戒百姓”是也。“升中於天”句，一云，升達中心之誠于天，亦有理。享帝，與饗帝不同，享帝者，以下人而祭享其上，易言聖人烹以享上帝是也。饗帝者，以上神而歆饗其下，《記》言“唯聖人爲能饗帝”是也。但“享”、“饗”二字，多通用，故讀者易惑。末二句，正見無爲之化，蓋幽明一理，神無不享，則物無不懷，雖就上文見出，亦不可指降格。節時，即爲大治。先王、聖人，通作一人看。

○“天道至教”節

此言聖人有法天之至德，因舉諸侯時祭之禮以明之也，重“聖人”邊，勿平看。“廟堂之上”三句，言禮器。“廟堂之下”三句，言樂器。君在阼，主位也，言行禮之人。“大明生于東”四句，正明在阼在房之義。交動，承酌犧、象、酌罍尊來。交應，本縣鼓倡，應鼓和來，和之至，要看得好。一時祭間，把陰陽摩蕩之妙，二氣訢合之機，盡摹寫發洩于一堂之上，不爲和之至乎？禮樂盡天道之妙，所以爲至德也。

夫天道陰陽，肇自然之禮樂，豈不是至教？聖人禮樂之作，就是陰陽了，豈不是至德？天道難言而昭示于德，欲明天道，觀諸聖德而已，聖德難言而莫重于祭，欲明聖德，觀諸時祭而已。以其分而言，則廟堂之上，罍尊在阼，以夫人所酌，非時王之器，卑之也。犧尊在西，以君所酌，時王之器，尊之也。廟堂之下，縣鼓在西，以縣大而倡，尊之也。應鼓在東，以應小而和，卑之也。君在阼階，以日生于東，從陽之分而正夫位也。夫人在西房，以月生于西，從陰之分，而正婦位也。以其合而言，則君在阼而西酌犧尊，夫人在西而東酌罍尊，禮交動于堂上也。縣鼓主倡，而引之于先，應鼓主和，而繼之于後，樂交應于堂下也，是廟堂器文之交，渾是造化太和之氣，豈不爲和之至乎？觀此，則知至德即天道之至教矣。

按：天道雖無禮樂之形，實示人以序和之理，其爲教出于自然，不待人之詔命諄諄，故曰“至”。聖人禮樂之作，乃法陰陽以闡其精微之蘊，天是個無上的，法天之德，則其德亦無上矣，故曰“至”。“大明生于東”二句，此至教之一端耳。“君西酌”二句，此至德之一端耳。

○“禮也者，反其所”節

此明禮樂之有本也。首四句言禮樂各有所主，未粘到人上，節事道志，纔從上文見出先王制禮作樂的意思。言禮樂各有所用，故觀禮樂至人之知，言禮樂關乎治亂。試思世何以治，事得以節，志得以道，便治，此由禮制樂修來。世何以亂，事紊而不節，志鬱而不通，便亂，此由禮不制，樂不修來。與人者在禮樂，所以與人者是和序。末引古語，以見當慎也，慎之如何？只有和序而無淫慝便是。

夫人與人相與，有禮樂矣，抑知其所以與人者乎？禮以報本，郊反物所自生，廟反人所自生也。樂以彰德，文樂樂文，德所自成，武樂樂武，功所自成也。惟禮爲反其所自生，則未有此禮之先，人已欲行報本反始之事。先王恐其過中失正，故制爲郊廟之禮以節之。惟樂爲其所自成，則未有樂先，人已有繼治撥亂之志，功德雖彰著，而此志尚湮鬱而未達，先王修爲文武之樂以道達之。“故觀”句，言禮樂所關之大，治亂生于志而發于事，禮者維持世道之具，樂者闡揚治功之物，故觀而知之。蘧伯玉曰“君子之人達”，達者觀微以知著，察往以知來也。觀器物而知工之巧，言巧則拙可知；觀發動而知人之知，言知則愚可知。惡有觀禮樂而不知治亂者哉？其關係如此，故君子與人交接，凡威儀言語之有序者，皆禮也，其和合者，皆樂也，無所不用其慎，必使事治心平而後已，豈待玉帛交錯，鐘鼓鏗鏘而後慎乎？

按：禮也者，便是心之序。樂也者，便是心之和。蘧伯玉原不爲禮樂發，當于言外見正意。君子即先王。與，接也。如有事于宗廟、朝廷、邦國，皆必接人，而禮樂則所以接人者，慎須説入心上去，就上文推開些説，凡由本及文，皆是。

○“大廟之内敬矣”四節

此詳諸侯廟祭之禮，極其敬意。舊説，首句作冒，下分三段，前兩節君后敬親其事，以冀神享，敬一。三節詔之不止一處，敬二。末節祭之不止一方，敬三。一説：“敬”字全在“洞洞”、“屬屬”、“勿勿”三句内見出。太廟之内，君后躬率諸臣、命婦行禮，以盡我洞洞、屬屬、勿勿之心，又恐此心之無自而達也，且于庭、于室、于祊，各處求之，必欲其來享我洞洞、屬屬、勿勿之心，這纔爲敬。此説比舊説有識見，宜從。

夫行禮以敬爲主，而况太廟之祭乎？人君于太廟之内，合内外，貫始終，其敬之至矣。何以明其敬也？祭必有牲，君親牽牲以入門，而大夫則贊幣以從，察必獻尸也。君親制割以祭，而大夫則執盎執酒以薦，卿大夫則從君焉，命婦則從夫人焉。斯時也，吾想主祭者之心，洞洞乎其敬，無少間也，屬屬乎其忠，無少僞也，且敬不徒敬，忠不徒忠，勿勿乎欲其享之者，又無已也。不特此也，納牲之詔，詔于庭，血毛之詔，詔于室，羹定之詔，詔于堂，三詔皆不同位者，以鬼神無方體之可求，故于庭、于室、于堂求之也。不特此也，于正祭而薦腥爓，則設之于堂矣，祭卑而行繹祭，則爲之于祊焉。其心以爲鬼神無形迹之可擬，不知神在堂乎？抑或在于祊乎？古語有此，記者引以結之，以明其敬之至也。

按：首句爲下三段綱領，贊佐執幣，備告神殺牲之用也。侯、伯、子、男朝踐，君不獻，故進血腥時，君斷制牲肝以祭。夫人薦盎，即盎齊也。薦熟時，君亦不獻，故君親割牲體。夫人薦酒，蓋朝事以神事之，故制祭以腥而薦以齊，饋食以人事之，故割牲以熟而薦以酒。且君以盎齊饋食，而夫人用之于朝踐，君以酒薦尸，而夫人用之于饋食者，禮殺于君故也。卿大夫從君，即贊佐執幣事。命婦，卿大夫之妻也。此二句，只要盡指太廟之人來以起下文。洞洞者，無私以間之也，有表裏俱竭意。屬屬者，無僞以斷之也，有始終如一意，聯屬不絶也。勿勿，猶勉勉，敬忠無已之意。三者主祭、助祭皆有，重主祭邊。納牲，即牽牲時事。血毛，即制祭時事。羹，肉湇。定，熟肉，即割牲時事。但彼重人之行禮，而此重地之各異耳。牲自外至而納之，故詔于庭，以庭在室之外故也。血毛告幽全之物，故詔于室，以室比庭爲幽故也。羹定則事以人道，神明之也，故詔于堂，以堂比室爲明故也。三詔求之，而曰“求而未之得”，特疑其如此，故以“蓋”言之。設祭于堂者，謂正祭薦腥爓時，而先時薦血毛，後時薦羹定，皆在内。祊，祭之明日繹祭也。一云，“索祭”二句，非兩平説，重在下句，“故曰”以下，引古語推于堂于外的意思。“彼”、“此”字渾融，不可以“彼”指堂，“此”指外。此承上文不同位而言，以足其未盡之意。

“一獻質，三獻文”節

此言諸侯之祀，因神之尊卑而爲禮之隆殺也。獻數，指所事之神。四“禮”字，俱兼禮物禮文，但質、文、察，專就禮説，神就心帶禮在内。君子既爲祭主，即群祀豈有不如在者哉？其心肅無二也，其禮重，其心肅又覺得重些。

彼祭群小祀，則爲一獻，而禮之體卑，故其禮物質略。祭社稷五祀爲三獻，其神稍尊，故禮物有文飾。祭四望、山川爲五獻，此神之又尊者。察者，禮物顯盛詳著之貌。祭先公之廟爲七獻，尊而且親，心不期其肅而自肅矣，心肅者禮重，洋洋乎致如在之神也，其不同如此。

按：七獻諸侯禮，下節大饗九獻，乃天子之禮。質如薦以熟肉，獻以皮幣，服用玄冕之類；文如血、腥、爓同薦，又設主于所，迎尸于奥，服用絺冕之類；察如五嶽視三公，四瀆視諸侯，服用毳冕之類。神者，神明之而不敢褻意。

〇“大饗，其王事與”節

此詳天子祫祭之禮也。此章所敘皆大饗列陳。《注》或言朝，或言貢，據所從來言之耳。此形容太廟中富貴氣象已極，但“美味”、“尊德”等句，是陳設的意思，要見得王人報祖功宗德，全在意義處，不在備物上。王者萃這許多意義以報先王，是大舜禄位名壽必得的一般，豈不是王事？內，與“納”同。肆，當作“陔”。

夫諸侯之禮，止于七獻，若夫三年大祫，升群廟之主，合食太祖之廟，是曰大饗。禮文大備，報本特隆，其王者之事，非諸侯所得僭者與？何也？問其正俎，則三牲之外，又有魚、腊。備四海、九州之美味，示王者能得四海、九州之歡心于其明也。籩、豆之屬，皆四時和氣之生成，示王者能贊天地之化育于其幽也。内侯邦所貢之金于廟，蓋金性柔和，從時變革，而群侯親附愛戴之情，此焉見矣。諸侯來朝有玉，加之束幣之上者也，亦陳之先王之前，而人君温純粹美之德，此焉表矣。龜獨列在前，以知吉凶，故先之也。金次之，見萬國人情之親附也。丹、漆、絲、纊、竹、箭，亦並陳不遺，示王者富有天下之物，皆所得而有之也。其餘方外之國無常貨，但貢其國之所有，亦畢陳之，示王者德澤遠被，能致遠物也。諸侯來助祭，祭畢而出，則歌《肆夏》以送之，蓋諸侯助祭爲賓，無算爵之後，禮畢而出，慮其無節，樂工歌《肆夏》之樂章以送之，使之安燕而不亂也。語“陳列”，則極遠近之美；語“奔走”，則盡内外之官；語“始終”，則備禮樂之盛。蓋禮之重大，而非有天下之大德，有天下之大分，未易可舉者也，故曰“大饗，其王事與”。

按：三牲、魚、腊及籩、豆之薦，皆諸侯所貢。三牲、魚、腊，天產也，天產以味爲主，故曰“美味”。籩、豆之薦，地產也，地產以氣爲主，故曰“和氣”。內金，納之庭實，金，即荊揚貢金三品是也。束帛加璧，貢享所執致命者，君子于玉比德，所以尊君也。一云尊玉之德，亦通。龜惟先知，故列之前，荊州納錫大龜是也。“次”字與“前”字，以陳列之序言，神、人之别也。一云，“金次之見情也”句，舊説見人情之和，不惟與示和犯重，且無次之之意。金是前面有了，此只在“次”字見義。當依《注》，見人情之欲，有節情輕欲意。丹、漆等，萬民皆有此物，如荊州貢丹，兖州貢漆、絲，豫州貢纊，揚州貢竹、箭。與衆共財，一云，與衆公共其財而不私也。“肆夏”當作“陔夏”，《周禮》鍾師掌《九夏》，皆鐘曲名，《陔夏》其一也。王出入奏《王夏》，尸出入奏《肆夏》，而大饗諸侯，則諸侯出入奏《肆夏》。考其意，享則賓出奏《肆夏》，重賓也；燕則有無算爵，恐其醉而失禮，宜奏《陔夏》，故燕禮、大射賓奏《陔夏》，明不失禮也。一云，《肆夏》，天子所以饗元侯也，以饗元侯之樂，送來祭之諸侯，重也，與待使臣則歌《皇華》以送、待帥臣則歌《采薇》以送意同。且饗于廟，燕于寢，享以訓恭儉，其禮意主于嚴，燕以示慈惠，其禮意主于歡，爲有無算爵故也。廟中之享，必不至醉，享于廟，燕不于廟，然則助祭之後，出廟門，宜奏《肆夏》，安得奏《陔夏》，以警其失禮乎？此辨有理，宜知。末句正與首句相應。《肆夏》詩：“式序在位，莫不震疊。”此嚴敬之詩。

“祀帝于郊”節

此明禮爲觀心之要也。“義之至”截，上言行禮備仁義忠敬之道，不獨言觀仁義之道，蓋忠亦仁之事，敬亦義之事。本，主也。仁義寓于禮中，是禮爲觀仁義之本主也。

君子之行禮，非虛文也，皆心之所發也。祀帝于郊，何爲也？敬天之至，發而爲貴質之敬也。宗廟之祭，何爲也？仁親之至，發而爲事亡之仁也。喪之擗踊哭泣，乃哀痛慘怛中心達于面目，非忠之至乎？斂以衣服，葬以器具，全備無缺，必如是然後盡于人心而行吾愛，故亦曰“仁之至”。諸侯來朝爲賓，大夫來聘爲客，朝聘畢行享，享後用燕，享則賓客用幣于主，見用下敬上之義，燕則主用幣于賓客，見用上敬下之義。將其實意，皆義所當然，非義之至乎？敬與義，忠與仁，皆心之自然，與不得不然之仁義，而託之禮以行之，故君子欲觀仁義之道，禮其本也。禮即上郊廟等禮，道無形而難知，禮有迹而易見，舍禮而仁義中藏，何自而觀之也哉！

按：敬、仁、忠、義，隨在異名，總是盡吾心耳。“賓客”句主天子禮言。享時，賓客用束帛加幣奉天子；燕時，天子用賄贈束紡賜賓客，是謂用幣。諸侯自相朝，及聘于鄰國，不必插入。《注疏》又指賓客賻贈，於事合宜説，宜知。數“至”字，有極至而無弗盡意。“道”字根“至”字來，“仁”、“義”根于真性所發出，故曰“道”，惟其爲道，所以爲至。

○“君子曰：甘受和”節

此見禮待人而後行意。首四句是正意，中二句反言，末句最重，正歸到得人上。要重看“受”字，有這點實心，方凝受得此禮，諸説把“受”字當“與”字看，便不醒。

凡物必有質而後可受。甘者，五味之質，故可受和；白者，五色之質，故可受采。忠信者，行禮之質，故人有忠信之實心，則三千三百，凝受有體質基址，從此上可加體驗擴充工夫也。苟忠信之心少漓，則禮之文雖日行于天下，而禮之真意不行于天下，雖行猶不行也，故謂之虚道。由是觀焉，禮之貴于天下，以得此忠信之人而貴也，不然，奈人心之不能受何？

“孔子曰：誦《詩》”節

此夫子專爲輕議禮者發，承上來，見禮能行，然後能議，不然言之愈輕，于禮之真意愈無當也。不輕議如何？亦曰“主忠信以立其體，明義理以究其義，講節目以悉其文，觀會通以窮其變，擬之而後言，言之必可行”，是也。若但嘿而不言，則亦何難之有？

孔子曰“禮以漸而大，則行之亦以漸而難”，蓋誦《詩》多者，雖能言，未必能行，故不足行。祭群小祀之一獻，縱能行一獻之禮，不能行祫祭宗廟之大享，以大享重也。縱能行大享之禮，亦不能行祀古帝之大旅，蓋大享雖重，乃内神耳，内神易格，而異代之神難格也。縱能具大旅之禮，亦不能行享帝郊天之禮，蓋大旅猶人神也，人神易格，而天神難格也，神愈大，行之愈難。如此，雖欲議禮，其措詞立論，不過在形容影響間，而終無確實之見，禮其可輕議乎哉？欲議禮，必先行後言，惟得忠信之人可耳。

按：鄭注“誦《詩》三百，喻多言而不學禮也”，殊可玩味。昊天上帝，圜丘之合祀也，五帝，四郊之分祀也，如四時迎氣，太皞勾芒之類。旅，亦祭名。祭者誠也，雖一獻必假精誠之格，而況大享等祭乎？此能言者不能行也。

首一句從言搭到行上，以下從小搭到大上，分明都着禮説，不曾沾在人上。末句是記者丁寧之辭，見議禮者當實體于身，而空言不足以悉其藴也。

“子路爲季氏宰”二節

此子路權禮之宜也。首節季氏之祭久而怠，次節子路與祭速而敬，故孔子善之。

季氏祭家廟，未明而行事，中間煩文太多，日不足，繼之以燭，于是雖有强力之容，肅敬之心，皆倦怠矣。甚至有司跛倚，其爲不敬之大夫。子路雖爲宰而不與祭，故有此失。及他日子路與祭，則正祭之時，事尸于室，外人將饌至户，内人于户受之，設于尸前，正祭之後，儐尸于堂，堂下人送饌至階，堂上人即階而受。以陳于尸前，内外異位而相交，上下異位而相交，則易爲力而不費時矣。時不久，則敬自全，故孔子善之也。跛，音秘。

按：季氏亦泥周人祭日以朝及闇之文，而失其意者。逮，及也。闇，謂昧爽以前。强力，即《聘義》所謂“强有力”是也，强力動乎外，故以容言。肅敬存乎中，故以心言。室事，謂有事于室也，如血毛詔于室之類。堂事，謂有事于堂，如羹定詔于堂之類。外人、内人等，皆執事者，略煩文全在此二句見。“質明”二句，根相交來，蓋君子行禮，固不欲速，然久而怠，不若速而敬，禮以敬爲本也。雖然，此亦就季氏之失而姑正之耳，若君子行禮已徹，猶敬，明發，猶懷。豈于室、堂之事，而遂慮其倦怠乎？孔子此言，殆亦不若禮不足而敬有餘之意，以救一時之弊耳。

禮記説義纂訂卷之十

陝西涇陽楊梧鳳閣著
兄楠龍棟定
姪昌齡三開、紹齡七來
男延齡九如
孫惺慧益較

郊特牲

按：郊者，祭天之名，用一牛，故曰“特牲”。以篇首有“郊特牲”三字，故以名篇。此篇多記祭義，而中雜冠、昏兩段，宜歸之《冠義》、《昏義》篇。

“郊特牲，而社稷”節

此明禮之貴誠也。此節重郊與天子上，舉社稷、諸侯以相形。此“貴誠”句極重，乃此節正旨。蓋天子于天，諸侯于天子，無所不致其誠，其義則寓于此也。牲孕正與特犢相反，言此以足上意，此二句緊接上文，非兩層意，君之尊天，與臣之尊君蓋如此。

天子祭天，諸侯膳天子，皆禮之至尊者，止用特犢。至于天子祭社稷、賜諸侯，則卑而殺矣，乃反進而用太牢，此何義也？蓋特牲未有牝牡之情，其貴其誠慤而用之爾，若牲孕則誠散矣。唯天子弗食，故不以膳，惟祭帝弗用，故不以郊，禮有以少貴者，即此可見。

按：郊言特牲，膳言用犢，互相備也。天子有天地之德，故諸侯以事天地者事天子。諸侯有社稷之功，故天子以禮社稷者禮諸侯，唯其稱而已。天下之物，皆天之所生，無物可以稱其德，故郊則以犢。社稷，土穀之神，而諸侯未君守者也，社稷以太牢，則諸侯亦賜之太牢。

“大路繁纓”節

此亦貴誠之意也。此節以大路郊祭爲主，下數句只形之耳，不享味而貴氣臭，一反一正意，不可平看。路，與“輅”同。

誠之至者不致文，故祭天之車，止繁纓一就，而先路三就，次路五就，反致其文，此不貴文而貴質之義也。敬之至者不致味，故郊祭之薦用血，而大饗腥，三獻爓，一獻孰，漸致于味，必不饗味而貴氣臭之義也。

按：祭宗廟以先路，供卑雜以次路，殷三路猶質，對次路，故稱先路。繁纓見前。“五就”之“就”不同，當以此篇爲正。郊先薦血而腥、爓、孰在所後，大饗宗廟，則血與腥同薦，三獻祭社稷，則血、腥、爓同薦，一獻祭群小祀，但薦孰肉，不薦血、腥、爓，血氣也。禮以全于天者爲尤厚，近于天者爲差厚，以近于人者爲差薄，全于人者爲尤薄故也。臭生於氣，故曰氣臭。

“諸侯爲賓”節

此舉朝禮以例郊祀也。然貴氣臭而不享味，雖朝禮之待賓亦有然者。諸侯來朝而助祭，君以客禮待之，是爲賓也，在廟中行三享畢，然後天子以鬱鬯之酒灌之，而不用酒醴，蓋以鬱鬯有芬芳之氣，是貴氣臭之義也。及其祭畢，而天子饗諸侯於朝中，則先設腶修于筵前，而後設太牢之饌，是不享味之義也，此與郊祀幽明雖殊，而用氣不用味之義一矣。

按：大饗於神，則王之事，而大饗於賓，則諸侯之事。於神與賓，皆謂之大饗者，蓋謂之大所以極其禮，謂之饗所以向之。腶言捶肉如腶，脩則以薑、桂脩之。舊以貴氣與不享味兩分，不知不享味即是貴氣臭也。

“大饗，君三重席”節

此主君饗客之禮也。首二句朝禮，下三句聘禮。諸侯之席三重，大饗、鄰君來朝，主君三重席而受賓酢爵焉。兩君相見，則其體相敵，故其席各三重，無所增損也。若諸侯遣卿來聘，卿禮當三獻，其上介則是大夫，故謂之三獻之介。大夫席雖再重，今爲介降一等，止合尊席，君席雖三重，今徹去兩重，就單席，受此介之酢爵。蓋諸侯分雖尊，而禮則主，大夫分雖卑，而禮則賓，是降國君之尊，以就大夫之卑也，有敬臣同于敬君意，禮所謂曲而殺者，此類是也。

按：大饗有四：大享不問卜，以天地言；大享腥，以祫祭言；大享尚腶脩，以王享諸侯言；此大享，以諸侯相享言。

“饗、禘有樂”節

此明用樂之義也。首三句截，下是推明陰陽之義，重有樂、無樂上講，且不可説順字意。“凡飲”二句，且泛説，故“春禘”五句，乃發問之詞，當輕看。“飲養陽氣”二句，乃有樂、無樂之故，至此方見出陰陽之義。“凡聲”一句，又是所以有樂、無樂之故，專重用一邊，所有有這一段議論，看“凡聲，陽也”，便知輕重了。記者説出這段陰陽的道理來，見不用樂，又是大道理。禘，讀爲禴。

先王之禮有享焉，以恤孤也，有禘焉，春之祭也，是禮行而樂作矣。有食焉，以養老也，有嘗焉，秋之祭也，是禮行而無樂矣。饗、禘，以其在陽時，故有樂，食、嘗，以其在陰時，故無樂。無樂爲陰，有樂爲陽，此陰陽之義也。何以見之？蓋凡飲，天產也，飲是清虚，所以作陽德，非養陽氣乎？凡食，地產也，地產是體質，所以作陰德，非養陰氣乎？故春而禘祭，主于灌獻，秋而嘗祭，主于饋食，春饗孤子，以飲爲主，秋食耆老，以飯爲主，是禮之行于幽明雖不同，而養陰養陽之義則一也。今食、嘗無樂，異于享、禘有樂者何？正以享、禘爲飲而養陽氣，陽氣主于宣暢，故不得不用樂耳。食、嘗爲食而養陰氣，陰氣主于凝寂，故不得以用夫樂焉。然聲何以用于養陽之時乎？凡聲也者，宣其湮鬱，洩其藴奥，正陽之屬，而與陰相反，兹享、禴之用樂，正以陽而從陽耳。陰陽之義，不于是而可見哉！

按：首三句虛虛一斷，言順陰陽，其義已寓于用樂、不用樂之中也。“食、嘗無樂”以前，都是泛論虛喝。後五句方是實發，“飲養陽氣”二句，覆釋上文，從樂之用否説到樂之本體上，一步進一步，總只解明三句之意。

“鼎俎奇”節

此言鼎俎籩豆之數與實各有義也。上重數，下重實，平説。下“籩豆”二句，與鼎俎對看，舉其禮不敢用。“褻味”以下，與陰陽之義對看，釋其義也。夫奇偶，數也，而義合陰陽則數中有理；水土，物也，而有不用褻之意，則物中有誠。

夫祭有器也，自一鼎至九，其數皆奇，而俎亦如之。自六豆至十六，其數皆偶，而籩亦如之。此何義也？蓋鼎、俎盛天產，屬陽，當用陽數之奇。籩、豆盛地產，屬陰，當用陰數之偶也。祭有物也，玆惟水惟土，用之隨宜，而常褻不事，或水或土，取之不一，而多品是貴，又何義也？蓋常褻不事，所以盡志；多品是貴，所以盡物，交旦明之義當如是也，取數用物，豈無義乎？

按：天產六牲之屬，地產五穀之屬。籩之實，若菱、芡之類，豆之實，若芹、蒲之類，皆水之品也。籩之實，若棗、栗之類，豆之實，若菁、韭之類，皆土之品也。旦，讀爲神。

○“賓入大門”節

此言燕享禮樂之義而究其本也。“貴人聲”截，言燕享之禮樂得其宜，以下推本禮樂所由始，與所由得之之意。賓謂朝聘之賓，行朝聘既畢，而得行燕享之禮，入門、卒爵、奠酬、上下皆是禮，《肆夏》、樂闋、升歌、匏竹，皆是樂，觀此等禮樂，已是皆得了。下“樂由陽來”三句，特推本之耳，此燕享禮樂，天子、諸侯肅雍于一堂者，無非法天地發舒收斂之德，以爲君臣相聚之情誼，自適合其和敬之體也。“陰陽和”三字，時説輕過，不是。蓋陰陽既屬造化，何以能和？必平日均調四時、燮理陰陽的工夫做得到，所以陰陽纔和，陰陽和而法陰陽之禮樂，纔不亢不肅，不然豈臨行禮用樂之時，便能使陰陽之和，而禮樂遽得乎？

諸侯來朝畢，于廟貢國所有，行三享之禮，以玉幣致享，當其行燕禮而入寢門，行享禮而入廟門，則奏《肆夏》以進賓，蓋《周頌·肆夏》詩有“式序在位，莫不震叠”之文，樂賓而作此詩，蓋示和易中有嚴敬之節，賓主交錯之時，寓堂陛森嚴之意也。賓主獻酬之頃，樂固作矣，及賓主卒爵而樂闋焉，作止有節，和樂不流，是宜夫子嘆美之也。主人復酬賓，奠此酬爵之時，樂工升堂而歌《清廟》之詩，蓋闡揚文王道德所在，而因以感發賓主好德之心，如聽雍雍之歌，發主之仁德，聽肅肅之歌，發賓之義德也。歌者位于上，以管吹者，位于下，蓋以人之聲，不假管弦。故位于上者，非以貴人聲之自然乎？此禮樂之行于燕享，無弗得也。然豈能自得哉？亦惟陰陽耳。蓋氣行于天者，陽也，而樂之聲音皆氣之爲，是樂所以發陽道之舒暢也。樂不由陽來乎？質具于地者，陰也，而禮之儀則皆質之爲，是禮所以肅陰道之收斂也。禮不由陰作乎？誠使先調其陰陽之在造化者，而一開一闔，不爽其候，則陰陽和矣。由是陽和而樂亦和，陰和而禮亦和，凡聲音威儀之見于燕享者，物雖有萬，莫不作止合宜、節文合則矣，萬物豈有不得者哉！

按：賓入門而奏《肆夏》，作兩君看，爲下大夫奏《肆夏》。《注》云“故也陰陽和而萬物得”。一云，陰陽以在人身言，萬物包禮樂在内，陽者，情意舒暢也，樂以發陽道之舒暢，故曰“由陽來”。陰者，威儀收斂也，禮以肅陰道之收斂，故曰“由陰作”。誠情意得其舒暢，威儀得其收斂，則陰陽和矣，故禮樂之萬物由之以皆得，此説宜知。或以萬物推開説，和者相濟之謂，天地之陰陽相濟，而後萬物生成，所謂得也，則禮樂相濟而賓主豈有不得者？此極有理，可從。蓋孔《疏》有此，因上有賓主禮樂之事，遂説禮樂之義之文也。《周禮》《九夏》《王夏》者，天子所用，其餘《八夏》，諸侯皆得用之，其《陔夏》，卿大夫亦得用之，故《鄉飲酒》“客醉奏《陔夏》”。“示易以敬”者，所謂示情也。“發德”者，所以示德也。“匏竹在下”，所以示事也。然《哀公問》言“入門而金作”，則不止于《肆夏》，言升歌，則止于《清廟》，言下管，則止于《象》。此言入門而奏，則止于《肆夏》，言升歌，則不止于《清廟》，言匏竹，則不止于《象》，何也？蓋哀公所言者，大饗之禮，此則兼燕禮而言之，是以詳略不同如此。

“旅幣無方”節

此記陳貢之義也，言諸侯常貢之法，與前節大享不同。首二句，舉庭中之物，而統釋其義，下就其中而分釋之，見庭實所陳之義，如是其大，非止示富貴之態也。

諸侯以尊王爲義，固嘗有庭實之供矣。此庭實所陳之幣，不拘方所，果何爲也哉？蓋以土地有宜否，于此而别之，俾任土作貢者，無難繼之憂也。道里有遠近，于此而節之，遠疏而近數，無難至之力也。旅幣無方者，義固以此，而陳列之間，又有義焉。夫旅幣有龜，何爲而列于前也？以其和知吉凶，故列之于先耳。旅幣有鍾，何爲而次之？蓋金示和，而諸侯親附之情所由昭也，故居參于庭實之間耳。以陳虎豹之皮，見王者服猛之意焉，服者化强暴爲柔順，無跋扈跳梁之警也。以璧加于束帛，見諸侯往德之誠焉，往進此比德之玉于有德之人也，此見天子之待諸侯，于制貢之法，見體悉之周，于陳貢之義，見好尚之正，如此。

按：旅，陳也。“幣”字冒下，龜、鍾、皮、璧，皆幣也。别節都要粘無方來，纔得。“所以”二字，明土地之宜，謂六服各貢其物，如侯服貢祀物，甸服貢嬪物，男服貢器物，采服貢服物，衛服貢材物，蠻服貢貨物，是也。遠邇之期，謂六服各有其期，如侯服歲一見，甸服二歲一見，男服三歲一見，采服四歲一見，衛服五歲一見，蠻服六歲一見，是也。“龜爲前列”以下，屬諸侯説，先知等皆是諸侯來陳之意思如此。“先知也”句，一云，示明能燭遠，言四方有敗，必先知意。比舊説有理。鐘即金也，獻金作器，莫重于鐘，故變文言之。前“和”字以金之性言，此以鐘之聲言，見諸侯之心皆和附，無離心離德者，重和，不重“居參”、“服”字，重德威惟畏上，是服猛非猛服也。“往德”重在人君有如玉之德上，一云，所向往將在德矣，主君有德而往歸之，非往進之説。有理，可從。

“庭燎之百”八節

自此至“天子微”節，記者録僭禮之事，以其濫觴于一時，而遂至禍延于天下後世，見當防微杜漸意。

“庭燎之百”二節，《大戴禮》言“天子百燎，上公五十，侯、伯、子、男三十”，齊侯侯國而用百燎，是僭天子也。《大射禮》“公升即席，奏《肆夏》”，《燕禮》“賓及庭奏《肆夏》，諸侯之禮也”，文子大夫而奏《肆夏》，是僭諸侯也。夫齊桓賢諸侯，仗義以服諸侯者也，乃恃强而僭庭燎以誇其尊，其何以責夫諸侯？文子賢大夫，輔其君以霸者也，乃窮奢而僭《肆夏》，以失其禮，其何以責夫大夫？是爭亂造端而篡弒所由始也，故記者追究其所自欲，後人正其失意。

“朝覲”節，言朝覲失禮之事。當周衰之後，有臣從君，而設庭實私覿于主國之庭，作記者譏其與君無别，諸侯止有朝禮，無覲禮，因朝帶言耳。

國君朝覲而所從之大夫，若以己物私覿主君，則爲非禮，所以然者，蓋大夫執君之命圭而專使以聘，是己爲賓，而彼爲主，禮在乎已，故當行私覿禮，所以申己之敬信也。若夫兩君相見，而大夫從君以行，則君爲賓，而己爲臣，禮在于君，故不敢復行私覿之禮，正以敬己君而不敢有二心也。夫私覿之禮一也，在聘則當行，在朝則不當行，今從君爲介，既非執圭申信之日，而設施庭實，大夫何爲乎諸侯之庭？蓋凡人臣不與他國之君相交者，一心于己君，不敢二心于他君也，庭實私覿，則是外交而二其君矣，故曰“非禮也”。

按：首三句作主，“大夫執圭”四句，即其當行者，深明其不當行者，不可平看。申信，《注》作“申己信”説，正在私覿上看。信者，誠敬之意，將此私物以申敬也。近説，以“申信”爲“君信”，却只在執圭上看了，勿從。“致敬”在敬己君説，皮幣與馬，皆陳于庭，故曰“庭實”，玩《注》設施庭實以爲私覿，是以庭實爲大夫説。一云，君之庭實，與己之私覿並陳于諸侯之庭，是又以庭實爲諸侯説矣。於文義頗順，外交泛説，不止私覿一事。“貳君”“君”字，《注》與諸説俱指他君。一云，上“致敬”謂致敬己君，則不敢貳君，亦作己君説，不貳正是致敬，盡通，從之。

“大夫饗君”節，明大夫無召君之禮也，大夫富强而具饗禮。以饗君，以陳召君，故曰“非禮”。大夫强横僭逆，人君殺之，是斷以大義也。大夫强而饗君，由魯之三桓始也。《春秋》“莊公二一年，鄭伯饗王于闕西辟”，則諸侯饗天子，亂世，非正法也。

按：三桓，魯桓公之子，一名慶父，即共仲，一名牙，即僖叔，一名友，即成季，皆莊公弟也。慶父與牙通於夫人以脅公，季友以君命酖牙，後慶父弑二君，又死也。

“天子無客禮”節，明夷王失禮之事。天子無爲客之禮，以其尊無對，莫敢爲之主故也，何以見之？天子巡狩而至諸侯之國，適其室，升自阼階，而不爲客，以其臣不敢私有其室也，况敢爲主而待君爲客乎？豈惟適其臣無客禮也。至于覲禮，亦不下堂而見諸侯，是不客禮待臣也。若下堂而見諸侯，是天子之失禮甚矣，自夷王以下則然，前此未之見也。

按：春夏，萬物聚見之時，先王爲朝宗之禮，不純以臣待諸侯，以其等爲車逆送之節，所以明恩也。至秋萬物分辨之時，則爲覲禮，純以臣待諸侯，負依南面而不下堂。侯氏執玉入，所以明義也，是以天子之德常感于上，而其勢嘗隆于上，至于夷王，即東遷之平王也。秋覲亦行下堂之禮，自是以降，皆踵行之，是自卑而起諸侯之僭，自弱而起諸侯之强矣。降《黍離》于國風，非由此哉！

“諸侯之宫縣”節，明諸侯僭禮之事。天子宫縣，諸侯唯軒縣，今乃宫縣，諸侯祭用王牲，今用白牡，諸侯擊石磬，今擊玉磬，諸侯得舞大武，但不得朱干設錫、冕服而舞，諸侯合乘王車，今乃乘殷之大路，此皆諸侯之僭禮也。

按：縣，謂樂之縣于筍簴者。《周官·小胥正·樂縣之位》：王宫縣，四面象宫室有墻，王于四海爲家故也。軒縣三面，其形曲，闕其南，避南面故也。判縣，判于東西，又空北面，卿大夫左右王之象也。特縣則一肆，或于東，或于階間而已，象士之特立獨行也。

“臺門而旅樹”節，明大夫僭禮之事。臺門、旅樹、反坫是三項，繡黼、丹朱中衣是一項，此皆諸侯之禮，而大夫用之，是僭也。夫諸侯既僭天子矣，欲大夫之不僭諸侯，得乎？

按：中衣，謂冕及爵弁之裏衣，以素爲之，繡黼爲領，丹朱爲緣，丹朱染繒爲赤色也。五色備曰繡，白與黑曰黼。繡黼不得共爲一物，故繡讀爲綃。綃，繒名，謂于繒上刺黼文也，今讀如字，繡刺爲黼文也。禮，公之孤四命，則爵弁自祭，則天子、大夫四命，亦當爵弁自祭，則中衣得用素，但不得繡黼爲領、丹朱爲緣耳。

“故天子微”節，言僭禮之由，以結上文，因舉大夫亂禮之實也。天子微則諸侯僭，由天子之微也。大夫强則諸侯脅，謂見脅于大夫也。言諸侯之脅，由大夫之强也。方周之衰，上失道揆，下無法守，故于此相貴以等，言尚勢也。相覿以貨，相賂以利，言尚利也。天下以勢利相尚，不奪不饜，此禮之所以亂也，故諸侯雖出自天子，但祖其始封之君，立始祖之廟，而有五廟之制，不敢以天子爲祖而立王廟于國也。大夫雖出自諸侯，但祖其始爵之人，立别子之廟，而又五宗之法，不敢以諸侯爲祖而立公廟于私家也。夫諸侯不敢祖天子，則天子非諸侯可僭矣，大夫不敢祖諸侯，則諸侯非大夫可僭矣，而公廟之設于私家非禮也，由魯之三家，立桓公廟始也。“諸侯不敢”二句，舉正禮以起下文，禮本多端，設廟其一也，在廟數上言，以寒僭竊之心，方是拔本塞源之論。

按：相貴以等，謂臣下不畏懼于君，而擅相尊貴以等列。相覿以貨者，大夫私相覿以貨賄，不辟君也。貨指物，利指事，互見也。三家同出于桓公，皆立桓公廟，故曰“由三桓始也”，然推其原，則由魯立文王之廟，而三桓效尤耳。記者不言，爲魯諱也。

相貴以等，則爵不足以馭其貴。相覿以貨，則禄不足以馭其富。相賂以利，則予不足以馭其幸。太宰以八柄詔王馭群臣，以此三者爲先，三者苟失，天下之禮由是亂矣。

“天子存二代”節

此天子待前代之禮也。方周之時，夏、殷二代，曆已改矣，而天子猶存其後，以爲上公，蓋以禹湯爲夏殷之盛王，其功德及民者深，尚尊其未泯之德，存王禮而不忍臣其後，仁之至也。自二代以前，黄帝、堯、舜之後，止封爲三恪，恪者敬也。雖敬其先，而封其後，然臣之而不得存王禮矣。蓋盛德固必百世祀，而世遠則禮亦漸殺，止于二代，義之盡也，此周之封建，所以爲良法歟?

按：存二代之後，在命使郊天，後世子孫得世守天子之禮以祀其祖上説，又得自行其正朔服色，不特封爲上公而已。《樂記》“封夏之後于杞，封殷之後于宋”，是也。猶，言可已而不已。賢以禹湯功德言，不是尊他子孫之賢。三恪者，敬其道也，故《左傳》云“封胡公以備三恪”是也。其實先帝有功德在萬世，當食萬世之報，不止三代已也。

“諸侯不臣寓公”節

此諸侯待寓公之禮也。諸侯失國而寄寓他國者，謂之寓公，所寓之國，諸侯不敢以之爲臣，以其嘗爲南面之君也。然寓公死則臣其子矣，故古者寓公不繼世，亦仁之至，義之盡也。

按：寄公者，失地之君，或天子削地，或被諸侯所逐，皆爲失地。夫失地，則其賢不足尊也，故古者不使之繼世。

“君之南鄉”節

此責君臣之盡義也。君之南鄉者何？陽位在南，人君體陽之剛，用陽之明，無念不思所以答陽，而其義則已寓于此也。臣之北面者何？君位在北，人臣膺君之爵，食君之禄，無念不思所以答君，而其義則已寓于此也。不盡其義，則有負于其答，此君臣之所以當交盡也。

按："答"字不專是向有對答揚舉、不失付託之意，在職業上説，玩"義"字，便見答君處當補義意。不言者，省文也。

"大夫之臣"二節

此見大夫接下奉上之禮，皆一尊于君也。九拜以稽首爲先，首至地，禮之隆也。諸侯之上大夫，陪臣而已，以陪臣之卑，而可以當拜禮之隆乎？必有君道之尊，乃可當此。是家臣不稽首者，非尊敬此家臣，蓋同在一國，大夫已稽首于君，若家臣又稽首于大夫，是一國兩君矣，所以辟國君之體而尊君也。大夫得稽首于諸侯，不辟天子者，諸侯有大功德封畿外，專有其國，故大夫得盡臣禮以事之。

"大夫有獻"節，禮獻以親爲敬，拜以面爲敬，惟大夫有獻于君，則拜使人往而弗親，君有賜物于我，惟往拜謝而不見君，蓋諸侯雖有君道，然亦天子之臣耳，故于大夫有相答之禮焉。獻弗親，有賜不面拜，非敢怠也，慮煩君之答己，皆所以尊君也。

按：親則必面，獻亦必拜，其言互備也，君有答于大夫，尊賢之意，大夫不親獻，不面拜，貴貴之意。不面拜者，于外告小臣，小臣受以入也。小臣掌三公，即孤卿之復逆。

"鄉人禓"節

此安室神之禮也。室之有神，依人而安者也。鄉人驅逐强鬼，孔子恐驚廟室之神，故朝服立于阼階，以存安之，敬之至也。禓，音傷。

按：禓，從示從昜，與"裼"字從易者不同。禓，强鬼之名。《月令》"季冬大儺"，所以驅逐此鬼，故又謂之禓也。儺者索室以去其不祥，其法見于《周官·方相氏》。聖人德合神明，非俟于索室以去其不祥，然必從鄉人之儺者，不違衆以立異也。儺有二名，儺猶禳也，以禦陰爲義，故文從難。禓讀如陽，禓猶禬也，以抗陽爲義，故文從昜。禮，大夫朝服以祭，故用朝服以依神，存者慰安之意。室神，先祖五祀之神。

"孔子曰：射之以樂"節

此明射禮用樂，兼得之難也。禮有射也，説者曰容比禮，節比樂也，而不知比禮非難，比禮而又比樂，爲難。孔子曰“射之以樂節也”，射者一心于射矣，何以射而又能聽樂之音節乎？心一于音節矣，何以修射之容節，與音節相應乎？蓋聽于耳而得于心，得于心而應于手，此其妙，匪可言喻，惟賢者能之。

按：“何以聽”、“何以射”，兩句不平，重在射合樂邊。玩“射之以樂”句自見。“樂”、“射”二意，要知串綰，樂謂騶虞、貍首之類，何以言其難也，全要模寫他得心應手之巧處出。

“孔子曰：士使之射”節

此明射禮之重也，語與《曲禮》略同。蓋古有是言，而孔子釋之也。孔子曰：“禮士使之射，不能，則辭以疾，而不敢辭以不能。”何也？男子生而縣弧門左，此時有射義，至爲士，則天地矣，故不敢以“不能”辭也。甚哉！射之貴能也。此節“士”字重看。《注》謂與幼生未能相似，淺謬。

“孔子曰：三日齊”節

此見祭之貴敬也。齊者不聽樂，三日齊，一日用之以祭，猶恐散其志慮而不敬也，今三日之間，二日伐鼓，不知何所據乎？“何居”，怪之之辭。《家語》記季桓子將祭，齊三日，而二日鐘鼓之聲不絶，即其事矣，夫子不明言之諱也。

“孔子曰：繹之”節

此亦譏失禮之事也。孔子曰：禮之有位也，皆有深意存焉者也。繹禮，當于廟門外之西堂，今乃于庫門内，祊當在廟門外西室，今乃于廟門外東方。朝市，即《周禮》所謂“朝時而市”也，當于市内近東，今乃于市内西方。此三事，皆違于禮，故曰“失之矣”。《家語》記衛莊公改舊制，變家廟，易朝市，故孔子譏之。

按：繹是接尸之稱，祭之明日又祭也。祊是求神之名。求神在室，接尸在堂，皆一時事，其祭禮簡而事尸禮大。一云，祭之正日索祭，謂之祊，祭之明日又祭，謂之繹。祊在當日，繹在明日，謂二者同時而異名非是。然則繹在廟門外，祊在廟門内，而《禮器》曰“爲祊乎外”者，蓋祊雖在内，自室視之亦外也。庫門，朝門也。《周禮》市有三期，“大市日側而市，百族爲主，朝市朝時而市，商賈爲主，夕市夕時而市，販夫販婦爲主”，爲主者，據其多耳。

○“社祭土而主陰”七節

此詳社稷之義也。首二句立社之義，下四句祭社之義。“天子大社”節，立社不屋之義。“惟爲社”三節，言行社祭祀之實。“季春出火”節，專言蒐田，因“誓社”字，故綴于社禮之後。

“社祭土”節，“祭土”二句串看，指所祭之神言。“南向”句，南向祭之之義。日用甲，用日之義。夫社所以祭五土之神，地秉陰是所主者陰氣也，蓋土有體而氣無形，陰氣非土則無所附麗，土非氣則塊而不神，故祭之主之如此也。主設于壇上北面陰位，君來北墉下南向祭之，所以對越其陰而冀其來享也。祭用甲日者，陽始于甲而生物，甲爲日干之首，用日之始也。

按：社祭五土之神，稷非土無以生，土非稷無以見，生生之效，祭社必及稷，以其同功均利而養人也。王社侯社，國中之土神而已，無與農事，故不置稷。大社國社，農之祈報在焉，故皆有稷。前以南面爲答陽，指所向之南方爲陽也。此答陰者，彼之向陰，即是陰位也。然前“陽”字推開一步說，此“陰”字就主地說。五土之神，山林、川澤、丘陵、墳衍、原隰也。社是土神，言社不言稷者，社總祭五土神，稷則止于原隰而已，言社可以兼稷也。北墉，社内北牆也。陽始于甲而物生，陰極于辛而物成，地雖以陰而成物，然始地事者存乎陽，故社用甲以原其始。天雖以陽而生物，然終天功者存乎陰，故郊用辛，以要其終，獨陽不生，獨陰不成，天地相須之義也。

“天子大社”節，言立社順承天施，見宣化之義。天子之社，主祭天下土神，故曰大社立壇，環以墻，而不屋其上，蓋風雨天地發生之氣，所以生物，霜露天地肅殺之氣，所以成物。達者，通也，有使之上躋下降意。生成萬物，便在達氣内，喪國之社不受天，陽示其生物之功息也。薄社于周爲喪國之社，屋其上則天陽不入，牖于北則陰氣可通，陰明則物死也。

按：天道下濟而光明，地道卑而上行，必受以達其氣，而後一坎一澤，皆寓補泄之意。周立殷社以爲戒，屋之者，塞其三而唯開北牖，絶其陽，通其陰而已。

“社所以神地之道”四節。首句作冒，地載至親地也，把天來配說，言地道之神功同于天意。重地上，尊親主人心上説。教民美報，正是神地道，民兼有家有國之人説。美報之報兼下粢盛等，教之者誰？制禮之先王也。但此句統言其意，下方詳言其事。

先王制爲之社，正以神明地道之大也。蓋地在下，爲人所親，有褻玩之意，褻則雖祭之，未必如祭天虔誠，神則不止表明其功，有使人懼他神妙變化，與天無二，民自尊之如天神而不敢玩，則報禮自與天並重矣。地之道何道也？載物生財者地，懸象著明者天，地載物，凡利用厚生者，皆取財矣。天垂象，凡興事制器及耕作之候，皆取法矣。曰“取法”，則天主于教，有父道之尊。曰“取財”，則地主于養，有母道之親。夫尊天者用郊以報之矣，親地者獨不思報之乎？故先王教民，美善其報焉，是禮也。上下得通行之。卿大夫之家，主祭土神于中霤，天子、諸侯之國，主祭土神于社，所以示地爲載物生財之本也。以報社之事言之，唯舉社事而里人盡出力以供事，唯社事田獵而國人皆行，唯祭社粢盛而四邑四丘之人共之。“所以報本”句，總結上文，祭時而行事，未祭而獵牲，將祭而備粢盛，無一人而不與者，蓋財非土不生，人非財不養，無一人不在養育之中，則無一人不有報反之情也。信乎爲示本也，社之神地道如此。非天子不祭天，而自天子以至于庶人，皆得祭社，亦尊父親母之義也。

按：“唯爲社事”三段，又家主中霤，國主社中所行之事，總之上人祭社而下人咸供給也。玩“唯”字，見他事未必皆出力如此。“示本”、“報本”相應，正所謂神也，本者生物之本，始者利用之始。

“季春出火”節，首句是因時而爲蒐田之舉，“車賦”以下是因田而習民於變也，“流示”以下是因田而獲牲以禮也。田獵時事，而戰祭之意即寓于此，末二句分承，只論其理耳。

夫季春蒐田之時也，而戰祭之禮存焉，故聖人以敬慎之心行之。季春出火以焚草萊而田行焉，然武備不可或弛，而習之不可無法也，故簡車賦，去其敝也。歷卒伍，整其列也，君親誓衆于社以習焉。居左者則從左和門，居右者則從右和門，而左右有局也。司馬息鐸則坐，振鐸則起，而坐起有度也。蓋習熟其變動之節，而攻伐之法，已預閑矣。方其驅逐之際，示之以流動之禽，而以利歆之，必定以殺獲之制，而使之不犯命焉。是在民則遏服其貪得之志，而君不過取其多得之物，其獲牲以禮又如此，故用此習變之民以戰，是謂有制之兵，而武功成也用此。田獵之物以祭，則爲誠敬之享，而神祇格也，克與受福，豈倖致也哉！

按：木氣終于辰，或火順所生而見，司爟于季春則出火焉。水氣兆于戌，故火所勝而沒，司爟于季秋則納火焉。聖人奉天時，則爲焚者特出火之事爾。夫社必先焚，蓋焚其宿草而後可田故也。出火，猶言舉火，非出納之出也。君親誓社，如王執路鼓，諸侯執蕡鼓，而親誓之于社，是也。“誓”有二意，一戒其不違軍旅之法，一戒其不犯獲牲之命，雖有習武獲牲二意，然皆蒐田中事也。《周禮》中軍以旗令鼓，鼓人皆三鼓，司馬振鐸，群吏作旗，車徒皆作。三鼓息鐸，群吏弊旗，車徒皆坐。流示之禽，正所以鹽諸利，非有兩意。

夫國之大事，在祀與戎，分應自是可從。一云，兩“觀”字相對，總是習軍旅之事也，觀其習變，即田獵以觀其軍旅之節也；觀不犯命，以觀其不犯軍旅之命也。以戰則克，此因社田而教軍旅如此。“祭則”句帶言耳，宜知。

○“天子適四方”十二節

此詳郊禮之義也。首節另提起，是五年一行于外者，下皆每年一行于内者。“郊之祭也”四節，就郊之事而析釋其義。自“卜郊”至“聽上”言卜牲之意，因卜牲而又言戒已身、戒百官、嚴百姓之意。“被衮”二節，則天之義。末節别天人及以祖配天之義。

“天子適四方”節。天子所敬者天，故巡狩而適四方，所至之處，必先柴以告天，此祭天之禮，在歲郊之外者也。

按：天子適諸侯，至于方嶽，凡覲諸侯，觀民風諸事，其初至皆未行也，必先燔柴以告至，尊天也。昊天曰明，及爾出王，昊天曰旦，及爾游衍也，其與周行天下將必有車轍馬跡異矣。

“郊之祭也”節，天子祭天于圜丘，必用夏，正建子之月。陽生于子，陽生則日浸長而夜短，故曰“迎長日之至”。《注》“至猶到也”，極好。天以好生爲心，長日生物之始，體上天好生之心，而迎之也。

“大報天而主日也”節，緊根上節來，由此觀之，可見郊者報上天生成之功，而禮重心肅，報天之祭雖多，而郊非他祭可比，乃是大報天之事。然天體至尊，不可以一事一物見，故假日以爲主，雖云“迎長日之至”，實以大報天也。此冬至祭天之義也。兆者，圜丘之方域也。兆于南郊，南者正陽之位，天以陽生萬物，日又衆陽之宗，故就陽位而報之也。既燔柴于壇上，乃掃壇下之地而行正祭，不敢莞簟者，至敬無文于其地之質素也。盛玄酒則以陶，酌玄酒則以匏，無雕鏤金玉之飾者，蓋天地之性質而已矣。陶者合土以爲範，修火以爲堅，匏者資氣于天，成形于地，皆質也。若加之以人爲，則與天地之性不相似矣。兼言地者，地道無爲，而代天有終，象地之性，亦所以歸功于天也。

按：于其質，就祭者言。一説：於有因依意，象天地之性，方就天地説，質與性，只就形氣上淺説，不必推到至誠於穆上。

"於郊，故謂之'郊'"二節，祭天曰郊，以兆于南郊故也。牲用赤色之騂者，以赤爲陽之盛色，周家所尚尊，時王之制也。牲用犢，以未有牝牡之情，誠慤可貴也。至于郊日必用辛者，陽極于辛而物成，功成則報，周家以辛日郊天，適遇此日是冬至，故後王用冬至後辛日，得其意矣。《注》以周家始郊，適遇冬至是辛日，淺甚，不可從。

"卜郊，受命"節，見郊之祭，不惟事天，而又能事親也，天、親一體，以尊祖親考之心報之，正事天如事親意。卜郊者，因郊祀卜牲也。"受命"句，是先以卜牲之事告于祖。"作龜"句，方用龜卜牲也。祖遠而尊，禀命後卜，命宜由尊者出，是尊祖之義。禰近而親，卜之决疑，如依怙恃而信之至，是親考之義也。

按：受命但受之耳。禰宫，考廟也。作，即灼也，灼之將以作事，故以"作"言之。先告祖受命，又至禰廟以質可否也。"義"字要發，平日尊祖親考，其義已寓于此。

"卜之日，王立于澤"節，見人君祭天極誠之意也。其卜牲既畢之日，有司聚執事于澤宫，誓其所當戒，命其所當行，王亦立于澤宫而親聽之者，蓋君子之于臣，未知則當受其教，未善則當受其諫，況舉祭天之大事，而可不誠乎？故聽命以審其所當行，如受教之義，聽誓以省其所當戒，如受諫之義也。

"獻命庫門之内"節，言卜郊、命衆二禮之義也。命主郊祀之命，上節有司誓戒百官，以執事之臣言，此節有司以誓戒百官之命獻之王，而王親誓戒之也，以助祭之臣言。王自澤宫而還，有司獻王所以命百官之事，王乃于庫門之内戒百官者，異姓之臣疏，故命之于外也。于太廟之内戒百姓者，同姓之臣親，故命之于内也。戒之皆欲其存誠于未祭之先，致謹于當祭之地，不肆心而怠事也。

按：庫門，群臣俟朝處。太廟，祖考所居，族人咸聚處。重戒意，疏異姓、親同姓意，不甚重。周有三朝，一曰燕朝，在路門之内，王國宗人嘉事之朝也，大僕小臣掌焉。一曰治朝，在路門之外，王日聽治之朝也，宰夫司士掌焉。一曰外朝，在庫門之外，詢萬民聽政之朝也，小司寇朝士掌焉。王有五門，外曰皋門，二曰庫門，外朝在庫門外，群吏衆庶皆可入也。三曰雉門，閽人掌其禁，非臣民所得妄入之正門。四曰應門，門内則治朝也。五曰路門，又曰虎門，畫虎在此，天子路寢内，則燕朝也。

“祭之日，王皮弁”節，見報天人心同欲，惟愜其心，故自盡誠不待命也。祭之日，正祭郊之日也。有司報白時日早晚，及牲事備具，此時未着祭服，又不可褻服以待，故着皮弁視朝之服以聽報白者，蓋報事之小，而皮弁以聽，所以尊天也。不惟不敢慢于天，亦示民所以嚴上也。嚴上何如？郊祭之旦，喪者不敢哭于家，不衣凶于塗，恐于王之吉禮也，氾埽反道，以致路之新潔，恐妨路之行也。鄉民各于田首設燭照路，恐王行事之蚤也。凡此皆民致其嚴上之心，歲以爲常，弗命而聽者也，豈非上之敬有以感之也哉！

按：《周禮》：郊祭日，小宗伯逆來省鑊，告時于王，告備于王也。夙興，君皮弁以待報白祭事者，冠用白鹿皮，服用十五升布，在五冕之外，服之尊者，朝以辨上下，于禮爲重，故服此。今聽祭報服此，然後服大裘以行祭事，此正尊天意。蓋以民之奉君，猶君之奉天，君果能奉天，則民自化而嚴上矣。氾，廣也。鄉，畿内六鄉也。《周官》司裘“掌爲大裘，以供王祀天之服，司服祀昊天上帝，則服大裘而冕”。

“祭之日，王被衮”二節，“祭之日”二字作冒，自“被衮”至“象天也”，言郊祀之儀物皆取法于造化。末三句，申言聖人之祀禮，正所以明乎造化。自發見言曰“象”，自統體言曰“天”，自運化成工言“道”。王者郊祭，服則龍衮而象天之章，冠則冕藻，而則天之數，車則法天之質，旂則法天之文，是日月星辰也。數質龍也，皆天所垂之象。聖人以衮冕車旂則之，則象著，而象之所以藴而爲道者，于此顯矣。郊非所以明天道乎？

按：王之祀天，内服大裘，外被龍衮，所以襲大裘也，《經》言“天子龍衮”是也。以象天，作釋義看，衮有日月星辰之章，是象天文也。服有六而冕則一，璪者，聚采以貫玉，而有華藻，故謂之璪。巾車之職，王玉路以祀，而此乘素車殷之木路也。玉路，即道之車。素車，則即壇之車。固有兩車也。

司常掌辨九旗之名物，日月爲常，交龍爲旂，旂有升降之龍而已。蓋無三辰，而云龍章而設日月，何也？曰此大旂也，非諸侯之所常建，故其上又有日月星辰之章，以祀天神非特有升降之龍也，此皆周制。“天垂象”二句，根上文作遞下語，道不盡于象，而亦不出于象，則其象欲緣象以會天載精微之妙也。象者，道之迹，道者，象之理，深看些纔是。

“帝牛不吉”節，明推祖配天之義也。然配上帝，却從天神人鬼並祭上見出，此又聯絡之意。“帝牛必在滌”二句，是上二句之故。“所以别事”句，又是推此二句之意。“萬物”二句，又言推祖配天之禮。末句，著其爲禮之大，兼報本反始而言。夫郊祀后稷配天，牲有帝牛、稷牛，至期卜吉而用。若帝牛不吉，則易稷牛以爲之，而别選稷牛。蓋帝牛必在滌三月，而後可用，如稷牛，則惟取具用而已，不必在滌也。所以然者，帝爲天神，遠而尊，稷爲人鬼，近而親，故事之不同也。然郊祀后稷以配天者，何哉？誠以萬物之生成本乎天，人之相繼本乎祖，是天者群物之祖，而祖者吾人之天，其功同也，此所以推后稷之祖，以配享上帝也。或帝天而不及祖，亦爲報本反始。郊則祭天以報反物之本始，而又祭祖以報反人之本始，故前曰“報本反始”，而此曰“大報本反始”也。

按：周人郊祀后稷以配天，使充人養二牛以爲牲。滌者，牢中清滌之所，報酬以禮，反追以心，串看。夫《孝經》言郊祀后稷以配天，宗祀文王於明堂以配上帝，是祖之所配者天，考之所配者帝，此言萬物本乎天，人本乎祖，而反言配上帝，何也？天言其體，帝言其用，故對言則天與帝異，離言之則帝即天也，大即帝也。《易》之《象》曰：“先王作樂崇德，殷薦之上帝，以配祖考。”其言上帝與此同意。

“天子大蜡八”十一節

此詳蜡祭之義，總見天子重農事意，分爲兩段，首節至“皮弁”節，言神以相功于幽，則祭以報其功，“黄衣”以下，言民以致力於明，則勞以節其力。

“天子大蜡八”節，“伊耆氏”一句，是蜡之始，“索也”二句，是蜡之義。天子之蜡，大蜡也，祭之神有八神，立蜡始自帝堯，其來遠矣。其義維何？言求索其神而祭之也，此句宜渾。“合聚”句，釋所以索神之故，言歲十二月，萬物歸根復命，有合聚之功，然成物之功，神實相之，故凡些須有補于農事，皆搜剔而享祀之，示報也。

按：蜡祭，云大者，對諸侯、大夫之蜡而言。八神見下文，以經文爲正，先嗇一，司嗇二，百種三，農四，郵表畷五，禽獸六，坊七，水庸八，是也。一云，分貓虎爲二，固非。即以昆蟲爲一神，亦非。蓋百種含無窮生意，若非百種，即農稷不能以徒手成稼穡之功，郵表畷、坊、水庸尚祭，况百種乎？至昆蟲爲民害者，田獵田豕，尚迎貓虎以食，乃反祭耶？信《注》不信經，可笑之甚。伊耆氏，或謂古天子號，或謂神農，或謂帝堯，或又以爲古官名，以其有功于耆老，故後世以官爲姓，至周又以其姓名官，徧考總無確據，闕疑可也。歲十二月，即夏建丑之月，不曰“萬物合聚”，而曰“合聚萬物”，此八神合聚之也，正見有功處。一云，“合聚”二字屬人，非是。索享非特八神，所重者八神耳。

“蜡之祭也”三節，分釋八蜡之神，正是索神而饗之實事。首節蜡祭有主有配，主先嗇，以神農爲八神之主也，祭司嗇，以后稷爲先嗇之配也。蓋先嗇、司嗇，一則始爲耒耜，一則教民播種，及司百種之神，皆有教民稼穡之功，故索祭而報之也。“饗農”節，“饗”字貫下三項，“及”字貫下兩項。古之田畯有功爲農，田畯居郵舍以督耕，爲郵表畷。又禽獸即貓虎，亦有功於田者，今皆饗而及之，祭報其功，仁也，祭所當祭，義也。而由人及物，兼而祭之，則報反之心已極，而處置之宜已備矣，仁之至，義之盡也。“古之君子”節，“使”字、“報”字，貫下食鼠、豕，備農事而言。人之有功，固所當祭，而物亦祭之，何哉？蓋以古之君子，莫不因其才而使之，使之有功，必有以報之，使人之術也。今之迎貓，爲其食田鼠之功也，迎虎，爲其食田鼠之功也，迎而祭之，示報也。又祭坊及水庸，坊能蓄水障水，庸能受水洩水，能蓄能受，則不苦旱，能障能洩，則不苦潦，皆爲農事之備，亦報之之義也。嗇，與“穡”同。

按：《注》中司百種之神，則百種的作一神看。貓與虎去田害，坊與庸爲水備，皆其本性，君子雖未嘗使之，然我爲民之心，欲其入市，而彼能爲我除害備農，若爲役使然，是即使之，故祭而報之也。以上或言祭，或言饗，或言迎，互相備也，總是重本之意。

“曰：土反其宅”節，蜡祭必有祝辭，曰土所以培稼穡，今歲固無崩圮矣，來歲亦欲反其宅焉。至水潤稼穡，昆蟲害稼穡，草木妨稼穡，其祝倣此，于今日而預爲後日之祝，正先王殷于農事處。昆蟲，螟蝗之屬。

“皮弁素服”節，皮弁素服，送終之服，而蜡亦送終之事，物之助成歲功者，至此而終故也。帶不以麻而以葛，杖不以竹而以榛。若喪也而實非喪，故爲喪禮之殺也，以是臨祭，豈無謂哉！蓋有功不報，非仁也，今不惟報人之功，而又報物之功，是無德不酬，實爲仁之至已。報功不當，非義也，今服似乎送終，而禮寓乎喪殺，是行皆合宜，實爲義之盡已。

按：《周禮·籥章》“國祭蜡，則龡《豳》頌，息老物”，以物老，故素服，物老將終，故葛帶榛杖。素服送終是仁恩，葛帶榛杖示陰氣斷割。前仁至義盡，只就本節一“及”字見，此仁至，却是撮上文而結之，義盡又只就本節説。此二句重義盡上，不可與仁對。

“黄衣黄冠”節，言蜡祭異服，見息農之義，下即義而申釋之。蜡祭則皮弁素服，蜡畢而行先祖五祀之祭，人君必服黄衣黄冠者，以有息農之義也。此黄衣黄冠，何以有息農之義？蓋野夫所服者黄冠，黄冠乃草野治田之服，今服其服而祭之，蓋示既蜡之後，將縱去酣暢爲樂，而不復勤動矣，故曰“息田夫也”。

按：黄爲土色，土爰稼穡，所以田野之夫皆服黄冠。田夫如何當息，終歲勤動？至此當休息之，然只寓息之之意，于衣服之中，非是勞酒以休之，至後面不興功，方是息之之實。息者，今歲之息，所以兆來歲之作，張弛之意也。蜡與臘對言則有别，總言之則皆蜡也。

“大羅氏”三節，首節諸侯之貢助蜡祭也，使者尊野服而致貢，表從王之義。下二節羅氏述王命以致戒，見愛民之仁，總重農意。

諸侯貢鳥獸以助蜡祭，笠乃田野之服，使臣服之致貢者何？正以尊此野服也。蓋言諸侯君臣服此草笠，馳于田野，驅獲禽獸，共王祭祀，今致貢亦服之，所以尊重此服，而示其有從王之義也。次節使者將返，羅氏以王命出鹿與女於庭，詔示使者以歸戒其君曰“好田獵、好女色者，必亡其國”，非專爲諸侯也。言農民終歲勤動，而得一日之息，不可以禽荒色荒而病民也。三節，羅氏又令使者歸戒其君曰“天子樹瓜華，非與民爭利”，凡物可斂藏者，遠取貢賦而足，不必自樹，今瓜華是不斂藏之種，難於遠致，天子樹之，取貴時新以共寢廟耳，非專言天子之儉德也。蓋小民終歲之勤，而有一日之積，諸侯貪利剝民，多效尤於天子，故明其意以示使無藉口也。天子非好田，供祭祀也，非與民爭利也，供寢廟也，見諸侯當體天子德意，此以上皆天子之蜡禮。

按：大羅氏，官名，謂之羅者，以網羅爲職。《周禮》羅氏掌羅烏鳥，是天子掌鳥獸之官也。《周禮》不云“掌獸”，此云“獸”者，以其受貢獸故也。四方諸侯有貢獻鳥獸者，皆入屬大羅氏也。獻禽之使，諸侯之卿大夫也。戴草笠而至，雖所以尊王，重農邊較重。羅氏受貢畢，使者辭，則致鹿與女於庭而詔之，致鹿與女，非每國輒與鹿、女，羅氏以鹿與女示使者爾。一云，以鹿、女致還，亦通。瓜華，瓜與果蓏也。木實曰果，桃李之屬，蔓生草實曰蓏，瓜瓞之屬，果即華之成實，蓏即瓜之總名。彼言瓜蓏，此言瓜華，互相備也。斂藏，收貯之意。蓏，音裸。

“八蜡，以記”節，前半爲侯國所制之蜡，既蜡以後，兼王侯而言，要看謹民、移民、息民三意。謹民財，欲其留歲終之用，爲來歲經費之資也。移民財，欲其暢今歲之懷，鼓來歲東作之興也。蜡而息民，欲其養歲終之餘力，舉來年當爲之務也。不外節財力意，見王者息農，自上而達於下也。

先王于諸侯之國，使皆行八蜡之祭，因以記四方之豐凶焉。以記其凶者言，此方五氣不時，若而弗順，百穀不豐登，而弗成八蜡之神，不得與諸方通祭，所以使民謹慎財物也。以記其豐者言之，順成之方，其蜡之八神方與諸侯通祭，以民財稍可寬舒用之，所以縱其酣暢爲樂也。然既蜡之後，五穀皆收斂，而民可休息矣。夫農民終歲勤動，至此始得休息，故既蜡，君子不得復興土功以勞民也。

“恒豆之菹”節

此言諸侯陳豆之禮，不得比隆于天子也。二“豆”字俱兼幽明，明爲每日常進之豆，幽爲朝薦饋食之豆，此恒豆也。明爲常進有加之豆，幽爲祭末酳尸之豆，此加豆也。隨所用之豆，而異所實之品，然有水物則不得兼陸，有陸則不得兼水，視天子之水陸兼用者，不敢上同，此爲諸侯之祭，然亦大約言之，義在下文交神意，不專在天子、諸侯之别也。

按：恒豆之菹，菹，酢菜，酢即醋，乃淹菜而味酸者，水草之氣所生，昌本及茆也。醢，肉醬，則鴈醢、兔醢，陸地所生之物也。加豆之菹，用菁菹、葵菹，陸產也，醢則蠃醢、魚醢，水物也。菹、醢，皆以豆盛之，備陰陽之義，只在方内，未嘗出方外，取豐儉適中意。常説兼幽明，蓋以恒豆中之朝事爲清，朝先進口食，又因醢人亦掌共王内羞，故有此説。今有祭禮，王薦腥，后亞獻，于是朝事之籩豆，王薦熟，后亞獻，于是薦饋食之籩豆，則祭明有朝事也。安可謂朝事謂人食而非祭乎？况諸説俱指幽祭一邊，從之。

“籩豆之薦”二節

此兩節舉天子郊廟之禮物，因著其爲禮之稱也。首節廟祭，遠于人欲以後之情。次節郊祭，反乎本然未琢之性。要重二“所以交”的“交”字，須知遠于人之私情，便是契神明精意之處，一與俗情相近，即間隔而不交矣。尚乎物之本質，便合神明自然之處，一與華美相近，即睽貳而不交矣。上節以事事去便安爲交，下節以物物肖真性爲交，如是而後宜，總頂上郊廟説。耆，與“嗜”同。卷，讀曰衮。

“籩豆之薦”一段，承上陸產、水物而言，下因論籩豆而悉數之，末二句是推用物遠于人情之故，精神全在幾個“不”字上着緊，所以交神明者全在此。今夫宗廟之禮，必有籩豆之薦，不過水土之品而已。蓋不敢用常褻味而貴水土之多品，所以交于神明之義，自有其道。若尋常食味之道，則味不厭其褻，品不貴其多矣。用是知先王之薦于祖考，可餕餘而食，然質而無味，不能悦口也。若夫衮冕路車，先王所遺陳之以依神，是尊嚴之服器，不可供玩好也。萬舞《大武》示壯勇之容，舞之可也，不可以爲娱樂也。宗廟乃威嚴之地，嚴宗廟不可寢處以自安也。宗廟有行禮之器，重宗廟不可利用以爲便也。凡以交于神明者，尚誠敬而質，若同于所安樂則失之褻矣，是豈交神之道哉！

按：此節當作兩段看，兩個“所以”字正相對，上重奉神，下重戒人，不可把先王之薦接上文看。蓋可食不可耆，是禁戒口氣。籩豆前言實，此言薦，實者實之于中，薦者薦之于上也。前止言褻味，此加常者常食則褻也。義言其所宜道，言其所由，不可耆。一云，食之有節，非祭器不若燕器之利，而便于用，可用也，亦不過餕時用之耳。一説，用以祀神，更妥。安樂者，謂所安而樂之也。

“酒醴之美”節，此條專言郊祀，舉其美者以形之，益見其尚質，而更以美爲安褻之甚，是進一步意思。本始質樸，總是一個質，精神全在數個“貴”

字、“反”字、“尊”字上着緊，所以交神明者全在此。末三句總申其義。夫先王當郊祭之時，酒醴美矣，而玄酒明水是尚者，以此爲五味之本而貴之也。黼黻文繡美矣，而疏布是尚者，以此爲女工之始而反之也。莞簟安矣，而蒲越藁秸是尚者，明其禮之異也。太羹惟肉汁而不和者，貴其味之質也，大圭所搢，不加琢刻者，美其體之質也。丹漆雕幾美矣，而素車是乘者，尊其車之朴也。凡若此者，惟去煩以就簡，貴其質任之自然而已矣，此何以故哉？蓋以交神明之義，主于誠敬，不可同於所安褻之甚也。夫天道至大，無物可以稱其德，必如是之貴質，而後可以報其德，此交神明之道爲宜耳。

按：玄酒、明水不平，玄酒以明水爲之，尚謂尊上，列尊在三酒五齊之上也。味以淡爲本，感于鹹，作于酸，化于苦，窮于甘，變于辛。玄酒明水，則淡而無味，故曰貴，五味之本也。黼黻文繡，皆色之美者，布之精者升多而密，粗者少而疏，女功始於粗，而後至於精，疏布之尚，故曰“反女功之始也”。蒲越藁鞂，藉神席也，明之也。一云，謂其潔著，蓋有白賁之質，斯有中孚之誠也。雕謂刻鏤，幾謂沂鄂，言尋常車，以丹漆餙之以爲沂鄂，而祭天則乘素車，尊其質樸也。“貴其質而已矣”句，包上酒醴以下諸事言。前曰“不可同於所安樂”之義，此曰“不可同於所安褻”之甚，樂猶有義焉，褻則甚矣。重“宜”字看，《注》云“宜，即稱也”。

“鼎俎奇而籩豆偶”節

此明宗廟之用器，各有其義也。祭器之設，鼎俎用奇，籩豆用偶，曷取于奇偶也？蓋鼎俎以盛天産，天産陽也，籩豆以盛地産，地産陰也，此以陰從陰，以陽從陽之義也。宗廟之尊有黄目焉，盛鬱鬯之酒，以黄金鏤其目，鬯以灌神，于禮爲重，故列在諸尊之上也。然名黄目何義？色之黄屬于中央，人之目其精則水，其光則火，氣之清且明者，今餙尊以黄目，蓋鬱氣酌于中，而清明達於外也。惟酌于中，則有取於中央之色，惟清明于外，則有取於清明之氣，夫是以餙之黄目也，以爲上尊，不亦宜乎？

按：“上尊也”截，下是言餙之義，非立名之義。“黄者”二句，先泛論黄目之義，末一句始合言而正解也。《明堂位》云“周以黄目”，是周所造也。六彝之次，虎彝、蜼彝、雞彝、斝彝、黄彝，黄彝乃六彝之最下者，而在六尊之上，尊先大，彝先小，故曰“上尊”。天子則黄彝之上有雞彝、鳥彝，備前代之器，諸侯但有黄彝，故於諸侯爲上也。酌，貯也，非沃灌之謂。酌於中，以鬱酒言。清明于外，以芬芳之氣言。蜼，音位。

“祭天，掃地而祭”節

此言祭物貴質之義，大意與前篇同。以祭天言，禮惟掃地而祭者何？蓋至敬無文，故不坎不壇，法其自然質性而已矣。醯醢之美弗尚也，而惟煎鹽之是尚，蓋鹽雖由人煎鍊而成，實則天產自然之物，故尚之而列于醯醢之前也。至於宗廟中割牲，割刀非不用也，而鸞刀之貴，貴其義之妙也，蓋刀能斷割，莫不爲義，此則斷不徒斷，聲和而後斷，夫和非斷則牽，斷非和則劇，和則劌，已有怵然爲戒，惕然爲止者，其爲游刃之餘可知，此其所以克貴也，即是而觀郊祭、廟祭之一事一物，何不有義也哉！

按：諸説“貴其義也”句虚，夫“義”不是“仁義”之“義”，貴其有斷制之義，聲和而後斷者，以義在天下，和方謂之斷，不和是操切，不是斷了。天以秋肅萬物，而和之以兑，聖人以義制萬物，而和之以仁，鸞刀以和濟割，亦此意也。

“冠義：使冠之”八節

此詳冠禮之義也。“冠義”二字作冒，首節始加之冠，重遵古制意，次節冠適子之禮，各有其義，“委貌”三節，備言三加之冠，“無大夫”二節，言冠禮止於士，末節，結言冠義之大也。

“冠義：始冠之”節，禮必有義，冠禮之義何如？冠有三加，其始冠則緇布之冠也，蓋太古冠布，齊則緇之，以陰幽思也。後王重古，故始加用之，亦尚質主玄之意，然而無緌，其有緌也，孔子曰“吾未之聞也”，然此冠非時王之制，但暫用而敝棄之可也。凡存古禮者，宜尊古制，失古之制，則失古之意矣，故孔子感緇布冠之緌而曰“未聞”。

按：緇布爲之，不用笄，用頍以圍髪際，而結於項中，因綴之以固冠，而無垂下之緌，蓋緇布純素質朴，太古所尚，緌有垂散之意，漸散其朴，非古之意，非天子不議禮，雖孔子亦不得不從當時之所尚，則冠之有緌，雖非禮，但冠而敝之可也，見常戴之冠，不必拘于布無緌意。《玉藻》云“緇布冠繢緌”，是諸侯位尊，盡飾故也，然亦後世爲耳。頍，音器，青組纓也。

“適子冠於阼”節，釋冠禮節次之義。其著代關一代之興衰，有成則能立家業之根基，志廣則能善繼先人之志事，名重則能備成人之行，克振家聲，故以此禮期望之。此適子有國家天下之責者，夫適子之冠，必於阼階上東序行之，明其有代父之責也。蓋阼階廟中東階主位也，父在則父爲主，父老而傳，則適子爲主，示當勉力以承付託之意也。醮之必于客位，待之如賓，是加禮于有成之人也。始加緇布冠，再加皮弁，三加爵弁，以漸而愈尊，所以曉喻之充廣志意，以稱彌尊之服也。冠畢而賓字之者，以其成人，故敬其名而不稱，惟稱字也。

按：此適子之禮，若庶子則冠於房户外南面，醮亦户外，以冠禮考之，非特冠彌尊，而衣履亦然，至祝詞醮詞亦然，所以喻其志一而已。彌尊者，緇布之粗，不若皮弁之精，皮弁之質，不若爵弁之文是也。志不外彌綸參贊，皆男子之事。敬名，重勉適子意，賓客敬其名，則備孝弟忠順之行以自敬者，自不容已矣，不可淺看。

“委貌，周道也”節，此一條是始加之冠。有曰“委貌”者，以安正容貌爲義，周道也。有曰“章甫”者，以表明丈夫爲義，殷道也。有曰“毋追”者，但以形之椎爲義，夏后氏之道也。

“周弁，殷冔”節，此三加之冠。至三加則其道有進焉，容儀日整，則光輝日以充滿。周則之弁取大之義，英華忌其太露。殷之冔取覆而藏之意，其朴愈敦，則真性愈不散，夏所以取收而純于實也。

“三王共皮弁”節，此再加之冠服，然又有相因而不變者，三王共皮弁素積，蓋敦本尚實，立身之根基，成人之雅道，此其再加三代之同也。

按：皮弁以白鹿皮爲之，其服則十五升之布。白與冠素積者，以素爲裳，而辟積其要中。用皮弁，象上古也。素積，取相稱之意。重冠上，服帶言耳。上二節三代不同者，以趨時也。此一節三代共之者，以立本也。辟積，謂疊幅也。

“無大夫冠禮”二節，言禮有士冠禮，而無大夫、諸侯、天子冠禮之義。冠禮之名器一加，則終身之名位不可易，天子、諸侯、大夫之子未必其賢德何如，可以此禮妄加之哉？正見冠禮爲正名定分之極重者，所以不苟也。

是冠禮也，貴賤無不行之，而禮止于士，自士而上，皆有不必特異者，是故其在大夫，無有冠禮而有昏禮。古者五十而爵，乃既冠之後矣，何大夫冠禮之有？不惟大夫也，雖諸侯亦無冠禮，或有冠禮者，夏之末世所造也。當夏之盛，何諸侯冠禮之有？不惟諸侯也，天子之元子，雖成人有冠，亦倣士之禮也，何天子冠禮之有？所以然者，正以天下必有德乃有位，無有生而遂貴爲天子者也。推而至于繼世以立諸侯，或公、侯、伯、子、男，爲其能象先人之賢德也。推而至于授官以爵人，或上大夫，或下大夫，皆隨其德之大小而爲隆殺，然則天子、諸侯、大夫之子，未必有可貴之德，有象賢之德，有可官之德，是未居其位也，而安得有冠禮哉？夫有位者，古無冠禮，而今則有之，猶士之無位者。古無謚禮，而今則有之，變禮可勝言哉！故曰“死而謚，今也，非古也”，知無謚則知無冠禮矣。

按：古者二十而冠，五十服官政，此大夫所以無冠禮也。古者三十而有室，則大夫亦不當有昏禮，有之者備改娶也，今亡矣。昏禮不重，帶言耳。諸侯冠禮以末造言，非先王之舊，此諸侯所以無冠禮也。天子之元子，適長子也，其初亦士也，故其冠但用士禮。“天下無生”句，此天子元士之無冠禮也。天子且然，况諸侯之世子乎？諸侯且然，况大夫之適子乎？無生而貴，指天子說。“繼世”二段，乃是即諸侯、大夫之無生而貴，以形出天子來。死而謚，今也，以士言，謚有行之迹，生有爵，則死請謚。叠叠從大夫推到諸侯，從諸侯推到天子，又推到立諸侯、官爵人，總之是正名分當謹于其始意。一云，成王冠頌，如誠有之，意者欲成王修德，故因仍夏末之禮，而使祝雍作頌勗之耳，安可取以補《儀禮》之逸乎？

○“禮之所尊”節

因言冠義而推言禮之尊以其義也，俱泛説，冠義只首尾繳。首二句“義”字，就在禮中精微處見，謂身心、性情、人倫、物理無不關焉，故曰“義”，在天下後世遵奉此禮見出尊意。“失義”二句，只透出個義之當尊意，知而敬守，正是尊處，禮者治天下之具，而所以治天下，則禮之義也，此禮之義所以可尊。

即冠義而推之，先王制禮，必有精義，禮之所以爲尊，正以其義可尊耳。若失其義而徒陳其數，則禮亦祝史之事，而不足尊矣。故禮之數，顯于迹象，祝史之類，可得而陳，易知也。禮之義，原于性命，非睿知之人，不可得而盡，難知也。若知其義而察之無不精，敬以守此義而由之無不盡，則以防範人心，綱維世變。天子之所以治天下，當不越此。甚哉義之尊也，豈徒一冠禮也哉！

按：《注疏》以此節與上七節爲一章，看來此節不承冠禮，亦可，故前列八節，而後又另作一節。

○"天地合，而後"五節

此詳昏禮之義也。前四節未成昏時所行之禮，末節正成昏時與既昏後所行之禮。

"天地合"節，首二句言昏禮所係之重。"取于異姓"二句是一項，釋異姓之義。"幣誠辭腆"五句是一項，釋"幣誠辭腆"中所寓之義，如此則有以正其始矣。"一與之齊"三句，言能正其終也。

天地合，而後萬物興，男女不合，萬世孰始乎？夫昏禮爲萬世之始，猶天地爲萬物之始也。其大如此，其禮可不重歟？取於異姓者，所以附于遠而厚其別也，幣以將昏姻之意，必誠而不濫惡，辭以通昏姻之情，必腆而不輕瀆，此二者所以告戒爲婦者正直誠信之行也。蓋信者事人之道，婦人之德，欲其事人而修德，故以是告之也。信而無僞，則直在其中，而始進以正矣。始之以正，將以正其終也，故共牢而食，既與之同其尊卑，則終身從之，不可復改而他適矣。以不可改，故夫死不嫁，凡以直信故耳，則安得不正之于始，而致其誠腆也哉！

按：遠對近看，指女家言也。《注》託于"遠嫌"之義，非是。欲其別，故取于遠，而遠不附，則情無以通，遠附而別厚，故曰"附遠厚別"也。告以直信，宜渾承，不宜以直承辭腆，以信承幣誠。直信者何。蓋直信之道，施之則以事人，如順舅姑，和室人，當于夫是也。存之則爲婦德，如德言容功是也。此二句正直信之實，上兼言直而下不釋直者，信該得直也。

"男子親迎"節，此釋親迎奠雁之義。一是男子親迎，而倡隨之義廣；一是執贄相見，而關係之道大。男先爲義，執摯爲別。"無別"二句反結上文，以見二禮所係之重也。

夫昏禮必親迎者，男倡于女也。蓋男陽剛，以倡爲義，女陰柔，以從爲義，其義已寓于此也。豈惟男女，乾知始，坤從而作成之；君出令，臣從而致行之。天剛地柔，君剛臣柔，其剛先于柔之義一也。必奠雁以爲摯者，以敬章别，不敢褻也。蓋男女有别，不獨男女已也，閨門之内，倫理明而恩義篤，然後父子親；父子親，則親疏上下，各得其宜而義生矣；義生則經曲隆殺，皆有節文而禮作矣；禮作則尊者尊，卑者卑，厚者厚，薄者薄，不凌不瀆，就是安了，所謂人有禮則安也。無别無義反是，安得不執摯以章别哉！

按：剛、柔不專在一“先”上，須看“之義”二字，乃寓其義于此耳。其義一也，只就天地君臣説，不可又兼男女。父子相親，出於天性自然，而曰男女有别，然後父子親，何也？蓋男女無别於内，則夫婦之道喪，而淫僻之罪多，雖父子之親，亦不可得而親之也。義、禮、物皆屬彝倫，俱根别來，但義生是親親之殺，自然本等分限，至禮作，方是以禮去隆殺他，安則彝倫攸敘矣。四“然後”字，皆難辭，不可看，自然萬物凡兄弟、君臣、朋友皆是。

“壻親御綏”節，“天下也”截，上釋親御授綏之義，見親敬關天下之大事，下釋壻車在前之義，見親迎關身倡隨之義。夫壻親御婦車而授之綏遠者，所以示親愛之也，己先親之，乃所以使婦之親己也。執摯以致敬，而又親御以致親，豈惟行于男女然哉？雖古先王得天下之道，亦不外此。蓋夫婦人道之始，閨門萬化之原，充其敬則不敢慢于人，充其親則不敢惡于人，德教加于百姓，刑于四海，民心悦而天下得矣，此昏禮所關之大也。出乎大門，男車帥女，女車從男者，夫婦之别，自出門而始也，婦人以順爲正，從人者也，是以有三從之道，今之從男，正明此義之由始也。夫之爲言丈夫之美稱也，謂其有以知帥人之義，今之帥女，正明此義之由始也。古者夫義而婦聽，豈偶然哉！

按：“親之”“之”字上指婦，下指夫。親御授綏，固所以親之，然必親迎親御，亦所以敬之也，故曰“敬而親之”。男帥女從，雖今日一時事，而他日夫婦之義，即自此出門始。“從人”、“帥人”兩“人”字，説得闊。夫也，解“夫”字，下二句又解丈夫之義。帥人而不帥于人，如爲家國之表儀，天下之法則皆是。《易》曰：“恒其德貞，婦人吉，夫子兇。”《象》曰：“夫子制義，從婦兇也。”不明“知帥”之義，必蹈從婦之兇，丈夫宜審所帥哉！

“玄冕齊戒”節，此釋玄冕齊戒之義。冕而親迎，且致齊戒以事鬼神陰陽之道，而用之昏禮者，將以求助爲社稷祭主，將以求合繼先祖後嗣，是昏禮之行爲社稷宗廟也，安得不以敬社稷先祖者敬之，而玄冕齊戒乎！

按：陰陽即鬼神，《注》解陰靈、陽靈，甚明。一云，陰陽謂夫婦，以事鬼神之道而施諸陰陽之配者，非。主如人主，婦之主爲先祖，後以傳世言。一云，皆主承祭，以《注》有承先祖之廟也，此大夫以上禮，故言及社稷。若士則爵弁纁裳，無玄冕之文也。社稷先祖，正是鬼神陰陽，玄冕齊戒，只是一個“敬”字。

“共牢而食”節。“共牢”九句釋共牢用器之義。“厥明”八句釋餕餘降階之義。“昏禮不用樂”五句釋不樂不賀之義。凡六件。夫牢以盛牲體，共牢則夫婦不異牲，所以同尊卑也。然所以同尊卑者何？蓋爵齒同于夫，尊卑之體原同如此，此所以共牢以同之也。其盛酒之器用陶，酌酒用匏，尚禮然也。上古洪荒之世，民俗質朴，所尚之禮如此，本非爲作牢設也，後三王作爲共牢之禮，亦用陶匏，蓋陶匏器之始，昏禮夫婦之始，不忘始也。三代且然，况于今乎！“厥明”三句，所以示私而親之以恩也。舅姑享婦，降自西階，婦受享，降自阼階，示以室與婦，而使之爲主也。男以女爲室，與著代同義。昏禮娶婦，幽陰之義也。樂，陽氣也。不以陽事干陰事，故不用樂也。昏禮不賀者，子承父，婦代姑，相承之序則然，非孝子所忍，故不賀也。

按：盥饋，盥潔而饋食也。私恩也，猶今恩私，指餕餘言。娶婦者，陰禮，便爲幽陰，若以思嗣親爲幽陰而感傷，不用陽暢而喜悦，亦通。《周官》大司徒“以陰禮教親，則民不怨”。晋裴嘉昏會，酒中作樂，薛方士非之，知其義矣。不賀，重人子不忍上，或謂專在次序，當然不必賀者，非。

“有虞氏之祭也”四節

此言三代之祭異尚而敬同也，指天之諸侯廟祭言，非大夫、士禮也。上三節至“羶薌”作一例看。“凡祭”句，總頂慎在心之敬上看，蓋太和保合之日尚氣，文明將宣朗則尚聲，世味醲郁則尚臭，然聲氣之所爲，臭則氣之所結，尚聲臭，即尚氣也，特時不同，故所尚異耳。

“有虞氏之祭”節。首二句作冒，以鬼神之享，在誠不在味，故“尚氣”。中一句，申其實。末句正足上意。有虞氏廟祭以用氣爲尚，故初以血詔神于室，次薦腥肉于堂，又次薦爓肉于堂，皆未熟之物，取此有氣以寓誠敬，可交神明于冥漠耳，非尚氣乎？

按：尚氣之意，亦以味近人而褻，氣遠人而尊也。然爓之氣不若腥之全，腥之氣不若血之幽，故其序如此，不重序上，要知朝薦血腥、饋食爛肉，又有報魂求陽、報魄求陰意，虞氏近古，猶有茹毛飲血之風，故爾。

“殷人尚聲”節。首一句作冒，“臭味”四句申其實，“聲音”二句又言尚聲之意。殷人之祭廟也，以聲爲尚，尚聲何如？牲未殺也，滌蕩其聲，樂既闋，然後迎牲，牲未迎而先作樂，是謂以聲爲尚。其必尚聲者何？天地間無非鬼神所在，而聲音之感無間幽顯，以聲音號呼而詔告之，庶幾其聞而來格來享也。

“周人尚臭”節。下二段非陰陽言之，能上達則爲陽臭，所以求諸陽，能下達則爲陰臭，所以求諸陰。夫周人之廟祭尚臭，故灌必有鬯，而又擣鬱金草之汁合之，愈有芬芳之臭，以是灌地而求諸陰，于是臭陰達于淵泉之下矣。其灌也，正灌用圭瓚，亞灌用璋瓚，以玉鍾山川精潤之氣，故用之也。既灌，然後迎牲，是先致鬯，玉氣于陰以求神，故曰“致陰氣也”。不特此也，以蕭蒿加牲之脂膋，合黍稷而焫之，以是羶薌而求諸陽，于是乎臭陽達于墻屋之上矣。是禮也，行于薦熟酌奠之後，故既奠然後焫蕭合羶薌，是其時也，此皆尚臭之道也。合而觀之，三代之祭，雖有尚氣、尚聲、尚臭之不同，然心之所慎則無不同也，此禮所以貴敬也。

按：周人尚臭，冒下陰陽看，臭者氣之總名，此則香氣也。鬯人釀秬米爲酒謂之鬯，鬱人和以鬱金香草汁，使香氣滋甚。“臭陰”“陰”字當“下”字看，致陰氣，兼上鬯、玉兩項，是以臭求諸陰也，又以求諸陰爲未足，故又以蕭染脂，合黍稷而燒之。牲之脂膋，白者爲脂，黄則會爲膋。“臭陽”“陽”字當“上”字看，既奠，祝先酌酒奠于鉶羹之南也，此時堂上事尸禮畢，將迎尸于户内，而薦熟，蕭脂黍稷之燒正在此時，非再焫也。“焫”當“燒”字看。羶，脂膋氣。薌，黍稷香氣。是以臭求諸陽也。“凡”字，兼三代言，此指尚氣、尚聲、尚臭言。致敬慎以冀神之享，一也。所尚異，尊時制也，所慎同，重立本也，是總結上文意。一云，此句推開到後人行祭上説，求鬼神之禮，三代已盡了，後人要慎而行之，不徒襲三代之禮，而且得其慎也。亦可從。

“魂氣歸于天”節

此詳祭禮之義，指天子、諸侯言，非大夫、士禮也。“先求諸陰”截，上是申上文求諸陰陽之義，下是釋祭于室堂即祊之義，下又因上推言之，不平。

人之生也，受氣于陽，陽輕清而上浮，故死則魂氣歸于天；受形于陰，陰重濁而下凝，故死則形魄歸于地。故祭之求陽者報魂，陽之義；祭之求陰者報魄，陰之義也。五聲五臭，各有陰陽，然聲以氣動而生，故凡聲者皆陽；臭以氣留而生，故凡臭者皆陰。殷祭以聲音，而先求諸陽，則求諸陰者可知。周祭感以臭氣，而先求諸陰，則求諸陽者可知，特此先彼後耳。然而求神之心，何嘗不同哉！故正祭時，祝取牲之膟膋，入告神于室，及灌鬯後，坐尸于堂，殺牲于廟庭也，升首於室也。正祭薦熟，祝官以祝辭告于神主也，求神而索祭，則又祝于祊焉。夫先王之祭，求神非一處，或在室，或在堂，或遠在廟門外，所以然者，以鬼神無形與聲，豈知所享果在彼室乎？果在此堂乎？或遠離人而不在廟乎？故既求于室，求于堂矣。今又祭之于祊，或本日在廟門内，或次日祀廟門外，庶幾可求于陰陽以報其魂魄乎，是祭之漸及于遠者，意蓋如此。

按：尚氣屬陰，尚聲屬陽，尚臭薦陰陽。“故祭”句發其義，不言虞氏者，虞氏尚氣，是亦先求諸陽也。“彼”、“此”、“遠人”字括盡上文，非專重祊。末二句只言祭于祊，又特舉遠者該之，當緊屬“遠人”句來。夫廟門之旁，豈實爲遠人乎？故以尚言之。

○“祊之爲言倞也”節

此釋天子、諸侯祭祀儀物之義也。祊之爲言倞也，倞，遠也，即上文求諸遠意。肵之爲言義加敬于尸也。尸未入前，祝使尊賓客，設神俎以事其先矣。及尸入正祭之時，又設肵俎，人君嘏詞有富，曰“荷天之寵，百禄是總”，此禄之富也，曰“眉壽萬年，勿替引之”，此壽之富也。福莫大于禄，亦莫大于壽，故曰“福”。牲體首在前，升首而祭，取其與神坐相直也。立祝以相者，所以詔侑于尸，欲其享此饌也。尸使祝致嘏辭于主人，嘏有長久之義，《天保》所謂“降爾遐福”也，又有廣大之義，《楚茨》所謂“以介景福”也。尸，陳也，所以陳列神象，使人可瞻仰也。《注》云當爲主之義，亦宜知。殺牲之時，先以毛及血告神者，血在内，告幽之物，毛在外，告全之物也。告幽、全之物，貴其表裏純善之道也。

按：“嘏”句，兩釋嘏詞之義，見祖宗貽謀燕翼，垂裕后昆意。“長”是直説，謂自身以至于子孫。“大”是横説，謂自家以及四海，皆兼禄壽言，此更渾成。幽者，言牲體内裏美善。全者，言牲體外色完具。幽非止血，全非止毛，以毛血告之而已。

“血祭，盛氣也”節

此又泛舉廟祭儀物而釋其義也，作五段看。夫祭有血祭者，何血由氣？以滋氣盛則血亦盛也，貴氣也。陰陽總氣，幽明相通，惟此氣耳。祭肺、肝、心，周以金王天下，故祭肺，殷以木王天下，故祭肝，夏以火王天下，故祭心，三者皆氣之所含。以肺爲金氣所含，肝爲木氣所含，心爲火氣所含是也，故云“氣主”。隋祭，尸始入室，拜妥尸，尸祭以韭菹，時以黍稷兼肺而祭，正祭時以五齊家明水而祭，蓋祖考形魄歸地，爲陰，黍、稷、齊皆地產，肺屬金，明水屬水，金水皆陰物，木火爲陽，此以陰物而報陰靈也。薦熟時，先取膟膋燔，後升牲之首，蓋祖考魂氣歸天，屬陽，燎火司烜氏所取于日，首者陽之體，燔、升皆陽之事，此以陽物而報陽靈也。設明水及涚齊者，貴其新潔，濁則故，清則新，汙則暗，潔則明，足以將精明之德也。二句且虛，涚齊何以爲新？凡涚藉以白茅，和以明酌，澄以求清，主人新之也，明水何以爲新？蓋明水取自太陰之精，出以方諸之鑑，由主人之潔著此水也。新之屬主人，下明水由主人可例見也，要在主人心上透出“新”與“明”二義。

按：黍稷，地產，陰類也。《注》訓何謂陽也，以燔燎故爾。《周禮·司烜氏》“夫遂取明火于日，鑒取明水于月”，夫燧即金燧也，以陽召陰，夫道也，故謂之夫燧。鑒，鏡屬，世謂之方諸。蓋離者陽中之陰，于物爲火，坎者陰中之陽，于物爲水，以金燧取火，則以陽召陰，以方諸取水，則以陰召陽。夫遂以義言，方諸以體言，互相備也。

“君再拜稽首”節

“君再拜稽首”節，言天子、諸侯、卿大夫、士事尸禮異而自盡則同也。通節分三段散說。君再拜，指天子說。祭稱孝子，指士說。稱曾孫，指諸侯、卿大夫說。下“主人”兼天子、諸侯等說。夫天子事尸，不惟再拜，而又稽首，而又肉袒親割，此是敬心之至也。夫不徒曰敬，而曰“敬之至”者何？以其心之服順于親也。蓋再拜則屈體而但以手致地，是謂服順于親矣。稽首則頭及手俱至地，是服順于親之甚矣。肉袒親割，則服之竭盡而無餘，比甚爲尤甚矣。蓋因服見其敬，因服之甚且盡見其敬之至耳。士祭宗廟，祝辭稱“孝子”、“孝孫”者，子孫事祖禰之道，莫大于孝，故曰“以義稱”，有追養繼孝之義也。諸侯、卿大夫祭宗廟，祝辭稱“曾孫某”者，祭自曾祖以上，皆稱曾孫，故曰“謂國家”，有不墜先業之義也。夫自天子下及士，禮不同，其爲自盡，夫何異哉？尸必有相，相尸者惟告尸以威儀，勸尸以飲食，而未嘗告尸以讓者，何哉？蓋尸以象君父，則主人皆臣子也，尸以象祖禰，則主人皆子孫也，故主人不過自致其誠敬之心，盡其嘉善之儀而無所與讓也。既無與讓，又何告哉？

按：肉袒正爲親割，不平，重親割上。“敬之至也”且虚，下“敬之至也”，“也”字，當“者”字看，下文乃發“敬至”之義。服甚、服盡，總明一個“服”字，説明“服”字，正是要見出“敬之至”來。舊説，順服之誠在内，今又肉袒，内外皆服，故云“服之盡”。不知四“服”字俱指内説，却從外面儀容上見得，若至肉袒方云“内外皆服”，則拜與稽首獨非外乎？上士二廟事祖禰，中下士一廟，祖禰共之，故稱“孝子”、“孝孫”。諸侯有國，立五廟，祭自曾祖以上。卿大夫有家，立三廟，亦得事曾祖，故稱“曾孫某”。常説，“致其敬”以内言，“盡其嘉”以外言，即上肉袒親割等事。一云，嘉者，此心之嘉樂也，此心嘉樂而不忘，故致敬以爲祭耳。此又一見，宜知。

“腥、肆、爓、腍祭”節

此亦雜舉祭祀之儀而釋其義也。“腥”、“肆”、“爓”、“腍”是一事，豈知二句從此四物之故，“斝”、“角”、“妥”、“神”是一事，下用此一事之故。腍，若禾之熟也。腍，音衽。

夫主人事尸，或進腥體，或薦解剔，而事以神道，或進湯沈，或薦羮熟，而事以人道進此四物，豈知神所饗，在何物乎？主人不過自盡其敬心，以追養繼孝而已。即席之時，舉斝、舉角，祝告主人拜尸以妥安其神坐，蓋由夏禮立尸而卒祭，有飲食之事，今舉斝、角，正有事矣。所以祝詔妥尸坐也。然尸何爲安之？蓋尸象高曾祖禰之神也，尸既神象，則坐乃其宜矣，安得而不妥然尸。何爲詔之？蓋祝者始以主人之辭告神，後以神之嘏告主人，乃將命者也。祝既將命，則妥正所司矣，安得而不詔也？前言夏立尸而卒祭，此古者指夏時，由世尚質故爾。斝，先王之爵，天子用焉。角，時王之爵，諸侯用焉。

一説：末二句另看，尸以象神，事死如事生之意也。祝以將命，達尸與主人之情，使精意之孚也，不承“詔妥尸”來。亦可從。

“縮酌用茅”三節

此詳泲酒之法也。祭用酒以成禮，酒必涚以致潔，故以泲酒之法附于篇末。縮酌即禮齊，醆酒即盎齊，汁獻即鬱鬯。尊卑辨矣，其法尊者受和，卑者致和，以卑承尊，不容紊焉。前二節古人涚酒之法，三節証以今人之法，皆天子、諸侯之禮。作記之時，此禮已廢，人不能知其法，故復言此以曉之。縮謂泲去滓也，與盈縮之縮同，有所取則盈，有所去則縮。用茅，以茅之爲物潔白順直也，上曰覆，下曰藉。

夫醴齊用于朝踐者，其質至濁，必縮之去滓，而後可斟酌。惟至濁，必用茅以藉，先用明酌以和之，明酌，事酒也。庶醴齊之濁者不終于濁，而可爲朝踐之用也。醆酒差清，用于饋食者，不必用茅，先和以清酒而泲之，以此之清，濟彼之清，庶可爲饋食之用也。汁獻，用之灌神者，先和以盎齊，而泲之以盎齊之稍尊，和鬯之尊，庶可爲灌獻之用也。泲之皆是澄濁求清，上三項三平過。夫古人泲醴齊以明酌，泲醆酒以清酒，泲汁獻以醆酒，即如今泲明酒、清酒、醆酒，先和以舊澤之酒，而後泲之，其法一也。考古証今，總一尚潔之意。明即明酌，清即清酌。醆，音盞。獻，音莎。澤，讀爲醳，指昔酒也。

按：自“縮酌”至于“清”，是五齊中之醴齊、盎齊，見五齊卑，故以三酒泲之，明酒、清酒乃三酒之卑者也。“汁獻”句，見秬鬯尊，故以五齊弘之醆酒泲之。醆酒，五齊之稍尊者也，五齊見前。三酒，一事酒，爲事而新作者，味稍薄，不可以久，二昔酒，酒熟而久者也，其味厚，故可久，三清酒，酒熟久則醇，醇久則清。三酒之中，事酒爲濁，五齊之内，醴齊尤濁，醆酒淺于醴齊，清酒又清于事酒。

“祭有祈焉”節

此泛言祭之因乎人情也。欲神之有予也，故祈之，祈福也，因神之有施也，故報之，報有功也。因其有意外之患也，有用以辟之，辟患也。祈于未然，報于已然，辟其將來，有此三者之例。夫祭以報本爲主，則報者其常也，祈與辟皆變例也。一云，辟，如字讀。欲神之禦灾捍患，故用祭以辟之。宜知。只依《注》，皆王者爲民至情，非無益妄祀者可比。

“齊之玄也”節

此言齊時服玄之義。首二句言齊之冠服尚玄，義取于積誠，下言君子積誠之感，在齊服推到君子心上，根上“思”字來。

蓋鬼神幽陰也，齊之衣冠皆玄，所以致其幽陰之思，而求以契合于冥漠之中也。惟其思之也至，故齊而致于三日，則精誠致矣，必見其所祭之親，亦精誠之感也。

按：玄衣玄冠，順鬼神幽黯之意。凡物之理，陰則静，陽則動，幽則深，明則淺，天機之動，不足以守静，天機之淺，不足以極深，故必貴乎以陰幽也。“見”就祭時説，即洋洋如在之謂。

禮記説義纂訂卷之十一

陝西涇陽楊梧鳳閣著
兄楠龍棟定
姪昌齡三開、紹齡七來
男延齡九如
孫惺慧益較

内則

按：則，法也。閨門之内，軌儀可則，故曰"内則"，此篇記男女居室事父母舅姑之法，於曲禮之義爲多。學者能讀而行之，修身、齊家之大本得矣。愚每覽之，未嘗不流連感泣也。

"后王命冢宰"節

此醫治天下之要于齊家也。后王爲天下之君師，既能修身齊家以善其則于上矣，以爲民亦有家，不可不齊，故命冢宰頒降德教于衆兆民，使民則而效之，如此篇所云是也。

按：后王猶言君王、天子之別稱也。冢宰掌邦治德教，不外修身以齊家，家庭所行皆人性分固有，故曰德。須本天子修身、齊家有此德來，立爲敬法。降者，推心之意，使民各齊其家便是。德教包一篇言，如子事父母，婦事舅姑，少賤事尊貴，男女别内外，養老慈幼，敬宗養子皆是。只孝敬二字盡之。孝本仁來，敬本義來，就是吾性中仁義，此又是修齊根本，三代君相以父母天下爲王道，所以教天下以此。秦漢以來，外風俗而論政事，不復以人家事爲問，此古今治亂之所由異與？

“子事父母”七節

德以孝爲本，故明王立教自孝始。“子事父母”作冒，自此至“著屨”[一]，言子夙興而具冠服也，而所陳有序焉。細分之，“冠，緌纓”以上，皆在首者，“端，韠，紳”與“左右佩”，皆在身者，“偪，屨著綦”，皆在足者。“婦事舅姑”至“衿纓，綦屨”，言婦夙興而具冠服佩物也。子婦左佩皆小物，以左旁用力不便故也。右佩皆大物，以右旁用力便故也。然必夙興以修容，左右佩物以備用者，此在承奉周密處見孝心，《檀弓》所謂“就養無方”是也。以適句變承，言子婦服容佩物既具，則可以行早朝之禮矣，故同適父母舅姑之所正寢也。

按，拂髦，鄭注：“髦用髦[二]爲之，象幼時鬌，其制未聞。”陳注：“髦用髮爲之，象幼時鬌，髮爲鬌之形。”項氏曰：“髦者，髮作僞髻，垂兩眉之上。”《喪大記》“主人袒脱髦”，孔疏：“髦，幼時翦髮爲之，至年長則垂着兩邊，明人子事親恒有孺子之義也。若父死脱左髦，母死脱右髦，並死則並脱之。”陳注同孔本篇。三月之末，擇日翦髮爲鬌，男角女羈，否則男左女右。鄭注：“鬌，所遺髮也。”《正義》曰：“三月翦髮，所留不翦者謂之鬌。”髦、鬌判然兩事，注解本自明白，《儀禮》“士既殯脱髦”，《玉藻》“親沒不髦”，《詩》“髧彼两髦”，皆是物也，諸家多謂髦爲鬌，失之遠矣。朱子注《詩》，亦曰“兩髦翦髮夾囟”，郝仲輿、顧麟士亦因而認髦即鬌，皆未細考之故也。愚謂髦之制，鄭、孔已不得而詳矣，項氏之説恐亦未然。今世俗有翦胎毛爲丸，戴之兒頭，或繫之兒手者，必有所本。意三月翦髮時，翦者爲髦，所留不翦者爲鬌，所謂垂着兩邊者，冠之兩旁也，未知是否玦護巨指以開弦，捍着左臂以遂矢。玦即決也，以鉤弦而決之，且珍飾焉，故從玉。捍以韋爲之，謂之拾，亦謂之遂，一物而三名，《周禮・司烜氏》：“夫遂取明火于日，鑒取明水于月。”“夫遂”即金燧也。鑒，鏡屬，世謂之方諸。蓋離者陽中之陰，于物爲火，坎者陰中之陽，于物爲水，以金燧取火，則以陽召陰。夫，道也，故謂之夫。夫能遂事，故謂之遂。夫遂以義言，鑒以體言。《詩》曰：“赤芾在股，邪幅在下。”左氏曰：“带裳幅舄。”此云偪，鄭康成謂“偪束其脛，自足至膝。”故曰在下。蓋以幅帛邪纏于足，故謂之邪幅，所以自偪束也，故謂之偪。偪即縢約之也，故漢謂之行縢。男子事父母有偪，《詩》“諸侯朝天子有邪幅”，則凡行皆有偪，特婦人不用，故婦事舅姑無偪。纓，香囊也。衿，結也。男女事父母，婦事舅姑，皆有纓以佩容臭，則與女子許嫁之纓不同，鄭注“示有繫屬”，誤矣。

“及所，下氣怡聲”節

此詳子婦問安之禮也。子婦及所，下氣怡聲，聲氣之皆和也，問衣燠寒，寒暖之適節也。“疾痛疴養，而敬抑搔之”，疾痛，則抑按，苛癢，則搔摩，一出于敬，而撫恤其衰病。其出入内外，則先後或扶持之，一出于敬，而資助其羸弱。進盥以致潔也，而奉槃奉水，少長者各供其事，沃盥以請命也，而盥畢授巾，卒事不忘其敬。又詢其所欲飲食而敬進之，無敢慢也。此數者，皆柔順其顔色以承藉之，使我之心與親心融洽而後已焉。問安之禮如此，“進盥”以下，因問安而并及之，一時事。苛，與“疴”同。溫，音藴。

按：“柔色”句最重，前面許多敬，皆以此柔色行之，此全是一團，至愛實念，非造作出來看。此養體而育養志之意，已發而傷者爲疾，宜通而塞者則痛，體煩而爲苛，氣虚而生癢。

“饘、酏、酒、醴”二節

此詳子婦視膳之禮也。承上文問所欲來，所欲不備其物，非所以爲敬也，故饘、酏六物飲之欲，菽、麥七物食之欲，唯所欲，所謂敬進之也，調和不備其味，非所以爲旨也，故以甘，以滑以膏，三者皆調和飲食之味也，待親嘗徧，乃徹之而後退焉，視膳之禮如此。

按：公食大夫禮，三牲皆有芼者，牛藿、羊苦、豕薇也，是以菜雜肉爲羹也。以甘之者，謂以此棗、栗、餳、蜜，以和甘飲食，《周官》“調以甘者”此也。以滑之者，謂用堇，用荁及枌榆及新生乾薨，相和瀡滫之，令柔滑也，《周官》“調以滑者”此也。以膏之者，以膏沃之，使之香美，《周官》“膏香膏臊者”此也。堇荁、枌榆，常用之物，然不常有，故有免有薨也，數者其性爲滑，故曰“以滑之”。免，《注》“新生”，可謂臆解，勿爲古人所欺也。

“男女未冠笄”節

此少者事父母之禮也。男女未冠笄，皆幼者，櫛縰至總角，皆童子之飾也，亦有衿纓，皆備容臭，若蘭茝之屬，不佩用，而止佩臭者，未能即事也。朝見也，具膳具也，幼者于視膳之事未能專之，但可佐長者而已。朱子曰“佩容臭，恐身有穢氣觸尊者也”。

“凡内外，雞初鳴”節

不但事父母、舅姑爲然也，内外一切僕妾之輩皆是。收斂枕簟，尊者私褻之物，不以示人也。席，亦指尊者，各從其事，男服事于外，女服事于内也，孺子則弱而未勝其制節，但優養之而已，此言一家之禮。

“由命士以上”節

此言有位者事父母、舅姑朝夕之禮也。首二句截，上以敬言，下以愛言。夫尊卑之際，辨則敬，同則褻。命士以上，愈貴愈嚴，父子異宫，以崇敬也。朝見曰朝，晨省也，夕見曰夕，昏定也，皆慈以旨甘，可見爲子者，只有孝養一節爲極大。且加“慈以”二字極妙，慈是老之所以字幼者，無所不用其極，幼者能復將此以養其老，是謂真孝。“至日出，從事”，此句最重，蓋立身行道顯親揚名，全在各從其事中。况事君不忠非孝，蒞官不敬非孝，男子一日盡一日之事，正是善繼善述的大道理，以勞于王事，而忘定省之旨甘，與無禄者無異。固不可即因旨甘之奉，而廢從王之偉業，尤不可，所以要日出而退，各從其事，愛敬兼至，而事親之道胥得之矣。

“父母、舅姑將坐”節

此言陳斂坐臥之禮，亦指定省時言。自“舉几”以下，皆御者事，請衽欲何趾？不敢斥言其首，敬之至也。群子婦不敢專，必讓于長者，上下之分禮宜然也。牀，即今之椅，執而與之坐。几則車上之几，舉而與之憑。

“父母、舅姑之衣、衾”節

此言子婦于父母、舅姑所用之物，無所不致，其敬也。衣、衾、簟、席、枕、几六物，御者置此，自有常處，子婦不得輒移他處也。杖、屨服御之重者，尤須恭敬，子婦不得挨逼之也。敦、牟、卮、匜，子婦非餕其餘，無敢用此四器者也。慎食飲，父母、舅姑常食飲之物，子婦非餕餘，不敢擅飲食之也。凡此所以養其孝心也。敦，音對。牟，讀爲整。

“父母在，朝夕恒食”節

此佐餕之禮也，主恒食，則旨柔滑不在其中。朝夕佐餕，勸勉使飽而餕食其餘，然必盡食恒餕者，不敢棄其餘也。止餕其恒，則旨甘柔滑，留以待孺子可知。父沒而母存，恐母獨食而心傷也，則冢子侍食，侍食則不餕矣。冢婦以姑老代政，不暇佐食，故惟群子婦佐餕，如父在時，其有珍羞，旨甘柔滑也，則孺子餕，所以慈幼也，養老慈幼，于是爲至。

“在父母、舅姑之所”節

此子婦一身之容也。在父母、舅姑之所，有命則應“唯”，不敢忽也，此孝之發於口者。進退周旋也，皆謹慎齊莊，此孝之發于足者。“升、降、出、入、揖、遜”六字平看，貫下兩“不敢”。噦，嘔逆聲；噫，食飽聲；嚔，噴嚔；咳，咳嗽；意闌則欠，體疲則伸，偏任爲跛，倚物爲倚；睇視，邪視也；唾出于口；洟生于鼻。此俱不恭，故子婦皆不敢，此容之在一身者。

“寒不敢襲”節

此子婦不敢適便之禮也。不敢襲，不敢搔，敬也。服勞袒裼，敬其事也。不有敬事，如習射之類，則不敢袒裼。涉水褰裳，恶其濡也，不涉則裳不敢撅，近身褻衣，不敢见裏，恐有穢也，皆爲不敬，故不敢適便若此。

“父母唾洟不見”節

此爲父母去垢補綻之禮也。父母有唾洟，即刷除之，不使見于人也。冠帶垢，和灰請漱，手洗也。衣裳垢，和灰請澣，足洗也。潔以去其垢也，衣裳綻裂，紉線于箴而請補綴，完以補其闕也。

按：此據士，故冠帶得漱，晏子是大夫，故譏其澣衣濯冠也。

“五日則燂湯”節

此詳父母沐浴之禮也。五日則燂湯請浴，燂湯，溫湯也。三日具沐，其間面垢，燂潘請靧；足垢，燂湯請洗。是禮也，謂謹身之容，事親之節，皆子婦所以事父母、舅姑者。少事長，賤事貴，一一率循之而已矣。蓋凡事人者，不敢不致敬故耳。燂，音潛。潘，音翻。靧，音悔。

“子婦孝者敬者”五節

此詳子婦孝敬之事也。前三節是勉子婦之孝于父母、舅姑。後二節是勉父母、舅姑之慈于子婦。二者各盡其道，而孝慈之懽，交結而不可解矣。

“子婦孝者敬者”三節，此子婦之孝處，孝、敬通子婦而言。舊説以孝屬子，以敬屬婦者，非。子而孝敬，父母必愛之，婦而孝敬，舅姑必愛之，然或挾恩恃愛，則慢心易生，將不自覺，反傷尊者平日親愛之心矣，故以勿逆勿怠戒之，所以保其終而全其恩也。“若飲食”之二節，皆委曲以全孝敬之心，不敢直行己情，正子婦勿逆勿怠之意。

“子婦有勤勞之事”二節，此父母、舅姑之慈處，子婦有勤勞之事，父母、舅姑雖甚愛之，而“不忍其勞，然姑縱使爲之”云云，蓋勞以成愛，不可以姑息爲愛，而使之不事事也。“子婦未孝未敬”三句，存父母之心也。若不可教，至于子放婦出，不得已也。然猶爲之回護，而不表其失禮之罪，望其終改，示不終絶，存不忍之心也。

“父母有過”節

此詳人子幾諫之道也。人子諫親之過，易至于犯，故必下氣怡色，柔聲以諫，欲其婉順不迫，以冀父母之從也。如此而不從，則益加孝敬以感動之，俟其説而再諫，不以不入而遂止也。若猶不説，則當籌之，不諫而使父母得罪于人，其罪重，諫而使己取怒于父母，其罪輕，二者之間，寧可孰諫至三至四，不以再諫而止也，及怒而撻之，至于流血，可謂勞矣。然猶不可但已，又當不敢疾怨，益起孝敬以感動之而圖孰諫也。諫不入，起敬起孝，諫而怒，亦起敬起孝，孝敬之外，豈容有他念哉！此正孝子無窮之心。

按：孰諫，謂反覆純孰，殷勤而諫，若物之成熟然。一云，如火之熟物，必期變化生物之堅硬者，至于柔脆也。

“父母有婢子”三節

此詳人子不以私愛違父母之情也。首節“婢子”，婢所生者。庶子、庶孫，庶母所出者。皆微賤而易忽，然爲父母所甚鍾愛，父母雖沒，猶當終身敬之，不特加愛而已。次節“二妾”，子之妾也，衣服飲食所以厚之也，寧薄于己之所愛，不敢與父母所愛同其厚。執事，所以勞之也，寧居勞于己之所愛，不敢與父母所愛者同其逸。三節宜者相善而寵愛出，謂出去。庶孽易忽而不忽，妻妾易溺而不溺，凡此皆知直親而不知有己，孝之至也。

“父母雖沒”節

此人子成親之孝也。人之爲善爲不善，其始在乎能思，其終存乎果决，“思”字更重，爲善必果，全從“思”中得來，曰“將爲善”，尚在天人交戰之介。“思”字，正是小心不昧處，思得真所以决得定，思而决必至成親之明而後已，蓋父母身後之榮辱，惟親其子之善惡何如，况親沒無教，則易入于惡，故戒之如此。以上皆爲子之禮，以下論爲婦之禮，舅沒則姑老，家事傳于冢婦矣。然冢婦猶不敢專，故所祭祀、賓客，每事必請于姑。若介婦，但請于冢婦，明有統，且懼瀆尊也。

“舅姑使冢婦”節

此見冢婦之禮也。舅姑若以家事使冢婦，冢婦自任其勞，不敢懈怠而凌辱衆婦，令其代己也。

按：“毋”字，貫下“怠”、“不友”、“無禮”三項。“友”當作“敢”者，非。善兄弟曰友，愛也，娣姒猶兄弟也。不友，謂煩虐之；無禮，謂叱麾之，皆怨介婦不助己意。《注》：“不愛敬，以愛敬介婦言。”

“舅姑使介婦”二節

此見介婦之禮也。舅姑若以家事使介婦，則介婦亦當自任其勞，亦不得恃舅姑之命而傲冢婦。兩相抗爲敵，兩相合爲耦，欲求分任均勞之意。介婦與冢婦，非但任事毋敢專敵耦已也，而且不敢比肩而行，不敢並受命于尊者，並出命于卑者，蓋介婦當請命于冢婦也，坐次亦必異列，凡以分有尊卑故耳。

“凡婦不命適私室”節

此見家事統于尊也。凡婦，兼冢婦、介婦言。婦，謂侍舅姑者。私室，婦室也，其視舅姑之室若公所也。貨，謂所儲資財之物。畜，謂所養牲畜之物。器，謂飲食等所用之物。假，謂以物借人。與，謂以物遺人也。

“婦或與之飲食”二節

此申上無私貨也。“婦”貫下，兼冢婦、介婦言，婦有私親兄弟，凡尊長者皆是。“或以飲食諸物賜之”云云，然猶不敢自用，必藏以待舅姑之空乏而復獻之。“婦有若私親兄弟將與之”云云，皆統于尊，示不敢私也。

按：獻諸舅姑者，不敢私受故也，請其故，賜而後與者，不敢私與故也，如新受賜，如更受賜，宜玩二“如”字。兩“受賜”，通作父母之賜看。凡新受賜則喜，更受賜則不自安，今受獻曰“如新受賜”者，是形容其喜之狀，却獻曰“如更受賜”者，是形容其不自安之狀。蓋既以獻諸舅姑，舅姑雖不受，而此物即是舅姑之物矣，不敢視爲己物也，故其受所回還之物，如更受賜也。

“適子、庶子”三節

此敬大宗之禮也。滅嫡亢宗，多自貴盛始，故立家法，于貴富者尤嚴，況巨室者下之觀望，又有借富貴之家以風末俗意。

古者宗法，大宗百世不遷，族中適子、庶子，其敬事宗子宗婦也，貧賤無論矣。雖仕而富貴，不敢以富貴入宗子之家，尊祖敬宗之心也。故車徒雖衆，必舍于外，而以寡約入焉。次節仕而若有功德，受君器用、衣服、裘衾、車馬之賜，則必獻其上等，而後敢服用其次者。非所獻謂非宗子之爵所當服御，而不可獻者，已亦不敢服用以入宗子之門，皆所謂不敢以富貴入宗子之家也。然不特此，雖父兄宗族，亦不敢以貴富加之，所以執謙讓而廣孝敬也。宗族且然，況宗子乎？三節又以祭言，子弟中仕而富，可以祭矣，然祭必具二牲，擇其賢者獻于宗子，宗子祭時，小宗夫婦皆齋戒往助祭于宗子之家，以致其敬，及助祭既竟，然後以下牲私祭祖禰。夫牲則獻賢而用下，祭則先公而後私，蓋不敢以旁支僭正統，私恩先公義也。“自雖富貴”至此，皆言祇事宗子之事，處家如此，則安有驕縱僭越而干其君上者乎？

按：適子，謂父及祖之適子，是小宗也。庶子，謂適子之弟。宗子，謂大宗子。宗婦，謂大宗子之妻。徒，從人也。舍，止也。入，謂入宗子之家也。常説“雖衆車徒”二句，正不以富入家之實，“獻歸器”至“不敢以入宗子之門”，正不以貴入家之實，不如渾説爲妥。“不敢以貴富加于父兄、宗族”句，一云，總承上兩“不敢”作推原説，不可從。“加與”“獻子加于人一等”之“加”同，加，高也。若富，指子弟中之富者言。此節雖主事大宗子，其大宗之外事小宗者亦然。

“飯：黍、稷、稻、粱”六節

此詳天子、諸侯、大夫燕食之禮，士庶不得而僭，亦子婦所當預知也。首節列諸侯六飯之目，稰、穛，隨上六穀之生熟而異名也。下五節大夫之膳之目，豐儉因分而辨，有適中意，細分之，“膳”字作冒，“腳”四節共十六豆，下大夫之禮，再加雉、兔、鶉、鴽四豆，共二十豆，則上大夫之禮。

“飲：重醴”三節

此言諸侯、大夫享賓之禮。飲之品有六，以“飲”字爲主，重醴一，酏醴二，漿三，水四，醷五，濫六。“稻醴”三句，申言重醴之實，非又是一事也，此飲之兼設者。下五飲，飲之專設者，或以酏爲醴，酏，粥也。以酏粥釀爲醴，其酏以黍爲之，是一事。酒之品二，清者清酒，白者事酒，昔酒其色俱白，故曰“白酒”。羞之品二，糗餌，硬者，粉酏，軟者。《周禮》“羞，籩之實也，飲以潤之，酒以歡之，羞以進之”，皆所以助養血氣也。古人立法之善如此。

按：清、白取其明潔，羞取其馨香，有表主人之德意。

“食：蝸醢而苽食”三節

此言天子燕食之宜也。“食”字作冒，飯之品三，羹之品五，取其得中和之節也，此五羹以五味和之，以米屑爲糝而不須加蓼，此調羹之法也。“雉羹”絶句，“麥食”、“脯羹”、“雞羹”絶句。“濡豚”節，四物皆以蓼烹，此烹殺之法也。“腶修”節有水陸異宜意，食腶修者，以蚳醢配，食脯美者，以兔醢配，餘倣此。桃諸，梅諸，桃、梅皆爲菹，即今藏桃、藏梅。兔等陸產，魚等水産，取其味之相宜，此配食之法也。苽，音孤，即今菰米。糝，三敢反，音傘。

按：以上二十有六物，士庶不可得而備之也。偶其有者，則如此法以制之。凡爲人子婦者預當知之，以敬于祭祀，則鬼神享之；以奉于燕飲，則賓客樂之；以饌于尊親，則衰病宜之。其在教也，爲婦功焉。聖人所謂致婦女于孝敬，措衰老于充肥者，其道如是也。

“凡食齊視春時”節

此言四時劑視之法。春氣溫，飯宜溫，故四時食飯，皆視春時而用溫也。夏氣熱，羹宜熱。秋氣凉，醬宜凉。冬氣寒，飲宜寒。蓋四物一時兼用而各有所視，要知人身内具有一天時，飲食以養生者必外合天時，斯内調人性也。

按：食齊，黍、稷、稻、粱之類。羹齊，雉、兔、雞、犬之類。醬齊，醯、醢、齏、菹之類。飲齊，水、漿、醴、涼之類。齊者，劑量之謂。視，比也。寒凉溫熱，以養性也。金、木、水、火、土，以養氣也。

“凡和，春多酸”節

此言四時調和之法。春爲木，其味酸，而肝屬焉，多酸以養肝也。夏爲火，其味苦，而心屬焉，多苦以養心也。秋爲金，其味辛，而肺屬焉，多辛以養肺也。冬爲水，其味鹹，而腎屬焉，多鹹以養腎也。土味甘，分四時，而脾屬焉，調以滑，以利竅也，調以甘，以養脾也。蓋凡和五味俱有，而各有所主，要知四時之氣，各欲其强少弱，則他氣乘之，此五味之用所以爲大也。以上二節，皆子婦所當預知者。

“牛宜稌，羊宜黍”節

此言食膳之用各有所宜也。稌、黍、稷、粱、麥、苽之食，薦以牛、羊、豕、犬、雁、魚之膳，或主于相生，或取其相濟，蓋陰陽之氣不可以偏勝也。牛羊等皆天産，稌黍等皆地産，以地産之食爲主，而天産爲膳以配之，是以陽而調陰也。

按：牛者土畜，土勢下，故宜稌，蓋稌利下濕者也。羊火畜，火炎上，故宜黍，蓋黍利高燥者也。豕能遯，遯則疾，故宜稷，蓋稷穀之疾者也。犬能守，守則强，故宜粱，蓋粱穀之强者也。雁隨陽，陽則舒而遲，故宜麥，蓋稷疾而麥遲故也。魚本陰，陰則柔而弱，故宜苽，蓋粱強而苽弱故也。膳食之宜，或以五行相生，或以五行同氣，或以五行相配而爲宜。牛，土畜，稌，金穀，牛宜稌，則以土生金也。羊，火畜，黍，火穀，羊宜黍，則以火同氣也。豕，水畜，稷，土穀，豕宜稷，則以水配土也。犬，金畜，粱，土穀，犬宜粱，則以金生于土也。雁，火禽，麥，木穀，雁宜麥，則以火生于木也。魚，水物，苽，水穀，魚宜苽，則以水同氣也。

"春宜羔豚"節

此又言四時煎和膳食之法也。蓋人君之養，必順其節，故煎和之味，各有所宜，如春時宜食羔豚，而煎之以牛膏也，餘倣此。春宜羔豚等，是食物因乎時，膳膏薌等，是和因乎物。春木用事，脾土有所不勝，故以牛薌之土氣助養脾。夏火用事，肺金有所不勝，故以犬臊之金氣助養肺。秋金用事，肝木有所不勝，故以雞腥之木氣助養肝。冬水用事，心火有所不勝，故以羊羶之火氣助養心也。

按：羔豚等八物，四時肥美，爲其太盛，煎之以膏，節其氣也。春宜食羔豚者，方春小而肥也，用牛之膏薌，牛屬土，取春木克土畜也。夏宜腒鱐者，方夏物易餒敗也，用犬之膏臊，犬屬金，取夏火克金畜也。秋宜犢麛者，犢麛秋成可嘗也，用雞之膏腥，雞屬木，取秋金克木畜也。冬宜鮮羽者，當冬而肥可進也，用羊之膏羶，羊屬火，取冬水克火畜也。此以屬克者爲膏，扶主氣也。蓋以所主者養我之旺氣，而以所克者和之，使主得專其養人之功也。鮮，生魚。羽，雁也。

"牛修，鹿脯"二節

此人君燕食之庶羞也。上節備飛走，下節兼動植。人君有生成四海之德，所以宜食四海之產，此豐之得中者也。獸之屬凡十一，禽之屬二，昆蟲之屬二，果之屬十五，調和之草木二，共三十二物。《周禮》王之膳羞，用百二十品，記者録其略如此。一云，三十二物，蓋以無華而實者名。栭，皆芝屬，謂芝栭爲一物故也。陳注原作二物，芝，木椹，栭，軟棗也。麕、鹿、田、豕、麕，皆大切爲軒，雉、兔爲羹，皆有芼菜以和之也。"蜩、范"以上，備天產也，"芝、栭"以下，備地產也。《周禮》：籩人、醢人，正羞，惟有棗、栗、榛、桃，無以外雜物，故知所加庶羞也。士庶之力，雖不得畢備，亦可通用，有則儲之，亦子婦所以盡其孝敬也。

“大夫燕食”節

此節因上文言君而併及大夫以下燕食之等。此燕食與《周禮》略同，謂尊卑之有等者，膾脯爲珍羞，故雖大夫不得兼，視上文人君之食，降殺多矣。羹胾，爲食之本，雖士亦不闕，然不得貳，則視大夫又殺矣。降及世人，唯耆老食必有肉，所以教民致孝也。其餘則無故不食珍，見不得同有位者之食肉矣，而況敢比君乎？此先王所以辨上下而定民志也，在庶人以肉爲珍也。

“膾，春用葱”二節

此言用物之宜也。上節以調和言，次節以烹調言。以膾，春用葱以和，取其暢也，秋用芥以和，取其辛也。以豚，春用韭以和，取其溫也，秋用蓼以和，亦取其辛也，有順氣順味意。肥凝爲脂，釋者爲膏，和脂用葱，亦取其暢達之意，和膏用薤，亦發散之意，以二物稠穠，故用葱、薤以散之也。三牲體大，恐有毒，蓼不足以解之，故用藙也，其和三牲則用醯，和群獸則用梅，醯梅皆酸物，和之以此，所以取其味也。鶉羹、雞羹及駕之蒸煮而不爲羹者，此三味皆切蓼以雜和之，故曰釀之蓼。魴、鱮二魚之蒸者，雛鳥之燒者，雉之烹者，皆和之以香草而無蓼，故曰“薌無蓼”。此皆用物之宜，亦子婦所當預知也。

“不食雛鱉”節

此明不食之戒，此九者皆爲不利于人故也。

按：雛鱉，鱉之伏乳者，太小也。狼之腸直，去腸以此。狗去腎，以其熱與？狸脊上一道如界。尻，脽也，脊梁盡處，兔尻有九孔。狐死正丘首，人殺而取之，則殺氣聚乎首。豕俯聚精在腦，食之昏人精神。乙者，魚目之旁，有骨如篆乙之形，于鯁人爲最。醜，鱉竅，或云頸下有骨，能毒人。尻，音敲。

“肉曰脱之”節

此皆治擇之名，皆致精潔意。“脱”、“作”等，用字古奧之甚。

“牛夜鳴則庮”節

此詳可食中有不可食者，亦以明戒也。凡六物皆不可食。

“雛尾不盈握”節

此亦明不可食之物也，凡九物。雛尾不盈握，則過小而形未成，故不堪食，獨此言“弗食”，則下八者皆可知。

“肉腥，細者爲膾”節

此言肉腥之治法也。肉腥，細切者爲膾，大片切者爲軒。或又曰“麋、鹿、魚爲菹，麕爲辟鷄，野豕爲軒，兔爲宛脾”者，今菹、辟鷄、宛脾之制，不可考矣。其爲膾、軒也，或用葱，或用薤，故云“切葱若薤”，肉與葱、薤，雜置之醋中，故云“實諸醯”，蓋肉之方切，性尚堅韌，浸漬而熟則柔軟矣，故曰“柔之”。

“羹食：自諸侯”節

此言常食秩膳隆殺之節也。食之以羹配也，人所日用，惟稱有無，故自諸侯以下，至于庶人，不制豐儉而預爲之等。若膳則有等矣，大夫五十始命，未爲甚老，故無常膳，至七十而有閣，則有秩膳矣。

按：閣，以板爲之，所以庋飲食也。天子一人之尊，四海之奉，安得無等？自諸侯以下則無等。前言士不貳羹胾，則士羹亦有等矣，蓋彼主燕食，以禮爲主，故不可無等，此主常食，以養爲主，故不可不隨宜。

“天子之閣”節

此言尊卑之閣制，見謹微意。天子尊，庖廚遠，故其閣自房而達之夾室，左右各有五閣也。公、侯、伯、諸侯庖廚稍近，惟一房之中而五閣也。大夫卑而無嫌，故亦于夾室而但三閣也。士卑不得爲閣，但于室中爲士坫以庋食而已。閣必以五，藏三牲魚醋之五味也，其下閣漸殺，則所藏漸少矣。一庋閣之微，而必嚴君臣之辨，禮始于飲食也如此。

按：宫室之制，中央爲正室，正室左右爲房，房外有廊，廊外有夾室。五者，三牲之肉及魚、腊。三者，豕、魚、腊也。達即夾室，達者自房而達于夾室也。一則食而已。

“凡養老”節

全見《王制》，一則明國之老老，君之尊敬其臣也，一則明家之老老，子之尊事其父母也。

“曾子曰：孝子”節

此因上陳養老之事，遂陳孝子事親之禮也。曾子曰：“人子終身之孝有二，有終父母之身者，有終子之身者。故其養老也，内則論親于道，而和其義理之心，曲爲承順，而不違其好惡之志，心志適矣；外則怡聲柔色，而悦其耳目之欲，昏定晨省，而安其寢處之常，身體適矣。由是飲食盡忠愛，忠敬以養之，則志與體而兼養，如是，而孝子之身完全而有終也。孝子所謂終身，非終父母之身，終其己身也。是故父母雖往，而人子愛敬之心無所不至。蓋愛親者不敢惡于人，敬親者不敢慢于人，况乎親所愛敬者也。若薄之慢之，是薄慢吾父母，而豈所語于終身之孝也哉！”

按：樂其心，不違其志，不過是一正一反語。“樂其耳目”三句，正其實也，舊作“喻父母于道”，似與正文不合。

○“凡養老，五帝憲”節

此詳帝王養老之禮也。“凡養老”作冒，“五帝”二句平看，“五帝憲”一段，正申五帝憲之實，“五帝憲”句輕，“有善則記”句正是憲處，“三王亦憲”一段，正申三王又乞言之實，禮之詳略如此，時使之然也。

尊德尚齒，帝王所同，而世有升降，則其禮亦異。蓋五帝時，人心朴而尚行，故養老之禮主于憲法其德行。三王時，人文著而尚言，故養老之禮既法善行，而又乞善言焉。所謂“五帝憲”者，何也？蓋憲雖未嘗無言，但主于法其德行，適饌省醴，惟以飲食奉養其氣體，而不乞老、更之言，其有淳厚之德，足爲世法者，記之于籍，以爲惇史，此所謂“五帝憲”也。所謂“三王又乞言”者，何也？蓋三王養老，亦未嘗不法德行，但養老之後，又行乞言之禮，特乞言之禮微俗耳。若老更言行有惇厚者，三王皆有惇史記之，此正所謂“三王有乞言”也。

按：五帝憲，則是瞻儀容，視起居，不曾有乞言之禮。蓋當時風氣人情正當淳厚，朝夕親炙其仁義道德之光，自得于觀感不言之際，看來三王亦重在憲上。但世道不同，不得不乞言以爲激勸觀感之一機耳。微其禮，《注》作“其禮微略，不誠切以求之”，殊覺未妥。一云，尊老之至，氣息身體，不敢勞動，故不急迫，須從容乘間，俟可問而後問。一云，“微”字還重在禮義深遠上，曰微，則乞言乃所以善于憲矣，亦説不去。玩《注》之意，蓋謂雖有乞言之禮，而畢竟不能與憲並重，故云“不誠切以求”，如此看，庶與文義俱順。惇者，惇厚也，在老者之身則爲惇德，記之于史，則爲惇史。

“淳熬：煎醢”九節

此詳八珍之法，而機器糝與酏也。雖云王者所用，然可倣之以養老也，故序在養老之後，其言制法，文字多古。

按：八珍，淳熬一，淳毋二，炮豚三，炮牂四，擣珍五，漬六，熬七，肝膋八。

“禮始于謹夫婦”節

此明正始之禮也。夫婦，人倫之始，故禮始于謹夫婦，《易》基乾坤，《詩》首《關雎》，皆其意也。謹夫婦，故爲宫室，辨内外，以防之，男居外，女居内，取陰陽之分，各正其德業也。宫不深，則内外之聲可通，門不固，則出入禁可踰，閽寺守之，不嫌于處内也。男非其時不入，女非其禮不出，所以爲天下之内則也。

按：“始”字宜玩，夫婦謹，則凡父子、君臣、長幼之道，皆可得而正矣。辨外内，以中門爲界也，閽人掌守中門之禁，寺掌内人之禁令。

“男女不同椸枷”節

承上文言外内之辨，非特男女爲然，雖夫婦得相親者亦然，非特妻事夫爲然，雖少事長，賤事貴亦然。器者，器重之謂。

“夫婦之禮”節

此言夫婦之禮也。七十同藏無間，同居無間隔也。古人重敬之意，妾未滿五十，必與五日之御，古人防微之意。五十始衰，不能孕也，此御謂侍夜勸息也，將御者齊漱澣，致潔敬也。自“齊”至“綦屨”，其往入朝，敬之至也。不敢以美麗求寵，豈有爭妬之心哉！雖婢妾衣食必後長者，不以賤廢長幼之倫也。妻不在，妾御莫敢當夕，避僭上之嫌也。

按：七十同藏無間，以其衰老，無所嫌疑故也。《詩》傳云："男女不六十，不間居。"據婦人言之。夫婦同藏，未有可嫌，聖人制禮必如此者，以爲男女内外之禮，敬則爲先焉。夫婦身先于上，而男女力行于下，以無嫌正有嫌也。"角"字，鄭注作"衍"。一云，緫角，拂髦，女未笄之飾。今服以御，言若未足以當君子也，故邦君之妻自稱曰小童。長，即婢妾中之長者。

"妻將生子"節

此承上文有夫婦，然後有父子，故遂明大夫以下生子之禮。及月辰，謂生月之辰。居側室，懼褻也，以正寢、燕寢尊故也。夫使日再問之，又作而自問之，愛而不失于狎，敬而不失于疏。妻不敢見，雖病不敢忘禮，使姆衣服而對，雖遽不敢失禮。至子生，夫復使人日再問之，夫之于妻，其恩至矣，然不以恩掩義也。夫齋不入門，所以養其廉耻，于交相愛之中，使邪僻之志無自而生也，此大夫、士禮。

"子生，男子設弧"節

此懸弧之禮也，此言天子及于庶人，適子、庶子所同者。子生，男子設弧于門左，明異日有天地四方之志，于門左，教以理陽道也。女子設帨于門右，明異日有蘋藻中饋之事，示佩服也，于門右，教以理陰道也。三日始負子而前，使人代射，以示其志，女子則否，重男故也。男射女否，教已行矣。

"國君世子生"節

此國君三日接子之禮也。國君以太牢接見其子，宰夫掌其設禮之具，所以重國本也，故子生三日，將行此禮，則前期使太卜卜抱子之士，卜而吉者，則宿齊，至日，朝服待于寢門之外，敬也。内人以子授士，士詩負之，詩，承也，承而抱之，以見于父。射人以桑弧蓬矢六，向天地四方而各射之，以明其有事于遠大也。于是宰夫以醴酒飲負子之士，且賜束帛以酬之，皆所以重其事也。又使太卜卜士之妻、大夫之妾，卜而吉者，使之乳養其子，皆重世子故也。

按：世子國本所係，世子重，故接以太牢。一云，謂食其母，使補虚强氣者，非。宰，宰夫也，及下宰醴，《注》訓甚明。一云，"宰"作"太宰"。

夫太宰官之尊者，即重世子，豈有以太宰掌具者乎？始生卜士之吉者負之，則他日輔之正人，處之端士者基于此。詩者，持也，以手承下而維持抱負之。男子上事天，下事地，旁禦四方之難。射人代射，是用射以論其志，則他日彌綸天地，綱紀四方者基于此。“射天”之“射”，音石。

“凡接子擇日”節

承上文而言接子之禮，通于上下者也。此有二義，一以明貴賤之等，一以明適庶之分。上言三日，此言擇日，蓋以三日之内，或有所忌，如子卯之類，則當于三後卜日也。唯天子之冢子以太牢，其他冢子，則庶人以特豚，士以特豕，大夫以少牢，國君有國，其尊亞于天子，故亦得用天子太牢之禮。其非冢子，則天子、諸侯少牢，大夫特豕，士特豚，所謂皆降一等也。

按：牲至特豚，不可復降，士特豚，則庶人應無牲，禮窮不嫌與士同也。

“異爲孺子室”節

此諸侯養子之禮也。蓋國之根本，生靈休戚所關，故正其始而淑其習。凡養孺子，别掃一室以處之，擇彼諸母衆妾，或傅御之屬，可爲子師者，必求寬容安裕，慈愛惠順，溫和易良，恭莊敬畏，謹慎寡言，婦德全備者，使爲子師，以養其德性。其次或德備而微者，使爲慈母，以審其欲惡。又次或有德而未備者，使爲保母，以安其起居。唯此三母，同居于室，他人無事不得輒往，恐驚動也。此節亦兼大夫言，士不具三母，大夫以上得具三母。

“三月之末擇日”三節

此下三節言卿大夫、士名子之禮。三月之末，擇日剪髮爲鬌，男角者，角則相對，以其偶也，羈者，隻也，羈則相午，以其奇也，或男偶女奇，取陰陽之相須也，或男左女右，取陰陽之相類也。是日也，妻以子見于父。貴人，大夫以上也，則爲衣服，由命士以下，皆漱澣，示潔也。男女夙興，沐浴，衣服，示敬也。具視朔食，示豐也。夫入門自阼階，立于阼西鄉，妻抱子出房，當楣立東面，與夫相對也。鬌，音朵。

按：具視朔食，視比也，所具之禮如朔食也。朔食，天子太牢，諸侯少牢，大夫特豕，士特豚也。楣，棟下横木，俗謂之楣枋。

“姆先，相曰”節，妻既抱子當楣東面而立，傅母在母之前，相贊其辭，曰“敢用”，曰“祇見”，示敬也，夫婦之禮嚴矣。夫對曰“欽有帥”，帥之者父道也。妻對曰“記有成”，成之者母道也，夫婦之義一也。名畢，妻遂左還以子授子師，子師辯以子名告諸婦諸母，先卑後尊，欲名成于尊也。妻遂復夫之燕寢，前此在側室東房也。辯，與“徧”通，下同。

“夫告宰名”節。藏之，以簡策書子名，而藏于家之書府也。命名即告州閭，復藏諸府，俟其長而就閭塾以承教訓。以受征役，以稽德行，以應賓興，皆始于此，安有時過後學，老壯不均，冒年冒籍，如後世之弊哉？《士昏禮》：婦盥饋舅，姑特豚，合升側載，左胖載之舅俎，右胖載之姑俎。

“世子生，則君”二節

此諸侯命世子之禮，并名衆子、庶子之禮也。世子見于路寢，君與夫人皆沐浴朝服，所以示潔敬也。世婦抱子自外而入，升自西階，君命之名，乃降階而退，不在三月之末，嫌緩也，不執手撫首，咳而名之，嫌慢也，皆所以重國本也。次“適子、庶子”節，撫首與執手雖異，咳而名之則同，禮帥初，謂升立之節如前儀情同故也。無辭，無卿大夫、士夫妻致對之辭，如“欽有帥”、“記有成”，是君尊故也。

“妾將生子”節

此大夫、士妾生子之禮也。漱澣夙齊，指妾言，見于適妻之内寢，禮之如妾初來嫁入室之時。夫與適妻皆稱君，君已食徹焉，使之特餕，所以寵異之也，餕畢，遂入御如常焉。

按：宫室之制，前有路寢，次則君之燕寢，次夫人正寢。卿大夫以下，前有適室，次則燕寢，次則適妻之寢。此言内寢，謂適妻寢也，妾生子而禮之如始入室，所以使之知大分已定于其初矣。昏禮，夫婦同牢之後，媵餕夫餘，御餕婦餘，常食衆妾共餕，今以其生子，故使特餕，所以寵之，然其分不可得而易也。見子遂入御，言其異正妻也。

“庶人無側室者”節

此庶人生子之禮也。庶人無側室，但有寢室，及月辰，則夫出他所以避之，然分雖殊而情則一，故側室可無，而問妻名子之禮，如執手咳名之事。“欽帥”、“記成”之辭，與有爵者同，故云“無以異也”。

“凡父在，孫見于祖”節

此言卿大夫以下，祖名孫之禮也。父在，據子之父稱之，故曰“父”。家事統于尊，故父在，則祖名之而子不名。辭者，夫婦所以相授受也，祖尊則同其禮而無其辭。

“食子者三年而出”節

此以諸侯世子之食母言也。食子者，士之妻，大夫之妾也，子三年則免懷抱，故食者出還其家，見于公宫而告辭，則君必有賜以勞其劬勞，此重國本，且酬勞，禮也，不言寢，不言君所嫌褻也。

“大夫之子有食母”節

此食母之制也。大夫之子，有食母，以上可知，士之妻自養其子，以下可知，稱其分也。

“由命士以上”節

陳注二説，俱有可疑，闕之可也。

“冢子未食而見”節

此天子、諸侯見子之禮也。嫡長國本所係，故冢子未食而見，蓋在后夫人未禮食之前，急于正也。必執其右手，重之也。禮食之後，乃見適子、庶子，緩于庶耳。必循其首，慈之也。

“子能食食”十節

前八節言教子之禮，後二節言教女之禮。

“子能食食”節。子之生也，固有以養之矣。其漸長也，可無以教之乎？故子能食食，教以右手，右手强而便也，男女所同。能言，男教之“唯”而應速其聲揚，女教之“俞”而應緩其聲抑，剛柔之義也。佩囊盛帨巾也，男之鞶則用革，女之鞶則用絲，謂繒帛也，亦剛柔之義也，男女所異。俞，然也。

“六年，教之數”節。男女原不同，故七年已知有别，長幼貴有序，必八年以後，乃進于讓，故言始焉。

“九年，教之數日”二節。十年曰幼學出就外傅，日居夜宿，皆在于外，恐其離傅而間斷也。學六者之書，與九數之計，以備用也。不以帛爲襦袴，皆衣之小者，防奢靡也，且太溫傷陽氣，幼服不便。所行禮節，皆循初時之所教，慮其妄有改爲也。朝夕所學，皆少事長之禮，欲與卑以自牧，熟而安也。其所肄之業，凡書篇信實，皆講于師而習學之也。

按：書即保氏六書。計即所謂九數，以數必計其多少，故又謂之計焉。朝夕學幼儀，如昧爽而朝、日入而夕之類。簡，策也，謂古先之事，必書于策。一云，簡要謂習事務從其簡要者，非。諒，言語信實也。必請而後習，不敢專故也。自“學書計”而下，皆就外傅所學之事。

“十有三年”節。十有三年，學樂以養性情，誦《詩》以養血脈，舞《勺》，舞《象》，一是因年而教以武樂，一是因年而教以文樂於鑠王師。遵養時晦，《勺》之詩也，十三氣未壯，則以武樂作之，故舞干戚而歌《勺》之詩爲節。維清緝熙，文王之典，《象》之詩也，十五成童氣已壯，則以文事止之，故舞羽籥而歌《象》之詩爲節。學射習禮樂之具，學御習馳驅之節。

按：樂，六樂也。詩，樂歌之篇章。古者教童子先以舞，欲柔其體也。心下則氣和，氣和則體柔，教胄子必以樂，欲其體和也，學者志則欲立，體則欲和，與心急則佩韋，緩則佩弦義同。

“二十而冠”節。冠則成人矣，故可以學五禮，冠而後服備，故衣裘帛。成人血氣强盛，無慮傷損也。舞《勺》則有文而無武，舞《象》則有武而無文。禹樂禪代之後，干戈之前，文武俱備，故此時舞之。惇行孝弟者，教讓于八年，學幼儀于十年，孝弟之道，固已知之矣。及成人惇而行之，以期于熟焉。孝弟百行之本，故先務惇行而後博學，其博學于文而不教人，恐所學未精也。内蓄其德而不暴見其能，是切于爲己也。

“三十而有室”節。三十曰“壯”，可以娶妻而成立矣，于是始治受田給役之事，博學無方，如合天地人，會皇帝王。凡尚論皆是所謂學無常師，主善爲師也。遜順朋友而視其志之所尚謂“舍己從人”，惟善是取也。一云，友指益友，視其志以證吾志之是非，作就正有道看。

“四十始仕”節。四十曰“强”，可以仕矣。“方物”貫下“謀”、“慮”，物即理也。事必有理，揆諸義理之中，以求謀慮之當也。謀謂謀畫，有隨機設策意，在體常上看。慮謂思慮，有思患禦防意，在應變上看，俱就出仕時説，方物則謀慮不過物矣。惟知理之明，故守理之固，由是道合，君聽其謀慮也。服謂服其事，從謂從其君，不可則去。蓋合否在彼也，有命存焉，從去在我也，有義存焉。五十爲大夫，服官政，即《曲禮》“爲大夫以長人，與聞邦國之大事”也。七十而致事，即《曲禮》“還其職事于君”也。大夫四十而始仕，不躁進也。七十必致仕，不固位也。中間三十年盡力于王事，不負所學也。是爲仕之律令也。凡男拜尚左手，尊陽道故也。

按：方，猶對也，比方以窮理也。要重“出”、“發”二字，謂把平日窮理，所得于心者，盡數發出來，做在事業上，不負爲仕之心。若方物工夫平素預先有了，不過到謀慮時節，再窮審一番，非至此時始方物也。尚左手，叉手而以左手在上也，右手反是。

“女子十年不出”節。不出，恒居閨閤之内也。女師教以婉于言，娩于容，有聽受，無違悖，所以成其容德也。執麻枲，績事也。治絲繭，蠶事也。織紝組紃，織事也。此皆教以女工之事，以共衣服也。又使觀祭祀，欲其習此禮也，非特觀之而已。且使納酒、漿、籩、豆、菹、醢諸物，以禮相長者而助其奠，此教之以祭祀之禮也。始于容德，中于女工，終于祭祀，婦人之事盡是矣。

按：婉，謂言語有委曲之意。娩，謂容貌有遲緩之意。聽從，所謂以順爲正也。執，與“孔子執御”之“執”同。治，有“慎”意。紝，謂綿帛之屬。組、紃，皆爲絛。或云，組是綬也，濶薄爲綬，似繩者爲紃。觀于祭祀，欲其習熟此事也。納，奉而入之也。酒、漿等物，各有司之者，使女子觀之，至行禮之時，則相長者而助其奠于神位之前也。

“十有五年而笄”節。十五年許嫁則笄，必待六禮備而後嫁者妻也。妻之爲言齊也。不待六禮備而從之者妾也，妾之爲言接也。尚右手，尊陰道故也。

按：婦人不冠，以笄固髻而已。聘，言由彼而問此。奔，言自此而趨彼。左陽右陰，漢時行之。

【校箋】

[一] 著屨，阮刻本《十三經注疏》作“屨著綦”。

[二] 髦，阮刻本《十三經注疏》作“鬘”。

禮記説義纂訂卷之十二

陝西涇陽楊梧鳳閣著
兄楠龍棟定
姪昌齡三開、紹齡七來
男延齡九如
孫惺慧益較

玉藻

按：此篇記天子、諸侯、大夫、士冕、服、笏、佩諸制，及行禮之容節。夫不學雜服，不能安禮，威儀之吉，可以定命，學者豈可視爲末節而忽之哉！

○“天子玉藻”五節

此總言天子冕服之禮，而因謹于自防也。“玄端而居”以上，皆是具服行禮。“動則”三句，是備職自防，總承上行祭、聽朔、視朝、燕居來，獨重設官以防言動政事上，蓋言動者身之法則，政事者身之推行。不設官以爲之防，則雖具服行禮，而不衷之言行，不善之政事，所謂“沐猴而冠”耳，何取于備服？“年不順成”以下，並明凶年貶降之禮也。

“天子玉藻”三節

此言天子具服有文質以行禮之不同也。初無隆殺意，“玉藻”、“龍卷”與“玄冕”對，“以祭”與“朝日”、“聽朔”對，但“聽朔”有二，一是聽常月之朔，一是聽閏月之朔。

“天子玉藻”節，言天子祭宗廟之服也。對先王以文爲敬，首服袞冕，貫玉以藻，各十二旒，出于前後者，有穆穆深邃之延，以覆其上，此冕之文也。

身服袞衣，以龍爲主，裳四章亦在其中，此衣之文也。服此以祭七廟之先王，俾孝敬之心，與冕服以俱宜，雖華費不爲奢也。有，讀曰“又”。卷，讀曰“袞”。

按：玉藻，以玉飾藻，藻，謂雜采之絲繩，以絲繩貫玉，而垂之前後，各有十二。邃，深邃也。延，冕上覆，謂染三十升布爲玄，以覆冕板之上，其板之下，則以纁布裏之。天子每旒，各用十二玉，玉間相去一寸，旒長尺二寸，自延前後而垂至肩，長則深邃也。延廣則視之而深，狹則淺矣。天子而下，公九玉者九寸，侯、伯七玉者七寸，子、男五玉者五寸，皆漸短，則不深邃。天子玉五采，自上而下，朱白蒼黄玄，周而復始。公、侯、伯三采，朱白蒼，子、男二采，朱緑，冕之爲物，後方而前圓，後仰而前俛，視之則延長，察之則深邃。纁，淺絳色，上玄象天，下纁象地，名以冕，取俛仰致恭意。龍，謂畫龍于袞衣。卷，謂龍形卷曲。合焉之，有玉焉，尊其德也有藻焉，美其飾也有旒焉，發其彩也十有二焉，則其數也。

“玄端而朝日”二節，言天子朝日聽朔之服也。玄冕之服，冕三旒，衣裳一章，五冕之最下者，天子服此以事神，則春分朝日于東門之外，帝出乎震，以敬天也。以治人，則月朔聽事于南門之外，明堂離明之極，以勤民也。然此聽常月之朔耳。至于閏月亦用玄，但以非月之正，故聽其朔于當方之門，闔其左扉，由右而立于其中，蓋左爲陽，陽爲正月，既非正，則聽之亦當避正也，此聽朔之變禮也。端，當爲“冕”。

按：玄端，祭服、燕服之總名。玄衣而加玄冕，則爲祭服；玄衣而加玄冠，則爲燕服。“玄冕”作冒，舉冕，兼服言，色以緇而旒有三，衣無文而裳刺黼，祭天神尚質，故用此服。朝日聽朔，分敬天、勸民看。冕有五，公袞冕，侯、伯鷩冕，子、男毳冕，三命絺冕，再命玄冕。日出于東，故朝日于東門之外，朔月之事，如興利除害，發爵賜服之類。聽朔亦用玄冕者，聽朔事大，敬之如祭故也。日月合于朔，陰陽交于南，故聽朔于南門之外。東門、南門，皆謂國門也。必曰“門之外”者，亦猶迎氣之于郊與？天子廟及路寢，皆如明堂制，明堂在國之陽，每月就其時之堂而聽朔焉，卒事，反宿路寢。閏月聽朔于明堂門中，還處路寢門終月，終竟一月所行之事也。一云，周之朝日，王搢大圭，執鎮圭，而圭之藻藉，有五采五就。乘龍戴大旂，而旂之象有日月交龍，其壇曰“王宫”，其燎則實柴，其牲幣則尚赤，其樂則黄鍾大吕雲門，而與祀天神上帝者大概同，服不以袞冕而以祀群小祀之玄冕，豈所謂稱也，記稱玄冕朝日，蓋非周禮。毳，音翠。

“皮弁以日視朝”節

此明天子視朝常食之服也。冠用白鹿皮，服用十五升布，此皮弁服也，天子服之以常日視朝焉，重勤政也。即服以朝食，以視朝之服而食，不敢慢于所養也。日中所食，即朝食之餘，不欲厚于所養也。凡此朝食餕食，皆奏樂而食，蓋人之養也，心志和而後氣體從之，奏樂而食，所以和其心志，而助氣體之養也。日少牢，朔月太牢，所以爲豐儉之節，且重朔也。飲有五，以水爲上，味以淡爲本也。水爲上，則飲爲次，清爲上，則濁爲次，故漿、酒、醴、酏序焉，備其養也。此皆皮弁而食之事，于朔言聽，于朝言視，聽主有所受于上，視主有所明于下。

按：皮弁在五冕之外，服之尊者，朝以辨上下，于禮爲重，故常日視朝服此。若王朝諸侯，則服衮冕。餕尚奏樂，則朝食奏樂可知。

“卒食，玄端而居”節

此明天子燕居之服，而因及其自防之密也。此“玄端”與上文不同，其制玄冕、緇衣、素裳，食畢服之以燕居，蓋玄者，幽陰之色，居者燕息之時，于義爲宜也。然其燕居，不昵小人，不忘規戒。左史記動，右史記言，善惡必書，不敢諱也。聲音之道，與政相通，故御瞽察樂聲之高下，以明其政之和乖，得失畢陳，不敢隱也。燕居且然，則視朝臨政可知。然奏樂而食，玄端而居，謂順成之年爾。若遇凶荒，則衣素服，乘素車，食不舉樂，處以喪禮，以自貶損，古之帝王，心切慮民如此。

按：周有太史、内史、大史、小史、御史，若闕，交相攝代。春秋之時，特置左史、右史，陽主動，故左史記動作之事，陰主敬，故右史記言語之事。大胥春合舞，秋合聲，意亦如此，有畏天子後世之譏意。高下，指樂聲之高低言，俱有和乖，非上爲和、下爲乖也。政有治忽，故民有憂樂，民有憂樂，故聲有上下。“幾”字深看，有辨析精微之意，順在氣，成在物，不順則逆而水旱至，不成則虧而饑饉至。

“諸侯玄端以祭”節

此言諸侯祭先朝王，聽朔視朝之冕服也。彼前後三旒，而上下一章，其衣色玄而其裳刺黼，此玄端也，端作冕。諸侯服以祭五廟之先公，取幽陰之義，與神合寞也。若公衮，侯、伯鷩，子、男毳，各隨爵爲尊卑，必裨冕也，諸侯則服此朝天子，取補衮之忠，裨益吾君也。蓋朝君重于自祭，故服卑者祭而尊者朝耳。冠用白鹿皮，服用十五升布，此皮弁也，諸侯服此聽朔于太廟，蓋朔日頒自天子，藏之祖廟，月朔以特羊告廟頒行，遂聽月朔之政，示受之尊親，不敢專也。冠則玄冕，而服則緇衣素裳，此朝服也。諸侯服此日視朝于内朝，示每日親政而不敢逸也。蓋聽朔重于視朝，故尊者聽朔，而卑者視朝耳。

按：裨冕，裨之爲言埤也，服有六，冕至于五，大裘龍衮同冕，其冕爲尊，而自降龍之下，其冕皆爲埤，故言裨冕。

“朝，辨色始入”節

此明諸侯視朝之禮，承上文末句而言也。朝禮，凡入朝者，辨色，黎明時始入，君則日出而視之，臣雖先而不必早，君雖後而未嘗緩也。朝事既畢，可以退矣，然非遽退也，適路寢聽政焉。蓋視朝而見群臣，所以通上下之情，聽政而適路寢，所謂决可否之計也。然猶未釋朝服也，必使人視大夫，大夫退然後適小寢釋服焉。凡以開聽納之路，不敢先自佚也，此君臣之所以交儆也。

按：路寢，大寢也，在内朝之中。小寢，燕寢也，釋朝服，則服玄端矣。

“又朝服以食”節

諸侯既釋朝服矣，及朝食，日中食，則又朝服而食，敬養身也。特牲，豕也，加魚、腊爲三俎，朝食，日中皆然。祭肺，祭先代爲飲食者，此在朝食牲初殺時，周人祭肺，尊時制也。夕深衣，便燕居也。祭牢肉，異于始殺也。此皆日食也，月朔則重矣，故日食特牲，今以少牢，日食三俎，今以五俎，日食二簋，今以四簋，視常食有加也。子卯，紂亡于甲子，桀亡于乙卯。惟稷食菜羹，夫人與君同庖，亦共牢之義，且以示儉也。只重諸侯，夫人帶言耳。

按：夕，夕食也。牢肉，即特牲之餘。五俎，加羊與其腸胃也。俎以薦魚肉，則天産也，故用陽數之奇，簋以盛黍稷，則地産也，故用陰數之耦。君常食稻粱爲上，稷爲次，今止用稷。鷄犬爲胾，菜用芼，今止用菜羹，此其減于常食者。

“年不順成”節

此歲儉之禮也，承上言不特君、不舉己也。年不順成，君衣布以致憂，搢本以自貶，關以通陸，梁以通川，不收其租，山澤列其非時採取，而不征其賦，所以寬民財，土功不興，所以寬民力。大夫不得輕制造車，馬帶言耳。君憂民之憂，民亦憂君之憂，所謂交儆也。

“卜人定龜”節

此記定卜之禮，尊卑不同，見君人者當以前知之道自勉也，諸侯以龜爲寶，故言卜禮如此。

夫卜必用龜，龜有天地四方六者之異，以其方色辨之，隨所卜之事，各有宜用。《周禮》龜人所掌，故曰“卜人定龜”也。龜既定，則當墨畫火灼以審其兆矣，何者爲從墨拆火之兆廣，何者爲旁岐細出兆璺，此史官之事，故曰“史定墨”也。墨既定，則吉凶有兆象之形體矣，則君自定之，如吉則體無咎言、凶則不我告猶是也。蓋卑者各司其職，而尊者統其成，此内有增修斡旋意。若云觀體之大而明者，知其吉，觀體之小而暗者，知其凶，與史官何異?

按：色與體，俱以諸龜言。天龜曰靈，色玄而體俯，卜郊用之。地龜曰繹，色黄而體仰，卜社用之。東龜曰果，色青而體右倪。西龜曰靁，色白而體左倪，春秋用之。南龜曰獵，色赤而體却。北龜曰若，色黑而體前，夏冬用之。一云，祭地用射，即繹也。占龜，土兆大横，木兆直，金兆從右邪上，火兆從左邪上，水兆曲，以大小長短明暗爲吉凶，或占凶事，又以短小爲吉，又有旋者吉，大横者吉。占人云“君占體，大夫占色，士占墨，下人占拆”。體，兆象也。色，兆氣也。墨，兆廣也。拆，兆璺也。大拆稱爲兆廣，小拆稱爲兆璺。既拆之後，以墨塗之，拆大者食墨，粲然可見，拆微者墨不能入，故但占其拆而已。

“君羔幦虎犆”節

此言齊車之飾，亦以明尊卑也。君指諸侯言，君下當有“齊車”二字。凡車軾之上，有皮覆之曰“幦”，又有所以緣此皮者曰“犆”。君齊車則羔幦虎犆者，蓋羊取其潔，虎取其威，君德純潔而威重，故用之也。大夫齊車則鹿髀豹植，朝車亦然。士齊車亦鹿髀豹植，士賤不嫌與大夫同。言齊車則朝車在其中，蓋鹿取其群，豹取其文，大夫、士欲其同寅協恭，故用鹿，欲其文章煥發，故用豹也。上句君之所獨用，下二句臣之所同用者。

“日五盥”二節

此盥而沐浴之禮也。澡身所以浴德也，故盥與沐浴恒重之。日五盥，盥之節也，作一頭。下沐、浴致養對看，靧亦沐内事。

按：此君子潔身之功，而得氣體之宜，蓋氣實則神定，氣虚則神散。君子于虚時致養，正于養氣得養心之訣。沐而飲酒，曰禨。羞，籩豆之實。沐致養兼言味音，而浴止言進飲食者，上已見，飲中賅之也。沐則先稷而後粱，櫛則先樿而後象，巾則上絺而下綌，席則先蒯而後蒲。整治之初，則先用其粗者，蓋汗垢之難去，故用刮摩滌盪之力，及其整治之後，則用其潤養之功。此事唯天子、諸侯得行之，大夫以下恐不能備，然其言實寓修身之法則，無貴賤，皆當深察也。

“將適公所”二節

此大夫將朝致儆之禮也。宿，猶言隔一夜也。齋戒，外寢沐浴，爲精誠之至，而下二段無非精誠之所結凝發露處也。夫事君以敬，而主敬在于豫。大夫將至公所，必越宿齊戒而澄其處，出居外寢而變其常，沐浴而致其潔。象笏之搢，固有史進之，書其思焉，以識其謀猷入告之懷，書對與命焉，以識其對揚奉行之事。由是著朝服既畢，習其容觀，而周旋升降之不忒，習其玉聲，而宫羽徵角之和鳴。夫然後乃離外寢而出，夫習而後出，則無有不敬不和者，故下遂擬其發見之狀也。與家臣揖于私朝時，易忽略也，則敬君之心，根心生色，德容輝如而有章矣。及登車，是安逸之時也，則敬君之心，由著而明，發越尤盛而有光焉。蓋君威之重漸近，則精誠之著愈隆，何莫非齊戒之所致乎？其見而動君如此。

○“天子搢珽”三節

此釋笏制之義，所以辨分也。方正之道，唯天子全之，諸侯則法天子之方正以正國，大夫法天子之方正以治家，總之方正之理，天子倡而諸臣效，顧名思義，是在君臣之各自盡而已。

君臣非笏無以行禮，非制無以明義，天子朝祭所搢，名曰“珽”，挺然上下無殺，而前後無詘。夫挺者，方正之謂也，蓋以端方正直之道示天下，使天下皆趨于方正意。諸侯朝天子所搢，名“荼”，取舒遲之義，員殺其首而前詘，正方其角而後直，蓋退則道伸于國人，而進則勢屈于天子，故殺其上以讓于天子也。大夫聘天子之笏，員殺其上下而前後詘，前後，謂笏之上下也，蓋大夫上有天子，下有己君，示進詘于天子而上有所讓，退詘于己君而下有所讓，上下皆讓，故曰“無所不讓也”。珽，音脡。荼，與“瑹”同，音舒。詘，與屈同。

按：《注疏》：“此亦笏也，或謂之大圭，長三尺，杼上終葵首。”或者《玉人》文也，《玉人》注大圭“或謂之珽”，或者，或此文也。夫兩“或”之者，皆疑之也，則二注之無確見可知。看來，笏、圭，自是二物，詳辨在“笏制”節後。

“侍坐則必退席”四節

此皆言坐席之儀也。首節君臣也，下三節賓主也。以“敬”字貫，人臣燕見于君，君賜之坐，若旁有别席可退，則必退就之，若旁無别席可退，或君不許其退，則當引却而離坐于君親黨之下，謙敬之道也。此下三節概論也，凡席之設，賓主會席稍密，由前方得己席，不則躐席不敬矣，故戒之。徒坐非飲食及講問之席，不盡席之前一尺，示無所求于前也，敬也。書與食豆齊，各去席一尺，豆恐污席，且便于食也，書恐污聖賢，且便于覽誦也，皆敬也。《曲禮》“虚坐盡後，食坐盡前”，即此意。

按：“登席”句，謂數人共一席，必須由前，乃可得己之坐，坐者之所向爲前，所背爲後。躐席，躐他人之席也。登席，泛言，不指定鄉飲説。一云，凡席升由下，降由上，失節而踐曰躐，此在鄉飲人各一席説。

“若賜之食”三節

此臣燕見侍君食之禮也。首節是待以客禮，而不以客禮自處。二節至“唯所欲”，是不待以客禮，而以臣禮自處。“凡嘗遠食”至末節，客與不客皆然。合上下文看，要見古之君臣以情相與，非若後世堂陛之森嚴也，故其賜坐、賜食、賜爵之禮，皆非朝聘燕饗之正，然必節之以禮，正防其瀆意。

“若賜之食”節。凡臣非客也，若君賜之食，而以客禮待之，是敬其臣矣，則臣尤宜加敬焉。客禮食必先祭，今待君命之祭然後祭；客禮遜而後食，今先君飯而徧嘗諸羞。若爲君嘗食，然客禮食而告飽，今則啜飲以俟君飧而後飧，不敢告飽者，不敢以客禮自居也。

“若有嘗羞者”節。若君賜食而有膳宰嘗羞，是不以客禮待之矣，則其食必俟君之食，然後食，不敢先食也；其飯但先飲以俟君之飯，然後飯，不敢先飯也。其羞君命之羞，但羞近者一品而止。必命之品嘗，然後唯其所欲，不敢先徧羞也，皆以臣禮致敬也。客之者不命徧嘗羞，不客者待命唯所欲，是皆嘗遠食矣。凡嘗遠食，必自近始，一順其陳列之序，次第而進無所選擇，客與不客皆然，特有先嘗待命之異耳，其敬同也。

按：不客只是偶然賜食，非有先備，故不待以客，非慢臣也。飯飲者，飲之也。雖不嘗羞，亦先飲以俟君也。常說，乃飯飲以俟君飧，乃敢飧也。一說：此所謂飲，乃飲而俟飯，非飲而俟飧也。玩下在品嘗之前自見，若謂飲而俟飧，則與下節重複矣。遠食、近羞，皆指羞言。

“君未覆手”節。承上文客者飲而俟，不客者飯飲而俟，固皆俟君矣，遂言飧禮。未覆手，君之初飧未竟也，臣不敢初飧，是始飧後于君也。君既食，則三飧已竟，臣又飯飧，以足三飧之數，是三飧後于君也。記者恐人不知此爲三飧，故釋之曰，此所謂“又飯飧”，乃是第三次飯飧也。君饌既徹，則臣以飯與醬爲食之主，特執之以出而授己之從者。親執之，明臣禮也，授從者，明君惠也。此禮凡侍食者皆當行，亦不論客與不客也。

按：君未覆手，不敢飧者，待君一食之竟，然後敢勸之使再也，既食又飯飧，有由一飯飧至再至三意。飯飧三飯，是明又飯飧意，至三飧，始足伸勸侑之意，而成飲食之禮矣。飧，謂飲澆飯于器中也。禮食竟，更作三飧以勸，助令飽實，使不虛也。

“凡侑食，不盡食”節

此明凡人相敵爲食之禮也。凡食而勸侑，欲客之飽也，客不盡食，非慢也，以食于人不飽，乃禮之謙也。然謙可也，謙而過不可也。凡祭所以重主人之物，唯水漿不祭。若祭，則太壓降卑微矣。懼去諂，故不祭也。欲其謙而又戒其諂，正禮貴得中處。

“君若賜之爵”節

此臣侍君爵之禮也。古之君臣，以情相與，不若後世堂陛之森嚴也。于其間燕，命之侍坐，從容無事，可以用其情矣，故君賜之爵，則君之情濃重矣。所以人臣當此，其禮度愈要明謹，毫釐差錯不得，中間雖有一段誾誾意，却要重禮度明肅，謹重自得，方得旨。因受爵並及納屨，不可平。

夫人侍飲于君，君若以爵賜之，則君意已和，若不必過于嚴其分矣，然亦未嘗忘恭敬之心焉，故越席拜受，敬君賜也，登席致祭，重君賜也，飲而卒爵，不敢留君惠，俟君卒爵而後授虚爵，不敢先君盡爵也。始終如此，此正受一爵而禮度明肅也，乃嚴上下之分意。然一爵之後而一于洒如，又無以通上下之情矣。二爵則意氣和悦，而前越席等四項之禮止而不行矣。至三爵則君之寵恩雖沃，而臣又不可肆也，則謹重而不放，自得而不失，遂引身以退焉。其退也，節文終遂而不敢忘敬焉。坐取是一意，不敢直情也。隱辟是一意，不敢向人也。“坐左”一句是一意，不愆于儀也。

按：授虚爵，授于相者，此謂臣侍君小燕先飲，示賤者先，即事後授虚爵，示不敢先君盡爵。若大禮，則君先飲而後臣飲。燕禮，公卒爵而後飲是也。小燕唯止三爵，《左傳》云“臣侍君，燕過三爵，非禮也”。君子之飲酒，君子指臣，飲酒即飲所賜爵之酒也。一云，此三句，凡飲之禮，古人飲酒以三爵爲度，不蒙上賜爵而言。不可從。

“凡尊，必尚玄酒”節

此明列尊之法也。以首二句爲主，下舉輕禮証之，不重。凡尊，必尚玄酒，示修古也。惟君面尊，示專惠也，禮也，禮不下庶人。惟饗野人則皆用酒以致味，臣不敢專惠，故大夫側設其尊用棜，士亦側其尊用禁，可見唯君面尊也。

“始冠，緇布冠”節

此後八節，節言冠制之異用也。

凡始冠，初加緇布冠，自諸侯達于庶人，皆得而用之，所以存古也。然非時王之制，故冠畢無用，敝之亦可，所以趨時也。緇布冠，績麻爲布，染爲赤黑色，太古之齊冠也。

“玄冠朱組纓”節

若天子始冠之冠，則用玄冠，而以朱絲組爲纓，蓋玄者天之色，朱者正陽之色。天子法天而理陽道，故視諸侯有加也。諸侯始冠之冠，雖仍用緇布冠，而以雜采之帛爲緌，蓋緇者地之色，繢者色之文。上不敢擬天子，故用緇；下不可同于大夫、士，故繢緌。此冠禮之冠，所以責成人者，隨分而有别也。諸侯、士之齊冠，皆用玄者，以陰幽思也。然諸侯以丹絲組爲纓，尊者尚文也。士以綦絲組爲纓，卑者尚質也。此致齊之冠，所以格鬼神者，隨分而有别也。

綦，音基。

“縞冠玄武”節

孫爲祖期，小祥以後，則服除矣，于是以縞爲冠，凶也，以玄爲武，吉也。蓋已服雖除，而父猶儼然在衰絰之中，未敢純吉也。子爲父大祥以後，則將即吉，于是不以布爲冠，而以縞，不以采爲緣，而以素，蓋禫祭雖行，而心猶廓然有餘哀，故漸易凶而不敢遽用吉也。此喪禮將吉之冠，所以仁死喪者，亦隨分而有别也。

“垂緌五寸”二節

承上言縞冠素紕，而緌長五寸者，使惰游失業之士服之。玄冠縞武而非凶非吉者，使不帥教被屏棄之人服之，蓋于耻辱中，寓屬望之意，正先王之教處。

“居冠屬武”節

禮服之冠，臨著合武，燕居之冠，與武連屬，所謂“居冠屬武”也。此冠無分貴賤，皆著之，所謂“自天子下達”也，所以然者，何也？蓋以君子動而有爲，則詳而文，静而無事，則略而質。居冠屬武，略而質者也。有事然後緌，則上下不同，而文采辨矣，此屬武、合武之異與？

按：冠之制，横者爲武，垂者爲緌，蓋緌所以爲冠之飾，無事則去飾故也。“有事”句，别是禮冠，禮冠武不連屬，必用緌以固之，非此居冠至有事加緌也，居冠尚質，禮冠尚文，適其宜而已。

“朝玄端”節

此大夫、士私朝居家之服也。朝者有事之時，故服禮服以戒褻，夕者無事之時，故服深衣便服以適體也。以視私朝，故服玄端，若朝君，則用朝服也。

按：端者取以端方之道自持也。深者取德深邃之義。若朝君，其服與玄端無異，但其裳以素耳。

“深衣三袪”二節

此因論深衣之制，而並言長衣、中衣之制，與深衣制同而名異者，止有繼掩尺與深衣異。

深衣之制何如？袪尺二寸，圍之爲二尺四寸，要之廣三其袪，爲七尺二寸，此要度也。要七尺二寸，縫下齊處倍于要，則一丈四尺四寸，此齊度也。裳之交接，在身之兩旁，而袂之連衣者，廣二尺二寸，而可以回肘，蓋肘長尺二寸，倍之故可回，此袂度也。深衣非但可爲夕服，其以素爲純緣，而著于外者，名長衣，其著于朝服、祭服之內者，名深衣。其制繼袂口者，以半幅而掩其一尺，則袖短，此深衣長中之所異也。袷廣二寸，袪廣尺二寸，緣廣寸半，則深衣長中衣之所同也。此尺寸疑指周尺，若今尺恐不當如是之寬博也。

按：深衣，取其幽遠而蘊藉，長衣取其延長而有體，中衣取其在內而有裁製也，俱是制度之得中也，要見表君子之涵養意。上節言要齊衽袂，下節言幅袷曲緣，互文也，合之其制始全。長衣，練冠長衣是也。中衣，繡黼丹朱中衣是也。繼，接續也。深衣之衣，用布二幅，袂用布四幅，布幅廣二尺二寸，凡縫合處每幅削其兩邊，各一寸，每幅止留二尺，衣袂之左右，各布三幅。自背縫至袂口，廣六尺。長衣、中衣之袂口覆掩一尺重縫之，則比深衣減其一尺。自背至袂口，左右各廣五尺而已，繼續曰半幅，是爲一尺一寸，曰掩覆止一尺，想縫合處削去幅邊，故爾。

“以帛裏布”三節

此概論衣制之宜也。凡衣制貴乎相宜，如外服布，帛爲中衣，是以帛裏布矣，內外貴賤，皆不相宜，非禮也。非禮豈可服哉？染絲而織之爲織，功多色重。士賤故不衣織布，衣裳與冠異色爲貳采，失位可弔，故無君者不貳采，皆欲其相宜也。衣上而貴，用青赤白黑之正色，謂其得五行一氣之純也。裳下而賤，用緣紅碧紫騮之間色，謂其得五行相剋之雜也，此用色之宜也。列采，謂正色之服，各有尊卑品列，非列采不入公門，防其僭也。舊説褻服者，非。夏則禪葛不入，惡其見體而褻也；冬則表裘不入，惡其無裼衣而從簡也；襲裘不入，惡其不露裼衣而掩美也，此皆爲其不敬也。

“朝服之以縞也”節

此記服制之變也。朝服以布不以縞，康子厭布之質也，故以縞易之，後世因之，始乎季康子之失禮。

按：朝服用十五升布，季康子始用生絹。玄冠紫緌，自魯桓公始。朝服以縞，自季康子始。言先王冠服，自茲二人亂之。

“孔子曰：朝服而朝”節

此重朔之禮也。當時諸侯必有以朝服聽朔者，故夫子别言之曰“聽朔重于視朝，皮弁尊于朝服”，輕重之序，胡可紊也，故朝服而朝者，遇朔日必卒聽朔事，釋皮弁，然後服朝服以朝，則先後不相因，而節文辨矣，不如是未可言禮也。

按：玄端、緇衣、素裳，諸侯之朝服也。皮弁、縞衣、素裳，天子服以視朝，諸侯服以聽朔。朝服而朝，勤政也。聽朔係尊君敬祖之大，先朔後朝，以朝政雖重，必先盡尊敬之禮而後勤政也。

“曰：國家未道”節

此見服以道充也。孔子曰：先王之于禮服也，可謂極盛而充矣。然所以爲此者，以其有道也。若國家禮樂刑政，未盡合于先王之道，則不宜充盛其服焉，示儉以修省也。

按：此“充”以盛言，後“充”以掩言，義各不同。欲充服必先充道，若衛文侯大布之衣，大帛之冠是也。

“唯君有黼裘”六節

此詳裘服之等制也。

“唯君有黼裘”節，當時諸侯有服大裘者，不知唯國君乃有黼裘以誓省耳，是大夫、士不敢以僭諸侯，而諸侯顧可以僭天子乎？大裘，天子郊天之服，諸侯而服之，非古也，諸侯之僭禮也。

按：白與黑爲黼，以黑羊雜狐白爲黼，文以作裘，且黼爲斧形。君道貴斷，故服以誓軍旅，則紀律明而威無不行；服以省耕斂，則補助行恩無不廣。唯君有之，非大夫、士所得有也。大裘純黑，貴純也。

“君衣狐白裘”四節，以君爲主。首句與末句，正相叫應，士比左右進一步，君子比士又進一步，皆以漸説去。見獨君衣狐白，而諸人皆不敢僭也。國君燕居則衣狐白裘，而素錦爲衣，加其上以裼之，蓋狐白貴重，素錦華美，于服爲稱，于君爲宜也。若夫君之右虎裘，厥左狼裘，但取威猛爲衛耳，敢衣狐白耶？非惟左右，遠君而伸者莫如士，尤不得以衣狐白也，豈惟士哉？大夫、士之君子，燕居之服，有狐青裘豹褎者，則玄綃衣以裼之，蓋裼衣必象裘之色，稱其青也。視朔之服，有麛裘青豻褎者，則絞衣以裼之，稱其蒼也。朝君之服，有羔裘豹飾者，飾，袖也，則以緇衣以裼之，稱其黑也。蜡祭有狐裘，則黄衣以裼之，稱其黄也。此皆大夫、士之服也。若夫狐白裘而錦衣以裼之，此則諸侯之服，乃衣之至美者，豈下焉者所敢僭哉！

“裘之裼也”二節

此二節言裘之裼襲各有所宜也。首節言裼而以襲參之，中二句乃客辭，須以裼爲主，正見裼之爲見美也，後節言襲而以裼參之，末二句爲客辭，須以襲爲主，總見襲之爲充美也。

夫裘之裼也，何也？取其美見于外也，見美則盡飾，如弔則襲者弔主于哀，不盡飾也。君在則裼者，君所以文爲敬，盡飾也。主于見美，所以貴裼也。服之襲也，何也？取其美充于内也，充美則不敢見美，是故尸尊則襲。執玉龜重寶則襲，弗敢見美也。無事而在君所則裼，弗敢充美，主于充美，所以貴襲也。合而觀之，所謂裼襲之不相因而無相瀆也。

“笏：天子以球玉”四節

此詳搢笏之制也。首節笏因分而異，即三節之“飾”字，見于“天子”至“書于笏”；言笏之用廣，即三節“畢用”字，故總結曰“笏，畢用也”；因飾焉，而末節又言笏之長于博、殺之制。

“笏：天子以球玉”節。天子以球玉爲笏，至貴也；諸侯以象，則雖貴而殺矣；大夫以竹爲笏，而文飾之以魚須，則又殺矣；士亦以竹爲笏，而以象飾其本，反若有加于大夫者，士卑無嫌也，此笏上下之等級也。以球玉者，分尊玉美也。象者，文理雖密，不如玉之純粹也。竹堅有節，飾以魚須，素而文，飾以象素而章，卑者不敢用純也。須，與鬚通。

按：須者，鮫魚之須也。“士竹”爲句子，“本象”兩字相連，舊讀爲竹本者，非。“本”即前“搢本”之“本”，不當前後異同。

“見于天子，與射”二節。見天子，指諸侯之朝，大夫之聘。射，兼諸侯大射，大夫鄉射。臣主于敬，射以觀德，故不脱笏，言見君與射用笏也。入太廟敬神，脱笏非禮矣，言太廟用笏也。“小功”二句，言喪亦用笏也，“當事免”句輕，“形上”句，見無事則不脱也。“既搢”句輕，只叫起下文，總言在朝亦用笏也。不但此也，凡陳事而指畫于君前，用手則失容，則必用笏，造君前而受君之命，慮有遺忘，則必書于笏。由是推之，可見笏，事事之所畢用也。因飾焉，制爲隆殺等級之制也。

按：太廟之内，惟君主祭。當事，執祭事也，則脱笏以逸尊者。後世助祭之臣或脱之，則失之簡且僭，故記者云“非古禮也”。小功禮可以勝情，故不脱笏，爲其記事也。小功不脱，大功以上可知。惟當事而免，謂悲哀哭踊之時，必執事也，則事可以勝禮，故脱之。廟朝是一時事，如聽朔于廟，視朝于朝，受享于廟，受贄于朝之類，是也。既搢必盥，指在廟言，其後有執于朝，弗有盥，不盥則不脱矣。

“笏度二尺有六寸”節，以笏之制度言之，二尺有六寸，長之度也，其中博三寸，廣之度也，此天子、諸侯、大夫、士之所同也。其殺六分三寸，而去其六分之一，天子、諸侯止殺其上首之一，大夫與士則并殺其下角之一，是天子、諸侯、大夫、士之所異也，茲非所以辨分哉。

按：“搢珽”節，《注》以笏與圭强合爲一，故其説難通。不知圭有用事，笏以記事，其不同一也。天子大圭，以朝日，搢而不執，諸侯命圭，朝覲宗遇會同于王，及諸侯相見用之，笏則常日視朝，入廟習射所用，其不同二也。《周禮·玉人》云“大圭長三尺”，《雜記》云“公圭九寸，侯、伯七寸”，此云“二尺六寸”，其不同三也。又《玉人》云“天子杼上葵首，諸侯不終葵首”，此云“中博三寸，殺六分之一”，其不同四也。諸侯命圭以玉，此云“以象”，其不同五也。況大圭天子服之，非臣下所得用，笏則自天子、諸侯至大夫、士皆有之，其非大圭明矣。若以《考工記》“大圭之制爲笏”，《記》言其殺六分去一，又安知諸侯殺其上首，大夫、士殺其下首乎？且笏之度二尺有六寸，而其中博三寸不殺，則是上下皆殺也。其殺六分去一，則上下皆二寸有半也，何謂天子杼上終葵，首諸侯不終葵首，大夫、士杼其下首乎？圭、笏明是兩樣，讀者再詳之。

“天子素帶，朱裏”五節

此詳帶緣之制也。大旨，天子至士有位者之帶，用之朝祭者，其制殊尊卑之等。居士弟子無位者之帶，用之燕居者，其制異文質之宜，素得于自然，練成人功，故其用不同。凡帶皆謂大帶，以素絹爲質，有裏，又有緣爲飾，故素帶，朱裏，終辟，終竟此帶盡緣之，如要後兩耳，及紳是也，惟天子爲然，而諸侯諸侯素帶，終辟，不朱裏矣。大夫之素帶，惟緣其兩耳，及垂下之紳，爲辟垂，腰後不緣矣。士則殺其三，用練繒爲帶，不用素，一也。單用之而緶緝其兩邊爲綷，不得用裏，二也。惟緣其紳爲下辟，不得緣兩耳，三也。居士道藝養成，充實光輝，故錦帶尚文也。弟子斂華就實，近裏着己，故縞帶尚質也。

按：素，熟絹，非白色也。辟，本作“紕”，緣也，而下闕“諸侯”兩字。垂，謂兩耳及紳也，耳、紳相連，故同謂之垂。練，繒也。率，緶緝也。下謂紳以上，分使之也。“居士”二句，道爲之也。錦帶、縞帶皆單帶，不言率辟，則不率無辟可知。

“并紐約用組，三寸”節

此詳結之制也。“三寸”截，上言其廣，下言其長。“紳長制”以下，正見結之長齊于帶，而韠則又因言紳結而及之者，引子游之言，明紳長三尺之意。

夫自天子至于弟子，其結帶之紐約，並得用組爲之，所以束帶也。以言其廣，固三寸也，而廣狹適宜，以言其長，與紳齊也，而長短中度，此紐約之無分于貴賤者也。紳之長制，士二尺，取于適體也。言士則餘皆三尺可知，惟有司府史之屬二尺有五寸，便于趨事也。又引子游之言爲證，子游曰“人長八尺，腰帶之下四尺五寸，二分之而紳居其二”，可見紳長三尺也。由此言之，大帶之紳也，蔽膝之韠也，紐帶之結也，三者皆長三尺，截然齊一，所謂紐約之長，齊于帶者，不可見哉？“有五”之“有”，讀曰“又”。參，音三。

“大夫大帶四寸”節

此詳帶之博制與緣也，重辨分上。

凡帶用之朝祭曰“大帶”。大夫大帶，其博四寸，以上可知，其以雜色爲辟緣也。天子、諸侯上以朱，下以緑，蓋朱者，盛陽之正色，緑者，少陽之間色。示體于上，而布之于下也。大夫外以玄，内以黄，蓋玄者天色，黄者地色，示君尊于外，而臣順于中也。若夫士帶之緣，則以緇爲辟焉，分卑而質也，又異于大夫以上之緣矣。士帶之廣，則止于二寸，而再繚四寸焉，分卑而殺也，又異于大夫以上之廣矣。

“凡帶有率”節

此明帶之率功也。凡君、大夫、士之帶，當率縪之處，箴線細密，不見用箴之功，此則無上無下所同者也，此而不同，非所以語制度之精矣。箴，與“針”通。

“肆束及帶”節

此勤者有事之儀也。帶之餘組，及帶紳之垂者，或有時任君之事，而爲勤勞之人，則此束及帶，有所不便，故遇有事之時，則收之于手，遇事之迫而有不容不走者，則擁抱于懷，使無傾跌失容，以全敬也。

按：束者，紐扣之餘組，即上結也。帶，謂紳也。勤者，指大夫、士任君事者説，不如通説爲長。《注》解“勤者”未妥，有事是一項，走是一項，走比有事又甚些，都承勤者説來。

“韠：君朱，大夫素”一節

此詳玄端之韠也。分三段看，自“君朱”至“爵，韋”，因分而異其色也。自“圜，殺”直至“前後正”，因分而異其形制也。自“下廣二尺”而下，是制之一定而上下皆同也。未言革帶者何？韠依于帶，故並言其博制，此句不重。

韠以蔽膝，君臣之所畢用者也。以言其色，天子、諸侯朱裳，故韠亦朱；大夫素裳，故韠亦素；士之裳玄黄雜采不齊，故韠以爵色之韋，色各象其裳也。以言其形之圜、殺、直，天子形無圜、殺，而上下皆直焉；諸侯上下各去五寸，而補之使方變于天子也；大夫員其上角變于君也；士遠尊無嫌，則前後皆方而不變焉，形各因其分也。以長短之數言之，君、大夫、士皆下廣二尺以象地，上廣一尺以象天，長三尺以象三才，其頸五寸以象五行，其兩角之肩與革帶，則博二寸以象陰陽，形色尊卑異焉，分殊故也。長短尊卑同焉，理一故也。

按：頸，中央也。以上下皆大而中特小，如人之頸也。肩兩角，以在兩旁，如人之肩也。五寸，謂廣也，博，亦廣也。

“一命緼韍幽衡”節

此記侯臣韍佩之制也。一命，謂公、侯、伯之士，子、男之大夫，爵位未隆，所藴未見，故韍用赤黄之韋，雜而不純，衡用黑白之玉，晦而未明也。再命，謂公、侯、伯之大夫，子、男之卿，爵位漸隆，其藴微見，故韍用赤韋，與一命異，衡用黑玉，與一命同也。三命謂公、侯、伯之卿，則位冠侯臣而所藴者發見著明矣，故韍用赤韋，衡用蒼玉，取南與東方之正色也。蓋命以漸而尊，則色以漸而顯也，韍佩以命數，重明分意。

按：韠之在冕服，祭服也，曰韍。在玄端，燕居服也，則曰韠。衡，佩上珩也。以言其寓之以爲覆，則謂之珩；以言其衡之以爲平，則謂之衡。

“王后褘衣”三節

此詳后夫人以下六等之服也。首節人君之妻之服，以形名之。二節人臣之妻之服，以色名之。三節世婦，天子婦也，其他諸臣婦也，蓋正位于内，不可無服以稱之，其形、其色俱有從夫、助夫二意。

天子之后，服褘衣，而色玄，刻翬雉而以五采畫之，綴于衣，以配天子之體玄道，而服夫玄者宜也。從王祭先王者，公、侯、伯夫人，服揄狄，色青，刻揄雉而以五采畫之，綴于衣，以公、侯、伯能體陽道，而此以少陽之色配之宜也。從夫祭先公者，子、男之妻曰女君，受王后之命，服屈狄，色赤，刻雉形，不以五采畫之，子、男之體陽道者未純，而此以正陽之色配而助之宜也。從夫祭群祀者，此内服之行于上者也。黄衣曰褘，公、侯、伯之大夫，子、男之卿之妻，服之以告桑事，象其夫之有文也；白衣曰襢，公、侯、伯之士，子、男之大夫之妻，服之以見王及賓客，象夫之守素也；黑衣曰褖，子、男之士之妻未命者，服之以燕居及御王所，象夫之藴蓄未顯也，此内服之行于下者也。看來青不如玄之深，赤不如青之雅，鞠猶有文，白則素矣，黑則又質矣。分愈尊，制愈隆，分漸卑，文漸殺也。唯天子世婦，上不敢擬王后，下又當别諸婦。惟獻繭之時，天子以其有功于祭服，或鞠或襢或褖，隨所命之，賞其功也，其他若士以上，則皆從夫，得各服其命數之服，如上所言，不得與世婦同也，安有僭擬者哉！襢，音展。

按：《周禮》内司服所掌，王后之六服，服皆袍制，衣裳相連而同色者，婦人之德，本末純一，故與正服衣裳異色者不同。王后六服，尊得兼卑，此則别而言。卑不得以僭尊也，且王后必有狄爲上者何？蓋狄之交有時、别有倫，守死而不犯分，婦人之德所宜。后之五路皆重翟者，其義亦若是。再命，一命，與上章同。《注》專主子、男之臣者，非。凡内服之尊卑視其夫，如褘衣當衮冕，揄狄當鷩冕，闕狄當毳冕，鞠衣當絺冕，襢衣當玄冕爵弁，褖衣當皮弁，是也。

“凡侍於君，紳垂”節

此臣侍君主之敬也。凡侍立于君，身容必俯，惟俯故以紳則垂，以齊則委，而足如履之，以頤則若霤臨前，以手則拱而下垂，此皆罄折之容也。視下而聽上，“而”字串，蓋罄折則視下，然視雖下而聽則上，視下者，不敢覩君容而驕也，聽上者，不敢忽君言而略也，正敬之自然中節處。然視下非過貶也，下不過帶，上不過袷，欲瞻依之切，此視下之則也。其聽上非過高也，侍立在右，聽言向左，欲應對之審，此聽上之則也。凡立者尊右，左者尊左。任，從也。下于帶則憂，上于袷則傲，以君之帶袷言。嚮，以己身之向言。

“凡君召以三節”節

此臣承君命之敬也。人君召臣有節，以玉爲之，所以明信也。有以二節者，有以一節者，合之爲召以三節焉。二節事急以走，一節事緩以趨，此其稍異者也，而總之不可有緩心。如在官地之近者，可以俟屨而不俟屨；在外地之遠者，可以俟車而不俟車，蓋聞命即行，敬之至也，此二節、一節之所同也。

按：“在官”二句，兼趨、走言，乃進一步説話。不俟者，就始被命時，狀急赴君命之容，若不待着車駕馬者然，卒亦未嘗無車屨也。

“士於大夫”節

此士敬大夫之禮也。士于大夫，尊卑有間。若大夫詣士而士爲主也，來不拜迎，恐其答拜也。去前拜送，以賓出不顧，則不答拜，可以伸其敬也。若士見于大夫而士爲客也，先拜于門外，然後進而見面，若大夫出迎而答拜，則走避之。“士于大夫”二句，士敬客之禮如此。“士于尊者”三句，士敬主人之禮如此，爲主則敬客，爲客則敬主，士卑故不拘賓主之常禮也，此恭之近于禮者。尊者，指大夫言。

“士於君所言”二節

此皆士之禮也。士于君所言，禮，君前臣名，然大夫沒矣，則稱謚及字，士沒則稱名，敬貴賤賤，皆所以尊君也。若于大夫言，其生者，士則名，所以自卑，大夫則字，敬其類也。次節“于大夫所”承上文而言。公諱，謂大夫之祖考也。有公諱，尊有所伸也。私諱，謂士之祖考也，無私諱，卑有所屈也。此皆敬大夫也。凡祭外神在廟中，教學，臨文，此四者，雖公諱亦不諱，因上文言諱而並及之，與《曲禮》文雖小異而義則同。

按：首節上三句稱沒者也，下三句稱生者也。吾爲士，故言及士則名之，所與言者爲大夫，故言及大夫則字之，字大夫乃口中所言之大夫，非與言之大夫也。次節“公諱”，《注》云“本國先君之諱，兼本國及大夫之先君説”。玩“于大夫所”四字，只指大夫之先君説，亦可。以下因記士敬大夫之禮而並及諱禮，只帶言不重，《曲禮》言“廟中”，不言“凡祭”，舉親以見疏也。言“凡祭”則“廟中”在其中矣，而必重言之者，“廟中”上不諱下，與“凡祭”異也。教學，即《詩》、《書》也。

“古之君子”二節

此詳佩玉之制也。在首節截，首節言玉聲各有所中之音，尚未説到和上。“玉鏗鳴”以上，言動容有節，斯玉聲由之以和。“故君子”四句，推心由玉聲之和而得其養也。可見君子必佩玉無非爲養心之具。君子，兼士以上言。

古之君子佩玉，未有無故而去者，故曰“必也”。奚取于佩玉也，人之一身有左右，而行居其中，“行”字兼下趨行周折進退看。玉之鳴也，右則中乎徵角，徵爲事，事道宜修，角爲民，民道宜勤，故在右，右爲動作之方；左則中乎宫羽，宫爲君，君道宜静，羽爲物，物道宜積，故在左，左爲無事之方。玉聲固各有所中如此，然非玉之能自中也。自路寢門外至應門，地稍廣則行宜疾，故趨。趨或過于疾，則歌《采齊》之詩以爲節，蓋《采齊》曾孫所以告于先君，揚于祖廟，詩之和緩者也，故趨之急者歌之；路寢門内至堂，地狹，宜行，行或過于緩，則歌《肆夏》之詩以爲節，蓋《肆夏》天子所以震疊諸侯，式序在位，詩之嚴敬者也，故行之緩者歌之，此皆和之以樂也。其直去而回轉也，則其圜如規；其直去而復横去也，則其方如矩；進而前，則其神略俯如揖，而不過于亢；退而後，則其身微仰如揚，而不過于卑，此皆節之以禮也。惟其如此，然後佩玉之聲，鏘然可聽，而右果能中徵角，左果能中宫羽，是所貴乎佩玉者也，而養心之益寓焉，故君子在車既聞鸞和之聲矣。今行則鳴佩玉焉，無時無處而不得其養，是以心中無斯須不和不樂，而非違邪僻之心，無自而入也，乃知心貴得養，而養心資乎佩玉，所以君子必佩玉也。

“君在不佩玉”節

此明世子不佩玉也。首句作頭，下四句分兩意，恐首句説偏枯了，故言下二句，補足其意。末二句，又以燕居形出朝來，一反一正，正君在不佩玉之實也。

夫君子必佩玉矣，唯世子在君前則不佩玉，正是受吾親涵育薫陶的意思，蓋心虚而善人也。佩玉則以德自表見，有與父爭德之心了，非尊尊親親之道也，故不佩玉，非去之也。左則結蹙其佩之綬，不使有聲，雖佩猶不佩也。右則設事佩，如觿燧之屬，以待用，雖佩，而非玉也。惟燕居而君不在，乃設玉佩如常。若朝而君在，必結玉佩也。

一説：結佩與兩設佩，俱宜一様看，蓋居非獨處，但非臨朝對群臣時耳，此正子事父之時，故必設事佩，朝則森嚴之地，此時衹論君臣，故但言結佩，亦好。

“齊則綪結佩”節

此明齊之必佩玉也。凡佩玉者遇齊時，則綪結其佩而服爵韠，恐有聲以散其志也。

“凡帶必有佩玉”節

此明佩玉之義也。“必有”字正與“君子無故”句相應，君子于玉比德，又玉不去身之故也。由前觀之，凡帶必有佩玉，唯喪故乃去之耳。佩玉貴其有聲，衝牙觸璜而爲聲者，故必有衝牙。夫君子所以無故玉不去身者，蓋以君子修德，于玉比德焉，以有象之玉，而擬無象之德，庶幾藉有德之玉，以助成如玉之德，德無時而可去，則玉亦無時而可去矣。

“天子佩白玉”三節

此明玉色與綬色之辨也，根上“比德”來，惟佩玉以比德，故佩玉以德殊，上則言佩，而此言綬者，佩必有綬，所以貫佩之珠玉而相承受也，重“佩”上，“綬”特帶言。

夫天子則佩白玉而玄組綬，蓋天子德極純潔，故比玉于無暇之白而體天道，故有取于天玄之綬也。公侯有鎮靜之德而體陽道以長人，故佩山玄玉而朱組綬，山者厚重，不遷朱者正陽之色也。大夫有通達之德而體陰道以事人，故佩水蒼玉而緇組綬，水者周流無滯，純者陰幽之色也。世子之德美而文，故佩瑜玉而綦組綬，瑜者玉之美，綦者色之文，以盡其飾也。士德未成而位未顯，故佩瓀玟而緼組綬，瓀玟次玉之石，緼者赤黄之色，以含其章也。此皆所謂比德于玉而不去身者也。若孔子于燕居之服，止佩象牙之環，其廣五寸不敢表其有如玉之德，以雜色之綦組爲綬，不敢示其有純德之美，不以禮服之佩綬，概用之燕居，此正聖心之謙處，然亦可以見玉不去身之意矣。瓀，音輭。

“童子之節也”二節

此童子衣服之制也。童子之禮節也，此句作綱，用緇布爲衣，全體未成，尚質也。用錦爲緇布衣之緣，又紳帶及約帶之紐，並以錦爲緫，而束髮皆用朱色之錦，示將成人有文德，一文一質之義。一云，爲親在而致飾，孝道也。童子不裘不帛，恐溫傷壯氣，且戒奢靡也。不屨絇，未習行戒也。雖不服緦，猶免深衣無麻，往給事也，皆爲幼少不備禮也。主人，喪主也。此童子來聽使，若有事則使之，若無事時在旁，謂在主人之北，南面而立以待事也。童子不能獨爲禮，若往見師，則隨成人而入也，此皆童子之節也。

“一室之人”節

此明徹食之禮也。徹，食之終也。古人敬終如始，故其禮如此，是平居無賓主之分，而當辨長幼男女之禮者。

夫一室之人，同居共食者，壹食之人，同事而相聚以食者，二者皆爲無賓主之分，故但用少者一人徹之而已。凡燕食，淫泆之禍，多起于燕私，故婦人不徹，辨男女以遠嫌也。《注》云“弱不勝事”，不可從。壹，猶聚也，謂赴事聚食也。

“食棗、桃、李”節

此食瓜果之禮也。棗、桃、李瓜，主人物也。弗致之類，客禮也，敵者降等皆然。食棗、桃、李，弗致核于地，懷之而已，敬主之餘也。瓜以上環祭，敬主之物也。食中，棄所操，有不盡食之意，所以養廉也。

按：弗致于核，《曲禮》“其有核者，懷其核”是也。一云，果但食其肉，而不極于核，鑿矣。瓜祭，祭始種瓜者，環有上下，上環是疐間，謂切去疐，橫切之，形如環也，脱華處則爲下環。“食中”二句，不過示食瓜之儀，説到養廉，迂矣，瓜皮豈可食者乎?

“凡食果實者”節

此共食之禮也。古人有嘗食之禮，恐其不善，或爲尊者害耳，果實生成之味，若共食則使尊者先食，火孰則己先食，嘗食之禮也，所以致敬于君子也。

“有慶，非君賜”節

此慶賀之禮也。卿大夫、士之家，設有嘉慶之事，必君賜，如爵命、土田、車服之類，則當賀，非君賜則不賀，蓋以君賜爲榮也。

按：冠、昏之類，但榮一家，非一國所共慶，則近于諂。“不賀”有二意，既不致賀于人，亦不承人之賀。

“孔子食于季氏”節

此聖人處失禮之事也。凡客將食必興辭，不敢當主人之食也。食則先胾，次殽，至徧，乃飽而飧，不敢虛主人之饌也。孔子食于季氏，不辭而食，又不食肉，即告飽而飧，蓋以季氏之饋失禮故也。君子待小人，不惡而嚴，故其簡禮如此，亦不屑之教也。

“君賜車馬”四節

此受君賜之禮也。首節卿大夫受己君之賜意，重“再拜”。次節卿大夫受天子之賜，意重歸獻。三節言拜賜之儀，頂上本國王朝説，受己君、受天子，皆然也。四節言拜賜之稱禮，君之于臣，有賜車馬者，有賜衣服者，其賜及門既非拜受矣。明日乘是車馬，詣君所而拜謝，服是衣服，詣君所而拜謝。所謂再拜，敬之至也。若是諸侯之卿大夫，使于王朝而受天子之賜者，亦必歸而獻諸其君。君命之乘服，乃得乘服，君未有命，弗敢即乘服也，皆所以敬己君也，然其拜賜之法未嘗不同，凡拜賜者，當行稽首之禮，覆左手以按于右手之上，而頭與手俱至地也。酒肉輕，則但拜受于家而不再拜，與拜車服之賜不同，唯其稱也。

按：“君未有命”句，宜善看，重歸獻其君上，君未有命，言當其未歸本國，或既歸尚未獻諸其君，故未敢即乘、服。若既歸而獻，豈有諸侯而緩天子之命乎？一云，車馬衣服，有恩命所特賜者，有常秩所應得者，乘服以拜賜者，其特典也。弗敢即乘、服者，其常秩也。雖常秩而必待君命，自是人臣敬慎之禮，若依《注》作諸侯之卿大夫爲使臣説，則其方受天子賜時，可不乘、服以拜賜乎？如已乘服拜賜而歸又獻于其君，待君命之而後乘、服，是二天子矣。此説之難通者而已。

“凡賜君子”節

此貴賤之分也。凡將之以禮曰賜，如車服類，惠之以物曰與，如布粟類，賜必君子，與必小人。貴賤殊，故不可同日，見賜君子以德，與小人以力，共均者恩也，不同日者義也。

“凡獻於君”三節

此大夫、士拜獻、拜賜之禮也。凡獻物于君，大夫使宰，不親往也，士則往然，皆再拜稽首送之。蓋初遣宰時，已拜送矣，及至君門則或宰或士，又拜送以授小臣也。以美食膳于君，必有葷、桃、茢者，防不祥之物，桃以其性，葷以其氣，茢以其形，于大夫去茢，于士去葷者，形不如氣，氣不如性，惟桃不可去焉，皆造于膳宰以不敢專達，必待主膳之人達之也。次節釋大夫不親獻之義，大夫有獻使宰，則及門之時，宰拜而大夫不親拜者，蓋恐君之出受而答己，不敢當，所以不親也。三節釋士親之義，大夫往君門而拜君昨日之賜，及門告小臣，小臣入白，大夫即拜，拜竟，即退，不待小臣報諾，亦恐君召進之而答拜也。若士則拜竟不退，必待小臣報諾而後退，既報，又拜君之諾乃退，以君不答拜，故可伸其敬也，所以士親也。

"親在，行禮於人"節

此親在之禮也。人於親之在也，凡行禮於人，必稱父，不敢私交也。人或賜之，則稱父拜受之，不敢私受也，皆謂不敢自專禮也。

"禮不盛，服不充"節

此見郊禮之盛也。大凡禮不極盛者，則服不內充，郊禮，禮之盛者也，故天子之大裘不裼，敬之至，不敢見美也。豈惟大裘不裼，即乘路車而過門閭，亦不式以分敬，不裼之心，即不式之心也，專主敬天看。

"父命呼"三節

此重孝子不忍之心也。人子于父命之呼也，"唯"而"不諾"，蓋唯速而恭，諾緩而慢也。手執業則投之，非業又可知矣。食在口則吐之，非食而又可知矣。此只是形容不卒業，不卒食之意。走而不趨，急于應命，禮也。人子于親之老也，出不易方，恐召己而莫知所在。復，反也。復不過時，恐愆期而貽親之憂。遇親有疾，則憂形于色而容不盛，此亦人子盡孝之禮，而要皆常行疏節未可爲大節也。父沒而不能讀父之書，以其汗漬批點之處，手澤猶有存焉者爾。母沒而杯圈不能飲焉，以其口旁潤澤之氣猶有存焉者爾。蓋雖父母既沒而挾其書、執其器則想見其人，哀痛慘怛，至不能讀且飲，則事死如事生，事亡如事存，而可謂終身之大孝矣，豈區區疏節可比哉！

“君入門，介拂闑”二節

此詳君臣朝聘，各謹入門之儀也。入門行禮之始，故謹辨之。首節“君”指鄰國之君言，此諸侯來朝于鄰國，而君臣異所由之處。次節“賓”指鄰國之卿大夫言，此卿大夫聘于鄰國而公私異所由之處。一則名分辨則朝禮肅，一則恭敬昭而聘禮虔。

夫兩君之相朝也，凡門中央樹短木曰“闑”，兩旁有長木曰“棖”。賓君入門，由闑西之中，上介卿從賓在後，稍東，而衣拂闑，大夫中介以次而西，適當賓後中于棖闑之間，士末介則極西而衣拂棖，主擯入門亦如之，但由闑東耳。卿大夫來聘而爲賓其入也，不敢中門，稍東而近闑，避國君之體也。不履門限爲不恪也，聘享奉君之命，公事也，入自闑西，用賓禮也。若私覿，私面而申己之信，是私事也，入自闑東，以非君命從臣禮也。

按：“君入門”不重，起下文耳。《注》兼擯總解，還只以介言。中門履閾，罩闑西、闑東二者。始至傳命，賓主相見爲聘，庭實圭璧之將爲享。

“君與尸行，接武”六節

此詳行步之節也。首節首三句，言天子、諸侯、大夫、士與尸行之節，步之廣狹因分而異。“徐趨”句，言宗廟行禮時徐趨之儀，徐言緩行，趨言急行，言君、大夫、士在廟中，或徐或趨，皆用與尸行步之節也，此行於廟中者。下“疾趨”三節，泛言他事行禮，亦有或徐或趨之時，而皆有節也。“疾趨”節應上“趨”字，“圈豚”節應上“徐”字。端行，徐行之别名，比圈豚爲尤緩。弁行，急行之别名，比疾趨爲尤急。總之皆他事行禮，不與廟中相干。“執龜玉”節，因上行步而併言執重器之徒。“凡行容”節承上行步之節，而總約之于敬也，只重《注》“敬”、“謹”二字，行止于疾徐之間，俱是性道所呈，敬謹以養性，便自然中理，非逐事求合之謂。

夫君、大夫、士臨祭，其與尸行步之節，天子、諸侯二足相躡而蹈其半，接武也，行甚狹而太緩矣。足跡相接續，繼武也，行稍廣而速矣。每移足間容一足地，中武也，行極廣而愈速矣。分至尊，故行狹而緩，分漸卑，故行漸廣而速也。末一句，亦是廟中行禮，雖非與尸行之時，君、大夫、士，或徐行而緩，或趨行而急，皆各循與尸廣狹之度。君接武，大夫繼武，士中武也。疾趨謂趨之疾也，屨頭欲發起，固不以接繼，中爲拘矣，然手恭足重，毋低斜而變常度，此疾趨之法也。圈豚行釋上徐趨之形，轉足循地而行，足既不舉，身又俯折，故齊如水之流。未坐時在席上亦然，亦如此圈豚行，齊如流也，此徐趨之法也。端行、弁行，又足上二節之意。端行，行之詳緩端正也。其身亦小折，故頭直臨前，而頤如屋霤之垂，步如矢之直，當徐而徐也。趨而且疾，則行之急，故曰“弁”。剡剡，身起之貌，急行則欲速而身屨恒起，當疾而疾也。至執龜以卜，執玉以聘，此重器也。初舉足前，後曳足跟，行不離地，縮縮如，言舉足促狹不濶步也。道路瞻視所在，故行于道路，當直而且疾，不回枉而失容，不舒緩而近惰，重言惕者，專主敬也。

按：君，主祭者，大夫、士，助祭者，禮有宜徐者，有宜趨者，故君尸有徐有趨，大夫、士有徐有趨，非謂君尸徐而大夫、士趨也。接武用于徐，乃緩中之緩，繼武、中武用于徐，乃緩中之速，接武用于趨，乃速中之緩，繼武、中武用于趨，乃速中之速，此節之以分異者。一云，尸君之尸也，廟中惟君爲尊，尸在廟中，則疑于君。與，猶及也。君及尸皆接武者，分至尊，故行皆徐。大夫、士以自行言，大夫漸卑，士極卑。繼武、中武，言大夫、士之行，不同于君與尸之行也。若《注》解，大夫與其尸行，士與其尸行，審如是，則步廣者宜與尸近，安得更相遠乎？比舊説簡便，徐趨有兩意，不與下“疾趨”作對，疾趨只當一個“趨”字，手足毋移，比“發”更重些。頤霤如矢，剡剡起屨，四平看，但前言足不舉而齊如流，此則頭且俯，而行步且無邪枉，前言屨欲發，而此則身與屨俱起，故以此節爲足上二節意。

〇“廟中齊齊”節

此形容君子朝廟之容，得事親、事君之道也，泛言不必指形容説。《注》中敢持嚴正，頗有分别，廟中尚質，濟濟屬身容，翔翔屬手容，朝廷尚文，各得其敬也。

宗廟朝廷，威嚴之地也。時而在廟收持而有所檢束，無縱弛也。嚴正而極其端莊，無傾側也，不亦齊齊乎？時而在朝，威儀詳整，嚴而飾也。張拱安舒，恭而安也，不亦濟濟、翔翔乎？

“君子之容舒遲”節

此言君子容與時宜也。舒遲不專言燕居，只無尊者便然，是常時之容主于和，下句面尊之容加乎敬，上下是相因語。《注》中“加”字，和之中而又加以敬，非平居惰慢，而見尊者始矜持也。

“足容重，手容恭”六節

此泛言君子一身之容，不屬見尊者看，總是修己以敬，皆有根心生色工夫在，不可徒在容上説。

足容重而不輕舉，舉步遲也。手容恭而無慢弛，高且正也。目容端，無睇視也。口容止，不妄動也。聲容靜，不噦欬也。頭容直，不傾顧也。氣容肅，似不息也。立容德，中正不倚，儼然有德之氣象。色容莊，矜持不放也。坐如尸，尊嚴若神也。此皆主敬之目也，行禮平居皆當如是。

“燕居告”節

此詳燕居與告之容也。燕居之時，與告語人之際，其容則溫而又溫。燕居溫溫，孔子申申如、夭夭如是也。告溫溫，《詩》所謂“載色載笑，匪怒伊教”也，總是欲其和。

“凡祭，容貌顔色”節

此詳祭祀之容也。容貌見于一身，顔色獨見于面，皆當盡其如在之誠也。蓋致誠信與忠敬，而視無形于有形，聽無聲于有聲矣。

“喪容纍纍”節

此詳居喪之容也。以“纍纍”爲主，下正見纍纍處。纍纍，羸憊失意無所歸貌，概舉之也。其色憂思而不舒，其視驚懼而微昧，其聲綿綿而低微，皆纍纍之目也。

“戎容暨暨”節

此詳軍旅之容也。以“暨暨”爲主，下正見暨暨處。暨暨，果毅之貌，亦概舉也。以一身言，其言則教令嚴飭，有信賞必罰之意，其色則嚴厲莊肅，有不敢違犯之意，視只是顧瞻行伍，其視則瑩徹明審，有明見萬里之意，此暨暨之目也。詻，音額。

“立容辨，卑毋讇”六節

此詳君子一身之容也。容貌，聽之符也，浩然之氣，容之根也。辨卑與立容德微異，辨卑者，不爲矜高之態也。雖貴辨抑卑降，亦必貴于正而不可有屈己媚人之態，所以防其讇也。頭頸在一身衆體之上，立時宜正，無偏側也，君子之立，嶷然不動，與山之靜定不動相似。君子之行，因時制宜，與時之流行變動相似。既曰“立容”，又曰“山立”，既曰“色容”，又曰“玉色”，山玉則容之形狀也，盛氣，即浩然之氣也。至大至剛，失養則餒，必不役于形，不勞于欲，則心無愧怍，即集義工夫到而本體完也。揚休者，氣之充體無限量，無屈撓，如陽氣蒸煦而呼吸無窮，即塞乎天地之間也。玉色，玉無變色，氣以盛而定，則英華發外，粹然可掬，不猶玉之溫潤而其色無變乎？此數者動容自中，皆盛德之至也。

按：辨，自貶卑，謂罄折也。一云，辨，如字。古大臣行止不踰尺寸者，是其辨也。宜知。氣本自盛，故曰“盛氣”。顛，讀如填塞之填。養氣工夫，當提在顛實之上。“揚休”字輕，揚休從顛實發出來者，必揚休方見顛實，宜一氣看。一云，讀“揚休”爲“揚煦”，何等費解。充實而有光輝之謂大，顛實是充實，揚休是光輝，只如字讀，亦通。

“凡自稱：天子”十一節

此言正名之禮也。有自稱之辭，有對尊者之辭，有對敵者之辭，有擯贊稱人之辭，有于其國之辭，有于外之辭，稱謂之間，各有深意，所以名正而事成也，此稱名之禮也。首節天子自稱于臣民曰“予一人”，見責任獨筦，不容戲渝也。“伯曰”三節，俱根一人來，一人而無宣力者，則獨勞而罔功；一人而無守土者，則獨守而不足；一人而無屏翰者，則獨受其侮而莫爲之禦。故力取宣力之義，伯任之；守取輯寧之義，侯任之；屏取藩屏之義，邊邑之臣任之；皆爲一人而分憂效勞者。“伯曰”節，天子三公，一相處内，二伯分主畿外諸侯，蓋股肱之臣，宣力四方者也，故自稱曰“力臣”，謙言“力臣”，則所勉在德矣。諸侯之于天子，其自稱曰“某土之守臣某”，蓋莫非王土、特爲王者守之而已，此知其職矣。其在邊邑，則自稱曰“某屏之臣某”，非蔽内而捍外不可矣。于敵以下，自稱曰“寡人”，寡德之人，謙詞也。小國之君自稱曰“孤”，特立無德，亦謙也。擯者亦“孤”，位卑，從其謙也。以上四節，皆諸侯朝于天子之稱也。“擯者”句帶言耳，下倣此。

按：曰“予一人”者，明責不他委。又言我于天下，衹是人耳，更寓自謙意。若云至尊無對，則太張皇了。

“士大夫曰：下臣”節。上大夫自稱于他國曰“下臣”，下等之臣，謙也。擯者曰“寡君之老”，係老于君，尊也。下大夫自稱其名，降于上大夫也。擯者曰“寡大夫”，稱“寡”，謙也，稱爵，尊也。“世子”二節，世子亦交隣也，自稱其名，如對己親也。公子曰“臣孽”，自稱曰“臣”，見適爲君也。又稱曰“孽”，見不匹適也，以上諸侯之臣聘于鄰國之稱也。

按：上大夫、下大夫，及世子、公子，皆蒙上在鄰國而言。一云，上大夫自于己君之前，稱“下臣”，出使他國，擯者稱爲“寡君之老”。下大夫對己君稱名，不敢稱“下臣”，卑遠于卿也。出使他國，擯者稱云“寡大夫”，不敢稱“寡君之老”。世子對己國之君，稱名，擯者對他國之辭，曰“寡君之適”，明其統承先君也。公子嫡而傳世，謂之“適子”，餘則“公子”而已。一云，臣孽，對己君也。若對他國，當云“外臣”，分己君他國君言，亦通。

“士曰：傳遽之臣”節，家臣之稱也。士爲家臣，自稱于所臣事之大夫，曰“傳遽之臣”，蓋士賤而給車馬之役也，于非己所臣事之大夫，自稱曰“外私”，家臣稱“私人”，言外别于己所臣事者也。傳，去聲。

“大夫私事使”三節，補上文擯者曰“寡君之老”及“寡大夫”未盡之意。大夫私事，謂非行聘禮而以他事奉君命，往使鄰國也。私人，己之屬臣也。私事使而私人擯，則無問上大夫、下大夫。擯者，皆降而稱名，以非正聘故也。公士擯，公士公家之士也。若正行聘禮，以公士爲使，小聘則擯辭稱“寡大夫”，大聘則擯辭稱“寡君之老”。夫公事不稱名者，何哉？蓋大夫有所往，正聘也，必使公士作擯，此承上文而推言大夫所以有公士擯之故，見禮重而當隆其稱也。

按：介是賓之輔，擯是主之輔。往使鄰國，隨行之人，當謂之介，據我至彼之賓舘，有我爲主之義，故稱擯也。首節、二節相對尚虛，末節正發明次節之意。前“公士擯”，只説非私人，且勿露正聘意。至“有所往”，方可説出，非正聘降其所稱，用臣禮也。正聘隆其所稱，用賓禮也。大夫正名于他國，重本國之體，以不辱君命也。

禮記說義纂訂卷之十三

陝西涇陽楊梧鳳閣著
兄楠龍棟定
姪昌齡三開、紹齡七來
男延齡九如
孫惺慧益較

明堂位

按：明堂自古有之，此篇爲美周公而作，言其生則踐天子之位，建不世之功，沒則用天子之禮樂，備歷代之制，故魯以侯國而用王禮，周公故也。殊不知，周公踐阼，未嘗自踐阼也。魯之郊禘雖或有之，然成王之賜、伯禽之受，皆非也。其誣、其誇，有不待辨而明者，讀者當斷以大義而削之，不特爲疑經也。惟是四代禮樂，服物器具，亦略具于斯焉，則攷禮者之所不廢云。

“昔者周公”節

此言周公所制明堂之位，而結其昭天下之大分也。周公相成王伐奄而歸，天下一統，四方來王，正名定分，俱于位上見出。周公欲以制作頒行天下，先以位次服諸臣之心，以叔父爲冢宰，又以冢宰攝天子之事而不疑，正是周公用心之極處。

“昔者周公”節，此首言周公所制明堂之位也。昔者成王居天子之位，未能行天子之政，故當時諸侯來朝，名分正于位次，天子不能自定而公定之，則朝諸侯于明堂之位，乃公所制之位也。其制何如？吾見天子負斧依南鄉而立，巍然以一人臨萬國也。

按：《書》記周公相成王伐奄歸，多方之諸侯皆至宗廟，蓋成王之三年也。及成王七年之三月，周公制禮作樂之事備，乃會侯甸男采衛五服之諸侯，營洛邑，其時王不在洛，諸侯以侯國會王朝三公之禮見周公而已。此外則不見周公代上受諸侯之朝。此記言周公朝諸侯于明堂之位，蓋是周公制作之時，定此朝位。天子，謂成王也。分明有個天子在，謂成王朝諸侯、周公相，可也；謂周公攝王位、朝諸侯，非也。周公之東征也，稱王命，然後往其居東也，俟王察己然後復。周公事成王如此，孰謂代之而受朝乎？代之之説，始于荀卿，成于漢儒，誤矣。又云，天子即周公，夫周公爲冢宰時，成王年已十四，非攝位，但攝政，周公未嘗爲天子，豈可以天子即周公，此記者之妄，其得罪名教大矣。

“昔殷紂亂天下”節

此總言周公大功封魯，得世用天子之禮樂也。周之報周公者至矣，周公何以得此哉？昔殷紂不道，而天命人心在武王矣。相武王以弔伐，而開有周之天下者誰乎？周公也。觀下一“相”字，而周公心事了然矣。及武王崩，成王繼之，冲年也，何以能主天下之政？時責在周公也。于是輔成王踐天子之位以治天下。六年，朝諸侯于明堂，明尊卑之大分也，乃制五禮以節民性，作六樂以和民心，頒長短之度，小大之量，以一民紀，而天下之民大服。尊王法，奉王章，德化無梗也。視之六州來同、江漢歸心之日，殆有甚焉者矣。至于七年，成王長而致政，周公曲成之功居多也。周公之功如此，而成王其能已于崇報哉！

按：鬼，國名，即鬼方，荊楚之國，其地好鬼，故名。《史記》作“九紂之亂，不止于脯鬼侯”，蓋舉其甚者，以明武王之所以伐也。鬼侯、鄂侯、文王，紂之三公。鬼侯有子而好，故入之於紂，紂以爲惡，醢鬼侯，鄂侯爭之，文王聞而歎息，拘於羑里百日，而欲令之死。

制禮作樂，所頒有規矩、權衡、準繩，不止于度量，止以二者爲言何也？蓋分、寸、丈、尺、引，以度量長短，謂之五度，其形起于璧羡，而禮寓之矣。龠、合、升、斗、斛，以量多少，謂之五量，其聲中于黄鐘，而樂寓之矣。度量者，主乎禮樂而言也。六年者，蓋周公攝政之六年，成王之七年也，是年營洛邑。七年者，周公自成王二年之秋始攝政，至成王八年則爲七年也。蓋武王初喪，周公時爲冢宰，旋遭流言之謗，遂出東征，而二公在朝行冢宰事。成王元年，周公居東之二年也，殷亂平。成王二年，周公居東之三年也，其秋有風雷之變，而成王迎周公以歸，仍以冢宰攝天子事。成王喪畢，于常禮宜自親政矣，以年尚幼弱，故周公攝事如故。及制禮作樂之事大備，營洛邑以朝諸侯，周公乃留治洛邑，是年冬，成王在洛烝祭。八年之初，自洛歸于宗周，始自親政，是爲周公致政于成王之年也。踐天子位，陳注辨之甚明，其制禮攝政，孔、鄭之説，各不同也。

“成王以周公”節

武戡禍亂，文致太平，周公之勳勞，可謂大矣。成王以公能爲人臣所不能爲之功，宜用人臣所不得用之典，是以封周公于曲阜，地方七百里，革車千乘，而猶以爲未盡稱其勳勞也，乃命子魯公伯禽，世世祀周公以天子之禮樂，是以魯君孟春所乘者大路，所載者弧韣，旂之旒十有二，而垂日月之章，用此以祀帝于郊，配以后稷，此皆天子之禮也，成王所以報周公者如此。

按：王功曰勳，事功曰勞，皆主周公事君言。考之《史記》，封周公于曲阜者，武王也。但周公雖已受封而不之國，武王崩，淮夷、徐戎與武庚同叛，故周公東征，而遣伯禽就國，以遏徐戎，《詩》所謂“王曰叔父，建爾元子”，俾侯于魯君，蓋言成王命伯禽代周公往侯于魯國爾，非謂其時始受封也。孟子曰，周公之封于魯也，地非不足而儉于百里，其後定制，諸侯之國方四百里，乃是周公制作禮樂時事，其制實未嘗行，此記所云“地方七百里”者，非其實也。夫周公身爲三公，又爲東伯，是謂上公。周公既沒，伯禽乃是魯侯，列侯之國，方七百里，非特成王不以封魯，伯禽亦不敢受也。《魯頌》所謂“公車千乘，公徒三萬”，不無溢美，天子地方千里，謂之萬乘。若魯地方七百里，半天子之畿，何止有車千乘耶！況周公受封，在武王克商之後，魯公就國，亦在武王初喪之時，今乃云成王以周公爲有勳勞于天下，然後封之于曲阜，而有方七百里之地，其妄不辨自明。“命魯公世世祀周公以天子之禮樂”句，説者謂周公既薨，成王思報而有此命也，意在尊崇周公，而不知其非禮，故夫子歎之曰“周公其衰矣”。王介甫謂周公能爲人臣所不能爲之功，故可用人臣所不用之禮樂。程子以爲不知人臣之道，是也。又謂賜受皆非，議論甚正，蓋魯人僭用天子禮樂爾。周公上公，故稱公。魯侯爵而伯禽稱公，亦記者之誇辭。“是以”二字，承上以天子之禮樂來。旂十有二旒，日月之章，即天子所建太常旂也。周官司常，日月爲常，交龍爲旂，此言日月之章，謂之載常可也，乃謂載旂者，常謂之旂，猶公、侯、伯、子、男通謂之侯與？

“季夏六月”六節

此合下五節，言魯禘如天子之制。季夏，周正巳月也。魯禘，以文王爲所自出之帝，而周公配之也。以牲則用殷之白牡，尊敬周公，故用殷代之牲也。止用時王之制者，諸侯之禮，通用先王之禮者，天子之事。篇内用前代物，可以類推，以尊用周之犧象，夏之山罍，而周之黄目也。灌鬯酒之器，則用周之以玉爲瓚，而以大圭爲瓚柄也。薦菹醢之器，則用殷玉飾之豆，雕飾之籩也。獻酒之爵，則用夏之以玉爲琖，又因其形而雕者而已。加獻之器，則以周之璧散、璧角也。犧牲之俎，則用虞之梡、夏之嶡也。此皆行禮之物，與其器也，其世世祀周公以天子之禮如此。樂之聲則升堂歌《清廟》之詩，堂下管吹《象》、《武》之曲，樂之容，則朱干玉戚，冕而舞《大武》，皮弁素積，裼而舞《大夏》。不但此也，《昧》乃東夷之樂，《任》乃南蠻之樂，而納此夷蠻之樂于太廟，言廣大魯國禮樂之事于天下也。其世世祀周公以天下之樂如此。當此之時，禮樂交作，夫婦躬親，百職畢舉，君則卷冕立阼階，夫人則副褘立于房中，君肉袒迎牲于門，夫人薦豆籩，卿大夫贊君，命婦贊夫人，内外百官，各盡其職，或贊君也，或贊夫人也，百官廢職，則服大刑而天下大服。此詳祭時之冕服儀節，正所謂以禘禮祀周公于太廟也。不特此也，内則夏礿、秋嘗、冬烝，外則春社、秋省而遂大蜡，此皆天子之祭也。此言時祭蜡祭，得如天子之禮，可見無一事不用天子之制，無一制不兼歷代之規，成王之報周公也，何其至哉！

按：犧、象，周尊名；山罍，夏后氏尊名；黄目，周尊名。《周禮》春夏之祭，朝踐堂上薦血腥時，用犧尊以盛醴齊，堂上薦朝事竟，尸入室饋食用象尊以盛盎齊，皆君及夫人，酌以獻尸者，天子追饗朝饗之祭，再獻用山罍，烝、嘗用黄目。今褒崇周公，于夏禘用之，瓚形如槃，容五升，以大圭爲柄，是謂圭瓚，周器也。玉豆，以玉飾豆。篹，籩屬，以竹爲之，雕飾其柄，故曰“雕篹”，殷豆也。琖，夏爵名，以玉飾之，故曰“玉琖”。仍，因也，因爵形而雕飾之。加，加爵也。夫人亞獻于尸，夫人獻後賓乃獻，皆所謂加也。散、角，皆周爵名，以璧飾其口，故皆曰“璧”。夫人獻尸以角，賓獻尸以散，先言散，後言角，便文也。梡，虞俎名。嶡，夏俎名。《清廟》，《周頌》，文王之詩，升歌升樂工于廟之堂上，而以瑟歌詩也。《象》，《象武》，武王之詩也，謂堂下吹管匏竹，以播《象武》之詩也。堂上、堂下，有貴文賤武意。蓋六冕皆周制，故用以舞周樂。皮弁，三王之服，故用以舞夏樂，且成王欲彰周公之武功，故錫以武樂，欲彰周公之文德，故錫以夏樂，蓋武莫盛于《大武》，文莫盛于《大夏》也。又冕而舞《大武》，有止武意，裼而舞《大夏》，有守文意。四夷之樂，東方曰《韎》，即《昧》，南方曰《任》，西方曰《株離》，北方曰《禁》。王者設鞮鞻氏，掌四夷之樂，示四夷一統也，舉夷蠻，則戎狄可知。周公之德，爲蠻夷所歸，故賜蠻夷于魯庭也，廣魯于天下。《注》兼禮樂。一云，只以用樂言，緊承上，亦有理。各揚其職，若司徒奉牛，司馬奉羊之類。各者，不侵官也。大刑，量刑也。天下大服，謂敬服周公之德，宜饗此也。言春社兼秋，春祈秋報也。言秋省兼春省耕省斂一。視年之上下，爲蜡之豐嗇，故曰“遂大蜡”。省，非祭名，但因祭而併言之耳。

“太廟，天子明堂”節

此言魯廟及門，如天子之制也。周公太廟，似天子明堂；魯之庫門，似天子皋門；魯之雉門，似天子應門。制度高大如天子，不必事業皆同也。

按：天子五門，路、應、雉、庫、皋。諸侯三門，路、庫、雉。《詩經》注解云，王之郭門曰“皋門”，王之正門曰“應門”，庫門天子之朝門，入庫門則至廟門外矣。魯有庫、雉、路，則諸侯三門與？《明堂位》所言蓋魯用王禮，門制同王門，而名不同也。

“振木鐸于朝”節

此言魯施政，如天子之制也。天子將發號令，必以木鐸警動衆聽，而魯亦如之，故曰“天子之政也”。

按：鐸以金，則取乎義，而所用多在乎武事，《周官》“鼓人以金鐸通鼓，司馬振鐸”是已。以木，則取乎仁，而所用多在乎文，《周官》“小宰”、“小司徒”，皆云正歲率其屬而振之，以徇于市，此皆天子之政也。

“山節，藻棁”五節

此合下五節言魯廟飾，如天子之制也。廟飾不止此，特舉其略耳。刻山于斗拱，畫藻于短柱，屋則重之，故曰“復廟”，簷則復之，故曰“重簷”。密石刮柱，所以使之精澤；窗户相對，所以使之明達。反爵之坫，列于酒尊之外；至重之圭，措之高坫之上。至于屏，所以蔽内外也，刻鏤而使其文理疏通。魯之廟飾有此九者，皆天子家廟之飾也。

“鸞車，有虞氏之”節

此言魯車制得兼前代如天子處。車有鸞和，曰鸞車者，有虞氏之路也。有曲輿曰鈎車者，夏后氏之路也。大路，木路，尚質，殷之路也。乘路，玉路，尚文，周之路也。此兼四代之車制也。

按：虞夏言車，殷周言路，各據時代所稱意者，殷周時始稱爲路耳，自魯言之，故下皆曰路也。

“有虞氏之旂”節

此言魯旂制得兼前代如天子處。車上有旂，交龍曰旂，有虞氏之旗也。綏，以旄牛尾注于杠首，而垂之者也。虞質于夏，唯綏而已，至夏世漸文，乃有旂制，即交龍爲旂也，則虞當言綏，夏當言旂，此錯誤也。大白大赤，各隨代之色，無所畫也。

“夏后氏駱馬黑鬣”節

此言魯駕馬得兼前代如天子處。夏后氏尚黑，駱馬黑鬣，即視乘驪；殷尚白頭而鬣白，即視乘翰；周尚赤，黄馬蕃鬣，即視乘騵。蓋馬以毛物爲上，而鬣又毛之長者，故三代之馬以鬣言之。

“夏后氏牲尚黑”節

此言魯牲尚得兼前代如天子處。夏后氏尚黑，殷白牡，周騂剛，此兼前代之牲尚也。

按：騂言剛，則白亦剛，白言牡則黑亦牡也。牡言其質，剛言其性，言二代如此，則夏后氏尚黑，亦用牡可知，故湯用玄牡，釋者以爲未變，夏禮也。

“泰，有虞氏之尊”五節

此言魯用酒器得兼前代如天子處。尊以盛酒，瓦尊，有虞氏之尊也，畫爲山雲之形，夏后氏之尊也，著無足而底著地，殷尊也，飾以犧則曰犧尊，飾以象則曰象尊，周尊也，此兼四代之尊制也。爵以行酒，夏后氏以琖，殷以斝，周以爵，此兼二代之爵制也。灌尊以盛鬯，夏后氏以雞夷，殷以斝，周以黄目，此兼用三代灌尊之制也。其注酒之勺，夏后氏以龍勺，殷以疏勺，此見三代之勺制也。

按：泰，司尊彝，謂太古之瓦尊。有虞氏尚陶，故泰用瓦，有反本復始之義。刻山曰山尊，刻雷曰罍尊，以山罍爲尊，因謂之罍尊，亦猶以壺爲尊，因謂之壺尊也。刻山取致養之義。著，附著之著，下無所承，著地而已。殷質，故其尊從簡如此。犧、象，周尚文，故其尊有飾如此。爵，並以爵爲形，故並標其名于上，夏爵名琖，以玉飾之，故其字從玉。殷亦爵形而畫爲禾稼，斝稼也。周爵則爵之形，飾之以玉也，爵爲爵之形以承之，自周始。夏殷未承以爵，而亦通謂之爵，周以前止有爵之名，周以後又有爵之形也。琖以齊言，斝以鬯言，爵以酒言，知其然者，盎齊亦或之醆酒。雞彝，畫雞形于其上。夷，法也，以其爲餘尊之法，故稱彝。勺，兼酒與鬯言。

“土鼓、蕢桴”二節

此言魯用樂器得兼前代如天子處。土鼓、蕢桴、葦籥，此伊耆之所獨。“拊搏”節，則虞夏商周之所同，故總曰“四代之樂也”。

按：土鼓，謂築土爲鼓。蕢桴，以上塊爲桴，《正義》則云“蕢者，草名”，與“土鼓”相對。葦籥，謂截葦爲籥，如笛三孔。伊耆氏，據《郊特牲》注，堯也。拊搏，以韋爲之，充之以糠，形如小鼓。揩、擊，謂柷敔皆所以節樂者，此鄭注可從。方氏之説，陳注駁之矣。

“魯公之廟”節

此言魯世室如天子之制也。周祖文王爲文世室，而魯以伯禽比之，宗武王爲武世室，而魯以武公比之，皆不毀之廟也。

按：諸侯廟制，五世則遷，此二廟象周文王、武王之廟。世室者，不毀之名，魯公伯禽也。武公名敖，獻公子，伯禽之八世孫也。魯以伯禽有文德，世世不毀其廟，象周之文世室。以武公有武德，其廟不毀，象周之武世室。成公六年，立武宫，公羊、左氏並譏其不宜立，此記因成王褒魯，故連文美之，非實辭也，尤不可信者。周公爲魯太祖而開國，實係魯公，其廟不毀，不可援文王爲比，若武公毀廟復立，季氏爲之也，且季氏立已毀之廟者有二，煬公之廟，煬公以弟繼兄者也；武公之廟，武公舍長立弟者也，二者皆季氏不臣之心。《春秋》書“立武宫”、“立煬宫”，以罪季氏。《注》不考其故，乃曰“世室不毀之廟”。夫昭穆遞遷則毀武公之廟，禮也。毀而復立，非禮也，而比之于武之世室，甚乖《春秋》之旨，由是觀之，則成王所以賜伯禽者，未必如是之備，如此篇所載，亦有魯君因仍而僭用之者矣。

“米廩，有虞氏之”節

此言魯立學制兼四代如天子處。魯之米廩，是有虞氏之庠，魯以虞庠爲廩，以藏粢盛，有教學之義。序以習射，有先後之次，夏后氏之序也。瞽宗，瞽矇之所宗，主樂教者，殷學也。頖宫，半辟雍之制，周學也。此兼四代之學制也。

按：瞽宗，樂師，古者有道德者使教焉，死則以爲樂祖，于此祭之，此殷學名。天子曰辟雍，諸侯曰頖宫。頖宫，周學名。《孟子》言“殷爲序，周爲庠”，而此以夏后爲序，虞爲庠者，蓋以其養人于此，則皆可謂之庠，以其習射于此，則皆可謂之序也。

“崇鼎、貫鼎”節

此言魯寶器、戎器得如天子處。父，音甫。

按：崇、貫、封父，皆國名。文王伐崇，遷其重器以分同姓。大璜，夏后氏之璜越，亦國名，棘戟也。封父龜，《左傳》所謂“封父之繁弱大弓也”，此龜亦名繁弱，非以善中，故名之與。凡此皆《周官》天府所藏大寶、鎮寶之類。大弓，武王之天弓也。

“夏后氏之鼓足”節

此言魯有古樂之器得如天子處。夏后氏之鼓，鼓有四足也。殷楹鼓，貫之以柱也。周縣鼓，懸于簨簴也。此上兼三代之鼓制也。垂之和鐘，虞工官之鐘，其聲和也。叔之離磬，无句氏作磬，别名叔，其聲離也。女媧之笙簧，女媧氏作笙簧，簧則笙鐘之金葉也。此兼前代樂音也。

按：楹以貫中，縣則在上，獨足爲在下，是不若楹之高，楹不若簴之垂，亦其後世之加隆爾。垂，堯之共工也。和鐘，《郊特牲》曰“以鐘次，以和居參之也”。垂所作調和之鐘，謂次序其聲。離磬，《樂記》曰“石聲磬，磬以立辨”，辨者，離之音也。叔所作編離之磬，謂次序其縣。笙簧，笙以象物之生，簧則美在其中。古者造笙，以匏爲母，列管匏中。施簧管端，大者十九簧，小者十三簧，女媧三皇承宓犧者。笙中之簧，始于女媧氏。三者先代之樂，魯皆有之。

“夏后氏之龍簨”節

此言魯簨虡得兼三代之飾如天子處。《周官》“梓人爲簨虡”，所以懸樂器也。夏后氏以龍形飾之，故曰“龍簨虡”。殷之崇牙，刻木爲之，施于其上，以挂鐘磬，其崇如牙也。周之璧翣，簨上畫繒爲翣，載之以璧，下懸五采之羽，而挂于簨角焉。夏后氏有簨虡而未有崇牙，商有崇牙而未有璧翣，至周然後三者兼備焉，此皆漸致其文也。簨虡，三代所同，飾則三代所異，魯兼有之。

“有虞氏之兩敦”節

此言魯盛黍稷器制得兼三代如天子處。敦之爲器，有蓋有首，及璉、瑚、簋四者，皆盛黍稷之器，但時代漸遠，則古器之存者漸寡，此魯所有之數耳。

按：兩敦，黍、稷。四璉，黍、稷、稻、粱。六瑚，黍、稷、稻、粱、麥、苽。八簋，黍、稷、稻、粱，白黍、黄粱、稰、穛。

“俎：有虞氏以梡”節

此言魯盛犧牲俎制得兼四代如天子處。梡，斷木爲四足而已，虞制也。嶡之爲言蹷也，謂中足爲横距之象，夏制也。椇之言枳椇也，謂曲橈之，殷制也。房謂足下跗也，上下兩間，有似于堂房，周制也。

按：梡，有四足，如按，虞氏未有餘飾。嶡，足間有横木焉，植立，横爲嶡也。椇者，既有横木，又爲曲橈之形。椇枳之樹，其枝多曲橈，殷俎似之。周俎頭各有兩足，足下各别爲跗，足間横者似堂之壁，横下二跗，似堂之東西頭，各有房，殷之横距與夏同，而曲其足，與三代異，周之下跗，與三代異，而直其足，與虞夏同，其高下修廣無文。舊圖謂高二尺四寸，廣尺四寸，不可考。

“夏后氏以楬豆”節

此言魯盛犧牲豆制得兼三代如天子處。夏后氏以楬豆，木质不飾也。殷玉豆，以玉飾豆也。周獻豆，畫牛形也。

按：楬以木爲柄，未有他飾，若蜡氏之楬豆而已。玉豆則于楬之上，又飾以玉也。獻豆，主祭祀之豆言，司尊彝所謂犧尊，義亦類此。一云，獻讀爲娑，獻尊刻畫鳳羽，則此豆亦必刻畫鳳羽，故名。楬言其制，玉言其飾，犧言其用。

“有虞氏服韍”節

此言魯蔽膝得用前代四章如天子處。韍者，祭服之蔽膝，即韠也。有虞氏質，但畫兩己相背之形，故謂之韍，以韋爲之，無文飾也。夏則畫之以山，殷則增之以火，周人又加龍以爲文章矣。

按：士韎韐無飾，惟此尊者飾多，夏后氏畫以山，取鎮重之義，殷人增之以火，取文明之象，周人加以龍，取變化莫測之義，至龍則文成矣，于周特言章焉。章者，文之成也。

“有虞氏祭首”節

此言魯祭用牲得兼四代如天子處。有虞氏祭首，尚用氣也，氣有陰陽之異，以陽爲主爾。首者，氣之陽也，至于三代則各祭其所勝。夏尚黑勝赤，故祭心，心于色爲赤也。殷尚白勝青，故祭肝，肝于色爲青色也。周尚赤勝白，故祭肺，肺于色爲白也。

按：凡宗廟賓客飲食，必于以右手于脯醢豆間祭之。尚肺，周禮而已。有虞氏等，各祭不同，時異則禮異也。周祭肺，非不祭肝也，以肺爲主而已。由是推之，夏殷非不祭肺，以心與肝爲主而已。若五祀則户先脾，中霤先心，門先肝，事異禮異，又當别論。

“夏后氏尚明水”節

此言魯用酒得兼三代如天子處。夏后氏尚質，故用水。殷尚人，稍文，故用醴。周人轉文，故用酒。

“有虞氏官五十”節

此言魯設官制得兼四代如天子處。虞夏之世，風氣未開，防禮不必嚴也，故建宫從簡，湯武之世，人文日著，法制漸備，故建官以繁。

按：周之六卿，其屬各六十，則周三百六十官也。此云“三百”者，亦以其大數而言，謂記時《冬官》亡者，非。《昏義》曰“天子立六官三公九卿二十七大夫八十一元士，凡百二十”，蓋謂夏時也，以夏周推前後之差，有虞氏官宜六十，夏后氏宜百二十，殷宜百四十，不得如此記。魯百里之地，雖被成王褒崇，何得備四代之官歟？記者盛美于魯，因舉四代官本數言之，使魯雜存四代官職名號，非謂魯盡備其數也。

“有虞氏之綏”節

此言魯喪葬之飾得兼前代如天子處。有虞氏之綏，送葬乘車所建旌旗之綏，《注》旄竿首也。夏后氏之綢練，夏綢其杠，以練爲之旒。殷又刻繒爲崇牙之形，以飾旌旗之側。周尚文，更取他物飾之，不用牙也。

按：崇牙、璧翣，前文是施于懸樂之器，是飾簨簴，此施于旌及棺，是喪葬之飾。《周禮》大喪葬，御僕持翣，旌從遣車，翣夾柩路，左右前後，天子八翣，皆戴璧垂羽，諸侯六翣，皆戴圭，大夫四翣，士二翣，皆戴緌。喪禮旌旗之飾，亦有崇牙、棺墻之飾，亦有璧翣，與簨簴同者，爲欲使勿之有惡爾。

“凡四代之服、器、官”節

此總結上文之意。記者既陳四代服、器、官于前，此結之于後，美大魯國也。虞、夏、殷、周四代之服、器、官，周天子兼用之，魯皆得而兼用之，是故魯之禮廢諸侯之禮，乃王禮也。天下傳説魯者久矣，其君臣未嘗相弑，大分明矣。其禮樂之中和，刑法之肅清，在上之政，在下之俗，未嘗相變，大法立矣。天子以魯之國乃有道之國，此所以爲天下之宗師，而禮樂之未明者，資魯所傳之禮樂，以考其章程節奏焉，蓋魯爲周公之後，獨受殊報于成王故也。不然，均之諸侯耳，何獨世守王者之禮，而爲天下之望國哉！

按：伊耆氏之樂，女媧氏之笙簧，非惟四代，據其多者言之爾，亦有但舉三代者，然四代服、器，魯家每物之中得用之，不謂事事盡用也。王禮，天子之禮也。天下相傳，只從傳説看，云傳世者，非。作記時，是周末，唯魯獨存周禮，故以爲有道之國。《左傳》云“諸侯宗魯，于是觀禮”，是天下資藉周禮樂也，大抵此篇多誣。石林葉氏欲爲之掩護，以爲成王、伯禽無失禮，作明堂亦無失辭，雖曰隱惡，不若不言之爲愈也。

喪服小記

按：《喪服者》，《儀禮》正經之篇名，正經之後有記，蓋以補經文之所未備，此篇所記，詳于《喪服》，又以補正經後記之所未備也，以其事瑣碎，故稱“小記”，《儀禮·喪服》，子夏作傳，《小記》是解傳中之曲折也。

“男子冠而婦人”節

此言男女喪服、首飾之别也。吉時男子首有冠，婦人首有笄，其制已不同矣，故居喪服則男子免，婦人髽，其制亦不同也，或疑免、髽亦有旨，故解之以其義，言于男子則免，婦人則髽，不過以此分别男女而已，無復别義也。

按：男子所以冒者謂之冠，婦人所以貫髮者謂之笄，此言其吉，及凶而變焉，則男子去冠而免，婦人去笄而髽也，去冠以布繞之謂之免，去笄以麻繞之謂之髽。

男子成服，則亦有冠，所謂厭冠也。婦人成服，則亦有笄，所謂惡笄也。斬衰則麻髽，齊衰則布髽，父喪成服，男以六升布爲冠，女則箭篠爲笄。喪母，男子七升布爲冠，女則榛木爲笄。今遭齊衰之喪，男人著免之時，婦人則髽也。去纚露紒曰髽，紒與髻同，音吉。

“苴杖，竹也”節

此《儀禮·喪服》傳文，言居喪之杖制也。斬衰惡杖而以竹爲之，取其圓以象天，父猶天也。又取其歷四時而不改，猶終身之痛也。齊衰之杖，削芟本爲方，而以桐木爲之，取其方以象地，母猶地也，又哀戚之心，同于喪父也。

按：苴，惡貌，苴者黯也，至痛内結，斬斫即用，以不修治，故貌必蒼苴。削，斵也，必斵削之，使上圓下方也。

“祖父卒，而后”節

此言適孫承重之服也。適孫喪父而爲後者，爲祖父、母皆當有三年之服，然必祖父卒而後可爲祖母服三年。若祖父在，則爲祖母降期，不敢同于祖父，亦若父在而子爲母期也，若庶孫則祖父、母皆期。

“親親以三爲五”節

此言五服隆殺之義也。親親之禮，上父下子，而己居其中，三也。然父之上有祖，子之下有孫，是以三爲五也。祖之上有曾、高二祖，孫之下有曾、玄二孫，是以五爲九也。此五服之屬也，故制服之法，由父以上而漸殺之，則父斬衰三年，祖齊衰期，曾祖、高祖則齊衰三月也，由子以下而漸殺之，則長子三年，庶子、適孫期，庶孫大功，曾孫、玄孫節緦麻也。由親兄弟而旁殺之，則同父期，同祖大功，同曾祖小功，同高祖緦麻也，高祖外無服，故曰“畢矣”。

按：由己身言之，上有父，下有子，宜言以一身三，而不言者，父子一體，無可分之義，故惟言以三爲五，又不言以五爲七者，蓋由祖以親曾、高二祖，由孫而親曾孫、玄孫，其恩皆已疏略，故惟以五爲九。“畢矣”句，《注》衹云高祖外無服。一云，服制如此，則尊祖父于上，慈子孫于下，友兄弟于旁，而本宗之親盡矣。此收得完全，可從。

“王者禘其祖之”節

此見禘爲王者之大祭也。此章之首，疑脱“禮不王不禘”五字，蓋錯出于後也。始祖所自出無廟，但禘于始祖之廟，而以始祖配之，又立高、曾、祖、禰四親廟，與始祖而五也。始祖居中爲五，并高祖之父祖爲七，或世子有廢疾，不可立，而庶子立爲王者，其禮制亦然，蓋世子不祭，今既爲王，則亦得祭如適子，所重在王，不在適、庶也。

按：王立七廟，三昭三穆，與太祖之廟而七，此言王者止立四廟，據月祭之親廟言之也。蓋遠廟爲祧，有二祧，事嘗乃止，既言禘其祖之所自出，以其祖配之，則祭及其二祧可知矣，此所以不言之也。此言王者世子不止廢疾或世更衰亂，統序既絶，其子孫有特起者，若漢光武復有天下，既復七廟，則其曾祖禰當别立廟祀之，故曰“庶子王亦如之也”，宜知。

“别子爲祖”節

此宗法爲諸侯之世子設，恐其後流派浸多，姓氏紛錯，易至淆亂，故于源頭處，有大宗以統之，則人同知尊祖，分派處有小宗以統之，則人各知敬禰，此之謂尊祖禰也。

别子有三，一是諸侯適子之弟，别于正適者；二是異姓公子自他國，别于本國不來者；三是庶姓之起于是邦爲卿大夫，而别于不仕者，皆稱别子。凡此别子，于其後世，自爲始祖，别子之適長子孫，世世繼别子之後，爲其族人所宗，此百世不遷之大宗也。若别子之庶子，以其長子繼己爲小宗，而同父兄弟宗之，此謂繼禰者爲小宗也。有五世而遷之宗謂其繼高祖者也，四世之時，尚事高祖，五世則于高祖之父無服，是祖遷于上也，四時之時，猶宗三從族人，至五世則不復宗四從族人矣，是宗易于下也。若百世不遷之大宗，則祖未嘗遷，宗未嘗易也。宗者，先祖之正體，唯其尊祖，是以敬宗，蓋敬繼别之大宗，所以尊祖；敬繼禰之小宗，所以尊禰，又以見敬宗者之爲尊祖禰也。末句又發敬宗之義。

按：小宗凡四，繼禰，繼祖，繼曾祖，繼高祖是也。族人一身而事四宗，此獨云“繼禰”者，據初而言，初皆繼禰爲始也。自高祖至玄孫之子，凡五世，此子于父之高祖無服，不可統其父同高祖之兄弟而爲宗，必遷易使各宗其近者，故有五世而遷之宗，謂其繼高祖者也。祖在上，曰遷，遷有升之意，宗在下，曰易，易者去之之意。上但言尊祖不言禰，舉尊以見卑，祖兼高、曾二祖言。

“庶子不祭祖”二節

此言庶子之禮，以明重宗之義也。此據適士立二廟祭祖及禰者言，兄弟二人，一適一庶，而俱爲適士，其適子之爲適士者，因祭祖及禰矣，其庶子止得立禰廟，不得立祖廟而祭祖者，明其宗在適，不在庶也。庶子不得爲長子服斬衰三年者，以己非繼祖、繼禰之宗，其長子亦非正統，故輕之也。

“庶子不祭禰者”節

此庶子不祭禰之義也。庶子不得立禰廟，故不得祭禰，所以然者，明主祭在宗子，廟必在宗子之家，庶子雖貴，止得供具牲物，而宗子主其禮也。

按：上文言庶子不祭祖，是猶得立禰廟，以其爲適士也。此言不祭禰以此庶子非適士，或未仕，故不得立廟以祭禰也。

“親親，尊尊”節

此言服制所寓之義，關人道之大也。有親親者，有尊尊者，有長長者，有別男女者，服制之中，有此數義，人道之大，盡于此矣。

按：此論服之所以隆殺，此一條，舊本與“上殺，下殺，旁殺，而親畢”之文不相屬，其實當相屬。故鄭注以爲言服。

“禮，不王不禘”

禘，王者之大祭，報本反始之隆者，諸侯不得行之，故云“不王不禘”。

“父爲士”二節

此言諸侯、大夫、士之祭，其別如此。祭用生者之禮，盡子道也，各隨其尊卑，至于尸服，則或從死者，或從生者，皆用其卑，何也？蓋以天子、諸侯之禮祭其父之爲士者，其禮伸，故以尸服死者之服，爲禮之正；以士之禮祭其父之爲天子、諸侯者，其禮屈，故尸服生者之服，爲禮之變。禮有曲而殺者，此類是也。

按：上云“尸從死者之服”，下云“尸從生者之服”，自不相合，皆漢儒傳誤之言。若然，則周公成文武之德，追王、太王、王季，是謂皆禮，何得謂之達孝乎？

“妾爲君之長子”節

此重正統之義也。女君爲長子斬衰三年，妾亦同服三年，以正統故重也。

“除喪者，先重者”節

此除喪易服之別也。男服重首而輕要，女服重要而輕首。重者有除無變，故小祥除喪，則男子除首絰，婦人除要絰，先除重者，哀宜漸殺也，其先遭重喪，後遭輕喪，而變易其服者，則男子易要絰，婦人易首絰，但易輕者，服易從重也。

按：古斬衰未卒哭，則後喪不能變，但服其服以哭之，而反初服。

大傳

此記祖宗人親之大義，人本乎祖，不尊祖，不敬宗，不成人道，故開口便從尊祖説起，豈非所謂傳之大者哉！

“禮，不王不禘”三節

此明禘禮之大也。首句作冒，“王者禘其”二句，言禘及追遠之深，專行於天子。二節一言諸侯得專行祫祭而及之遠，一言大夫、士得請行祫祭而及之近，總見諸侯、大夫、士，惟得行祫祭，而非若天子行禘祭也，正明“禮，不王不禘”之意。夫祭莫重于禘，爵莫尊于王，惟其分之至尊，故得行乎祭之至大者，非諸侯以下所得而僭也。其禮何如？蓋王者既立太廟以祀其始祖矣，又以爲未盡禮其意，又推始祖所自出之帝，祀之於始祖之廟，而始祖降居旁位配食，是其報本反始之心，上及于無窮，所以爲祭之大也。降而諸侯，不敢禘，但得升四廟及祧廟之主，祫於太祖之廟而已。降而大夫、士，又不敢祫，有祫祭大事，必省問于君，而君賜之，乃得與祫四世，及其高祖而已，何敢及其所自出而行禘祭哉！

按：禘代始祖報祖，以伸仁孝誠敬之念於始祖，其仁孝誠敬所以無窮，外此而有國之仁孝，有家之仁孝，便不能爲祖盡心至此，所以有限，且禘意最深長。如人與祖考，身心未嘗遼絶，固易感格，至祭其始祖，已濶遠矣。今又推始祖之所自出祀之，苟非察理之精微，誠意之極至，安能與於此？諸侯五廟，太祖百世不遷，其餘二昭二穆，每一易世而一遷，大夫三廟，士二廟、一廟，不及高祖。《注》以大事爲祫祭，省於君爲請於君，夫三廟乃分定的，若可干請而及高祖，又何限爲之制乎？且於文義亦覺牽强。鄭注：大事，寇戎之事也。省，善也，善於其君，謂免於大難也。干，空也，空祫，謂無廟，祫祭之於壇墠，似爲近之。

“牧之野，武夫之”節

此節言武王追王之禮，亦見不王不禘之意，只重追王意。“柴於上帝”

三句，雖是告武功之成，然只要由廟祭以起下追王也。末句乃推武王追王之本意，尊卑之分，只重不忍之心上看。若只以尊卑之體統言，便非聖人用心處。

牧野之舉，乃武王順天應人之大事也。既畢大事而退，則爲天下王矣，故行王者之禮，柴於上帝，告乎天也；祈乎社，告乎地也；設奠於牧室，告乎行主也。既告而還周京，遂率天下諸侯，執豆籩，逡奔走於祖廟而追加先公以天子之號焉。肇基王迹者亶父也，追王之曰太王，其勤王家者季歷也，追王之曰王季，三分有二者昌也，追王之曰文王，所以必追王者，蓋以祖考爲諸侯，其分雖尊，而其號則卑，子孫爲王，其分雖卑，而其號則尊，武王豈忍祖考以其卑號而臨之在上哉！此追王之禮，所以不可已也，正武王達孝盡人道處。

按：邑外曰郊，郊外曰牧，牧外曰野。《書》言“王朝至于殷郊牧野”，此又言“牧之野”，則武王之事，乃在於殷邑之外而已。柴者升其氣，祈者求以事，奠者薦以物，設奠於牧野之館，以告行王先祖也。前之出師，受命文考，類于上帝，宜于冢土，告其伐也，此徧舉群祀，告其成也。“率諸侯”三句，祀于周廟，恐其後也。執豆籩以見四時之和氣，逡奔走以見四表之歡心，不以卑臨尊者。《小記》所謂“父爲士，子爲天子、諸侯，則祭以天子、諸侯”之意也，然此亦出於後儒之説，非追王之本意。蓋太王、王季、文王，乃武王之祖父，其尊孰大于是？曷爲待追王而後尊哉！上祀先公，獨忍其以卑臨尊乎？一云，祖禰爲侯，子孫爲王，則是以卑臨尊也，故追王之者，不敢以子孫之卑，而臨祖禰之尊，故曰“不以卑臨尊也”，即稱天以謚之意，亦有理。

○“上治祖禰，尊尊”節

此言先王治親之禮，通乎天下也。大旨，帝王之家，多以恩掩義，恩太勝則人道混，故必有禮義之别，而人道始盡，謂于品節裁制之道，極盡無餘。

彼人之一身，上有祖禰而理正之，尊尊之道也；下有子孫而理正之，親親之道也；族屬有昆弟而理正之，致睦友之道也。治之何如？必合會族人以飲食之禮，隨世次遠近，爲會之疏數，所以聯其情，不使之渙，即於此時次序族人以昭穆之位。因分之尊卑，爲位之左右，所以辨其等，不使之淆，則上治、下治、旁治之道，皆節之以禮，正之以義，而有禮義之别矣。夫人之大倫，不外祖禰、子孫、昆弟三等人，今皆以禮義治之，則恩之隆殺得其宜，屬之親疏得其序，而尊親睦友之道，已竭盡而無餘憾，故曰“人道竭矣”，此人道之不可不治也。

按：上治、下治、旁治，只説治三等人道理。尊尊、親親，就在“治”字上見。旁治，蓋睦友之道而不言者，文之略也，治親在食禮上見得。“合族”二句串看，别以禮義，即在“合族”二句見出，但不可以二句板對，相赶説之可也。一云，“合族”二句，止屬旁治昆弟言，蓋祖禰不可言合食也，有理。

○“聖人南面而聽”節

此承上“人道竭矣”而言，聖人之治天下，亦急于治親也。“一曰”五句，五事之目。“五者一得”二段，言五事得失關于民命，正見治先五者之故。末二句，乃於五者之中，獨揭治親之爲要也。

聖王南面而聽天下，非不欲人人而安之，然所且先者五，而民事不與焉，急先務也。五事以人道爲重，故治親居首，即上章所云“上治”、“下治”、“旁治”而人道竭者也。由親以及功臣，故報功次之，登庸封建皆是也。由已用以及未用，故舉賢次之，欲正君而善俗也。由德以及才，故使能次之，欲修政而立事也。然此四者或溺於私，則愛而不知其惡，故以存愛終焉。能行五者於天下而皆得焉，則倫理明而士心勸，賢才輔而公道行，民各得所而無不足不贍者矣。如五事之内，有一紕繆，則敝政煩興，民不自保，欲其正命而死得乎五者之得失，係於天下如此，民亦何嘗不與也哉！此聖人治天下於五者之中，人道爲始焉，蓋閨門萬化之原，孝弟行仁之本，必上治、下治、旁治而人道竭，則篤近及遠，由親逮疏，報功舉賢等，自次第舉，而足贍之大化成矣，不然於所厚者薄，無所不薄矣，其何以治天下乎？

按：聖人南面，嚮明而治也。聽天下，謂天下事悉接乎耳目也，或言聽朝，則聽該視，若言視朝，則視該聽也。且先，謂且當以此爲先，而後又有事也。民謂治民之事，如勞、來、勸、率、賙、給之類。民不與焉，要斡旋得好，下言民無不足，無不贍，何嘗不與民事，只言聖人先此五者，若無意治民，而民自治，所謂不與也。存愛，《注》謂即上四者加察意。夫親愛而辟，豈成親愛，且上明説先者五，加察四者，則止是四矣。一云，先世嘗有功德于民，民思慕而不忘，謂之愛，興滅繼絶，所以存愛也，如此，則與報功以複。一云，存愛謂仁民，凡天下之民，不問賢愚能否，皆存愛之心，《論語》所謂“汎愛衆”也。如此，又與“民不與”悖，孔疏云“察於民下側陋之中者”，若有雖非賢能，而有仁愛之心，亦賞異之，亦自理長。無不足，謂民財民力，兩無匱欠。贍則又有餘饒，能賙人急也。于贍、足言皆得，于不得死言一物，蓋數事維之而不足，一事壞之而有餘也。聽天下方是爲治，治天下則治功之成也，民無不足、無不贍，便是治天下。“先”字、“孝”字相應，鄭注“人道即此五事”，亦好。

“立權度量”二節

此承上章言聖王治天下，所以必自人道始意。二節勿平看，將可變革者以形不可變革者，雖重不可變遷，而可變亦不可輕。時王之制作，乃氣數之適然，不得不與民趨時，天地之常經，人心之本然，不得不與民守道，全要勘破兩個“得”字。

夫聖王必自人道始者，以人道不可變焉耳。如立之以示民信，考之以使民同，改之以授民時，易之以示民禮，異之、殊之、别之以便民用，此皆制度之末。所得與民變革，以新其耳目、定其心志者也；其不可得變革者則有矣。故子孝于父，親親也；臣忠于君，尊尊也；幼順于長，長長也。男正位乎外，女正乎内，男女之别也，此人道之大倫，雖聖人在位，孰得與民變革哉！此聖人所以必自人道始也。上易服色以色言，下别衣服以制言。

按：權謂五權，銖兩斤鈞石，稱物之重輕者。度謂五度，分寸尺丈引，度物之長短者。量謂五量，龠合升度斛，量物之多少者。文章，典籍也。立、考，是自我立之考之，含有創造意。正者年之始，改正，周子殷丑夏寅也。朔者月之初，改朔，周夜半，殷雞鳴，夏平旦也。服之色隨所尚而異，如夏尚黑，殷尚白，周尚赤之類。徽號，謂旌旗徽識之名號，如夏之大麾，殷之大白，周之大赤之類。器，謂禮樂等器，如楬豆房俎之類。械，謂軍旅等械，如戎路、革路之類。衣服各有章采，如周吉服九章，虞以十二章，改易殊異别，皆是革前代之故。蓋聖人立法，因民而已。民之所安，聖人不强去，民之所厭，聖人不强存，通其變，使民不倦，其有敝法哉！“親親”四句，一云，因孝親尊君，遂謂親親仁也，尊尊長長義也，男女有别禮也，知者知此者也，信者信此者也，所以不得而變革。細玩此，似屬泛論，須根上章治親來。治親之目有四，總言之，均謂之親，分言之，則親親者在下，子孫之親，尊尊者在上，父祖之親，長長者在旁，昆弟之親，男女有别者在内，夫婦之親。如此説，前後人道方貼合，可從。

“同姓從宗”二節

此承上男女有別而言所以別之之道，下節因言名之當慎也。

夫族屬無統，則離散陵犯之事生，故父族與己同姓，則從大宗小宗，而以燕飲合聚其親屬于宗子之家，使昭爲一行，穆爲一行，庶無離犯之失矣。他姓之女，來嫁己族者，男女無别，則淫亂賊逆之禍起，故尊者爲母，卑者爲婦，繫其夫之尊卑而主名，以治昏姻交際會合之事，則男女以名分而别，庶無淫逆之失矣，故其夫爲伯叔父，則其妻謂之伯叔母，其夫爲從子，則其妻謂之婦，此于昭穆爲宜，如謂弟妻爲婦，則是兄嫂亦可謂母矣，而可乎？言不可也。夫母婦之名，得之則昭穆明，失之則上下亂，是人治之大者也，可不慎乎？慎即母婦各得其名也。

按：主名，主以諸婦諸母之名也。治，正也。“其妻”四句，此正所主之名也。承“主名，治際會”而言。道，猶行列也，謂弟妻爲婦，嫂爲母，則名不正矣。原不重在弟婦上，只舉一甚者以例其餘耳，言昭穆不可紊也，可不慎乎？慎有明微之意，從名分，慎到稱謂上去。舊説，弟妻可婦，嫂不可母，亦有理，詳在《注疏》。

“四世而緦”二節

此以周道論同姓不可爲昏之禮也。同高祖之兄弟緦麻，服盡于此矣。同高祖之父者，相爲袒免，不襲不冠，以變其吉爾。無服也，同高祖之祖者，并袒免亦無，是無親屬之名也。夫五世以後，别爲氏族，而别異于上世，四從兄弟，各自爲宗，而恩盡于族人。今雖周世，亦若族人之通昏可乎？設問之詞也。記者又自答言，《周禮》大宗，百世不遷，庶姓雖别，而有正姓世繫以聯繫之，不可分别，又連綴族人以飲食之禮，不使殊異，故雖百世之遠，無通昏之事，此周道所以爲至也。

按：四世三從之親，以其疏而不足于哀，致其思而已，故服但爲之緦焉。五世去冠括髮而已，無正服也。六世雖不變吉可也。始祖爲正姓，高祖爲庶姓，故魯姬姓而三家各自爲氏，春秋諸國皆然。上，高祖以上也。高祖以下有小宗，各分庶姓以辨其支派之異，高祖以上有大宗，同一正姓以會其本原之同，繫之弗别，若今宗室屬籍也。姬氏，姜氏之類，是猶同姓也，綴食弗殊，燕食會合，是猶親也。百世不通，況六世乎？蓋恩出于情，有時而可絶，義出于禮，無時而可廢，故六世而親屬竭者，恩之可絶也，百世而昏姻不通者，義之不可廢也。然恩之有絶，其來尚矣，而義之不廢，特始于周，故舜娶堯而君子不以爲非禮，昭公娶于吴而君子以爲不知禮，以其時之文質不同故也。

“服術有六”一節

此言先王制服之道有六，承上章親親尊尊長長而言也。上節言服之術有六者之異，下節言從中亦有六者之異。術，猶道也，謂古先王制服之道。其一親親之服，承上文人道之親親，下治子孫者而言，最親者服最重，以漸而疏，則漸輕。其二尊尊之服，承上文人道之尊尊，上治祖禰者而言，最尊者服最重，以漸而卑則漸輕。其三名有尊卑，則服因之。其四出者輕，入者重，承上文人道之男女有别，别之以禮義者而言。其五長者重，幼者輕，承上文人道之長長，旁治昆弟者而言。以上喪服之五術，本乎人道之四親，皆爲親之服也。其六從服，謂非己之正服，從于人而服也，故殿五術之後，從服見下節。

按：術者，人人由其中而不能外，能制縛得人心定，故曰“術”。親親以恩，尊尊以義，下四句兼乎恩、義，不過恩、義二者，流行節制其見，勿太泥《注》。尊尊，謂尊而親者，舉重而言，但言尊而親在其中。親親，謂親而卑者，舉重而言，但言親而不顯其卑也。《注疏》以尊尊爲君服，則失，此篇專言治親制服之正意。

“從服有六”節

此言從服之中，别有六種，屬從以恩制也，徒從以義制也，從有而無，從重而輕，有所嫌而屈，從無而有，從輕而重，無所嫌而伸，此非于從服獨悉也，從服之類多，故枚舉以明之耳。

從服者，從人而爲之輕重也。所從之人，本我一脉，故從而服其黨，屬從也。人與我無親，特以義起而從，徒從也。義可掩恩，本宜有服而情有所厭，遂從有服之親，而無服者，恩可掩義，本無服而親睦之私情，或可自盡而無妨者。有義重于恩，因從重服之親而已，服反輕者，有恩重于義，因從輕服之親而已，服反重者，從服之六，皆稱情與分而爲之。宜會《注》意體貼，但不可全用耳。

“自仁率親”節

此爲人但知仁愛其親，而不知義尊其祖者發，意要人尊祖如親親也，全重在祖上，以人本乎祖，反本之論也。

夫子孫若用恩愛，依循親級而上之至于祖，則親重而祖輕，名曰輕。子孫若用敬義，依循祖分而下之至于禰，則親輕而祖重，名曰重。夫仁之於祖爲輕者，非殺于祖也，分漸隔，情漸疏，理所宜輕也。用愛之義則然，義之於祖爲重者，非隆于祖也。情雖遠，分愈尊，理所宜重也。用敬之義則然，宜輕而輕，宜重而重，是義也，豈以私意低昂于其間哉！

按：自，用也。率，循也。“率”字與“至”字相呼應，不可讀斷，仁以恩愛言，義以敬畏言，與下處物之義兼仁義説者不同，因親以推祖，則以階而升，逆推而上，故曰“等而上之”。由祖以及禰，則即世以降，順序而下，故曰“順而下之”。由曾而高，恩愛漸疏，故曰“輕”。曰“曾”，曰“高”，分義漸崇，故曰“重”。一輕一重，頂上“輕”、“重”字來。上六句只虚説輕、重之名，“其義”句正輕、重之所以然處。一云，以輕屬祖，以重屬禰者，非。若論服制，高祖之輕，齊衰三月，禰之重，斬衰三年，此節以義理言，不以服制言。

“君有合族”節

此言族人尊君之義，亦前尊尊之意也。“君有合族”句輕，全重“族人”二句，不敢戚君，就指合族時説，“位”字屬下邊説，申不敢句之故。

夫君於族人，恩可下施，故以父兄子弟之親，而合衆族人以燕飲之禮，因服屬之親疏，爲合食之疏數，然族人不得以父兄子弟之親，而上親于君，何哉？以其限于位，與君隔絶故也。是君雖以仁而睦族，下必守義以尊君，此所以分明而恩亦可永久也。

“庶子不祭”節

此言庶子之禮，以明重宗之意也。庶子，衆子也，此衆子非大宗，則不得祭別子之爲祖者，非小宗，則不得祭其四小宗所主之祖禰也。明其宗者，明大宗、小宗各有在也。不特不祭已也，庶子不得爲長子斬，不繼祖與禰故也。此帶言，觀其以不繼祖而不服，則不祭祖之義可識矣。

按：《小記》云“庶子不祭祖者，明其宗也”，又云“庶子不祭禰者，明其宗也”，專指繼祖、繼禰之小宗而言也。此但言庶子不祭，則皆不得祭也。此兼大宗及四小宗而言也，俱指士禮言。

“别子爲祖”節

此因上文而明卿大夫之宗法也。“則遷者也”截，上是立宗之法因乎祖，下是敬宗之義因乎祖。“繼别”句，言大宗所由立。“繼禰”句，言小宗所由立。“有百世”句，謂大宗也。“有五世”句，謂小宗也。蓋立宗大意在繼祖統族，非專爲主祭。

彼宗法不立，則人無所宗，族將散而無統，且以卿大夫宗法言之，别子有三，見《喪服小記》，以後世視之，則爲始祖，繼别爲宗者，别子之後，世世以適長子繼别子，爲族人所宗，則爲大宗，繼禰者爲小宗，謂别子之庶子爲禰，其長子繼此禰，爲同父兄弟所宗，則爲小宗。惟宗有大小之殊，則世有遠近之别，是故宗之立也，有百世不遷者，有五世則遷者。曷爲百世不遷者？即别子之後也，别子乃百世不易之始祖，而宗其繼别子者，乃與此始祖而百世不遷者也。蓋祖不遷，則宗不易矣。曷爲五世則遷者？即高祖之後也，高祖乃五世則遷之祖，而宗其繼高祖者，乃與此高祖而五世則遷者也。蓋祖遷于上，則宗易于下矣。夫立宗之法，一視其祖如此，則立宗之義可識矣。尊始祖，故敬大宗，而使百世宗之。尊高祖，故敬小宗，而使五世宗之，此以法敬其宗者也。而敬宗之義不在于尊祖乎？蓋大宗爲始祖之脉，無所宗，則始祖之支題解散矣，故立法敬大宗者，尊始祖也。小宗爲高祖之統，無所宗，則高祖之枝幹不屬矣，故立法敬小宗者，尊高祖也。是皆于義不得不然者也，故觀立宗之法，而適庶明矣。觀立宗之義，而正嫡重矣，宗法所係之重如此。

按：宗其繼别子者，世世繼别子爲卿大夫，百世不遷者也。“之所自出”四字，衍文也。大宗則一，故雖至于五世之外，族人猶爲齊衰三月，此所謂百世不遷者也。小宗則有四者，繼禰而兄弟宗之，爲之服期年，有繼祖而同堂宗之，爲之服九月，有繼曾祖而再從宗之，爲之服五月，有繼高祖者，而三從宗之，爲之服三月，至於四從，親屬盡絶，則不爲之服，此所謂五世則遷者也。

遷，謂遷易其宗，非遷廟也。蓋大宗始祖之親，始祖之廟以義立，而百世不毁，小宗高祖之統，高祖之廟以恩立，而五世則遷，以其廟有遷不遷之不同，故其宗有易不易之不齊也。兩“宗其”“宗”字，指族人宗之而言，餘俱指爲宗之人説。尊祖在廟上見，敬宗在服上見，立大宗、小宗而族人爲其統屬，便是敬了，此卿大夫之制，公子具見下文。

“有小宗而無大”二節

此言公子之宗法也。首節言公子之宗法，以權宜而設，有此三等。下節申有大宗而無小宗之實，舉一以例其餘，獨重公子者，防奪嫡亂支之事，故立宗法，以正名辨分，爲國本計也。

彼國君之衆公子，有適者，有庶者，有止于一人者，其立宗之法何如？是故嫡長子之公子，固已繼國君爲之君矣。此君之于昆弟也，或無嫡而有庶，則使庶者一人領公子，禮如小宗，是謂有小宗而無大宗者，或有嫡而有庶，則立嫡者一人以領公子，而庶者不必立，是謂有大宗而無小宗者。若公子止一人，無他公子可爲宗，是無宗也，則亦無他公子宗于己，是亦莫之宗也，此等爲誰人，公子是也。蓋餘公子皆爲君之昆弟，上不敢宗君，下不得爲後世之宗，當此之時，立權宜之法以統之，重孽不得以奪嫡上，然所謂“有大宗而無小宗者”，其實何如？公子有宗道，公子之公，謂公子之嫡兄弟爲君者念此公子，非爲大夫，即爲士也。然而有嫡有庶焉，爲庶兄弟之爲士爲大夫者，立嫡兄弟之爲士爲大夫者爲宗，使此庶者宗之，則嫡有以統乎庶，而旁不得以干乎正，便是公子之宗道矣。奚待三世五世，大宗小宗，而後謂之宗道也哉！

按：前所論宗法，是通言卿大夫、大小宗之制，此則專言國君之子，宗之大小以嫡庶言，此宗乃一時統領之事，以祭祀爲主，宗於此而祭祀也，非如上節繼祖禰之宗也。三個“有”字，與上“者”字相應，公子方一世，不得不立此法，傳至後世，則繼世之嫡，皆爲大宗，而此小宗大宗皆爲祖矣。有小宗寧缺大宗，不以庶爲大宗，嫌於僭也。立嫡爲大宗，不必更立小宗，嫌于分也。無宗亦莫宗，嫌于無名也。次節要剔出“宗道”二字，蓋公子初出，無子孫，宗法未立也，而即於其統領昆弟之宗見之，則已有宗道。公子之公，及士大夫，上皆未言，故于此詳之，不言小宗者，可互見也，不言無宗，既莫之宗，則無復宗道可言矣。

“絶服無移服”節

此釋六服無服之義也。三從兄弟，同高祖，猶服緦麻，四從則親屬盡絶，無延及之服矣。蓋服之相爲以有親，今親屬既絶，其不爲服，理或然也。

○“自仁率祖”節

此言親親所必致之理也，專重人道上，惟其爲人道，所以其道在親親，正應前節“必自人道始”意。

自仁率親而上至於祖，則始乎親親焉。自義率祖而下至於禰，則終乎親親焉。人道始終乎親親也，惟親親則上推親之所自出而尊祖矣，惟尊祖則下推祖之所由繼而敬宗矣，惟敬宗故各親其同宗之人而收族矣，惟收族故報本反始而宗廟之禮嚴矣。既嚴宗廟，則與宗廟相爲存亡者，社稷也，可不重乎？既重社稷，則相與守社稷者，百姓也，可不愛乎？既愛百姓，則刑罰不濫而中。刑罰既中，則民有所措手足而安，民既安，則各樂其樂，而食貨所資，上下俱足矣。財用既足，則人君裁成輔相，制禮作樂，平日有許多志願而未可輕議者，今皆可爲，而百志成。百志成，則移風易俗而禮俗刑。禮俗刑，則協氣嘉生，薰爲太和矣，豈不可樂乎？自“親親”至“愛百姓”，通事工夫，此可以見君德之光顯。自“刑罰中”之“禮俗刑”，通事效驗，此可見人心之奉承，禮俗刑然後樂，則君之樂乃爲民而樂，自不爲人所厭斁矣，故引《詩・周頌・清廟》之篇以明之。夫治道不外於親親之推如此，此聖人治天下，必自人道始也。

按：仁始於親親，義終於親親，故曰“仁道親親”。宗者，祖之正胤，繫始祖之統於大宗，繫高祖之統於小宗。敬宗，如服其本服，事以常禮，正明此體統也。族，指九族，收族有工夫。《注》解尚略，收族如窮困不知學者，收而教養之也，合食亦在内。族人散亂，骨肉乖離，故祭享不嚴肅，宗廟嚴，如有事於宗廟，子孫兄弟咸在而不失其倫，祭極辨也。社稷危則宗廟墟，重社稷，有計安社稷，不使變置意，非徒修祈報也。《注》説“百”指“百官”，異姓之臣，“族”指“族姓”，同姓之臣，皆計安社稷者。愛，謂待之誠而養之厚也。百官族姓，皆明刑勑法者，愛則無淫刑濫罰，故中，中則爲善者榮，爲惡者辱，故安。安故農末相濟，出貢納賦，上下財用俱足，故百志成。凡爲必先志，人君百凡制作，有許多大志願在，而無財以行禮，則志徒虛抱，終不能成，惟足故成，所謂上無之用，百事乃遂也。就君志説方冠冕，如《注》只指民説，謂非心邪念不作，覺太拘矣。禮俗刑，《注》云“成也，言人皆隆仁義之道以厚親，而相習成風也”。一云，“刑”作“儀刑”之“刑”言，可爲後世法也，亦通。樂本君心來，蓋親親君心之樂，人亦各親其親，至于樂則生，生則惡可已，而手舞足蹈于不自知，仁愛義敬之心，渾融于吾親，方是真樂，宜從親親上會悟，《詩》云，不顯，顯也，不承，承也，無厭斁于人，即在“顯”、“承”上見。此詩本爲文王作此之謂，正由親親以成大化之，謂要與親親有情，上能昭親親之德，以顯示其下，下能承親親之教，以承順其上，無斁於人斯者，久於其道而化成也。始乎親親，終乎仁民，孰謂民不興也哉！

禮記説義纂訂卷之十四

陝西涇陽楊梧鳳閣著
兄楠龍棟定
姪昌齡三開、紹齡七來
男延齡九如
孫惺慧益較

少儀

按：少，猶小也，非幼少之少，以其記相見即薦羞之小威儀，故稱《少儀》。而次於《大傳》之後，大概曲禮之列，亦先小學而後大學之意也。聖人之道，無大小，此爲小，孰爲大？少有副義，如太師之有少師，少者所以副其大，儀者所以副其理。

“聞始見君子”二節

此篇以謙道教人，故記者首先自謙，言我嘗聞之于人，如下所云也。君子有德有位之稱，夫不曰“願”，而曰“固願”，不曰“見”，而曰“聞名”，不曰“主人”，而曰“將命者”，皆委曲以致其敬也。若直斥指人，則爲不敬矣。“敵者”以下，不必若是委婉也。“瞽”句帶言。

按：再辭曰“固”。聞名，已名也。階，《注》訓升進之喻。此句記者戒之之詞。一曰，階猶階梯之階，主猶觀近臣以其所爲主之主，謂恐不得將命者道達爲之階主爾，通作見者之辭，宜知。

“君將適他”節

此詳吉禮送遣之詞也。君有朝會之事，而將適他，臣如致金玉貨貝于君，其詞則曰“致馬資于有司”，不敢直言君，敬也。敵者曰“贈從者”，不敢直言主人，此吉禮之謙辭。

按：馬資，謂資給道路車馬之費，尊者之行，必有馬資，如權秣之資，《玉藻》云“凡于尊者有獻而弗敢以聞”是也。自大夫以上，然後不徒行，故敵者曰“贈從者”而已。

“賻者既致命”節

此賻者授受之儀也。凡授受以親爲禮，惟來賻，使者既致其主之命，即跪而委置其物于地，而不親授主人之擯者，即舉而取之，而主人無親受也，喪異于吉故也。

“受立，授立，不坐”節

此泛言受授之禮也。凡賓主授受必跪，禮也。惟夫受人之物而授者立，以物授人而受者立，則又以不跪爲禮，蓋恐煩其俯，故委曲以致敬，宜爾也。若性之直而徑行，則亦不顧其立而跪者。夫不跪近簡，而禮反以曲而中，跪近于恭，而禮反以直而乖，君子于此，可以觀禮矣。委曲者，抑禮以伸人直情者，屈人以從禮，謂跪得禮之意也，不可把直者説不好了，還是直道處。

○“不疑在躬”節

此言君子持己之道。首一句行之大者，謂一言一行，皆先王之法言法行，不令心有可疑。一云，言行皆光明正大，不使人有可疑，不如《注》。“不度”以下，是行之小者。

“汜埽曰埽”節

此言埽之禮也。大賓來，内外俱埽曰埽，小賓來，止埽席前，變埽言拚者，拚重于埽也。惟重故不以鬣。執箕而拚，則以箕舌向已胸前，不可持向尊者，戒不敬也，此埽之法也。

“不貳問”節

此卜筮之禮也。不貳問，謂謀之龜筮，事雖正而兆不吉，當致其誠一之心，不可再問以瀆神，即《易》所謂“初筮告，再三瀆”也。下“問卜筮”者，當審其宜不敢干其私也。

“尊長於己踰等”三節

此待尊長之禮也。尊長於己踰等，則祖父之行矣。不敢問年，嫌若序齒也。燕見不將命，嫌若賓主也。遇于道，見則面見，不見則隱避，不欲煩動也，不請所往，恐卑褻也。若弔喪，則俟尊長朝夕哭之事而往，不敢獨弔，嫌與尊長抗禮也。侍坐于尊長，不使之鼓琴瑟，則不得擅執而鼓之，不得無故而畫地，及弄手以爲容，揮翣以取凉，皆戒不敬也。若當尊長寢卧之時而傳命，必跪而言，不得直立以臨之，敬也。古者席地而坐，于畫地甚便。

“侍射，則約矢”三節

此言卑者侍射、投于尊長，始終盡敬之禮也。首二節此致謙于射、投之時，有不敢抗意。三節致謙于射、投之後，有不敢驕意。約矢、擁矢、洗請，非禮之正也，而爲之；角與擢馬，乃禮之正也，而不爲。自始至終，皆委曲以全敬也。

按：約矢，總取之也。卑幼勝，不敢逕酌，當前洗爵而請行觴，雖不費酌酒置豐之禮，而先洗以請，則於卑幼之分稱矣，客亦如之，帶説不重。不角、不擢馬，總不敢循常禮處。觀德之讓，比他讓又雍容謙遜一分，要見他讓中有君子之道。

“執君之乘車”節

此僕御君車之儀也。“執君之乘車”作頭，下五者皆敬君也，然其敘五事處，不論先後之序，須善會之。

執君之乘車，執君乘車之轡也。凡御必立，今君猶未升而僕先在車上，不敢依常而立，故跪以示不安也。一云，君未升車，故得坐以舒其敬，不如前説。凡帶劍必左，以便右抽，惟僕者右帶劍，蓋君在左，嫌妨君也。良綏，君升車之正綏也，故負之於背後，而申之于面前，仍拖諸車之辟上，以待君升，是君未就車時，散綏升，是僕初升時，不敢用君綏也，其後君出就車，僕者執轡，以防馬逸，然後步也。

按：幦，車前欄也，亦名爲式。拖，猶擲也，亦引也。拖諸幦，重君綏也。步，即驅之五步之步，行也。綏制以索爲環，兩頭相屬。

“請見不請退”二節

此記君子進退之節也。君子於尊長，請其見而不請其退，嫌有厭斁之心也。抑思夫凡退之名，各有去義乎？朝廷曰退，寵榮之地，道合故留，不可競進也。燕游曰歸，逸榮之地，有節而止，不可忘返也。師役曰罷，軍旅之事，一怒安民，不可持久也。此請退之意，非所施于見長之時也。然侍坐于君子，亦有當請退者，如君子志倦則欠，體疲則伸，運笏示欲搢而起，還屨示欲著而起。澤劍首，玩弄之而生光澤，意不在講論也。問日之早莫，示欲宴息也。恐妨君子就安，雖請退亦可見，豈得拘請見不請退之正也哉。

“事君者，量而后入”節

此言君子之仕重始進也。量不特量均，連自家作爲也要量。大凡始合，未有不相投相信者，所難者在後面。量者，量此君能用我的道理否，我能把此道加得他身上，做得到底否，如屈原，賈生知己而不知彼，所謂不能量者也，不入而后量，反言以致戒耳，與上句只是一事。“乞假”二句，言微者且然，况事君大事，而可不量乎？

事君者，未仕之先，君臣之分未定，而去就猶在我也。先度其君之可事，然後入而事之，則道可行而身不辱。若既入而後量，將輕進之悔，即在入之時矣。凡乞假于人，爲人從事者且然，况事君乎？惟謹始故能善終，君以得臣爲慶，而不怨其臣，臣以得君爲幸，而不獲罪於君矣，此全始全終之道也。

按：乞假，當量其人之必與，爲人從事，當量其事之必濟。《注疏》“亦然”下一“然”字，猶“如此”，唯指事君，不結乞假等。君知人善任，夫何怨？臣無尸位素餐，又何罪？只就入者説，其量而不入者，潔身全節，不必言矣。

“不窺密，不旁狎”節

此明厚重之道也。竊視人隱處，泛于人褻狎，言知識之過失，爲戲侮之容色，皆非厚重之事，君子所當戒也。

按：二句及末句，莊敬以謹微，持己也。首句及三句，厚重以立本，待人也，或曰，上三句待人，末一句持己，亦是。人亦有可狎者，但泛與人狎，則非所狎，重“旁”字。不重“狎”字，道舊故，如陳勝賓客，言勝故情，爲勝所殺之類。

○“爲人臣下者”節

此人臣許國之忠，皆心乎君，而不知有身者。“有諫”四句是竭誠，見君無失德。“怠則”二句是效力，見國無廢事。末句總頂，蓋社稷不外君德國事，此人一生，只爲社稷受勞苦，一言不敢輕説，一事不肯輕放，必要德成事濟方歇，是謂之役，役者有功勞之義。

事君之道，君有過，進而冕諫可也，退則當諱而不揚於人，三諫而不聽，逃去之可也。猶當惓惓而不生疾怨，頌君之美可也。不當過實而流于諂，君能聽諫幸也，不可自恃而至于驕。君志或怠，則必張大其志而助成之；君政或廢，則必埽蕩其弊而更新之。爲臣如此，凡以效勞宣力於社稷，而非爲一身一家之故也，不曰“社稷之役”而何哉！

按：《注》以事弛而不力爲怠，不如就君志焉爲長。他人事君，皆皇皇富貴功名，茲之合常變以圖維，并心力以靖獻者，一皆君國艱難之事，而社稷因之以有安無危，故曰役。

“毋拔來，毋報往”

此戒心之躁急也，兩“毋”字宜平，乃雙戒語也，但意實相因，拔來即報往之萌，報往就拔來之弊。拔、報皆疾意。來、往猶言進退。人之進修，其始貴有漸進之功，其終貴有持久之意，深造以道，斯得之矣。

按：拔來、報往，擬其狀之急耳，人的精力有限，幾曾有一日做得三五日事業的理。拔來，指心不指力，這點躁心一起，惟欲兼程倍道，纔快我心，所以作爲太速，必然不達，意氣太猛，必然不繼，何也？拔來之人，全不安藏鎮定耐不久者也，所以一做就鋭，一挫即退，百凡進修皆然，戒之戒之。

“士依于德，游于藝”節

此會德、藝之全也。德，有常之理，爲本，依附而立其本。藝，萬應之需，爲末游衍而化其迹。會體用之全，斯完士矣，猶爲工者，既依于制器之法式，又游于通變之論説，豈不爲良乎？

按：德，即仁義禮智信也。大凡學欲假理義來發動我心機，不是以我心死守這義理。依而游，則博雅之趣足以觸發我心，萬理變通，機神活動，方爲有用之心，不然，欲以體理，而反爲理所苦，併依亦無得了。藝，即《詩》《書》六藝之文。法者，規矩準繩也。説則有變通存焉，若器或利于古而不利于今，則有説，故游之而不泥。此二句只引喻耳。

“毋訾衣服成器”節

此待人修己之道也。人之衣服成器，不可訾毁其不善，徒取惡于人也；己之言語有疑，不可自我質成，當取正于人也。

按：質，成也。聞疑則傳疑，毋身質，與《曲禮》“毋質”同，上是不非人之心，下是不是己之心。

○“言語之美”二節

此保氏教國子六儀中五件，欲國子隨在中禮意，要知每件皆有制外養中之意。前云“保也者，慎其身以輔翼之而歸諸道者也”，此正輔翼之而歸諸道處。

夫世子一啓口，皆言語也，其儀則穆穆焉，敬慎而和平也，皇皇焉，嚴正而華采也。世子在君所，此朝廷也，其儀則濟濟焉，或出或入，整齊嚴肅也，屬身容，翔翔焉，或翕或張，從容安舒也，屬手容。世子與祭則在宗廟，其儀齊齊焉，至齊而能定也，皇皇焉，如求而弗得也。世子乘車馬，匪匪行而有文，翼翼載而有輔，此車馬之儀也。世子車上鸞和之聲，肅肅而倡者之敬，雍雍而應者之和，此鸞和之儀也。蓋世子之教，隨在而有其儀，他日君天下，豈非盛德中禮之君哉！

按：教之儀，教之心也。國子之儀，行將正一國之儀者，故教之宜密。《周禮》六儀，一祭祀，二賓客，三朝廷，四喪紀，五軍旅，六車馬。此章與《周禮·保氏》六儀略同，然缺其喪紀、賓客、軍旅，而增其言語。鸞和即車馬中事，一云泛説。美，讀如字，言君子一身之容，無在而不美也，亦通。

“問國君之子”節

此皆父之對子，各致其謙意，社稷之事，祭祀、軍旅之類，國君以社稷爲務，能從者，謂未當社稷之任，而已能供其事也。御者，六藝之一，均御而有能有不能者，幼又有大小也。樂人之事，如《周禮》大司樂以德教國子中和、祗庸、孝友，以樂語教國子興道、諷誦、言語，以樂舞教國子舞《雲門》《大卷》《大成》《大磬》《大夏》《大濩》《大武》是也。樂人，大司樂之屬。從事者，已能其事也。能正者，能正其美否，猶言能受教於樂人也。蓋國君尊，故以社稷言，大夫下于君，故以教子言，士賤，故以耕與負薪言。

○“執虚如執盈”節

此言君子主敬之密也。蓋執盈與有人時，人情亦知敬，至執虚與無人，不免忽略了，君子主敬之心，無時無物不在敬，此正持盈之道，慎獨之功也。《曲禮》“執輕如不克”，即執虚之謂，《詩》“相在爾室，尚不愧于屋漏”，即入虚之謂，正君子隆禮處。

“凡祭於室中”節

此明祭禮不可從簡之意，重祭上，燕則有之，正以明祭之無跣。凡君臣上下之祭，皆主于敬，非惟室中不跣，即堂上亦不跣。若祭畢而燕享於室中，則室中雖不敢跣，而堂上可跣，燕主和，故其敬可少舒也。

按：天子、諸侯灌及饋孰，上大夫陰厭，及祭，下大夫、士二厭，及燕尸，皆于室中。天子、諸侯朝事坐尸，上大夫擯尸，皆於堂上。

“未嘗，不食新”句

此薦新之禮也。事亡如事存，有新物則薦于寢廟，示祖考之嘗之也。若未薦而嘗，孝子不忍先食，禮也，止以嘗言，以物成於秋故也，《月令》特于孟秋言，嘗新者以此。

“僕于君子”節

此御君之儀也。“儀”字活，“升下”是該終始而言，《始乘》是未升之先，下行是既下之後，蓋升在君子之先，下在君子之後，始終一于敬，此凡御之禮也。其君子有貳車，而僕者乘之：朝祀之副車，則式以致敬，蓋朝祀尚敬故也；戎獵之副車，則不必式以致敬，蓋戎獵尚武故也。

按：首句作冒，下皆御車之禮。末二句雖説乘車，亦是御車内事，所謂“始乘則式”者，乘朝祀副車耳。若戎獵佐車，雖始乘亦不式，還立車前，以待君子之去，有候以效勞意。

“貳車者，諸侯”節

此言貴貴之禮也。此因上文“乘貳車”句，遂言貳車，貳車者以下，是貳車有多寡，以辨貴賤之等。細玩此三句，不重，不過只引出一個有貳車者之人耳。有貳車則貴矣，不齒弗賈，所以貴貴也。“衣服，服劍”句，又推言之。

按：《周禮》貳車公九乘，侯、伯七乘，子、男五乘，此言諸侯七乘，舉中以該上下也。上下大夫，皆諸侯之大夫也。降殺以兩，辨分也。乘馬，駕車之四馬。服車，所乘之車。服劍，所佩之劍。

“其以乘壺酒”十節

“乘壺酒、束修、一犬”節，此例以多物獻人者，酒重脯輕，陳列重者於外，而執輕者以將命，便也。“其以鼎肉”節，此例以一物獻人者。“其禽加於一雙”節，此例以一物獻人，物多不盡執者。乃問犬名者，食犬無名，守犬田犬，蓄養者當呼之名，謂若韓盧、宋鵲之屬。蓋襲之加夫襓與劍者，《注》郤，仰也，謂仰蓋於函底之下，加函蓋於上，重合之，故云襲。《爾雅》：“夫襓木劍衣，若今之刀榼。”“夫”字或作發聲，然則“襓”之一字，是衣之正名，當以繒綿爲之，謂木者，非。穎，是穎發之義，刀之在手謂之爲穎，禾之秀穗亦謂之爲穎，枕之警動亦謂之穎，其事雖異，大意同也。

“乘兵車”節

此軍旅兵刃行列之儀也。首句作冒，上二句言在軍之器，下二句言在軍之人，出軍則以刃向前，破敵之象也，凱旋則以刃向後，安國之意也。左陽，生道也，將軍行伍皆尊，尚左方，欲其無覆敗也。右陰，死道也，士卒行伍皆卑，尚右方，示其有必死之志也。一行列之間，而尊君親上之禮備矣。

○“賓客主恭”節

此言五禮之要也，在各有所主上見，賓客賓禮，祭祀吉禮，喪凶禮，會同嘉禮，軍旅軍禮。

交際以禮相示，故内非不敬，而以容貌之恭爲主。祭祀以誠感格，故外非不備，而以内心之敬爲主。喪與易寧戚，故主哀。會同所以申號令、嚴約束，故以詞氣明盛爲主。軍旅所以禦敵，故舍止經由之處，必慮敵之設險襲我，臨事而懼也，且隱情以虞度彼情，兵事露則不神，好謀而成也，此軍旅之所主也。

按：賓客者，朝廷之賓客。《周禮》“時見曰會”，言無常期也；“殷見曰同”，殷猶衆也。王師有征伐之舉，則爲壇於國外，諸侯皆來會，王命以征伐之事。王十二歲不巡狩，則六服盡朝，王命以奉行之政。主詡，辭嚴義正也。思險，以地利言。“隱情”句，又因思險，故密我情計也，以人謀言，“主”字與思、隱齊看，以心爲本。

“客爵居左”節

此鄉飲奠爵，見賓有獨尊之意也。鄉飲酒禮，賓坐南向，東爲左，西爲右，主酬賓之爵，賓受奠觶于薦東，是客爵居左也。賓奠觶於薦西，主酬賓後，賓取薦西之觶以酧主，是客飲主之爵在右也。若主人獻介之尊，介酢主人之爵，主人酧僎之爵，皆居右。蓋鄉飲所尊者惟賓，雖介不敢與之並，而况于僎？故皆從主之類也。

“贊幣自左”節

此明相禮之儀也。聘禮爲君贊相作冒，二句重詔辭上，幣特形之耳。幣貢于侯邦而納于贊者，其禮輕，由君之左，地道左卑也；辭命于天子而詔于贊者，其禮重，由君之右，地道右尊也。此其儀之異也，左、右指君身上説。

“酌尸之僕”節

尸雖神像，然子行不及君尊，則其僕亦不若君僕。人或未必知所重，而彼亦未必知所自重，故明酌尸僕，及僕受酌之禮如此。

“尊者，以酌者”二節

此言燕享列尊壺之法。上節示尊君之義，二節示專惠之義。燕享之時，君尊爲上，尊者設尊之人，酌者酌酒之人，二人俱以南爲上，尊者在南，諸侯之尊，以次而北矣。南爲陽明之方，人君法天理陽者也，此儼然南面之義，非所以尊君乎？尊與壺皆有面，面有鼻，燕享時設尊設壺，皆面其鼻，取專惠之意。

按：《注疏》："尊者之右，即酌者之左也，酌者之左，即南方之所也。"只兩人俱以南爲上便了。上尊在南，列尊時也，有使君面尊意。"面"字活，面其鼻，如云尊者向尊壺之鼻，分明是尊壺之鼻向尊者，而記者倒折其文耳。

"衣服在躬"節

此顧名思義之禮也。衣裳之制，有名必有義，既在躬，其義不在衣服而在躬矣。若不能因名思義，而體之于身，是懵然無知之人矣，故曰罔。

"爲人祭曰'致福'"節

此祭歸胙將命之辭也。攝主而爲人祭，其歸胙之辭，則曰致福，見其敬于致祭，而得鬼神之享，以此福物致之，不敢私鬼神之賜也。其爲已祭而致膳於君子，則曰膳者，不敢當福，見享祀之美味，非他品之比，而以奉鬼神者，養君子也。攝祭者其辭恭，主祭者其辭謙，此歸胙之異辭處。

○學記

按：此篇泛記教學之義，與《大學》相表裏。

"發慮憲，求善良"四節

此見學所係之大也。三節皆主治天下事，總相趕講下，先以謏聞引出動衆，却以動衆引出化民，歸重到"化民成俗"上，由學不是立學校便轉得民風，畢竟要君身自明其明德，而後設學以教民，纔是有本之教，民方各自去明己之德。《注》云"明德新民"之事，要明白化民中，有許多格致誠正修齊治平工夫，非一朝一夕可教者，看"由學乎"語氣甚悠遠，終始典學，要人直致大成有終地步，又是立學深意，不可説淺了。

人君以務學爲急，如發思慮以求合法則，求善良以進用中材，此二者皆收斂謹飭之事，而非鼓舞作興之方，故足以小致聲譽，不足以動衆善心，就見賢德之士，體愛疏遠之臣，此大有爲之君，衆人之見聞者，必將興起向善之心。然而庠序未設，條教未陳，民又無所依據，而盡化于善也。君子如欲化民成俗，其必由大學之道，明德以新民乎？此下又言教學之制，玉有質可以爲器，而不琢則不成，猶人有性可以造道，而不學則不知，王者建立邦國，以君長其民，必以立教立學爲先。教以業言，如後章離經辨志之類，學以地言，如後章塾庠序學之類。傅説之告高宗，有曰“一念終始，常在于學”，此教學爲先之意也。

按：“憲”字，一云舊章，《注》訓法則，合會始得。聞譽動衆，在君身上之極好了，但只善得一身，化不得民，終非出治之本，化民成俗，就見成説，不着力，唐虞之於變時雍是也。“玉不琢”四句，是起下文。“不學”“學”字泛言，與“教”字不同。不知道，凡學開發人良知居多，“道”字廣，即前講格致等理。“王者”作總，建國，兼王國、侯國言。欲民知道，必先自己復虚靈之體，不可説淺了。“典”字，《注》訓常字，甚好。學之心常，日久漸知道了，若暫學暫輟，豈得悟道？

“雖有嘉肴”節

此承上文教學而言其有得也。首四句起下文，記者因人知爲學，而不知教人亦是學，故合教、學説來。引《説命》之言，是學固學也，教亦學也，正發証教學相長之意。

“雖有嘉肴”四句，見學之不可已也，然所謂學者，亦惟教學兼舉而以，蓋學莫病于自足，惟學而師資於人，然後見人之有餘，方知己不足也。學莫貴于無困，惟教而無以待問，然後自知其困屈，易爲人所窮也。惟知不足則必求不足之故，由我識見淺而體驗疏，豈非能自反乎？惟知困，則必求所以困之故，由我神氣靡而退縮勝，豈非能自强乎？夫自强生于教，教有長于學矣。知不足生于學，學有長于教矣。教與學皆有益，故曰“教學相長”也。《説命》曰“教學半”，夫教居一半，言教有長於我也，學居一半，言學有長于我也。《説命》之謂，非即教學相長之謂乎？

按：“善”字要看，既説至道，如何又説善？此乃仁義禮智之道在人性中最良的物，所以爲善。“弗學”“學”字，暗含下文學與教在内，知不足、知困，主心説，自反、自强，主用功説，此段益處，在教邊得來居多，何也？自反求，只求所未至，是一倍功力，到自强，既要進我的見解去教人，又要思人的見解所到地步，比他先進一步，方可去教他，豈不是黽勉倍進工夫？勇往奮發，自然有心得處。至道中之善，豈不由自强而知，只就一人看。《説命》本言教人之功，居學之半，而此則謂教之功半，學之功半，以証上文“教學相長”之意，亦斷章取義耳。

“古之教者”二節

此言古者立學立教之方也，正與教學爲先遙應。“有學”以上，立學之廣也。“比年”以下，立教之詳也。小成者，雖非知至行盡，而明道進德有其漸。大成者，明德新民之體段已具，儼然一大人了。“夫然後”頂上節，然亦論理如此，見禮立而用預意，玩“足以”字自見。

古者教學爲先，何以見之，古之立教者，家必有塾，塾者熟也，以成熟爲義；黨立一庠，庠者養也，以養老爲義，教塾之所升也；州立一序，序者射也，以習射爲義，教庠之所升也。皆鄉學也。而小學立矣，天子、諸侯之國各有學，以教國子及俊選之士，而大學立矣。其教之之法何如？彼入學太疏，則無以廣其類，故每歲皆有入學之人，考校太數，則無以游其志，故間年而行考校之法。其一年考校，視其能離絶經書之句讀，辨别趨向之邪正焉。其三年考校，視其能敬所習之業而無怠，樂朋徒之群而無睽焉。其五年考校，視其能博習而不限程度，親師而嗜好訓誨焉。其七年考校，視其能講求學問之藴奧，擇取益友之切磋焉。如此，則蒙養正，而聖功有基，謂之小成矣。至于九年，則用力久而涵養深，視其知之致，而觸類通達，無一之不知，守之固，而强立不反，無一之有奪，知行兼備，非止一節之善，不謂之大成而何？以此大成之士而官使之，以其所學施諸政治，足以化民於善而成其美俗，近者安其德教而悦服，遠者慕其德教而懷之，此立教立學，養士於未用之先，化民易俗，收功于既用之後，大學教人明新之大道固如此也。引古《記》以喻其意，言蛾子時時述學啣土而成大垤，其即學者由積學而成大道之謂乎？

按：入學，入國學也，即考校此大學之人也。考校獨言國學，舉國以例鄉也。離經乃致知始事，必由辨志，而至于强立不反，則爲力行極功，此小成、大成之别。或謂離經辨志，初學者所爲俊選而尚以此考校之乎？不知俊選雖未必離經辨志，天子、諸侯、卿大夫、士之子獨不然乎？《記》文不拘如此，辨志，學者自别其邪正，只向于學便是。敬業，是專心致志也。樂群，是于同心相契洽。博學，如學經外，又泛及他經。親師，於訓誨服膺勿失也。論學，謂義理已明，能論説學之是非。取友，識人品高下，而取其善者爲友。“知類”段，當照上加一“視”字。“知類”句，謂此理的源頭通徹得去，是知命耳順的意思。强立，是守之固。不反，是已能者不退轉也。要之此大成之士，直從家塾、黨庠、州序中造起，到國學中九年時候，纔能成就如此。總説化民之難，正以見學之爲要，近服遠懷，就是化民易俗，無淺深，大學之道，是因化民而斷其道之大，言陶鎔于始，凝成于終，其功力若此也。

“大學始教”五節

此詳大學立教之意也。“躐等也”節，上歷敘大學之事，而各著其義，未結其爲教之大，而引言以明之也。

古者始入太學，有司釋奠于先聖先師，常服玄冠，今加皮弁，祭用蘋藻之潔，其敬如此，所以示學者尊敬道藝，使立爲學之誠也。《小雅》《鹿鳴》、《四牡》、《皇皇者華》，此三者皆君臣燕樂相勞苦之辭。祭菜之時，令肄習之，蓋示以教成官使之義，於其始也。入學之時，大胥擊鼓以召學士，學士至，則發篋以出其書籍等物，蓋以鼓舞警動其志，使之遜順而進業也。其用夏、楚二物，扑作教刑，警其怠忽，使之收斂威儀也。不及五年卜禘之期，則不視學以考校，所以優游其志，不求速成也。教者時而示之，而不盡語以其故，欲其體認而自得於心也。幼者有聽受而無問難，蓋以入道有序，不可踰躐其等也。凡此七者，乃大學教人之大理，在所當先矣。《記》言已仕而爲學，則先其職事之所急，未仕而爲學，則先其志意之所尚，其此七者爲教之大倫，而在所當先之謂乎？

按：大學以地言，提起看，比上節“大學”字不同，“始”字重，始教之時，正學士志意一新之會，故以此七者作興之，使之爲終身學問根基。“道”字從先師來，詩書禮樂，皆道所在。先師，即先代明習詩書禮樂之人。皮弁，服之尊者。菜，謂芹藻之屬，物之潔者。敬道，在學者身上説，特爲師者，因此致敬示之，蓋學道之益，全在一點敬心，看得這道重，便知他其中義理深遠，自然用心研磨，纔有實得意趣，後面學之成就，皆從此點念頭造詣得去，所以將此事做入學第一件。“小雅”句《注》中“誘諭”字要善看，聖人教人，合下便要他用，須學三詩，乃爲稱職，《小雅》三詩，《鹿鳴》以燕群臣，《四牡》以勞使臣，《皇華》以遣使臣，皆居官任職時事。曰肄者，歌之又歌，抑揚反覆，玩其旨趣，便要他做忠臣孝子，佳賓賢臣，使之勤進其德，充廣其才，他日居官爵而勞王事，庶能勝其任矣，非誘之以利也。“其”字指學者，下倣此。“入學”句，入學廣言，又不止始教之始，“孫”從“鼓”字來，“業”從“篋”字來，學惟高亢自大，便于業不精。鼓聲讙，讙以進衆，最足消人粗鄙亢厲之心。遜有巽而入之之意。以夏、楚爲扑，正使收其威儀到心上去，内有誠實之心，而外有謹飭之貌，制外所以養中也。“未卜禘”句，禘卜日而行，故曰“卜禘”。“時觀”句，典籍名物，皆至理寓焉，教之時時觀覽，待其憤悱，然後啓發。一云，“時”作當可之時，言觀者不可過，不可不及，當其可而已，太説深了。“幼者”句，舊《注》“幼者未必能問，問亦未必知”，若然，則列此等于學宫何爲？設有穎悟者處其中，能禁不知乎？蓋一問則辨復往來，便有與師互持之意，此惟成人纔可，若幼者則開其躁妄之心，啓其速成之意。踰蠟漸次，有不可勝言者，故禁之。“大倫”“倫”字，作“理”看，謂有義理在，只以大節言，似淺。引古《記》言，常説只重二“先”字，官之所先在事，士之所先在志，教之所先在此七者，此索然無味。一云，既爲大倫，則已仕之職事先此，即上教者之事，未仕之志意先此，即上學者之志，總不外此七者。一云，官、士串看，盡爲官教人之事，以成士人爲學之志，立于上，行于下，而在所當先之謂乎？二“先”字與“大”字相叫應。二説俱有理解。

“大學之教也”二節

此言大學時教有得心之益也。重“居”、“學”上，藏修息游，亦重游息邊，串看。下節正是得心處，重“安其學”上，要知“安其學”，即前安弦、安詩、安禮也，親、樂、信又是安中所得之益。末引言以証之。“時”、“教”二句，與“藏”、“修”二句對看，前是教者事，後是學者事，但善學須從善教中來，必重教者邊，要看得融洽。大學之教人也，四時之教，既有正業，即下弦、詩、禮也，而退息之時，又有居學，即下操縵、博依、雜服也，大學教人之法備矣。然正業不忘居學者何？蓋凡學之道，能興然後能安，能安然後能樂。“樂”字當“好”字看，時教有弦，習弦於，學而不操弄於退息，必不能手安於弦而相得矣。時教有詩，詩詞多依託物理至博也，講詩於學，而不博求於退息，則無以驗物理之實，而於詩詞必有危殆不安者矣。時教有禮，制禮有服，極其繁雜，習禮于學，而不觀雜服於退息，則無以識制度之詳，而於禮文必有彷彿者矣。"不興"二句，即申上六句說，以上言居學之廢，足爲正業之害，正見居學不可無也。"故君子"至末承上來。時而藏于學校，則修其弦、詩、禮之正業，使所習者專而志不分，又退而燕息，則游其操縵博依雜服之居學，使所養者純而藝愈熟，庶功無作輟，而學底大成，此大學之教備時敏之功也。"夫然，故"承上"藏"、"修"、"游"、"息"來。安、親、樂、信至不反，皆心得實際，總正業居學盡之，安其學也，所養者熟而無扞格焉；感師之訓誨，而心悅誠服焉，感友之切磋，而志合心孚焉；信理之根心，而知明守固，他岐不得亂焉，得心之深如此，是以雖離師友而終身無叛道之非也。此皆時敏之功，而遜以入之，敬以禮之者也。由是資深逢源，妙道不盡，《兑命》曰"敬遜務時敏，厥修乃來"，其即此藏、修、息、游，而安、親、樂、信，不叛于道之謂乎？

按：古之道，退息之時居多，所以極重居學，居之時，恐其以燕獨置此心于荒疏，必使其心用在學上，恐其心太死了。必以游之意，活其機括，正業之精，功力全在興藝中。自師所授曰"正業"，自學者所習曰"居學"。縵，亦絲樂之屬，蓋燕樂也。《周禮》鐘師、磬師皆掌縵樂，故以操縵爲雜弄，愚見調緩急統于"操"字内。一云，操，急也。縵，緩也。弦，琴瑟之屬。春時八音皆學，弦者舉八音之一而言。博，廣也。依，謂依倚也，謂依倚譬喻也。"不興其藝"二句，一云，藝成而下，亦君子所不廢，不作總上，思之亦自有理。"藏"、"息"，實字，以地言，"修"、"游"，活字，以功言，惟教者備其法，斯學者密其功。藏，謂入學受業時，若東序，若瞽宗，若上庠等處。修，謂省察克治。息，謂退息私居時。游者，玩適厭飫之謂，學操縵等藝是也。安其學，即上文"安弦"等之"安"，下"離師"根"親師"來。輔，即友也，根"樂友"來。不反，根"信道"來。總，根"安其學"來。敬遜，謂宅心惟一，順序以進。而不傷于迫急。務時敏，謂專力不二，勤勉以求，而不失于怠緩，厥修日新月盛，方來而未已也。

"今之教者"節

此根上二節，言今人之教也。"夫然後"以上，與首節相反，"夫然後"以下，與次節相反，今之教者，不曉經義，但詐吟長咏，以視篇簡而已。既自不曉義理，而外不肯默，乃多發問辭，以訊問學者。若已有解之然也，而所言又不止一端，不能得其要領。進人不顧其安，躐等而進也；使人不由其誠，不肯實用其力也；教人不盡其材，不能因材而篤也。教者之所施，常至于悖逆，學者之所求，每見其佛戾，徒滋乎口耳，無益於心得，則與時教必有正業者異矣，况居學乎？故學者隱其學而不安，疾其師而不親，但苦其進之難，而不知其得之益，其業必不終，雖終其業，亦倐得倐失，去之必速，以用功間斷，不安不樂故也。教之所以不成，其由此在上諸事乎？

按：曰進，曰使，曰教，一意而變文也，實知此一理，而後使之别窮一理，是謂由其誠，能行此一事，而後教之别爲一事，是謂盡其材，否則使之不由其實，教人不盡其材也。師所施以教者，非人所欲，則我常悖逆於人，學者所求於師，非師所長，則人常佛戾于我，此言師道之不行也。隱不稱揚也，謂不明其師之所學，故不能稱揚，教之不刑，與“其此”句相連。

“大學之法”三節

此歷舉大學之教法，而明其爲善喻也。救人之失，當禁于情欲未發之先，如先示之誠以杜其僞，先示之禮以防其淫是也。以其有先事之防，無後事之悔，故謂之豫。長人之善，當迎其可教之幾，如不憤不啓，不悱不發是也。以其不失之先，不失之後，故謂之時，施之而不踰其節，優游厭飫，由好而樂，由立而權是也。以其順乎人之所可至，不强乎人之所不能，故謂之遜。人各相觀而進于善，如人有善我取之，我有善人取之是也。以其人人相厲而並進，猶兩物相摩而並精，故謂之摩。此四者教行而有功，則興起而不廢墜矣，教之所由興也。次節與上節相反，已發而後爲之禁，則欲動情勝，蔓不可除，將牴牾而不勝矣。時過後命之學，則聰明智慮，不及前時，雖勤苦而難成矣。凌節雜施而不孫，則驟而語之，無緒可尋，必壞亂而不修矣。獨學而無友，則離群索居，無所取輔，是孤陋而寡聞矣。此下又比上進一步，由是燕私之朋乘之，必不責善而相與以慢其師，燕游邪僻，必惑于外誘而廢墜正業。有此六者，則師雖較而學者卒不能領略，教不由是而廢乎？三節君子既知教之所由興，又知教之所由廢，興則舉之，廢則戒之，故能成就後學，可以爲人師也。故君子之爲人師而教喻也，示之以入道之由，而不牽率其必進；作興其志意之所向，而不沮抑之使退；開其從入之端，而不竟其所通之地。道而弗牽，則循序漸進，從容自得而和；强而弗抑，則精神百倍，所向無前而易；開而弗達，則因端倪、尋究竟，而自不能已于致思。和易以思，皆學者深造之益也，而教能使之如此，故曰“可謂善喻”，此之謂可以爲人師。

“學者有四失”節

此言教人貴知其心，是欲在根本上救正意。首二句言教者當知學者之失，便含知心意了，下原當知之故，知行得中就是善，過、不及就是失，長善正以救失，宜串看。

夫救者救其失也，而學者有四失，教者必先知之。何謂四失？人之學，或聞見多而有他岐之惑，失之多；或聞見孤而無反約之地，失之寡。二者皆以知言也。或兼人而謂無難事，失之易；或自畫而不復求進，失之止。此二者皆以行言也。四者皆心爲之，而實原於氣稟，蓋惟氣稟殊，故用心異耳，此正根本差失處也。知心之失而救之，正是去其病之根而教之也。長善救失，如長以約禮之善，則多之失自去；長以博文之善，則寡之失自去；長自反之善，則易之失自去；長自强之善，則止之失自去。教之責在救失，而救失本于知心，此學者之失，教者貴知心與？

按：多，才有餘者。寡，才不足者。易，俊快者。止，鈍滯者。心之莫同，心一而已，無多無寡，無易無止，何有不同？此是認賊作子，自生岐頓耳。一云，多、寡、易、止，還要説好些，多者從道學問之説而失之者也，寡者從尊德性之説而失之者也，易者狂之流而視天下事無難爲者也，止者狷之流，而僅僅自守者也，此皆是本質上病，可以中道救之，醫家所謂本治而標自化者也。盡説得通。

“善歌者，使人”節

此見教以傳心爲主，而不在多言也。首二句即善歌以例善教，“使”字着力。“其言”以下，乃使人繼志之實。約、達、微、臧、罕譬、喻六件，皆師之言也，不可將“喻”字屬學者説。可謂繼志，亦以師言，所謂微發而不竟其説，使人有所玩索而自得之也。

善歌者，非徒自善其聲已也，以吾之聲，道人之聲，使人和而歎之，必人聲無間于吾聲，而後謂之善歌。善教者，非徒自善其志已也，以吾之志道人之志，使人思而繹之，必人志無間于吾志，而後謂之善教。使人繼志何如？彼詞所以達意也。今教者不過簡切之數語，而徹上徹下，義理昭然，是約而達也，言所以明善也。今教者不過平易之常談，然言近指遠，至理攸寓，是微而臧也，以至設喻將以感人也。今教者比方之詞少，而感動之意深，比物醜類之中，足爲引伸觸類之地，是罕譬而喻也。此三者，皆不盡言，而使學者自思繹而得之，所謂此以心感，彼以心應，蓋有渙然冰釋，怡然理順者，學者之志，殆與師而無間矣，不謂之繼志而何？

一説："善歌者"二句，謂善於歌者，倡起其聲，而不終曲，使人和而嘆之，以繼續其聲，然後歌者之聲終。善於教者，開示其志而不盡言，使人思而繹之，以繼續其志，然後教者之志盡。盡好。

"君子知至學"節

此見師道之大也。"爲君也"以上，推師備爲君之道，故擇之當慎，擇者擇其知難易美惡，而能爲君長者而已。引《記》正見當慎擇意。

夫明君務學必擇師，師豈易爲哉？人之至學有難易者，其質有美惡也。君子教人，必先知其至學之難易，因其易而知其質之美，因其難而知其質之惡，於是引其難而抑其易，勸其美而沮其惡，然後循循善誘，不拘一途，而廣有曉喻矣。能博喻，然後能以道淑人，因材而篤，而能爲師；能爲師，然後能爲長，即推其所以教人者以治人也；能爲長，然後能爲君，即其所以治人者以治國也。師道裕乎君道如此，則師雖不曾直學爲君，而君道于此寓，便似習學爲君底一般，是師也者，乃人君之所從學以爲君也。故擇師必慎，以求得其人而後可也，否則不得能爲君之師，無以學爲君矣。《記》曰："三王四代所以治者。"匪但能作之君也，亦以其有師能作之師耳，蓋師賢則君賢，君賢則治隆，其即師所以學爲君，而當慎擇之謂乎？

按：鄭注"美惡"，説之是非也，如罕譬而喻，言約而達，是爲美，反此則爲惡也。不合陳注。爲君爲長，不外旌善懲惡。推其教人者能治人，推其治人者能治國，非實事，只論理耳。君道在師道中，人君安得不就師而學之？只重學爲君上，曰爲君，便有許多化導訓誨下民的責任，就如師之陶鎔其徒一般，所以必在師道内討出君道來，三王合虞爲四代。

“凡學之道，嚴師”節

此見人主貴虛心也。首一句，言學當嚴乎師。“師嚴”二句，推嚴師之故。“是故”以下，究嚴師之實，在“不臣”上見，蓋君所受學之人，須養其氣節，氣節高，纔能折抑人主，而使之虛心聽我，所以嚴師之道在不臣，“爲尸”一邊輕。

凡人君之學，尊隆嚴重其師之難也。蓋人君務學，多爲勢分所拘，非有樂道忘勢之賢君不能，故爲難得之事。君嚴其師，則師自嚴矣。道尊者教道尊嚴，足以立天下之表也。敬學者一心體認，民不敢忽視其師傅也。一嚴師而道尊，敬學如此，此師之所以當嚴也。然嚴師之道，固嚴於心，亦待以不臣之禮而已。是故君之不臣于臣者二：當其爲尸，則全于君，全于父，故弗臣；當其爲師，則爲其道，爲其學，亦弗臣。不觀大學之禮乎？天子養老于大學，老更不但詔告學士。雖以善言告於天子，特西面而不北面者，蓋以北面臣位也。老更有善言之廸，亦師道所在，今無北面，是不處以臣禮，乃尊師之道，當如是也。信乎爲師弗臣也，此天子之尊其師也。既慎擇之，又嚴重之，則君道立矣。

按：此節全重“道尊”二字，道尊在教者身上說，敬學在學者心上說，道者人君受學之本，臣民明理之源。君之虛心，關民學之敬不敬，要以人主虛心，爲一節之綱領。師尚父受丹書于武王，王東面，師尚父西面，是也。爲師弗臣，正是嚴師，詔天子無北面，正是弗臣，一步實一步。

一說：“凡”字汎看，兼元子、適子、卿大夫、士之子、民俊皆在，民即敬師之人，如元子等，百姓亦在內。後曰君、曰天子，即重以明輕也。

“善學者，師逸”節

此示學者以進學之道也，要重“善”字。善學在師逸上見出，蓋借師以收功，而不靠師以着力，是于己心上有得者也，故爲善學。善問在先易上見出，蓋不若其心機，所以終能通其心竅，是于理脉中有悟者也，故爲善問。善待問在從容上見出，不驟洩夫至理，所以能終不藏夫至理，是于傳心處有得者也，故爲善待問。且善問，善待問要解得明，先其易至以解，以善問正言，“易”字、“節目”字、“解”字，俱在攻堅木上影出，叩之至盡其聲，以撞鐘正言，而善待問見出，有此不同處。

學之道，學問而已，而有善不善焉。善學者引而不發，開而弗達，何嘗過費師心力乎？逸也，有卓爾之機，有躍如之妙，所得功效，倍于師之教，及其成也，又歸功于師焉。不善學者反此。善問者如攻堅木，蓋洒掃應對，與精義入神，只一理耳。善問者循序漸進，緩急得宜，先問其理之顯者，後問其理之精者，及其久也，更相論説，不惟易者先明諸心，而難者亦冥會其精，蓋因所明以通所蔽，引伸觸類，自相証通曉也。其與攻堅木者，先其文理之易，後其盤錯之難，久之難者隨之而迎刃以解，何以異哉！不善問者反此。善待問者如撞鐘，蓋理一也。以一節言曰小，以全體言曰大，且此理又包涵無窮意味，難盡也。善待問者，隨其所問之異而能答，隨所問之詳而能盡，故人以小叩之則小鳴，人以大叩之則大鳴，待其擊之以從容也，然后盡其聲，何以異哉！不善答問者反此，此非進學方法哉！蓋善學者善問，則人心之理，悉取爲我心之真益，在己之學，豈不日進？善待問則吾心之理悉吐爲人心之真得，在人之學，豈不日進？故曰“皆進學之道也”。

按：攻堅木者，先易處，易處既通，則堅節自迎刃而解矣，故善問者似之。物自解脱爲解，相説以解，言相証而通曉也。撞鐘者急擊，便無餘韻，必待人徐擊了畢而鳴，則有優游不盡之聲，故善待問者似之。從容，優游不迫之意，如攻堅木，如撞鐘，皆在正意上講，不必作兩樣解，更便。

“記問之學”節

此見學貴心得也。因上文善答問、不善答問而又言此。記問謂豫誦雜難雜説，主講時爲學者論之，則無得于心，而所知有限，故不足以爲人師，必也心源澄澈，聽學者之所問而隨語之乎，必所得于心者深，所知于理者盡，然後能博喻而爲人師。然聽語中亦有不可拘者，如心求通而未得，口欲言而未能，是力不能問也，然後語之，正是迎機之教，不待問而語者也，如語之而不知，舉一隅不以三隅反，則雖舍之亦可，雖問亦不語也，然則在師者固當以心得爲施教之本，在學者亦當以心悟爲受教之地矣。

一説：記是記誦，問是訪問。聽語，謂聽語以聰，而得學者淺深生熟于言意之表，隨所至而告之也。一據己所有以告，是剽切之學，一因人所疑以啓，是自得之學，故不同。舍之不是棄之也，此時彼心方窒，與之語既不悟矣，暫舍之，待他反覆思索，再來問時語之，亦是聽語。

“良冶之子”節

此言學以有漸，君子當深造以道意。“馬前”截，上即人物習事之有漸，下明君子進學之有序。大旨，天下事只從易邊做去，自有機括，自有通透門路，所以件件做得成，爲學漸進竅脉，深造機關全在此處，君子要務學，先要察得此理到。

蓋冶鑛難精，而裘軟易紉，良冶之子，必先學爲裘，而後可漸進于冶。弓勁難調，而箕曲易製，良弓之子，必先學爲箕，而後可漸進于弓。車重難駕，而馬反則易馴，故始駕車者，反繫馬于車後，而後可漸駕車。此皆自易及難，自粗及精，人物始學之序如此。君子察于此三者，則其于道也，亦自易以入難，由粗以入精，自可有志于學之序，而下學上達，深造自得矣，要得循序漸進意。

按：必學爲裘，仍見其家錮補穿鑿之器也。補器者，其金柔乃合，有似于爲裘，補續獸皮，片片相合，以至完全也。必學爲箕，仍見其家撓角幹也。撓角幹者，其材宜調，調乃三體相勝，有似乎爲楊柳之箕，和軟撓之而成也。

“古之學者，比物”節

此言古人以物明理之學也。首句作冒，乃是正意，下則申其故也，以鼓、水、學、師喻物，以聲、色、官、服喻理，見物無當于理而理弗得弗明，此古人所以必比物而醜類也。大旨此節只要看“無當”二字，謂取來比方的物，與我所欲明之理本無專主。若專此理之一物以明一理，反泥而不通，惟盡類而窮究之，則趣博機活，其間精髓微義，自有相通之處，而理不患不明矣，此君子明道第一要法。

彼古人以理有未明，即物可以窮理，故以理比方于物也，而又即物類之同乎理者，於以因此而識彼焉，是果何故哉？蓋天下事，有不相關而理實相須者，如鼓于五聲，本無所主，然合樂者不得鼓，則無以成諧和之聲；水于五色，本不相屬，然繪畫者不得水，則不能成章明之功；學于吾身之五官，本無所主，然學以明理，理有未明，則不能修治五官，而使之各得其職；師于族黨之五服，本無所與，然師以明道，道有未明，則不能聯屬五服，而使之各親其親。君子例觀于此，所以必比物醜類也歟！

一說：此節况君子務學親師之急也。學與師是正意，而以鼓、水引起，物理且然，而况于學，又况于師乎？則志學求師，不可以已，以視鼓、水、聲、色，正所謂比物醜類也。以鼓、水二項爲客，學、師二項爲主，即鼓、水而得務學、親師之急，非窮理之至，孰能與此？

“君子曰：大德”二節

此進學者以務本也。首節舉聖人天道有本之用而言，君子之學，當先務其本。下即三王祭川務本者，以明爲學務本之意。“大德”三句屬聖人，“大時”句屬天道，然亦不必拘拘平對。大旨，志本是培養心源道理，人看未發時氣象，那大德、大道、大信、大時的理，都一一在内。此處看得工夫到，則萬理脉絡，都會在一心，本原自盛大，心爲衆理之源，理爲吾心之委，靜養一心，而使源在委先，是之謂務本。

君子曰，人固不可不志于學，而學又不可不志於本，不得其本則德任一官已耳。抑知天下有大德焉，性天之真，無一不備，不但專一官之美也。小道任一器已耳，抑知天下有大道焉，率性之機，神化莫測，不但拘一器之用也。至誠無息，期許俱無，是曰大信，而可約之信，不足拘聖衷之真確矣。元化周流，榮枯錯見，是曰大時，而截然之時，不足盡天道之斂散矣。夫聖人天道，惟有本故耳，君子學爲聖人而求合乎天道者。察于此四者，則還其性體，以爲擴充之地，完其天真，以爲來復之機自不容已矣。次節不觀三王之祭川乎？三王祭川，必先河後海者，蓋水之來處曰源，水之聚處曰委，或爲水之源，河是也，或爲水之委，海是也。委不可以先源，故海不可以先河耳。夫以源視委，源爲本矣，先源後委，是先務本矣，此之謂行祭務其本也，豈學爲聖人天道者，可不有志於本乎？

禮記説義纂訂卷之十五

陝西涇陽楊梧鳳閣著
兄楠龍棟定
姪昌齡三開、紹齡七來
男延齡九如
孫惺慧益較

〇樂記

按：古有《樂經》，疑多聲音樂舞之節，而無詞句可讀，故秦火之後無聞焉。漢興，制氏世爲樂官，頗能記其鏗鏘鼓舞，而不能言其義理，其言義理，則此篇是也。武帝時，河間獻王采撰《樂記》二十四卷，劉向校書，得《樂記》二十三篇，又各不同。此蓋斷取二十三篇内之十一篇，餘有十二篇，其名猶在。二十四卷，此無所録也，即於十一篇中，亦刪取要略，非全文矣。篇中大旨，不過體用兩言而已。蓋其體也，法天地之陰陽，本人心之和序，以制禮樂；故其用也，贊天地之陰陽，管人心之和序，以成極功，其實一理也。然以樂名篇，而篇内多互言禮，何也？蓋禮樂二者，缺一不可，然必先有禮而後有樂，周子常言得其序而後和，故禮先而樂後也，此記者之深意也。

“凡音之起，由人”節

此論樂本之事。首二句作冒，論樂始於人心，下皆發明此二句意。大旨，人心靜涵樂之本，動該樂之全，從感物後，想到那未感之前喜怒哀樂無著時，有多少妙境，看得這裏透徹，便知天地間中聲源頭。《注》中“虚靈不昧”二句，是樂之張本，惟聲由虚靈中感之而出，感的也正，出的也正，所以辭意相應而能變能成方，及聲容兼備，樂於是始成。

大凡樂音之初起，皆由人心之動而生也，蓋人心本靜，而所以動者，感於物而使之然也。心感物而動，情也，有情則不能無言，故形之爲單出之聲，聲之辭，與中之意相應，自然生清濁高下之變，即其變之中，清濁有序，高下有節，想和相應而成歌詩之方法，則謂之雜比之音，而宫商角徵羽之兼備矣，由是比合其成方之音，而播之八音之樂器，及協之文武之樂舞。夫如是，則有聲有容，而終始條理已備，故謂之大樂，從此看來，樂之音，非始終人心之感物而何?

按：此節首二句，從外説入裏來，以啟其端。“人心”以下，從裏説出外去，以申其實，總一樂生於人心之感盡之。“凡音”“音”字包樂言，“物”字該得廣，世道之盛衰，政治之得失，百凡事體之順逆，有感於外而觸於中者，皆是。聲自起口而言，不必説到成辭句，聲與意相應而成一句之辭，則就中字句，自然有清濁高下，故曰“生變”，言生出變態來。方，法也，成方，猶言成曲調也，言以此辭作爲詩歌，使叶五音，不可增損改易，是此變又成方體，成文不亂也，故謂之音。音者，雜比五音而爲言也，“比音”貫下聲、容二項，“而樂”“樂”字，是樂器，如琴、瑟、簫、管之類。干，盾也。戚，斧也。武舞所執。羽，翟也。旄，旄尾也。文舞所執。樂師有帗舞，有羽舞，有皇舞，有旄舞，有干舞，有人舞，此樂之大概，始於人心，終於器數如此。

“樂者，音之所由”二節

此詳心之感物，而因及慎感之原也。首二句承上文而申言，作過文，“其本”指樂之本。“是故”以下，詳言人心之感物。此節就在上節之中，因上節未説出許多條件，故復明言之，只重心之感，而聲之噍殺等意輕。

由是觀之，比音而爲樂，是樂者音之所由生也，然其本則不在音，而在人心之感於物焉，是故以感於物者詳言之。凡人喪所欲則哀，其哀心感者，其聲噍以殺，蓋哀則氣鬱，故噍竭而無澤，氣歉，故減殺而不隆也。得所欲則樂，其樂心感者，其聲嘽以緩，蓋樂則詞氣發揚，故闡盡而無餘，詞氣從容，故舒緩而不迫也。順其心則喜，其喜心感者，其聲發以散，蓋喜則冀其方來，故發生而不窮，鳴其得意，故施散而無積也。逆其心則怒，其怒心感者，其聲粗以厲，蓋怒則其氣不平，故粗而高急，其氣不和，故厲而猛暴也。於所畏則敬，其敬心感者，其聲直以廉，蓋敬則主一無適，故直而無委曲，是非不掩其實，整齊嚴肅，故廉而有分際，可否各得其歸也。於所悦則愛，其愛心感者，其聲和以柔，蓋愛則與物無競，故和平無乖戾，不拂人情，故柔順無亢厲也。合而觀之，人一心耳，而性情具焉，性體寂然，有何名相，是哀、樂、喜、怒、敬、愛六者，非性也，乃感於得、喪、順、逆、畏、悦等物，而後動而爲情，遂有六者之可指，此所以生變成方而音樂是出也歟！

按：其本，不就音説，乃樂之本也。本是根本，非始初意。中間六“感”字，與前後二“感”字，義雖同，然中間是言聲從心感出來，前後却言心自物感，有兩層意。六“聲”字與上節“形於聲”之“聲”字通。六“以”字聯説，言不徒噍而又殺也，樂是長久之歡，喜是一時之悦。

“是故先王”節，只承感於物而動説。“禮以道志”六句，慎感之實。“同心出治”句，慎感之意，志聲行奸，俱要根“心”字出，庶得感人心意，民心同則治道出，串看，治道不是禮樂刑政，此又是禮樂刑政以后事。

此承上言性雖本善，而情之感物，能必其一一中節乎？是故先王慎所以感人之政焉。慎感何如？禮之儀節，一歸於敬民習禮，自然動作收斂，而無邪僻之志，樂之聲容，無非一和。民習樂，自然心氣和平，而無粗厲悖逆。如是而有不能者，資禀之不齊也，則政以教之，而齊其不一之行，如是而猶有不率者，蔽錮之漸深也，則刑以罰之而防其奸。是禮樂刑政，雖有四者，然一以爲本，一以爲輔，相成而不相悖，其極致一歸於慎感而已。先王如此爲治，所以同民之心而昭顯吾之治道也，蓋人人涵濡於禮樂，而無不能之行、不率之奸，自然哀樂喜怒愛敬，皆中其節，天下如一人，而心無不同矣。風移俗易，而太和在宇宙間，治道豈外於是耶！

按：先王慎感人之政，“所以”兩字着實有意味，“慎”是先王心裏許多詳審斟酌工夫。禮樂刑政，是慎心裏發出來的，所以可同民心，可成治道。志者心之所之，在寂而待感之界，此際在道處得力。聲者心之所發，心和則聲和，此際在和處得力。其實禮以飾外，而言道志者探本也，言動皆粗，而獨言和聲者，舉其切於咏歌者也。一其心之行，使同歸於中和而後已。防其心之奸，使不悖於中和而後已。“所以同民”句，言先王慎感本意如此。

“凡音者，生人心”節

此詳政之通於音也。諸説謂之音已上，作已成的樂音看。“治世之音”以下等“音”字，是里巷歌謠者，俱非。若上段作樂音説，首節已説過了，何又道這一段，此節“聲”字、“音”字，都做民間歌咏説，聲是傳誦怨恨之聲，音就是此聲編成曲調，燦然可聽的。此“情動於中”之“情”，與前“情”字不同，乃感於上人之政而動之情。“聲音之道”“道”字，不可輕輕作道理看，乃他精神命脉所流貫之情也。通者，相爲一而無痕迹之謂，所云政和則心和，心和則音和者是。

且先王慎感人之政，以同民心出治道者何？正以凡樂必有音，閭巷歌謡之辭，其生於人心乎？蓋人心感政治之物而情動於中，則感於言而聲形焉。此時雖言哀樂之事，未有調也，聲又不足而作爲歌謡，其次序有清濁，節奏有高下，五聲爲曲，如五色之成文，而謂之音矣。是音者，生於人心之感物也，故世治則音之形於民者，優游自得而安焉，欣喜自適而樂焉，由其君政事和諧，感民心以安樂之道也。世亂則音之形於民者，怨上之使我至於此，怒上之所爲失其道，由其君政事乖戾，感民心以怨怒之道也。國將亡，則音之形於民者，哀己之窮而思得賢君。由其君政事淫虐，使民困苦，感民心以哀思之道也。觀此可見音生於人心，而其道未嘗不與君政之得失相關也。夫音之哀樂，由於政治之得失，人君可不慎所以感之乎？

按：上節只言政之感人，未説到聲音與政相關切處，故又從人心説到政上去，以見慎感之道，在慎其政也。首五句輕，“感物”“物”字，指上人之政焉，即下政和等。感物而動，分明是個情了，故直云“情動於中”。治世、亂世、亡國，俱指見成説。“政”字虚。通者，以政事感通之，非孚契之謂也。

“宫爲君，商爲臣”三節

此正見樂之與政通也。首五句作總，五者不亂，倫理正而爲治國之音也。“宫亂”五句，倫理不正而爲亂國之音也。“五者皆亂”五句，倫理廢而爲亡國之音也。末以亂亡爲戒。

首節申明治世之音也。君、臣、民、事、物，有實實的道理，而君、臣當各盡其理，以爲民、事、物之主，即下文通倫理之脉。宫音至濁，有包裹衆音之意，與總攬萬物者相似，故爲君象。商音次濁，爲臣，臣所以輔君，而日有事機，但少減於君，比宫之與商，有相須之位分，實有交代之責。角音半清半濁，爲民，蓋民有作事用物之責，而聽君臣之役使，居尊卑之中也。徵者次清，爲事，事由人成，象事理之各有其緒而不相混也。羽音至清，爲物，事必用財物，象物之各成質而不相妨也。五音之象如此，豈徒比擬之間，而實有貫通之妙。故世之治也，君明、臣良、民安、事治、物成，五者各得其理而不亂，則五音和諧而不敝敗矣。

按：宫商等，即聲音之播諸樂器者，惟聲音有清濁高下之變，聲濁者尊，清者卑，故播諸樂器，有宫商等之異。怗懘，敝敗也，無怗懘，只是和意。宫屬土，商屬金，角屬木，徵屬火，羽屬水，此五音者，八音中皆有之。《注》獨舉絲者，蓋以例其餘，非專指絲也。宫音亦不專指黄鐘，蓋十二律還相爲宫，特以始於黄鐘，故姑就黄鐘言耳。宫下生徵，徵上生商，商下生羽，羽上生角，三分損一者，三分之去一分也，三分益一者，三分之添一分也，如黄鐘之律，其長九寸，每寸九分，九九八十一，是爲宫聲之數。三分損一，以下生徵，則去二十七，得五十四也，餘以類推。

次節申明亂世、亡國之音也。宫亂則樂聲飛散而無統，由其君之驕恣而不能爲主於上也。商亂則樂聲欹邪而不正，由其臣壞亂而不能承君於下也。角亂則樂聲憂愁，由其政虐而民怨也。徵亂則樂聲哀慘，由其役繁而民勞也。羽亂則樂聲傾危，由其征斂無藝，費出無經，而財用匱乏也。此各音之亂，猶未至於滅亡也。若五音皆亂，則是君、臣、民、事、物互相凌越而謂之慢也，如此則國之滅亡近在旦夕矣。

三節即前代之音以驗亂亡之事，見當先正倫意。鄭衛之音，亂世之音也，以其音之所形，知其君、臣、民、事、物皆失其理，近於迭相凌之慢矣。桑間濮上之音，亡國之音也，以其音之所形，知其上無道揆而政散，下無法守而民流，政散故民喪其忠誠之心而誣上，民流故各行其淫蕩之私而不可止也。音之關於治亂滅亡，其不爽如此，非以其道與政通也哉！

按：鄭衛之音，即今《鄭風》、《衛風》所載之詩也。衛詩三十有九，而淫奔者四之一。鄭詩二十有一，而已七之五，是鄭尤甚於衛也，故夫子獨言放鄭聲，舉其重耳。桑間，疑即《衛風·采中》之篇，蓋衛風淫亂，世族在位相竊妻妾者也。濮，水名，在衛地。濮上，紂靡靡之樂也。

“凡音者，生於人心”節

此極言君子知樂之妙，而歸於實得也。“凡音”句爲“通倫理”句張本，不重，此節只看“爲能知樂”一句，“知”字因“通”字來。禮即寓於樂中，下文“審”與“幾”，總是個知之到。節中“政”字、“禮”字、“德”字，都是倫理的“理”字中所包藏的奧妙。倫理中之條貫經緯是禮，此物在政事間就是治道，禮樂皆得，心中融會和序一原而得之也，直至得的地步，方完成個知樂。

夫聲成文謂之音，是音生於人心喜怒哀樂之感也，而音之成樂則與君、臣、民、事、物之理相通者也。蓋惟其生於人心，是以通乎倫理，此樂之妙也。而世止於聲音間求之，豈知樂者哉！是故禽獸無論已，即僅有識之衆庶，亦不可與也。惟君子道有所通，爲能於通倫理之樂而知之焉。其知樂也，審聲以知音之得失，審音以知樂之得失，審樂以知政之得失。至於知政，則聲氣之原具於身，而戒其政之乖，法其政之和，凡君、臣、民、事、物之治道，已全備於知中矣，此所以爲知樂也。然豈徒知已哉？是故不知聲之理者，不可與言音，不知音之理者，不可與言樂，無得故也。知樂則知其所由生，聲氣之元，即倫理之統，禮先而樂後，不其幾而得於禮也乎？幾禮而禮得，知樂而樂得，禮樂皆得則中正和樂，不素不偏纔謂之有德。德者，言實得此和序於吾心也。君子之知，即君子之得，因知禮樂而贊之也。

按：“樂通倫理”一句，已見得禮樂合一了，此後反覆言君子之知樂，只重“倫理”上，爲能知樂且虛説，必知聲知音，而後有以發知樂之端，必知政備治，而後有以要知樂之終。治道備，緊承知政來，備只是正倫，心尚未有設施意。“則幾”二字有意，“則”者，見貫通之自然也，“幾”者，辨晰其精微之極也。樂通倫理，理即禮也，未有明禮而不知樂，亦未有知樂而不由禮者，雖有知明處當兩意，處當尚後一層。惟君子爲能知樂，至治道備矣。知禮樂之合一也，末又歸到實得上，見禮樂之合一也。有得方謂之知，一串看，聲音樂政，只就好邊説。若兼美惡，則“幾”字、“得”字俱説不去。“皆得”“皆”字不可忽。得也，就指得和序説，此釋“德”字之義，見非襲取意。

“是故樂之隆”節

此承上文有德，而明先王制禮樂之意也。首四句且虛提。“清廟”、“大饗”二股，方實之，隆樂不極音，重禮不致味，非謂不極音致味，方爲隆樂重禮也。蓋極者致味，則發洩而無餘，此不極致中，包涵甚廣，故曰“有遺”，直到“教民平”句，方是先王主意。

夫樂必有音，樂之隆宜極音矣，然至樂雖少不得音，有播於音而不盡於音者在，何極音也？禮必有味，禮之重宜致味矣，然至敬雖少不得味，有寓於味而不專於味者在，何致味也？奚言乎非極音也？鼓《清廟》詩之瑟，樂之隆也。朱其絃而聲則濁，疏其越而聲則遲，一唱三嘆而和者寡，此其音質素而已。然音雖質素，一本道德，細而聆之，風之移，俗之易，一此音之餘韻焉。至今在也，奚言乎非致味也？間舉祫禘以祀先，禮之重也。尊以玄酒爲尚，俎以生魚爲薦，太羹無滋味之調和，此其味質素而已。然味雖質素，寓乎誠敬，徐而泳之，本之報，始之反，一此味之真趣焉，至今存也。由是觀之，先王之制禮樂也，豈爲口腹耳目之欲，而思以極之哉！人道自正，失其正者，自好惡不平始，正教民即不極不致之間，求遺音遺味之妙，庶可以平其好惡而還反，於人性之初，是所貴於禮樂之教也，奚求之音味云？

按：瑟兩頭有孔，疏通之，使相連，孔小則聲急，孔大則聲遲。大饗，祫禘也。玄酒在五齊之上。俎有三牲，而兼載腥魚，謂薦血腥之時，至薦熟之時，皆亨之而熟，魚則始末不亨，故云“俎腥魚”。非極口腹，即於玄酒、腥魚、太羹上見。非極耳目，即於朱弦、疏越上見。平好惡，反人道，一反一正，非有兩層。常説，人人好善而惡惡，是爲平好惡，在在風移而俗易，是謂反人道，細玩與上文不相蒙。人情中原無紛華，故冲雅澹泊，而以質素爲好者，是人道之正。惟正性爲世情所汩沒，則聲希味淡之本體失，而好華惡質，好文惡素，人道胡由得復？平者使欲與理衡，而好理惡欲，適得其恰當之則，而本來之真性日反也。總之音味淡素，便自有個平的意况在。

“人生而靜”節

此因上文平好惡，而推好惡無節之害也。大旨，人道之正，從何處見得，只把人生而靜，并感物而動機括看來，便見得人道的真本色，此只言人生有欲，無節乃亂，則先王制禮樂以平好惡，夫豈得已哉！

先王制禮樂，將以教民平好惡矣。然好惡何從而生乎？彼人生而好惡之情，至靜未發，一中自在，此便是性，此性雖具於己，而實原於天之賦予也。一感於物，而好惡心便萌動於中，是已發時的知，此便是欲，此情雖動於欲，而實根於性天之流行也。然其所以感物而動者，蓋由人心虚靈，原自有知物來而此知知之，然後見可欲而好形，見可惡而惡形，此乃欲之不能無者，但貴於有節爾。苟無存養省察之功，則虛靈之知，無節於内，物至之知，引誘於外矣。然及此時而能反躬以求之，猶或可制。若又不能反躬，以至性天之人，化爲攻取之物，滅天理而窮人欲，由是悖逆詐僞以爲心，淫佚作亂以爲行，以强脅弱，以衆暴寡，以知詐愚，以勇苦怯，疾病者不得其養，無告者不得其所，而大亂作矣。好惡不平，一至於此，人道何由而正乎？

按：人生靜而爲性，性動而爲情，情動而爲好惡，三項一直説下，物至知知，就承感物來。天之性，性之欲，且説理。“物至知知”二句，方屬人身上説，上“知”字是體，下“知”字是用，言性發爲情之機，又在於心之知覺也，在動之前，不是感物而動之實。“性之欲”“欲”字，不可説壞，言其欲有所好，欲有所惡，而未形於外，形則有迹而可指矣。好惡形處，只以“物”字還他，好惡所由生如此，固有自然之節在也，有節則性存情當而人道正矣。知誘於外，比“無節於内”進一步。不能反躬，比“知誘於外”進一步。

“是故先王之制”節

此節發先王制禮樂之意也。“是故”字，緊頂前節“好惡無節”來，制者因吾心和序創制之法也。《注》“因”字極重，見非遠於人情者，“不悖”要看得心悦誠服的意思出，謂身習之而心安之也。惟王道因乎人情，故人情安而不悖，人情治則王道完成無缺，蓋因治功之成，而知治道之備也。前章言出治道，則四者之始。此章言王道備，則四者之終。

夫好惡不平，人道不正，凡以情欲之無節也，是故先王以人情不可以太侈，不可以太嗇，因人之情以爲之節，蓋顯示天下以無敢踰，無可簡，而雖有無窮之情，不得不約，未違之志，不得不勉。其實何如？哀之於喪紀，情也，因而制爲衰麻之精粗、哭泣之久近，所以節喪紀，不使之過而傷性，不及而忍親也。樂之於安樂，情也，因而制爲鐘鼓之八音，干戚之二舞，所以和安樂，而使發乎性情，止乎義理也。因其有男女之欲也，爲之昏姻以合二姓，冠笄以責成人，所以别男女而不使之相瀆亂也。因其有交接之事也，爲之射鄉以合長幼，食享以合賓客，所以正交接而不使之忘尊讓也。合而觀之，禮節民心，而行無過不及；樂和民聲，而言無所乖戾，王道其有本矣。又政以率其怠倦，而使禮樂之教無不行；刑以防其恣肆，而使禮樂之教無敢踰，所以爲之輔也。禮樂刑政，四者皆王道也。通達於天下，而民無悖違之者，則好惡平，人道正，而王者之治道，尚有不備也哉！

按：先王因人情而爲節文，固不詢人之情，亦未嘗拂人之情，總是得中意。人爲，猶爲人也。鐘鼓兼八音，干戚兼文舞，男昏女姻，男冠女笄，有大射、鄉射禮，有鄉飲酒禮，有飯爲主之食禮，有飲爲主之饗禮，使主以仁接賓，賓以義接主也。夫制禮所以爲節也，樂所以爲和，亦曰"節者樂雖和不流"，是所以爲節，以至别男女，正交接，此爲人爲之節者也。禮節樂和，就本文上見出。"行之"、"防之"之二"之"字，指禮樂。四達，謂四者之教達於天下也，就上人節民和民一民防民言。不悖，則下之人自節、自和、自行、自防而從於上矣。王道備，歸重在不悖上，若非治功有成，即禮樂刑政自在，未可以言備也。

"樂者爲同"節

此詳先王救禮樂之弊也，通主治民說。同、異，是禮樂之功用，在先王制作上看。親、愛，是人心感化，即民治也。禮樂原自合一，流離則用禮樂者偏勝之弊，便自不行。以下皆詳救弊之道，或以禮樂相資而救之，或以刑政爲輔而救之，或以仁義爲本而救之，無非欲其無弊，而復其相親相敬之舊，故曰"民治行"。

樂主於和，和以統人之同，而流通其情意；禮主於序，序以辨人之異，而分别其尊卑，此禮樂致用之初意也。惟其同，故樂行而民相親，親生於情合也；惟其異，故禮行而民相敬，敬生於分定也，此禮樂並行之功化也。如此，宜無弊之可言矣。世人岐禮樂而二之，於是有一於同而樂勝者，則其弊流而不敬，不敬不可言親；一於異而禮勝者，則其弊離而不親，不親不可言敬。不知禮不可無樂，樂不可無禮，情意欲其浹洽而體貌欲其明辨，所以合而飾者，正禮樂合一之能事也。故導民以禮，而禮之義截然不亂，則貴賤有等而不流；導民以樂，而樂之文藹然以相接，則上下以和而不離，此禮樂相資救弊之道也。然道無爲而易玩，又當輔之以法，故禮樂得中者爲賢，所當好也，偏勝者爲不肖，所當惡也。好、惡著，則賢、不肖别矣。又其甚者，惡不徒惡而刑以禁之，好不徒好而爵以舉之，則政事均矣。然法有限而難久，又當先之以本，故本吾心之仁以愛民，而存惻怛於節文之中，則不惟有樂以爲禮之資，而又有仁以爲樂之輔矣。本吾心之義以正民，寓裁制於慈愛之内，則不惟有體以爲樂之資，而又有義以爲禮之輔矣。救弊之功至此，可謂至矣。是以民治行而無流離之弊也。上言王道備，言爲治之具，此言民治行，言爲治之效。

按：首八句止言禮樂，未著爲治者，下文方屬在人君上説。合者，於相敬中恩意孚。飾者，於相親中節文辨。相資救弊，是禮樂能事，論其理耳。義立文同，方實用禮以飾貌，用樂以合情也。義只是一個序，自其隨事得宜曰義。立者，是秩然於人身，雖極親和中，有不相假借意，便是禮行樂中。文只是一個和，自其有理而不亂曰文。同者，是流浹於人心，雖極嚴厲時，自有相便安意，是樂行禮中。義立文同，就上人立禮樂之教説，貴賤上下，泛指當時尊卑等人。仁義固有之德，見之行禮作樂之間者，慈愛懇切，嚴毅果斷，乃自心之用處説也。此皆上之人，用自己仁義以愛正斯民，使民皆以仁義自相愛，正如此。此節緊要在“合情飾貌”，而尤緊者在“仁愛”、“義正”，把禮樂直歸愛敬良心上，方真切，搜剔得流離的病根著，不曰“治民”而曰“民治”，見此親敬之道，原斯民自然之治，至此而無不行耳。

“樂由中出”節

此言禮樂本體之妙，而及功化之盛也。“樂由中出”二句，此禮樂之本。“由中故静”二句，此禮樂之體。“大樂必易”二句，此禮樂之妙。“樂至無怨”二句，此禮樂之效。“揖讓而治”二句，此禮樂之證。“天子不怒”六句，樂至則無怨也。“合父子”三句，禮至則不爭也。樂達禮行，全重在天子身上，天子不怒，就是樂至，天子如此，就是禮至，不必另討。

彼樂何由興？欣喜歡愛之和，出於吾心，由中出也。禮何自作？進退周旋之序，著於吾身，自外作也。夫樂出於吾心之和，故聲容之間，情意安舒，有從容，無紛擾，何静如之？惟禮作於吾身之序，故容貌之間，威儀交錯，有條理，無鄙野，何文如之？樂至於静，斯大樂矣。雖有聲容，不過一和以貫之，而無矯拂之勞，非必易乎？禮至於文，斯大禮矣。雖有儀節，不過一序以貫之，而無苛瑣之煩，非必簡乎？禮樂本體之妙如此，治效當何如耶？蓋易則樂斯至矣，以此至者和天下，凡感於樂者各得其所而無怨；簡則禮斯至矣，以此至者節天下，凡感於禮者各安其分而不爭。夫不怨不爭，則爲君者可揖讓無爲而治天下。其原由於禮樂之至，故曰禮樂之謂也。當此之時，寇盗之暴民懾服而不興，藩屏之諸侯賓服而不叛。惟諸侯賓服，故兵革可不試；惟暴民不興，故五刑可不用。由是百姓相安於閭里，而無受兵受刑之患；天子垂拱於朝廷，而無加兵加刑之怒。天子如此，則至和流通，而樂道達矣，所謂“樂至則無怨”也。自天子而言，既自合和父子之親，推明長幼之序，而又立尊長養老之教以敬四海之内，無不各親其親，各長其長焉。天子如此，則至序流通，而禮道行矣，所謂“禮至則不爭”也。

按：樂中禮之外説，蓋自制作而言耳。必有辭讓之心，而後有威儀之節，禮未始不由中出也。其曰易簡，則一貫之旨在其中矣。《注》“如乾易知不勞，坤簡能不煩”，是比擬語。前面只説禮樂本體，樂至禮至，是聖人之用禮樂，體靜文之妙，會易簡之精。一身而極和序之至，至者，無以復加之謂，無怨不爭，便有以此和序之至敷之天下，而天下各得其和序意。

“大樂與天地”節

此見禮樂之情，統天人之同也，此節以感人爲主。首六句只要推禮樂之道，大以爲感人張本。“明則”二句，只就上文見出不必另討。“殊事”以後，推感人之故，又從感人而生者也。在天地曰和節，在禮樂曰同和同節，在人情曰合敬同愛，其實一理也。

夫天地以陽生萬物，有自然之和，以陰成萬物，有自然之序，而人得之以生，故其機相通。一或失之，則天地不位，而萬物不育矣。惟聖人以至和作夫樂，至節制夫禮，故能上感天地，使無愆陽無伏陰，而與天地同其和節也。惟同和則生氣流行，而百物各遂其性。惟同節，則辨别尊卑，而祭祀以安其位。由此觀之，則在聖人者，有禮樂以達和節之道，而上贊乎幽；在天地者，有鬼神以運和節之用，而下應乎明，其實一理也。特以幽明之分，而異其稱爾，此禮樂之配造化也。夫造化且不違，况人心乎？吾见四海之内，感同節之理，無不合敬以相接焉；感同和之理，無不同愛以相親焉，此禮樂之感人心也。所以然者，此禮樂之情，原只是一愛敬。禮之三千三百，事殊矣；樂之五聲六律，文異矣。不過以愛敬散於事與文中，而要其合，只一愛敬盡之，明王有二道乎？故揖遜放伐，禮之事雖異，特與治亂之時並耳；文德武功，樂之名雖殊，特與文武之功偕耳，豈所論於愛敬之情也哉！禮樂之情，惟合敬同愛，其合造化而感人心也以此。

按："大樂"二句，言禮樂本體之所合。"和，故"二句，言禮樂成功之所助。天地之和，如周流和同是，節，如高下散殊是。上文必易以簡，已涵有天地意，至此直指天地言之。下"和"、"節"，亦帶著"同"字意。百物不失，言能以和昭著化育，是大樂贊之。祀天祭地，言能以節辨别尊卑，是大禮贊之。獨言祀天祭地者，禮莫重於祭，祭莫重於天地也。鬼神，二氣之靈，把造化之和節，人心之愛敬，翕聚一團，以舒慘開合於兩間，其屈伸運用，總之仁近樂是愛，義近禮是敬。可見天地間之鬼神，即造化之仁義，人心之愛敬，即人心中之鬼神。聖人以一氣者感之，安得不合而同？四海合敬同愛，本於上以禮樂爲教，這"合"、"同"字生於四海，下二"合"字，却生於殊異，不可混看。"如此"字，緊頂上"幽"、"明"來，謂禮樂鬼神相爲調贊如此。"禮者，殊事"二句，是禮樂本情，原有是愛敬，四海感之，自合敬同愛，明王相沿，是情之不可變也。"故事"二句，正説明王之相沿處，不重事名上。《注》中蔡氏之説，括盡《樂記》大旨。

"故鐘鼓管磬"節

此承上言禮樂有情有文，而明其待人而行也。器就物言，文就人言，對情而言，總謂之文。情是隱於中之道理，即上節愛敬者是也。作、述、明、聖，俱平看，無抑揚之意，末句是從上文看出，見明、聖之名，未可以易得也。

奚言乎異文合愛也？金革之聲而爲鐘鼓，竹石之聲而爲管磬，文舞所執而有羽籥，武舞所執而有干戚，此樂之顯於物而爲器者執此器矣。身容有屈伸，頭容有俯仰，位列有綴兆，行止有舒疾，則又治飾於此器而爲文者，而合愛之情寓於其中矣。奚言乎殊事、合敬也？簠簋以盛地產，俎豆以盛天產，規模之品節曰制度，脩飾之華采曰文章，此禮之顯於物而爲其器者用此器矣。行有升降，位有上下，步有中規矩之周旋，服有宜質文之裼襲，則有治飾於此器而爲文者，而合敬之情寓於其中，所以作述之者，豈易其人哉！故知情者，心通造化之精，於和序之理，别有一種妙悟處，斯能察事物之幾微而創新其規制。識文者，摭古今之跡，於和序之道，自有周匝不漏處，斯能因前古之遺緒，而脩明其遺闕。作者之人，豈待於學而知哉！乃建新開始，獨闢前聖未有之事也，是謂聰明睿知，生知之聖人也。述者之人，豈遠遜生知哉！乃刪定補緝，能脩古道未墜的精神，是謂穎悟貫通，學知之明人也。從來明聖非虛稱，必有所傳述開先者在，正以其能述作耳，禮樂將不待於若人哉！

按：羽籥，以竹爲籥，而插羽其端，爲文舞，樂之文獨言舞者，指人之易見者言。舒疾，猶言遲速，舞者之節也。制度，宫室器皿之類。文章，衣服旗裳之類。情，謂理趣之深奥者。文，謂節奏之宣著者。知，有契合意，不止聞見之知。識，有志記意，不止詳察之識。知情則兼得乎文矣，識文亦可因文會情矣，能作能述根上知識説，禮樂之情自在也。不知他原有這段發揚昭著的真意，何能取其情而見之制作，禮樂之文亦在也。不識他原有這段不可磨滅的精意，胡能取其文而見之著述。末二句，只申轉上明聖意，正要歸到知識上。

“樂者，天地之和”節

此言禮樂效法之本也。“地制”分，上重禮樂看，下重聖人看，上言禮樂之和序，本於天地之和序，所以必明於天地之和序，然後能興禮樂也。前章同和、同節，猶二之也，此却言禮樂就是天地之和序，更深了一步。兩“作”字，兩“制”字，一正一反，口氣緊相粘，“明”字最深，聖心先明其理，又是高一層事。

樂以和爲主，是即天地之和也。禮以序爲主，是即天地之序也。此二句，只“和”、“序”二字盡之。何也？蓋天地之和，陽之動而生物者也，氣行不乖，故百物得和，而皆以氣化；天地之序，陰之静而成物者也，質具有秩，故群物得序，而皆以質别。聖人仰觀於天，見陽氣之和，而播諸聲音，運動不居皆氣之爲，是樂由天作也；俯察於地，見陰質之序，而制爲典，則一定不易，皆質之爲，是禮以地制也，此樂禮所以爲天地之和序也。不明乎天地之序而過於制禮，則禮必紊亂而失序；不明乎天地之和而過於作樂，則樂必暴戾而失和，此禮樂不法天地之弊也。故聖人明於天地之和，不過亢之和也，而後興其得中之樂，則法天地者依然一天地之和矣；明於天地之序，不過肅之序也，而後興其得中之禮，則法天地者依然一天地之序矣。其興也，與天地同體，其成功也，不與天地同用哉！

按：前言同和、同節，以成功之所合而言也。此言樂者天地之和，禮者天地之序，以效法之所本而言也。和序禮樂，或統言天地，自其理同者言也，或分屬天地，自其所切者言之也。理一而位殊，言異而意同也。“過制則亂”二句，大有道理，從來不曾説和序不可過，獨此處發之。“地制”以上，推禮樂原頭，下歸重聖人心上，然後是難詞，天地之和序，自有正氣，决不過的，即有時而過，是其氣數之偶乖，其理則不過也。只説明天地之和序，不曾説明天地不過的道理，何以爲制作之本。明者，正明此不過的道理，此所以同和同序也。前章知禮樂之情者能作，正是此旨。

“論倫無患”節

此明禮樂之義之精，不同於數之易知也。“制也”以上，只重個義之難知，惟君所獨知意，下舉數之易，正見惟君明其義也。大旨難知的理，緊要在官與制裏面。樂情之和猶可知，而此以心之和爲此官之妙處；禮質之序猶可知，而以心之制凝此質之妙處，豈可易知？蓋欣喜歡愛不是一念的，喜樂，實著一段致中和學問，養得個天地位萬物育景况在胸中，方纔此意形见；莊敬恭順，是脩已以敬工夫已到的氣候，方纔此貌形見，豈一時粉飾得來？

夫樂，雅頌之詞，義理無窮，而足爲論説。律吕之音，高下有次，而可堪比合，渾然一和，而無不和之害，此是樂之本情。而在人之作樂者，必欣喜歡愛，發之中節，則心先和矣，始可以宣足論之詞，可以宣有倫之音，本心和而樂亦無不和，此非作樂之官主乎？夫禮行之也中，而無過不及，立之也正，而不偏不倚，秩然一序，而無頗僻之邪，此是禮之本質，而在人之行禮者，必莊敬恭順，恰當其則，則身先序矣，始可以行天下之中道，立天下之正位，本身序而禮亦無不序，此非行禮之宰制乎？此禮樂之義也，惟聖賢君子知之。若夫施之於器，播之於聲，用於宗廟社稷，事乎山川鬼神，此禮樂之數爾。聖人君子固習而通之矣，而凡民亦可與知焉。蓋禮樂有義有數，二者固不相離，然義則精微而難知，數則顯設而易曉，故特别而言之，欲人深探其本也。

按：此節亦正是知禮樂之情者能作意。“情”、“質”二句，言禮樂自具中和也。“官”、“制”二句，言人之用禮樂者，當先具和序之德也。論倫就是無患，中正就是無邪，不必又轉一層，“欣喜”八字，都在心上説，方與官、制切。順訓柔順，一云，當作慎非。

“王者功成作樂”節

此原禮樂所由作，而因及其用之人也。“襲禮”截，上似就制禮樂説，下似就用禮樂説，然總之理一也。王者、聖人，總是一人，以位言爲王者，以德言爲大聖。末段禮樂處，有樂備禮具意，大聖處有功大治辨意。

夫禮樂，何由而制作也？自我建立而開一代之基曰功成，則作樂以象之，所以詠歌休澤，俾勿壞也。自民歸服，而成一代之治，曰治定，則制禮以節之，所以昭垂典則，持其亂也。樂惟象功，故功不同而樂因之，其功大者其樂備，如舜揖讓以有天下，而《韶》盡美，又盡善是也。若武王之舞干戚，不如韶之盡善非備樂矣，其功可知。禮惟飾治，故治不同而禮因之，其治辨者其禮具，如上古質慤以爲治，而郊設血，大饗腥，是也。若後王之薦孰亨，不如古之精誠，非達禮矣，其治可知。五帝迭興，其時殊矣。隨時有作，故少皞之大淵，顓頊之承雲，帝嚳之九招，帝堯之大章，帝舜之大韶，樂不必相沿，而其備則一也。何者功俱大也？三王代作，其世異矣，與世推移，故夏之尚忠，商之尚質，周之尚文。禮不必相襲，而其具則一也，何者治俱辨也？禮樂之原於治功如此，用之者豈易其人哉！故奏樂而窮極，則有流而忘返之憂，行禮而粗略，則有偏而不舉之弊。凡以道德不至，故禮樂不行爾，及夫敦厚於樂，而和樂不流不至於憂，禮儀備具，而周密各中，不失之偏。其惟大聖道全德備者能之，以此見禮樂非聖人不能作，亦非聖人不能用也。

按：功成、治定，制禮、作樂，俱是一時事，作樂俾勿壞，制禮持其亂，意重看。下六句一正一反說，功大樂備，有情文兼至意，治辯禮具，有本末俱舉意。“干戚”四句不重，承上文而反言之便是，不可如《注》指出韶武，亦不可遂指武爲劣也。禮之具者，可通天下萬世，故變具爲達，無兩意，則憂在樂極後，樂原非極於聲音，用樂者極於末而忘其本，則樂反增憂，則偏在禮粗後，禮原非止於粗節，用禮者得其粗而遺其精，則禮反偏失。“及夫”二字，緊頂，敦是篤厚和平，作樂有節意，極則不敦矣，敦自然不憂，粗則不備矣，備自然不偏。

“天高地下”節

此詳申禮樂與聖人合一之教也。“近禮”以上，造化肇禮樂，是效法所本。“從地”以上，禮樂同造化，是成功所合。皆是虛論理如此。“故聖人”以下，纔實著聖人說。“應天”二句，應效法一邊。“明備”二句，應成功一邊。大旨，《注》中“自然”二字要味，天地散殊合同光景，是自然之禮樂也。禮樂惟由自然而出，故有從天配地妙用，聖人看得世間無制作把捉之，則此理湮塞晦滯，殘缺滲漏，而造化亦幾乎毀，到天地官的地步，無非以自然合自然也。説樂不離仁，説禮不離義，這纔是天地間的實理，聖人把天地的仁義妙處，悉收盡在制作内，所以能應配天地。

夫天地異高下之位，而萬物散殊於其中，莫非序也，而禮制自然之序，已行於此矣。氣流有不息之機，而萬物合同化生於其間，莫非和也，而樂情自然之和，已興於此矣。以同流合同言之，春夏之作長，乃天地以愛養爲心，生物之仁也。以高下散殊言之，秋冬之收藏，乃天地以裁制爲心，成物之義也。天地何有仁義可名哉？即其生育肅殺之意，而仁義之理在矣。夫仁，氣之和也，樂之聲音，皆氣之爲，而以和爲主，仁不近於樂乎？義質之序也，禮之儀則，皆質之爲，而以序爲主，義不近於禮乎？終有天人之别，故不曰同，而曰近耳，此禮樂之本也。及其成也，天地本和，樂之功又加厚之，使作者益作，長者益長，以助其和之不及，是和也。陽氣之伸而爲神，爲天所以生物者，敦其和，是依循陽之神氣，而從天作長也。天地本序，禮之功又分辨之，使斂者不忒，藏者不愆，以助其宜之不及，是宜也。陰氣之屈而爲鬼，爲地所以成物者，别其宜，是安定陰之鬼質，而從地斂藏也，此其功之所合如此。聖人有見於仁近樂，義近禮。天地已先有此禮樂在，但不宣洩而發揮之，則精神妙理，不能調補以成功，而其運用也，亦無力矣。故法天之和，作樂以應天之作長；法地之序，制禮以配地之斂藏。直至禮樂之精微，寓於制作者，昭然顯著而明，且經曲皆序，聲律盡和而又備也。則天生物其職，有敦和者以贊助之，而得生之職；地成物其職，有别宜者以贊助之，而得成之職。是始焉法造化爲禮樂，故終焉以禮樂贊造化者如此也。

按：首六句，只説造化有自然之禮樂。禮樂法造化意，却在言外。天高地下，非天尊地卑之謂，乃天氣上騰而天高，地氣下降而地下也。萬物散殊，各正性命，不復混淆也。行者，露端之意。不息，以天地言，與高下相反。合同，以萬物言，與散殊相反。興者，造始之意。“春作”以下，正推明此二句，禮行樂興處，且勿露和序字樣，至近處方以同一和序發揮纔妙。“長”比“作”進一步，“藏”比“斂”進一步。仁義非天地之所有而以屬之天地者，不過借其慈愛斷制之意以形容其理耳。大都樂只是一和，禮只是一序，以天地全體言，高下散殊是序，不息合同是和，以分布四時言，春夏之仁是和，秋冬之義之序。近者對全體言，亦是理之大體相近似也。“率”有依循意，和既敦，則莫不循其理而無所屈，故能率神。“居”有安定意，宜既别，則莫不安其處而有所歸，故能居鬼。神者，陽之盛，所以從天。鬼者，陰之盛，所以從地。兩“從”字，當“順”字看，有天地不得專擅意。應天配地，言聖人制作效法，尚未有贊助意。直至天地官始見官者，朝廷設一官，必有一職，天地能生成萬物，正天地之恪守官職處。

“天尊地卑”二節

此申言聖人制作之所本也。前節“如此”以上，實作聖人制禮本於天地説，後節取法造化，在“如此”以下始説。這兩節要看他摹寫天地間之别與和，就是畫出一般，此以實理爲文，故極其切。

“天尊地卑”節。此言聖人制禮，本於天地之别者如此，即前“天高地下”三句意，此節或先言天地而不及禮，或先言禮而後言性命，或天地與禮合説，古人文字固不拘拘於對待比擬也。

天地有尊卑之位，則君臣之分於此矣。山澤有高卑勢，則自公侯以至庶人，貴賤之體别於此矣。陽動而饒，陰動而乏，則禮之經曲異矣。五倫之道，以類而處，五禮之施，以事而分，皆本於人之所受，天之所賦。典禮之中，自然有此尊卑厚薄之等，非聖人以私意聚分之也。天有日月星辰之象，則法之以爲衣服旂常之章，地有高卑大小之形，則法之以爲宫室器具之制，由此言之，則禮之有别，豈非天地自然之别乎?

按：天尊君象，地卑臣象，有出命順命意。澤卑賤之象，山高貴之象，專以諸臣言，有貴隆賤殺意。太極動而生陽，陽之動也，發生長育，而静者於是乎伏，是爲動之有常。太極静而生陰，陰之静也，收斂歸藏，而動者於是乎息，是爲静之有常。聖人法而制禮，如以大爲貴，主於隆盛，以小爲貴，主於減殺，小大於是殊也。方，親義序别信之道也。類，即父子、君臣、長幼、夫婦、朋友是也。以類聚者，如親行於父子，義行於君臣，序行於長幼，别行於夫婦，信行於朋友，使各安其位而不相假借。物之事，如吉、凶、軍、賓、嘉，是也。群者，事之所行，不止一端，分而辨别之，如吉禮以樂邦國，凶禮以哀邦國，軍禮以固邦國，賓禮以和邦國，嘉禮以親邦國，使各從其事而不至紊亂。若此者，以天所賦之命，人所受之性，自有綱常倫理，其間尊卑厚薄不同。天地性命，已是聚其類分其群，聖人特因而聚之分之耳，外注劉氏之説，勿從。

“地氣上齊”節。此言聖人作樂本於天地之和者如此，即所謂流而不息，合同而化，而樂興也。雖有“天”、“地”、“陰”、“陽”字，只以天地爲主。陰陽，天地之氣也，雷霆風雨等，皆是二氣流行天地間者，百物皆天地所化生，故謂之百物。四“之”字指氣，四“以”字猶爲也。大旨，聖人之聲容，倣像其絪縕摩蕩之機，流行變化之意耳，豈不是天地之和？看來聖人這許多制作的巧處，都是天地間渾成的道理，何曾强生出一件出來？可見天地能造成聖人的心機，聖人造不得天地的玄機。夫地在下，氣則上騰，天在上，氣則下降，地氣上躋，是陰摩陽也，天氣下降，是陽摩陰也。陽摩陰，是天氣播蕩也；陰摩陽，是地氣播蕩也。吾見二氣之鼓舞，則爲雷霆，搏擊迅疾，於是乎有聲；二氣之奮發，則爲風雨，散之潤之，於是乎盡利。二氣運而四時行，一寒一暑之互推也，二氣暄而日月明，或晝或夜之迭見也。由是絪縕化醇，天地化生之萬物，皆資始資生，而百化興焉，造化之和如此，而自然之樂情肇矣。聖人法之而作樂，其間五音六律之理，如高下法躋降之常，倡和盡摩蕩之妙，鼓舞象雷霆，周旋象風雨，終始象四時之動，繼作代日月之明，百度萬舞，象百化流行之盛，蓋造化有自然之和，聖人不過法之以作樂，故曰“樂者，天地之和也”。

按：天位乎上，地位乎下，天地不交則不泰，故上下之位，雖不可易，而呼吸之薰蒸，瀰漫布濩，下者上躋，上者下降，盈宇宙間，皆是氣之交接。相摩，即在躋降中看出。相蕩，只在相摩中看出。但以氣言，則爲陰陽，以體言，則爲天地。相摩，謂彼此相入，如陽動陰靜，循環無端是也。相蕩，謂彼此相播散而不翕聚，如天生地成，交致其功是也。雷霆有聲，故曰鼓，風雨發出，故曰奮。一説：百化興焉，是記者撮“合同而化而樂興焉”之語而簡其文也。若但解作萬物化醇，則“興”字無着落，且下文如此無所承接矣，甚有理。

“化不時則不生”節

此申上文兩節之意，見制作必本天地之和序意。不時、無辨，就禮樂言，所謂乖氣也；不生、亂升，就天地言，所謂致異也。二句皆即失邊以例得也。若禮樂得其和序，足以召天地之和序，而致祥矣，是天地與禮樂感通之情也。不然，聖人之制作，何爲而必法天地也哉！

按：化不時，由樂之和不足以鼓和也，此是推原説。男女無辨，言禮之不序，將何以别宜乎？此是直説。化貴其和，春先夏，秋先冬，亦未嘗不貴其别也。男女貴其别，兄弟睦，夫婦和，亦未嘗不貴其和也。此互文以見意，以男女一事盡禮者，有夫婦然後有父子、君臣等也。天地之情，還重參贊邊，“情”字作“理”字看，天地間之實理，有感必應謂之情。

“及夫禮樂之極”節

此言禮樂贊造化，而聖人明其功也。“深厚”以上，總是形容禮樂充塞流行，天地氣化可到去處，禮樂都到了。若分配不足以見充塞兩間之妙，以天地作主。陰陽鬼神，天地之用，高遠深厚，天地之體。天惟上故曰極，地惟下故曰蟠，陰陽變動的故曰行，鬼神往來的故曰通，高無際曰窮，遠無方曰極，深厚無底止曰測。《注》中“無顯不至”四句，分貼講，不妥。“著太始，居成物”的妙處，全在“極”、“蟠”、“行”、“通”、“窮”、“測”等字内。“著不息”二句就禮樂説，緊接上句來。一動一靜，亦在禮樂上説，乃是把上二句合説，而言其盡了天地之功用也。禮樂云，只是歸功於禮樂，令人曉然知禮樂之爲重耳。若聖人只招揭名頭以示人，有何用？

此節承上言禮樂之失，既足以致異，及夫樂出於自然之和，禮出於自然之序，則和序之理充塞流行，上至於天，下委於地，而天地之間，無所不之，故分而爲陰陽，則此理與之並行，妙而爲鬼神，則此理與之相通。星辰高遠而窮極之，山川深厚而測入之，禮樂之用如此。吾知乾元，知萬物之始者也，今樂發達於陽之所生，則有以著乎其位，而始物者不得專其始；坤元作萬物之成者也，今禮安定乎陰之所成，則有以居乎其位，而成物者不得專其成。夫太始之化，不息者也。樂著之而昭著其不息之化，則不息者天也，而實樂之爲也，樂其天之所以爲天乎？成物之體，不動者也，禮居之而昭著其不動之體，則不動者地也，而實禮之爲也，禮其地之所以爲地乎？夫著不息一動也，著不動一靜也，天地之間，非禮以著靜，即樂以著動，禮樂之生物成物，已舉天地之間而盡之矣。但百姓日用而不知，故聖人昭揭以示人，於其靜也，不曰地而曰禮，見别宜而從地成物者，禮之功用也。於其動也，不曰天而曰樂，見率神而從天生物者，樂之功用也。所謂作樂應天，制禮配地，明備而天地官者，此也。

按：“及夫”二字，根禮樂效法天地來。極天，同一氣行不乖意。蟠地，同一質具其序意。陰陽鬼神，高遠深厚，俱以禮樂貫，渾渾説下，不可分屬。以上言禮樂貫造化，以下言禮樂參造化也，相承説下。著太始，居成物，從上三句見出，是收上文之辭。太始，百物之始生也。著則是著落在太始上，有附合安頓意。居則是占了成物之位而安處意，尚未是贊。到“著不息”二句，是舉其全體大用，有贊助意。天也，地也，天地之間也，雖從上二句來，却是起下文之辭。天地之間，正是禮樂，有此句，末句方有下落。兩個“一”字活看，即此一動而生，一靜而成，天地間之功用，不過如此，自此之外，無餘事矣。“故”字要玩，於其靜而名之曰禮，欲人體其序而贊地，於其動而名之曰樂，欲人體其和而贊天，有示教之意。

“昔者舜作五絃”節

此言天子作樂賞臣以爲民也。舜作五絃，是大舜爲民之心，夔制樂賞諸侯，亦爲民也。“德盛”字要玩，下“教尊”、“時熟”，就是德盛處。大旨，諸侯勞於民，天子以樂賞之，中間有一段君臣相悦，真意流通的光景。

夫舜作五絃之琴以歌《南風》，阜財解慍之詩，蓋藉天地長養盛大之氣，以吹噓吾民，此大舜惓惓爲民之心也。夔承舜命而爲之制樂以賞諸侯，所以廣舜之心也。然非濫賞，賞其有德者耳。故盛德則教道尊嚴，此勤於教民者，五穀時熟，此勤於養民者，然後以樂賞之，而其賞之也，又視其德何如？如勤於治民則德盛而樂隆，故舞列遠；其怠於治民者，則德薄而樂殺，故舞列短。故觀其舞之長短，則知其德之厚薄，猶聞其謚之褒貶，則知其行之美惡也，當時諸侯有不觀感而修德者哉！

按：聖人制樂，不專爲賞諸侯，此特舉其中之一節而言爾。舜作五絃，有法五行、象五倫意，以宫商角徵羽言，此時尚無文、武二絃也，重“歌《南風》”上。《南風》，詩名，即今所傳“南風之薰兮，可以解吾民之慍兮，南風之時兮，可以阜吾民之財兮”是也，便有教養意了。《世本》“神農作琴”，今云舜作者，特用琴歌《南風》，始自舜，或五絃始舜也。夔，樂官，始承舜命，制列侯之樂，不止一琴，以賞諸侯，前此未有也。舜、夔，只重舜上。“然此”二句，却不重，爲下文張本耳。“始”字對後世而言，“天子爲樂”以下開説，諸侯有德，兼教養言。德盛在教尊、時熟先一層，由諸侯平日加意於勞來匡直者久，用心於播植勸稼者深，所以能教尊、時熟。若把這兩者就作盛，經文何以於“德盛”下用一“而”字。“然後”是難詞，見不輕賜意。賞之，有使諸侯益動於爲民意。逸，是勞之次者。使其無德，樂亦不賜，何短之有？舞處之綴一，但樂隆則舞之行列，連綴者遠而長，舞人多也；樂殺則舞之行列，連綴者近而短，舞人少也。前“樂”字都兼聲容，後三言舞者，舉容見聲也。謚法自周始。

“《大章》，章之也”節

此詳歷代樂名之異，俱以德爲主，所謂五帝殊時，不相沿樂，而名與功偕也。大旨於文德者，直言其義，於武功者，則獨嘆之，可謂達觀時變，而善言聖人之心者矣。

夫堯之樂，名曰《大章》者，言其光被四表，協和萬邦，其德章明於天下也。黄帝樂名《咸池》者，言其正名百物，開物成務，其德廣被於天下也。舜樂名《韶》，允執厥中，重華協帝，取其能繼紹堯之德也。禹樂名《夏》，文命覃敷，祗承於帝，取其能光大堯舜之德也。殷周之樂曰《濩》，曰《武》，湯有救護生民之德，武有底定武功之德，順天應人，行權得宜，其人事之理，已極盡於此矣。聖人作樂，無非象德而命之名也。

按：樂以象德，兼心法之妙，與及人之功言。咸，皆也。池，施也。湯武之人事盡極，謂從古來難行之事，湯武做了，費許多斡旋，却自天人交與，極難而極停當，故曰“盡矣”。

“天地之道：寒暑”節

此見樂教之大也。“無功”以上，言樂化之和，當法造化之和，下言效法盡善之治也。教者事之大綱，以上人立法言；事者教之節目，以下人所習言。“然則”二字，緊頂中二段來。“爲”字處，已寓“德”字在内，德乃君心之和，作樂之本，民之所由觀化者，但在善處方見法，治就是善，善就是君之德。

今夫樂者，天地之和也。天地之道，有寒暑之運，貴乎以時，不時，如冬有愆陽，夏有伏陰之類，則民感之而多疾疫；又有風雨之候，貴乎有節，不節，如春有凄風、秋有苦雨之類，則年不登而多饑餒。惟樂亦然，有聲教人發志意，有容教人正威儀，所以養民於和，是民之寒暑也。苟失其大體而不時，則將以召和，反以傷世，猶寒暑不時而疾矣。其聲教中有抑揚高下之事，容教中有屈伸俯仰之事，所以成民之功，是民之風雨也。苟亂其細目而不節，則將以教民，反以喪功，猶風雨不節而饑矣。樂理之切於民生如此，然則先王之爲樂也，教欲其時，以法寒暑治民也。事欲其飾，以法風雨治民也，教有法而教善，事有法而事善，則君德和，民行亦和，而從其教，而習其事，民之行，象君之德矣，豈有傷世無功之弊哉！此先王所以法天地而成化也。

按：教即民之寒暑，事即民之風雨，非比擬意，只重“時”與“節”二字。教之時，如十三舞勺，春誦夏弦之類，時則適投其機，不迫民以所未能事之節，如本之性情，清明象天之類；節則恰當其能，不强民以所不堪，象德有二意，始焉則而象之，終則比象乎君矣。只一“和”字，便了一節之義。

“夫豢豕爲酒”節

此明禮樂之用，同歸於正人情也。前半借酒食起禮樂來，不重，重在下半推開說，見禮樂之用大也。大旨，流禍生於人心，聖人以禮隄防而不以樂渾化，則渣滓不消融，彼其淫心，終勉强懾伏而未化，所以必著樂教以化其邪心。夫百拜以禮，綴淫以禮，哀樂以禮，無非禮也，而曰著樂之教，蓋禮樂初二理故也。

夫宰所豢之豕爲酒食，其初意非以爲禍亂也，而獄訟由此益煩。蓋小人乘醉相侵所致，是酒之流弊生禍也，是以先王制爲飲酒之禮。雖一獻之士禮，賓主亦必百拜，故雖終日飲酒，而不得至醉。蓋既用心於儀文，則不得恣情於飲食，而獄訟無由生矣，是所以備酒禍氣也。由是觀之，酒食之禮，所以合賓主之歡也，惟歡而無節，則恐忘德而繼淫，故於其中而作樂，使優柔平中，所以象賓主之德存於中，而正其本也。又於其中而行禮，使莊敬退讓，所以止賓主之淫生於後，而節其流也，然豈惟用之酒食間哉！先王有死喪之大事，必有凶禮以哀之，有吉慶之大事，必有嘉禮以樂之，是哀樂之分，皆以禮終。使哀不至滅性，樂不必肆情，此所謂禮以綴淫也。樂之道，本聖人之所樂，以一心之和，達爲天下之和，可以善人心者於是乎在。故就一人言，其感人深，浹於肌膚，淪於骨髓，而善民心於所存。就天下言，上行之風，澆移而淳，下成之俗，汙易而美，而善民心於所發，樂化之大如此。先王知此，安得不作樂而著之爲教也哉！此所謂樂以象德也，此禮樂之所以不可已也。

按：豢，養也，以穀食犬豕曰豢。爲酒，猶言設酒。壹獻，士饗禮"上公九獻，侯、伯七獻，子、男五獻，大夫三獻，士一獻"，舉士以例其餘耳。鄉飲酒禮無百拜，此特甚言之耳。備，猶防也。歡、德、淫，俱就賓主上説，然不可平看。"大事"一段，見禮不但綴賓主之淫。"樂者"一段，見樂不但象賓主之德。死亡凶札，天事之大者，圍敗寇亂，人事之大者，大宗伯皆以凶禮哀之，所謂有大事以禮哀之也。以振播之禮親兄弟之國，而與之同福禄，以慶賀之禮親異姓之國，而與之和安樂，所謂有大福以禮樂之也。"哀樂之分"二句，承上二句而總言之，只哀樂中節便是。終者，止而不過之意。聖人之所樂，見樂有本原，只起"善人心"三句，"善人心"三句，又只起"著其教"，善人心尚虛，感人深便實了，感人深尚狹，移風易俗更濶了，三句貫珠遞説下。著，立也，如下章立之學等諸事。

"夫民有血氣"六節

此申明人心應感之理，以起先王樂教之本也。"形焉"分，人心因感而形於音，故審音可以知心也。六"音"字皆樂也，樂音之作，而民心可知，皆從上人所感來。先王爲樂，慎其所以感人心者，正爲此也。首四句相趕説下，無常正與形焉，相叫應，最重在"應感起物而動"一句，自"志微噍殺"合下五節，都是説心術形焉，於"志微"等字兼"形"字意，於"思憂"等兼"心術"意。

夫血氣者，心知之用；心知者，血氣之靈。民生具血氣之軀，皆有知覺運動之性，有是性，則必有是喜怒哀樂之情，不可一定執者也，何常之有？及感於順逆得喪之物，則喜怒哀樂應之，而情動矣。情動則心變而爲術，而形於聲音矣。是言語之聲，詩歌之音，比即爲樂者，聞其樂不可以知其此心乎？志微噍殺，思憂之音也，故此等之音作而心術之思憂可知。嘽者，寬裕也。諧者，優和也。慢者，舒徐也。易者，平夷也。繁文，多其文理也。簡節，略其節奏也。有熙恬樂利、康節擊壤景象，故此等音作，則民心康樂可知。粗疏，不縝密也。嚴厲，不和柔也。始焉猛盛於金宣，終焉奮振於石收，中間絲竹等，皆忿怒之象，此等音作，則知民心之剛毅。廉者有分辨，直者少委曲，勁則不屈，正則不偏，莊者端嚴，誠者真實，此由上之人禮教達，軌物彰，有以消其逸欲宴安之氣，而民咸有收斂畏憚之心，此等音作，而知民心肅敬。寬而有容，裕而不迫，言音之從容條暢也。肉好，以喻音之員融通滑也。順成者，始終相生，有序而不紊也。和動者，唱和相應，克諧而不乖也。由上人有如保赤子之政，民自見其不忍之良心，親上之意念，民心慈愛，不聞此音而可知乎？流蕩偏僻，邪患散漫，一終甚長，而不知所止，浸漬侵僭，而不知所歸，此等音作，而民心淫亂，不聞此音而可知乎？夫因心以生樂，亦因樂以知心，是可以知作樂之本矣。

按：血氣、心知串看，此心術不是本來之心，乃隨教化世風轉移者，故不曰心，而曰心術，曰術，便有許多不同在內了。《考工記》注云：肉，璧肉地也。好，璧孔也。璧外謂之肉，實而無隙，肉謂之好，則虛而已。肉倍好曰璧，好倍肉曰瑗，肉好均曰環，言其音旋不可窮，總是以璧喻音之圓瑩通滑意。

"是故先王本之"節

此言先王作樂而和天人，然後推以教民也。先王本意以樂化民，然樂不和不足以成化，故備本文以作樂，"本之情性"三句是也。驗其和於天人，"合生氣"至"不懾"是也，然後推之以化民成俗也。本之情性，這本是感物以前一步工夫，此句最重。度數，宣是情性者，禮義，範是情性者。"奪也"以上，敘樂之妙，以後則言樂教之事也。繩德厚，象事行，非兩意。事之所行，即德之所發，親疏貴賤等，雖承事行，實包德厚在内，理即德厚也。樂觀其深，豈止觀事行之得失并事行所以然之故而觀之，蓋指德性而言也。德從情性中來，象之繩之，非本情性，胡能得觀？若季札觀樂是也。

夫音樂之作，係乎性情之感如此，是故先王以樂由情出，情由性出，故養性約情，此是致中致和著實處，則天下之至和在我，而樂之本立矣。然猶恐五音之不正也，又考定其度數，或三分益一而上生，度長而數多，或三分損一而下生，度短而數少，使律足以合聲焉。猶恐其流於邪也，又裁制其禮義，其聲濁而高者尊貴之，其聲清而下者卑賤之，使音各得其宜焉。皆以人情發之詩歌者，稽之制之也，而樂成矣。樂成可以爲教矣，但效驗未徵，未見其和，安敢遽用以教人乎？以天地有生氣之和，即作長斂藏之謂也，此用樂合而助之，而鼓其絪緼之化。人心有五常之行，即仁義禮知信之謂也。此用樂引而迪之，而發其固有之良，生氣之和，陰陽盡之矣。陽主動而施易於散，陰主靜而閉易於密，合之者，參贊化育，便不散不密也。五常之行，剛柔盡之矣，剛常果敢失之怒，柔常巽順失之懾，道之者，範圍曲成，使得中，不怒不懾也。夫不散不密，則陰中有陽，陽中有陰，陰陽相得，而交暢於天地之中，不怒不懾，則柔中有剛，剛中有柔，剛柔相得，而交暢於人心之中。由是陽發爲作長，陰發爲斂藏，天地生氣之和，發作於外矣。剛發爲嚴毅，柔發爲慈愛，性情五常之行，發作於外矣。是乃天與人各暢各發，非天與人又交暢交發也。用樂和天人，而無不和如此，可見五音皆安其位而不相奪倫矣。不然，何以致天人之和耶？謂樂之和至此而驗，非謂樂至此始和也。和樂既興，化可行矣，然後欲民之立德也，立之學而掌教之，有官立之等而進學之有序，增益學者所習之節奏，省察五聲倡和之文采。蓋德性之厚，即人性之彝倫，本厚者也。繩者檢束之，使欲厚耳，欲民之興行也。音有宫音之大，羽音之小，以法度整齊之，使各得其稱；律有仲吕之終，黄鐘之始，以次序聯合之，使不紊其序。蓋是音律也，前已得稱得序，今以教民，惟恐有不稱不序者，故又律之比之耳，蓋事行有則而樂以象之。五聲得則事行善，五聲亂則事行慝，考其聲將以正其行耳。以此化民，使親疏、貴賤、長幼、男女之理，或得或失，皆可於樂而見之，是樂之所觀，其義深奥也。此引古語以証之，使非本之情性，僅僅聲容已耳，烏可以語於先王觀也哉！

按：以上數節都只要起“本諸情性”一句，以先王之作樂有所自來也，已發爲情，未發爲性。情性者，情之性，要得其正以立樂之本。度數者，度之數，以律言，如宫下生徵，徵上生商，商下生羽，羽上生角，稽攷之，使律足以和聲也。禮義者，禮之義，就音言如象君臣者尊隆之，象民事物者卑殺之、裁制之，使各得宜也。情性爲本，則此稽制皆所以備其文矣。生氣之和，非專指春作夏長，總陽生陰成皆是。五常在心裏發出來，然後謂之行。仁禮屬剛，義知屬柔，信居剛柔之間，散、密、怒、懾皆是過中意。“暢”字，冠交中發外二者，“中”、“外”二字要明，本文“交於中”“中”字，“中間”之“中”，對外言也。《注》内“得其中”“中”字，“中和”之“中”，對偏言也。天地本無中外，借此二字，形容積中發外之盛耳。此正合道實事，大小始終，舉其至大至孝，極始極終者言。“使親疏”句，雙承“繩德厚”，象事行，使此等倫理，皆於樂可見，則得失昭著，無非欲人勉得而戒失也。上“象事行”，謂樂之和乖，象乎事之得失，重樂之所播者言，此見於樂，謂行之得失，見於樂之和乖，重民之被教者言。

“土敝則草木”節

此言亂世之樂，與上先王之樂，正相反者也。耕鑿太竭而土敝，則草木不長，網罟不時而水煩，則魚鱉不大，陰陽之氣衰耗，則生物不得成遂。世亂則上無明君，而失其情性之正矣。則禮必邪慝，而所作之樂，安得不淫泆乎？是故其聲哀傷而不莊敬，樂極而不安靜，不莊則慢易簡略，而至於犯節，不安則流湎逐末，而至於忘本。聽之者，若大則容爲奸宄，小則思爲貪欲。感傷天地條暢之氣，則與合生氣之和者反矣。滅絶人心平和之德，則與道五常之行者反矣。是以君子賤之，惟恐其放遠不早也，敢推之以教人哉！

按：樂以象德，全由禮以綴淫始。“而”字宜味，“哀而不莊”四句，都是形容那淫處，“容奸”四句，又淫樂之所爲也。“廣”、“狹”二字，只以貽害之大小言。一云，廣大，謂聲緩也，狹小，謂聲急也。此又一見。

“凡奸聲感人”節

此言樂所由興與其所感，以見先王當慎其所感也。此節乃櫽括上文，蓋上文以天人平焉，此則先言人而後言物也。“奸聲”一段，應“哀而不莊”條。“正聲”一段，應“本之情性”條。感人，即“道五常”句。順氣應，即不怒不懾也。成象，即暢中發外也。和樂興，即安其位而不相奪也。“興”字，只照上文作樂之驗，非至此始興也。淫樂邊例看，“倡和”三句，只是承上文而申言之，以起下作過文看。萬物之理，謂親疏貴賤之數，又因善惡各歸其分而推之者也。大旨，要看“感”、“應”字，上言理形於樂，此言理以類相動。總之樂通倫理，直到倫理，方是樂之實際處，歸重在此。

彼哀而不莊，樂而不安，此奸聲之感人也。則剛氣必怒，柔氣必懾，而逆氣應之。逆氣既應，則見於外者，必爲强梁懦弱，而逆氣乘象，蓋由於宫商角徵羽迭相陵奪。是以發於聲者奸，以至於逆氣乘象也。是不可以驗淫樂之所由興乎？本之情性，稽之度數，此正聲之感人也。正聲感人，則剛氣不怒，柔氣不懾，而順氣應之，順氣既應，則發於外者必爲嚴毅慈愛，而順氣成象矣，蓋由宫商角徵羽各得其位，而無沾懘。夫是以發於聲者正，以至於順氣之成象也。是不可以驗和樂之所由興乎？由是觀之，奸聲感則逆氣應，是倡之以邪，而和之亦以邪也。正聲感則順氣應，是倡之以正，而和之亦以正也，非倡和有應乎？逆氣成象，而淫樂興，是樂之回邪而曲者歸於惡之分限矣。順氣成象而和樂興，是樂之正大直者，歸於善之分限矣。蓋始以樂感人，既以人性洩之樂，和淫不爽如此，至於萬物之理，亦有然者。蓋樂者通乎倫理，而萬物之理之得，各以和之類而與樂相動也。萬物之理之失，各以乖之類而與樂相動也，樂之所關亦大矣哉！作樂者可不慎所感而反情比類以求其和哉！

按：和之感人，自外而入，氣之應聲，由中而出。氣之作也，不可得而見，及其成也，乃形見於樂。回邪曲直，猶言吉凶悔吝，蓋天下之理，正者常少，不正者常多，各歸其分，就在上和、淫見出。要知善分爲順氣，惡分爲逆氣。“以類相動”句，是倒折文法，此感動從人心上動出來，“動”字，乃機之發覺處。以聲感氣，以氣感理，漸漸感得入，漸漸感得深，此君子慎其所以感之者。一云，本文有“和”、“淫”、“順”、“逆”字，不要添出善惡得失來。盡有理。萬物之理，各以和淫之類，自相感動，一淫無所不淫，一和無所不和也。

“是故君子反情”節

此君子脩身以端作樂之本也。上章言先王，乃性之之聖人，此章言君子，則反之之賢人也。反情，脩内也。比類，脩外也。不留、不接、不設，正反情、比類之事，不是以心術應反情，聰明身體應比類。“使”字承上文三“不”字而明其意，順正則心中和，中和則所行自皆合宜，義乃不乖不僻，性情中最切道理，順正就是行義，義行則志和行成矣，所以反情的要務，在行義上。

彼志之發爲情，情易逐於欲，志之所以不和也。君子遏欲存理，復性情之正以求和其志，志之顯爲行，其象爲類，類之從違難決，行之所以不成也。君子分次善惡，爲善去惡，以求成其行脩身之要，在此二者，如奸聲亂色，不留聰明，養其外也；淫樂慝禮，不接心術，養其内也。惰慢之氣，自内出者也；邪辟之氣，自外入者也。禁之使不設於身體，亦内外之交養也，此皆反情、比類之事，如此，正欲使外而耳目鼻口，内而心知，凡此百體，皆由順正以行其義，義行於内外，而志和行成，作樂之本端矣。

按：“反”、“比”有工夫，“和”、“成”無工夫。反，復也，只情合於性便是，反情説内，故以志言，比類説事，故以行言。留，凝滯也。奸亂本不留於耳目，而曰聰明者，自其用處言也。作樂則感人心，行禮則檢人心，故禮樂曰接心術，從其精微處言也。氣者，氣象。設，猶施也。惰慢則不敬謹，邪辟則不正大。耳目鼻口在外，心知在内，總之爲百體。由，從也。蓋天性至善，無以逆之，則本順，無以引之，則本正。行義兼内外。“使”字要總上文，與“以”字俱著力字。

“然後發以聲音”節

此言作樂之事而及其效也。“爲經”截，上是樂理之妙，下是感人之深也。“發以聲音”五句，樂備聲容之器。“奮至德”三句，樂達天人之藴。“清明”四句，樂法造化之象。“五色”七句，樂盡常變之妙。樂行是樂之教，自上達下也，倫清渾同説。“耳目”二句，是一事以一人之身言。“移風”二句，是一事以天下之大言，總來是倫清。

夫志和行成，樂本端矣。然後發此德以單出之聲、雜比之音，音樂其象也。文此德以琴瑟，動此德以干戚，飾此德以羽旄，從此德以簫管。琴瑟樂之器，故言文，干戚所以爲武，故言動，羽旄所以爲文，故言飾，簫管作於堂下，故言從。治其飾也，備聲容而樂大成矣。以是奮至德之光，使志和行成之德輝，自内而達之外；以是動四氣之和，使不散不密之四氣，動之爲作長斂藏而和以敦；以是著萬物之理，使親疏貴賤等，皆形見於樂。爲類聚，爲群分，而倫以辯焉，樂作而天人之藴昭矣。吾見天氣清明，樂之聲，五音不紊亂，故象天；地質廣大，樂之體，精粗凝聚，故象地。四時始終，迭運有序者，樂之終始，雖循環無端，然其中先後亦有序，故象之。風雨作止，周旋有節者，樂柷作敔止，金聲玉振，亦有節，故象之。此樂象造化之妙也。以常而不紊者言之，五聲配五行之色，幾乎亂矣，其配一定。宫至濁，商次濁，角半清濁，徵次清，羽至清，清以濁和，濁以清和，清濁各成文理，如五色相雜以成文采也，何亂焉？八音配八卦之風，幾乎奸矣，析之二音從三律也，合之八音，從十二律也。配陽從陽律，配陰從陰律，協律諧音，無奸邪之氣，如八風之至，不爽其候者，何奸焉？五聲十二律，上生下生之度，有損益之數，自一衍之至百，大而配乎天行之度，小而配乎物用之度，是爲配百物之度，其數至繁，若無常矣。然上生者得上生之數，三分益一，多者不可寡，下生者得下生之數，三分損一，寡者不可多，如大道物理之有常，何變焉？以變而不窮者言之，宫作而濟以羽，羽作而濟以宫，是音之大小相成矣。仲吕方終，而黄鐘繼之，黄鐘方終，而仲吕繼之，是律之終始相生矣。音律清者爲倡，而濁和之，是清者爲主也；濁者爲倡，而清和之，是濁者爲主也。迭有旋相爲宫之意，此極常變之妙也。是樂也，一人之和，播爲天下之和，而其教大行，但見主恩主敬之倫，各得其分，而無曖昧之弊，倫理何其清明乎！以一人言，耳目無所壅蔽，而聰明以啟剛柔，得於相濟，而血氣和平，一身皆倫清之德也。以天下人言，移風易俗，歸於淳厚，而天下以寧，一世皆倫清之德也，此樂之功效也，然非志和行成，有本之君子烏覩此乎？

按："然後"根上文"志和行成"來。"文"、"動"、"飾"、"從"，又根聲音來。"奮至德"三句，重看，只作樂之用，不可作效驗説。"清明"以下，又在"發以聲音"數句中抽出，而其言其法備之詳也。宫商角徵羽，皦然分明，此象天也。君臣民事物，翕然具備，此象地也。終始象四時，此"終始"比後"終始"不同，此統言樂，後單以律言。一云，"終始"一樣，始於黄鐘，終於仲吕，但前言有序，後言相生，此不同耳。周還，謂周流回旋，此當不得"節"字，而周旋之中則者節也，如"柷作敔止"之類是已。四"象"字，只是相似意，非倣象也。五色以聲言，八風以音言，百度以律言，五聲配乎五色，如宫配土色之黄，商配金色之白，角配木色之青，徵配火色之赤，羽配水色之黑是也，八音配八卦之風，如匏配艮之條風，竹配震之明庶風，木配巽之清明風，絲配離之景風，金配坤之凉風，木配兑之閶闔風，石配乾之不周風，革配坎之廣莫風，匏竹從太簇夾鐘姑洗之律，而木絲則從仲吕、蕤賓、林鐘焉，土金從夷則南吕無射之律，而石革則從應鐘、黄鐘、大吕焉。蓋風爲十二月之氣，而律之作，所以候氣者，律有十二月之管，而音之和莫不由於管。氣候於管，音和於律，故八風從十二月之律也。律吕之數，寓百度之理，配乎百度之數，如黄鐘之宫，得八十一之度，蓋黄鐘長九寸，每寸九分，九九八十一，是九寸其度也，八十一其數也。宫下生徵，三分八十一之數，而損其一分，則有五十四。徵上生商，三分五十四之數，而益其一分，則有七十二焉。商下生羽，三分五十四之數，而損其一分，則有四十八焉。羽上生角，三分四十八之數，而益其一，則有六十四焉。此百度得數之説也。音有小大，以法度律之，如宫音至大，必得羽而後其大者益明，羽者至小，必得宫而後小者益顯，互爲依輔而相承也。律有終始，以次序比之，如終始仲吕，而終則復始，始於黄鐘，而始則必終，如環無端而相生也。樂有先後，則聲有倡和，律有長短，則音有清濁，濁者倡則清者和之，清者倡則濁者和之，彼此更迭爲主也。相成、相生、相爲經，三平，君子作樂之妙盡矣。樂行倫清，蓋樂通倫理，如後章和親、和敬、和順是也。不視聽奸亂，故聰明，百體皆順正，故和平。易前之惡風，從今之善俗，上行謂之風，下習謂之俗，皆寧，只移易徧天下便是。

附音卦風歌

匏艮條風最爲先，竹震明庶次第連。木巽清明絲離景，土坤涼風亦相兼。金兑閶闔石乾周，革坎廣莫始周全。

附十二律歌

一太二夾三姑洗，四仲五蕤六林鐘。七夷八南九無射，十應黄鐘大吕終。

“故曰：樂者，樂也”節

此明樂之有道也。“樂者，樂也”句，只要提出“樂”字來，爲下四“樂”字張本。得其道，在“樂也”之前，以道制欲，又稍在“樂也”之後。不亂不樂，比得道得欲之樂，又進一步。大旨，“樂也”的“樂”字，就是首節“和其志”的“和”字。得道，即順正行義之道，於倫理上咸宜，而略無乖僻便是。

承上言樂者非他也，即生於人心之所樂者也。蓋欣喜歡愛動於中，聲音舞蹈形於外是也。然宣化導欲，其效不同，何哉？蓋由君子反情比類，則所樂者在得其道，小人不能，則所樂者在得其欲。惟樂在得道，則以道制欲，故其必安泰而不至於亂。惟樂在得欲，則從欲忘道，故其心惑亂而卒無可樂。本原不同，而樂因之，故其成敗如此。

按：此承上兩節而言，以起下文也。舉君子之樂得其道，見君子之反情和志，有以爲作樂之本，舉小人樂得其欲，見君子當廣樂成教，有以備制欲之法。

“是故君子反情”節

此言因樂可以知德，亦結上文之意，志和則行自成，所以至此只説反情，不説比類，此挈本之論，非省文之説也。廣非推廣，極言聲容之備也。成教，猶立教之謂，直至向方教始成也。德即志和行成是。

夫樂之興，本於得道如此，故君子未作樂之先，遠奸亂，防淫慝，去邪僻惰慢之氣，以復本然之情，是脩身以立樂之本也。由是備聲容，達天人，盡法象，極常變之妙，以廣和平之韻，教自此立焉，是治民以達樂之用也。及樂教通達，而民皆向行義之方，是君子之順正，推而爲天下之順正，彼其志和行成之德，不於此可觀哉！是始焉脩德以作樂，故終焉因樂以知德也。

按："反情"句，結前"反情"一節。"廣樂"句，結前"聲音"至"迭相爲經"段。"樂行"句，結"故樂行"數句。可以觀德，又打轉志和行成之德而言。此節只重觀德意，餘俱在上文内了，此正見樂與德相通，而不可以僞爲。

"德者，性之端也"節

此反覆言樂之必本於德也。此節説德説心，又説情，須知德即情之善者，心統性情，言心而德與性情俱包矣，全重"三者本於心"一句，大抵作樂之道，先動其心，而後有志、聲、容，有志、聲、容，而後有樂。情深文明，與積中發外，要看得前淺後深纔是，情深文明，著聖人作樂説。"和順"句，又是情深文明的源頭，有和順而不積中，文猶未明也，必充積之極，心之動者，件件中節，方謂之積，是集義工夫，如此説"和順"句，始有力。不然，既説情深，謂何又説"和順"句，作樂者，徒求文明而不求情之深，將樂可以僞爲乎？

德承上文而言，觀樂可以知德，如此則人心之德乃性之端緒，德出於性也。所作之樂，乃德之英華，樂以章德也，是性爲德之本，德爲樂之本。金石絲竹，特其器耳。雖曰德性之所寓，而實非所重也，且德非遽章於樂，作之亦自有序焉。自聲之成文有詩，言喜怒哀樂之志也。詩成而繼以咏歌，清濁高下之聲也。歌咏不足，繼之以舞蹈，動屈伸俯仰之容也。是詩、歌、舞三者，皆本於心之感物而動，然後金石絲竹以飾其聲，干戚舞蹈以飾其容，而樂器從之也，此可見所本之心，情之謂也，所從之器，文之謂也。聖人作樂必情之動於中者，極其深，斯聲容之文著於外者，極其明，猶天地一元之氣，和同充盛於内，斯化之及物者，以通其後，神妙莫測也。和順不積，則情不深，情不深，則文不明，如此看"情深"句，與"和順"句方有分别，由此觀之，樂之爲樂，豈可以和順不積之中，矯而爲英華乎？

按："德者"句是起第二句，"金石絲竹"是終第二句，只重在"樂者，德之華”上，自“可以觀德”至此。言“觀樂可以知德”者，以德原於性而彰於樂耳。德即性，言端者，性本無形，而德則鈍實有方可指，自其呈露言之曰端，自其敷賁言之又曰華也。“詩言其志”五句，是發明此句，共爲一段，以下爲一段。金石絲竹，是舉以例其餘。詩、歌、舞，在未成樂之先就有了，“其志”、“其聲”、“其容”，三“其”字指人言。“内本於心”之句，重看，德即情之本於心者，惟本於心，則情深，本於心，則和順，氣盛化神。《注》以天地喻樂，近俱指樂説，甚妥。言有是情，自有一段勃鬱而不可遏之氣，變可以格神祇、和上下，至百獸率舞之神化，故説氣盛而化神。

“樂者，心之動也”節

此統論先王作樂之善，因推其功用之大也。首三句無抑揚輕重，語意未住，是起下文的，動本樂象在先，治飾在後，故用“然後”字。“先鼓”四句，是敘樂舞之事。“奮疾”二句，就是形容此樂舞的好處。然一“樂”字，足以檃之。“獨樂”以下，又比此二句説開了，總言樂理之妙。末句承“情見”四句，兩“君子”不同，前是制樂的人，後是聽樂的人。引古語總繳上文，不可因“生民”字，只重成物一邊，然須泛講，蓋是古語故也。

夫樂生於音，音生於心，樂非心之動乎？心動則發爲詩歌之聲，則樂之規模已具，非樂之象乎？尚未成樂也，及以聲而播之樂器，有文采以爲容之華美，有節奏以爲音之作止，則不終於質素，此聲之飾也。樂有本有文如此，作樂君子，由吾心未動之時，渾然未發之中，於此養得定，待外物一感，即發爲中節之和，此就是樂本。樂其象者，心静而動，其發爲聲也，調停均節，無一不和。此“樂”字當“和”字看，然後文采節奏、動本樂象者，治其飾，而八音萬舞，從此可被也，如此則由本及文，先後有倫，樂舞之理盡矣，聲容有不善哉！故樂將作，必先擊鼓以警動衆聽，欲其察聲音曲折之詳也。舞將作，必先三舉足以示舞之方法，欲其知屈伸俯仰之概也。一云，方者，舞之位，舞有四表，皆自南北出，故言方，宜知。方舞之一節終，而再作也，則再擊鼓以明其進，不使有躐而速進也，及舞之再作而將終也，則復擊鐃以謹其退，不使有懈而速退也。舞始而北出，再始則周而復始。始爲往，終而復始，至於再，則往之義著矣。治亂之謂亂，往爲出，復爲歸，亂而至於復，則歸之事飭矣。此皆所謂治其飾也。舞之容，發揚蹈厲，雖奮迅，然作止有常，而容貌得莊，進退有度，而行列得正，不過於疾也。樂之道，理趣深奥，雖若幽隱矣，然宫商象君臣，徵羽象事物，身心體之，實覺有躍如之妙，不隱於人也。由是以樂舞之善者道性情，宣湮鬱，是謂獨樂其志，則養我德性，自有欲罷不能之趣，其道不厭矣。立學等、廣節奏，是謂備舉其道，則養人德性，自有大道爲公之心，其欲不私矣。是故欣喜歡愛之情，見於作樂之初，則知其順正行義之義立，移風易俗之化成；於作樂之終，便知其志和行成之德尊。自所行爲義，自所成爲德，其實一貫，但義立在情見之先，德尊在化成之後，即情見樂終，知其尊且立者如此也。君子以好善者，達有神，興有德，感發其良心也。小人以聽過者，慾心平，躁心釋，蕩滌其邪穢也。樂舞之善，而自始至終，君子小人，無所不善如此，故引古語明樂爲生民之大道，彼無本之樂，伐性滋甚，安在其爲生民也哉！

按："樂者"三句，言樂有本有文，即寓先後意。"動本"三句，遂承言循本文之序處，動樂在君子心上看，不甚費力，"治"字方著力。文采節奏，諸説以文采屬容，節奏屬聲。一云，俱是樂音，以其相濟而言爲文采，以其作止而言爲節奏。"先鼓"四句，皆治飾之事。"奮疾"以下，又在治飾中虚贊其善也。三步、再始、復亂，獨詳於舞者，即舞可以見樂也。"奮疾"二句，一云，不可平，重"極幽"句，有理。拔，如《玉藻》"拔來"之"拔"。自"獨樂"至"聽過"，俱散説去，蓋不過通論其理，不厭不私，要見樂理之妙能致如此，不重在君子身上。兩"其道"，俱指樂言，蓋樂非獨文采節奏已也。由動本樂象治之，則樂進乎道矣。獨樂，道自可樂也。備舉，道自兼舉也。樂便不厭，備便不私，其志其欲，屬君子身上看。自此及下"情見"四句散説去，實在用樂感化者説，曰情，曰終，曰好，曰聽，皆所謂有得於樂之理趣者，前順正行義猶在用功境界，至於義立，則卓然不搖，是不動心境地了。德尊者，見信從於人也，情義即德性之見義之立，即德之尊，不可看作兩層，好善，好行善道、如和親等是也。聽過，聽伏己之愆過，有内自訟意，生民猶言生養人，須影爲己、爲人發揮。

"樂也者，施也"節

此言禮樂之道有所主也。"施"、"報"且虚，下四句正發明之，樂生反始，還不見得施、報，到章德報情，施、報之意纔明了。

彼聲容兼備曰樂，其道主於施，蓋樂有發達動盪之和，宣播而出於外，主於舒其湮鬱，故曰“施也”。經曲具陳曰禮，其道主於報，蓋往而不來非禮也。禮有交接酬酢之文，反復而還於内，主於酬其本心，故曰“報也”。何以見其施與報也？樂生於功德，而功德之肇基者謂之自生，樂有以樂之，文樂、武樂。要之，樂，文德、武功之所自生也。禮起於緣情，而情之所發端者謂之自始，禮有以反之，郊禮、禘禮。要之，反，生人、生物所自始也。夫生之所自，即德之所在也。樂，樂其所自生，則有以彰文德武功之藴而象其生，樂非主於施耶？始之所自，即情之所在也。禮，反其所自始，則有以報生人生物之情，而反其始，禮非主於報耶？

“所謂大輅者”節

此天子待諸侯之禮也。天子以是報臣而不爲厚者，以其有功德，必以是報之，而後爲禮，禮非主於報乎？“從之”上，未可説出賜諸侯意，至末句方見。

然禮之所報者，豈一端而已哉！雖待臣亦有之矣。夫所謂大輅者，或金象，或革木，天子之車也，而諸侯得乘之；龍象變化九象陽數，天子之旌也，而諸侯得建之；龜以青黑緣者，飾之以青，麗之以黑，天子之寶龜也，而諸侯得藏之。兼此三者尊貴之器，而又從之以牛羊之群，諸侯何以得用天子之物哉？則天子謂其功在國家，德在蒼生，乃所以報而贈之也。觀此則禮之爲報，不益明哉！

按：裹寶龜者，以青黑爲緣飾。牛羊非一，故稱群。蓋備燕享牢俎之實者，要知車旂旒龜，亦諸侯所必有，可異者大輅、龍九、青黑緣耳。記者一言以該之曰“此所以贈諸侯”，以見非諸侯之所可用，猶《王制》“若有加則賜也”之意。

“樂也者，情之不”節

此言禮樂之定體，而因及其用之大也。首二句言禮樂之體，中二句是禮樂之用，末二句又緊承統同辨異來。大旨，“不可變易”二句，須説出情理好處。統同、辨異，又是和序之出爲用。管人情，只在“統同”、“辨異”上見。

夫情理未極至者，後人猶可變易，惟樂以和爲主，乃情之自然而不可變者也；禮以序爲主，乃理之一定而不可易者也。惟和，故統同而無乖戾；惟序，故辨異而不相混淆。夫有同有異者，人之情也，統之、辨之，則禮樂之説信管攝乎人情，夫豈有偏同偏異也哉！

按：曰禮、曰樂，亦自有聲音儀節在內。就聲音儀節看，不免有變易其間，而惟情理則自有不可變易者。“情”字在樂情上說，不要說到人情上，與下管情有礙。不變有定和，正不可亂之而奸，德不可溺之而淫，是已。不易有定序，大不可損之而小，顯不可掩之而微，是已。統同有以在樂之情感天下之情意，辨異有以在禮之理感天下之理意。《注》“佚能思初”四句解說“統同”，蓋始初之真情，即是道德，此道德原與吾心渾然無間隔，惟安佚之念溺人，足以間之，樂則能使人思維始初之念，即和也。前一步事，則良心時見，自與道德和順而無間。辨異，使人審天理以後之節文也。禮樂之說，猶云“禮云”、“樂云”也，不必作意義解。統，領也。辨，別也。管，猶包也。

“窮本知變”節

此承上說，禮樂能管人情，而推其道之大也。首四句頂上統同、辨異說。禮樂能管人情，因言人情之治由於禮樂。“負天地”以下，是備舉禮樂會造化人物之理，見其爲道之大也。一云，“負天地”四句爲體，末句爲用。

夫性一也，屬天命者其本一，屬氣質者其變多，每相爲消長。今也窮其本之同，而知其變之異，則有反同辨異之功，此孰感之也。樂以統同，和之至也，故能使人涵養德性，消融滓渣，而窮本知變如此，是大樂感通自然之情也。心一也，出於理者爲誠，理常微則誠隱，出於欲者爲僞，欲常危則僞出，每相爲出入，今也著其理之誠而去其欲之僞，則有存理遏欲之防，是孰爲之也。禮以辨異，序之至也，故能使人增益美質，消釋回邪，而著誠去僞如此，是大禮修爲，當然之常經也。人情管於禮樂如此，以其爲道之大耳。和序是天地之情也，禮本序，樂本和，彷彿形似，一一負而出之，使不隱焉。天地之仁義，是神明之德也，樂近仁，禮近義，一一通而達之，使不滯焉。天神在上，地神在下，樂由陽來，以降上神，若有抑之使降者然，禮由陰作，以興下神，若有作之使興者然，相交而不相判也。和序道之精，器數迹之粗，禮樂則有本有文，而精粗之體於此凝之，合聚而不離也。父子以恩爲節，君臣以敬爲節，此人倫之大者，禮樂則和親和敬，而父子君臣之節其領之矣。禮樂之道如此，宜其能窮本而著誠也。

按：本窮則變自知，理著則欲自去，工夫全在“窮”、“著”內。禮之誠便是樂之本，樂只是一體周流，禮則兩個相對，樂則相生相長，其變無窮，禮則相刑相剋，以此尅彼，此四句雖承上文來，然統同、變異，自衆人言，窮、知、著、去，自一人之身言，更入細了。窮、知屬心，著、去屬事，窮、知是因感發而悟其理，故曰樂之情；著、去是因脩習而得其益，故曰禮之經。天地之情，只是個和序。人心中應感不測謂神，虛靈不昧謂明，只是個仁義。禮樂出於人心，與神明和會，自無蔽錮不通處，故曰達。“降興”句，根由陽來由陰作説。一云，天地間幽則爲上下之神，明則爲對越之人，用禮樂以祭，故能降興上下之神，謂降上而出下也，淺甚。“凝是”句，一説：情德神，道之精也，禮樂既凝之而爲體，有道則必有器，凝其精，并粗者而亦凝之矣。此與本文“而”字有情。領者，管攝之義，有禮樂，則僞妄不參，真性不迷，恩義之間，自有個管攝，故曰領，即管人情也。獨言父子、君臣者，舉其大耳。

“是故大人舉禮”節

此聖人以禮樂贊化育之事也。“天地”以下，正天地爲昭處，末歸功於制作也。天地在化育上看，昭是天地自昭，所以然處，禮樂贊助不及也。末獨言樂之道者何？蓋昭天地固是。禮樂同功，但草木茂等，并訢合光景，都是一團和氣。品物熙熙妙處，並不説著收斂上，所以曰樂之道歸焉耳。

“是故”二字，承上文來，言禮樂爲道之大，不惟管人情，亦可以贊化育也。大人者，聖人而操制作之權者也，是故法天地之序以舉夫禮，法天地之和以舉夫樂，蓋將以序召序，以和召和，而昭著其不動不息之化焉耳。聖人制作之意如此，則其功化何如？將見天陽在上，與地訢合，而地之陰得陽而不至於肅。地陰在下，與天訢合，而天之陽得陰而不至於亢。天地訢合，便是陰陽相得，非訢合之後而始相得也。陽之得陰，以氣煦之，而萬物覆焉。陰之得陽，以形嫗之，而萬物育焉。然後草木暢茂，區萌條達，植物遂也，羽翼奮至不殰不殈，動物遂也，而功何所歸哉！正惟聖人作樂導和之功，與大禮並行而參贊昭著，是歸焉耳，非聖人參贊之歸而誰歸。

按：舉禮樂，須用效法天地意，方與天地相貫徹，天地爲昭，渾講，不必以樂屬天，禮屬地。“將”字，作未然之詞。“訢合”以下，正天地昭著之事，只著造化講。訢合相得，又是煦嫗根子，訢合，下降上躋也，相得，陽變陰生也。天地以體言，陰陽以氣言。“煦嫗”句總承，氣曰煦，體曰嫗。“草木”句，是既成者。“區萌”句，是方生者。羽翼及羽者、卵者，皆鳥也。角觡及毛者、胎生者，皆獸也。此由樂道使然，蓋樂之根本，由人心而生，心和則聲和，聲和則天地之和應，而萬物得所，故曰“樂之道歸焉耳”。禮序而後樂和，樂功既然，則禮可知矣。

“樂者，非謂黄鐘”節

此歸禮樂於德行也。自首至“後主人”，言作樂行禮之次序。童者，有司，樂師三段是一段，樂師屬童者邊，總言藝成而下，而德之上可知。“宗祝”至“主人”是一段，總言事成而後，而行之先可知。樂師加“北面”二字，則童者、有司皆北面可知，而君之南面又可知。曰後尸，後主人，則尸与主人在先可知，前之“上”、“下”以位言，“先”、“後”以序言。則後面“上”、“下”、“先”、“後”，又只借其字面，直當作德藝行事了。有上與有下，有先與有後，雖皆平辭，然意却重在上與先上，方見有本。大旨只以“禮樂”二字該之，喪祭之儀，亦在禮樂中者。

上説禮樂昭宣化育，記者恐人錯認禮樂在器數上，故推本言之，見欲制禮樂者，必由本及末，不可與藝事並看。夫樂必有至和之德在，非謂黄鐘、大吕、絃歌之聲，干揚之舞也，此樂之末節也，故童者舞之於下，而人君在上，躬至和之德，不親此藝也。禮必有至序之德在，鋪筵席，陳尊俎，列籩豆，以升降爲禮者，禮之末節也，故有司掌之於下，而人君在上，躬至序之德，不親此藝也。樂師辨乎聲詩，故北面而絃，而君則南面。宗祝辨乎宗廟之禮，故在後，而尸則象神在先。商祝辨乎喪禮，則亦在後，而主人則喪主在先。上下先後，此在北面，與後尸、後主人處，已見了。“是故德成”四句，只就上文叫明，不用過文。由是觀之，德可以兼藝，而藝不可以爲德也，故行禮樂時，人君和序之德成，其位居上，而童子、有司則藝成而下矣，此上下之位所由異也。行可以兼事，而事不可以爲行也，故尸與主，孝敬之行成，其序在先，而宗祝，商祝則事成而後矣，此先後之序所由異也。此以行禮用樂者言之也。至於制作，則和序兼備，有上者之德也。又推其德貫通於器數之藝，孝敬兼盡，有先者之行也。又推其行，貫通乎喪祭之事，然後以有上有先者爲制作之原。又以有下有後者爲制作之具，斯能制禮樂於天下矣。向使徒有其末而無其本，則亦祝史之流耳，其何以有制也哉！

按：黄鐘，陽律之始，大吕，陰律之始，舉以該十二律。絃歌聲，干揚容，舉以該聲容之全也。升降，即鋪陳列之上下。有司，如《周禮》司几筵、司尊罍、籩人、豆人之屬。聲，五聲。《詩》，《雅》、《頌》，辨聲詩，如陳王政之興廢，則辨爲《風》，美聖德之形容，則辨爲《頌》，恭敬齊莊以發先王之德，則辨爲《大雅》，歡忻悦懌以盡群下之情，則辨爲《小雅》。故在宗廟朝廷朝聘燕饗，則北面而弦，以是《詩》被之琴瑟也。辨宗廟之禮，則有朝踐、饋食之異，辨喪禮，亦有衰麻哭泣之異。主人，喪主也，言北面、言後，舉下見上，舉後見先也。德與行非二物，蘊於中曰德，見於外爲行，事與藝亦無兩樣，所習爲藝，所行則爲事。有制，在由本及末上見.“然後”二字，要看得慎重。

“魏文侯問於”十二節

此子夏告魏文以古樂德音，不同於今樂溺音，且明其爲用之大，而因及聽之之方也。

“魏文侯問於子夏”節

“進旅”以下，聲與舞要明。“君子”二句，正是子夏撥轉文侯。脩身，非樂作便能脩身，若樂作自足以感人，文侯當日不至恐卧了。玩《注》中知古樂而明脩身之道，當著力看。齊家平均天下，皆以和敬貫，雖根脩身，全在“語”字内看出來。“發”字對本言，指其見於聲容，驗於功效者如此。

夫古樂本於理，新樂本於欲，文侯溺於欲，故古樂不投，而新樂易中，故言如彼，外之也，如此，内之也。子夏對曰：“今夫古樂，其舞則衆之進退齊一而無參差，其聲則雍和肅止而又廣大，象地之廣無奸雜也。弦匏笙簧之器雖多，必會合相守，待擊拊與鼓然後作，而衆音之有統也。聲之始奏，先擊鼓以宣其聲，而本之以仁，舞之將退，則擊鐃以謹其終，而制之以義，始終之不紊也如是。而音有亂而失序者，則治之以相，舞有過而失節者，則訊之以雅，救弊之有輔也。此總是聲容之間，和以敬節而不流，敬以和行而不迫，樂之盡善者也。君子聽此樂也，感於心，形於言，所語者乃道古樂之正也。蓋從情文而得和敬之原，不覺歎息之深、議論之長也。由是樂以治心則嚴而泰、和而節，其身脩矣。次及於家，則相親相敬，其家齊矣。推之天下，則合敬同愛，天下平均矣。此古樂之發於聲容，功效可見者也，何其正而可好哉！”

按：魏文侯，晋大夫魏斯，初命爲侯者。端冕，玄冕也，凡冕制皆正幅，故稱端。端冕而聽，明其心恭敬而聽也。“進旅”二句，大概説容之齊一，聲之和敬。下六句，却又詳細説去，和正以廣是二項，却有兩層意，言和正而又廣也。廣者，理無所不包，玩下文脩、齊、平均自見。“弦匏”二句，單言聲，其餘皆聲容相對，拊亦鼓類，堂上弦以琴瑟，則拊爲之節，堂下匏與笙簧，則鼓爲之節，鼓主發動，象春，故爲文。金鐃也，金屬西方，可爲兵器，故爲武，且維清奏象武其文也。武奏大武，其武也。始奏以文倡之，復終以武收之，有安不忘危之意，而揖遜征誅之義盡矣。相，即拊也，以其輔相於樂，因名焉，其形製以韋爲之，裝之以糠。雅亦樂器，狀如漆筩，中有椎。慮其音之亂，則有相以治，使得其理；恐其舞之疾，則有雅以訊，使中其節，於是語，不必拘定樂終，只言作樂時節而語之道云耳。一云，故君子樂終而語今則有倫，道古則不悖，又是一見。宜知。“脩身”重看，蓋脩身由知樂來，樂寓脩身之理，知古樂之正，脩身之道明，而和敬一心，齊、治、平均皆此致之耳。平無上下之偏，均無遠近之異，“發”字對禮樂之本而言。

“今夫新樂”節

今樂舞容，則進退傴僂，行列雜亂，與進旅退旅者異矣。樂聲則奸邪滌濫，沈淫不反，與和正以廣者異矣。舞人則俳優侏儒，如獶獮猴之狀，間雜於男子婦人之中，不知父子尊卑之等，淫邪如此，則和敬之節，蕩然無存矣。作樂雖終，無可言者，况可語之道古哉！此新樂之發也。

按，獶，獸名。觀“不知父子”句，則前節“道古”句内當入綱常倫理爲的。“樂終”“終”字，非終盡之終，謂新樂無意味，畢竟無可語者也。

“今君之所問者”節

此言古樂聖人，先以序禮爲樂之主也。隆古時，造化人物，自然之和，非由教化使然，教化還在下面敘禮内。“大當”頂上六項來，“作爲父子君臣”二句，人倫雖多，不外恩義兩者，言父子則主恩者可該，言君臣則主義者可該，故立爲綱紀也，是正禮序處。天下何如大定？禮達而分定也。禮序，即聖人之德，而聲律詩頌之音，皆從此德出，所以寫至治之規模者在是。德音，即古樂矣，德音與古樂無先後意，此句正與上面“夫樂者”句相應，《詩》之德音，本言王季名譽，此引之以爲樂，斷章取義也。

夫古樂、新樂之發如此，今君之所問者，雖先王之古樂，而所好者實世俗之溺音也，此子夏欲言作樂之本，故立音樂之説以啟之。樂之與音，皆有聲有容，迹相近也。樂則德正心和，乃爲樂，音則心邪聲亂，不得爲樂，是不同也。“夫古者”數句，子夏之意，蓋謂樂本於德，聖人一心之和合天地，而天德順，清寧奠位也。一身之和合天地，而四時當寒暑適宜也。一心之和溥萬物，而民有德，講信脩睦也。一身之和溥萬物，而五穀昌，時和年豐也。人之德皆和，而無乖戾之徵，則疾疢不作於人；物之氣皆和，而無乖戾之象，則妖祥不生於世。天地民物，同歸一和，則均調之極矣，此不煩補救者，故曰大當。聖人以爲自然之禮也，然後因而制禮，禮不止一事，而父子君臣之倫爲大，如絲之有紀，網之有綱，紀綱既正，則衆緒咸理，禮教流行，至樂已涵於其内矣。然後聖人正六律以諧聲，和五聲以協律，絃以被夫詩頌，歌以咏夫詩頌，此之謂樂以和禮，聲律絃歌之中，無非綱常倫理之極至，不其爲德音乎？此等德音，方謂之古樂，所以與音相近而不同也。《大雅·皇矣》之詩，言王季有莫然清靜之德，而發爲莫然清靜之音。所謂德音，“克明克類，克長克君”與夫“克順克俾”是也。王季之德如此，及至於文王，則其德生知安行，而靡有所悔，靡悔者，渾然天成，無多乖戾也，有德者之發爲聲音，亦猶是矣。

按：樂就是德音，音就是下節溺音，不同在發源上看，不可以上下二節纏入。蓋致用處文侯已知，不必再問。“天地順”以下六項平看、民有德，亦只是太古風氣使然，萬物皆育，特言五穀昌者，以切於民食者言也。“疾疢”句，以一人言。“妖祥”句，以一世言。祥，亦妖也，《書》言“亳有祥”是。“大當”以前，且説個世道清平，百姓安居樂業。前“然後”，承大當來，後“然後”，承禮序來。雖是先序以禮，後和以樂，總是原樂之所由作，非以禮樂並舉也。拊網，小繩爲紀，維網，大繩爲綱，猶言規矩準繩一般，取維繫之意。“父子君臣”四字説得廣，此即是三綱六紀，非此外更有綱紀也。上“作”、“爲”二字著力，下“爲”字輕看，“大定”不可説得與“大當”相似。正六律，比終始之序也。和五聲，律小大之稱也。詩頌，樂章也，或以琴瑟絃詩頌，或以人聲歌詩頌，皆謂作樂也。然樂之所以不同於音者，全在禮序中見出德音，是贊美之詞，便是樂了，乃復云“德音之謂樂者”，見得此德音方叫做古樂，與今樂不同，正醒轉文侯處。引《詩》正此德音之樂，由紀綱大定而後作之謂也，見古樂非聖人不能作意。近云，引《詩》只取以證德音，與文意不相協，言王季明類俾順之德，可以爲父子君臣之宗，可以爲紀綱倫理之則，而德音由之而起，則紀綱大定而後樂作也，不可徵哉！甚合。

“今君之所好者”節

此言新樂所本之異也。合上兩節，言古樂、新樂所本之異，乃始終於世道之治亂，成於人心之邪正，所以不同。

鄭音好濫，由其志之淫；宋音燕女，由其志之溺；衛音促數，由其志之煩；齊音傲僻，由其志之驕。四者雖有淺深，然皆淫於色而害於德，故不可用之宗廟，言鬼神厭棄而不享也。

“《詩》云：肅雍和鳴”節

此承上文祭祀弗用，而言古樂爲用之廣也，肅雍一時並有。夫敬以和，還指樂，何事不行，則從此和敬充拓去。此句與淫色害德相反，正見樂之妙，所以使先祖德之之意。

《詩・周頌・有瞽》之篇云“肅雍和鳴，先祖是聽”，夫肅者何？肅然而敬也。宮商角徵羽，不相奪倫，實倫理之截然不亂者所形容也。雍者何？雍然而和也。清濁高下，迭相唱和，實倫理之純然罔間者所播越也。夫敬以和，是謂和鳴，如是雖先祖之幽，亦是聽之，又何事之不可行哉！脩身及家，平均天下，端必由矣。

按：《詩》曰“和鳴”，二者相和而鳴也。“肅肅”二句，有作疊字解者，亦通。“夫敬以和”句，若説和敬相濟，而後何事不行，這是禮樂之用，不是單言古樂之用矣。蓋古樂由紀綱既正禮序之後而作，不患其不敬，患其分太肅，體太嚴而不和。唯敬而和，所以脩齊治平，俱行得去，即“禮之用，和爲貴，大小由之”之意也。須重“和”，始得旨。觀《詩》只曰“和鳴”，又曰“以和”，可見樂的感通妙用，全在和以行敬上。

“爲人君者，謹其”節

此節規其用情之意也。“好”、“行”雖有淺深，然亦不重在此，引《詩》証“君好之”四句，勿泥“民”字而遺“臣”字。

上文音樂之辨已明，此則欲文侯好樂而惡音也，故以好惡爲言。謹好惡，從慎獨上來，獨覺處不曾看得明白，如何能謹？有不任情而任理意。“君好”以下，明所以當謹之故，蓋以君有好，臣即效而爲之，知有君之好，而已不復顧所行之邪正也。其感之甚速，誠有如《大雅·板》詩所謂“誘民孔易”者，人君可不謹所好惡哉！

按：“而已矣”三字，見“謹好惡”是人君最要緊的事。中四句，泛言感應之機，臣民不同，君上一也，好行不同，從違一也。意念所注曰好，舉動所形曰行。玩兩“則”字，“孔易”已涵在内了，故引《詩》以結證之。誘，進也。孔，甚也。從君所好，進之於善，無難。言謹古樂以化民，無不從也。只就好邊説，不兼邪正爲安。

“然後聖人作，爲”節

此亦本“夫敬以和，何事不行”之意，承上言古樂之當好也。德音應上文德音質素，意却下一層，“此”字緊承上文兼備之樂説，四“所以”字語意雖平，然上句有“先王之廟”字，則下句“獻酬酳酢”正從此起，下“示後世”句，又從“官序貴賤”生來，以廟祭作頭，下皆相因説去。

子夏既以好惡結上文，復補此節，亦以見古樂之功，而人君所當好也。聖人當大定之後，作爲革音之鞉、鼓，播鞉而鼓從，木音之椌、楬，擊椌而楬止。壎，燒土爲之。篪，竹爲之。吹壎而篪應。六者亦作於禮序之後，故云“德音之音也”。然後鐘、磬、竽、瑟之音，以贊其和。干戚之武舞，旄狄之文舞，以動其容，則爲樂備矣。此所以祭先王之廟，先祖是聽，幽可交乎神也；所以當行祭之時，獻酬酳酢，明可交乎人也。異姓來助祭者，有貴賤之官序，聽樂則貴序於上，賤序於下。宗廟之中，凛然朝廷之森嚴，所以序爵者在是。同姓咸在者，有尊卑長幼之序，聽樂則尊而長者在前，卑而幼者在後。今日之所行，秩然後世之法程，所以序齒者在是，此正是祭祀無弗用處，正樂之爲用其大如此。

按：前因“德音”二字，便把溺音相形，尚未説到樂上，故此節二“然後”字，緊與前節“大當”、“大定”二“然後”字相應，古人文脈斷續之妙如此。德音，即前“德音”。《周禮》云“革木一聲，無宫商清濁，故爲質素”，合會之始得。四“所以”字，俱指德音，總不外和敬之理也，所以祭廟有格幽合漠意，所以獻酬酳酢，在廟祭燕享時説。酳者，飲畢而以酒盪口也。

獻酬酢，指賓主説。有相洽相敬之真情在，所以官序，實有相使相守之慎心在，所以示後世，實有不凌不犯之道教在。爵因人異，齒則萬古一定，故有今日、後世之别。一説，“所以祭先王”四句，相平説去，亦通。

“鐘聲鏗，鏗以立”六節

此見樂之感人也。五節每首句是聲，如聲鏗、聲磬之類。下“鏗”字等皆就聽之者説，而號、横、武等，正心之感動處也。謂之立者，從心而發，不爲外物所奪，是能使人如此。“號”、“横”、“武”三字相遞下，而歸功於武，故總謂之武臣也，餘節皆然。一云，五段只作樂中寓有無窮之義，可以動君子之思，不必作感人説，亦簡便。一説，以“鐘聲鏗”等一句是聲，下皆所象之義，看來鐘、石、竹是如此，絲與鼓鼙另是一例，蓋哀就能使人廉讙，就能使人動，却不是所象之義了，只當從前講一例説。

“鐘聲鏗”節

樂作必鐘以始之，其聲鏗然始振。惟鏗也感之者，若號召威嚴，人皆聽服，是立號也。令嚴難犯，則足以作士氣而使之充滿，是立横也。令嚴氣壯，足以奮六師而使之敵愾，是横以立武也。君子聽鐘聲，則思得武臣，武臣折衝禦侮，宣威閫外者也。

按：“立”字要緊，“思”字有未得思得，既得思用意，後數“思”字皆然。

“石聲磬”節

樂作必石以收之，石聲一擊，其聲磬然而鳴。惟磬也，感人有辨别分明之義，是立辨也。惟辨也，感人有見危授命之義，是致死也。君子一聽磬聲，則思得死封疆之臣，蓋此臣明辨剛介，致死患難者也。

按：死封疆大臣，其好處全在致守於彼此之限上，辨得明，所以守得定，直到死的地步，纔見得他辨的處在。“磬”當作“罄”，言其聲罄然清響也。末“磬”字只當“石”字看。

“絲聲哀”節

絲聲哀切，有廉隅裁割之義。惟哀也，能使人惻然有收斂之意焉，是立廉也。惟廉也，能使人有確然自立之志焉，是立志也。君子一聽絲聲，則思得志義之臣，蓋此臣清操大節，廉劌裁割者也。

按："義"字乃義利之義，非節義之義，志先立得定，臨義利時，自知有義不知有利。

"竹聲濫"節

竹聲泛濫而廣大，惟濫也，能使人博施濟衆，聯合天下，而會以之立矣。會則近悦遠來，人皆歸附，而衆以之聚矣。君子一聽竹聲，則思得畜聚之臣，蓋此臣包含普徧，慈愛得衆者也。

按：濫者，攬聚之義。會是在我會人，聚是在人歸我。畜聚，只容民畜盡之，還是以得人心爲主，心歸則身聚，是爲君收拾人心者。

"鼓鼙之聲讙"節

鼓鼙之聲讙然喧雜。惟讙也，使人心意動作，有鼓舞奮發之意，而可以立動矣。動則進發其衆，有勇往直前之勢，而可以進衆矣。君子一聽鼓鼙之聲，則思得將帥之臣，蓋此臣才足勝大，智足帥衆。進之權，在主將，以統率者，與武臣不同。從此看來，君子之聽音，豈特聽其鏗鏘而已哉！良由平日常存保守社稷之心，而注思於社稷之役，故彼所作之樂音，驟聞而各有所合，自不能已於思也。若非平日有所思，而徒聽鏗鏘之音於一旦，豈能有所合哉！文侯怠於政事，無所思則無所合，正説著他病根。

"賓牟賈侍坐"十三節

此評論《大武》之樂也。前五節五問五答，夫子獨是其聲淫及商之一端。六節賈復有問，夫子且未答其問，而先正其所答之失。七節"《武》始"以下，始詳著武功之難成而發其所以遲久之意。大旨，武王是周家創業之主，《武》樂是周家王業之本，而武王之公，全在一"遲"、"久"上見之，故夫子欲之論"遲"、"久"之意最悉。

"賓牟賈侍坐"節

賓牟賈，當時之知樂者，與之言及樂，謂泛言他事，及於樂也。孔子問：

“《大武》之舞，先擊鼓以警戒舞人，而使爲備，故曰‘備戒已久’也。”賈言：“武王伐紂憂病不得士衆之心，故先擊鼓以戒衆，久乃出衆，今欲象此，故令舞者久而後出也。”所答是也。

“咏嘆之，淫泆之”節

此亦孔子問而賈答也。咏歎，長聲而嘆也。淫泆，流連不絶之貌。賈言：“武王恐諸侯後至者不及戰事，而望慕之，故樂聲之長歌，象當時之望慕也。”所答是也。

按：此節“恐”字，及上節“病”字，皆指武王之心説。孟津之會，順天應人，諸侯不期而會者八百，固無不得衆，不逮事之事，然武王之心，則謂一日之間，天命未絶，猶爲君臣，蓋《易》所謂“不疾貞”者，故猶以此爲慮也。賈能知此，可謂深得聖人之心矣。

“發揚蹈厲之已蚤”節

孔子問：“初舞時，即手足發揚蹈地而猛厲，何其大蚤乎？”賈言：“紂惡貫盈，當時戰伐之事，不可緩，武王則及此時事而爲之。”然下文孔子言是太公之志，則此答非矣。

“《武》坐，致右憲”節

孔子問：“舞《武》樂者，有時而坐，以右膝至地，而左足憲之，何也？”賈言：“非舞《武》樂者之坐也，舞法無坐。”然下文孔子言“舞亂皆作，是周召之治”則此答亦非矣。

“聲淫及商”節

孔子又以時人之意問賈，云：“奏樂何竟有貪商之聲？”淫，貪也。賈以武王應天從人，不得已而伐之，何容有貪商之聲，故言非《武》音也。孔子又問：“既非《武》樂之音，則是何樂之音乎？”賈答言：“由典樂之官，失其相傳之説也。若非失其真傳，而謂《武》樂之音，則是武王嗜殺，而其志荒謬矣，言非精明神武也。”孔子急唯之，而因言“我之所聞於萇弘者，亦若吾子之言”，其言是也。

一說：聲淫及商，若直作貪商，不成文理。淫即淫泆之意，但彼謂歌聲，此謂樂聲。商，西方殺伐之聲，一字爲一義，故以“及”字連之。謂《武》樂既有淫泆之聲，又有西方殺伐之聲也。“唯”字一截，“丘之聞”二句一截，“是也”一截，“唯”只指末節而言，謂聲淫非出於《武》音，誠有所見也。萇弘亦若吾子之言，是相似意。蓋武王革命，原無富天下之心，今謂有司失其傳，則上有以識往聖之心，下有以釋千古之惑。“是也”二字，據理而深論以爲然也，只指賈言，與萇弘無干。萇弘，周樂官大夫也。

“賓牟賈起，免席”至末

細玩武王心事，全在“遲”内，夫子但與論備戒之久，不意賈竟究到遲而又久地步，比夫子所問又深一層，是深知《武》樂者。故夫子“象成”以下四節，與言戡定禍亂成功之遲久。“且女”以下，與言撫率太平成功之遲久。

“賓牟賈起，免席”節

賈問遲而又久，夫子直至後面，方答其遲久之問者，蓋夫子獨然聲淫及商之對，而賈以夫子皆是之，故未答其所問之辭，而先正其所答之失也。備戒已久爲遲，是未出之時，久立於綴爲久，是出就舞位之時，謂未作舞而先鼓戒衆，已遲矣。一出若可即舞，而何爲其持干久立也。“樂者，象成”作冒，謂倣象其成功而制樂也。“總干”以下，皆象成之實，總干而山立者，謂舞人總持干盾，如山之立，以象武王持盾，從容舒徐，以舉征伐之事，蓋有人歸我之勢而無我取人之嫌。武王之事也，此句且虛説，下三節始發明之，“待字”且勿露，恐礙下文。若夫初舞之時，即有發易蹈厲之容者，所以象太公董牧野之武功，威武奮揚其志不得不猛也。武亂之時，樂之卒章也，舞人皆坐者，所以象周召主鎬京之文，以任制作，以施保釐，其事不得不安靜也。觀此而賈之所謂及時事非舞坐者，不可以知其非哉！

按：“總干”三句，即《武》樂以明象成實事，山立象武王者，言武王當初誓師孟津，見得紂罪真有可伐之理。彼時雖三千協力，八百同心，而武王猶不輕舉，但持盾以正其罪，如紂聞而即改，其師已止矣。如他諸侯有能當天意者，仗義伐之，武王亦不再舉矣。然終至於伐，非武王意也，勢不得已也，故武王之心，只山立盡之。言《武》樂而及太公、周、召者，太公之志，即武王之志也，以武莫若太公，故繫之以太公。周、召之治，即武王之治也，以文莫若周、召，故繫之以周、召。太公有丹書之戒，是未嘗無文也。周公有東征之師，是未嘗無武也，特太公佐武王以成武功，周、召相武王以成文德，各從重者言耳。此發前對之所未盡，要與上句“武王之事”有情。

“且夫《武》始而北”三節

此三節是即《武》舞之象成功，以見武功之難成意。“《武》始”節總六成之象，夾振與分夾二事，又是抽出六成中之事而細言其象，看來“《武》始”一節原不重，只要中提出“夾振”、“駟伐”二象言之，方歸到久立於綴，應轉總干山立也。

“且夫《武》”節，此下承武王之事，而言其象，以位言也。曲以協舞，每一終則武人易一位也。言《武》之初出，自南第一位，而北至第二位，象武王初自南而向北以伐紂也，即觀兵孟津時，此是一成；再成則舞者從第二位至第三位，以象滅商也；三成則舞者從第三位至第四位，極於北而反乎南，象克殷有餘力而南還也；四成則舞者從北頭第一位却至第二位，象克殷之後疆理南方之國，南方荆蠻之國，侵畔者服也；五成則舞者從第二位至第三位而分，舞列皆分兩阿，象周公居左而爲師，召公居右而爲保也；六成則舞者從第三位而復於南之初位，象武王武功成而歸鎬京，四海皆崇奉武王之德爲天子也。綴，謂南頭之初位。三成以上，總言克商之事。四成至六成，總言造周之事。

按：周都在商之西南，商都在周之東北，故武位四表以爲象，故云“始而北出”。成，猶奏也。言《武》舞之始終而釋其義。“始出”至“三成”，自南而之北也。四成至六成，自北而之南也。《注》中極乎北而反乎南，是到了北頭，而轉乎南頭，其位則四，其成則六也。“南國是彊”句，一云，南國指周，如列爵惟五、分土惟三之類。周始有雍州之地，及滅商，所得者又有冀、青六州之地，既得天下，必須鎮服其諸侯，故四成象之也。比前確當，可從。周、召猶分治，至以崇天子，則統治矣。

“夾振”二節，此申上文之意，就六成中抽出而言其象，以人言也。兩人分夾舞者，而振鐸以爲節，舞者以戈矛四次擊刺象武王伐紂，而盛其威於中國也。舞者各有部分，而振鐸者夾之而進，象武王之事爲蚤濟也。由此觀之，則夫久立於綴，所以象武王代諸侯之至也。蓋人心不可失，諸侯既至之後，固宜盛其威而濟之速，人心不可强，諸侯未至之前，尤當需其來而待之久，遲而又遲，於此可以通其故矣，全重一“待”字。

按：此言舞人之事，亦有取象意。武王伐紂之時，王與大將親自執鐸以夾軍衆。今作舞樂之時，令二人振鐸夾舞者，取象在此。作《武》樂時，每一奏中，四度擊刺，象武王伐紂駟伐也。一擊一刺，爲一伐。《牧誓》曰，今日之事，不過四伐五伐。鎬京在西陲，則紂都在中國也。盛威全在順天應人、伐暴救民上見出，指伐紂言。一云，南國是彊之後，亦有不服者，淮夷是也，此時須用兵，故云“盛威於中國”，殊非本旨。分，部分也。天子夾振而駟伐，以舞列分爲左右，總干者在中，振鐸者夾舞列而進也。事，猶爲也。濟，成也。象用兵務於蚤成意，蚤濟與久立於綴，兩者原不相妨，善會始得。

又云，凡樂之作，皆所以昭天子之德，豈特六成之末，始崇天子乎？《武》樂之始終，大概不過蚤與久之兩節而已。蹈厲之已蚤，大將之鼓勇也。分夾之蚤濟，三君之養勇也。備戒之已久，不敢輕大敵而易進，久立以有待，不敢迫諸侯而速進。敏以趨天時，而以蚤爲貴，則動如飄風之不可禦；緩以聽人心，而以久爲貴，則静如磐石之不可搖。一急一緩，俱不可偏。然六成之舞，其久之意，常勝於蚤者，聖人無貪利之心，迫而後應，不得已而後動也。

“且女獨未聞”四節

此以下，又言武王之行政舒徐詳緩，以明遲久之意。首節崇聖賢，厚臣民之事，次節偃武之事，三節脩文之事，四節五教之外，又一大教，是養老之禮，全重周天子親行上。周道與禮樂，時説殊無分别，蓋道是周家之精神命脈也，禮即其精神之著於忠敬孝弟者，樂即其和順從容以樂此忠敬孝弟者，道之所達，即是禮樂之所通。你看成功若是之遲，歷時若是之久，是武王不惟征伐之時，無急於得天下之心，而功成之後，又緩以待天下之化，則夫《大武》之舞，不惟備戒之久，而且久立於綴，不亦宜乎？宜者與成功相稱也。

“牧野”節。牧野之語，言牧野伐紂歸而記事之語，直管到教諸侯之弟處，彼其克殷而至商都也，“未及下車而封”與“下車而封”，先後之辭也。帝者之世遠，意其淪墜已久，故先之；王者之世猶近，未至圮散而無所歸，故後之，非以德之隆降言。殷後不曰封而曰投者，舉而徙置之辭也。箕子、比干皆諫臣，紂殺比干，囚箕子，商容亦紂臣之被廢者。封墓，積土墓上以表忠也。釋，解也。使之封於朝鮮而不臣也。行商容，即式商容閭也。復其位，復往時之爵位也。弛政，解散紂之虐政也。庶士官卑禄薄，倍增其禄也。此是武王興滅國、繼絶世、舉逸民、行大賚之典也。

按：邑外曰郊，郊外曰牧，牧外曰野，此武王誓師處，今衛獲府汲縣是也。《注》：反，讀爲及。一云，反，如字，謂反商之舊政而復之，下文所言皆反商政之事也，亦通。薊，幽州縣名。陳，陳州宛丘縣名。杞，汴州雍丘縣名。宋，亦國名。武王封禹後東婁公於杞，投湯後微子於宋，總以存宗祀也。三恪與夏之後皆言封，本無國而今始封之，各令有國也。殷獨曰投者，又非本無過，而今始有國也。《家語》、《史記》皆作“封”，封微子於宋，在成王時，此特歷敘黄帝、堯、舜、禹、湯之次而言之耳。必封先代之後者，亦其無意於天下。雖曰得之，亦與先代之後共之、使之，《家語》作“使人”。行商容，行，猶視也，謂商容閒廢於家，武王固已式閭以致敬，而未敢輕起之，故使箕子先行而訪之，道達殷勤而後復其位，所以尊賢也。

“濟河而西”節。自“馬散”至“建櫜”，弛武備也。“將帥”二句，雖行封賞，只重偃武上，不復用兵，頂此兩項。鎬京在河西，故歸鎬京爲濟河而西也。馬牛縱而遂其性，則物之勞者逸，車甲衅而息其神，則器之動者静，將帥使爲諸侯，則昔治軍而今治民，然後天下知武王之不復用兵也。蓋前此用兵，實非得已，此所以急於偃武也。

按：山南曰陽，桃林在華山旁，陝州靈寶縣是也。載人曰乘，載物曰服。衅以血塗之，除不祥也。載兵器，出則刃向前，入則刃向後。今載還鎬京，而刃向後，有似於倒，故云“倒載”，言刃向國不與常同也。虎皮，威猛之物，用此虎皮，包裹兵器，示武王威猛能自制伏天下兵戈也。封將帥爲諸侯，以服其勞，賞其功，如周公封魯，太公封齊之類。鍵，籥牡也。櫜，兵鎧之衣也。言鎧及兵戈，悉櫜韜之，置於府庫，而鍵閉之，故名之曰“鍵櫜”也。鍵櫜，乃假借字面。

“散軍”節，散軍郊設，放散軍伍，習射郊學者，言歸還鎬京，止武習文也。左右分東西言，諸侯射於左，歌《貍首》之詩爲節，天子射於右，歌《騶虞》之詩爲節，行禮射則貫革之射止矣。著裨冕而搢笏於帶，亦謂有禮事時，則取佩劍也。此二句要説因習禮而自然息説，方與下三句相似。祀乎明堂而配以文王，此是武王孝親事，今而後，民皆知所以孝。“朝覲”句，自有天地以來，所以臣之誼，何常不在人心。第當商之季，朝儀久曠，不昭揭，則不知，故自朝覲禮制，而凡來貢來享來王，惟茲共主，分職授政任功，是予一人，覺臣誼至此，頓爲整肅。今而後，誰不知所以臣。耕藉，謂武王自耕藉田也。今而後，誰不知所以敬神之道，行禮射，服禮服，而潛消其暴戾鷙悍之習。祭祀、朝覲、耕藉，而開導其忠孝敬慎之心，是武王之教誨雖多，而此射息、脱劍、知孝、知臣、知敬五者，則教之大端也。全在消習氣、開良心上見。

按：習射郊學，有擇士簡德意。革，甲鎧也。取甲鎧而張之，射穿多中爲善。《春秋傳》“養由基射穿七札”是也。金華應氏曰：“射於郊，養老於太學，非有異學也。”太學即在郊之學。《貍首》、《騶虞》之節，雖有天子、諸侯之異，竊意因學而分左右，非分學而射也。若分射一處，則非所以辨尊卑矣。《騶虞》仁而不殺，天子包容徧覆之象；《貍首》義而善搏，諸侯奔走赴功之象，故射各以其詩爲節也。裨冕，天子六服，大裘爲上，其餘爲裨，衮冕以下也。裨冕與搢笏雖兩事，然重在“搢笏”上，對下文“脱劍”而言也。虎賁，有力如虎者。文王之廟爲明堂，三言知而行寓乎其中，三“所以”字不可閒看。

“食三老”節，前半節是補五教之所未及。“若此”以下，通結上數節。天子，即武王。“袒而割牲”三句，禮也。冕而總干，謂戴冕持盾以親舞樂也。老近於兄，故天子敬老，所以教諸侯之盡弟也。“所以”二字，在親舞上見，此上皆牧野之語，由是語觀之，可見武王必若此委曲詳悉，然後周道達於四方，而禮樂二者交相通行，則夫《武》樂之遲久以象之，不亦宜乎？

“君子曰：禮樂不”二節

此見禮樂之貴致也。身兼心與躬而言，治心至於天神，治躬至於嚴威，這是不斯須去身之所致，不治心而鄙詐入，不治躬而慢易入，這是斯須去身之所致。要看“斯須”二字，斯須者，正吾心與禮樂斷續之脈，天理人欲消長緊關處。曰“不可去”，可見用禮樂之權，全在我心。

“禮樂不可去身”節，“致”字實有工夫。子諒，《韓詩外傳》作“慈良”，今當從之。易直慈良，是一個和心，此等心人所自有，但物欲蔽之，斯有時而息，致樂治心，則樂與安久天神信威，乃自然相因之妙，皆在“易直子諒”之心上看。“信威”二句，不過贊天神之妙，非天神外又別有此，然曰信曰威，只在自家心上誠敬看，即《大學》“瑟僩慄恂”意，亦即《中庸》“不言而信”意，不可作人信、人威看。末句全在一致上，窮得他理到，方纔有心得而萬念融徹若此。

君子曰：世之用禮樂者皆言不去禮樂矣，不知禮樂和序之理，不可斯須去者也。致樂治心，樂由中出，故治心以之致者，窮極其知，而不問其功，有斯須不去樂之意。樂本是個和的，常將來養心，故感人心之和而生易直子諒也。一團善心既生，則機括一動自然都有。五“則”字要玩味，皆是以漸而至，自此心之生。自得而不容已曰樂，自樂之定而不爲外物所搖奪曰安，自安之無所間斷處曰久，自久之不思不勉處曰天，自天之不可測識處曰神。惟其天，則一真不妄，嘿而成之，何言之有？惟其神，則心神嚴翼，不待奮發，何怒之有？此皆一心之妙，非致樂治心者能如是乎？故結之曰致樂，以治心者也。

按：君子曰，記者引君子之言也。易，心不艱險。直，心不回邪。子，心不殘忍。諒，心不暴戾。總是一個心之極和，致樂治心，邪去則善萌。油然者，生生不窮意。樂、安、久、天、神、信、威，非有淺深先後，不言而信者，不與易直子諒之心期，而易直子諒之心，隨時而至，若有所期者然。不怒而威者，言不易直、不子諒之心，不消用力驅除，而惡念遠伏，若有所畏懾者然。鄭注：“善心生，則寡於利欲，寡於利欲，則樂矣。志明行成，不言而見信，如天也，不怒而見畏，如神也。”信、威俱説向外，亦自有理。

“致禮治躬”節。禮自外作，故治躬以之，致者窮極其序，而不間其功，有斯須不去禮之義。禮本是個敬的，常將敬來檢制此躬，故能端莊以持己，恭敬以接人。惟莊敬，故色足憚而嚴肅，貌足畏而有威嚴。威即莊敬可畏憚處，須在自己身上説，不可説出到人，致禮到威嚴地位，與致樂到天神一般，禮以治躬，故能管攝人身如此。“心中斯須”以下，反言斯須去禮樂之弊。不和不樂，只致樂的工夫不到，不能窮本知變，所以氣質用事而鄙詐之心入之。不莊不敬，只致禮工夫不深，不能著誠去僞，所以私意錮蔽而慢易之心入之。禮樂於身，豈可斯須去得？

按：莊是外面端整而不肯懈弛，敬是外面謹恪而不敢放肆。嚴威，根己身足以起人畏憚上看，莊敬便是嚴威，亦不作先後看，玩“則”字可見。不和樂，反上節“易直子諒”；不莊敬，反本節“莊”、“敬”八字，正見得他外誘使然，非本心實有此惡。雖非本有，然既爲所奪而得以爲主於内，則非心而何？“心中斯須”以下，若單看本節，又當專指禮説，如云禮雖脩外，達内以之，内之亂者，外之所以得間，故鄙詐之心易入。禮自外作，飾貌以之，外之弛者，内之所以不固，故慢易之心易入。此正是内外斯須之禮，而弊即乘之心中可以斯須去禮哉！

“故樂也者，動於内”節

此推禮樂之致，而極言其效也。首二句原其本，以見其所以能治身心也。極和，極順，只致禮樂到極處便是。内和而外順，是承上起下之語，推言感人動物之效。“民瞻”句，屬和。“望其”句，屬順。此要看二“極”字，一“致”字，有無窮妙理。道者，吾性之真和，亦人性之真機，有分毫透徹不到，涵養未純，道不得致，和順安得極？前二“極”字，全從這一“致”字來。

夫禮樂能治身心矣，則心非本無樂，而强以樂治心也。樂也者動於内之和者也，動於内，故足以治心，躬非本無禮而强以禮治躬也。禮也者，動於外之順者也，動於外故治躬以之。人能致樂於心，而到久安天神地位，則無斯須之不和，而極和矣。能致禮於躬，而到莊敬嚴威地位，則無斯須之不順，而極順矣。内和而外順如此，則禮樂一原，表裏俱盛矣。由是内和則顔色亦和，民瞻之者，爭心自息，蓋爭者和之反也；外順則容貌亦順，民望之者，易慢不生，蓋易慢者順之反也，然豈止不爭不慢而已哉！極和矣，則動於内者，皆至德之光所流露，民且以君子之和治其心。承聽，有心融氣伏意。極順矣，則動於外者，皆周旋中禮所發越，民且以君子之順治其躬，承順，有心悦誠服意。極和極順之化如此，故曰是斷語。人能研窮和序之道於身心間，則舉而措之天下，將以和召和，以序召序，於治天下何有？不然，何以不爭不慢，承聽承順也哉！

按：首“故”字承上文“治心身”來，因一“故”字，便與下節不同。極和極順，根兩“致”字來。説到不爭不慢，效驗已見了，但此境猶虚，下二句，正發明二句之意。德以輝言，即和順英華之驗，有德便有輝，故德輝動於内，而民莫不承聽其德，敢與德爭乎？不僅在顔色上論，發以理言，即動容周旋之中。禮者，理也，理凝則必發，故理發諸外，而民莫不承順於理，敢與理慢易乎？不僅在容貌上論。樂之和融而爲德，禮之順敦而爲理，便是禮樂之致。承聽承順，是可以自治，亦可以治天下，便是推之無難。然“致”字略在前些，即上文“致禮樂”之“致”也，此非古語，只總結上意。

“樂也者，動於内”節

此言禮樂相濟之美也，當與“樂者”爲同章參看。“内”、“外”二句，禮樂之原，減、盈，是禮樂自然本體，不減不盈，便是不和不序了。而進、而反，是禮樂用以濟體處，但在禮樂上説，以進、以反方實是行禮作樂，相資爲用也。兩個“爲文”，即爲美、爲貴意。則銷、則放，雖説禮樂不相濟的弊，乃承上起下語，輕看。報反意思在進反後，進正是報那減的，反正是反那盈的，是減宜有此報，盈宜有此反。義一，謂禮樂合當如此。大旨，禮樂何以必相濟而後宜？其病根已就在主減主盈内。曰減，其本質先有一分不足的病在了。曰盈，其本質先具一分有餘的病在了。所以用時，必須緊緊搭救他，方纔得中，而合乎事理之宜也。

夫樂主於和，而欣喜歡愛之和出於中，是和動於内者也。禮主於序，而進退周旋之序著於外，是禮動於外者也。禮惟動於外，故其體主減。檢束收斂，以節制爲主，而後爲禮也，就禮儀見於身上言。樂惟動於内，故其體主盈，發達動盪，以宣布爲主，而後爲樂也，就意氣形於樂者言。禮體減矣，而其用則貴於勉進焉。進者，勉力敦行，無所不用其情之意，總一“和”字盡之，行禮者不一於減，而進以濟其減之不及，斯文理可觀，而禮斯達也。樂體盈矣，而其用則貴於反約焉。反者，裁抑收飭，不敢侈縱之意，總一“節”字盡之，用樂者不一於盈，而反以濟其盈之不及，斯作止有節，而樂斯善也。夫禮樂異體，而用貴相濟如此，使禮若過於減而不進，則威儀銷鑠，必有禮勝之失；樂過於盈而不反，則意氣放肆，必有樂勝之敝。故禮必有和，以爲減之報。報者，相濟之謂。樂必有節，以爲盈之反。反者，知止之謂。禮減而得其和以相濟，則從容忻愛而樂矣，此樂以和禮也。樂盈而得其節以知止，則優柔平中而安矣，是禮以節樂也。禮樂相須並用，而一歸乎至和至序之原，其合於宜一而已矣。故曰禮之報，樂之反，其義一也，禮樂豈二道也哉！

按：首二句要與前章説得有别，前章在“故”字得解，此節以“進”、“反”爲主。動於内，動於外，則減盛所由起，主減、主盈根動内、動外來，則進、反所由起也。通節語意至“進”、“反”纔住，正意在此。而進、而反，且説理當如此。以進爲文，以反爲文，方著人身上説。禮本有限制，而情不容已，就退遜中自有一種不容盈溢的道理。有報只是以進意，有反只是以反意，變進爲報者，取相酬之意耳。樂在舉動從容無拘迫上見，安就聲容平重無沈溺上見，則樂、則安就是爲文光景。下面總明“禮進”四句，這個意思，非有兩層。禮報樂反，皆是相濟之義。夫銷則不樂，放則不安，此過不及然也，不合事理之宜者也。報則不銷，反則不放，此無過不及者也，合於事理之宜者也。

“夫樂也者，樂也”三節

此見樂本人情，故足以治人，首尾“人情所不能免”，正相叫應，兩“立樂之方”，全在治人看，次在反己上看，總之反於己心，感於人心，無二理也。大旨重“審一”兩字，性術多變，不能守一也。一守則性之術變，而性之理不變，以既定之和爲感化，故爲天地作命令者，以一即天地所賦予之正理也，爲中和之紀者，以中和即一之所發也。

“夫樂者”節。“不能免也”分。上原樂本於情而切於情，下著情之所由亂而推先王作樂以治情也。大旨重“性術之變盡於此”一句。性原純一無僞，何爲有術？發爲情則爲術，是其巧處也。况性情至不好念頭，都生出來，所以先王把《雅》、《頌》道之，“道”有引導而使人自得意。三“使”字、“足”字、“不”字平看，皆制《雅》、《頌》之善處。“立樂之方”總結之，是因人情而維本性，乃治情之妙法也。本文只說《雅》、《頌》，蓋樂中之最有關係者，其實全樂已具矣，故下文只說樂。

夫樂者，樂也，這“樂”字，乃中節之樂，即下文所審之一，所定之和，非常人不正之樂也。此樂爲人情之所不免而作，見治情必須此意，蓋人情感物而有樂，則必發於聲音而爲詩歌，形於動静而爲舞蹈，是天機之感應，此乃人生自然率性之道也。性一定而無變，感於情則有變，而猶未盡也。至有聲音動静，則性術之變，盡見而無隱藏矣。曰性術而顧可使亂乎？曰變而能保無亂乎？故人不能無樂，樂不能無歌舞之形，形而不爲文辭以道之，則情蕩而不能無亂，即鄭衛之音是也。先王有治情之責者，耻其亂，故因其情之所形者，而著爲二《雅》之聲焉，若《大雅》、《小雅》，無非陳王政之得失，而致其勸戒以道之也；著爲三《頌》之聲焉，若《商頌》、《周頌》、《魯頌》，無非所以美盛德之形容，而告戒於神明以道之也。使《雅》、《頌》見於依咏之聲者，足以爲怡樂性情之資，而自不至於流。使《雅》、《頌》見於篇章之文者，足以爲講明性術之藉，而自無所厭。使其樂律之清濁高下，或宛轉而曲，或徑出而直，或豐而煩，或殺而瘠，或稜隅而廉，或圓滑而肉，或止而節，或作而奏，其和平皆足以感動人性術之善而已矣。不使放肆之心，邪辟之氣，得接於身焉，此正所謂制《雅》、《頌》以道之也。將見聲音諧，動靜平，由情而宣，亦以維情也。先王作樂之方法，固如此哉！

按："樂者"作頭，"樂也"是原其始。人情不能免，是要其終，下正申明不能免意。性術即人情之樂也，盡處已便有亂意了，故"人不能無樂"數句，反覆漸推出亂來，以啟先王作樂治情也。"制爲《雅》、《頌》"句提起，重説。《雅》、《頌》，正樂，道者使人有所樂，便歌咏乎此，舞蹈乎此，迪人於正，不是將人情之樂，制爲《雅》、《頌》也。三"其"字俱指《雅》、《頌》，三"使"字皆所謂道之也。不流就在足樂内，如肅雍相濟，而外不淫色、内不害德便是。不息就在足論内，如脩齊平均，理無不寓，探之不窮便是。曲直等，則播諸器矣，不接就在感動内，善心，如下和敬等。放心邪氣，即不和敬等。相對看，然還不曾實説到樂感化人處，且説《雅》、《頌》之善如此。方，方法也，在"道"字看出來。《雅》、《頌》原由性情而作，因樂根於性情，故以此道，使不知不覺，性術自歸於正而不亂，所以謂之方也。

"樂在宗廟"節。此言正樂隨在感人，因推先王本吾心之和而作樂，所以能感人也。"審一"句，是制樂之始，先立其本，重看。"比物"句，是制樂之成，詳前治其飾，不與上句對。"節奏"句，是作樂之時，已成其文，又輕看矣。先王看得已心上之一明白，乃作樂以道人性術之變，使不一者亦歸於一，此以已心治人，有絜矩之義，故謂之方。

"是故"頂上"正樂"來，即《雅》、《頌》聲文，播於器者，在是實作樂於此地也。宗廟之中，有君臣上下，其他以敬爲主，樂作而同聽之，則不徒敬而和敬以終事矣。族長鄉里之中，有長幼，其地以順爲主，樂作而同聽之，則不徒順，而和順以相接矣。閨門之内，有父子兄弟，其地以親爲主，樂作而同聽之，則不徒親，而和親以相與矣。感人之和如此，蓋由先王作樂，以人性本一，至和存焉，而所應之情不一，於是始有乖其本體而不和者，故惟精以審其一，以一而定其和，則性情皆正，而樂之本立矣。然後比之八音以顯聲之節，比之干羽以顯容之節，則聲容兼具，而樂之文備矣。及其節奏之合，倡和清濁，迭相爲經，屈伸俯仰，各得其宜，若五色之錯雜以成文采，而皆不相亂，則樂之和極矣。由是用之閨門而莫不和親，用之宗廟而莫不和敬，用之族長鄉里，以附親至疏至衆之萬民，而莫不和順。“所以”二字，從本心之審一定和，而形於器來，故此審一定和者，乃先王立樂之方也。

按：和謂從容安舒，無所勉强，如君臣上下，本主於敬，今則自然而敬，便是和，非謂和以濟夫敬也，和親、和順倣此。“審一”三句，一連説下，“一”字指心言，一即性也。“和”字指喜怒哀樂之發皆中節言，即性之術也。心一而所應者不一，精審密察於衆理之中，以求其當，使喜怒哀樂之發皆中節而和也。物，指樂器。比，合也。“成文”字不必著力，“節奏”以樂之作止言，兼聲容説。一云，金石絲竹聲之節，干戚羽旄容之節，可奏而和，是根上“節”字説來，宜知。此“節”、“方”字與上節不同，蓋和發於吾心，而感於人心，前方是本人情而立，乃以人治人者，此方是本已心而立，乃已立立人者，比諸上文益加密矣。

“故聽其《雅》、《頌》”節，此言正樂感人爲用之大，以結上文也。前章就倫理上説，兼衆人言，此又就身心上説，指一人言。一云“志意得廣”應倫理者悮，得莊、得正、得齊，以平日動静言，不專在舞時，此又樂之淑身心也。“天地”三句，兼倫理身心説。大旨，“天地”、“中和”字，俱根“性術”“性”字來，自是緊關著脈處。天地之命，自性術之元初渾淪者言，中和實理，正性中物，紀其不中不和之變，以歸於中和之本，然則人人還已心之一而先王審一之功始完。

夫本吾心之和而極感化之大，其在倫理者固如此矣。又有可言者，聽二《雅》、三《頌》之聲，則志意得廣。人心中萬理咸備，本自廣大但爲私欲所蔽，始狹小矣，兹得於正樂之感。聽《雅》，則好善惡惡之心生；聽《頌》，則想慕盛德之心生。性天流行，若還復其本體然，此其聲足以拓人之心如此。執干戚以習頭容俯仰，以習身容屈伸，則平日動止以禮，容貌得莊。執干戚以行綴兆，執干戚以要節奏，則平日行列得正，進退得齊，此《雅》、《頌》協之舞，足以檢人之身如此。由是觀之，天地賦人以人倫之理，賦人以身心之理，而未嘗有言以教人也。有樂以感人，則天地之所未言者，而樂能贊成之，非樂則幾乎息矣，樂非天地之命乎？人倫亦有中和之理，身心亦有中和之理，而不能爲紀以維之也。有樂以感人，則中和之易流者，而樂能管攝之，非樂則條理紊矣，樂非中和之紀乎？一或免焉，不能正其倫理，不能養其身心，而違天地之教命，壞中和之統紀矣，故曰“樂者，樂也，人情之所不能免也”，此則申言而總結之。

按：此節通是結語。綴以表行列，兆者，場域之限也。行列進退，有立與行之分，依其綴兆，故行列得正。要其節奏，要，協也，故進退得齊，都是現成話頭。如《雅》、《頌》之聲，首節已有了，而不使放心邪氣得接，非所謂志意得廣乎？非有兩層意。性術之形，猶有道之迹，至此則樂即天命之命，中和之紀，與性術混一了。樂能官天地，故曰天地之命，又能道中和，故曰中和之紀，其歸於樂一而已。“人情不能免”句，亦要重看，先王慮人情必不能免，則審一、定和之樂，自不能已已耳。

“夫樂者，先王之所”節

此論禮樂足以成化，而贊其道之大也。此禮樂就聖人用上説，非制禮作樂之謂。緊要大旨，全在“得儕”上。治便喜，不治便怒，喜便飭以樂，怒便飭以禮，此由先王清奸惡之源，謂中和之節，全沒一毫私心，所以纔得儕。天下和，暴亂畏，根得其儕來。“盛矣”句，即就此二句見出，不必另討。

夫樂，先王非無因而用也，見天下之和而喜心生焉，故用樂以飾之。軍旅斧鉞，非先王之所樂用也，見天下之無節者而怒心生焉，故用軍旅斧鉞以節之。是先王之喜怒，非私喜怒也，從其可喜可怒之類，發皆中節者也，故至和所感而天下和之，至節所加而暴亂無節者畏之。是先王治天下之道，非止禮樂，然根於公喜、公怒之德，而達爲共和、共畏之化，則能和平整飾天下者，惟禮樂也。禮樂非道之甚盛者乎？

按：首四句，言先王用禮樂之所本，喜心在中則作樂，是樂乃飾喜之具；怒心在中則制軍旅斧鉞之禮，是軍旅乃飾怒之具。喜有慶治平意，怒有伐不軌意。禮有五，軍旅其一也，故以軍旅斧鉞代“禮”字，此“禮”字不可寬説。飾，即比物飾節之飾，謂顯設也。“皆得其儕”最重，得力全在平日，亦於用禮用樂上見。樂以飾喜，非樂不樂，是喜得儕類。斧鉞飾怒，非惡不怒，是怒得儕類。所喜者，如暴民不作、諸侯賓服等事。所怒，如四方不庭、一人横行等事。皆合天下之公喜、公怒，發於情而根於性者，在先王身上説，玩“故”字可會。天下和，暴亂畏，就上得儕而點綴其光景如此，非至此始和、畏也。

禮樂始於一心，而達於天下，故曰盛，非若功令之勸懲，有及有不及也。

“子贛見師乙”三節

此明歌詩陳德之理也。六德，只是中和之德，宜歌處，只是取興趣之同耳。有寬靜柔正之德宜歌《頌》，以《頌》乃寬靜而柔正者也。餘仿此。直己陳德，就在上文見出，“直己”與歌無干，只是有德的源頭，得力工夫全在此，即“直養而無害”之“直”，由平素自反無分毫愧怍，完得性天所稟受的正理，然有德而不思善保，則又恐物欲累而天不全，故時常把《詩》來敷陳一番，以涵養而保全之。陳德，方指歌説，此由性天工夫到，所以歌一觸之，性天即爲之流行。天地應，四時和等，全在吾心氣象上看出，非真有此應也，見得直己的正力到，調燮的道理都在我了。

夫人之氣稟不同，其德性亦異。先王之世，使人各因其性之所近，而歌其所宜之詩，所以保德，《書》所謂“勸之以九歌，俾勿壞者”是也。子貢見師乙而問曰：“賜聞詩歌各有宜也，如賜者，宜何歌也？”是欲引詩歌之宜，以驗自己之德也。師乙曰：“乙，賤工也，何足以問所宜？請誦其所聞，而吾子自執焉。”欲其審自己之德，以擇詩歌之宜也。以其宜言之，寬以有容，又不傷於妄動而靜，柔以致順，又不流於詭隨而正，德之極盛者，宜歌《頌》，蓋《頌》美先王之盛德也。心體廣大，亦不撓於動而靜，事理疏達，又不失之誣而信，是德之能敬者，宜歌《大雅》，蓋《大雅》乃朝命之詩，受釐陳戒，恭敬齋莊，以發先王之敬德者也。恭而好禮則不過，儉而好禮則不陋，是德之洽乎人情者，宜歌《小雅》，蓋《小雅》燕享之詩，歡忻和悦，以盡群下之情者也。正直而又靜，廉隅而能謙，德之正乎性情者，宜歌《風》，蓋《風》美善刺惡，歸於性情之正者也。直情徑行而濟之以慈愛，德之剛中者也。《商》音剛决，今先有一商之理在吾心矣，豈不宜歌《商》乎？溫和慈良，而濟之以能斷，德之柔中者也。《齊》音柔緩，今先有一齊之理在吾心矣，豈不宜歌《齊》乎？夫歌者非徒歌也，必由未歌之先，正直己身，如有寬靜柔正等德，而後歌以陳之，如陳此於《雅》、《頌》詩等，而涵泳以保全之者也。其未陳也，一性天之保合；其既陳也，一性天之流行。直己之己，己之靜也；陳德之己，己之動也。己靜而天地萬物爲一體，己動而天地萬物相感通，天地以動而位，四時以動而和，星辰以動而理，萬物以動而育，非虛也。始因德而有歌，終因歌而保德，詩歌之益其大如此。

按：執者，自主張之謂，四詩《雅》、《頌》爲正，餘皆有正有變，詩之作稱，蓋指正者言之，正風如二《南》、《豳風》，正大雅如《文王》、《生民》二什，正小雅如《鹿鳴》、《白華》、《彤弓》諸什是也。《商》、《齊》之詩不傳，寬者多放縱而無檢束，柔者過萎靡而涉邪媚，寬而主靜，柔而持正，此寬靜之美德。器量廣大者，多肆意而放曠，知識疏達者，多舞智而作僞。廣大而安靜，疏達而信實，此廣大疏達之美德。恭者常慎而過，儉者常嗇而不及，今能好禮，則恭儉美矣。正直者勇於有爲而常動，廉者介以自守而常亢。今能慎動謙遜，則正直與廉美矣。肆者闊大，直者剛正，此等人多寡恩，而又慈愛剛中也。溫良者似優柔，而又能斷柔中也，此以寬柔等作主，而靜正等濟之者也。陳者，敷揚之意，内涵養德意最重。陳德便動已，動已如何便能感造化？蓋原是直已有感的人，又動之於歌，益充養純粹，則中和之極處，故自然有許多大效驗。天地奠位，四時順序，星辰則宿離不忒，萬物則性命各正，皆根“動”字説去。

“故《商》者，五帝”節

此特明《商》、《齊》之益也。《風》、《雅》、《頌》載在三百篇，人皆知其可歌，《商》、《齊》之音失其傳，恐人疑非正音，故表之。五帝三代，言《商》音、《齊》音之原。二“明”字是明歌之意，是精擇工夫。下“保”字是固守工夫，明非直識得《商》、《齊》音中剛决柔緩興趣，直舉剛中柔中所以然之理察之，故能屢斷讓利，辨有明是非之辨意，讓有明取與之分意，故竟以勇義加之，此是何等精細工夫。“保”字宜玩，人之有德，固以歌而生，苟因其德之生，而遂忘其歌，則雖得猶失，故用一“保”字。

夫《國風》、《雅》、《頌》，固皆作於古矣。《商》者非始於商也，乃五帝之遺聲也，特以商人識之，故音亦以“商”名耳。《齊》者非始於齊也，乃三代之遺聲也，特以齊人識之，故音以“齊”名耳。君子而念始之者也，何莫歌夫《商》與《齊》哉！明，謂因歌有德而明其理，不是爲物蔽之謂。肆直而不蔽於慈愛，是明乎《商》之音者也，故臨事而屢斷，具一剛中之德，危疑不能怵故也；溫良而不蔽於能斷，是明乎《齊》之音者也，故見利而讓，具一柔中之德，財利不能讓故也。夫勇即明道義，配道義，剛大之氣，固有塞於天地之間者矣。夫斷者勇之决也，不爲勇乎？義即無爲不爲，無欲不欲，裁制之宜，固有超於物欲之外者矣。夫讓者義之施也，不爲義乎？是勇也義也，雖因歌見，實我固有也，然必欲《商》、《齊》之音而明之，然後勇義可保也。不然，而逡巡之患起，不然，而貪冒之心生，孰能久保此勇義而不失哉！則歌之有益於人也大矣。

按：時説，《商》、《齊》失傳，故特明之。夫當時師乙問答之，安在其爲失傳也。言《商》、《齊》之音，似非《風》、《雅》、《頌》之比，而亦宜歌者，蓋聲爲五帝、三王之遺，則其源遠，歌之能保勇義，則其功大，此所以宜歌也。宋商之後，此商人，謂宋人也。“屢”、“斷”、“讓”字固重，“臨”字、“見”字亦不可忽過。此四句又只是就上看出，非兩層意。二“有”字，著人之固有説，此遞下句耳，輕看。

“故歌者，上如抗”節

此詳狀歌之法，而釋其義也。大旨説即七情中之喜樂，歌由此出，是即性天之流行處，要見得這説，由平日直己而發，大約是中節的。

“故歌者”節，“故”字，承上文來，夫歌固以陳德而保德矣，然曲調不合諧和之節，而乖於中正，必無以陳德而保之，故樂之音節，必合數者而後爲妙也。以言乎聲之高而上也，輕清而剽疾，則如抗而軒舉；聲之低而下也，重濁而舒遲，則如隊而直墜。其回轉而曲也，則如人之折旋而委婉悠揚；其闋然而斷止也，則如槁木斬絶而無生意。其微曲而倨也，中矩之方；其甚曲而句也，中鉤之圓。其聲之絡繹不絶也，則纍纍乎相續而端正如貫珠。歌法如此，斯爲妙矣，而其義不可不知也。凡言皆言也，而非長言，故歌之爲言也，長言之也。言何以長也？心感於物而説之，故言之，言之而不足以盡其説，故長言之，此長言之始也，所以爲歌也。長言而又不足，故嗟嘆之，而意味深長，嗟嘆之而又不足，故手之舞之，足之蹈之，而歡悦之極不知誰之所爲，此長言之終也，所以不止於歌也。於是子貢問樂，蓋歌之理可通於樂，而樂之數不盡於歌。當時師乙答之必有詳其器制，而不但言其義者，今亡矣。

按：歌之爲言，此“歌”字亦是人去歌那舊詩章，所謂歌永言也。爲言，猶云爲義。長言，謂聲之連延不絶，已解盡了“歌”字意味。下文皆“説之”所必至，皆從“長言”字上説，長言比“言之”進一步。嗟，指聲嘆，指氣，就在長言之中。“舞”、“蹈”又在“嗟嘆”之後，備舉歌之始終，所以爲長言也。“子貢問樂”句，一云，歌之爲言如此，是子貢問詩歌於乙而得之者也，而在人爲歌、在器爲樂，則樂之諧於金石、動於干羽者，總不過悦之成始成終，其理不外是矣。子貢所問，非問樂而何？故終之曰“子貢問樂”，可從。此先“長言”而後“嗟嘆”，《詩》則先“嗟嘆”而後“永歌”者，言先“嗟嘆”，則以“嗟嘆”而唱之也，後“嗟嘆”則嗟嘆而和之也。彼以《詩》爲主，而《詩》者樂之始，故以唱爲序，此以樂爲主，而樂者《詩》之終，故以和爲序，非有不同意，各有所主也。

禮記説義纂訂卷之十六

陝西涇陽楊梧鳳閣著
兄楠龍棟定
姪昌齡三開、紹齡七來
男延齡九如
孫惺慧益較

雜記上

按：《雜記》者，以其雜記諸侯及士之喪事。

“大夫卜宅”二節

此大夫因葬卜筮之服也。宅，葬地也。葬地、葬日兩事，冒下。上占者卜龜之人，下占者審卦爻吉凶之人，俱以大夫言。有司，治卜者之群吏也。有司麻衣等，半凶半吉之服，半吉重卜也。占者尊於有司，求吉卜，故服皮弁。皮弁，純吉之尤者，與神交之道也。史，筮人也。練冠長衣，純凶服也。筮輕於卜，故用之。此占者尊於筮史，求吉筮，故用朝服。筮輕，用彌吉之朝服，朝服卑於皮弁也，一用服而禮之輕重、分之尊卑，俱兼之矣。

按：麻衣，白布深衣，是吉；布衰，布帶，是凶；緇布冠，是吉。古法不蕤，不蕤亦凶，故云“非純吉”，亦非純凶。揲蓍曰筮，筮，靈草也。皮弁通於上下，乃天子親朝之服，諸侯、大夫、士視朔之服也。練冠、長衣，純凶服也。朝服，則大夫日視朝之服。

“大夫之喪，大宗”節

此記大夫喪，相、卜之人也。君臣一家，君之喪，百官庀其職。大夫之喪，家臣庀其役。其廣狹固不同矣，然其力有不能盡其者，不能不仰之於公，君亦恤其私，而使大宗人相其禮，小宗人、卜人治其龜，以贊大夫之喪，其待之厚矣。所謂體群臣者，此類是也。

按：大宗人，即大宗伯，相佐助禮儀也，《周禮》大宗伯之屬有肆師，凡卿大夫之喪，相其禮，是也。小宗人，即小宗伯也。

“女君死，則妾”節

此記攝女君之禮，隆於衆妾者也。女君死，妾猶爲其黨服，徒從也。妾攝女君，則不爲先女君之黨服，以攝位稍尊，故也。

按：古者諸侯不再娶，於禮無二適，故女君卒，則以妾攝其事，而不得爲夫人，是謂攝女君也。女君已死，故稱先。不爲女君之黨服，是隆於衆妾矣。

“朝服十五升”節

此記喪冠帶衰之制也。朝服十五升，則終幅千二百縷而精密，去半而緦，則終幅六百縷而疏，用爲緦服，故《儀禮》云“有事其縷、無事其布曰緦”，是也。若以此布加灰澡治之，則又有事其布，是爲弔服之錫衰也。

按：八十縷爲一升，十五升而去其半，則七升半也，止六百縷。錫，滑易貌。衰有五，斬衰、齊衰、錫衰、緦衰、疑衰。錫衰，十五升去其半。緦亦十五升去其半。疑衰十四升，疑於吉也。

“大白冠，緇布冠”節

此記冠飾之變也。冠以莊其首，蕤以治其飾。大白、緇布二冠，皆不緌者，上古尚質而不文也。至後世玄、縞二冠，別爲冠卷有緌，而後大白、緇布二冠，皆有緌，後世以文而勝質也。

按：大白冠，太古之白布冠也。緇布冠，黑布冠也。委武，冠下卷也。一物而異名，秦人呼卷爲委，齊人呼卷爲武。玄，玄冠也。縞，縞冠也。此用於祥禫之時者，然緌惟諸侯有之，大夫、士則不緌。蕤，與“緌”同。

“大夫冕而祭”節

此記大夫、士冠服之異也。助祭爲尊，自祭爲卑，故冠服有異，其謂士昏可用弁，則祭於己亦可用弁，此記禮者之所疑也。殊不知昏禮萬世之始，視祭爲重，且禮行於一時，故可攝盛服而用弁，亦若諸侯之冕而親迎也。若祭有常禮，不敢紊也，故謂士弁而親迎可，謂士弁而祭於己則不可。

按：《儀禮·少牢》"上大夫自祭用玄冠"，則此大夫謂王朝之大夫及諸侯之孤也。冕，絺冕也。祭於公，助君之祭也。弁，爵弁也。祭於己，自祭於廟也。士謂王之上、中、下士，及公侯之上、中、士也。冠，玄冠也。大夫以玄冕爲極，士以爵弁爲極，非祭於公，安敢用哉！

"暢，臼以椈"節

此記臼、杵、枇、畢之制也。擣鬱鬯者，以柏木爲臼，以梧木爲杵，柏香芳，梧潔白，故用之。舉牲體者，從鑊升於鼎，從鼎載於俎，皆用枇，枇以桑木爲之，長三尺，或五尺。主人舉肉，執事者以畢助之舉，畢亦以桑木爲之，亦長三尺，其柄與末皆刊削之，畢既如此，枇亦當然，皆謂喪祭爾。

按：暢，鬱鬯也。椈者，柏之别名。枇，所以載牲體者。畢狀如乂，所以助主人載者。刊，猶削也。喪祭用桑，若吉祭則用棘，與喪不同。

"凡婦人，從其"節

此言婦人尊卑之禮也。凡治婦人喪事，皆以夫爵位尊卑爲等降，無異禮也。

按：婦人從夫，故治婦人喪事如此，不待喪事爲然。

雜記下

"子貢問喪"二節

此記居喪之禮也。子貢問居父母之喪，夫子曰："居父母之喪者，必誠、必信以爲敬，敬足以盡禮，故爲上。悲痛慘怛爲哀，哀足以盡情，故次之。哀過毁形爲瘠，瘠僅足以盡容，不勝喪乃比於不慈不孝，故爲下。情有悲哀隆殺之别，顔色稱其情者，以外稱内也，不稱則爲僞，服有斬衰重輕之殊，戚容稱其服者，以本稱末也，不稱則爲野。"子貢請問居兄弟之喪，夫子曰："存乎書策者，言依《禮》經所載而行之，非若父母之喪，哭泣之哀、顔色之戚，有書策所不能載者，故親喪求情於言意之表可也。"

按：喪本尚哀，此言敬爲上者，疾時不能敬，稍不敬則哀忘之矣。持喪之敬，正所以全哀也。

“君子不奪人之喪”節

此言人己居喪之禮也。君子不奪廢他人居喪之情，所以教孝也，而君子居喪之情，亦非他人所能奪者，所以致孝也，各得其禮而人己備矣。

“三年之喪，言而”二節

此記喪禮言語居處之節也。三年之喪服斬衰，居父喪者，得言己事而不得爲人論説。有問者，則對於人而不得自問於人，倚廬堊室之中，不與人坐，皆恐分其哀也。居堊室者，非有事行禮，當入見母之時，則不入中門，恐紊其辨也。言堊室，則廬可知矣。凡喪次，斬衰居倚廬，齊衰居堊室，蓋倚廬乃哀敬嚴肅之所，故服輕者不得居也。

按：服斬衰者，期年内居倚廬，既練居堊室，堊室塗以白土者，又大功有幃帳，小功緦麻有牀第。

“免喪之外”節

此言人子終身之喪也。人子既免喪，而行於道路，見人貌有類其親者，則目爲之瞿然。聞人名同其親者，則心爲之瞿然。蓋由思親之至，故見聞其近似者，而以爲真也。弔喪問疾，其哀色戚容，必有以異於無憂之人，蓋由懷親之寢疾以死，故見人之喪疾而深色獨變也。此三者皆餘哀未忘，所謂外除而内未除也。夫免喪之外尚然，則執喪之時可知，故惟如此之人，而後可以服三年之喪也。其餘期親以下之喪，不過循喪禮而直行之，則是矣，豈若親喪之難執哉！

按：瞿然，驚變也。路隋父死，母告以貌類父，終身不顧鏡，近於目瞿。劉溫叟父名岳，終身不聽樂；徐節孝父名石，終身不履石，近於心瞿。

“古者貴賤皆杖”節

此記庶人廢杖之由也。喪之有杖，所以扶病而教孝也，貴賤皆得有之。魯有輪人不知禮，以杖穿於車轂之中，而迴轉其輪，鄙褻甚矣。武叔入朝而見之，於是禁使無爵者不得杖，懼其褻也。夫不教人以孝，而禁人之孝，是何異於徽咽而廢食者哉！故輪人之失小，武叔之罪大。

按：叔孫武叔，魯大夫，名州仇。朝，謂將朝也。輪人，作車輪之人也。關，穿也，轂車輪之所湊者，居輪之中。輠，迴轉也。

“鑿巾以飯”節

此士用巾之由也。凡親喪之含，大夫以上貴，使賓爲之，恐尸爲賓所憎穢，故以巾覆尸，而鑿其當口之處，使可納玉，士則自爲之。子不可以憎穢其親，故不用鑿巾。公羊賈士也，而鑿巾以飯，則非禮矣。

按：飯，含也。公羊，姓，賈，名，未詳其人。此合上章，蓋欲後人原其始而反之也。

“或問於曾子曰”節

此論遣奠包牲之義也。設遣奠畢，又以牲體之餘，包裹而置之遣車，以納於壙中。或人疑此禮，如君子食於他人之家，食畢而又可包裹其餘以歸乎？言傷廉也。曾子告以大饗之禮，饗畢卷斂俎内三牲之肉，送歸賓之館中，猶此意耳。父母，家之主，非賓客也，今死將去，遂與賓客之疏者同，而孝子以賓客之禮待之，所以爲哀之至也。重言以深喻之。“父母賓客”二句，文奥義至，堪下孝子之淚。

“三年之喪，雖功”五節

此下五節，記有喪者弔人之禮也。

“三年”節。三年之喪，雖功衰之後，亦不弔人，恐分哀於人，而忘其親也，此禮自諸侯達諸士，貴賤同也。若有五服之親，喪則當往哭，而其往也，服彼親之服而往，不服功衰，欲各致其情也，辭連上文，亦貴賤同也。

按：三年喪，小祥後，衰與大功同，故曰“功衰”。弔，謂弔疏者。哭，謂哭親者。

“期之喪”節。此言齊衰杖期之喪，此父在爲母者，其練祥禫期，與父不同，然亦得備二祥之節，十一月則練而小祥，十三月而大祥，十五月而禫，練則皆可以出弔。

“既葬，大功”節。言已有大功之喪，已葬而往弔他人之喪，則哭畢即退，不與主人襲斂等事也。

“期之喪”節。此言齊衰不杖期之喪，乃姪爲姑、兄弟爲姊妹之適人無主者。雖未葬亦可出弔於人，但哭而退不聽事。若既葬而受大功之衰，則其弔人可以待事，但不親自執其事耳。

“小功緦”節。小功緦麻，服之輕者而已。擯相之事輕，故可與饋奠之禮重，故不與。

“弔非從主人也”節

此記弔喪送葬之禮也。言弔喪者，非徒隨從主人而已，所以相助凡役也。故年四十以下者，力壯皆當執紼，同鄉之人，五十者始衰，則但從主人之哭而已。言不執紼，不久待也，然四十者，非徒執紼也，又爲之實土，待土盈坎而後還，故《儀禮》“入土後，主人拜鄉人”，有謝其勤勞之説，恤喪優老之義，皆可見矣。

“喪食雖惡”六節

此言喪食之禮，喪食雖惡，必充饑，饑而廢事，非禮也。飽而忘哀，亦非禮也。視不明，聽不聰，行不正，不知哀，君子病之，以不足當大事也。故有疾飲酒食肉，五十不致毀，六十不毀，七十飲酒食肉，皆爲疑死。功衰，即前三年之功衰，言既小祥也。酪，乳漿也，無鹽酪，其飲不加鹽酪也。孔子曰“身有瘍而不浴，首有創而不沐，病而不飲酒食肉，是毀過而瘠爲病”，言傷生也，是不愛身，不愛身，是不愛親，君子弗爲，況有毀而死者，則無人終父母之喪矣。雖有子，與無子同也。此防賢者過禮之事，見先王以權制處。

按：“飽而忘哀”句，姑以對饑而廢事耳，非此節之正意也。不知哀，不知哀毀之節也。疑死，疑其死也。黨，謂族及親戚也。“孔子曰”下，當有“居喪之禮”四字，與《曲禮》上篇同。

“疏衰之喪，既葬”二節

此言居喪之禮也。

按：疏衰，齊衰也。不以執摯，不執摯以見人也。三年之喪，祥而從政。

祥，大祥也。從政，從爲政者教令，謂給徭役。三年之喪，期不從政，是正禮也。卒哭，金革之事無辟，是權禮也。期之喪，卒哭而從政。《王制》云“齊衰大功之喪，三月不從政”，庶人依士禮，卒哭與葬，同三月也。

“曾申問於曾子曰”節

此記哭父母之禮也。哭父母之聲，哀痛之極，無復音節，所謂“哭不偯也”。

按：此取嬰兒哭，與《檀弓》所載“孔子不取弁人，孺子泣”者不同，蓋彼以襲斂之後言，此以始死之時言。

“國禁哭則止”節

此記居喪遇禁之禮也。國有大祭祀而禁哭，以敬神也。爲人臣子，不奉禁，固不可，奉禁而廢奠，亦不可。宜何如以處之？必止哭以盡奉公之義，而於朝夕奠時，自即阼階下之位，因仍禮節之故事而行，以盡事親之仁，則兩全而無害矣。

“童子哭不偯”節

此記童子居喪之禮。以未成人，不責備也，惟爲父後者，雖幼亦杖，當室，謂十五以上，若世子則杖。

“孔子曰：伯母、叔母”節

此記踊義之不同也。制服以義，伯叔母入配伯叔父，其分尊，故服齊衰，尊之也。姑姊妹出適於人，其分卑，故服大功，降之也。然致哀以情，伯叔母自異姓而入，其情輕，故踊不離地；姑姊妹由骨肉而出，其情重，故踊必離地。其服如彼，其踊如此，人道之至文，無以加矣，能知乎此，則得禮之義，而變通化裁，不失其當，尚何禮文之不行哉！故重言以深美之。

按：踊絶地，其哀深也；不絶地，其哀淺也。由，用也。言知此絶地不絶地之情者，能用禮文哉！能用禮文哉！美之也。

“泄柳之母死”節

此記居喪相禮之失所由始也。

按：泄柳，魯人，觀悼公弔有若之喪，子游擯由左，則由右相者，非禮矣，由左者是。

“天子飯九貝”節

此記飯含之數殊尊卑也，此蓋異代之制。

按：《周禮》天子飯含用玉，《典瑞》云“大喪共飯玉含玉”。《禮》戴説，天子飯以珠，含以玉，諸侯飯以珠，大夫、士飯以珠，含以貝。《左傳》成十七年，子叔聲伯夢食瓊瑰；哀十一年，齊陳子行命其徒具含玉。此等皆是大夫而以珠玉爲含者，以珠玉是所含之物，故言之，非謂當時實含用珠玉也。珠玉曰含，玉貝亦曰含，則散言之，飯、含通也。此言天子九貝，豈貝亦通用者歟？

○“孔子曰：管仲”二節

此記二子失禮之事。以大夫而行天子、諸侯之禮，其在天子、諸侯當何如耶？故難爲上。以大夫而行士之禮，其在士當何如耶？故難爲下。夫管仲以其君霸，晏子以其君顯，相齊之業，可謂賢矣，然有功而未必有德，有才而不必有禮，故君子以爲濫與隘，而此又謂其僭與偪也，以是知非有德不可以知禮，非有禮足不以成德。若君子德禮既備，自然上下皆宜，豈有失哉？

○“君子有三患”節

此言爲學、爲政之君子，當各盡其道也。三患君子，兼無位、有位之人。五耻君子，兼北面之臣、南面之君。患、耻在心上看，患、耻二件不該平看，患是耻的開先工夫，學正是根本，惟爲學時有知行未得之患，則於禮認上必有所得，所以爲政時能知此該耻。若學力不到，不知政爲何物，何以爲耻？三患之所言者道，道始於聞而知，中於學而能，卒於行而至。弗聞則無由知，一患也；弗學則無由能，二患也；弗能則無由至，三患也。五耻之所言者事，道非言不行，居位無言，則道不行而尸位，一耻也；有言無行，則言行不相顧，二耻也；始以有德而進，今以無德而退，三耻也；政不足以聚人，使之逃散，四耻也；術不足以使人，我力均於彼而彼功倍於我，五耻也。

按：得學、得行，猶幼而學之之學，壯而欲行之行。行，謂見用於時、得行其學也，居位以行道也。無其言，是備位爾。言易而行難，有言無行，是空言爾。君子進以禮，位固不可以苟得，退以義，則又不可以苟失，得而又失，則非義而退矣，與《論語》“患得患失”不同。

“孔子曰：凶年”節

此年凶貶損之禮也。《王制》云“祭，豐年不奢，凶年不儉”，蓋彼乃制用之常，而此乃救荒之禮。

“恤由之喪”節

此明士喪禮之不廢也。詩人轉而僭上，士之喪禮已廢矣。孔子以教孺悲，國人乃復書而存之，此士喪禮所由以不廢也，今載《儀禮》。

按：恤由，未詳。以士喪禮將亡，待孺悲學之然後書。

○“子貢觀於蜡”二節

此記蜡祭恤民之義也。“文”、“武”重看，此章不專重張，不專重弛，還要重弛以繼張上，聖人使民，其妙處全在弛得其法也。

子貢意以民之燕飲，禮儀有序，乃爲可樂，今蜡人醉甚如狂，何樂之有？孔子言：農民百日勞苦，而有此蜡飲，是乃人君優恤斯民，僅一日之恩澤耳。蓋久勞暫逸，逸又不勝其勞，更無蜡飲，則無以示寬恤之恩，故曰“非爾所知”，言其義大也。下總言勞逸得宜，乃文、武之道，正是義大處。張弛指民之勞逸，皆借弓以喻民也。民久勞苦而不休息，則力憊而怨心生，猶弓久張而不弛，則絶其力也。雖有文、武之君，勤於爲政，亦不能以爲治矣。久休息而不勞苦，則志逸而惡心生，猶弓久弛而不張，則失其體也。彼文、武之君，即心切愛民，亦豈肯爲此以縱其民乎？夫惟一張之於先，而以鼓其神，即一弛之於後，而以節其力，則怨心不作、惡心不萌，是乃文、武爲治，通變宜民，使民不倦之大道也。其義之大如此，豈子貢所能知哉！

按：蜡祭見《郊特牲》，國索鬼神而祭祀，則黨正以禮屬民，而飲酒於序，以正齒位。大飲烝，勞農以休息之，是也。民勤稼穡，其實一年，而云“百日”，舉其成數，以喻久也。百日中索是鬼神以脩蜡禮，故曰“百日之蜡”。至十二月乃祭，祭而遂息田夫，故曰“一日之澤”。弓弩久張之則絶其力，久弛之則失其體，文、武猶且弗能，况非文、武乎？語最有味，一張一弛，照本文順説的去，一張一弛，有因時處中，使他鼓舞不倦，這纔是文、武治道之中。

“孟獻子曰：正月”節

此記獻子之失禮也。正月，周正建子之月，夏正之十一月也。日至，冬至也。有事上帝，郊祭也。七月，周正建午之月，夏正之五月也。日至，夏至也。有事於祖，禘祭也。“七月而禘”二句，就獻子言斷之。

按：郊用冬至，禘用夏正建巳之月，則周正之六月也，故《明堂位》云“季夏六月，以禘禮祀周公於太廟”，此禮之當然也。獻子謂正月而郊是矣，移禘郊於七月，則非也。蓋魯以周公之故，得以正月日至之後郊天，亦以始祖后稷配之，魯之郊禘已爲非禮，而獻子欲尊其祖而又以二至相當，以天對祖，移其所祭之月，失禮之中，又失禮焉。曰“獻子爲之”，記其失所由也。夫獻子素稱賢大夫者，詎貿貿爲此，記不言自獻子始，而但言獻子爲之，蓋一時偶然耳。已爲獻子解咎，况七月禘，《春秋》不經見，當附疑經。

“夫人之不命於”節

此記魯昭公失禮之由也。周制，同姓雖百世，而昏姻不通。吴太伯之後，魯同姓，昭公娶於吴，謂之吴孟子，不敢告於天子，天子亦不命之，其後遂以爲常，故曰“自魯昭公始也”。

按：《玉藻》注云“天子、諸侯命其陳，后夫人亦命其妻”，此言夫人命於天子，意王后無畿外之事，故畿外諸侯之夫人，亦天子命之。

“廐焚。孔子拜鄉人”節

此記孔子遇災之禮。廐焚，拜鄉人之爲火來慰問者，謝其意之殷勤也。其拜之也，士一拜，大夫再拜，稱其尊卑也，聖人一言一動，無非至理如此。

“孔子曰：管仲遇盜”節

此記家臣反服之始也。管仲遇群盜，簡取二人以爲家臣，其後薦進之以爲公家之臣，且爲之解曰“其所與交遊者，乃邪僻之人，故相誘爲盜爾，若其人，則固可任用之人也”。二人既爲公臣，則不當爲管仲服矣。桓公不忘管仲之舉賢，使爲之服。記者因言嘗仕於大夫，而後又爲之服者，自此始以君命不可違背爾，非有新君而敢於反服也。

按：《注》違大夫而之諸侯，不爲大夫反服，言先仕於大夫，後升爲功臣，不合爲大夫反服，禮也。

“過而舉君之諱”節

此記諱君之禮也。言當坐時，人有過之而稱君諱者，則起立，所以示變也。臣名有與君諱同者，則稱其字，避君諱也。

按：此皆謂適他國者，若在本國，則國人皆諱，諸臣之名，豈有與君諱同者。陳注以“過”爲失誤，亦通。

“《贊大行》曰：圭”節

此記《玉藻》之制也，大行人掌禮制也。“玉也”以上，言圭璧之制，有同有異，下言藉飾之同也。作記之前，別有書，贊説大行人之職，其書名《贊大行》，篇中有曰“圭制之長，五等，諸侯不同，其博、其厚、其剡度，以玉爲之，則同，其藉玉之藻，以韋衣板，而畫采於韋上，用朱白蒼，是謂三采，每采畫二行，是爲六等”，一圭之微，而分昭義立矣。

按：《周禮》“以玉作六瑞”，作，瑑刻也。以等邦國，四圭兩璧，爲六瑞，王至子、男所執之符信。瑞，如祥瑞之降於天。王執鎮圭，鎮，安也。鎮圭尺有二寸，以山爲瑑飾，取其鎮安四方也。公執桓圭，雙植爲桓，桓圭九寸，以桓楹爲瑑飾，取其柱石國家也。侯執信圭，信圭七寸，以身形爲瑑飾，取其直身事上而不屈也。伯執躬圭，躬圭七寸，以躬形爲瑑飾，示其鞠躬以事上也。子執穀璧，其璧五寸，以穀爲瑑飾，示其有養人之象也。男執蒲璧，其璧五寸，以蒲爲瑑飾，示有安人之義也。“寸半”當作“半寸”，誤矣。子、男治民之德未大成，不可忘其進，執璧宜也。以璧爲玉，作此贊者失之矣，此等級也。剡，音言，削也。瑑，音篆，刻玉也。

“哀公問子羔曰”節

此見子羔對辭之謙也。問先人始仕食禄，當何君時，而子羔對以當文公時也，言下執事者，謙辭。

按：此章疑有脱字，“之”、“食”之間，當有“先”字，自文王至哀凡七君。

“路寢成，則考之”二節

此記釁廟釁器之禮也。路寢成，則但考之而不釁，蓋釁屋者以此屋與神明相交，故釁之。若路寢則生人所居，不可以神之也。宗廟之器，其名者釁，不名者不釁，以不名者，不足以神之也。豭，音加。

按：考，落成也，謂與賓客燕會，以酒食澆落之也。名者有名之器，若尊彝之屬也。豭豚，牡豚也。此二章可補《儀禮》之闕。《大戴禮》有“釁廟”，文尤詳。

“孔子曰：吾食於少”節

此記孔子美少施氏之知禮也。孔子食於少施氏而飽，以其有禮也。食於季氏則不辭，不食肉而飧，以其不知禮也，必知禮然後可與行禮。

“納幣一束”節

此言昏禮納幣之制也。“納幣”二字作冒。一束，是幣之總數。下二句，又遞解這一束也。束五兩，是多寡之數。兩五尋，是長短之數。

夫昏禮非受幣不交不親，然幣不合其制，則其幣爲不誠矣。蓋用幣，必用一束，是十卷爲五匹也。其多寡之制，則五匹爲五個兩卷，共爲十卷，取五行相配而成十也。其長短之制，合五四爲二十丈，取五行相配而成偶也。昏禮納幣之儀，合於陰陽五行之禮，其所關甚大如此。

按：昏禮納徵，亦曰“納幣”，其所納之幣一束，一匹爲兩，謂從兩頭卷至中，作兩個卷子也。五匹則爲五個兩卷，是一束有五兩也。兩五尋者，八尺爲尋，四十尺也。是爲一匹，是一兩有五尋也。

喪大記

按：《喪大記》者，記人君以下，始死小斂、大斂殯葬之事。喪無非大事也，然禮有大小。此篇所記，以大者爲主，故名《喪大記》。《儀禮》止有《士喪禮》，此篇則自天子而下皆有之，可補其闕，然其間所與《儀禮》正文同，但彼言士禮，不可援以釋此，學者參考之可也。

"君喪，虞人出木"節

此一節，論君及大夫、士小斂，後代哭之異，未殯哭不絕聲。爲其罷倦，既小斂，可以爲漏刻分時而更哭也。木給爨竈，角以爲斞水斗。壺，漏水之器也。冬月恐水凍則漏遲，遲更無準則，用木爨鼎沸而後沃之，故取鼎及木也。大夫官代哭，不懸壺，下君也，士代哭不以官，即以親疏哭也。斞，音俱。

"始死，遷尸於牀"節

此一節，明初死沐浴之節也。人病困時，遷尸於地，冀其復生，死則更遷尸於牀，而用大斂之衾被覆之也。去死衣者，去其病時所加新布及復衣，爲尸將浴故也。楔齒者，爲將含，恐口閉急，故使小臣以柶拄張尸齒，令開也。《既夕禮》云：綴足用燕几，校在南，御者坐持之。鄭注云云，尸南首，几脛在南，以拘尸足兩邊，不令辟戾，崔氏則以爲今之燕几，其形曲仰而拘足，非也。

按《注疏》，此節在"大盤"節之後、"管人"二節之前，鄭注正之。

"君設大盤"節

此沐浴尸後之事。禮，仲春之後，尸既襲，既小斂，先内冰盤中，乃設牀於其上，不施席而遷尸焉。秋涼而止，士不用冰，以瓦爲盤，并以盛水耳。漢禮，大盤廣八尺，長丈二，深三尺，赤中，夷盤小焉。《周禮》天子夷盤，《士喪禮》君賜冰亦用夷盤，然則其制宜同之。

按：鄭注云"造，猶内也"，孔疏云"造，是造詣，凡造詣者必入於内，故云'造'猶'内'也"。

“君之喪，子、大夫”七節

此章記居喪飲食之禮。

“君之喪”節。納財，謂有司供納此米也，財，穀也，謂米由穀出，故言財。溢，一手所握也，握容隘，必有溢於外者，故曰“溢米”。一云，二十四分升之一，則太少。一云，二十兩，則太多。食之無算者，謂居喪不能頓食，隨意欲食則食之，但朝暮不過此二溢米耳。士賤病輕，粗米爲飯，以水爲飲。夫人、世婦、諸妻，諸妻，即御妻，皆婦人。質弱，恐食粥傷性，故亦疏食水飲也。

“大夫之喪”節。室老，家臣之長，貴臣也。子姓，孫也。衆士，室老之下者，所謂衆臣也，士亦如之。謂士喪亦子食粥、妻妾疏食水飲如大福利，云子姓，不云衆子，主人中兼之。

“既葬，主人”節。此君、大夫、士既葬，至練祥所食也。既葬哀殺，可以疏食，不復用一溢米也，果瓜桃之屬。盛，杯杅也，杯杅盛粥，歠之以口，故不須盥手。簨，竹器也。竹筥盛飯，以手取食，故當盥手也。乾肉味澀，醴酒味薄，先食欲之，不敢遽御，醇厚之味也，此據病而不能食者，練而食醯，祥而飲酒也，此又明食之雜禮。盛，音成，平聲。簨，音纂。

“期之喪”節。論期與大功喪食之節也。期之喪，皆謂大夫、士旁期之喪，義服也，與中“期”字不同，不杖期輕，故一日不食。其食也，蔬食水飲，不食菜果。既葬，則食肉飲酒如常時，然亦有期喪而不食肉飲酒者，如父在子爲母，夫爲妻，雖有杖不杖之殊，而情則重矣，故終喪不食肉飲酒也。大功九月，則食飲猶期，但不與人共樂耳。

按：三不食謂當食時，三次不食，是一日不食耳，非三日不食也。若正服期，則二日不食矣。見《間傳》。不與人樂之，不以酒食與人共飲樂也。

“五月、三月”節。此明五月、三月喪食之節。一不食謂緦麻，再不食，謂小功。可也，謂於禮可也。叔母、世母、故主、宗子，食肉飲酒，世母，伯母也，故主，舊君也。若是諸侯，當云舊君，主者大夫之稱也。義服恩輕，故總并言之，此與上節，皆謂大夫、士，諸侯絶期喪。

“不能食粥”節。不成喪，謂不能備居喪之禮節也。

“既葬，若君食之”節。君食臣，大夫食士，父友食其友之子，皆以尊食卑，故當食之，雖粱肉不避，惟酒醴見於顔色，則當辭耳。

“袍必有表”節

此申稱之義也。袍衣有著者，以其褻，必須有禮服以表其外，不可使禪露也，以其表裏上下之相稱，故謂之稱。

“既葬，與人立”節

此言君、大夫、士居喪之禮也。君，謂諸侯也。王事，天子之事也。國事，己國之事也。公事，國事也。未葬，非喪事不言。既葬，與人立，可言王事、公事而已。王政，王朝之政也。公政，國政也。弁絰以便即戎，帶以異凡弔也。國君言服王事，則大夫、士服國事可知。大夫、士言弁絰，則國君亦弁絰可知。

按：弁絰，素弁而加環。絰，弔服也，仍要絰，喪服也。《三年問》云，三年之喪，練不群，立不旅行，豈有既葬而即與人立者乎？必有事須言，故與人立乃可耳。《曾子問》云，夏后氏既殯而致事，殷人既葬而致事，君子不奪人之親，亦不可奪親也，豈有既葬政入以下諸事乎？此後儒附會之説，欲便季世奪情之私，非禮也。若魯公伯禽之事，又須別論。

“既練，居堊室”二節

此言居喪之禮也。練，小祥也。既練，居堊室，地與壁純白，表哀素之心也。此時服漸輕，故可謀國政家事，異於既葬之不言國事、家事也。祥，大祥也。祥後地可黑，壁令白，稍致飾以變其凶也。祥後中門外不哭，禫則門内亦不哭，所以内不哭者，以禮可作樂故也。

按：堊，白塗也，堊室在中門外。黝，青黑色。黝，治堊室之地令黑。堊，更塗其壁令白也。外内，中門之外内也。堊，音惡。黝，音幼。

“熬，君四種八筐”節

此君大夫不忍其親之心也，然《注》中王氏之説自正。

祭法

按：此篇記虞周天子以下祭祀群神之數，然篇有禘郊、祖廟及中間七廟、壇墠、七祀、五祀之説，多有可疑，讀者正以諸經，而闕其所不能通，則善矣。

“祭法：有虞氏”四節

首節言四代禘郊祖宗，乃内祭之法。中二節言祭天地、禋六宗、祭八蜡、祭山川，乃外祭之法。四節言内外祭之因革以結之，總於理所當祭者，因祭立法以與天下共暢報功之心，亦公天下而不私之道也。

○“祭法：有虞氏”節

此篇詳著祭法，而首舉四代禘郊祖宗之法以明之也。禘郊在祭上説，别無廟，故只以祭期言。祖宗在七廟常制之上，别有廟，隨常祭以祭也。“祭法”二字，實綱領一篇，蓋禮而無祭，則無以報祖宗百神之功，祭而無法，則無以明親親尊尊之道，故先王既制祭禮，而又爲之法也。其大者無過禘郊祖宗，蓋先王既立宗廟，則四時有常祭，三年有大祫矣，猶謂祀止始祖，未足以盡追遠之義，故五年一舉，推始祖所自出之帝，祀於始祖之廟，而以始祖配之。曰禘，猶謂祀止人鬼，未足以盡尊敬之道，故祀天於郊，而以始祖配之。曰郊，天子七廟，制已隆矣，猶謂世遠當祧，則祀止大祫，未足以盡功德之報，故祖有功，别立一祖世室以祀之，宗有德，别立一宗世室以祀之，皆世世不遷，此禘郊祖宗之所自起也。以四代言之，有虞氏禘黄帝而郊嚳，祖顓頊而宗堯；夏后氏亦禘黄帝而郊鯀，祖顓頊而宗禹；殷人禘嚳而郊冥，祖契而宗湯；周人禘嚳而郊稷，祖文王而宗武王，此其禮也。

按：《注》自殷以上，世次莫詳，經生用其師説，推之如此，故與《國語》不同，今不敢定其爲何如，但舜既殛鯀，則鯀爲天下之罪人，即天之所殛也。禹受天下於舜，則不得以私其父，而又升罪人以配天，天其享乎？此必無之事也。讀此章者，但識禘郊祖宗四祭之義，則可不必求其人以實之也。

虞夏殷周，皆黄帝之後。顓頊，黄帝之孫，帝嚳之父，契稷皆嚳子，周人謂衍奕世之嗣者自嚳始，開八百之基者自稷始。是以五年一禘，而禘嚳於太廟，一歲一郊，而推稷以配天。謂周命維新，而文王之功爲甚大；世德作求，而武王之德爲甚厚。是以立文世室於三昭之上，而延祖功於不替；建武世室於三穆之上，而崇宗德於不衰。祖、宗，在各人功德上講，文王本有德者，而曰

"祖有功"，見不但有德而已。武王本有功者，而曰"宗有德"，見不但有功而已。合而觀之，此法所當隆者，窮源也，然其權衡，只存乎仁義而已矣。

"燔柴於泰壇"二節

此二節，言天地百神，即天子、諸侯之祭法也。首節祭天地，此法所當簡者，尚誠也。次節水旱也。以上禋六宗，以下祀群神，此法所當徧者，酬功也。

○"燔柴於泰壇"節

此祭天地之法也。夫祭有燔柴於泰壇者，此祭天地之禮也。蓋天位於上，故燔柴以達其氣於上；天秉陽，故燔柴以求其神於陽；天體圓，故爲泰壇以象其圓，所以報其覆生之功也。瘞埋於泰折者，此祭地之禮也。蓋地位於下，故瘞埋以達其誠於下；地秉陰，故瘞埋以求其神於陰；地體方，故爲泰折以象其方，所以報其載成之功也。牲用騂，周尚赤也。用犢，貴誠也。

按：燔柴兼牲玉，瘞埋兼牲幣，泰者，尊之之辭。壇折，封土爲祭處也。壇之言坦也，坦，明貌，圓丘也；折，如折旋中矩之折也，方丘也。《周禮》"陽祀用騂牲，陰祀用黝牲"，此用騂犢，兼天地而言。

"埋少牢於泰昭"節

此祭六宗、八蜡、山川、百神之祭法也。夫祭有春夏埋少牢於東南之泰昭，秋冬埋少牢於西北之泰昭者，蓋春夏爲陽，秋冬爲陰，陰陽之氣俱出入於地，四時錯行而生萬物，故四時埋牲，各祭於其方，以迎氣也。"相近"當作"祖迎"，謂往者祖送之，來者迎迓之也。壇顯而高，從暑之陽，坎深而隱，從寒之陰，寒暑相推而歲功成，故於壇坎祖迎之，以答生成之功也。祭日之壇曰王宫者，天無二日，土無二王，則王有日之象，而宫乃其居，故春朝朝日，以答照臨之功。祭月之次曰夜明者，月以夜出，以明用，故秋暮夕月，以答代明之功。祭星之壇曰幽宗者，星亦有明，明讓於日月，則隱而小，故祭於幽宗，以答瞻仰之功。祭水旱之壇曰雩宗者，水旱非常，皆欲其時，故吁嗟祈禱於此，以答潤澤之功。又有四坎壇之祭焉，如乾坎艮震，皆陽之位，而立之以四壇，巽離坤兑，皆陰之位而立之以四坎，蓋以四方之神，幽贊天地，而助成百物，故索享於不一之方也，此以蜡祭言。至於山林川谷丘陵，薰蒸而出雲，嘘而爲風，潤而爲雨，呈輝采而見奇怪之物，皆山川等之化機不測，故從而神之，凡此皆所謂百神也。天子，百神之主，故當祭之。若諸侯但得祭其境内之神而已，使其地見削奪，則彼奪者自祭之，而此不得祭矣，况天下之神乎？相近，當從王肅本，作“祖迎”。

按：祈陰則埋牲，祈陽則不應埋，總云埋者，以陰陽之氣，但出入地中，故並埋之，取誠達於下意。先儒云，並不薦熟殺牲，埋之用少牢，降於天地也。泰，亦尊詞，昭，明也，時，四時，謂陰陽之神也，四時以下及日月至山林，其牲并少牢也。相近者，仲春之晝，送寒於坎，迎暑於壇；仲秋之夜，送暑於壇，迎寒於坎，其禮若歈豳頌、擊土鼓之類。一云，寒暑無定位，祭暑則相近於日壇，祭寒則相近於月坎。是“相近”二字，從本文讀也，不如《注》。王宫，壇之營域如宫也。其禮若服玄端，歌大吕之類。祭月之坎曰夜明，亦曰月壇，其禮若用實柴薦大圭之類。星壇曰幽宗，星昏始見，其禮若以星燎祀司中司命風師雨師之類。祭水旱壇曰雩宗，吁而求雨，主祭旱言，兼祭水者，雨以時至，則亦無水患也，其禮則已月龍見而雩，上辛、季辛大雩，命黨正有事於雩塋之壇，命女巫舞帗舞之類。幽雩皆謂之宗者，宗之爲言尊也。四坎壇，四方各爲一坎一壇，方有四而位則八，如坤西南，巽東南，離正南，兑正西，皆陰也，則有四坎，乾西北，艮東北，坎正北，震正東，皆陽也，則有四壇，坎以祭四方之陰神，若水庸之類。壇以祭四方之陽神，若先嗇之類，祭四方百物之神也。百神，即指山林等神也。一云，祭百神，兼天地等神。夫天地等神，豈有在地不在地之異乎？諸侯在其地，如魯之泰山，晋之河、楚之江漢是也。亡，無也。亡其地，《注》以地見削奪言。一云，封内無此山川，則不得祭。亦通。

《周禮·大宗伯》“備列諸祀，而不見祭四時寒暑”者，宗伯所記，謂歲時常祀，此經所載，謂四時乖序，寒暑僭運，水旱失時祈禱之禮，然莊二十五年，《左傳》云“凡天災，有幣無牲”，謂日月食示戒懼，人君須脩德，不當用牲。若水旱時禱則當用牲，故《詩·雲漢》云“靡愛斯牲”。

“大凡生於天地”節

此結上三節，總見禮制之不可變也。曰命、曰折、曰鬼，在祭祀之外，作意相形，正要以名之不變，起那祭之不變耳。“七代所更立”句，是結首節禘郊祖宗之意。“其餘不變”句，是結次節、三節天地群神之意，常説雖用“因革”字立説，只重一個不變上，禘郊祖宗之人雖更，而其制不變，亦終歸於不變而已。

大凡人物生於天地之間者，分有大小，數有長短，皆曰命，言其有所制也。其萬物死，皆曰折，言其有所毀也。人死曰鬼，言其有所歸也。此三者所命之名，五代之所不變也。夫名當其實，尚不可變，況祭報其功，人心所同乎？七代之所更立者，禘郊祖宗，人以代異耳。其餘天地日月山川之類，神不以代異者，自無更變之理，此祭法之所以相因也。

“天下有王”五節

此承上言内祭之法，不止禘郊祖宗而已也。又有廟祧壇墠之法如此，而“天子有王”節，則下四節之冒也。

〇“天下有王”節

此專爲祭而發。“分地”二句，乃“設廟祧壇墠”之張本，要知祭爲封建後第一緊要事，曰分建置立，便見諸侯、大夫、適士、庶士、庶人自有等級之别，其祭自有等級之殊。廟祧壇墠親疏多寡之數，有不得不然者，《注》親疏、尊賢平對，非是。大旨，封建之典弗明，則祭祀之典弗秩，但任其稱報之情，不立定個數目去節制也。有溢於情與分者，還是過於厚這半邊，倘有歉於情與分者，豈是以孝治天下之意？所以親疏多少之數，大分爲不及於恩義者設。墠，音善。

夫天下有王統於一矣，外焉分地建國以封諸侯，内焉置都立邑以頒卿大夫、士，而封建之制定矣。報本追遠，人心所同，由是建立廟祧以行享嘗之祭，設爲壇墠以行禱祈之祭。夫分封以制祭如此，然情有厚薄，分有貴賤，不爲之定制可乎？乃因死者之輕重，以爲親疏之數，有昭有穆有祖有考也，因生者之尊卑，以爲多少之數，以七以五以三以二也，此祭法所由起也。

按：地，畿外之地，分以建公、侯、伯、子、男也。國，王畿内，置王都，立卿大夫、士之采邑。廟祧壇墠，詳見下文。廟，貌也，先祖之尊貌也。二祧以藏遷廟之神，主封土爲壇，除地爲墠，親疏多少，即在廟祧壇墠中，所以稱情辨分也。

“是故王立七廟”節

此合下數節，詳廟祧壇墠之祭法也。“一墠”截，五廟二祧及壇墠者，即上“設廟祧壇墠”是也。月祭享嘗禱者，即上而祭之也。天子七廟，三昭三穆，與太祖爲七，而二祧其東西夾室也。此節以考廟等，二祧作七廟，記者之悮，姑依文解之。“七廟，一墠一壇”，乃一節之綱，而下則其目也。後四節倣此。先王以宗廟之制不立，則孝享之情以疏，故立爲七廟，而七廟之外，立爲壇墠，各居其一焉。曰考廟，言其父道之成也。曰王考廟者，言其大於父也。曰皇考廟，非言其尊於祖乎？曰顯考廟，非以明其爲四廟之尊乎？曰祖考廟，非以明其爲七廟之始乎？此五廟在五服中，如高祖祖禰，恩所當厚，始祖爲尊，義獨宜隆，故每月一祭。若五廟之外，六世祖、七世祖，有遠廟以奉遞遷之主，有昭之祧、有穆之祧，非有二祧乎？既不在五廟之數，但四時祭之，不得月祭，故曰“享嘗乃止”，所謂“王立七廟”者如此。“去祧爲壇”者，謂八世祖世數遠，不得於祧廟受祭，祭之則爲壇也。“去壇爲墠”者，謂九世祖世數尤遠，不得於壇中受祭，祭之則爲墠也。然此壇墠，必須有祈禱之事則行祭，無所禱則止，終不祭之也，所以謂“一壇，一墠”者如此。“去墠”者，謂十世祖以上，不得祭於墠中，汎然名之曰鬼而已。

按：七廟者，二昭二穆，並始祖二祧之廟也。父廟曰考，考，成也，謂有成德之美也。王考廟者，祖廟也。王，君也。祖尊於父，故加君名也。皇考，曾祖也。皇，大也。一云，皇，君也。曾祖轉尊，又加大稱。顯考，高祖也，居四廟最上，故以高目之。一云，明也，祖考廟者，始祖也。名先人以此，所以尊本之意也。二祧，一云，文武廟，文武廟在應遷之列，故云“遠廟”，特爲功德而留，故謂“有二祧”，祧之言超也，超，上去意也。享嘗四時祭，文武特留，故不月祭，但四時祭而已。夫祧廟之制，凡天子皆然，不專指周，則實指文武非也，只當以藏遞之神言。天子之德厚於諸侯，故其立廟，至於親屬之竭而止。諸侯之德，薄於天子，故其立廟，至於服窮而止。祧有去之意，親盡而服窮，祧所以去之，以有可毀之理，而毀之不可以無其漸，故去祧爲壇，去壇爲墠，皆親親之殺，正見孝子孝孫之心，不欲遽毀意。七廟之外，立壇墠各一，近者封土，遠者除地，示將去然。去墠曰鬼，則此前在墠者，遷入石函爲鬼，雖有祈禱，亦不得及，惟祫乃出也。

“諸侯立五廟”節

此降於天子者，顯考、祖考無月祭，且無二祧之設，而其祭於壇墠者，乃天子二祧之祖也。若高祖之父、高祖之祖是已。

“大夫立三廟”節

此降於諸侯者，考與王考、皇考無月祭，顯考、祖考無享嘗，而六世祖以上盡爲鬼也。

“適士二廟”節

此降於大夫者，享嘗不及皇考，而顯考以上盡爲鬼也。

按：適士，上士也。天子上、中、下之士，及諸侯之上士，皆得立二廟。

“官師一廟”節

此降於適士者，王考無廟，而王考以上盡爲鬼也。

按：諸侯之中士、下士爲一官之長者，得立一考廟。王考無廟，但享於考廟而已。曾祖以上，若有所禱，則統廟薦之，以其無壇也。

“庶士、庶人”節

庶士，府史之屬。死曰鬼者，謂雖無廟，亦得薦之於寢也。《王制》云“庶人祭於寢”。

“王爲群姓立社”二節

此又承上言外祭之法，不止於天地日月之類也，而王、侯、大夫、士、庶人立社主祀又如此。大旨見得其群姓未必知報，王立爲祭法以教群姓報之，則群姓之享其覆庇者益宏，是王爲群姓也，且自立爲祭法以報之，則己之受其福庇者愈昌，是王自爲也。

“王爲群姓立社”節

此詳君臣立社，爲人爲己，而各有其名也。王所統者天下，故爲天下群姓立社，蓋欲尊天下民居，足天下民食，非一家一國之比，故曰“大社”。若王自立社於藉田，將供粢盛以享先王者，社以王立，不曰“王社”乎？諸侯所統者一國，故爲百姓立社，蓋欲奠一國民居，足一國民食，非特自享其有，故曰“國社”，若諸侯自立社於藉田，將供粢盛以享先公者，社以侯立，不曰“侯社”乎？大夫以下包士庶，成群聚而居，滿百家以上，得立社，爲衆特置，所以奠衆人之居、足衆人之食，不止爲一人之社也，不曰“置社”乎？社所以神地之道，故教民美報焉，其因分立社，因社異名如此。

按：郊者祀天之位，社者祭地之位，郊外無天神之祀，社外無地祇之祀，澤中方丘亦社也，故凡言社者，即地祇之祭，如大社、王社又分而言之，大社祭天下之地祇，王社祭京師之地祇，王社、國社中之土祇，無與農事，故不置稷，則知置稷者，惟大社於國社而已。

“王爲群姓立七祀”節

此王者舉群祀，無非爲民之意，用各以其時、各以其儀立説。七祀乃司令之神，或主報功，或主祈禳，皆切於民者，故爲群姓立七祀焉。司命主督察者；中霤主堂室者，漏光明處也；國門司啟閉者；國行司往來者；帝王無後者，無所歸曰泰厲，司過失者；户司出入者；竈司飲食者。此七者皆王者爲群姓立之也，不惟爲天下而立，王亦自爲立七祀。諸侯爲國立五祀，曰司命，曰中霤，曰國門，曰國行，曰公厲，則古諸侯之無後者，諸侯亦自爲立五祀。大夫立三祀，曰族厲，古大夫之無後者，曰門，曰行。適士立二祀，曰門，曰行。庶士、庶人立一祀，或立户，或立竈。命降於五祀之謂制度，此其因分而異者也。

按：司命見《周禮》，此非大神所祈報大事者也。小神居人之間，司察小過，作譴告者爾。孔氏曰，司命者，宫中小神，片天之司命。《援神契》云，命有三科，有受命以保慶，有遭命以謫暴，有隨命以督行。受命，謂年壽也。遭命，謂行善而遇凶也。隨命，謂隨其善惡而報之，以司人之生也。爲位國南，而季冬祀用樵燎。中霤、門、行、户、竈，見《月令》，中霤設主牖下，而季夏祀先心。國門，國城門也，設主門左而秋祀先肝。國行，行神，在國内之西，設主軷上，而冬祀先腎。泰厲，古帝王無後之鬼，無所依歸，好爲民作禍，故爲壇國北，祀於季冬，而用太牢。户設主西南面，而春祀先脾。竈設主竈陘东面，而夏祀先肺。是七祀，是为民所立，與衆共之，其自爲立者，王自禱祭，不知其當同是一神，或别更立祀也。諸侯稱公，故無後之鬼曰公厲。族厲，古大夫無後者鬼也。無後者皆祭，亦是仁術。"曰門，曰行"者，其大夫無民國，故不言國門、國行也。户、竈、門、行、中霤，一畝之宫，五者皆具，故自天子至於士，皆立之祀之，此增司命泰厲，而謂王者立七祖，推而下之，遂有五祀、三祀、一祀之等。不見他經，殊爲可疑，學者闕之可也。

"王下祭殤五"節

此祭殤之法也。以尊祭卑曰下祭。王下祭殤五：適子、適孫、適曾孫、適玄孫、適來孫。諸侯下祭三，大夫下祭二，適士及庶人祭子而止，德有厚薄，則澤有遠近，禮有隆殺，故也。祭主於適，重在正統，不混淆也。

按：庶殤全不祭，恐非祭殤之數。尊者所及遠，卑者所及近。澤有厚薄，則禮有隆殺也。德厚者流光，既上及其祖，下又及其殤，祭及於五，所祭者遠也。

"夫聖王之制祭"至末

此推廣祭法之意也。首節爲下數節之總，自"厲山氏"至"烈於民者也"，言内祭所由立者，以其有功如此也，與前首節禘郊祖宗相應。"及夫日月"四句，言外祭所由立者，以其有功如此也，與前次節三節天地群神相應。非此族者，兼下二項來。不在祀典，言不在祭法之内也。

○"夫聖王之制祭祀"節

此節妙處全在"制"字上，功烈在先聖先賢，度其功而報之，全在聖王之制，下所舉者皆世間極大之功，如居食、倫理、政事、財用、天文、地利、興革、禪代，此皆旋轉乾坤事業。

夫聖王之制祭祀也，自内外常祭而外，有人焉創始立法，開物成務，是人雖往而法猶存也，則祀之；有先天下而後其身，至以身殉事而不恤，是謂以死勤事者，則祀之；有以天下爲己任，至國勢奠安而不傾，是謂以勞定國者，則祀之；在天曰菑，禦止之而救民於憔悴，則祀之；在人曰患，捍亢之而拯民於水火，則祀之。此皆載在祀典者。

按：聖王以德位兼者言，有德無位，有位無德，皆不可制祭祀。既曰祭，又曰祀者，蓋祭者祀之事，祀者祭之道，故下皆言祀而不言祭也。"法施"

句，要暗影下文來説，有立法、繼法二等人。在事欲免乎難而已，故於事曰勤；國欲止乎一而已，故於國曰定。以死勤事則不敢偷生，以勞定國則不敢自逸。菑在天可禦而已，惡在人故可亢焉。菑患雖分天人，後言去民之菑，則亦在人也。厲山氏而下凡十四，程功度德，其中不無殊差，然其心其力，則無有不盡者，此其澤及天下萬世之遠，其祀當與天而無極也。

“是故厲山氏”二節

前節賢臣教民稼穡，而祀以爲稷神，報其足民食之功。後節賢臣能平水土，而祀以爲土神，報其奠民居之功。此皆法施於民而祀之者。

按：厲山氏，一云烈山氏，炎帝神農也。神農起於烈山，故曰烈山氏，以火德天下，故曰炎帝。其後世子孫有名柱者，能植百穀，作農官，因名曰農。棄，后稷名，始生以爲不祥，棄之隘巷等處，故名棄。夏末，周棄能繼柱業，湯遭大旱七年，欲變置社稷，乃廢柱而祀棄，故後世祀柱及棄爲稷。稷，穀神也，謂自夏以前祀農爲稷，自商以後祀棄爲稷。共工氏以水紀官，在炎帝之前，太昊之後，共工氏無禄而王，謂之霸。霸，長也，其子曰后土。后，君也，爲君而長土，曰后土。平九州者，謂開墾土地，使民得以安居，非若禹之平水土也。祀以爲社，則直以后土爲社神矣。夫社稷，土穀之神，有德者配食焉。共工氏之子曰句龍，食於社，厲山氏之子食於稷，廢農又祀棄以爲稷，謂農及棄，皆祀之以配稷之神也。

“帝嚳能序”節

蓋氣候之早晚，見於星辰，農事之休作，徵於氣候。帝嚳以聰明之盡，演推步之法，以昏旦定天之星辰，以星辰紀時之早晚，曉示衆人，使民占之而知休作之候也，此法施於明天道者。

按：星者日所舍，辰者星所次。“序”字只就推步言，著衆者，即愚民皆知也。堯典首敬授人時，本帝嚳來，敬天勤民，自有家法。堯，帝嚳之子也。

○“堯能賞均刑法”節

上二句是賞罰得其當，勸懲之法，可昭於天下。下句是禪位得人，勸懲之法，可垂於後世。總是示天下至公意，此法施於脩國政者。

按：能賞，不止以物賜人，凡賜爵詔禄皆是，謂賞善也。均刑法，謂五刑有宅也。

“舜勤衆事”節

舜深有見於下民其咨爲可憂，而無見於崇高富貴爲可樂，故巡狩而野死，蓋以天下之故殞其軀者也。

“鯀障鴻水而殛死”節

鯀障塞鴻水，爲舜殛死，禹則能修鯀之功，繼其事而改正其失焉，如疏九河之類，以致九州攸同，四隩既宅，而功成矣。

按：障，壅塞之也。鴻，即洪也。此祀禹，非祀鯀也。鯀方命圮族。曰殛死，則死以其辜。曰鄣鴻水，則其罪昭昭可見，決無祀之之理。

“黄帝正名百物”節

黄帝正定百物之名，於以使民因名以究其用，而不惑於下，因名以生其供，而不匱於上，然物類煩而名初起，容有遺而未名，名而未當者，顓頊於未當者更之，未名者增之，於是民益明而財益供也，此法施於厚民生者。共，音供。

按：明民，使民不惑於利用也。“財”當屬上説，賦税是也，俱根正名來，然物類至煩，雖開物成務之聖，容有心思未到者。脩之，有未備、未當二意。顓頊，帝嚳之子也。一云，黄帝爲物作名。明民，謂垂衣裳等，使貴賤分明。共財，謂山澤不鄣，教民取百物以自贍也。如此，則“共”字只如字讀，不協。《注》又云，明民、共財，不可兩平，民知物用之利己，自然出之以供上。盡通。

○“契爲司徒”節

契爲堯之司徒，乃教官之長。民成，以成人倫言，如勞來匡直等法。教民百姓親、五品遜，是也，此法施於正民德者。

“冥勤其官”節

冥，即玄冥，月令主冬，水神也。水死未聞，此以死勤事者。

“湯以寬治”節

虐，指夏桀之虐言。寬治者，克寬克仁，省刑薄斂也。寬治則虐除矣，即放桀南巢事。

○“文王以文治”節

“文王”至“民之灾”，通作一句讀。文王以文治去民之灾，武王以武功去民之灾。若作三句，則兩“以”字無著落。文王時，天命人心尚在商，故用文治，如惠鮮、懷保之類，非以文致治也。武王時，天命人心已去商，故用武功，如誓師牧野之類，非以武成功也。去民灾，在除紂之暴虐上見，此皆“有功烈”句，《注》臚列甚詳，總頂上數節。

按：文亦有時用武，武亦有時用文，此特各舉其重者言。要見遇不一而心一意，有文之文以開武，故得成去灾之武功，有武之武以繼文，故得成去灾之文治，則文武又互相成也，此皆用功烈於民，只“聖賢”兩字盡之。“此”字指農、契等人。功烈，指殖百穀等事。合觀黄帝、堯、舜、禹、湯、文、武之當祀，乃以繼天立極，道統淵源之故，不但區區粗迹，如上数者而已，記者特舉以見例耳。

“及夫日月星”一節

日月星辰，見天之有功也。山林川谷，見地之有功也。但言日月星辰而不言天，言山林川谷而不言地，以天地之功至大，祀典所不得而言故也。末二句，反言以結上文。

“及夫”二字重看，承上而言，不獨聖賢之祭，以其有功烈於民。至於日月星辰之祭，以其垂象而爲民所瞻仰；山林川谷之祭，以其生物而爲民所取財用，凡此皆有功之族，載在祀典者也。苟非有功烈於民，則不在聖賢之列；非民瞻仰，則不在日月星辰之列；非民所取財用，則不在山川之列，安得與禘郊祖宗、燔瘞沉埋之祀典並載哉！

禮記説義纂訂卷之十七

陝西涇陽楊梧鳳閣著
兄楠龍棟定
姪昌齡三開、紹齡七來
男延齡九如
孫悝慧益較

祭義

按：陳於外者祭之法，存於中者祭之義。禮必有義，禮之所尊，尊其義也，况祭又禮之大者乎？此篇以“祭義”名，若冠、昏、射、燕、聘、鄉飲酒之言義也，然不如冠、昏等六篇之精密，其中又以他事雜之，蓋不專爲祭祀作也。

○“祭不欲數”節

此明因時舉祭之義也。春秋祭祀，以時思之，祭義之深切者也，故爲此篇之首。“合諸天道”二句，是一節綱領，上數句起此二句，下是此二句之實。大旨，人子怵惕悽愴之心，時時在念，不因雨露霜露而有，實因雨露霜露而動，只修祭典，還不見合道，直至樂心哀心爲迎送之本，纔是合道。不曰天時而曰道者，雨露霜露，上天氣化之實理，怵惕悽愴，夫人思慕之實心，以實理啓實心，故曰合道。有樂無樂，因哀樂而帶言之。

夫祭必有時，時未至而祭謂之數，祭不欲數，蓋數則事煩，煩則厭斁之心生而不敬矣。時已至而不祭謂之疏，祭不欲疏，蓋疏則事怠，怠則遺忘之心生而無愛矣。是以君子之祭，不數不疏，合諸天道之變更，春禘秋嘗是已。蓋當秋之時，霜露既降，君子履之，則必有悽愴之心，非其寒之謂也。萬物感陰以死，思吾親之精靈，亦將與物而偕往，如將失之矣。時乎春也，雨露既濡，君子履之，則必有怵惕之心，非其溫之謂也。萬物感陽以生，思吾親之精靈，亦將與物而偕來，如將見之矣。夫如將見之，親之來也，故禘行於春，而樂以迎之，如將失之，親之往也，故嘗行於秋，而哀以送之，故禴之禮有樂，正樂以迎之義，而嘗之禮無樂，正哀以送之義，此所以爲合諸天道也。

按：天道三月一小變，爲一時。數疏者，一未及三月而又祭，一已過三月而不祭也。數、疏以時言，煩、怠以事言，不敬、忘以心言。“合諸天道”二句，上虛下實。禘，並當作禴，與“礿”同。春禴、夏禘、秋嘗、冬烝，夏殷之祭明也，周則春祠、夏禴、秋嘗、冬烝。君子之祭，取法天道，一時一祭，一歲四祭，舉春以見夏，舉秋以見冬，是爲不數不疏，而得其中。“霜露既降”上脱“秋”字，於雨露言春，則知霜露之爲秋矣。霜露言非其寒，則雨露爲非其溫之謂矣。雨露言如將見之，則霜露爲如將失之矣。上面補“如將失之”，以對“如將見之”，下面“來”、“往”字方有悽愴、悲慘之意。怵惕，驚恐之意。兩間生物、長物之氣伸而來，則祖考之魂氣亦隨之而來，兩間收物、藏物之氣屈而往，則祖考之魂氣亦隨之而往。以上且説因時而動心，未説到祭上，樂以迎來，正是禘，哀以送往，正是嘗。悽愴怵惕，不可就當“哀”、“樂”二字，只歸重其送往迎來者，合於天道之春秋，而悽愴怵惕之心畢達，自不至不敬與忘也。

“致齊於内”三節

此言祭祀之始終一於敬也。“不敬乎”截，首節未祭時預致其慤愛之敬，“祭之日”節臨祭而能使親之著於外。“致慤則著”一句，原其所以著也。“先王之孝”四句，臨祭而能使親之存於中。“致愛則存”一句，原其所以存也。下“敬養”、“敬享”，接上句“敬”字來，進一步看，以結上文“敬養”句，輕引起之詞耳。大旨要看前後“思”字，前五“思”，思到親身上，只是追慕。下文見位聞容聲思之切而遇吾親也，此是思後之精神契合處，下文思之真而時時念吾親也，此又是思時之精神凝結處，但見形聞聲，不過倏忽恍惚事，不忘不絶，時時在念，比上文加密矣。末一“思”字，又直到自己身上，便是全歸的工夫，看此一“思”，又是前五“思”根本，敬所以思也。

“致齊於内”節

此言君子之祭始而致其誠也。自七日積而至於三日，見所爲齊，即見其居處五者，人子許多思索，只爲得一個“見”字，所謂見者，自其思之至精至密處言也。

君子之祭也，必先致齊三日於正寢之内，所以慎其心也；散齊七日於中門之外，所以防其物也。散齊、致齊之事何如？齊之日，思其親平日居處笑語，志意樂嗜焉，至致齊三日，思之之至，足以通之，則如見其親然，此敬之致於未祭者也。

按：致齊，以百物皆備，而心極精明也，此時則就齊所，居正寢内。散齊，以百物粗具，而心尚有雜也，此時則不就齊所，散處中門外，散齊本先于致齊，此則順内外之序言也。齊之日，通致散而言，先言居處而漸及所嗜，由粗以逮精也。居處，身也，笑語，色言也，志意，心所向慕也。人於事則有喜好，於物則有愛欲，五者皆謂祖考也。由七日積而至於三日，謂祭之前一日也，思之之篤，則見其所爲居處等。散齊之時，非不思也，但未至於精明而見耳。

“祭之日，入室”節

此言君子正祭，隨在而有所感也。承上言齊之日，既見其所爲齊者，故祭之日，自然如見形聞聲者然。入室，入廟室也。僾然，彷彿之貌。見乎其位，謂祖考見乎神位也。周旋出户也，肅然問祖考之容身。出户而聽也，愾然聞祖考歎息之聲。此三句三平，皆由上“思”中得來，此皆心内之形容，非外面之景象也，此敬之致於當祭者也。

按：入室，指薦血毛以奉親時説。周旋出户，謂行步周旋之間，指薦俎酌獻時説。僾然、愾然，固屬祖考説，肅然，亦在祖考上説，《注》儆惕之貌，則謂祭者肅然矣。入室則對神，故以見言，出户則違神，故皆以聞言。僾然就是見位之狀，肅然就是容貌之狀，愾然就是歎聲之狀。蓋未祭之先，吾之思既通於親，故臨祭之日，親之神自通於我有不爽者。

○“是故先王之孝”節

承上言，“心志嗜欲不忘乎心”截，念親之心存於中也，亦主祭時説。愛有不忘追念意，慤有專謹不渝意，總非兩心，各就所指而言，非存獨不本於敬，而著獨不本於愛也。觀上言，存而曰不忘乎心，下言著存而總曰不忘乎心，可見總只一個心之向親也。“君子生則”以下，又推言所以敬享之心也。

君子之祭，豈惟入室出户，有所見聞哉！是故先王孝心當存，親之色不忘乎目，常若承順時也，親之聲不忘乎耳，常若聽命時也；親之心志嗜欲不忘乎心，常若先意承志時也；其常存於中者如此。夫不忘不絶，可謂存矣，所以存者豈勉爲哉！蓋由積誠於臨祭之日，愉愉其忠，而致其愛焉，則愛存而親亦存，自爾不忘不絶之若是也。見形聞聲，可謂著矣，所以著者，豈勉爲哉！蓋由積誠於臨祭之日，肅肅其敬，而致其慤焉，則慤著而親亦著，自爾見形聞聲之若是也。是親之著存，由吾之心生也，至於著存不忘乎心，則至祭之日洋洋乎如在其上，如在其左右，夫安得不愈致其愛慤而敬乎？君子終身之身，非終父母之身，終其身也。生則敬養，而死又敬享，必如是而後終身弗辱，夫安得不致愛慤以爲著存本哉！此所以爲全歸之孝也。

按：曰愛慤，曰著存，曰敬，俱一時事，但愛慤此著存差先，以心言也。“敬”字兼愛慤言，非愛慤外别有敬也，先王於君子只作一人看。

○“唯聖人爲能饗帝”節

此明祭饗之義也。“享焉”截，上言仁孝之能享天親，而原其由於心。“君牽牲”至末，正即孝子臨尸而不怍也，心之不怍，正即心之向親，此所以能饗親也。大旨重“臨尸不怍”一句，臨者，祖考與我對面，必是我的心事，與他質證得過，沒有一毫不慊的意思，方纔與他不愧，不特臨祭時，有素行工夫爲根本。

天子祭帝，人子祭親，此禮之常，然未必其能饗也。唯聖人孝子能饗之，所以然者，饗帝之道，在竭其忠誠，心嚮乎帝也。饗親之道，在致其愛敬。心嚮乎親也，唯其嚮之，然後能饗焉，則非徒尚儀文而已。蓋孝子之饗親也，愛敬之心，存之已豫，故臨尸之祭，心無愧怍。君迎牲親牽，夫人奠盎酒，君獻尸以醴醆，夫人薦饋食之豆，不但夫婦親之，而且備助祭執事之官。君行禮，卿大夫相君，夫人行禮，命婦相夫人。斯時也，凡在廟中者，齊齊乎整肅而外極其敬也，愉愉乎和順而內極其忠也，勿勿諸懇到，致其忠敬，而總欲其饗，此薦獻之饌也。凡此皆所謂能嚮親者，是以臨尸不怍，而致親之饗也，非孝子其孰能之，饗親如此，則饗帝可推矣。

按：首二句且虛，“享者”四句，則言所以能享之故，聖人孝子，亦非判然兩事，蓋推其祖以配天，推其親以配上帝，亦孝子之事。饗不難於我去饗神，貴於神來饗我。“饗者”句，實指聖人孝子心向天親説，聖人孝子，惟其心嚮乎天親，是以能享天親也。臨尸不怍，根平日來。“君牽牲”句，重“君牽”上，盎猶滃也，成而滃滃然葱白色，盎齊是也。醴猶體也，酒之一宿者，滓汁相成而一體也，即醴齊，醆即盎齊。相君、相夫人，以見在上者盡其道，則在下者各致其其事，以相助也。“齊齊”三句三平説，主君夫人看，有云凡在廟中者，蓋廟中君夫人爲主，而卿大夫命婦相之也。

“文王之祭也”節

此舉文王之祭以明孝子能饗親也。“其文王與”以前，都指正祭説，是事親之誠，以後是思親之切，雖兼言正祭明日，却重在明日上，從上文又進一步説。

文王之廟祭也，如事生，祭如在也，如不欲生，似欲隨之死，哀痛極也。忌日必哀，有終身之喪也，稱諱如見親，宗廟之禮，上不諱下，聞名心瞿也。其祀之忠誠也，想像之切，如見親平日之所愛，如有親欲之之色然，非文王其誰與？然不特正祭爲然，思親之心，有難以名言者，《詩》有之，“明發不寐，有懷二人”，此詩本咏宣王允懷文武之功烈，真足以咏文王者，蓋文王正祭，念親之勤，自祭之夜，至明日繹祭明發之時，文王猶不成寐，何哉？蓋正祭之時，既享親而致其來矣，祭畢則不能不去，此心豈能恝然耶？於是又從而思念不置，庶幾其復入焉，此所以不寐也。是祭之明日，明發不寐，即《詩》之所謂“明發不寐”也。享而致之，又從而思之，即《詩》之所謂“有懷二人”矣，故祭之日，樂與哀參半，享之必樂，喜其來也，已至必哀，悲其往也，此所以爲祀之忠也歟！

按：文王之祭，管下四句。“祀之忠也”四句，一氣説下，就從上四句見出。“如見”二句，亦是祀之忠也，而列之在下者，補上意之未盡也。一云，“事死者”四句，在平日未祭言，歸重到“祀之忠也”四句，方就正祭日言。觀本文首有“文王之祭”句，則指平日説者，不可從。“其文王與”“與”字，是不執定之辭，文王之詩也，虛喝起。一云，“詩”字當作“謂”，下三句方言其實，要知引《詩》非以証上，乃以啓下，亦斷章取義耳。“致之”、“思之”二“之”字，俱指親説，祭之日大概説，合正祭明日看，猶言祭之時也，此三句從“致之”、“思之”上見出，享之必樂，正應“致之”，已至必哀，正應“思之”，此樂與哀半之實也，與前“樂以迎來”二句意同。

“仲尼嘗”節

此舉仲尼之事，以明孝子能饗親也。“以數”截，上是聖人祭盡其誠，下是因問而明其當誠也。“濟濟”至“自反”也，是解濟濟漆漆之義。“容以遠”至“有乎”，是解己之行祭，無濟濟、漆漆之意，以應“今子之祭，無濟濟漆漆”一句。“反饋”至“有乎”，是解己之言祭，有濟濟、漆漆之故，以應“子之言祭”二句。大旨，交神不在容，既曰夫何神明之及交，又曰夫何恍惚之有者，前言濟漆主於修容，不能交神，以見交神必誠慤意，后言濟漆宜於助祭，不必於交神，以見主祭必交神意，可互見也。末二句泛言。

昔者仲尼之行嘗祭也，奉所薦之物而進於尸，其身自執事而親也。以容貌則專一而敬謹，以行步則迫狹而頻數，此皆一於誠敬，不尚威儀，正事親之道也。子貢疑焉，故待祭畢而舉夫子所言者爲問。夫子言濟濟者，衆盛之容，疏遠而非所以接親者也；漆漆者，專致之容，自反而修飾於外者也。此二者，威儀有餘，而誠敬不足，不可以交神明，則我之自祭，豈可有濟濟、漆漆之容乎？若我嘗言濟濟、漆漆，自有其時焉，不在奉薦之時，自有其人焉。不在主祭之人，彼天子、諸侯之祭，儐尸於堂，更反於室，而設饋，此時作樂既成，主人薦其饋食之豆，與牲體之俎，以行反饋之禮，禮事畢，而人事始矣。爲主人者，則陳設禮樂之器，使旅酬有其儀，合聚助祭之百官，使旅酬有其人，而旅酬往復。於是助祭之君子，各以威儀相尚，致其濟濟、漆漆，夫何有恍惚交神之心乎？夫人之立言，或因事而異，或因人而施，不能一端拘，要之各有所主，當於禮而已，則我前所云濟濟、漆漆者，特主助祭者言之耳。若主人之事親，則宜慤而促數也，子何以執一論耶？

按：既云奉薦而進，又説其親也何？孔子曾爲大夫，豈無助祭之人。奉薦而進，是統言主祭、助祭之人也。“親”字作總，“慤”字對下“趨”、“數”二字，皆以“親”字冠之。濟濟者，衆盛之容，漆漆，讀爲切切，專致之貌。《注》解兩“容”字作兩樣，殊未安。看來兩“容也”，猶言其爲容也衆盛、專致，意入“遠也”、“自反也”内講纔是。濟濟者，言威儀之齊，遠則優游而不迫也，與趨數者異。漆漆者，威儀之飾，自反則反覆而不苟也，與慤者異。“若”字當“及”字看，容疏情不切，外修敬必衰，豈主人交神之心乎？反饋者既往薦腥，而反饋薦熟也。反饋而後樂成，則以周人先求諸陰故也。“反饋”二句，不重，起下文耳。薦序備皆屬主人言，序其禮樂，則先後不失其倫，備其百官，則小大各供其事，此旅酬時，非交神時，則濟濟、漆漆，夫何恍惚之有乎？恍焉若無，惚焉若有神人之道，幽明之際，以誠心求之，其狀如此。末二句教子貢以聽言之法。

〇“孝子將祭”二節

此推明孝子祭享之心也。首節截，上言孝子慮事具物之誠，下言祭盡其誠而結其爲孝子之志也。“虛中”不是此中空空的，喚作虛中，心中只是一個孝敬，孝敬之心在中，便無他物，便無他事，二字是祭之張本。下孝敬恍惚，皆從虛中生出來。

“孝子將祭”節。夫孝子者，方其未祭之先，必有當爲之事，慮之不可以不預也，比其當祭之時，必有陳設之物，具之不可以不備也。然事也，物也，可以不誠之中預且備哉，又必虛中以治之，洗心退藏，還其明瑩不滓之體。無餘事，無餘物，然後能慮且備也，此祭之本也。

按：事，所行之事，蓋下文修之、設之之類，事不可以易就，故要慮，又要預。物，所備之物，即下文百物器饌之屬，物不可以缺用，故要具，又要備。虛中只是一誠，治之即慮之、具之也。

“宮室既修”節。此承上“虛中以治”來。首三句提起，下分兩段，兩“奉承而進”對看，一是朝踐之時，屬主祭者邊；一是饋食旅酬之時，屬助祭百官邊。此只重饋食，不重旅酬上，與前章異。雖分主祭、助祭兩項，然助祭之弗敬，亦主祭之未至也，故兼言助祭者。“其孝敬之心至”句，與“孝子之志也”，俱結語。蓋祭之始，夫婦奉承者，致愛也，而又洞洞屬屬，以致其敬焉，是孝子致敬之心也，乃以“孝敬之心至也與”一句結之。祭之中，百官奉承者，致敬也，而又諭神交神，以致其愛焉，是孝子欲爲之志，而不容已者，乃以“孝子之志也”一句結之。

惟豫且備，故其大者，宮室既修，墻屋既設；其小者，百物既備，祭可行矣。於是朝踐時，則夫婦齊戒沐浴，奉承而進之，雖物輕易舉，未有失墜，然洞洞屬屬之狀，且如弗勝，如將失之，其孝敬神明之心，可謂至矣。及饋食，則薦俎豆，序禮樂，備百官，而百官之奉承而進之，有祝辭以諭其志意，蓋欲以己恍惚之心，與神明交接，而冀神明庶或享我之祭，此庶或饗者，正孝子之心志也，然則志意之諭，豈無故哉？

按：修則葺其舊，設則飾其新，設謂掃除及黝堊也。百物備，凡天所生，地所長，咸在也。洞洞，言其幽深，屬屬，言其聯屬，如弗勝，如將失之，皆形容洞、屬處。四句一氣説下，都指容貌，正是奉承的光景，孝敬纔推到心裏去。序禮樂，備百官，又遞到百官上去，諭其志意，如春礿則諭其怵惕之志意，秋嘗則諭其悽愴之志意，所謂視以孝告也。“以其恍惚”連上講，“其”字即諭志意而言，“庶者”幸而莫必之辭，“或”者疑而不定之辭。

兩“進”字從來憒憒，看來前“進”字未言何物，如何以爲“朝踐”對下“饋食”，且恍惚交神，是主祭事，如何作助祭説。當以前“進”之根齋戒來，言如此謹凛以將於親也。所將者何物？孝敬之心，便是洞洞等謹凛處也。至薦俎處，方是行祭，而以所陳之物進於親，然物非物，正孝敬志意所在，而於是以諭之，正欲恍惚交神而庶饗耳。

“孝子之祭也”節

此明祭之敬，在盡其心於始事也。孝子慤信敬禮之必盡者，總是爲祭而設，則臨事之時，豈有不敬者哉？進退，以容貌言，盡敬，是盡之於心，必敬，是著之於外也，如親聽命使之，不過形容必敬意。

今夫孝子之祭，心一而已，自其專謹不放而言謂之慤，自其誠實無僞而言謂之信，自其主一無適而言謂之敬，三者無一毫不致其極，然後成其爲心，而祭之本立矣。禮有常經，不可以私意爲隆殺，又當盡其禮，使無過與不及，而祭之物備矣，於是而祭也。一進一退無非至敬，洋洋乎如在，如親聽父母之命，則或有所使之也，豈非其可必者哉！始之不盡而致勉於臨時，不可幾矣。

按：《注》“盡”字解作無一毫之不致其極，則“盡”字當着力字，言盡其慤方謂之慤，有一毫不盡處，不謂之慤。一説當就現成説，如盡其慤而無一之不慤，亦通。盡其禮，就物言，如器用牲幣等，件件中節，不以美沒禮，不以菲廢禮，便是禮。進退在祭時説，如承事而進、待事而退也。

“孝子之祭可知”節

此明祭之生於心也。首句可知，言觀其祭可以知其心，此句且虚，下詘、愉等正可知之實也。“孝子之祭也”句，就上數句作結，正與首句相應，可入人心字講。詘、愉等五者，都指容色説，然詘、愉、欲又加個“敬”字，敬雖屬心，就在詘、愉、欲上見得，不可判然作内外看，“固”與“疏”，以心言，與上“敬”相反。

孝子之祭可知者，言由外知内也，方其待事而立，則心服順而身屈曲，其從事而進，則心有深愛而色愉，其奉物而薦，則心勿勿諸其欲其饗之，其暫退而立，如將前進而受命，其合烹後已徹而退，敬齋之色，不絶於面，餘敬未忘也。此則孝心結於中，故敬形容於外。如此，觀其祭不可以知其心乎？故曰“孝子之祭可知也”。夫敬以詘者，身屈而容變，不然則爲固執；敬以愉者，色和而致其親，不然則爲疏遠；敬以欲者，冀其享而愛親之至，不然則爲不愛；如受命者，順聽而無所忽，不然則爲傲慢；敬齊之色不絶於面者，慎終如始也，不然則爲忘本。本者，始也。失之者，言失祭之道也，失則非孝子之祭矣。

按：《注》待事、从事，俱指朝践、馈食言。奉物，指血腥熟食言。退而立，則少退而立，已徹而退，則徹而终退焉，此其所以異也。“本”字常説作“始”字看。尚未徹，原君子務本，所謂本者孝而已，心勿忘則有本，有本則有容。由前而祭，則可知其心，以循其本故也。由後而祭，則失之，以喪其本故也。上言孝子之祭，則下皆不得爲孝可知。末言“失之”，則上文得之可知，此互相發之意。

○“孝子之有深愛”節

此明事生之孝也。以前都言祭祀，此又以事生言，言孝子事親當歡愉媚婉，如未冠以前之孺子，不可嚴威儼恪，如既冠以後之成人也。“深愛”重看，四句相因説，皆以深愛貫，有深愛則一時俱有矣。三“必有”者，乃遞下之辭，如“執玉”二句，是狀其敬，“洞洞屬屬”帶下説，“如弗勝”二句，總發執奉之狀。前章弗勝得失，是有奉承之物，此却言無所執奉，只假以形容其敬。愛心發於外，可得而見，故直曰有；敬心存於中，不可得而見，只得將物比擬，而但曰如也。成人之道，泛言立身持己事，舊以愛敬立説，夫本文止有“愛”字，無“敬”字，况嚴威、儼恪，豈不是敬？而曰“非所以事親”，可見只該重“愛”字，“愛敬”立説，不可從。

人子之於親也，有愛道焉。天性之情，固結於中而不可解，則愛可謂深矣。有深愛者，必有和氣，氣之愛也；有和氣者，必有愉色，色之愛也；有愉色者，必有婉容，容之愛也，孝心之所發如此，非第愛也。愛之深吾見，雖無所執也，而常若執玉，雖無所奉也，而常若奉盈，洞洞乎表裏如一也，屬屬乎真實相聯也。若有所舉而弗之勝也，若將失之而惟恐墜地也，愛心之所存如此，孰非深愛之所形哉！事親之道，當如是矣。若夫嚴威、儼恪，乃成人修飾威儀之道，豈深愛之孝子而顧如是？

按：宣諸口而溫厚和平曰和氣，見諸面而欣喜悦樂曰愉色，形諸身而委曲承順曰婉容。三“必有”，見自然意，並無先後。

○“先王之所以治”節

此詳先王五者之教，而歸其本於孝弟也。首句提起，下五句列其目，定天下著其效。“貴有德何爲也”五段，指所尚五者治道有其由。“是故至孝”二句，獨揭孝弟爲人道所同。“先王之教”三句，教者教以孝弟也；因者因孝弟爲人心之同而不能别立一道意；領者統領倡率，使咸趨於孝弟也。曰所以正立教之意，非以效言。

昔先王所以治天下者有五，五者何？一曰貴有德，如賢者在位，能者在職是也；二曰貴貴，和敬大臣，體群臣是也；三曰貴老，如杖於朝，杖於學之類是也；四曰敬長，如固爵尚齒之類是也；五曰慈幼，如孤不給役，悼不加刑之類是也。先王以五者爲教而天下莫不服順於貴德、貴貴之中，興起於孝弟慈仁之化，非所以定天下乎？且貴有德何爲也？至大可貴曰道，但此道無物不有，無時不然，是個渾全無迹者，人曰有德，則行此道有德於心。渾全者純實，無迹者有方。雖未與道爲一，而違道不遠。欲貴道，自不得貴德矣。貴貴者何？天下莫不尊者君，君之下有大臣，左右厥辟最爲親近者乎？貴老以老近於親，而親以及親，得無貴乎？敬長以長近於兄，而兄以及兄，得無敬乎？慈幼以幼近於子，而子以及子，得無慈乎？先王治道有五，各有所爲矣。然又有要焉，亦先之孝弟而已，至孝至弟，在滿孝弟之量上説，是故仁以事親孝也，爲老近於親，而廣其愛以及人之老，則孝至矣。雖未盡王者事，然王者以仁愛民，至孝以仁愛親，同一惻怛之心，不近於王乎？義以從兄，弟也，爲長近於兄，而推其敬以及人之長，則弟至矣。雖未盡霸者事，然霸者以禮序國，至弟以禮序長，同一順序之舉，不近於霸乎？不重王霸上，只要引出必有父兄意耳。夫至孝近王，至弟近霸，則雖以天子、諸侯之尊貴，必以孝事父，以弟事兄，況自天子、諸侯以下者乎？即是而觀，親親長長，爲天下大倫，孝弟爲人心同理，故先王立教，惟以孝弟相因不改，正以率領天下，使莫不親長，而同歸於孝弟也，豈非治天下之要道乎？

按：通節"治"字、"定"字、"教"字、"領"字要明，治是方去治，在定先，定則治矣，在治後。末"教"字與首"治"字應，"領"字與"定"字應，教之正所以治之也，領之斯足以定之矣。三"所以"字要看。

"子曰：立愛自親始"節

此見孝弟爲愛民之本也，"用命"以上是虛論理，下乃實着立教者說。

夫孝弟之教，先王必因之以領天下國家者，何也？亦以愛敬之化神耳。愛莫先於愛親，人君立愛之教，不必問之民之愛也，但自愛其親始，而教民睦愛之道，即此焉寓也。敬莫先於從兄，人君立敬之教，不必問之民之敬也，但自敬其長始，而教民順敬之道，即此焉寓也。蓋民莫不有親，況有以教之乎？教以慈睦，而民貴於有親矣。民莫不有長，況有以教之乎？教以敬長，而民貴於用長之命矣。由是觀之，人君特患身教之本立耳。誠能孝以盡事親之道，順以聽長者之命，則舉而錯諸天下之民，以爲政教，斷無有梗塞而不行者，蓋孝弟爲同然之理，而君身實萬化之原，人君奈何不端其本也哉？

按：親長，君之父兄也。立，如"立極"之"立"，即盡也。"自"字當"從"字看。教民睦順，主上人言，未説到民之從教上。睦者，由愛親而推之，無不慈睦也；順者由敬兄而推之，無不恭順也。上止言睦，而下文添出個"慈"字，睦則恩慈，故又曰慈睦。貴猶重也，言以親爲重事，而不敢輕忽也。不止己親，凡有服之親皆知有之也，用命不止己兄，凡在上之命，皆能用之，此四句又覆申上四句，決其機之如此。

"郊之祭也"二節

此明郊祭、廟祭之敬也。"郊之祭"下當補"人君自致其敬意，故能感人如此"。"喪者"二句要重看，此於感化上見出人君至敬之心。下節專主廟祭言，中間分牽牲、繫牲、暫退、終退四事。"敬之至"總承，指君言，不必兼助祭，此於躬親上見出人君至敬之心。要知郊天而言及“喪者”二句，祭廟而言及卿大夫序從執事，蓋在我者雖敬，而在人者弗肅，猶非敬之至也。

郊之祭也，天子致敬於天也。於其時，喪者不敢哭，凶服者不敢入國門，人無不肅無違令者爲郊重也，非天子之至敬乎？

按：郊祀之禮，是吉禮大事，故喪與凶服者皆避之。此天神，言避之以爲敬，下人鬼，言親之以爲敬，互相備也。

祭宗廟之日，其迎牲也，君必迎於廟門外，而親牽以入，所以致其力也。以子姓之親而對君共牽，示咸有事也。以卿大夫之貴而佐幣聚從，備告神之用也。及入廟門，麗牲於碑，而納牲詔於庭之禮行矣。及殺牲時，必薦血毛也，卿大夫則袒衣，取牲耳毛以供神焉，燔燎時必用膟膋也，君執鸞刀而刲膟膋焉，是則殺牲既備，臭陽以達，有以建夫早朝所行之事，報氣之禮，無不舉矣。於是人君乃暫退而立於阼階之間，以待夫堂事之行也。祭必熟其牲也，則有湯爓之祭，薄於味而近於臭也。祭必腥其俎也，則有生肉之祭，全乎臭而遠於味也。斯其備物致享，臭味兩全，有以盡饋食所行之事，報魄之禮，不無盡矣，於是人君乃終退而立廟門之外焉。夫一廟祭也，竭情盡慎，不以爲勞，慎終如始，不繼以倦，非人君之至敬乎？

按：穆，君之世子也，君爲昭，則穆答君，君穆則昭答可知。答，對也，對君共牽也。序從，卿大夫佐幣，士奉芻，各以次序從牲。後不言士者，省文也。碑在廟之中庭，此迎牲時事，毛以告全，耳以主聽，欲神聽之也，此殺牲時事。鸞刀，解見《禮器》。膟膋，解見《郊特牲》。乃退，謂薦血毛膟膋畢而君與臣暫退也。爓祭、腥祭是饋食時，此時亦有助祭者，但未及耳。祭先腥後爓，此先云爓，便文耳。爓、腥之禮畢，則禮終而遂退矣。凡此皆主祭者致其誠，故助祭者謹其禮，故曰“敬之至也”。

“郊之祭，大報天”節

此言郊祭之義也。主日配月平，主日者將日做個天神，主祭之，猶不敢直言獻於尊者意，專主謂主，配偶謂配，配日非配天，此正是祭天，非祭天又主日配月也。以上三代所同，禮主於報故也，以下三代所異，時係於人故也。

夫郊之祭是酬上天生成萬物之功，禮重心肅，非他禮可比，只就功德説。《注》“道之大原出於天”，忒深，然天尊無爲，可祀之以其道，不可直瀆之以其事，惟日爲陽尊，而代天主事，月爲陰尊，而配陽成象，同有照臨之功。此正天之生成萬物，功在陰陽，顯著可見者，故主日而配月焉，則郊祀之寓意深遠矣。下言其祭時，夏尚黑，故祭於日沒而黑之時；殷尚白，故祭於日中而白之時；周尚赤，故祭或日初出則赤之朝，或日將落則赤之闇也。

按：天之爲德，至廣至大，不可得而見之也。其可見者，日與月耳，故主日配以月也。祭時天爲一壇，其日月天神等共爲一壇，故日爲衆神之主。自日以下皆祭，特言月者，但月爲重，以對日耳。以朝及闇，當謂及日將出未出之時。舊謂自朝至闇，恐不應至竟日之久，即或朝或闇，恐不應無一定之時，郊而言祭日，主日故也。一云，陽，謂質明時，祭日，謂祭之日也。殊有理。

○"祭日於壇"節

此詳日月分祭之義也。因上文郊祭主日配月，遂言春朝日，秋暮夕月之禮，析言之。"於壇"四句，明祭日、月，設壇、坎之義。"於東"四句，明設壇、坎於東西之義。"日出"二句，又申壇東、坎西之義，下則原日月當祭之由也。大旨，宇宙和氣，全是日月之功，致和只在氣化上説，未説到物生上，恐陽之太亢也，而陰致之，恐陰之太肅也，而陽致之，陰陽相調以成其和也。世間晝夜相代，寒暑相成，乃是真和光景，豈待生物纔和？《注》方氏曰："獨陰而無陽，獨陽而無陰，是同而已，又何以致和乎？"

祭日於王宫之壇，祭月於月明之坎，何也？蓋以壇顯象日之明，坎深象月之幽，是殊别幽明也。壇高象陽之上，坎卑象陰之下，是制上下也。祭日於國之東郊，祭月於國之西郊，何也？蓋以東象陽之動而出於外，西象陰之静而入於内，是殊别内外也。東爲陽中之位，西爲陰中之位，是端正其位也，且日象出於天地之東，月明生於輪廓之西，是又因其東西也，此東西之義也。然日月所以當祭者何也？蓋以陽道常饒，凡屬乎陽者皆長也，日則秉陽之精而長，陰道常乏；凡屬乎陰者皆短也，月則秉陰之精而短。雖若各有所屬，然日往則月來，月往則日來，一陰一陽，一長一短，終始相巡，周廻不息，太和光景已充滿於宇宙之間，豈非物生之本哉？而所以致是，則日月相濟之功焉，先王得不設壇坎、分東西以報之哉？

按：幽明者，謂日照晝，月照夜，東爲震動之方，主發生，西爲寧寂之方，主收斂，故云"東動而出在外，西静而入反内也"。陽始於東北，而終於東南，故曰“東爲陽中”。陰始於西南，而終於西北，故云“西爲陰中”。中則得位，故東西所以端日陽月陰之位也。幽明以理言，在隱顯見，上下以勢言，在高深見，内外以氣言，在動出靜入見，位以位次言，在陽中陰中見。“始終相巡”“巡”字，如“巡行”之“巡”，如環之循，是謂相巡，故足以致天下之和。“致和”句，一云，不可以雲氣賦形並説，蓋相巡已是陰陽之氣和矣，只以賦形一邊言之，所謂變合生成，四時和而外物育也。亦有理。日月有合祭之時，郊祭天，主以日，配以月，是也。有分祭之時，春分朝日，秋分夕月，是也。古者祀日月，其禮有六，因郊因蜡而祀之，或類或禜而祀之，於覲諸侯而禮之，非正祀，亦非常祀，惟春分朝日於東門之外，秋分夕月於廟門之外，此祀之正且常者也。

○“天下之禮，致反始”節

此見禮之貴致也。因祭有致反始致鬼神之義，而並及他事也。“去爭也”截，上言大禮足以致治，是虛論其理也。下言用禮以爲治，而民從治，方着人君上説。兩言天下之禮，正相叫應。通節“致”字重看，致者極其至之謂，蓋盡禮之當然而止，無可以復加也。“致反始”五句，是禮之所在，非目也。“厚本”五句，是禮之用，非效也。“奇邪”二句，只反言以決治之必然耳。

聖人制禮，原以範圍天下，是非一人之禮，天下之禮也。其禮有五，一曰致反始也，凡物有終必有始，聖人因而致反始之禮，天反物之始，祖反人之始，至於推祖配天，而反始之禮致矣。一曰致鬼神也，凡物有陽必有陰，聖人因而致鬼神之禮，氣爲神之盛，魄爲鬼之盛，至于合以爲教，而鬼神之禮致矣。一曰致和用也，天下莫不欲用，聖人因而致和用之禮，貿遷斂散，通易交資，至於不侈有餘，不屈不足，而和用之禮致矣。一曰致義也，天下知有義而未得其致，聖人爲之尊卑有別，貴賤有等，至於細微必謹，毫髮不踰，而義致矣。一曰致讓也，天下知有讓而未得其致，聖人爲之孤寡不穀，卑己尊人，至於芻蕘必察，匹夫勝子，而讓致矣。此五禮者將何以哉？致反始，所以使民反古復始，厚人物之本也。致鬼神，所以使民尊嚴鬼神，實有是禮而不敢玩也。致物用，所以使民既富方穀，彝倫克敘，以立民紀也。致義，所以使民辨等威，而下不悖逆乎上也。致讓，所以使民禮俗刑而爭鬬不生也。禮之爲用如此，誠使人君爲治，兼舉此五者，施之政治之間，則幽而神明，明而人心各愜其願，世道人心賴之，不但可施之一家一國，而爲天下之禮也。若然則雖有反此而奇邪不治，蓋亦微少矣，治民以禮而行禮以致。甚矣，致之要也。

按：開口説個天下之禮，“天下”字重看，便有關係，“致反始”屬郊廟説，“鬼神”屬承祭説。一云，“反始”只專言天地之神，“鬼神”只專言宗廟之神，亦通。和用，相濟而足於用也，和就在用中看出，利於人而不乖戾之謂，言貿遷各適其平也。義謂得宜。讓謂遞相推讓，本謂秉氣於天，賦形於地也。厚，猶重也。反始便是重其所本。祖禰在己之上，敬鬼神便是尊上。前“和用”言百姓和諧，故財用豐足，後言“物用”，物各有用，用得其節。所謂“和用”，在開源節流看。民紀，即五倫爲民極者。立民紀，如父子有親等，使民紀不廢墜，此只是正德本於厚生意，上下不悖逆，如正名定分，上不悖禮以凌下，下不逆倫以援上也，大概在下不悖逆居多。爭者讓之反。兼舉並行曰合。以治，便用之以厚其本，尊其上等也，有體諸身而施之政意。天下之禮，正解上文“天下之禮”四字。奇邪，如忘本瀆神、斁紀悖爭是。

○“宰我曰：吾聞”五節

此詳祭禮鬼神之義也。“氣者”二句，言鬼神之名所由立，而“衆生”一節詳之。“合鬼神”二句，言鬼神之教所由立，而“因物”以下三節詳之。

“吾聞鬼神”節。“氣也者”二句，闡鬼神之名，下是著其教之大。宰我曰，吾聞鬼神者，不知其所謂也。夫子曰，氣魄之在生時者，即鬼神之在死後者也。蓋人身之運動者爲氣，死則是氣之靈，屬陽爲神，而爲精靈之不可掩者，非神之盛乎？人身之凝定者爲魄，死則是魄之靈屬陰爲鬼，而爲精靈之所自出者，非鬼之盛乎？夫生則氣魄合而爲人，死則氣魄分而爲神爲鬼。聖人於生時見其分，而於死時復見其合，於是合聚其已離之魂魄，而立一鬼神之名，以承祭報焉。蓋義理深遠，而又不墮於虛無，齊明祭報，皆由此起，所以爲教之至。

按：氣如口鼻呼吸之類，其靈處爲魂，死謂之神，魂氣之餘耳。體如耳目視聽之類，其聰明處則爲魄，死謂之鬼，體魄之餘耳。氣魄指生者言，鬼神指死者言。死者茫昧而難知，生者顯著而易見，以生比死，則生而顯著者爲盛，因其盛者，可以知其茫昧者也，即答子路“未知生，焉知死”之意。盛，猶言張旺，謂寄寓於天地間不可掩也。“合”作合聚已離之魂魄猶淺，聖人制爲散齊、致齊於三日、七日見，則定氣守魄，何所不於鬼神相合，此“合”字當作“合莫”“合”字看，以此教民，情意懇到，人心自不容已，豈不是教之至？

問死者之鬼神，而以生時之氣魄告之，正示之知所本也。蓋説一鬼神，便以死道視之，是分而遠之矣。説一氣魄，便以生道求之，是合而親之也。人只曉得氣魄既離，於人日遠，却不思生身所自，依然此氣魄之遺，故指他生氣之盛，活現示人，便有不能無報之意。後面直説報氣報魄，真是事死如生，親容宛在，豈不是合鬼與神？豈不是教之至？然此處勿説出命名。“以祀”二節，亦勿露“報”字，以犯末節。此段説極曉暢，合《注》中程、張、朱、陳四子之説，鬼神之謂，思過半矣。

“衆生必死”節。此言死者之鬼神也，此之謂鬼，於“神之著也”相對。“骨肉”二句輕，只要起“其氣”二字，昭明、焄蒿、悽愴，雖三平，而有次序，一步説近人一步，“此”字正頂三者而言，“百物”即“衆”字變文。

何謂鬼，陰精爲魄，於陽氣相聚，而人生焉，氣有盛時，則必有盡時，此衆生必死也，死則魄降而復歸於土矣，蓋陰精重濁，故下降從陰也，此之謂鬼。可見鬼者，即生魄之餘也。何謂神，陽氣爲魂，附於體貌而人生焉，死則骨肉斃壞於下，陰而爲野土矣，其氣無所附麗，則發散飛揚於上，或爲朗然昭明之氣，或爲溫然焄蒿之氣，或爲肅然悽愴之氣。蓋陽氣輕清，故上升從陽也，此其初附麗於四肢、百骸之物而爲精靈者，是則神之顯著也。可見神者，即生魄之餘也。

按：此之謂鬼者，以二氣言，則陰之靈爲鬼，以一氣言，則反而歸者爲鬼。神之著者，以二氣言，則陽之靈爲神，以一氣言，則至而伸者爲神。如鬼神之露光處是昭明，其香氣蒸上處是焄蒿，使人精神悚然是悽愴。人死後其氣不散，即爲神之盛，此魄時見時滅，不可摸擬，即爲鬼之盛。

“因物之精”節。此申合鬼與神教之至也。神者，陽精之靈，鬼者，陰精之靈。聖人因其精靈之不可掩者，制爲尊極之稱，而顯然命之曰鬼神。夫謂之鬼，是與天地之成物氣往而屈者同，謂之神，是與天地之生物氣至而伸者同，則尊敬之至，不可以復加，此所以爲極也。以神道設教，而爲天下之黔首則，向之無形無聲者，民皆知其有靈，而有可測度，有可憑依也，此名一立，百衆皆畏其威，凡有所爲，惟恐鬼神之鑒臨，萬民皆服其德，凡有所行，必求鬼神之脗合，孰敢慢之違之，而不爲善去惡乎？此所以爲教之至也。

按：物之精，即所謂百物之精也。“精”字雖是言神，亦可言鬼，但言百物之精爲神，而不言衆生之死爲鬼，舉其一以該其二也。通節語氣至“黔首則”方住，秦稱民爲黔首則者，使民知死者有靈而思慕報事也。百衆萬民，總是黔首，慕則必畏，畏則必服，二句俱兼善惡互見也，總是則意，就平時言，未説到祭上。

“聖人以是”節。此是推之於祭，言聖人自行禮以示教，無非合鬼神爲教之至也。聖人廣禮之教，即前節“黔首則，百衆以畏”二句，但彼爲虚論，而此爲實境也。聖人念所由生之心，真心也，教之不忘此心，便心神意念，與鬼神相合，一遇霜露，即起悽愴之心，遇雨露，即生怵惕之心，不必勉强，正是速也。此“服”字與上節“服”字不同，上是服鬼神，此是服聖人之制，主心言，聽主身之行禮而言，奚但畏服而已哉！

夫既制鬼神之名，而民皆畏服矣。聖人以民心無常，民畏民服，猶未足以盡教也，於是時行祭祀之禮以教之。築爲宫室，廟之宫室也，宫室中設爲宗廟，以居祖考之近者，所以別其情之親而邇也，其祭數，設爲祧廟，以居祖考之遠者，所以別其情之疏而遠也，其祭疏，凡若此者，蓋以宗祧爲魂魄，一脉相傳。由後遡前，有所謂古，緣身探本，有所謂始，乃吾身之所由生者。今築爲宫室宗廟，使鬼神有所棲止，祭祀有所憑依，是乃反復祖先之古，追報受氣之始，而不忘吾身之所由生也。夫人之情，强之以本無，責之以難從，則必不服，惟聖人緣人情而制禮如此，故衆自此服從於心，莫不春秋祭祀，以禮享之，其服聽有不速哉！

按：“是”字，即指明命鬼神而天下畏服説。聖人以是爲徒尊以名，未足以稱其實也。“築爲宫室”二句，上虚下實，宗廟以藏祖禰，祧廟以藏遷主，築設者，掃除黝堊之也，此二句就含時祭祫祭意。親疏以情言，遠邇以世言。反者，反始而追之以心，復者，復報而酬之以禮。古，猶昔也。以子孫對祖考，則祖考爲古昔。子孫之氣魄，皆祖考之所傳，則祖考乃其始也。凡此古始，正吾身之所由以生者。教民如此，直從身之源本，提撕警覺，何等親切懇到，“民之服”二句，正從此生。民不專指百姓，凡爲子孫皆民也。“服”與“聽”、“速”是兩層意，“服”謂心悦服之，“聽”則上反古，下亦反古，上復始，下亦復始也，看一“故”字便知。

“二端既立”節。此即上文報反重，抽出朝踐、饋食二禮，著其爲教之至意。“教衆反始”句，與“教民”三句對看，然教衆反始就在報親之内，相愛用情却在報親之外，報魄亦是教衆反始，乃只言之於前者，蓋朝踐時此心純是交神，覺反始之意，猶專至饋食時，雖亦是交神，然有漸及於人之意了，所以把“反始”説在“報氣”後。然祭末旅酬之禮，亦是要緊禮數，所以與“反始”並重，“反始”緊承在“報氣”之下者，人之始於祖考，以精氣相通，纔見一本處。“教民”二句，只指助祭之人言，用情所以謂之愛也。末句頂上二項，兼朝踐在内，不可專指饋食講。

自其禮言之，神鬼二端既立矣，於是制爲朝踐之禮以報氣，饋食之禮以報魄。而二禮斯行焉，以朝踐言之，建設早朝所行之事，則取牲之膟膋而燎之，使羶薌之氣上騰也，又以蕭蒿雜膟膋而燒之，使光氣之烟上升也，是蓋主於尚臭，以陽從陽，所以報祖考之氣也，此是教民反其始也。至於饋熟之時，其薦也以黍稷，其羞也以肺、肝、首、心，雜以兩甒之醴酒，而又有始祭所加之鬱鬯，是蓋主於尚味，以陰從陰，所以報祖考之魄也。夫報魄之禮既行，由是教斯民以相親愛之道，斯時旅酬，上而賓長諸父，用情於下，下而執事昆弟，用情於上，祭祀之均沾，怡然情意之流通，是不徒報魄以務禮也，而餘恩又有以及人矣。此二禮行而神人胥悦，幽明兼到，非禮之至乎？何莫而非聖人之至教也。

按：此節前後兩“禮”字相叫應，“氣魄”正應章首“氣魄”字。二端既立，謂氣魄立爲鬼神也。二禮，朝事、饋食也。朝事，謂薦血腥時。薦黍稷，謂饋食。燔燎，皆焚也，謂取膟膋燎於爐炭祭脂也。羶，膟膋也。薌，黍稷也。舊讀“羶”爲“馨”者，非。見，謂雜也。燔膟膋兼爇蕭蒿，是雜以蕭氣，燔燎羶薌，蕭光之屬，是氣氣虚，還以羶薌虚氣報之。饋熟時，以黍稷爲薦羞，進肝、肺、首、心四者之饌。前薌，謂黍稷加於爐燎者，此云薦黍稷，如黍曰薌合，稷曰明粢是也。殷肝、周肺、虞首、夏心，四代之祭也。今兼羞之，又雜以兩甒醴酒。甒，瓦器。仍加以始祭灌地鬱鬯之酒，黍稷肺肝之屬，是實物。魄實，還以黍稷實物報之。兩“以報”，在各本其事類上見。饋熟時兼以接人爲禮，教民酌設醴酒，徧嘗庶羞，歡然酬酢相接也。相愛，用情串説。禮之至也，“禮”字，即首句“二禮”“禮”字。

一云，報氣之禮，凡皆以臭爲主，臭爲陽氣，以陽生而有所始，故曰“教反始”。報魄之禮，凡皆以味爲主，味爲陰質，以陰聚而有所愛，故曰“教相愛”。報氣所以求陽乎上，是用情於上也，報魄所以求陰乎下，是用情於下也，宜知。

“君子反古復始”五節

此詳宗廟祭禮之敬也。“不敢弗盡也”截，上五句乃下五節之綱，下耕藉、養牲、養蠶根自盡説來，皆不敢不盡之實，蓋就其竭力從事，而見致敬發情之至也。近云，“以致其敬”一句爲主，下三“敬之至也”，正與此相應，致敬則情發，致敬則力竭，不敢弗盡，正敬之致處。

“君子反古”節。首二句且先説君子有報本之心如此，報其親不敢弗盡，都從這一點心來，要看“是以”二字。自“致其敬”至“弗盡也”一氣説下，此便是盡了，不敢弗盡，反收之，本意爲先古設，前只言報親，而後兼言天地、山川、社稷，以其皆用藉田所入也，以事以爲，不是相趕説下，與下面“取之”相應。

此言舉醴酪粢盛之供，本於竭力從事，而表其爲致敬之心意。祖考之既沒也，於時曰古，於脉曰始，正我身之所由生也，不反不復，則忘矣。君子則追之以心，酧之以禮，而反且復者無他，惟不忘其所由生焉耳。惟其心如是，是以祭祀之禮，致其敬親之心，發其愛親之情，而内盡忘，竭一身之力，供所備之事，而外盡物，於以報其親，不敢有内外一毫之不盡也。且以其不敢不盡者而詳言之，是故昔者天子爲藉田千畝，冕而朱紘，躬秉耒以耕，諸侯爲藉田百畝，冕而青紘，躬秉耒以耕。夫服莫尊於首，而冕以耕，體莫勞於力，而躬秉耒，此皆天子、諸侯自盡之道也。蓋以事天地山川、社稷、先古，以爲醴酪粢盛，於是乎取之，不敢不自盡，敬之至也。

按：不敢不盡，從不忘之心生來，致敬發情，正内之不敢弗盡，竭力從事，正外之不敢弗盡，非兩層意。敬是謹慎不慢之心，即散齊、致齊是。情是孝愛不容已之心，即怵惕、悽愴是。曰敬，曰情，曰力，三平重有串意，此在未祭之先説。下文耕、牲、蠶，諸家俱以爲竭力之實，而有致敬發情爲之本立説。一云，皆是致敬發情竭力處。盡通。天地者，天子所獨；山川、社稷者，諸侯於天子之所同；先古，兼天子、諸侯先王先公也。王畿千里而藉千畝，封疆百里而藉百畝，戴冕者敬其事也。紘冕之繫，所以爲固也，紘有朱、青之異。天子南郊，正陽之位也，朱者，正陽之色；諸侯東郊，少陽之位也，青者，少陽之色。

“古者天子、諸侯”節。此節言犧牲之成，皆本於竭力從事，而表其爲致敬之心意。“敬之至也”截，上是未入滌者，以朝牲言，下是既入滌者，以巡牲言。敬至孝至，俱着君上看，感時躬朝，着養獸之官說。朝牲雖是臣，而實天子、諸侯命之也。獸官以見君之禮見牲，見至敬，君以視朝之服視牲，見至孝。

古者天子、諸侯之養牲，方其未在滌也，必有養獸之官，即臨祭之歲時，獸官必齋戒沐浴而躬朝之。蓋以色純之犧、體完之牷祭祀之，牲，必於此所養而取之，故也。夫齋戒沐浴，臣見君之禮也，臣以朝君之禮朝牲，蓋由人君致謹於祀典，故官之不敢怠其事如此，不爲敬之至乎？及將祭三月之前，君召納之於内而視之，擇其毛之相宜，而又卜之吉，然後養之於滌，既養於滌，則每月朔望，君以皮弁素積而躬巡牲，何也？身致其誠信，以致力焉，故也。夫皮弁素積，君視朝之服也，君以視朝之服而巡牲，是重其爲事親之物，而人子孝愛之誠，於此達矣，不謂孝之至乎？此親牲之敬也。

按：養獸之官，如《周禮》“牧人充人”之類，皆中下士爲之，牧人掌六牲，牛、馬、羊、豕、犬、雞也。歲時，比歲比時，躬朝，省肥瘠也。一曰，獸官齋戒沐浴，躬朝於君，蓋敬恭以聽擇牲之令也。玩下文即接君召牛，便見躬朝非朝牲矣。擇毛而卜，即擇之於人，又卜之於神也，然後養之於滌三月。三月内之朔及月半，君必服皮弁素積，而巡視其牲。皮弁素積，謂皮弁布衣裳也。在天子爲視朝之服，在諸侯爲視朔之服，以此服巡視，《周禮》所謂“展牲”也。召之則未卜，故曰“牛”，巡之則既卜，故曰“牲”。養獸之官，君設之也，躬朝之禮，君任之也，故敬之至，總歸于孝之至也，屬君看。

“必有躬桑”三節。此言衣服之備，皆取於竭力從事，而表其爲心之敬意。首節養蠶之重其事，二節獻繭之隆其禮，末節造服以祭之合其法。公桑蠶室，至外閉之四項，皆屬養蠶一邊說。示君，獻夫人，夫人受之，總是個獻繭之禮，玩“古之”句自見，禮之從來遠矣。“使繅”以上，繅絲之禮。“文章”以上，染采之方。敬之至，雖頂上三節，只重君夫人上，以人君之尊而親卜之，以后夫人之貴而親爲之，故曰“敬之至”。

古者天子、諸侯，必有公桑，公家之桑也。蠶室，養蠶之室也，近川便於浴種，蓋以流水滌其宿塵，欲其出之速也。仞有三尺，防窺伺也。棘，防踰越也。外閉，户扇在外，閉則向内。閽人自外閉其門，以親蠶者皆婦人故也。及季春大昕之朝，養蠶非一人事，君皮弁素積，卜三宫之夫人、世婦之吉者，主領之，使入養蠶於蠶室，奉種浴於川，言蠶將生而又浴之，至此更浴之也。桑於公桑，風戾以食之，蠶性惡濕故也，此養蠶之禮也。自去歲蠶成，至今歲蠶成，歲既盡矣，世婦卒蠶，奉繭以示於君，告成功也。遂獻繭於夫人，别内事也。夫人曰："此所以爲君服與？"重之之辭也。遂副禕而受之，重其事也。因少牢以禮之，勞其成也。古之獻繭者用此，指副禕少牢而言，一盡禮於己，一加禮於人，蓋世代不同，而此禮同也，此獻繭之禮也。及擇吉日，夫人親繅，三盆手，以振出其緒，亦猶天子之三推也。三繅後，遂布散於三宫夫人、世婦之吉者，使繅以終其事焉。繅後則練染之爲朱緑玄黄，繪繡之爲黼黻文章，祀先王者天子也，祀先公者諸侯也。"敬之至"總上三節，此繅服之禮也，總之所謂親蠶也。單，與"殫"同。

按：公桑、蠶室是二事。蠶室即在公桑處，宫，室之墻也。七尺曰仞，又三尺謂高一丈也。棘墻，置茨於墻上也。大昕之朝，季春朔日之旦也。三宫，在天子則爲三夫人，在諸侯之夫人，則立三宫，半后之六宫也。以婦功責夫人、世婦，而必卜吉者，以爲躬桑所以爲祭服，又將爲勸於天下，不可不决於神明也。蠶，養蠶也。桑，采桑也。戾，至也。桑經宿，不能無雨露之潤，風至則葉乾，乃以食蠶也。蠶成非歲單之事，而云"歲單"者，自去歲迄今歲，則雖周矣，亦若孟夏之言麥秋也。副之爲言覆也，婦人首飾，所以覆首者。禕，禕衣也。躬桑以鞠衣，而受繭以副禕，並禮待獻繭之夫人，敬其爲祭服也。率，謂大率也。良日，吉日也。繅，繅繭爲絲也。三盆手，盆中而以手三次淹之，每淹則以手振之，以出其緒。三宫夫人、世婦之吉者，即前所卜吉之人也，在天子之后，則布於三宫之夫人，及世婦，在諸侯之夫人，則布於三宫世婦而已，皆兼天子、諸侯而言也。養蠶是婦人事，婦人不與外祭，故耕藉兼言天地、山川、社稷，而此只言先王、先公，其實養蠶爲衣，亦事天地、山川、社稷也。

○"故曰致禮樂之道"節

此章全見《樂記》内，惟致禮樂之道，而天下塞焉，舉而措之無難矣，與《樂記》"致禮樂之道，舉而措之天下無難矣"，微有不同，《樂記》言措之天下，舉此禮樂之道而措之天下也，是由己以及人，總在禮樂上説。此言致禮樂之道而天下塞焉，天下已盡是禮樂矣，由是舉措于政事之間，是由精以及粗也。

此段承上文作現成説，致禮樂，是極和極順，言其始，天下塞，是莫與爭等，要其成，總論禮樂在君身者自能感人，虚論其理。下方説以禮樂而推之政事，自裕于治也。此章當是重出。

○“曾子曰：孝有三”節

此詳論孝道之異也。三孝不可分優劣看，分有尊卑故也。“君子”以下，乃答問之辭，與上意不相涉。志、意分已形、未形，俱就好一邊説，先意承志，不論大孝、中孝、小孝，都是要的，能尊養親之身，不能成就親之心，惟諭之于道，則以我之體受全歸者，使親亦得爲踐形盡性之子，方是君子之孝。超于尊親弗辱能養之外者，不在分上説話。

人子之孝心雖無窮，而分則有限，故有三焉。三者何？大孝尊親，尊養並隆，天子之孝也。其次弗辱立身揚名，卿大夫、士之孝也。其下能養，敬以行養，庶人之孝也。隨分自盡其心，胥不失爲孝矣。下公明儀因論孝而遂問孝，曾子所答，則在仁孝之外者。君子之所謂孝者，父母爲善之意未形，則引而導之，以啓其機于先；父母爲善之志已形，則承而順之，以鼓其志于後。正將從容以感化之，先後以維持之，所以諭之于道，使其志意與道爲一，未始有違也，此則不取必于分，而爲養志之孝矣。若參直養口體而已，反之諭道，尚不知何如，而足爲孝乎？

按：尊親，如嚴父配天皆是。弗辱，不虧體辱親，保其社稷、宗廟、祭祀皆是。能養，謹身節用以養父母皆是。分有不同，然其心則一而已。公明儀以曾子爲孝，蓋指弗辱而言，曾子以能養自居，是謙處其下也。孟子嘗稱曾子養志，正所謂先意承志，諭之於道也，則其實有是孝可知矣。近云，大孝尊親三者，不在分上説，人子苟能成其身爲聖爲賢，便是尊其親爲聖賢之親了，是以道格親，尊莫大焉者。若依常説，將不爲天子，終無大孝耶！又將爲天子，遂爲大孝耶！尊親，正在以道諭親上見。諭，曉也，有與道爲一意。其次守身弗辱，未到格親上，比尊親便下一等了。能養自是孝中末節，故曰其下。此説上下文相蒙，可從。

○“曾子曰：身也者”節

此曾子明性孝之理也。上四句提起行遺體之當敬，下正是行父母之遺體也。父母之遺體，體中便有性行，正是盡性以踐形工夫。五者克盡，方完得個“體”字，不然，不盡性，不能踐形如全體之道何？踐形的工夫，雖在敬上，全在“行”字内做出來，非孝處，影下文裁及于親意，且虚説。

其次弗辱之事何如？今夫身也，乃父母所遺之體也，已之身不敢不敬，況行父母之遺體，敢不敬乎？蓋父母非但遺之以體之形，並與其體之性而遺之。是性也，以之居處則爲莊，以之事君則爲忠，以之涖官則爲敬，以是朋友戰陳則爲信與勇，蓋五者身之所必行也，一有不成裁及于身，是裁及于親也，敢不敬以行，而莊、忠、敬、信、勇言。一以貫之乎？是之謂成身之孝矣。

按：説個父母之遺體，見其榮辱與父母相關，以起下文當敬之意。行，猶奉也。就身言爲不莊，就父母之遺體言則爲不孝。非孝也要説得與行遺體有情，忠、敬、信、勇，倣此。上敢不敬乎？含下文“下敢不敬乎”，則明指莊、忠、敬、信、勇，言敬身之道，隨事以盡其理而已，不敬則不終成其事，小則辱親，大則禍親矣。

○“亨孰羶薌”節

此以養形孝，而明其爲大本也。“能終矣”截，上言能養之謂孝，而推其極，下則就上言而贊美其孝道之大也。通節全重在“衆之本”二句，而二句中又重“曰養”二字，“曰養”之“養”兼孝與養而言者也，所謂能養者也。

其下能養之事何如？夫養豈易言哉！彼羶薌之味，亨孰而先嘗之，以薦于親，玆固孝親所不廢也，然非孝也，養也。君子之所謂孝也者，行父母之遺體，無所不遂，榮及於親，國人稱願然曰幸哉，有子如此，則所謂孝也已。由君子之孝，而國人稱頌者觀之，則是人有觀感興起之心，皆我之所爲，有以教之也，教衆之本不曰孝乎？由是因吾孝愛之心，而用之於奉養之間，則養以孝舉，直從性中出，此謂其下能養之孝也。蓋人子事親，不難于飲食之養，而難于敬，不難於勉强之敬，而難于安，不難于一時之安，而難于卒。何謂卒？父母雖既沒，亦必慎行其身，如所謂莊、忠、敬、信、勇，而不遺父母惡名，斯則能終矣。下乃言其一孝立而萬善從，大抵就能終而贊美之辭。體此孝而有惻怛慈愛之意，則謂之仁；履此孝而無太過不及之弊，則謂之禮；行此孝而處之無不宜，則謂之義；服此孝而發之無不實，則謂之信；守此孝而服勤不倦，則謂之强。樂則不知手舞足蹈之謂也，反是則刑作矣。是天下之道，無一不自孝中出也，孝之大如此，所以爲衆教之本，而可徒以能養之末節當之也哉!

按：五“此”字，俱指孝，就自然説。一云，爲此孝而行仁，則下一層矣。樂者無往不順之謂。一云，樂，如字，順此則致和而樂生。亦通得。

○“曾子曰：夫孝，置之”節

此見孝爲人心之同也。“夫孝”二字作冒，置、溥、施，皆孝道自然能之，不涉人身上。“推”者言其進不已，方着在人之行孝上説，要見得道理真切，不可據形迹説。這個“準”字，要與孝思維則參看，把舜之底豫格親，當一個樣子，而事親者，俱以此爲不易之理，此正是無思不服意。

夫孝之爲道也，直而立之，則塞乎天地，上下皆此孝之理所極也。溥而散之，則横乎四海，四海皆此孝之理所被也。施而傳諸後世而無朝夕之異，古今皆此孝之理所徹也。孝道之大如此，是以推而放之東海，而東海之人，此心此理同也，準也，西、南、北倣此。《大雅·文王有聲》詩云“自西”云云，詩本言民之服武王，而此則引以証人皆服行孝道之意，亦斷章取義耳。

“曾子曰：樹木”節

此言錫類之孝，以申上章“仁者仁此”之意。曾子曰，孝子之親親也，不但推之仁民，而且及於愛物，樹木以時伐焉，禽獸以時殺焉，蓋人心統此生理，伐之殺之，已非得已，况不以時乎？所以夫子曰，斷一樹，殺一獸，不以其時，非孝。孝之無微而不謹也，類如此矣。

按：伐、殺不以時，皆不仁之事。斷，猶伐也，故言非孝。愛樹木禽獸，仁之發也，孝之寓也，引夫子之言以証“不可不時”之意，待物如此，待人可知，故孝子不匱，永錫爾類。

“孝有三：小孝用力”節

此言孝之分殊而心一也。曾子因上文言大孝尊親云云，而未言其事，故又發之。“不匱”分，上是隨分之孝，下是自盡之孝，力自己出，勞則加人，不匱則盡勞力之可致者竭盡矣。

孝道有三等：有以一身孝，小孝用力者；有以一家一國孝，中孝用勞者；

有以天下孝，大孝不匱者。何謂用力？庶人思父母之慈愛己，而忘己躬稼之勞，思之專而至于忘，可謂用力矣。諸侯、卿大夫、士，尊其仁能用愛，安乎義而能用正，功及于民，善歸于親，可謂用勞矣。天子德教加于百姓，刑于四海，乃能萃四表之懽心，合九州之職貢，博施而備物，則孝愛之心無窮，而用之以將其心者亦無窮，可謂不匱矣。此其以分異者也。然又有不拘于分，貴賤皆得盡之者，如父母愛之，喜者喜樂之意，然常不忘其愛，則感恩圖報，自不容已矣。父母惡之，懼者恐懼思過之意，然心不怨乎親，則其反身修省，日益切矣。父母有過，諫者不阿意曲從也，然必幾諫而不逆，則其言易入，而可諭親于道矣。凡此皆事生之禮，至於親沒，而必求仁者之粟以祀之。如天子不横征聚斂，卿大夫不受不義之禄，庶人不得不義之財，此之謂以禮終父母之身，並終父母之遺體也。此其不以分異者也。

按：仁以愛民，而恭敬奉持，不敢有失，曰尊。義以正民而裁制巽順，不傷于割，曰安。此便有功勞及民，而令名貽于吾親者，曰用勞。“備物”從“博施”來，“不匱”承“備物”説來，不可平看。物之備，本于德教之施，則自吾愛敬之始于事親出之也，須自本原説起。博施而備物，纔可謂不匱。非博施而備物，猶之乎匱也。備物，《注》云“各以職來助祭”，細想兼事生祭祀説，不專指助祭爲是。諫而不逆，謂委曲作道理以諫，不唐突以觸其怒也。“求仁”句“求”字，作“以”字看，“喜而不忘”“喜”字，《注疏》與小學書俱作“嘉”。

“樂正子春下堂”節

此明全歸之孝，亦申上章“慎行其身”之意。通章總以踐形盡性説，生養兼人、物言。無如人爲大，人得理氣之全也。全而生、全而歸，總以形性言。不虧體，正是全形。不辱身，正是全性。自“天之所生”至“可謂全矣”，夫子言止此。下文“一舉足”句，屬不虧體邊，以踐形言。“一出言”句，屬不辱邊，以盡性言。“道而不徑”一段，申不虧之實。“惡言不出口”一段，申不辱之實。可謂孝矣，總頂二段，形性俱全，可謂全歸之孝矣。

近説，不虧體，不辱身，俱是踐形事，身體所以不虧、不辱處，是盡性也。下一舉足、一出言，乃是極易受虧、受辱處。此不虧、辱，則必不虧、辱可知，學者須于所以不虧、不辱着精神，方得。若把不辱身就當盡性工夫，恐平日于省察克治，不愧屋漏道理，不曾着實體認得，要使惡言不出口，忿言不反身，只怕臨時矜持不來。曾子平日戰戰兢兢，正不虧不辱先一着工夫。

按：子春，是曾子門人。頃，舊作跬，一舉足爲跬，再舉足爲步，不如作如字讀，謂頃刻也。先父母，謂既没者。“惡言”句，己不以惡言加于人。“忿言”句，人不以忿言復于我也。觀子春之言，痛自克責如此，其得於曾子之教深矣。

○“昔者有虞氏”七節

此見尚齒之同也。尚齒，弟道也。曰次乎事親，見弟與孝道並行，伏下“孝弟”“孝”字。

“有虞氏”節。“久矣”截，上舉歷代異所貴，而尚齒之典同。末句是推其故，以其爲禮之大也。全重“尚齒”，以所貴形之，宜輕看，救弊意亦不重。有虞氏去古未遠，故貴德，德久民玩，故貴爵，爵亢則澤壅，故貴富，富則私財忘親，故貴親。四代貴之中，年高者在前也。“久”字，即指四代。見貴年非但今時，自四代已然者。然久貴之故何居？蓋以人道之大，不出親親長長，事親之下，尚齒即爲之次，其重如此，四代安得而不同之乎？

“是故朝廷同爵”節，以朝廷言之，同爵則尚齒，此禮之行于臣者也。七十杖于朝，據杖而立，君問則爲之布席而坐；八十不俟朝，見君而揖則退，君問則就之於家，此禮之行于君者也，皆所謂尚齒也，而弟道達乎朝廷矣。

“行肩而不併”節，以道路言之，“行”字作冒，少者若于長者同行，則無並理，蓋不雁行而錯，或從隨在後也。若偶遇長者于路，或乘車，或徒行，皆避不敢相值也。班白之老者不以其任行乎道路，有代勞者也，而弟道達乎道路矣。

“居鄉以齒”節，以鄉黨言之，居鄉以齒，而老之窮者不遺，少而强者，不犯老之弱者，少而衆者，不暴老之寡者，皆自尚齒中來，而弟道達乎州巷矣。

“古之道”節，以田獵言之，古之道，五十始衰，不爲甸徒及田獵頒禽，則又隆諸長者，是田獵尚齒也，而弟道達乎獀狩矣。

“軍旅什伍”節，以軍旅言之，“軍旅”二字作冒，什人爲什，伍人爲伍，同爵則尚齒，而弟道達乎軍旅矣。

“孝弟發諸朝廷”節，合而觀之，孝弟之道，人心所同。一自朝廷發之，便如弩之機括發動，而迅速莫禦，行乎道路，而道路達，至乎州巷，而州巷達，放乎獀狩，而獀狩達，修乎軍旅，而軍旅達，由是天下之衆，莫不以義相守，雖至于死而不敢干犯也。豈非以心之同，有終身由之而不自違也哉！宜聖人著其教也！

按：“朝廷”二字作頭，“同爵”句是臣尚齒，下四句是君尚齒，“錯”與“隨”正是不併。車徒辟，即《内則》“雖衆，車徒舍於外”之謂，有車則必有徒侶。舊謂車以言其貴，徒以言其賤，見老者則貴賤無不避也。無理。“居鄉以齒”作冒，人情多勢盛則避，勢衰則慢，不知長幼之序故也。惟以齒則不然，艾耆耄耋爲老，鰥寡孤獨爲窮，弱寡亦以長者言，强以力言，衆以人言，此三件，又在以齒之外，舉其甚者言之。作記之人，在于周末，力役煩重，道周初之事，故云“古之道”。四井爲邑，四邑爲丘，四丘爲甸，君田獵則起其民爲卒徒，故曰甸徒，凡起徒無過家一人，惟田與追胥不在此限。什伍士卒部曲也，士謂甲士，卒謂步卒。軍旅之中，主帥部領圍曲而聚，故云部曲。《周官》“五卒爲旅，五旅爲師，五師爲軍”，此言軍旅，衆莫小于旅，莫大于軍故也。什伍，爵皆下士，是爲同爵齒尊者先，是爲尚齒。止以什伍者，外則齒不勝序故也。末節總結上文，上但云弟，此兼云孝者，以孝故能弟，弟則孝之次也。孝弟之道，無處不行，故衆行孝弟，雖死不捨也。“發”字最重而有力，惟爲朝廷所發，所以行至放修也。朝廷禮法所從出，故言發。道路人所共由，故言行。獀狩則郊野閑曠之所，故言放。州巷則委曲偏僻之地，故言至。軍旅用武，文事易發，故言修。“衆”字，指朝廷以至軍旅之人説。義，指孝弟之義。“死”字活看，言通達孝弟之義，寧死則不敢犯不孝不弟之事也，又進一步。

獀、苗、獮、狩解：仲春教振旅，遂以獀。一説謂振而拯之，出曰治兵，入曰振旅。春陽用事，非用兵之時，兵入收衆，專于農事也，遂以獀。獀，搜也。春時鳥皆孕乳，搜擇取其不孕者。仲夏教茇舍。茇，音拔，草舍也。軍有草止之法，休兵偃師也，遂以苗夏田若治苗，取其不秀實者。仲秋教治兵，以出兵爲名，秋尚嚴武也，遂以獮。獮，殺也。仲冬大閲軍，寔爲農隙也，遂以狩，守取之無所擇也。

“祀乎明堂”節

此詳周家行禮以示教也。此節與《樂記》意不同，彼言武王初政，此則泛言周制，言發諸朝廷，不止孝弟，故推廣言之，然五教因養老而並及，故下獨申養老也。

先王之行禮也，宗祀嚴父于明堂而配上帝，此雖天子自致孝，而所以教諸侯事親之孝，此焉在也。食三老、五更于大學之中，尊高年也，而所以教諸侯齒讓之節，此焉在也。先賢有道德者，祀之於西學，蓋欲諸侯體吾之敬德，而有以起其秉彝好德之心耳。藉田供粢盛者，秉耒以親耕，蓋欲諸侯知吾之孝養，而有以發其追養繼孝之念耳。朝覲以舉尊王之典，非所以教諸侯考禮正刑，一德以尊於天子，而知所以臣乎。五者上行下效，自諸侯始，不自諸侯止，所以激發天下人心，培植萬古綱常，乃天下之大教也。

按：祀明堂以享帝，而享必配以文王，故云“祀乎明堂”，獨言此者，孝莫大于嚴父配天，非礿、禘、烝、嘗比也，教孝只在生孝上説，報反、祭祀，尚後一層事。食老、更于大學，以貴老也。弟以敬兄言，不專指養老上。先賢，前代之明習《詩》、《書》、《禮》、《樂》而有德者，不專指樂祖。祀指四時釋菜説。西學，在殷爲瞽宗，在周爲小學。德以修德言，養非止養親，尚有外神在内。朝覲以禮言。五“所以”，是示教之意。末句説個天下，言可以教天下，不特可以教諸侯也。

“食三老、五更”節

此申上文養老、更之禮也。於上五事中，抽出養老一段來，又于前五事中，抽出鄉里一段來，以明養老字義，可以教天下，不特可以教諸侯也。

何謂“食三老、五更于大學”？“天子袒而割牲”三句，躬執乎禮也，又冕而總于執乎樂也。若此者，正以教諸侯之弟，使之敬其兄，而又能及人之兄也。吾見禮既舉于上，則化自達于下，鄉里有齒而仁厚風行，老窮不遺云云。此果何自而來哉？蓋由天子養老于大學，躬親禮樂以教諸侯，故衆皆服從，自此聽且速也，於此見大學爲教化之原，其推行之機，則自天子始矣。

按：割牲，制俎實也。袒，示有事也。醬者食之主，酳食畢而以酒虛口也，冕而總干，親在舞位，以樂侑食也。牲入之時，天子袒而親割之，食之時，親執醬而饋，食罷親執爵而酳。干，盾也。親在舞位，持盾而舞，總是天子身親禮教事。

○"天子設四學"三節

此詳尚齒之教也。天子指周天子説，此見弟道達于學校意。次節見弟道達於巡守意。三節見弟道達于鄉飲意。

"天子設四學"節。夫齒讓之風，既由大學，而太子天下根本，齒讓之禮，安得不行？故虞庠，夏序，殷瞽宗，周辟雍，曰四學，天子兼而設之，總謂之大學。當其入學也，雖以太子之貴而與同學之人序齒，蓋大學風化之原，而天子以君父之尊，建制作之極，則太子序齒，所必然者，太子尚齒，則人皆知長幼之節，而弟道達于學校矣。

按："天子"句不可輕略過，德忠質文之風，自學而出，故一代之精華萃于學。設四學，合德忠質文之教也，天子自行弟道，豈特爲天子起哉？當其爲太子時，天子設學而使之齒，正豫教其弟道，此所以異日爲天子時，能躬行以化諸侯也。周之四學，辟雍居中，其南爲成均，北爲上庠，東爲東序，西爲瞽宗，則辟雍不在四學數中，未知孰是，録以備攷。

"天子巡守"節。此言天子巡守之禮，下因巡守而行尊年之禮也。待于竟迎之也，輕看天子先見百年者，謂覲諸侯之後，他務未遑，急先此也。下又分二項，遇八十、九十而迂見也，欲言政而就見也。蓋百年、八十、九十者，歷閲世故，欲陳民間疾苦利病者，故曲以致敬如此。

按：天子巡守，爲見諸侯也。東行，西行，是老者；西行者，東行者，是天子。天子巡守于其處，老者方有事于東行，天子又有事于西行，是相違不相值，然必駐行反謁，不敢超越徑過。欲言政，還是天子欲其言政，則就其家問之爲是。

"壹命齒于鄉里"節

"壹命齒于"節，此言當正鄉飲之禮，當以"族有七十者，弗敢先"一句爲主，首三句是貴貴之義，不重，但引起"不敢先"句耳。"七十者"以下申明"不敢先"之故也。

豈特巡守尚齒，雖鄉飲亦然，彼侯、伯之士，子、男之大夫，一命也，鄉飲則與序齒焉。侯、伯之大夫，子、男之卿，再命也，鄉飲但與族人齒，不概齒于鄉里也。天子之元士，侯、伯之卿，非三命乎？則鄉飲之時，必獨設一席於賓席之東，雖宗族亦不得而齒之矣，然此謂或立或坐，則然耳。若序進之時，則族有七十者，已雖三命，亦必後入而不敢先，所以然者，何哉？蓋七十者不有大故，不入朝，則君所以處之者優矣。若入則君先與之揖讓，而後及有爵者，則君所以待之者，隆矣。在朝猶如此，況私所乎？在君猶如此，況宗族乎？此所以族有七十者，弗敢先也。

按：此乃黨正屬民飲酒于序時也。首三句只要以漸説，到三命上，輕看。下即天子之尊，老以明之，蓋既入之席位，乃黨正所爲，涖以官法，故兼存朝廷貴貴之義，未入之行步，非黨正所次，得以自盡，故但明宗族老老之禮，此不齒弗敢先所以分也。觀此則平居在鄉里序族之中，無不序齒可知，非但鄉飲已也。近云，首三句都就尚齒説，而“大故”以下，見人君猶先齒而後爵，況一命、再命、三命乎？如云一命貴矣，猶齒于鄉里，不敢以貴加于鄉里也；再命又貴矣，猶齒于族，不敢以貴加于宗族也；三命至貴，别席而坐，族人雖不齒矣，然族有七十者不敢先，是未坐時尚存宗族之禮，不敢以貴加于宗族也。蓋雖有貴貴之義，而終不敢以加于老老之仁也，則齒于鄉里，齒于族，不敢先明是尚齒，何以爲貴貴之義？如此説，上下文纔相蒙。今《儀禮·鄉飲酒》及《鄉射》，無“一命齒於鄉里”、“再命齒於族”之文，此“一命”、“再命”之文在黨正，故鄭注《鄉飲酒》云，此篇無正齒位之事，七十者業已致事，故非大故不入。

○“天子有善”節

此見讓之爲順德也。此所謂順，即上章“弟道之遺”意，自“天子”至“士、庶人”，只重不有其善讓于天等，各主所尊言之也。禄爵、慶賞，亦重在不敢自用上，成諸宗廟，自所傳言之也。順者，順于理而不逆之謂。“示”字有示教意，但自讓善、禀命中示其義耳，總頂二項。近説，重天子上，惟天子讓，故諸侯、卿大夫、士、庶人皆讓，其化然也。讓善、禀命，詞雖兩平，亦不必約上而强與之對，讓善于天，示順天也，禀命于祖，示順祖也。“示”是天子示之也。

天子之道貴于順，亦得之尊讓而已。天子受命于天，代天理物者也，如帝德廣運，萬邦協和，是天子有善矣，則讓德于天，若曰吾惟代天出治焉耳。諸侯受命于天子，體王宣化者也，如侯度聿修，旬宣底績，是諸侯有善矣，則歸善于天子，若曰吾惟體一人之德意焉耳。卿大夫受命于諸侯，輔佐諸侯以行王政者也，如尊仁安義而浚明有家，非卿大夫之善乎？則曰此我后之德也，吾惟與聞國政耳。士、庶人父生，師教，承受于父母長老者也，如居仁由義，而慎厥身修，非士、庶人之善乎？則曰此父母之所啓佑也，此長老之所訓誨也，吾惟樂有賢父兄已耳。至若禄以顯庸，爵以詔德，慶以爲禮，賞以爲惠，皆君之所以命其臣者，必於禘祭一獻之時，受命于祖，降命于廟。夫善本己之所有，不自矜而讓於所尊，示遜順于其尊也。命本己之所出，不自擅而行于所尊，示遜順于其祖也，於禮也無逆，於心也無違，故曰“所以示順也”。

按：德即善也，德者善之所積，讓爲不受之詞。自諸侯而下皆不受其善，特于天子言讓者，惟天子之尊，其讓爲足道也。由諸侯而下，皆推之于人，故止言善，惟讓于天則言德也。卿大夫，諸侯之臣也，長老所師者。自外至内謂之歸，自下進上謂之薦，本以言其有所反，存以言其無所忘，父母内也，故言其有所反而曰本，長老外也，故言其無所忘而曰存。成諸宗廟者，必進諸宗廟之中，然後得成其事，如祭統曰古者。明君爵有德，而禄有功，必賜爵禄于大廟，示不敢專也。天子不自有其善，而讓于天，即下文不自專而尊天之意，諸侯、卿大夫、士、庶人不自有其善而推於人，亦廣下文不自伐，而尊賢之意也。

○“昔者聖人建”節

此承上示順而言，見天子之無所不讓也。聖人，指羲、文、周、孔四聖人。陰陽、天地串看，如云太極分而爲陰陽，陰陽象而爲天地，莫不有自然之情也。“情”字有許多妙處，消長吉凶，一定之至理，其中又有變化莫測之機。所謂“情”也，雖是數哉，理中有數，數不可必也，理則可必。“建”即《中庸》“立此參彼”之謂。“建”字有工夫，聖人能體此情於己，以吾心之易，與造化之易相參，實有建之而不悖意，所謂處存玩樂是已。立，猶豎也。天地陰陽之情不可見，作爲奇偶之畫以明之，易謂奇偶之畫，祖變易者也。《易》書一作，天地陰陽之情盡洩于此，人得之以觀象玩辭，觀變玩占，而不迷趨避之也，猶豎立標的，使人見之也。“易抱龜”句，“易”字，指人。易無體，體之于言，則其書謂之《易》，體之于人，則其官謂之易，是也。“雖有明知之”句，正人君虛心以用《易》處。“尊天”一段，重“不專”説，不專，正所以尊天也，此以進卜而言，卜吉爲善，不吉爲過。“尊賢”一段，重“不伐”説，不伐，正所以尊賢也，此以既卜而言。夫《易》何爲而作也？陰陽者，天地之用，天地者，陰陽之體，莫不有自然之情焉。四聖人觀變于陰陽，参兩于天地，由是畫奇象陽，畫偶象陰，因而有四象，因而有八卦。自八卦演之爲六十四卦，自六爻演之爲八十四爻，而吉凶消長之理以明，進退存亡之道以著，何莫非天地陰陽之精也？則易即天矣，此聖人作《易》之妙也。人君之用《易》者，可不知所重乎？故當用《易》以卜之時。易人抱龜而南面，尊位也，人君卷冕而北面，臣位也。雖有明知之心，必進斷其志于龜、《易》之前，蓋《易》書所著，莫非天道之攸寓。今卑位而聽斷者，正不敢以明知自居，而惟於天道自尊矣，非示不敢專以尊天乎？至卜而善，所謀協于鬼神，則歸之于人，而曰此賢人之輔弼；卜而不善，所謀拂于鬼神，則歸之于已，而曰小子之無良。蓋謀畫之善，莫非賢士之所成，今讓善于人，而歸過于已，正示其不敢以才知自大，而惟于賢者是尊矣，非教不伐以尊賢乎？人君一用《易》，而尊天之心、尚賢之誠俱見矣。其爲用之大如此，此其建天地之情爲《易》也。

按：“建”、“立”不同，“建”字有工夫，“立”字無工夫。立以爲《易》，如畫奇以象天之陽，畫偶以象地之陰，此伏羲所畫之卦也。文王係之以彖辭，周公係之以爻辭，孔子作《彖象》、《十翼》之篇，而《易》之道備，此二句原《易》之所由作，下指用《易》者説。《周禮》“太卜掌三兆、三易之法”，是易人抱龜也。明以自知言，知以知人言，説個明、知，若無疑矣，猶必進斷，正見不自專意。易所以筮龜，所以卜，此言易官而曰抱龜，蓋卜筮一道，故一官而兼統其事。周官太卜之職，而兼掌三易之筮，是也。通節只當尊天、尊賢對看，統屬天子上，而首二句乃發進斷之原，不必以作《易》、用《易》立説。

○“孝子將祭祀”節

此推本孝子祭誠之志也。齊莊之心，管下四個“以”字。“事”與“百事”雖同，然一是“慮”，一是“治”。四句似平，首句作冒，下四段分來與既來，往與既往看，顏色等雖以容言，全在四“如”字、“然”字，句法都是緊承上文，描寫其思之誠至意，非與上文爲兩意。觀“語焉”、“弗見”、“復入”，皆指親，則愛亦當指親。“慤善”三句，從外面説入内，末後方着落到親上，皆孝子之所欲爲，而不容自已者，故曰志。

孝子之將祭祀也，清明在躬，心無雜念，以慮乎事焉。慮事何如？以具服物，使衣服備，犧牲成也；以修宫室，使洒掃潔，補葺完也；以治百事，使儀文攸設，制度聿修也，其豫備之誠固如此。及祭之日，思親之將來也，和顔愉色、藹然仁愛之發；疾趨奔走、惕然悚懼之形，擬其心之所懼，恐其不及見愛于親而不來然。思親之既來也，容貌必溫，而有委順之誠；身必詘，而有罄折之儀，擬其心之所存，恒若親有所語而未之發然。至于助祭者，皆出而親之往也，其立卑靜而無矜高之態，中正而無跛倚之容，擬其心之所慕，恍如弗見親之在神位焉。及夫祭之既畢而親之往也，其心存于内，而陶陶然也，其心達于外，而遂遂然也，擬其心之不忘，恍然復見親之入朝廷焉，其思親之誠切，于正祭之日又如此。由是觀之，以言乎身，則周旋中禮，升降有度，無非專謹嘉美之儀，可謂慤善不違身矣；以言乎心，則聽于無聲，視于無形，他聞他見，不足以亂之，可謂耳目不違心矣；以言乎思慮也，思不苟動，心不苟慮，恍惚一神明及交，可謂思慮不違親矣。所以然者，蓋由其天性之愛，固結于心而不可解，是以形于色而每事思省也。此孝子事親之志，所謂心嚮乎親者也。

按：宿者，助祭之賓，皆齊戒越宿，助祭者出，則送尸而神亦往矣。陶陶者，象之和也。遂遂者，志之得也。“慤善”三句，方是約上文而敘言之，正是贊其誠處。“結心”以下，作推原説。末句纔通，結心、形色、述省，語氣虚而未住，至“孝子之志”，纔實纔足。

“建國之神位”節

此建神位之義也。神無方也，無方則無位，所謂神位者，亦人位之耳。社稷宗廟，神位也。右之左之，建神位也。主天子、諸侯言。

建國者，必建神位，所以明有尊也。其建之也，社稷土穀之神，建之在右，蓋右爲陰方，地道所尊，右社稷，神地之道也。宗廟祖考之靈，建之在左，蓋左爲陽方，人道所嚮，左宗廟，不忍死其親也，此制禮之深意也。

禮記説義纂訂卷之十八

陝西涇陽楊梧鳳閣著
兄楠龍棟定
姪昌齡三開、紹齡七來
男延齡九如
孫惺慧益較

祭統

按：統，猶本也，指心而言。祭有法，有義，皆統于心也。一云，祭統者，總序大綱，貫穿百職，統稱一禮，見其始末之謂也，故綱舉而萬紀皆張，統先而衆目必振也。祭法非不及義，然以法爲主，祭義非不及法，然以義爲主，祭統則統論之也。

“凡治人之道”二節

此首揭祭義于心，而歸之賢者也。上節推祭之義，惟能盡于賢者。下節賢者于未祭之先，而能備如此，此所以能盡祭之義也。誠信忠敬應心怵，禮樂時物應奉之以禮，即所謂發之心而形于物者，正盡義之實也。

○“凡治人之道”節

此節首四句敘祭禮之重。“夫祭者”至“以禮”，詳祭之義，末句推賢者能盡此義也。物，指灌獻饋食之物。禮，兼春礿、秋嘗之禮。心，指怵惕悽愴之心。義，兼心與物，實則重心而物從之。盡義只是盡心，是能心怵而奉以禮者。

治人之道，其事甚多，然唯禮爲急，以其綱維防範也。政令刑法，皆在所後矣。禮之嘗經，其目有五，然唯祭爲重，以其報本反始也。凶軍賓嘉，皆在其次矣。祭固將之以物，然非物自外至，乃自中而出，生于其心者也。蓋時當春秋，觸目感心，而心爲之怵然，于是奉物以爲禮，而祭行焉，是心之怵者，祭之義也。惟賢者孝愛之誠，能全乎天性，故怵惕之心，時形于感觸，乃能盡祭之義爾，若衆人何足與此？

按：吉禮，兼天地人之祭言。凶禮，主喪災吊恤言。賓禮，主賓客相敬之禮，如朝覲等事。軍禮，主軍旅。嘉禮，如會同、冠、昏等事。“非物自外至”三句，是一正一反語，心怵正生于心之實，此數句一氣説下，“盡”字要看得深，報反念頭，一毫不自慊，便不自盡也。

○“賢者之祭也”節

此申賢者能盡祭之義也。首二句作冒，“能備”以上，詳賢者之能備，明必受其福意，未祭以前事。“能備”以下，詳賢者之能祭，明賢者之祭意，能備以後事。“唯賢者能備”二句，通節總關，上句括上文，下句括下文，惟内盡外順，求其備于平時，故盡志、盡物，享其親于祭日，信乎唯賢者能盡祭之義也。大旨以“忠”、“孝”二字作主，祭有十倫，而此止以三者爲備，以三者爲十倫之大故也。于親言孝，則順于鬼神爲敬，順于君長爲忠，又可知，所盡者忠君孝親之心，便無所不順了，可見忠孝之禮，盡賢者之福矣。下能祭之本亦在此，所云“明薦之而已”者，薦此忠孝之心也。

夫祭必有義，而賢者何以能盡其義哉？夫賢者之祭也，必受其福，由賢者未祭之先，平日能容受福善之理于心，而非世俗所求之福也。夫何以必受也，蓋其平日存心制行，盡合于道，而衆善之悉備，是以仰不愧、俯不怍，無人非、無鬼責，何樂如之？何吉如之？便是福。是福者備也，然備者非一善成名，凡百順理之名也，必念念皆順，事事皆順。舉性分、職分之理，自所順以達之于無所不順，此正是百順，方謂之備，有一不順，便有所缺欠，不得謂之備矣。何謂無所不順？性分、職分之理，其具于己者，内焉無所不盡，以爲順之本，而事之接于外者，自然順于道理，而無往不利也。何謂内盡己而外順道？以之事君則爲忠臣，以之事親則爲孝子，顧事君則必内盡其忠，事親則必内盡其孝，謂根本于心，言其本心一味自盡忠孝也，是内盡于己者如此。夫君親人之大倫，忠孝人之大節，二者備，其餘不期備而自備矣。以上則順于鬼神，而于鬼神之道無所違矣；以外則順于君長，而于君長之道無所違矣。以内則孝順于親，自致親心之悦，而于親之道無所違矣，是外順于道者如此。夫内盡而外順若是，所謂百順者此也，所謂無所不順者此也，是之爲備焉。是備也，豈易能哉？惟賢者内盡外順而能備也，則所謂必受其福者在是。夫然後臨祭時以其内盡者，内則盡志，以其外順者，外則盡物，由本及問而盡祭之義，豈有不能祭乎？能祭何如？是故賢者之祭也，極致其不欺之誠，不虛之信，與其表裏無間之忠，主一無適之敬，是心之自中出者能盡之矣。由是奉之以犧牲粢盛之物，以將其誠信忠敬；道之以酌獻升降之禮，以行其誠信忠敬；安之以聲歌干戚之樂，而使誠信忠敬之心無不和；參之以春夏秋冬之時，而使誠信忠敬之心有其節，是物之自外至者，能盡之矣。此益以精明之心，冀神明之及交而已矣。初不求福于神，而覬乎世所謂福也，是無過爲而爲，正孝子内盡志而外盡物之心也，原始要終，信惟賢者能盡祭之義矣。

按：此接上文賢者來，“備也”是解“福”字，“百順之名”是解“備”字，“無所不順”是解“百順”，“内盡”、“外順”是解“無所不順”，“本一”是解“内盡”，“順鬼神”、“順君長”、“孝于親”是解“外順”，漸由虛入實，凡五轉，然當以“福者，備也”虛提，自“備者”至“如此之謂備”解一個“備”字以實之。“受”是“容受于中”之謂。“備”字實説，以平日存心制行盡合道焉，即便是福，雖解“福”字，且在福之先，外順于道，正是無所不順，亦宜重看，不可以效言。内盡于己，則推本言其工夫也。己在我，故曰内，道在物，故曰外。忠臣、孝子順鬼神，俱是舉以爲例。其本一也。“内”就含自盡意，若説本以自盡，便把“本”字看差了，且將“一”字當“同”字看，亦非。順鬼神、君長，是我去順他，與孝子親一類，皆指平日言。“奉之”等四“之”字，指誠信忠敬説。“致”字，統誠信忠敬。“與”字，是過接字。“致其”六句，只要遞到“明薦之”三句上，“明薦”與明禋、明饗同義，“不求其爲”與“非世所謂福”相叫應，“此孝子之心”正指“不求其爲”説。

“祭者所以追養”節

此言祭之爲孝而行，釋孝之義也。“祭者”句，論祭之行也有其義，主事死説，此句作冒。追養、繼孝串看。“畜也”句，釋“孝”字之義。“順于道”二句，亦順串看，釋“畜”字之義，皆主事生説。末句渾繳，應轉首句，正以明祭在繼孝也。

禮之有祭，何也？親亡則欲養不及，而此心之孝無由盡矣，故祭之所以追其不及之養，而繼續其孝于無已也。然孝何以可繼也？蓋孝之爲言畜也，心與親一聚而不忘之義也。蓋父子之道，天性之道也，道可忘乎？父子之倫，生人之大倫也，倫可忘乎？必也，全乎天之所以與我者，而順于道；盡乎仁之所以有以生者，而不逆于倫。踐形盡性，綿綿若存，是之謂不忘之畜，所以爲孝之義也。祭者心怵而奉以禮，而畜之義存焉，豈非繼孝乎哉!

按：追養以禮言，繼孝以心言。追言追其往，繼言繼其絶，重“繼孝”邊。“孝者”以下，只解一“孝”字，此節通該指祭説，不分事死、事生，爲安。

“是故孝子之事”節

此言孝子之行，始終一於道也。世人但知生之養爲孝，而不知祭之追養爲繼孝，故合言之，側重祭説爲是，“是故”二字承上章來。

此申上“追養”、“繼孝”之意，言孝不止于祭也。孝子之事親，有三道焉：生養、死葬、祭祀，人所皆同。惟順哀敬時，則或有能否，觀孝子者，正于此觀之，全重“觀”字上。以養志爲主，而後及于養口體，是之謂順；以哀痛爲主，而後及于詳節文，是之謂哀。竭情盡慎曰敬，不疏不數曰時。道自當行之理言，行自可見之迹言。盡此三道，一于理而不苟，此孝之實行也。

按：深愛、和氣、愉色、婉容，順也。哀痛、慘怛、擗踊、哭泣，哀也。

○“既内自盡”節

此詳祭祀求助之敬也。此條專爲外助而發，言君子之祭求盡已心而不得，又托之助祭者以盡其心，故末句説出一“心”字。通節重“盡物”，將内盡邊推起，故曰既、曰又，蓋盡物是求助的主意，求助是盡物的根源，故舉昏禮以發之。

人君之祭，既内自盡其心矣，然猶未也，又外求助于人焉，昏禮是也。故國君取夫人之辭曰“請君之玉女，與寡人共有敝邑，事宗廟、社稷”，比辭既通之後，而祭祀之助，已肇端于此，非求助之本乎？然内自盡足矣，又必昏禮求助者，何也？蓋祭也者，必夫婦親之，親耕、親蠶，交致其勞，致齊、散齊，各致其敬，交裸、交薦，共成其事。則君爲祭主于外，所以備外，而卿大夫之官以從夫也；婦爲祭主于内，所以備内，而命婦之官以從婦也。惟内外官備，則祭物之所有者，亦無不備，蓋官所以主祭，而物所以供祭，此勢之相須者也。具備何如？水草之菹，若芹茆之屬，陸產之醢，若兔鷹之屬，是小物備矣。三牲之俎，牛羊豕也；八簋之實，稻粱是也，美物備矣。昆蟲之異，若蜩范之屬；草木之屬，若榛栗之屬，是陽生陰成之物備矣。以此觀之，凡天之所生，地之所養，苟可薦者，莫不咸備矣。所以然者，正以享宗廟之先祖，而昭示其盡物之敬也。夫外則盡物如此，而内自盡，則内又盡志矣。内外兼盡，則不儉不褻，祭之心如此而後盡也。若不求助于昏禮，則官不備者，具亦不備，内雖盡志，而外不盡物，此志無自而將，亦無以盡其祭之心矣。然則爲人君者，安得不行昏禮以求外助也哉！

按：宗廟、社稷以祭言，重“宗廟”上，帶言“社稷”耳。“本”字，常説當“始”字看，言取夫人之辭，雖不足以盡昏禮，而實昏禮之始事，故爲求助之本。一云，如《卷耳》、《雞鳴》等詩，夫人助君非一事，而祭則其本也，説“本”字更有理。官備如卿大夫、命婦等，具謂品物，如水草等。俎所薦者天產，故其數奇。簋所盛者地產，故其數偶。陰陽之物者，昆蟲以陰蟄，以陽出，草木以陰枯，以陽榮，故也。異珍，異也，草木之實，果實也。“凡天之所生”四句，就在上文見出，不必推廣。盡物、盡志雖平言，然却重在“盡物”上，必外盡物，方内則盡志，又解盡物之意，首“内”、“外”是己與人對，末“内”、“外”是物與心對，不可以内則盡志，應既内自盡。

○“是故天子親耕”節

此覆結上文夫婦親之，及盡志、盡物之事也。“冕服”截，上言親耕、親蠶之所用，下言親耕、親蠶之爲心也。“身致”句重看，即上文四“親”字，敬盡不在誠信之外，亦非有了誠信，方有盡有敬也，只是記者指其誠信，而點出一個“盡”，看了“盡”字，而點出一個“敬”，俱以誠信貫，只一時事，皆主心上説。敬盡，“盡”字輕，不可與上“盡”字同看。“此”字，指“身致其誠信”以下，全要看一“道”字，道者當然之理，必身致敬心，纔謂之盡，纔謂之敬，纔可交神明，這豈不是祭時當然之理？可見“道”在主祭的身上來。共，並讀曰供。純，讀曰緇。

夫祭必夫婦親之者，何以見之？南郊之耕，天子親之，北郊之蠶，王后親之，東郊之耕，諸侯親之，北郊之蠶，夫人親之。夫有天下者，四海之内皆臣妾；有一國者，四境之内皆臣妾。則天子王后，諸侯夫人，非無耕、蠶之人，然自親耕、蠶者，祭以誠信爲本，而誠信則貴於自盡，倘使人代爲之，則僞而不誠，妄而不信矣。故竭力從事，身自致之，乃爲誠信也。身致則此心慊然，無所遺憾，故曰敬信之謂盡；慎重而無所怠忽，故曰盡之爲敬。敬苟未盡，則雖備服具物，神將吐之，必敬盡然後可以事神明，此當然之理，祭時所必用者，故曰此祭之道也，此未祭時夫婦親之也。

按：天子太陽，故南也；諸侯少陽，故東也，此天子、諸侯之别。藉田並在東南，故王言南，諸侯言東。后太陰，故北郊。夫人少陰，合西郊，然亦北者，夫人質，少變，與后同也。東、南陽也，而耕爲陽事；北陰也，而蠶爲陰事。祭服皆上玄下纁，天子言純服，諸侯言冕服，純以色言，純服亦冕服也，冕則顯其爲祭服耳。誠信就是盡，盡就是敬，叠叠言之，極其心耳。"然後"二字不可看快了，神明兼先王、先公、天神、地祇。

○"及時將祭"節

此節"專致其精明是德也"以上，總是釋義，虚論其理，散齊、致齊，方是實説。細分之，"齊之爲言齊也"二句，是釋齊之義，齊不齊，括下"非有大事"至"必依于禮"意。致齊，即下"專致精明"一句意。"是故"以下至"必依于禮"，泛言齊之事。邪物自外入，故曰防，"心不苟慮"四句是也。嗜欲自内出，故曰訖，曰不敢散，正見訖止之意。"是故君子"二句，結言齊之義也。"散齊、致齊"二句，方實説君子乃齊處。"定之之謂齊"句，蓋齊之爲言齊也，定之非齊，似非齊之義矣，然名雖不同，而其事則一，亦謂之齊也，此句子不重。末二句，則因散齊、致齊而斷之，以應首二句也。言"齊也"之"齊"，如字，下"齊不齊"、"以齊之"並同，餘俱讀"齋"字。

及時將祭，君子、天子、諸侯也，必致齊、散齊，以預立户誠焉。然謂之齊者，何也？言不爲物所二，不爲物所蔽，齊之謂也。夫人心之初，本自齊一，惟物欲一乘，始紛然不齊，君子之齊正所以齊其不齊，使精明在躬，以致其齊者也，齊之義如此，故君子非有祭祀之大事，非有祭祀之恭敬，則不齊，不齊則于外物之自外至者，不必于防也，于耆欲之自内出者，不必于止也。及其有大事，有恭敬，而將齊也，則邪物必防，耆欲必訖，訖之何如？樂所以娱耳，即耆欲也，必耳不聽樂焉，故記曰"齊者不樂"，言不敢以聲音散精明之志也。防之何如？心不苟慮，必依循于道，思祭日所行之事，手足不苟動，必依循于禮，習祭日所行之儀也，所以防之者至矣。從此看來，君子之齊，不爲邪物侵，不爲耆欲汩，正以專致其精明之德也，故君子散齊七日于中門之外，防邪訖欲以定之，致齊三日于正寢之内，防之又防，訖之又訖，以齊之，定者無所搖奪，齊者無所淆亂，其實一也。定之謂齊，言其義同也，齊則精明之極矣，豈不可以與神明交哉！夫以致齊而後精明可交神明，此將祭而必先齊也。

按：此節承上言，粢盛衣服既備，及時將祭，君子乃有散齊、致齊之禮。大事，祀事也。有大事則有恭敬，謂祀事外又有人事者，非。齊者專致其精明，然致精明，又在防邪訖欲，防之而後訖，串看。樂雖非邪物耆欲，而人之所樂在靜專時，志意易散，必禁止之，君子動而聽樂，所以和其志也。齊則否，斯時心何苟慮之有？手足何苟動之有？依道是念念在天理上，自思祭日所行的事，依禮是行止中節邊看，齊至此則其德不二而精不蔽而明，是故君子之齊，專以致其精明之德也，是齊之義也。然君子欲致其精明之德，非可驟而能，故將祭時，散齊七日以定之，致齊三日以齊之。定之、齊之，即上防物、訖欲、慮道、動禮是也。“定之之謂齊”句，舊說不獨齊之謂齊，定之亦謂齊，只在義同上說。近云，“齊不齊”與“定之謂”，極要玩，大抵昏濁之心是不齊的，蓋濁時百念俱動，所以不齊，精明只是主敬一念，是齊一的。齊不齊者，澄濁念以歸于清念，若萬派歸川，總到碧澄境界。定之謂齊者，定則妄念止而不動，妄念不動，只有一理念，豈不齊一？是定雖在散齊，齊雖在致齊，然定正是齊不齊的下手工夫。去雜求精，去昏返明，自定之時始，不惟致齊三日謂齊，即散齊三日亦謂齊，此說有味。夫既定又齊，則此德已精益精，已明益明，是齊者精明之至也，正應上“精明之德”句。

“是故先期”節

此承上乃齊，而又言婦人之齊也。祼尸、亞祼是一時事，是灌地之禮；迎牲、薦涚一時事，此朝踐之禮；羞嚌、薦豆一時事，此饋食之禮，是皆夫人所親之事也。末句爲三節之總，如親耕、親蠶，是未祭，致齊于内外，是將祭，交祼、交薦于大廟，是方祭。純，讀曰緇。涚，音税。齊，音劑。

是故旬有一日，寺宫之宰戒夫人，夫人亦散齊七日，致齊三日，而防邪訖欲，亦猶之君焉。聽外治者君也，君致齊于外；聽内職者夫人也，夫人致齊于内。此將祭時，夫婦親之也。君與夫人皆致齊，精明各致，内外官備矣。故當祭之日，會于太祖之廟中，但見君純冕立于阼，居主位也。夫人加副褘之飾，立于東房，居婦位也。曰立者，待事也，其酌鬱鬯，降神也。君執圭瓚祼尸，第一君獻也，大宗執璋瓚，代夫人亞祼也，其迎牲朝踐也。君執紖親牽，卿大夫從，士執芻從。夫人將薦涚水之盎齊，則宗婦執以從，而夫人薦之。及饋食時，君執鸞刀割所羞之嚌肺，夫人薦饋食之豆，此行祭時，夫婦親之也，故總結之曰“此之謂夫婦親之”。此昏禮之所以爲求助也。

按：旬有一日者，爲散齊、致齊及祭日共十一日也。宿，讀爲肅，猶戒也，肅重于戒。君致齊于外，謂君之路寢，夫人致齊于内，謂夫人之正寢。其實散齊亦然，與《祭義》所謂内外者異，彼謂一身之内外也，齊于内外，所以辨其位，會于大廟，所以聯其事。于夫人言副褘，則君純冕者，衮冕也，與《明堂位》所言同義，《周官》追師掌首飾，有副、有編、有次，副爲首飾之上，編爲首飾之中，次爲首飾之下，謂之副則夫人之所同，謂之褘則王后之所獨，猶衮之九章，則上公之所同，旒之十二，則天子之所獨也。男服以在上者異，所以尊陽道也；女服以在上者同，所以尊陰道也。圭瓚、璋瓚皆祼器，以圭瓚爲柄，故名。《大全》方氏注：《周官·大宗伯》“凡大祭祀，王后不與，則攝而薦豆籩徹”，是大宗伯固有攝夫人亞祼之禮矣。鄭注“客夫人有故，攝焉”，孔疏“夫人有故者”，記者亂陳，言大宗亞祼，客夫人有故之時，下云夫人薦涚水，夫人薦豆，顯夫人親行其事，各有所明，不可一揆。紖，牛鼻繩，君自執之，繫于碑，卿大夫從驅之，及殺與幣告，皆從于君，士執芻，芻，藁也，以其殺牲，用芻藁藉之也。宗婦執盎從夫人而來，奠盎齊于位，夫人乃就盎齊之尊，酌此涚齊而薦之。宗婦，宗子之婦也。《郊特牲》言“命婦從夫人”，而此言宗婦者，宗婦亦命婦矣，命婦則不必宗婦也，其從夫人則命婦之所同，至于執盎則宗婦之所獨。齊有五而宗婦之執盎者，據君牽牲之時也，《祭義》言“夫人奠盎”，正與此合。然彼言夫人奠盎，此言宗婦執盎者，宗婦執之，夫人莤之，故也。薦涚水，則《郊特牲》所謂“明水涚齊貴新”是也，涚齊即盎齊也。盎齊差清，以清酒泲之，謂之涚酌。夫人薦盎，不薦明水，今曰薦涚之下更言水，以盎齊加明水，故記者因盎而連言明水耳。嚌者，尸所嚌之肺也，嚌則嘗之也，以尸之所嚌，故君執鸞刀而羞進之。尸必嚌之，君必羞之者，以周人貴肺故也。夫人薦豆，與《祭義》同義。“此之謂”

句，頂上灌地、朝踐、饋食三項言，亦可。

○“及入舞，君執”節

此明祭時天子、諸侯在舞位之故，亦親之之事也。“以樂皇尸”截，上言天子、諸侯率群臣以樂皇尸之事。“是故天子”四句，泛舉天子、諸侯之祭言之，以見所樂之義，不着舞説。末段又申説首段。此節《注疏》、陳注、《大全》俱兼天子、諸侯，不必爲末句，單指諸侯。

夫天子、諸侯之祭也，豈特備禮物而躬薦之已哉！及入舞，則舞若有其人矣，而君執干戚以就舞位，君爲東上，首戴冕冠，總持干盾，率群臣以樂乎皇尸焉。此其何故哉？蓋天子有天下，故其祭也，天下之臣民咸在，則當罄四表之歡心，而與天下之臣民共樂皇尸；諸侯有一國，故其祭也，竟内之臣民咸在，則當罄四境之歡心，而與四境之臣民共樂皇尸，此人子愛敬之至，以人事親，而不徒内之自盡也。今觀天子、諸侯冕而總干，率其群臣以樂皇尸，則廟中有竟内之象，群臣有百姓之象，樂舞有樂之之象，此即“與竟内樂之之義也”。言竟内，便該得天下。

按：舞位，綴兆也。君就東方主位，以其爲祭主也。舞者群臣，率之者諸侯也。干戚兼羽籥，上言執干戚而不言冕，下言總干而不言戚，互相備也。皇，尊大之稱，諸侯亦得稱者，尊神而已。天子得與天下之人樂皇尸，諸侯得與境内之人樂皇尸，見平日以德感人之意，而祖考在天之靈亦慰，親就舞位，不爲屈也。

“夫祭有三重焉”節

此明三重之重于志也。“弗能得也”截，上泛論祭之用物，一以志爲本，下實言君子之祭以役志爲本也。大旨，祭有三重，而志爲尤重，能重頭腦，在“身自盡也”句。自盡，是平日工夫在誠敬上看，正是志重之實，道之以禮，不出三重之外。這個平日自盡非聖人不能，故曰“此聖人之道也”。要知此節收上數節之意，與“既内自盡”句遙應。

彼祭之道非一端，而所重有三，朝踐、饋食，皆獻也。獻之屬不一，莫重于祼，祼以降神，于禮爲重也。匏竹、笙簧，皆聲也，聲之屬不一，莫重于聲歌，歌者在上，貴人聲也。舞勺、舞象，皆舞也，舞之屬不一，莫重于《武宿夜》，大武之舞，昭成功也。夫此三者，乃周朝所重之道也。用鬯以尚氣臭，而裸重矣。《清廟》爲文王道德之音，而聲重矣。《宿夜》爲武王告成之樂，而舞重矣。夫三重固重，而所尤重者志也，故是三重者，裸假外之鬱鬯，歌假外之聲音，舞假外之干戚，以增益君子誠敬之志也。蓋君子之志本重，因此裸歌舞等，若增而益耳。惟志以三道而增，故隨吾志爲進退焉。如誠敬之志輕，則三重亦輕，裸不過鬱鬯，歌不過聲音，舞不過干戚，何三重之有，此與志俱退也。如誠敬之志重，則三重亦重，裸可降神，歌可侑神，舞可樂神，此與志俱進也。是三重之重與不重，惟視其志何如耳。若内志輕而求外物之重，是僞也。唯禮不可以僞爲，雖聖人不可得，而況常人乎？聖人固無内輕而求外重之事，此特以明外與志進退之決然耳。是以君子之祭，必身自盡其誠敬之志，而明此三重之本于心，然後假外物之禮，以奉此三重，而薦諸皇尸之前。此由本及文，雖聖人之祭，亦不能外此道也，故不曰祭道，而曰人之道，可見君子之祭，惟以役志爲本。

按：《宿夜》，武舞曲名。《書》傳云，武王伐紂，至于商郊，停止宿夜，士卒皆歡樂歌舞以待旦，因名焉，即大武之樂也。周道，猶言周禮。重《武宿夜》，象當代之成功，而前代之樂爲輕也。增，益也。一云，顯著之意。亦通。"亦輕"者，徒文具也。"亦重"者，有其實也。志輕、志重，當以本節"盡"字意會之，必身自盡，即前章"身致誠信"意。"明"字不作昭明于外，只自心上明曉便是，此身自盡，有合于聖人之道。聖人正所謂饗親之孝子也，而不能外此役志爲本之道，則君子之祭，安得不内盡其志以明重哉！

"夫祭有餕"四節

此明祭之通于政教也。在三節"可以觀政矣"截，以上言祭之可以觀政，以祭末行餕言也，重一"惠"字。以下言祭之可以立教，以方祭備物言也，重一"順"字。總見祭該王道意。

"夫祭有餕"節

此節"不可不知也"截，專重此句。"惠術"二句，正説不可不知意，兩引言，只言餕爲善終，下又所以足上"善終"，以起下"惠術"、"觀政"意，乃一步緊一步法。至"惠術"二句，不可不知意，方明"惠術"就接上句説，"惠"字涉在"政"上了。大旨餕爲祭之末，正是神人交關之際，恩惠要緊處。術自此起，所以不可不知術惠之巧處也。大凡行惠者行得巧，便得法而周遍，若行得不巧，則壅而不流，行不周遍，餕已得惠之術了，所以可觀政，“觀”字屬下言，“惠”在餕中看出，而“政”又在“惠”上見出。夫祭有餕餘之禮，祭終而舉是餕者，祭之末時事也，惟其爲末，則于禮也完，而寓意也遠，是不可不知其義而慎行之也。是故古之人有言曰“善終者如始”。然則善餕之終，當如祭之始，其是之謂也。夫餕曰善終，必其能以均惠也，是故古之君子曰“尸亦餕鬼神之餘也”。夫以皇尸之尊，而亦餕鬼神之餘，則其下皆餕可知矣。夫祭惠均沾，節文終遂，其善終何如哉？然餕之所貴者均，而惠之所貴者亦均，即此祭惠之均，而人君所以施惠于民之法術，已在此矣。夫餕餘之中，而寓施惠之法，則祭之所施，即惠之所被，而餕便可以觀政矣。餕與政相通，君子安可以不知哉！

按：祭之末，指行餕時說。“知”字内有行之慎意，含惠均發，“善終如始”泛說，其是已。謂餕餘之禮，是亦善終之道也，引古語只以“善終”二字說，“如始”二字當略。“尸亦餕”句，正明說終之善也，下一“亦”字，便見君臣上下貴賤在内。王侯初薦血毛，燔燎于鬼神，至薦熟時，尸乃食之，故曰“尸亦餕鬼神之餘也”。“惠術”句言餕以施于廟中之人，惠以施于國中之人，其理同也。自上之施處而言曰惠，惠爲政之用；自上之觀處而言曰政，政爲術之體。

○“是故尸謖”節

此足上餕法以明惠術也。“施惠之象也”截，上言餕爲施惠之象，而可以觀政，下明興施惠之象意，見其可與政通也。故舉諸侯祭禮以明之，此節正是惠術，蓋別貴賤而恩或阻，或恩徧而貴賤無等，這惠便無術了，又別貴賤，又人人徧及，何等有術！謖，音縮。

夫餕爲惠術，固可以觀政矣，而何以見之？蓋君餕尸，臣餕君，賤餕貴，下餕上，是餕禮所行。由君卿而至百官，每有所變，由四人以及百官，而人益衆。其每變也，貴者在先，賤者在後，固所以别貴賤之等。又貴者不重，賤者不虛，無不徧及，所以興施惠之象，蓋今日餕餘如此，而後日施惠于民，其象已露于此矣。是故諸侯者，餕以四簋之黍，可謂少矣。然而貴賤無不徧及，此見修舉施惠之禮于廟中也。蓋廟中雖祖考所居，有限之地，然廟中之人，即同境内之人，廟中有貴而先餕者，是即境内有君子，而恩當先施之象也；廟中有賤而后餕者，是即境内有小人，而恩當並施之象也，然則餕之每變以衆，豈非所以興施惠之象乎！

按："四簋"、"境内"字，則君只指諸侯言。謖亦起也，尸尊，故異其詞。四人者，君與三卿也。諸侯之國，有五大夫，此云六者，兼有采地助祭也。君于廟中，事尸如君，則君爲臣禮，臣食尸餘，是臣食君禄，與大夫食君餘相似，故曰"臣餕君之餘也"。士，上士也，數八人，士比大夫爲賤，故曰"賤餕貴"，士廟中餕訖而起，所司各執其禮樂之具以出廟户，陳于堂下。百官，百執事之官也。進，讀爲餕，百官餕訖，各徹其器而去，"進"、"徹"是兩意，只重"進"字，"徹"字帶言耳。一説："進"、"徹"、"之"三字當連讀，乃以次進食，遂徹之也，甚通。士比百官則又爲上，百官爲下，未必有爵也，故曰"下餕上"。别貴賤，兼君臣貴賤上下而言，與上面"貴賤"字不同，别貴賤、象施惠，雖兩承，而實重"象施惠"上。"興施惠之象""興"字有味，"象"字亦要着解。"以四簋黍"二句，緊接象施惠而足之，天子之祭八簋，諸侯六簋，此言四簋，留二簋爲陽厭之祭，故以四簋餕也。簋以盛黍稷，言黍則稷可知。"脩"字中有黍惠均沾意，"境内之象"句虚説，謂廟中行禮，有境内行政之象。《注》"施惠之禮"四句，是後一層，非正《注》廟中者也。

"祭者，澤之大"節

此總論祭可以觀政而立教也。首句"澤之大"，是個見成的事，含"惠必及下"在内。"觀政矣"截，上原祭可以觀夫政，下推祭可以立夫教，過文當云不特觀政。雖立教之本亦不外是，分言之，"澤之大"句且虚論，至"由餕見之矣"方實説。"民也"以上是人君之施政如此，"至也"以上，言下民之知君政如此，中間兩個"是故"，叠説，不平，上屬君，是正意，下屬民，是足上文意。未着祭説，"由餕"句方着祭説，見其餕而可以知其正，故曰"可以觀政"，則澤之大自見。爲物大矣，亦且虚論。"順以備""順"字最重，與下節"順"字應。"教之本與"句，是言祭以順爲教之本，下泛言君子之教忠孝，在盡道端義，正是順也，亦未涉祭上，至下節"祭其是與"二句，方打轉祭之順以備物爲立教之本，以見爲物之大也。重，平聲。

夫廟中施惠之禮，寓境内施惠之象如此，此可見祭之有餕，由尊及卑，無不徧及，究其氣象，所以兼利萬物者此也。祭之餕，澤之小，而興施惠之象，則澤之大者也。蓋觀大澤之所行乎，是故上有發倉廩，發府庫之大澤，則布帛菽粟之惠，必及下民，顧上先而下後，推恩有漸耳。非曰積重于上，而使下有凍餒之民也，上焉施惠之必均如此，故上有大則，則無位之民，有位之夫人，皆得待于下流，知惠之必將至于已也。彼何由知之哉？蓋見夫餕餘之禮，自貴及賤，無不周徧，則知惠澤之流，亦自上及下，無不沾被也，所以知惠之必將至也。夫惠澤者，人君之所以爲政也，今由餕見之。是由餕言，爲澤之小，而由惠言，爲澤之大矣。有大澤必有大政，故斷之曰可以觀政矣。夫祭之爲事，不但行于鬼神，而可以化乎民物，所關不小也，何也？物有不備，不可以祭，以其祭之興舉品物，無不備矣。又且不偪不僭，而無違其禮，順以備焉。惟順而備，則不陷親于非禮，可謂孝道不越禮以犯分，可謂忠道，祭非教之本歟！然則君子之所以爲教者，豈有他哉！外則教諸臣以尊其君長，内則教子孫以孝于其親，二者教之大端也，而未可幾也。是故惟明君在上，則諸臣服從，惟崇事宗廟社稷，則子孫順孝，然明君崇祀，何以致之耶？良由爲明君者，全盡君道之當然，而凡施之政事者，無不得其宜；崇事者，全盡于道之當然，而凡施之禮節者，無不當其則。將見忠孝爲本然之良，而又觀法有準，故諸臣子孫應之，而忠君孝親之教生矣。“明君在上”四句虛，“盡道”、“端義”四字方實，所謂立教之本，所謂順也。

按：“祭者，澤之大”句，根上文以象言，作冒。顧，猶但也。積重，言所積多而不能散也。夫人，常說以有位言。一云，與《考工記》“夫人能爲弓”之“夫人”同，猶言人人也，亦通。下流，猶言下位。首句“祭”，即餕之謂也。夫澤竟是政了，所以末句不說惠，竟說可以觀政矣。“祭之爲物”二句，一說兩“物”字一樣，作“事”字看，“興物”當作“興起乎物”，照下“教”字，如“服從”、“順孝”，及下章十倫之見處，無物不備，皆所以興之也，然却從無所不順得來。無所不順，乃是教之本處，較《注》有理。“君子之教也”三句，是提出一個“教”來說。明君，以臨政言。崇事，以臨祭言。明君、崇事，是盡道、端義，做成了的渾成者，着身上看，無工夫；盡道、端義，是明君、崇事做的事件，着身上道理看，此有工夫。“道”即爲君爲子之理，以統體言；“義”即治民奉先之宜，以節目言。盡者渾全而無欠缺，端者方正而無偏邪。是必盡道、端義于上，而忠孝之教始生也。一云，明君、崇事，專主祭言，君子外則有嚴上之祭。以教民尊君，内則有追養之祭；以教民孝親，不如臨政、臨祭説更自然。社稷非内祭，而文連宗廟者，偶及之耳。

“是故君子之事”節

此節即事君者以明立教在順也，看來只是承上節要説出一個“順”字。借事君一端之順，以起祭之順爲教之本意。“是故君子之教”三句，只是就上節意思説出來，作見成語。“非教之道也”以前，都是客詞，只要引到“君子之教也”三句，此三句又是要引起末二句，以終上節之意。時説俱云立教之本在盡道、端義，而盡道、端義，又在能絜矩，以上節爲著其道，此節身行爲探其本，不知盡道、端義，已明言立教之本矣，何待此節後爲探其本乎？説個盡道、端義，兩節只一意，《注》絜矩不必纏入。

夫君子之教，必生于盡道、端義，正身教者，所謂順也，觀君子事君之一端，不可見乎？是故君子之事君也，欲上以道義使我，則身行之以使下，欲下以道義事我，則身行之以事上，如所不安于上則不以使下，所惡于下，則不以事上，若以不忠不孝，不順道義者責人，而已乃不忠不孝，是不順道義也，則無本而不行矣。事君且然，况身教人忠孝者哉！而君子之教可知矣。是故君子教人以忠孝，必由明君、崇事，盡道、端義以爲之本，則是道義無一毫不順，而忠孝之教從此出矣。由是觀之，教不外乎順也，今祭順禮備物，則道義在是，順以教忠孝者，即祭是已，非教孝教忠之本乎？故曰“祭者，教之本也已”，祭爲立教之本，其爲物不亦大哉！

按：事君，只比例説，“身行”二字重看，下事使皆身行之也，以“道”、“義”貫。“非教”“教”字，以事上、使下言，下“教”字，以忠孝言。即此推之，可見君子教人以忠孝，必由於盡道、端義以本之，然則祭之時所謂“順”、“備”者，其即此順之至也歟！離“順”别無教法也。“順之至”與前“順備”“順”字一樣看。教之本也已，“已”者，竭盡之詞也。

○“夫祭有十倫焉”節

此見祭之所觀者深也。倫，猶義也。祭有十義，言其所包者廣，見顯著也，此所歷指者倫之名耳。“十”字俱指祭言，在“道”、“義”、“倫”、“等”、“殺”、“施”、“别”、“均”、“序”、“際”字上發揮，便得

“倫”字意味。

夫祭有十者之倫義焉，不可不知也。變化而有所通者，鬼神也，於祭見鬼神之道焉。嚴謹而有所守者，君臣也，於祭見君臣之義焉。父子慈孝有所順，於祭見父子之倫焉。貴賤名位有所差，於祭見貴賤之等焉。殺言乎遠近有間也，於祭見親疏之殺焉。施言乎恩惠有及也，於祭見爵賞之施焉。内外有所辨曰别，於祭見夫婦之别焉。多寡有所一曰均，於祭見政事之均焉。先後有所次者序也，於祭見長幼之序焉。情意有所接者際也，於祭見上下之際焉。此十者皆義之脩也，故曰十倫。

按：祭以鬼神爲主，故首言鬼神之道。至於惠之道，則祭之末也，故以上下之際終焉。鬼神、父子、親疏、夫婦、長幼五者，内之倫也，君臣、貴賤、爵賞、政事、上下五者，外之倫也。

“鋪筵設同几”節

此明祭見鬼神之道也。“鋪筵”二句，依神同其所。“詔祝”二句，求神異其所。

蓋以鬼神之精氣無間，鋪筵設同几以依神，無形而依之於有形，鬼神之享否不測，正祭既祝告於室，明日又繹祭於祊，無方而求之於有方，是自始至終，恍惚與交，鬼神之變化而有所通者，於是乎來格矣，此非交神明之道乎！

按：人生則形體異，故夫婦之倫，在於有别，死則精氣無間，共設一几，故祝詞云，以某妃配也。《注》言同几，則同席可知，人道則貴别，神道則貴親，故葬則同穴，而祭則同几也。正祭時，祝官以祝辭告尸於室，謂灌鬯饋熟酳尸等事。明日繹祭而出廟門旁，廣求神於門外之祊，詔祝於室，所以求神於陰，而出於祊，所以交明於陽。主陰陽之道言之，則曰鬼神，主幽顯之分言之，則曰神明，其實一也。

“君迎牲”節

此明祭見君臣之義也。尸者，神之象，君者，人之主。廟門之外，以人道爲尚，廟門之内，以神道爲尚，全重在“廟門外”二句，在辨别名分上見出，故曰義。

凡迎禮必出門，君出門迎牲而不迎尸，非重牲而輕尸也，正所以别相似之嫌以定分也，何也？尸雖爲神象，然未入廟門，猶疑是臣，必既入廟門，則全於君，而尊之如君父矣。君固當尊尸，然在廟門外，猶疑是君，入廟門則全於臣，全於子矣。夫在廟門外，君爲君也，尸爲臣也，若出門迎尸，是以君迎臣矣。是故不出者，所以别以君迎臣之嫌，而使君尊臣卑之義，秩然而不紊也，夫是之謂見君臣之義。

按："别嫌"句且虚，下面方説破，尸本是臣，在廟則尊，若未入廟，則其尊未伸，人君之尊，出廟門則伸，尸在廟，則君父道全。云全君，不云全父者，此本明君臣，故略於全文也。前"嫌"字從兩"疑"字生，以疑於君之人，而迎疑於臣之尸，本是臣子迎君父，而反是君迎臣矣，豈不可嫌，爲其有君臣之疑，所以别其嫌也。既曰嫌，又曰疑，疑固未重於嫌，而嫌亦疑之所積也。

"夫祭之道"節

此明祭見父子之倫也。首二句，言立尸如此，倫在生順死安上見出。十倫，皆倫也，止於父子言倫者，有父子之倫，然後有宗廟之祭，則祭之倫，本於父子而已，故止於父子言倫。行，音杭。

孫爲王父尸，取昭穆之同也，於主祭者爲猶子，是子行也。子行卑，今反南面而坐，伯叔父尊，今反北面而事之，蓋以猶子爲尸，是象父之尊矣。伯叔父主祭，是居人子之職矣，故降己之尊，而以子道自持；伸尸之尊，而以父道事之，所以明子事父之道，當如是也。

按：祭祖皆用孫列，取於同姓之適孫也。古人祭祀有尸，極有深意，蓋人之精氣既散，孝子求神而祭，無尸則不饗，無主則不依，魂氣必求其類而依之。人與人既爲類，骨月又爲一家之類。己與尸，各既以潔齊至誠相通，以此求神，宜其饗之。"所以明子事父"句，緊接"北面而事"句説。一云，照《注》欲子知盡父子之道，泛言此禮之行，乃是教天下人子以子事父之道，非只指子行而言。可從。天子、諸侯之祭，朝事延尸於户外，是以有北面事尸之禮。少牢特牲，尸皆在室之奥，主人西面事之，無北面之文。

"尸飲五"節

此明祭見貴賤之等也。此言上公宗廟九獻之禮，君必獻卿等者，以賓禮隆助祭之人也。"尸飲"等句不重，爲獻之先後設耳。明貴賤，在獻之先後、爵之重輕上見。卿之德隆而貴，故獻以玉爵；大夫之德殺而賤，故獻以瑤爵；至於士則德卑尤賤，故獻以散爵而已。不言洗者，略之也，以齒，帶言之。尊卑，即貴賤，無二義也。此"等"字在辨品級上見。

彼上公之祭，尸飲朝踐二，饋食二，主人酳酒一，合爲飲五，此時君洗玉爵以獻卿，非以玉爵爲貴乎？獻卿後，尸又飲主婦酳爵一，賓長獻爵一，合飲五爲飲七，此時君以瑤爵獻大夫，非以瑤爵爲次乎？獻大夫後，尸又飲長賓加爵一，長兄弟加爵一，合飲七爲飲九，此時君以散爵獻士，及群有司。凡此卿大夫、士及群有司，同爵則長者先飲，幼者後飲，皆以齒爲序焉。夫以獻之序而言，則尊先而卑後，以獻之爵而言，則尊重而卑輕。是獻酬之間，而卑高之分以秩矣，故曰明尊卑之等。凡觴皆謂之爵，此言玉爵、瑤爵，正謂一升之爵耳，言散爵，即五升之散也。散，上聲。

按：凡獻尸，有飲者，有不飲者，如裸獻二，此不飲者也。侯、伯七獻，尸飲三，子、男五獻，尸飲一，此尸飲五，則據上公而言。前言進徹之百官，所謂群有司也。

"夫祭有昭穆"節

此明祭見親疏之殺也。"無亂也"分，上以理言，下以事言，先論昭穆之禮，正是起太廟之事也。當以助祭子孫，主生者言，如《中庸》"宗廟之禮，所以序昭禮"，兼神人説，未是。《王制》"三昭三穆，神之昭穆也"，此言群昭群穆，人之昭穆也。末句承"有事"句説來，有隆然後有殺，此從極重邊漸漸減去，故曰殺。

夫同姓子孫，助祭必有昭穆者，何也？父行爲昭，子行爲穆，而其間世行有遠近，齒有長幼，於是乎情有親疏，皆以之别其序而無亂也。是故當大祫而有事於太廟，凡子孫之爲昭穆者無不在，不失其倫，謂昭列於左，穆列於右，而昭穆之中，又得其序也。此之謂親疏之殺者，蓋以情爲圭，親者隆而疏者漸殺也。

按：昭穆皆謂生者昭穆，而其原則出於死者，故諸説以首句"昭穆"，及下"群昭穆"兼神人説。大祫於太廟，惟太祖之位東向自如，其群廟之主人，有居北牖下南面而爲昭者，其子孫之在昭列者，亦名曰昭，有居南牖下北面而爲穆者，其子孫之在穆列者，亦名曰穆，是祭有昭穆也。父子、遠近、長幼、親疏不平，以父子作總，父子以倫言，遠近以世言，長幼以齒言，俱根父子來，親疏統三者，以情言，如父爲昭，則子爲穆，而孫又爲昭，明父子也；一世昭，則二世爲穆，而三世又爲昭，明遠近也；昭與昭齒，穆與穆齒，明長幼也；世近則情親，世遠則情疏，明親疏也。四者有序，故曰無亂。祫祭太廟，則衆廟尸主，如高曾祖禰，以及不毀之廟，群主皆升而配享於此。凡同宗父子，如子姪兄弟，以及不毀之親，皆在而助祭於此，斯時也，死者生者，左昭各爲一色，右穆各爲一色，故群昭群穆咸在。若餘廟惟尸主及所出之廟子孫來耳，故以大祫兼群昭群穆言，此之謂親疏之殺，亦合神與人言，以情之或親或疏，皆昭然於太廟之中也。是説諸講多同，備録於此。

“古者明君”節

此明祭見爵賞之施也。明君，主諸侯言。“專也”以前泛言賜爵禄於廟之義，是虚論其理，後方著祭説，正是賜爵禄於廟之實，正言其事。末句亦承後段説，“再拜”三句，因言施爵禄而連及受者之禮，不重，此在“賜”字上見出，故曰施。

古者明君於有德有功者，爵禄雖出於人君，而頒賜必於太廟，正以爵禄之權皆先祖之所貽也。今行於太廟，示有所禀命而不敢專之義耳。惟其不敢專，故祭之日，爲上公者行一獻之禮畢，君降立於阼階之南，南鄉，就君位也，所命之人北面，處臣位也。史由君右，執策命之重君命也。所命之人再拜稽首，受書以歸，而釋奠於其廟，榮君賜而告之祖考也。夫以一獻間而舉動士之典如此，則祭所以報本反始而實見爵賞之施矣。舍，當爲“釋”。

按：爵者錫之以名，有德者必有名，禄者錫之以利，有德者必有利，爵有德，禄有功，亦從其類也。示不敢專，顯其爲神賜，而非君所得專意，一獻非初祼，朝踐、饋食之一獻，必爲一酳尸者，以一酳尸之前，皆承奉鬼神，未暇策命。此一獻則尸飲五，君獻卿之時也，尸食已畢，始可行爵禄，君降立者，君自堂上而降下也。史，掌策書者，策則書所命之事也。地道尊右，命之於廟，則雖君命，實祖命也。史由君右執策命之，所謂詔辭自右是也。上言執策，下言受書，互相備也。一獻始命者，以祭爲先也，始獻即發賜，不俟獻終者，以賞爲重也。若天子命群臣，則不因常祭之時，特假於廟。再拜稽首，指受書之卿大夫言，非時而祭曰奠，告以受君之命也。施爵賞者，必於太廟，示其不敢專，固所以明父祖之尊。受爵禄者，舍奠於家廟，示其有歸美，又所以明父祖之賢。明乎父祖之尊，則天下之所敬，明乎父祖之賢，則天下之所遜，故曰爵賞之施。

“君卷冕立於阼”節

此明祭見夫婦之别也。全在首二句、末三句，中間“執校”、“執鐙”二句，起“授受，不相襲”句，“執柄”、“執足”，起“酢必異爵”句，此在同中求異上見出，故曰别。校，音效。鐙，音登。

君卷冕立於阼，夫人副褘立於東房，其待事而立，有常位矣。夫人薦豆執校，執醴者受之，則執鐙，尸酢，夫人執柄，夫人受之，則執足，豈惟與執醴相授受爲然，雖夫婦之自相授受，示嘗襲其執器之處也，不惟與尸相酢爲然，雖夫婦之自相酢亦必易爵，更酌也。是則一廟祭間，而序立異其位，授受異其處，相酢異其爵如此，夫婦之别，不於是明乎？

按：《禮器》言“婦人在房，而東酌罍尊”，則在房者，西房也，而此言副褘立於東房，蓋夫人貴乎從夫，又貴乎辨位，從夫則立之東，所以待其將有事。辨位則即於西，所以動而行事也。副褘，上公夫人首飾也。校，豆中央直者。初執醴之人，酌醴以授夫人，必執豆以授夫人，獻與薦，皆此人所掌故也。鐙，豆之下跗也。尸酢夫人，在旅酬時，爵形如雀，柄爲尾也。足，爵足也。此男女之别也，不但男女，雖夫婦相授受亦如之。夫婦所授受者，雖不止豆與爵，而其禮則不異也。酢必易爵，如主婦洗爵而致於主人，則主人更爵以酌而酢，主人洗爵而致於主婦，則主婦更爵以酌而酢，男子不承婦人爵也。

○“凡爲俎者”節

此明祭見政事之均也。餕餘之後，又有頒俎，頒俎，以頒助祭之人。“凡爲俎”至“功立”，是推俎之達於政。“功之所以立”至“必均也”，是原政之本於均，俎者所以明祭之必有惠，已含“均”字意。“惠均”三句，自惠均層叠順説下來。下二句由功立原轉倒説上去，只一意耳。“善爲政”虚講，如此打轉，惠均而政行事成功立上。大旨治國平天下的法術，都在一“均”内，“均”的工夫最難，把廟中分俎，做個均的樣子，直到功立，纔完得個惠均，惠之均，如此俎之均，故曰均。髀，音俾。重，平聲。

凡祭盛於俎者，以骨爲主，蓋俎則奇數，屬陽，以骨之陽也。骨有貴賤，歷代所尚不同，殷尚實，貴髀之厚；周尚文，貴肩之顯，然肩在前，而髀在後，周之所貴，是前貴於後也。然是俎本以事神爲主，至祭畢而頒俎，則祭惠有以及人，是祭必有俎，所以明祭之必有惠也。然惠不徒施，而施必欲其均，故卿大夫貴者也，則取牲體之肩；百官沃盥，賤者也，則取牲體之髀。然貴者惟所取之貴耳，未嘗以貴而有餘，賤者惟所取之賤耳，未嘗以賤而不足，所以示自上及下，無不均之惠也。吾知施惠之禮，既脩舉於廟中，則施惠之政必徧及於境内。凡利用厚生之政，自上達下，略無壅滯，而政行矣，政所以集事也，政行則用無不足，生無不遂；自細至鉅，無不就緒，而事成矣，事所以收功也，事成則衣食足而知禮節，以底雍熙之化，無非成效，而功立矣。至於功立，方見惠之徧及也。然功之所以立，不可不知其故也。正由頒祭祖以明祭惠之必均，然後推之於政，而臻於功之立也。夫祭惠之關於政如此，此豈庸君之所能哉！必善爲政者，明足以見，仁足以與，方能因祭惠之均，而推之政行事，成功立如此也，此句最可想像。夫祭祀之禮，不過一頒俎間，而政行、事成、功立，由此而基，則豈非見政事之均乎？

一説：只重“均”字，“示均”以上，在惠上説均，“惠均”以下，在政上説均。政行、事成、功立，只完得一個“惠均”，“均”之一字，正治天下之妙術，故觀於功之立，而不可不知其所以然也。可見俎者非特明祭之有惠，乃所以明惠之必均。雖稱極善爲政，别無他法，不過如此惠均而已。“如此”二字，緊根惠均，説得融洽有理。貴者、賤者，只以臣言，若兼君，則“惠”字説不去。政、事、功，皆是上人底，“政事之均”“事”字，在上文“政”字中，不與“事成”“事”字同。

“凡賜爵，昭爲一”節

此明祭見長幼之序也。賜爵兼同姓、異姓言，是旅酬時賜助祭者之酒也，此句提起看。昭穆齒，同姓之長幼有序；群有司齒，異姓之長幼有序。末句總頂，長者爵先，幼者爵後，是長幼有序也，此在先後次第間見出，故曰序。

凡賜助祭者爵，同姓昭爲一，穆爲一，固矣。而受爵之序，則昭與昭齒，穆與穆齒，異姓凡群有司皆以齒，長者在先，少者在後也，一旅酬間而長幼不亂，此之謂長幼有序也。

○“夫祭有畀煇”節

此明祭見上下之際也。大旨，祭之有俎，固已見惠均矣，然未足以盡惠下之道，以至至尊之尸，而畀至賤之吏，然後見惠下也，此政事之均與上下之際所以爲異處。細分之，首二句言祭有惠下之道，“唯有德之君”三句，是言能惠下者，歸之賢君也，“畀之爲言”至“畀之”，詳言祭俎施惠於民，申上文“有德之君”三句，上説“明仁”兩句，下只説“明君在上”，可見惠下之君，以察利病爲先。際，交接也。上下分不相接，而情常相接，故曰際。《易》曰“天道下際而光明，地道卑而上行”，董子曰“天人相與之際”，此際之説也。

夫祭之末，有皇尸以祭俎之惠，畀於煇、胞、翟、閽之禮，豈徒然哉！亦以見人君在上。當子惠下民，而惠下之道所寓也。然此惠下之道，豈庸君之所能行哉！惟有德之君乃能行此。夫有德何以能行也？蓋下之情最難以上達，有德必明，明則民之休戚利病，幽微畢照矣。上之恩最難以下施，有德則仁，仁者公溥無私，凡可利民者，慨然窺之矣。惠下之道，其難行如此，而畀煇、胞、翟、閽者，如何便寓惠下之道耶？蓋畀之爲言與也，能以其己之有餘，畀之下者也，此時不私最難，况煇、胞、翟、閽至賤，尸又君父之至尊，以至尊既祭之末，不忘至賤，而以其餘畀之。夫尸有君之象，四守有民之象，廟中之禮，尊祖忘賤，則四境之内，君可忘民乎？故曰惠下之道也。是故明君在上，即有德之君，明足見而仁足與者，制田里而薄税斂，則境内之民，無凍餒者矣，所謂能行惠下之道以此。夫上下之分懸矣，而膏澤下流，情意流通，君與民之情相交接矣。然於祭畀煇、胞、翟、閽者見之，故曰祭見上下之際。

按：有德是仁知渾成者，仁知其目也。“足以”二字要玩，尚未到惠下實際，不可容易看。此三句是言施惠之難，以起下文。二“之”字，指民説。煇，《周禮》作“韗”，謂韗磔皮革之官。甲吏，主牲體之官。翟，謂教羽舞者。閽者主守門。尸，至尊而必畀至賤之吏。人君忘至尊而惠必徧於境内，即此意也。上下指明君與民言，尸與賤吏不在中。助祭則群有司賤於族姓，而煇、胞、翟、閽，又賤於群有司，又云秋官掌戮，墨者使守門，劓者使守關，宫者使守宫，刖者使守囿，髡者使守積，先王無絶人之心，刑人未嘗不用也。

“凡祭有四時”四節

此列四時之祭，而重其義於禘嘗也。首節總舉四祭之名，二節在四祭中，抽出禘嘗之重，三節推到行政上去，此却不重，只要重末節耳。惟義重，故足以治國，惟足以治國，則不可不知。

“凡祭有四時”節

天子、諸侯之祭，有四時焉。春物未成，祭品鮮薄，故名曰礿；夏物稍成，依時次第而舉，故名曰禘；秋物成而當嘗，故名曰嘗；冬物衆而祭盛，故名曰烝，是宗廟之祭酌夫時，而祭之因時以異如此。礿，音藥。

“礿、禘，陽義也”節

礿、禘何爲也？春夏陽氣發散，親與物而偕來，故怵惕心生，順陽義也。嘗、烝何爲也？秋冬陽氣斂肅，親與物而偕往，故悽愴心生，順陰氣也。然礿、禘固皆陽義，而禘之繼礿而舉者，又特爲陽之盛，蓋陽道常饒，饒則於夏始爲盛，禘舉於此時，豈不爲陽之盛耶！嘗、烝固皆陰義，而嘗之先烝而行者，又特爲陰之盛，蓋陰道常乏，乏則於秋已爲盛，而嘗舉於此時，豈不爲陰之盛耶！惟其爲陽之盛，故報本反始以迎其來者，莫重於禘，惟其爲陰之盛，故報本反始以送其往者，莫重於嘗也，故曰“莫重於禘、嘗”。

按：陽義、陰義，當與《祭義》首節參看。若只於時之陰陽上，有何意味？礿、禘之祭，其用物薄，主於灌獻，則順乎陽，陽於春夏爲用也。嘗、烝之祭，其用物多，主於饋食，順乎陰，陰於秋冬爲用也。然言其盛止於禘、嘗，而不及礿、烝者，蓋陽達於春，物方蠢動，陰終於秋，物已退藏，故古之君子，其言郊社，則以禘、嘗對之，亦舉其盛者耳。“盛”字在義上看，“重”字在行祭上看。

“古者於禘也”節

此言人君政令，與時偕行，亦若祭之順陰陽，正發禘、嘗之重意，下獨以嘗祭之政證之也。“嘗之曰”三句，証嘗之出田邑也。“草艾則墨”三句証嘗之發秋政也。大旨，要舉陽政，傍著因陽來，而舉之禘祭，要舉陰政，傍著因陰往，而舉之嘗祭，只是要人心知陽義而棨施，知陰義而兢惕一分。艾，與"刈"通。

禘、嘗既重，所以古者行政，必於其時。爵命之者也，服勝於陰者也，皆屬陽，於禘之時，感陽而動其仁，故發賜以明吾之仁，亦如因怵惕而禘也。田邑制於地者也，秋政刑罰也，皆屬陰，於嘗之時，感陰而動其義，故出發以明吾之義，亦如因悽愴而嘗也。又引《記》言，以証出田邑發秋之實，公室亦與臣者，田邑、公室，一類也。公室可發，田邑獨不可發乎？草可艾，則發秋政而用墨刑。夫草可艾，正嘗之時，非已發秋政乎？蓋古《記》言可証也。嘗政既有徵，而禘行不可例見乎？

按：古者，指夏殷時禮。爵名之者，即《書》"命曰天命"之意。服勝於陰，所以致煖而克陰也。田邑出祿以食人，制於地者也。刑以正罪而勝於陰，詳看則順陰陽之義自見。引古《記》以証嘗祭，而禘祭之發爵賜服可知。常説，禘順陽義，人皆知之，嘗則賞罰並行，恐人致疑，故引以爲徵，此太費轉折。刑有五，墨最輕，以始刑，故用輕者。"草艾"二句，反覆之詞，乃記全文也。代天爵人故於禘，分地與人故於嘗，天地間陽可過，陰不可過，仁可過，義不可過，此刑賞並行，不害其爲順陰陽也。

○"故曰禘、嘗之義"節

此承上言禘、嘗之義，足以治國，人君當知之也。首三句作頭，虛論，下方實言之。"爲臣不全"以上，明人君當明其義，以臣形君，只重責其義於君意。"莫敢不敬"以上，見知義者足以治國，所謂明其義而全君道者也。"是故君子之祭"至"其義故也"數句輕，只屬"莫敢不敬"一邊。"其德薄"至末，言不知義者，不足以治國，所謂不明其義，而君人不全也，反正相形，治國之本不可不知了然矣。大旨重"義章"二字，即所謂能明其義也。此章自德盛志厚來，而身親莅，又所以將德志也，蓋德志即治國之仁孝。於祭時，追思其原本之仁孝，則上之本心見，而境内子孫之本心亦見，此仁孝發頭的最真處，故不可不知。

承上言禘、嘗之義，不惟事親，又能立政，可謂大矣，即此爲治國之本，蓋報本反始之典，實爲化導境内之機。既爲治國之本，人君當反諸心，而窮其義之所以然，形諸祭，而表其義之所當然，不可不知也。何以見其當知也？蓋知其禘、嘗之義而明之者存乎君，能禘、嘗中之事則在於臣。君若不明其義，即失主祭之道，而君人不全；臣若不能其事，則失助祭之道，而爲臣不全。夫君當明其義，非如臣之但能其事而已，何以見義之大，而爲治國之本也？是義非他，人心中有報本反始之志，而患其不遂。禘、嘗舉而義已行，則有以愜其報反之心，而欲爲者以成，義則所以濟之也。人性中有仁孝之德，而患其不達，禘、嘗舉而義以行，則有以昭其尊祖親禰之念，而當爲者以顯，義則所以使諸德之發也。是義必出於志與德，則明義亦必始於志與德。苟人君仁孝之德，具於我者，淵乎其深遠，而德既盛矣，則孝享之念，發於心者，肫乎其懇至，而志亦厚焉，志厚則享祀之典，因時而舉。禘行於夏，嘗行於秋，而陰陽之義章矣。既德盛、志厚而義章，則是能明其義矣，由是而祭，必致如在之誠而敬祭焉，既敬，吾知報反人心所同，則四境之爲子孫者，皆春秋祭祀，服從聽速，莫敢不敬矣。禘、嘗之義，豈非治國之本，而所以爲大者乎？惟其大，故君子之祭，必身親莅之，所以立感化人心之本，有故則使人代攝可也。雖使人也，而君不失其仁孝之義者，由君先能明其義之在濟志發德故也，故曰明其義者，君也。若德不盛，志不厚，其感於時者輕，則義不章於其祭，而義疑矣。於此求祭，則雖親莅，而欲使境内之必敬也，不可得已。祭而不敬，則無以感化境内，而不足爲民父母矣。此正不明其義，而君人不全也。夫知之則君道全，不知則君道失，信乎爲治國之本也，人君可以不知哉！

按："義"字，即上文陰盛陽盛之義也。前言義重，只以祭言，此言義大，又以治國言。上言行政在禘、嘗之外，此言治國在禘、嘗之内，又進了一步，治國含下化導境内意，不知無以治國，故曰不可不知。"不可不"三字最緊，指君説，知非徒知，有行義在内，明義是正義，"能事"帶説。不全猶未盡也。"義"之前説德志，是要引到義上，"義章"之後説祭敬，是要到子孫化上，所重只在義章子孫化耳。志以心言，尊祖親禰是也。德以理言，仁孝誠敬是也。夫義至莫敢不敬矣，未著人君身上，"是故"至"故也"，纔説人君能明義，則自祭、攝祭皆善，合著祭敬而化民之意。子孫對父祖而言，非下文父母之對也。《大宗伯》"若王不與則攝位"，蓋禮固所以爲義，義又可以起禮，有故則使人，義之所可故也。代之雖行其事，使之則本乎義，君不失其義，謂君雖不親，祭禮無闕，於君德不損，君明其義故也。"君子之祭"六句，總是祭敬，對下"求祭"一句看，君明其義故也，對下"德薄"、"志輕”、“義疑”看，君不失其義，指所使之人，亦能致敬，而使君不失其義也。“明其義”從“加”字生，“義章”從“明”字生，“疑於其義”又從“章”字生，明生於知，章生於明，疑生於章，此作《記》字法。祭使必敬，祭是親莅，使是使人，使之必敬，“使”字不著力，與“使人”“使”字不同。“其德薄”以下，反收之耳。

“夫鼎有銘”八節

此詳鼎銘之義也。鼎，祭器也，故以鼎銘附於《祭統》末，首節至“後世者也”以上，泛言立銘之義。“賢者能之”以上，歸者有德之人。二節申立銘之義。三節申“賢者能之”之實。四節至七節，皆引孔悝之銘以証之也。八節“如此”以上，復總敘上文，以下則因以成人之妄爲也。

“夫鼎有銘”節

夫鼎有銘，且先提出個銘自名，蓋虛解銘之義。下句又申明其自名之義也，玩“以”字自見。“爲先祖者”五句不重，只要敘起“惟賢者”句，此“賢”字指孝子説，孝子自成其名，爲人所共賢者，然後人推本其賢，此自名之旨。

夫器之重者莫如鼎，言之重者莫如銘，而鼎之有銘，其義何如？蓋銘者，所自成其顯揚先祖之名也。然雖爲自名，實以稱揚先祖而明著於後世，令聞爲之無窮也，銘之立如此，蓋爲先祖者，莫不有美焉，莫不有惡焉。銘之義，諱其惡而稱其美者，孝子孝孫，光昭先祖之心也。夫惟賢者於先祖能知，知而能傳，而已得次於下，此銘之所以能立也。

按：古人刀、劒、户、牖、几、杖、盃、鑑皆有銘，如湯之盤，周之量，晋公之鐘，以至王之大常，廟之金人之類，不獨鼎之有銘也。自名，謂已能立身揚名，以顯其先也，能自揚名，則國人稱願曰“幸哉！有子如此”，故可銘也。若身陷不義，而無令名，雖銘，人誰信之。“爲先祖者”以下，承“先祖之美”來，見銘之未可易舉也。有美有惡，先祖非一人，不能皆美，觀孔悝銘，惟莊成文，而其餘不銘，可見。孝子孝孫之心以愛祖考言，此正非常人可能，故曰“惟賢者能之”，賢者正孝子孝孫也，上句引起下句。

“銘者，論譔其”節

“銘者”一讀，“論譔”至“者也”通爲一句，是詳釋立銘之義，下歷贊立銘之善，自成其名，已含有崇孝順教之意。孝是從“顯揚先祖”上見之，不是明其意，“順教”倣此，未效其所爲，效先祖之德美勳勞也。譔，與“撰”同。比，音俾。

銘非徒然也，先祖有德善之備諸身者，有功烈勳勞之及於物者，有慶賞名聲之榮於時者，數者列於天下矣，然懼其久而遂泯也。銘之道，主於論譔其美，酌量其輕重大小之次，而鐫刻於鼎彝祭器之上，自成顯揚先祖之名，以奉祀於宗廟祭祀間也，銘之爲義如此。夫顯揚先祖，則先德不忘，而繼述之孝以彰，非崇孝乎？以己名而列於先祖之下，則後先相承，而尊卑之禮無違，非順乎？且使後世子孫，亦效先祖作爲，則作銘可訓後世，非教乎？一銘而三善集，鼎之有銘也，豈徒哉！

按：得於心爲德，具於身爲善，興事之謂功，成事之謂烈，王功曰勳，民功曰勞，君待以禮曰慶，錫以物曰賞，得於己爲名，聞於人爲聲。德差當前，首重可知，然慶賞聲名，又從上六字生，此先祖之生前昭列於天下者。

“夫銘者，壹稱”節

此節上下皆得虛提，言銘有皆得之好處。“是故”三句，即人之觀銘者以見之。“既美”句，見上之得也。“又美”句，見下之得也。“爲之”以下，申言所爲之可美，正是惟賢能之也，於所爲獨詳者，以所稱已見上節也。

夫銘之作，所以稱揚先祖之美也。一稱揚間，不惟先祖之美，得以不晦，下焉己身之賢，亦以自顯矣，豈非上下之皆得乎？故君子之觀於銘者，既美其所稱德善功烈之美矣，又美其爲是銘之子孫焉。夫其所以爲銘，何爲而可美也，美其明而識見弗昧，能知祖考之可銘也；美其仁而功德及民，足以致君之與己銘也；美其知明處當，足以利己之次名，附青雲而施後世也。合是三者，可謂賢矣。然此就觀銘者説耳，彼爲銘者，但稱揚先祖，何嘗以是爲言也哉！賢而勿伐，而一出於尊祖敬宗之心，可謂恭矣。既賢且恭，此所以可美也，合觀而惟賢者能之見矣。

按：一稱皆得，言止於一番稱揚，而上下俱有益也，上謂先祖，下謂己身，所稱在祖考之善上看，所爲在不誣祖考之實上看。善在先祖而吾弗知，則耳目之所睹記謂何？其所蔽者大矣。故足見言明，然亦有明知其善，而後嗣弗類，令名終弗歸焉，則家聲之隕，實由不仁，故足與言仁。“知足利”句，當依《注》謂利己之得。次“名”於下看，一“利”字未免有心，孝便未純。一云，明見之仁與之矣，而識見有所未到，則欲揚其美，又著其惡，使先祖未受美名之利，而先受惡名之害，皆由不知，故足利言知，此又一見。

“故衛孔悝”五節

此下四節，備書衛孔悝之鼎銘，而末節斷之，見誣銘之不賢而可耻也。“六月”至“彝鼎”，通是銘辭。首、末句是記者引事之語。觀其乃祖考，則銘之稱揚先祖可見；觀其曰拜稽首，則自成其名可見；觀其曰施於烝彝，則銘之明著後世可見。射，音亦。耆，與“嗜”同。慶，平聲。解，讀懈。

“故衛孔悝”四節

此下四節因孔悝鼎銘以証上文，不觀之衛孔悝乎？其銘詞曰：六月丁亥，莊公至太廟，因禘祭而賜之銘。蓋德悝之立已，故褒顯其先祖也。莊公曰：叔舅乃祖莊叔，左右我成公，成公乃命莊叔隨難於漢陽，又即宫於宗周，奔走無射，此二大事者皆莊叔之功也。莊叔餘功流於後世，又能開助我獻公，使獻公雖有奔齊之事，而亦得反國，是時汝祖成叔事獻公，於是獻公乃命成叔，纂繼乃祖莊叔服行之事也。莊叔奔走無射，成叔纂乃祖服，所謂舊耆欲也，乃考文叔，又能興而起之，如作率卿士，而臣僚有倡，躬恤衛國而百姓在念，其勤公家，夙夜不懈，而公事就理，所謂興舊耆欲也，於是民咸曰休哉。有臣如此，是國之光，而民之福矣，三叔之功如此，於是公曰：叔舅，予汝銘，汝其纂乃考服。於是悝拜稽首曰：對答揚舉，用吾君殷勤重大之命，施勒於烝祭之彝尊及鼎。鼎銘之詞止此，此衛孔悝之鼎銘也。

按：周六月，夏四月也，此禘祭時。莊公，衛侯蒯聵也。孔悝，衛大夫。《周禮》“異姓之臣稱伯叔舅”，悝本莊公之甥，以悝年幼，故策書云“叔舅”也。哀公十五年，蒯聵得罪於父靈公，見逐失國，蒯聵舍孔氏之外圃，適伯姬氏迫孔悝於廁，彊盟之，遂劫以登臺，於是得國，蒯聵感德欲報，故歷遡衛孔悝之先世也。諸侯命臣在於祭日。莊叔，衛大夫，謚爲莊，悝七世祖，名孔達。成公，衛侯，文公子，名鄭，謚爲成。僖公二十八年，成公爲晋文公所伐，失國而奔走，是爲漢陽之難，其年反國又坐殺弟叔武，晋人執之歸於京師，寘諸深室，是爲宗周之宫。周既去鎬京，猶名王城，爲宗周也。隨，從也。即，就也。此二事皆成公之患難，莊叔隨之即之，則奔走於患難而無厭倦矣，莊叔之功如此。獻公衛侯，謚爲獻，成公之曾孫，名衎。成叔，衛大夫，謚爲成，莊叔之孫，名烝鉏。獻公立十八年，爲孫林父甯殖所逐，出奔齊，是獻公亦失國也。啓右獻公，非特啟導，而又佑助之，言莊叔餘功，流於成叔，使獻公亦得反國也。成公叔時事獻公，故公命其繼汝祖莊叔服行舊事，欲其忠如孔達也。文叔，衛大夫，謚爲文，成叔曾孫，名圉，悝之父也。舊耆欲，言其先世以愛君憂國爲耆欲也。作率，奮起而倡率之也。慶，作卿。作士、愛民、勤政，作三項看，俱接"興舊耆欲"説。民咸曰休哉，通承上三叔而言，言功德休美也。予女銘，言予女銘三叔也。若，亦女也。纂乃考服，從"纂乃祖服"來，欲其忠如文子也。對答，不墮君命也。揚舉，不隱君賜也。"施於"句，正對揚也。殷勤大命，謂上文莊叔、成叔，至文叔也。《周禮·司勳》"凡有功者，勒於烝祭之彝尊及鼎"，彝，祼器；鼎，烹器，二器皆有銘。首尾獨言鼎者，舉重以該之也。鉏，音鋤。

按：《左傳》，成公雖有其事，而傳載隨難即宫者非孔達，獻公反國，亦非成叔之功。夫身爲匪類，而先世又無功德可稱，居之爲非據，莊公依禮寵銘，不過靜國人以自固耳。皆君子所深耻而羞稱，乃以爲美而引爲鼎彝之法，其何以垂訓哉!

"古之君子論譔"節

此承孔悝之銘而泛論古人立銘之義，作三項平看，下是一銘而三善備也，但意重在"重國家"邊。蓋揚先比身，上已言之，此又推到國家上，蓋勳在彝鼎，則國有世臣，有賢臣，而後有銘，豈不重其國家？推到重國家上，見此銘不惟孝親益身，而又有利於君意。"如此"以前，一氣讀，承上起下作過文，以後反收前數節，從此看來，後世爲人子孫，而可以不重銘乎？無美而稱之，則誣而不足取信於人也；有善而不知，則其明不足以見之也；知而弗傳，則其仁不足以與之也。此三者皆爲君子之所耻也。

按：宗廟己所有，社稷君所有，皆言守者，臣亦爲君守社稷，故兼言之也。

“昔者周公旦”節

此引周公一段明周公之勳，子孫纂之，特重於餘國亦光揚事，此王室之銘也。“重祭”以上，魯得重祭之由。“嘗、禘是也”以上，祭之用大禮也。“天子之樂也”以上，祭之用大樂也。“康周公”以下，總見禮樂所以爲尊魯意。命之者成王，而兼言康王者，以成王之志而康王又能繼之也。

昔者周公旦有勳勞於天下，周公既歿，成王、康王追念周公之所以勳勞者，而欲尊魯，故賜之以重祭。外祭則郊、社是也，内祭則大嘗、禘是也，此天子之禮也。行禮必用樂，夫大嘗、禘時，堂上歌《清廟》以象文德，堂下管《象武》以象武功，舞《大武》以彰征伐，舞《大夏》以彰制作，此天子之樂也，而魯諸侯之國用之，蓋康周公，故以賜魯也。夫有非常之勳者，必有非常之報，周公有人臣，所以不能爲之德，故可以當人臣所不敢行之祭，於是子孫纂之，至於今不廢天子之禮。樂所以明周公之德，而又以重魯國也，不然，祖德不明，子孫懼焉，豈敢僭爲也哉！

按：郊、社以祭天地，故爲外，嘗、禘以祭祖考，故爲内。《曲禮》曰“外事用剛日，然不謂郊，内事用柔日，然不謂社”，而此以郊、社爲外祭，何也？以天地爲大，故郊對社，不可以内、外言，其祭以神人爲别，故嘗、禘對郊、社，或可以内、外言，然禘爲五年之大祭，嘗爲四時之祭，亦謂之大者，以天子所賜禮樂，比諸侯尤隆也。《清廟》詩，維清緝熙，文明之典是也，《象》詩，武頌言勝，殷遏劉是也，《清廟》與《象》，皆文王樂章，人歌之，故升堂管播之，故在堂下。朱干，盾之色赤也；玉戚，斧飾以玉也，此《象》、《武》之舞所執。佾，猶列也。《大夏》，禹樂，文舞也。執羽籥，文武之舞，皆八列，蓋舞所以節八音，而行八風，所以應八卦，故每又用八人，合而爲六十四焉，則重卦之象也，舞《武》不言，互見也。康，褒崇之義。不廢，不廢此禮樂也。德，即勳勞。重，即尊也。國，指魯國説。

又云，此因孔悝事而類記之，言周公之勳勞與悝不同，而禮樂之賜又與悝銘不同。

禮記説義纂訂卷之十九

陝西涇陽楊梧鳳閣著
兄楠龍棟定
姪昌齡三開、紹齡七來
男延齡九如
孫惺慧益較

○經解

按：經謂六經，解者釋經之辭也。此篇首言六經，其後或言德政，或言禮，不盡解經，然以《經解》名篇，蓋取首節以爲名爾。又云，解者，分析之名，分析經教不同，故云“經解”。六經之教雖異，總以禮爲本，故記者録入於禮。

“孔子曰‘入其國’”節

此明六經之教，而歸其功於深得，見上人當謹於教以作人也，這教乃是風教，是一國之所傳習者。首句作頭，下文凡兩段都是發此句之意，“詩之失愚”六句，原輕，只作過文，起下深得耳，不可作一段看。愚、誣等弊，皆是高明賢智之過，要之只是學問未深，若以我之聰明智慧，而用功一深，自能以禮義而變化氣質，六者皆得其中矣。直到中的地步，纔叫道深於經，則學問是第一緊要事。

孔子曰：入其國，見其人，則知此國之君，以此經教其人也。蓋教行而爲化，化成而爲德，其爲人也，溫如春陽，柔能婉順，敦而篤實，厚而不佻薄，蓋《詩》本性情，優游諷詠，詞不迫切而意已獨至，故得其教者，使德性之中和如斯耳。疏通而見理透徹，知遠而考古閎深，蓋《書》記載古今事理，灼然昭著，故得其教者，使知識之通達若斯耳。廣焉而心胸寬大，博焉而規模宏闊，易而平易，良而善良，蓋《樂》同天地之和，其聲容器物甚爲廣博，而其大要則以消融蕩滌，使人心境平易，歸乎善良如斯，則《樂》教行也。絜而不留污，靜而不妄動，以制行言，精而純一不雜，微而涵藏不露，以致知言，蓋《易》發天地之蘊，故能使人洗心凝神，研幾極隱如斯，則《易》教行也。恭而謙遜，儉而節制，貌矜而莊心一而敬，蓋《禮》有定體，乃制心檢身之要，故能使人如此。言語文字之間，聯屬其不一之詞，而紛紜以定，比合其兩在之事，而可否愈明，蓋《春秋》有定裁，爲彰善癉惡之準，故能使人如此。凡此六經之教，所自有者也，然而淺深異焉。淳厚者未必深察情僞，則失於自用而愚矣；通達者未必篤確誠實，則失於無實而誣矣；寬厚者未必嚴立繩檢，則失於好大而奢矣。沉潛思索，多隱僻而害道，故《易》之失賊；務爲恭儉，多忘其本而事彌文，未免過當，故《禮》之失煩；褒貶易紊是非，而或取禍，故《春秋》之失亂。是豈六經之不善哉？治經者之淺而無所得也，若其爲人也，溫柔敦厚矣，而又能通達事變，不失之愚，此必於《詩》之教得之者最深也。疏通知遠矣，而又能事皆誠實，不失之誣，此必於《書》之教得之者最深也。廣博易良而不奢，能約於規矩準繩中，則得於《樂》教者深；絜靜精微而不賊，不事穿鑿而害乎道，則得於《易》教者深；以至恭儉莊敬而能協於中正，不失於煩，非深於《禮》者能如是乎？屬詞比事而能本乎理之是非，於大義一無所乖，不失之亂，非深於《春秋》能如是乎？蓋學經之法，妙在契以精神，敦以實踐，沉潛反覆，而得夫作者之精意，故曰“深也”。夫觀人可知教，而教之淺深，亦是從此可知焉，故曰“入其國，其教可知也”，上之人可不慎乎？

按：入其國其教可知，虛論，且不可説出人之德及六經來。人指國人。溫柔敦厚等，每句四字平，獨疏通知遠是兩件，屬辭比事是聯説。愚、誣、奢、賊、煩、亂，要看得與溫柔敦厚等相似，都是太過之弊也。愚如所謂告以井有人焉而從之者也，誣如所謂盡信書不如無書者是也。器物聲容之美盛，或流於侈靡，探索大道之幽深，或害於心思儀文繁縟，或煩勞而使人厭，義例參差，或棼亂而使人惑六經之道無失也。其失者，以上無涵育薰陶之化，下無深造自得之功，即日取章句而誦讀之，到底於身心何裨？要知三段總是一意，在首段已完全了，不必謂下面有失，遂當淺看。凡此六者，言周道雖衰而諸國猶有如此者，亦文武之遺風餘烈也。

“天子者與天地參”節

此言天子德盛而養純，故官正事理而証之《詩》也。“微小”以上，言其德盛。“有度”以上，言其養純。“百官”二句，言其效大，引《詩》“淑人”句証德盛，“其儀”句証養純，“正是”句証效大。大旨要重德盛爲本，有是參天地並日月之德，故可以中和之養養之，使到純粹地步。若無是德，所養何物？而效從何出？所以要把德盛爲主。

彼天位上，地位下，天子成位於中，其體與天地並立而爲三矣，故德配天地，自兼利萬物，蓋博厚配地，高明配天，盡人物皆在兼利之中，猶之天無不覆，地無不載者然，乃可以言參。日明晝，月明夜，天子知通晝夜，其體與日月並明而爲二矣，故明照四海，自不遺微小。凡人情物理，其大且顯者，已在照察，即推之民情隱微，事幾渺小，亦詳照精察，猶之日月有明，容光必照者然，乃可以言“並”。其德之盛何如？顧其德彌盛，其心彌虚，又無時無處不密自治之功。其在朝廷，則道仁聖禮義之序焉，四者各有自然之序，固當無時不由，而朝廷向明出治，以立四方之極，爲最重也。天子亦各由而行，不紊其自然耳。退朝燕息曰燕處，聽二《雅》言王政得失，聽三《頌》美盛德形容，以爲充廣志意之助，蓋燕處得肆之地，防範尤切也。行步時，左佩宫羽，右佩徵角，德音盈耳，所以爲行節也；升車時，鸞在衡，和在軾，肅雍和鳴，所以爲車節也。蓋致樂治心，而防鄙詐之人者如此。常居暫處之時，正衣冠，尊瞻視，有品節之禮；進出退還之時，進如揖，退如揚，有規矩之度。蓋致禮治躬，而防慢易之入者如此。夫自朝廷以至進退，則無餘地，自仁聖以至禮度，則無餘功，所養之密如此，則天理日積而德自盛，物累不蔽而明自生。由是用人各當其德，無有失職者，如大法小廉之謂；行事各就其緒，無有乖亂者，如綱舉目張之謂。其效之大也何如？《曹風・鳲鳩》篇有云“其儀不忒”，正是四國言盛德之威儀，不差忒，故能正四方諸侯之國，而爲天子也，非即此德盛養純，而天下化成之謂乎？

按：上節言入其國、知其教，蓋諸侯之事，此一節則言天子之事，天子者，謂有聖人之德，而居天子之位者也，與天地參，與日月並明，常説平對。一云，日月對天地，不過當以“天地參”作冒。“德配”二句與“日月”二句對，正與“天地參”處有理可從。照四海，以民情物理言。“道仁聖”句，“道”字作“由”字看。一云，道，言也，朝廷易亢之地，道仁聖禮義之序，則口所講論，無非性中之德，苟非四德，則口不道，謂無龐雜之言也。嘉言讜論，日陳於前而驕肆不萌矣。亦通。聖，即智也。生知之智，無所不通也。序非四者之序，亦非言之有次第，謂仁聖等各自有序，如親親而仁民愛物，仁之序；窮理盡性以至於命，聖之序；先忠信而後儀文，禮之序；由心之制而爲事之宜，義之序，是也。環指環佩、玉佩言，環取無窮止，玉則比德焉。孔子佩象環五寸，人君之環，其制無聞。鸞和皆鈴，升車則馬動，馬動則鸞鳴，鸞鳴則和應，朝祀所乘之車，鸞在衡，如田獵之車，則鸞在鑣，異於乘車也。單出爲聲，雜比爲音，互相備也。自朝廷至進退，有一步進一步意，引《詩》雖止証“朝廷”以下，然“有度”之後、“百官”之前，已含首數句意。

“發號出令”節

此言王政之善，而爲人君不可廢意。“器也”截，上先敘和、仁、信、義爲霸王之器，下決言圖王霸者，不可無其器也。和、仁、信、義，俱就政説，四“謂之”，是政所由名也，俱屬君身上看。

號令一也，宣於口曰號，著於文曰令。發號出令，適當民心，而民歡悦，君德之和可知也，謂之和，蓋心和而後政令和也。上下之間情意浹洽而相親，君德之仁可知也，謂之仁，蓋君愛民而後民愛君也。民有欲有求，有求則得，此不謂信也，民不求其所欲而得之，蓋一念真心，體恤下民，如天道至誠無息，而萬物各得其所，是無心之感乎？非言語之要約矣，不謂之信乎？泛應周旋，調停處事，是不謂義也。除去天地之害，蓋王者一怒，原以安民，如天道不廢肅殺，而萬物各得其正，是天下之大制，非優柔牽制者比，不謂之義乎？霸王只以主持世道之人言，和與仁，義與信，主持世道所必用之物。夫固約而易操者，有治民之意，而不得其所操之器，則政令徒煩，標準未立，何成之有哉！

按：“霸王”二字，只當“治民”二字，非孟子王伯之稱也。害曰天地不但除賊去暴，凡禦災捍患皆是。意以王霸之心言。器即“具”字，猶法度也。有不忍人之心，而無不忍人之政，是謂徒善。不成，謂不完成也。

“禮之於正國也”節

此喻禮至切，而歸功於君子也。“方員也”截，上論禮之爲用，甚切於治，而喻以述之於後，未著君子身上説，下論人審夫禮，斯可以致治，而喻以啟之於先，方著君子身上説，正則非姦詐，姦詐則非正。末二句與首二句正相應，大小等意，於各譬喻頭上用之。“審”有明察慎行意，在政事上看。姦詐即變亂大小等禮者。大旨，禮是中道正，不過使萬事各得其理而已，正之所以去姦詐也。此姦詐乃竊禮之似而亂之，非禮之禮之謂，然工夫都在“審”字内，言察理之精，而直探其至當不易之體，即中道也。

彼禮有大小煩簡常變，所以防範人心，爲事所資以爲正，其切要而不可緩，故國事有大小，以禮之大小者正之，則大不可損，小不可益，猶衡之於輕重也，禮其正國之衡矣。國事有煩簡，以禮之煩簡者正之，易則易，于則于，猶繩墨之於曲直也，禮其正國之繩墨矣。國事有常變，以禮之常變者正之，處常知經，處變知權，猶規矩之於方員也，禮其正國之規矩矣。人惟不審夫禮，始用之不得其當耳，故衡誠縣，則輕者輕，重者重，而不可欺以輕重。下二句倣此。君子誠得其原本，析其幾微，而布之章程象魏，則由禮者爲誠實，不由禮者爲姦詐，彼借禮而姦詐者，其可得而誣哉！此禮不可以僞爲之意也。

按：大小等，係《注》舊説。近云，權度等物在我，則人之情變不能逃，不用大小等插入，覺更直捷。君子謂在上之人。“審”字重看。國無禮不可爲國，禮不審不可爲禮，不能審禮而謂禮不可以正國，誣禮者也。

“是故隆禮由禮”節

此見禮之甚切，以明上不可誣之意。“之民”截，上是禮之得失，關人品之高下，以明其切於人。“敬讓”句，指禮之體。“奉宗廟”以下，推禮之用，以見當由隆處。四“以”字，謂以此敬讓之道。“奉”、“入”、“處”三字，雖亦著在人上，然只以禮爲主，皆敬讓作用也，此便有在上者由是則安而不危，在下者由是則治而不亂意，故引孔子之言以結之，引孔子只重“莫善於禮”，不可便以“安上治民”硬與本文相貼。在孔子則曰“安上治民，莫善於禮”，自此章言之，則“奉”、“入”、“處”莫善於禮矣。一云，“敬讓之道”“道”字，當“性道”之“道”字，是即“隆禮由禮”的“禮”字。人徒知敬讓之爲禮，不知禮正是敬讓之道，德性之物也，惟其以此道出之爲敬讓，故爲敬位親和序之好處，此説“道”字有理解。

今夫禮豈但正國所宜用哉！自正其尤急者，是故人苟以禮存心，而恭敬奉持，以禮制事，而躬行實踐，則履繩蹈矩，謂之有方之士矣。不由禮則越禮犯分，何不可爲，謂之無方之民矣。夫禮何爲者，而若是急耶？蓋所謂禮者，乃敬讓之道，敬則謹恪以收斂於内，讓則退遜以應接於外者也。子孫之敬先，貴賤之有等，父子之相親，兄弟之相和，長幼之有序，皆本於以敬讓來，是敬讓之禮，無往而不善也，故孔子曰“安上治民，莫善於禮”。蓋爲上者，藏身之固，本於庸禮之政，爲下者，民志之定，由於禮教之達也。其即此敬讓以行禮，而無往不宜之謂也，審禮者審之敬讓而已。

按：禮之體一定，故隆之以立其本，禮之用隨時，故由之以趨乎時。“方”訓作“法”。有方之士，謂持守禮法之善人，以其善，故加以美稱而謂之士；無方之民，謂逾越理法之惡人，以其惡，故齊於編氓而謂之民。

“故朝覲之禮”節

此承上文“安上治民，莫善於禮”，而舉禮之大者釋其義，因明其不可廢也。“别也”截，上實指上文之禮而明其義，下詳言禮之禁亂而因及其去禮之害，總深明禮之義大而不可去意。

抑知先王制禮之意乎？故春朝秋覲之禮，所以明君臣之義，而君接臣，臣敬君也；大聘小問之禮，所以使諸侯相尊敬，而大字小，小承大也；喪祭之禮，所以慎終追遠，而明臣子之恩也；鄉飲酒之禮，所以尊賓尚齒，而明長幼之序也；昏姻之禮，所以正内正外而明男女之别也。禮教明人道正，亂何由生？夫禮禁亂之所由生，不猶坊止水之所自來乎？後世若以禮爲無用而去之，則無以禁亂之所由生，其亂患水敗等，如下文所云是也。

按：《周官·行人》“凡諸侯之邦交，歲相問，殷相聘”，故曰“所以使諸侯相尊敬”。三年之喪，四時之祭，臣子之所以報君父，故曰“所以明臣子之恩”。鄉飲所以序齒，席有上下，豆有多寡，故曰“所以明長幼之序”。

“故昏姻之禮廢”節

此又自昏姻覆説至聘覲，以明上文之義，即所謂亂患也。“道苦”等，言亂之所由生，及“罪多”等，則亂之既成矣。曰“止邪”，曰“徙善”、曰“遠罪”，是教化處也。曰“未形”，曰“不知”，是其微處也。先王隆之，承上朝聘之禮，是隆之以治人，與上文“隆禮”“隆”字不同。大旨，看一“微”字最妙，人心有形，纔有邪有正，既曰“未形”，安得有罪之可止，與邪之可遠，可見此禮原從天性中來，喜怒哀樂未發前，却是這親序别的天理，原無有一惡念得參其間，此是性地上工夫，豈是先王的禮制所能到得？所以下面只説是以先王隆之，隆者因此性道而教人尊崇之也。前面解隆禮，《注》云，尊德性，所以立本，有理。

亂患何如？故昏姻之禮廢至起矣，總言去禮亂所由生如此，從此看來，有禮則亂止而不行，無禮則亂生而莫救，可見禮之節文，雖甚顯著，而其教化之及人，則甚微而不可測也，何言乎微也？蓋人心之邪，易發而難制，待其形而止之，則緩而無及，惟禮則防範人情，能止人心之邪於未形，使人日從於善，成其親義序别之美，日遠於罪，免其淫鬬，倍忘侵畔之患，而不自知矣。禮之教化，其微如此，是以先王隆禮，用以止人之邪，而成教化也。《易》言“君子慎始”，何也？蓋以始之不慎，則所差雖毫釐，其謬將至於千里之遠也。夫未形始也，止邪於未形，是慎始而不差毫釐矣，徙善遠罪而不自知，又豈復有千里之謬哉！是先王慎人之始，即君子慎己之始之謂矣，禮之當隆而由也如是。

按：苦如夫親迎而女不至，及夫不答耦之類，無鄉飲酒禮以相敬讓，則尊卑無序，故爭鬬獄煩也。喪祭以教勗臣子恩情，禮廢則死者見背違，生者多遺忘矣。君臣位失，謂上陵下替，君弱臣强，非真失位也。“倍畔”以臣言，由君臣之位失來；“侵陵”以鄰國言，由諸侯之行惡來。此覆前文，據人倫急切者在前，先婚姻，次鄉飲酒，乃至聘覲也。教以使人傚，化以使人遷。未形者有形之兆也，止邪於將兆則人知舍彼以就此，故遠罪而不自知。“徙”、“遠”二字串看，前言隆禮，下之人崇重此禮也。此言“隆之”，上之人崇重，此禮也，引《易》，今無之，蓋連山、歸藏之辭。

○哀公問

按：此篇分二段，前段答問禮，後段答問政，其實爲政不外一禮，爲禮不外一敬，中間自昏禮之敬，推之敬妻、敬子，總以敬身、成身，而約之不過乎物，物者，理也，理者，禮之體也，是夫子尊禮之旨，《注》謂夫子答問政，與《中庸》“答問政”章相表裏，學者當合而觀之。

“哀公問於孔子”六節

此見君子尊禮之實也。“敬然”以上，正指君子言禮之尊。“然後”二節，則推君子不但尊之於言，而且尊之以教天下後世。“其順之”至“宗族”，言君子親行禮以率天下，以見行禮之實，然禮主樽節，不儉而禮教不達。“即安其居”七句，又繼之以儉，以著行禮之本。“今之君子”以下，反言以見不能行禮之故也。哀公問君子之言禮，夫子歸到君子之行禮，蓋禮不在言而在行，不以一人而以天下，又不求之天下而推本之一身，此其所以能行禮也。

“哀公問於孔子曰”節

哀公問於孔子曰：“禮何以爲大？而君子之言禮，何其尊揚之若是也？”孔子曰：“丘也小人，不足以知禮。”君曰：“否。吾子非不知禮者，其言之可也。”

按：禮之所用廣大，故云“大禮”。何其尊，如有禮則安，無禮則危之意。小人言己無德無位，不敢作禮樂之人。

“孔子曰：丘聞之”節

於是孔子曰：“丘聞之古語云，民所由生，如水火食貨等類，皆民所賴以生者，蓋此等無係性分，無關人倫，惟大禮則綱維防範，合幽明無不貫，較之食貨養民之形者，大小不敵也，故曰‘大’”。下正詳言之，禮莫重於祭，祭莫大於天地，惟有禮則郊以事天，社以事地，各以其位，各以其器，各以其時，而有節矣。非禮則失於過與不及，故無以節事之也。朝有君臣，臣有上下，鄉有長幼，惟有禮，則能辨其位之同異，非禮則位序皆亂，故無以辨之也。男女父子兄弟，門内之親，昏姻疏數，人道之交，非禮則無以各得其情與理之正而別之也。夫事神明倫，皆民之所由生者，而一資於禮，君子以此故尊敬之如此也，此答“何其尊”之問也。

按：民之所由生，如得之者生，失之者死意，“丘聞”只此二句，下三句又是解此二句。節事天地，言事天地之禮，各有節也，君臣八件俱平説。總之前一段是敬師大神處，下二段是辨別大倫處。“以此”“此”字，正頂此二項，君子是行禮之人，尊敬有工夫，崇禮以自治也。舊説，以尊敬爲言禮之君子。夫言禮如何？以能教百姓，且與教君子俱背矣。

“然後以其所能”二節

二節皆君子教民之事，不可以法天下傳後世，平講，不廢會節，只是欲民隨時行禮也。傳後世，只是要民世守此禮之意。上節泛言諸禮，下節專言祭禮者，即周公成文武之德，以孝治天下，而先葬祭之意，故下文身親行禮，必自喪祭行起。

夫君子既尊敬此禮矣，不推之以教民，則禮自一人而行者，亦自一人而止，於是因夫人之所能，而制爲通行之典焉，然不定行禮之期，民情將何所據乎？故又酌疏數之節，立爲一定之期，使民有所據守而不敢廢也。然民心無常，而禮苟無所寓，安能保其終不廢乎？故當時日協吉，祭祀可舉之時，從而治祭器之飾而雕幾刻鏤，治祭服之飾而文章黼黻，以此傳嗣之。夫器服之所在，即禮之所在也；器服之常存，則此禮之傳不泯，何莫非所以教民哉！治，平聲。

按：“然後”二字，承上説來，所能不是可能，是人性中固有之良能。不廢，是君子不廢，謂教之中，不廢其天地君臣男女等之會節。會，期會也。節，儀節也。行禮有時，則會不廢，行禮有儀，則節不廢，如《注》葬祭有葬祭之時，冠昏有冠昏之時，則專以期會言矣。有成事，《注》云“諏日而得卜筮之吉，事可成也”，此亦未盡，蓋以所能教百姓，猶是一時事，俟民皆遵乎會節，是爲教之事成也。事則上事天地，辨君臣，別男女等之事，然後治其器服以嗣。若不待其事之成，而遽治之，雖器服可傳，而民亦未必遵用之也。此説有理。

“其順之，然後”節

“其順之”句，只見此禮是人心同然的，順之，謂民有尊行禮教之心也。“宗族”以上，嚴於事神以教民也。“同利”以上，薄於奉己以利民也。末句括“事神奉己”二段。

夫君子制爲禮法以教人，而上下同以爲然，則教可行矣，然後躬行以率乎民焉。以喪禮言，明其五服歲月之數，殯葬久近之期，蓋喪算至煩，雖已制會節，而將行之時，猶必講而明之也。以祭禮言，備其鼎俎，使豕腊有所盛，設其豕腊，使鼎俎有所實，脩其祖廟，以安棲乎神靈。三年而祫，五年而禘，歲以敬祭也。春礿夏禘，秋嘗冬烝，時以敬祭祀也。祭畢而燕享以序宗族之衆，昭與昭齒，穆與穆齒也。君子備禮教以示民如此，然禮非財不行，財非節不裕，苟非節己以裕民，將何以遂行禮之願哉！故君子即安其居，隨其所處而安也。節醜其衣服，而文繡之不設也；卑其宫室，而壯麗之不尚也；所舉之車，無雕幾之飾；所用之器，無刻鏤之文；所食之味，無副貳之品，如此其薄者，蓋欲不盡利以遺民，使民行禮之有資也。昔之君子，躬親行禮，尤必薄於自奉，以端行禮之本如此。幾，音祈。

按："順之"比"成事"進一步，成事從民行來，順之指民心説。言，謂載之《禮經》以曉諭人也。即安其居，如居田居邑，各隨其時；居渚居川，各適其宜，是也。一云，"即安其居"節爲句，勿從。上文三"然後"，皆教民以禮之事，此五句遂言持身以儉之事，蓋能持身以儉，則用財有節，而不重斂，儉者不奪人是也，故家給人足，民不迫窶，則行禮也易，富而可教也，以與民同利内，有上儉下亦儉意。

"公曰：今之君子"節

哀公之問，生於上文一"昔"字，"好實"至"其所"，總是今之君子侈縱病民處。一云，"好實"至"有道"，分作五平看，而以"求得"二句總之，較前理長，用民者只當"君子"字、"由"字最著力。

公曰："今之君子，胡爲其不行禮也？"孔子曰："今之君子，好實無厭，貪之極也，淫德不倦，肆之極也，自是荒於事，怠於心，敖於人，而慢於己矣，總之所謂淫德。其於民也，固民是盡竭其財也，午其衆以伐有道，拂其心也。不但已也，凡可以求其得而當其欲者，全不顧禮義而爲之，是不以其所也。夫用民與行禮，原非兩心，昔之用民者由前之節儉，是得其行禮之本，禮之所以行也。今之用民者由後之侈縱，是失其行禮之本。今之君子，自莫爲禮也，而豈禮之不可行也哉！君欲行禮，慎其所以行之者而已。"

按：實，謂貨財充實，貪婪好貨，不知厭足也。淫，放也。德有凶有吉，故淫亦謂之德也。不倦，惟日不足也。"怠荒"四字，平中有串意。惟荒於事，故其心怠，以持己言；傲於物，故其心慢，以接物言。固民自盡者，固謂必欲得之，盡謂竭其所有，如盡民力而不計其勞，盡民財而不計其費是也。衆者，人之所順，而反午之，有道者，衆之所尊，而反伐之，語似兩平。一云，有道者衆之所尊，而反伐之，便是午衆，可從。求得當欲，當，稱也。不以其所，不問其理之所在也。用民，猶言治民。一云，君子行禮之財，用其在民者，亦通。由前指“即安其居”以下七句，由後指“好實無厭”以下七句，禮以樽節退讓爲本，故儉侈分而禮之行否係之矣。孔子以是告哀公，是長善而救失意，考之當時，用田賦，是好實無厭，固民是盡也。多嬖寵，是淫德不倦，荒怠敖慢也。伐邾伐齊，是午其衆以伐有道也。所爲如是，可謂求得當欲，不以其所矣，故鼷鼠食郊牛，桓僖宫災，而莫爲禮也。孔子之言，豈欺我哉！

“孔子侍坐於哀公”節

此論政在君身盡倫也。哀公即位以來，所爲悖戾，人道幾乎息矣。今乃有感於論禮，有改過之意，所以以人道爲問。孔子以爲百姓之德而將順之，“政”字包下大綱庶物，君爲民從無所不有，然此處且虛，只在“道”字、“大”字上見義。

孔子侍坐於哀公，哀公曰：“敢問治人之道，以何者爲大？”當時之君，惟知有富國强兵之術，哀公以人道爲問，蓋將黜功利而慮切生民，功先急務，百姓陰受其賜矣，故曰：“百姓之德也，固臣敢無辭而對，人道政爲大”。蓋億兆之衆，惟政足以整齊化導之，而囿於範圍約束之中，所以爲道之大。其他刑名法術，濡沫驩虞，悖於道而規於小者，不足以復明問矣。愀，音悄，七小切。

按：“固”字與下面“固”字同，言其固陋也。

“公曰：敢問何謂”節

“何從”截，上是因問爲政之道，而教以正身爲本。“重君爲正”一句，見政在君身上爲起。“君之所爲”四句，又決言爲政必自君身始也，當推廣説。“三者正”二句，言行政者當先其大綱。庶物，即政之庶目也。

公曰：“敢問何謂爲政？”孔子對曰：“政之爲言，正之義也。”此是泛説政之名義，而爲之則在君焉。君爲正，謂身之所爲，任理而無邪僻，身先正而發於事，則自正以正人，而百姓從之，何也？君之所爲，百姓之所從也，君無所爲，則所以表動者無其機，百姓將何從耶？上下感應之理如此。公又曰：

“爲政固本於君身，而君身之行政，其實如何？”孔子對曰：“爲政在於明倫而已，殆必夫夫婦婦，而內外之事别，父父子子，而慈孝之恩洽，君君臣臣，而上下之位定。重夫、父、君邊，三綱既立，根本正矣。由是頒法紀於邦國，凡衆之動得其宜而節目從之正矣，此正所謂君爲正也，而百姓有不從之乎？”公曰：“寡人雖薄於德而無所肖，然爲治顧力行何如耳？願問所以行三言之道可得聞乎？”

按：哀公十一年，孔子自衛反魯，時公年十四矣。大昏未成，其後立公子荆之母爲夫人，而以荆爲太子，國人惡之，又患三桓之侈，欲以越伐魯而去之，因遜於邾，遂如越，然則哀公之所以失國者，非庶物也，三綱不正而已，孔子之答哀公與答齊景公義同。

“古之爲政”節

公問行三言之道，夫子以三綱之中，夫婦之别，尤公所急者，故從此説起。“大昏爲大”截，上逆推爲政本於昏禮之愛敬，是虚論之理，下順焉昏禮之愛敬，爲爲政之本，是實論其事。“古之爲政”數句，推出個“愛敬”字，爲下昏禮愛敬張本，其歸宿只重“大昏爲大”一句。“大昏至矣”句，是足上文者。“大昏既至”句，是啟下文者。“冕而親迎”至“弗愛”二句，總見昏禮具愛敬之道也。愛、敬不平，要偏重在“敬”上，蓋昏禮不患不愛，而患不敬也。政之本以三綱正爲主，庶物自從在內，此大昏愛敬，正哀公行三言之道也。

孔子對曰：“君欲知所以行三言之道乎？古之爲政，原以養人爲主，欲使人各遂其生而已，故曰：‘愛人爲大’，然愛非姑息，人有禮則各安其分，不至争亂而得遂其生，是禮所以愛人也，故禮爲大。敬者禮之本，所以行禮者，非敬皆爲虚文，故治禮以敬爲大，敬固無所不敬，然皆未至也。惟大昏，有夫婦，然後有父子，有父子，然後有君臣，無復有大於此者，斯爲敬之至極矣。大昏既爲敬之至，故雖天子、諸侯之尊，亦必冕而親迎，迎必冕，所以致其敬，迎必親，所以致其愛。己親其婦，所以使婦親己也，即《易》所謂‘交相愛也’，故冕而親迎，興起敬心，欲相親也。苟不親迎而舍敬焉，則己不親乎婦，婦亦不親乎己矣，是遺其親而弗愛弗敬也。弗愛則無以相合，而其情疏，故曰‘不親’。弗敬則無以相别，而其情褻，故曰‘不正’。愛、敬行於大昏，則爲別，以之行於父子，便是親，以之行於君臣，便是嚴。由是推之庶物，則庶物從，徧天下皆此合愛合敬之心，無有梗塞者矣。謂非政之本也與?信乎所以行三言之道，一敬而已矣。”

按：前由愛説到禮，由禮説到敬，後又由敬説到愛，而結之以愛與敬其政之本，中出大昏一段者，爲哀公發也。蓋父子君臣，人皆知其當敬，獨夫婦之際，以爲愛勝於敬，而不知敬以成愛，故特舉之。“弗愛”二句，言大昏之中，愛、敬不可偏廢，愛與敬屬昏禮説，緊跟上二句來。哀公以妾爲妻，不行聘夫人之禮，故夫子因病藥之，然觀之《易》曰“有夫婦，然後有父子”等語，是庶物之從，以三者之正爲綱，三者之正，又以夫婦爲本，夫婦全在正始上，閨門，王化之始也。要之，至理實不外是。

“公曰：寡人願有”二節

此合下節，因公問昏禮，而遂申言敬之爲政本，以足上意也。哀公不行昏禮，嬖狎私人，故疑冕而親迎爲太重。夫子愀然作色而對曰：“昏禮合二姓之好者，一以繼先聖之後，是敬婦者敬先聖也，一爲天地宗廟社稷行祭之主，是敬婦者敬鬼神也，冕而親迎，君何謂已重乎？”於是公曰：“寡人固陋，若不固陋，則不以此爲問，安得聞此言也。寡人今欲再問，不得其辭，請夫子更略有以進教我可耳。”

按：願有言然者，疑似而不敢以爲是也。天子、諸侯，皆前代神明之胄，必行昏以合二姓，然後有子孫以繼續先聖，而長爲天地宗廟社稷之祭主。先聖，尊稱之辭，併言天地，非止諸侯之禮也。祭祀之時，君爲外主，夫人爲内主，天地社稷之祭，后夫人不與，以宗伯攝獻，是亦后夫人爲之主也。不得其辭，不能措辭也。少進，率孔子推廣教之也。

“天地不合”節。因上皆繼先聖之後，推到嗣萬世上，由嗣萬世，説到配神明、敬上下、振物耻、興國耻上，都是一節進一節法，見其所關之重，正承少進意來。

孔子以哀公請益，故曰：“昏禮之道，取象天地，天地不合，萬物不生，二姓合而世代傳，是大昏者，萬世之嗣，不但一時爲主爲後已也，君何謂已重焉？”孔子遂言，因哀公之問，意有未盡，又自推廣言之曰：“不但嗣世已也，内以治宗廟之禮，宗廟之禮祭祀是也。祖考形氣歸天，體魄歸地，是天地間之神明也。内焉助君以治，則足以配，配者精神孚合而格享之也，出以治直言之禮，直言當作朝廷，禮如正名定分是也，上下謂諸臣。外焉助君以治，則足以立，立者臣王貴賤秩然嚴肅也。内外之禮，交洽如此，則何耻之不伸哉！由是三綱既正，庶物從之，國事之廢墜可耻者，足以振作之，而革故鼎新，國體之衰弱可耻者，足以興起之，而威内捍外。由此觀之，可見振物耻、興國耻而爲政，必先敬大昏以治内外之禮，蓋必内外之禮交洽，而後物耻振、國耻興。然則昏禮其政之根本與？惟禮爲政之本，此爲政者所以先禮也，人君可不敬以行禮哉！”

按：天地生萬物，大昏生萬世，所謂繼先聖之後也。又言君不以爲太重而行之，則君供粢盛，夫人供祭服，君裸獻，夫人亞獻。前言爲天地主，特爲祭主而已。此“治”字内有許多脩整制理工夫，“出”字根大昏來有味。會期無怠政，后宫無盛色，故出治朝廷之禮，治者正名定分，足以振作諸臣之敬也。宗廟、朝廷兩平。一云，直言如字解，直猶正也，正言，謂出政教也，不可從。物耻、國耻，詞平而意有先後之别。玩兩“足以”字，只論理之辭，爲政與古之爲政相同，只承“物耻”二句，“政之本與”，略不同，既爲政，一定要享神、肅臣、刷耻了，是上四項藏在“爲政”二字中。禮指昏禮，先猶始也。“本”字與“先”字相照應，物以紀綱法度言，振若廢更怠相意，國以土地人民言，興若恢復中興意。國體之卑辱可耻，每由並后匹敵，溺愛私情太勝。昏禮成則嫡庶明，内治脩則外治亦理，綱常不倒置，何至國體卑辱乎？是時魯事廢墜，國勢衰弱，哀公欲振而興之，其激發魯君行昏禮，全在“耻”字上，所以把他歸束在後面。

“昔三代明王”節

此因上文敬妻，而推本君子敬身之道也。“枝從而亡”以前，言妻子身之當敬，而身爲尤重，以后使民敬妻子身，而可以成化也。百姓之象，正是起下三句，及身、及子、及妃，便是使民敬身、敬子、敬妃了。君行此三者，實著哀公説。愾乎天下，是風聲及乎天下，説個天下，見成化之廣，以歆動哀公如此，緊頂“愾天下”説。國家順，是心悦誠服意，方是百姓象之也。大旨，專重一個“身”字，與上文“君爲政，則百姓從政”之意相照應。

孔子遂言曰：“昔三代明王之治，必敬其妻子。夫妻與子，皆卑於已者，而敬之豈無其道哉！”蓋妻也者，以供粢盛，以供祭祀，親之主也。謹大昏，明妻妾，敢不敬與？子也者，以綿本支，承宗祀，親之後也。重冠禮，明嫡庶，敢不敬與？敬妻則敬，敬子則敬，君子無不敬也。又敬身爲大，蓋身也者，親之枝也。身之於親，猶木之有枝，親之於身，猶木之有本，相須而共體，非特爲主爲後而已。苟不能敬其身，非第傷其身，是傷其親，傷其親，猶木之傷其本，傷其本，枝條無所附而生矣。此所以尤不可不敬也，然此三者，何以關於政也？蓋妻子與身，非上一人有，百姓皆有之，吾之妻子與身，乃百姓妻子與身之象也。惟君乃百姓之象，可徒自敬而已，故人君必敬吾之身，足爲百姓敬身之則象，以及人之身，敬吾之妻子，足爲百姓敬妻子之則象，以及人之妻子。君果能行此三道矣，吾見倡率於朝廷，躬行於宫壼，而敬身敬妻子之聲教四訖，而愾乎天下矣，其太王之道與？蓋太王遷國，而不忍害民，使百姓得全其身，而保其妻子，固愛民之君也。今而聲教之訖，是亦囿天下於合愛終矣，與太王之道何異乎？如此敬德，愾乎天下，則國家之大，舉無有不敬身敬妻子者，三綱正，庶物從，協氣嘉生，薰爲太和矣，豈不順矣乎？

按：上文親迎是敬妻，嗣萬世是子，然無“敬”字意，此却出敬子並敬身來，此上下脈絡也，敬身在下節見，“三者，百姓之象”句虚説，“身以及身”三句，到“愾乎天下”，纔是上人作象於下，“君行此三者”“行”字，就有著實意，只一“敬”字盡之，“愾”字從心從氣，有志氣充足無間意，不但至焉、暨焉已也。“太王之道也”句輕，敬之所在，即愛之所在，太王愛厥妃，是敬其妻也，其終至無怨無曠，是及人之妻也，即敬妻而其身、其子可知，故以太王之道言。舉太王者，即太王以見周也，舉周者，言周例夏商也，愾主我之教民而言，未到感化上，順主民之從乎教而言。

“敢問何謂敬身”節

此承上節言，正身爲正夫婦之本也。獨問敬身者，以上文敬身爲大也。君子以位言，言、動二者，敬身之目也。作辭、作則，只要起言動不可過意，較輕，一直説下，至“言不過辭”二句，乃著實工夫也。敬恭，即言動爲法則意。敬身不在百姓敬恭上，在兩“不過”上。不過者，珍重吾身言行之理，若蓍龜，若三尺，凛凛守其成法，而毫不敢放肆，豈不是敬身？成親又是敬身中生出來者，因問而並及之。

公求敬身之道，夫子曰："身不過言行二者，過言非辭，民猶作辭，過動非則，民由作則。"可見言動民之辭則所係。一或不慎率天下而相胥於過，然則君子宜何如哉？言必有文而不過辭，動必成法而不過則，民不待教命之及，而自知敬恭其上，世爲天下法則矣。如是則己之身，爲人所重，不爲人所辱，方謂能敬身也。能敬其身，則德必歸於所自，而親之名由之以顯，是故敬身之中，自寓成親之道矣，君子可不致謹於言行以敬身乎？

按："過言作辭"二句，《注》謂兩"雖"字，兩"猶"字宜善看，見君子一過辭，一過動，天下皆口過，皆身過矣，言動可不慎乎？"言不過辭"二句，全是一點敬謹之心爲之，敬恭者，亦如上之敬其身也，亦於不過上見，名歸於親，便是成親，如下文所云也。

"敢問何謂成親"節

此節上一段言成親本於成身，下一段言成身本於愛人，皆是反說上意，而推其相因之弊，以見成身不在他求，自愛人始，末要繳出能愛人，則能成身而成親意。

公曰："敢問何謂成親？"孔子對曰："君子也者，乃人之敬其身，而道隆譽起，以成此名者也。"夫君子之名，非可易得，今言行不過，百姓敬恭，百姓既以是名歸之，且考世德，稽胤祚，推本於詒燕作述。若曰非君子而何以有此子乎？是已爲君子，因思其親爲君子也，是爲成其親之名也已，是成親本於成身也。然爲政者之身，非一人之身，爲政之成身，非獨善之成，於是孔子遂言曰："成親雖本於成身，而成身必本於愛人，故古之爲政，以愛人爲大，所以愛人爲大者，何也？爲政者以天地萬物爲一體，無愛人之政，必無愛人之心，是失天之所賦而不能全而有其身矣。"《注》說"戕賊怨尤"，太淺，既不能有其身，則必不能隨處自得而安土。既不能安土，則不能俯仰無累而樂天。既不能樂天，雖有此身，徒爲塊然之質耳。何以成身乎？此成身必以愛人之政爲大也。

按：前言謹言慎行，爲敬身之道，尚未言所以起手處，此又以愛人推言人君言行所發，不過愛人而已。君子以德言也，先泛提個君子是人的美名，纔說使親爲君子是成親的美名。"人之成名"句，言達則居是位，窮則全是德，如是則成而無虧，故曰"人之成名也"。"百姓歸之"三句，根上兩"不過"

來，百姓推本所自，便是使親爲君子，此答何謂成親已畢，下段雖是從敬身之意，搭到成身上，然重在教哀公愛人意。

“敢問何謂成身”節

此節成身比敬身不同，蓋敬身方做工夫，成身則造其極矣。上以天言理，蘊於無形而難知，此又以物言理，然后有迹而可見。不過，即不違也。只盡所當然便是。

哀公問成身，蓋思以盡性踐形也。孔子曰：“成身無他，只完本身原來之物而已。不曰理而曰物者，理寓於物也，如有耳目，則有聰明之理，有父子，則有慈孝之理，人能隨事盡物之理，不至過違，斯能成其爲物，而成身之道在是矣。”

按：物者，實然之理也。天生蒸民，有物有則，一過乎物，即失其則矣。身惡乎成，惟身之所履，皆在義理上，則此身可謂完全而無虧。一云，不過物，即上樂天，下貴天道，細玩無兩様。

“敢問君子何貴”節

此明天道之可貴也，根上“不能樂天”二句來，“貴其”二字，貫下四項，“不已”以下言天道爲用之妙，以見其可貴也。“不已”連下數字爲句，“不已”句，言理之循環於此身者不息也。“不閉”句，言理之變通於此身者不窮也。此二段以藴之爲盛德言。“無爲”句，言理之由身而感人也。“已成”句，言理之由身感人而久大也。此二段以措之爲大業言。“不已”下雖是四平，然前兩段爲一類，後兩段爲一類，却有串意。“久”即是不已，“不閉”又比“久”進一步，“已成”即是物成，“成”、“明”又比物成進一步，此皆天道之可貴處，成身不過乎物實在是。

公曰“成身在不過乎物”，又曰“不能樂天，不能成身，敢問君子何貴於天道而必樂之也？”孔子對曰：“在身爲物，在天爲道，君子非貴天之天道，貴吾身之天道耳。”是故以此理之恆久於身者言之，緝熙時習，何不已也？不如日月之東西相從而不已乎？此大本之立，即天道之於穆不已也，以此理之化裁於吾身者言之，隨事順應，何不閉也？而得之不已之久，豈翕而不闢之久乎？此大道之行，即天道變化無疆也。惟其能久，故漸摩浸潤，理之由身感人者，自然不假作爲，此功用之妙，即天道之不言而四時行百物生也。既成矣，則光於四方，顯於後世，明盛不泯，此功業之著，即天道之垂象而萬古仰之也。天道之在吾身如此，成身者安得不貴之也哉！

按：哀公所問者人道也，至聞不過乎物之言，乃知實理在我，莫非天所賦予，物即爲天道矣，故又問君子何爲而貴之。不已屬知，聖心無息之理，繼明照於四方，如日月相從，正喻明照之意，假有象之不已，以比無象之不已也，《易》曰“天行健，君子以自强不息”是已。不閉屬行，惟明照不已，所以徹得事勢代變之理，因時制宜，妙變化達時中，久即不已也，未嘗閉塞其久焉。凡物開之則通，閉之則塞，能不閉久之道，是以其久可久也。《易》曰“終則有始，天行也”，其謂是與？“物成”根久道化成來，屬當時。無爲，以天下自然敏德格心者言。而“明”根無爲而成來，屬後世。明者所成的物，不止一處一時功業，又宣朗赫耀了，與《中庸》“誠形著明”相似，合觀之。不已者，流行之體；不閉者，應事之用。物成則事之實功，明又功之符驗，各象上句從人身上發揮，四項皆從天道緝熙中來，所以要把首段“不已”爲三段之主，觀首段有日月的譬如，下三段無有，便可見。

“公曰：寡人惷愚”節

哀公因上文天道之對，入於微妙，疑其高遠也。自言資質蔽於惷愚，事理苦於冥頑，不能敏悟所教，子當以卑近之語教我，使我志記之於心也。然孔子下文復以不過乎物爲言，蓋切實之外，無復卑近之説矣。

“孔子蹴然辟席”節

上文孔子既以“不過乎物”四字，答哀公成身之問矣，於此又申言之，反覆玩數句，總只是成身不過乎物，正所謂簡切之語也。物即仁孝，不過乎物，即不過乎仁孝也。仁孝一理，仁人孝子，只是一人，對天言則爲仁人，對前言則爲孝子，其實事天此物，事親亦此物。一不過乎物盡之，故“事親”句言仁人，而“孝子”句言成身者，省文以互見也，正與前面“何謂成身”相應。

孔子以哀公有志於善，故蹴然起敬，辟席而對曰：“君知天人之一理乎？善事天者莫如仁人，仁人也，只是盡此理，而不過乎物。善事親者莫如孝子，孝子也，只是盡此理，而不過乎物，何謂不過乎物？是故以親事親，親非天也，乃視親爲受生之始，則親即天矣。仁人之事親也，繼志述事，期不虧吾親所生之理，不儼然天鑒之在兹乎？以天視天，天非親也，乃視天爲此理從出之原，則天即親矣。仁人之事天也，存心養性，期不虧上天所畀之理，不藹然乾父坤母之日親乎？如是則天地全而賦之，父母全而生之，孝子亦全而復之，何身之不成？信乎成身在不過乎物矣。”於是哀公聞之，而有意於寡過，乃言曰：“寡人既聞此言，而猶過乎物，是謂怙終而有罪矣。其如之何？”孔子將順其美，故復對曰：“人臣無福以言，聽道行爲福，今君及此後罪之言，是臣之言行而道亦行也，豈非福也哉！”

按：首二句前節已有了，且虚説，不重。“事親”二句，正申不過物之實，兩“事”字深看，皆在心源意緒，完體此仁孝道理上説。不過乎物，豈物物而爲之，惟其心之一而已，理一而已，對親而言，易失之褻，故曰“如事天”，對天而言，易失之忘，故曰“如事親”，只一不過乎物，事親事天底道理都盡，更無餘藴，非曰“如此而爲事親”、“如此而爲事天”，有兩樣心事，説孝子成身，而仁道亦無不備矣，此合人道、天道而總結之也。

仲尼燕居

按：此篇取首四字爲名。

“仲尼燕居”節

此明禮爲成德之資也，不中禮俱從“太過”變説。

夫子嘗燕居，適群賢之侍也，時則泛言諸事以及於禮，夫子曰：“吾語女以禮，周流無不徧。”蓋謂人有禮則周而不虧，流而不滯，隨寓而施，各中其節也。子貢越席而對曰：“敢問禮之爲用何如？而能善行如是？”夫子曰：“世之棄禮者，往往分德與禮爲二，以爲人有美德，自可以行於世，而不必，禮之爲拘，不知美德中原有天然恰好之中在。所謂禮也，是故内心主敬美德也，而不中禮，則事於内而略於外，謂之鄙野矣。外貌主恭，美德也，而不中禮，則飾於外而遺於内，謂之便給矣。任事主勇，美德也，而不中禮，則事血氣而乖遜順，謂之悖逆矣。三者之中，給爲甚焉。”是以夫子又曰：“給奪慈仁。”蓋足恭便給之人，言語煦煦，情意藹然，有似於慈仁，而反亂乎慈仁也，此似是而非，故尤不可不戒也。

○“子曰：師，爾過”節

此夫子示三子以制中之道也。上是慨中道之難，下示以用中之要。師、商以爲學言，二人一過、一不及，子產以爲政言，一人有過有不及，既曰禮乎，再曰禮者，聖人辭不迫切概如此。

此節因上言不中禮，而及三子之失也。子曰：“師，爾過。”如子張才高意廣而好爲苟難，故常過。“商也不及”，如子夏篤信謹守，而規模狹隘，故常不及。能食不能教，就是猶衆人之母，雖曰“使民以義”，然進之於立學校、明禮義，則未之及，從此看來，則善學善政寡矣，不中故也。子貢越席而對曰：“爲此無過不及之中者，必有道也。”夫子曰：“天下之學與政，合禮則適中，不合禮則失中，爲此中者，其惟禮乎？”學而非禮，孰與裁意見之偏，政而非禮，孰與去姑息之弊，爲此中者，信有待於禮也，何也？禮有當然不易之則，所以裁制事物，而歸於大中至正之域者也，禮乃制中之具如此，此爲是中者，必有待於禮也，師、商、子產，惟救之以禮而可矣。

按：能食不能教，亦爲不及，子貢因問何以得爲無過、不及之中，此“爲”字甚著力，不可忽過，先云“禮乎者”，設爲問辭，後云“禮者”，設爲答辭。一云，皆甚決之辭，不可作先疑後決，禮所以制中，此句原其故。

“子貢退。言游進”節

此節領惡全好，子游因上文“禮所以制中”悟出來，仁鬼神等必如《注》解“周流暢達”意方是，蓋外之郊社禮行，而報本反始之仁，達於鬼神也。餘倣此。仁者愛敬惻怛之心，如鬼神昭穆死喪，乃吾心所欲報者，鄉黨賓客，乃意所欲接者。所謂仁也，仁爲好，不仁爲惡，有禮以將其仁，即全好也，而領惡在其中矣，正禮之領惡全好處不必另討。

子貢退。言游進曰：“敢問禮也者，領惡而全好者與？”蓋見夫子言禮以制中，而有悟意，以過、不及近於惡，而中爲好，裁其過、不及而歸之中，是領惡而全好也，可謂得禮意矣，故夫子然之。而子游遂問禮之所在，夫子曰：“子欲知禮，盍於幽明間觀之，彼有是仁心存於中，而後有是禮文見於外，則禮行而後心斯達也。是故報本反始，仁也。燔柴而壇，瘞埋而社，郊社之義行，而報本之心，達之於郊社矣，非所以仁鬼神乎？追養繼孝，仁也。嘗而各祭，禘而合祭，嘗、禘之禮行，而孝養之心，達之於嘗、禘矣，非所以仁昭穆乎？哀之於死喪，仁也，饋以食、奠以酒，此禮行而哀痛慘怛之仁，昭然於饋奠之際矣。讓之於鄉黨，仁也，射以觀德，鄉飲以序齒，此禮行而禮賢敬長之仁，昭然於鄉射之時矣。敬之於賓客，仁也，食以養陰，享以養陽，此禮行而尊賓敬客之仁，顯然於食享之際矣。禮之領惡全好也如此。”

按：上言以禮制中，損其過，益其不及，蓋因其氣質之偏，而除治之，有領惡意。此言仁鬼神至仁賓客，蓋因其德性之善而充周之，所謂全好也。然則何如？只是問禮安在？禮有吉、凶、軍、賓、嘉五禮，於吉禮止言郊社嘗禘，凶禮止言饋奠，嘉禮止言射鄉食享，賓、軍二禮，則言不及之，蓋舉其要以該其餘也。昭穆指祖考言，賓者諸侯之朝，客者大夫之聘，主君爲食禮以待，有七牢、三牢之異，爲享禮以待，有七獻、三獻之殊。

一云，領惡全好之問，雖是因制中來，然未可便以過、不及爲惡，如師、商、子產之類，豈可以“惡”字加之，好惡還當泛説。又一云，“然則何如”只是問禮安在，若所以領惡全好處，則固已知之矣。夫子亦只是歷言禮是如此，領惡全好，言外補之，不可以仁鬼神等，即作領惡全好之實。俱有理，宜知。《注》中禮皆發於本心之仁，蓋仁爲禮體，禮爲仁用，是説禮以仁鬼神源頭處。孔子曰：“人而不仁，如禮何？”張子曰：“禮儀三百，威儀三千，無一物而非仁也。”即此意也。

“子曰：明乎郊社”節

此於上文五禮之中，而特言郊社、嘗禘之裕於治，以見其尤重也。“明”字本仁鬼神、仁昭穆説，有“行”字在内，重“明”字者，心明得，纔身行得。“治國”處，體《西銘》禮一意講，與《中庸》“理無不明，誠無不格”之旨稍異，蓋天地父母，與吾民物，總是一體而分，其分雖殊，其理則一。明得仁鬼神、昭穆的理，而盡其仁以事之，自能推到治上去，可以乾坤爲度内，父母爲王道矣。可見仁孝的工夫，必根於明誠，而明善又誠身之本。

夫郊社以仁鬼神，其爲義莫大焉。嘗禘以仁昭穆，其爲禮莫大焉。斯固可通於治者，苟能於此郊社之禮，知其發於吾心之仁也。而事天地如事父母，於嘗禘之禮，知其發於吾心之仁也；而事父母如事天地，則必由父母而推之，以廣錫類之恩，由天地而推之，以擴參贊之烈。於民見以爲吾同胞，於物見以爲吾與，推此心以仁之愛之，自無一民一物不得其所，治國不如指諸掌之易乎？可見，治國之好賴此以全，不能治國之惡賴此以領矣，禮非領惡而全好者與？

按：夫子既以五者之禮答子游，而此但言郊社、嘗禘者，蓋舉其二，則三者在其中，“明”字在祭祀外看。一説：郊社、嘗禘，其禮至大，其義亦至深，此而能明則無不明矣。連下“以之”、“得其”字而通承“明乎”二字，統會看來，比舊説較直捷貫串。

○“是故以之居處”節

此承上文而詳言爲治有禮之效，五“以之”二字虛説，以禮之自然周流者，非作人能明禮説，長幼辨等，就在居處有禮等見出，正禮之周流無不徧處。

禮之周流無不在也，豈惟見於郊社、嘗禘已哉！是故，居處者長幼之所聚也，有禮，如室有奧阼、席有上下之類，則長者常尊，幼者常卑，而長幼辨矣。閨門者三族之所居也，有禮，如以禮教子孫，以禮事父母之類，則上以慈愛下，下以孝事上，而三族和矣。朝廷者官爵之所在也，有禮，如位次有上下，班行有先後之類，則内而公卿大夫，外而公、侯、伯、子、男，莫不以分相守，而官爵序矣。田獵所以講武也，有禮，如左右坐起有節、殺獲取舍皆宜是也，則功伐擊刺之法，已熟於因田習武之時矣，故無事而戎事閒也。軍旅所以節怒也，有禮，如進退有度，左右有局是也，則戰勝攻取之功，必成於紀律有制之兵矣，故有事而武功成也，禮之無往而不在也如此。

按：“是故”二字，緊承上來，即在治國上説，觀後面治國而無云云，自相照應可見。居處，謂群居聚處，在宗戚、朋友、鄉黨之間，皆是。以器言則曰戎，以道言則曰武，器之所用者小，而道之所致者大，故於事則曰戎，於功則曰武，上言治國指諸掌，言易也，此節則有治國之象矣。

○“是故宫室得其度”節

此與上文例看，不言“有禮”二字者，省文也，如宫室有禮則得其度矣，餘倣此。“是故”承上“有禮”來，恐上文五者未盡，故析言宫室以下十事，又恐十者未盡，故總言凡衆之動以該之也。末三句與上一例，句法有長短耳。得者，得法於禮也，非以效言。

不特此也，是故宫室有禮，則得其高卑大小之度；量鼎有禮，則得其制器所尚之象；味得其時，如春多酸、夏多苦之類；樂得其節，當與無節不作照看，如作以柷、止以敔之類。“陽而不散”等語，似後一層。車得其式，以作車、乘車言，如六等之數，五路之用是也；鬼神得其饗，如天神降、地祇出、人鬼格是也；喪紀得其哀，如發於容禮，發於聲音等是也；辯説得其黨，如在官言官、在府言府等是也；官得其體，若天官掌邦治、地官掌邦教之類；政事得其施，如施典於邦國、施則於都鄙之類。又不特此也，加於身，事之及於我也，錯於前我之應乎？事也，衆之動，即加身錯前事，推廣言之，凡大事小事，無不當其理也，何莫非禮之周流哉！

按：上言五者之所以仁，止言吉、凶、嘉三禮，而此推言禮之效，則曰田獵、軍旅，見其足以兼軍禮也。郊社、禘嘗，所以仁天地人之鬼神，此又言鬼神得其享，言明郊社、禘嘗，推而用之群小祀，則鬼神皆享也。饋奠所以仁已死喪之親，此有言喪紀得其哀，饋奠止是喪禮中之一事，喪紀則溥言初喪以至終喪，一一合禮制也。前言朝廷有禮，謂君相主治，朝廷有人，各當才德，故貴賤有序，此言官得其體，謂官屬分任一職，如人身之一體者也。得體者，大臣得寅亮之體，小臣得分宣之體，是也。得施者，政之屬於弘綱，而大行不謬，事之屬於庶目，而細行不失，是也。凡衆則總而一之之詞也，如下視聽得聰明之正，手足得恭重之容，事使得進退之度，待接得揖讓之制，皆是。

“子曰：禮者何也？”

此又覆説上一條之言。首二句，論禮切於事，就禮之周流上説，下二句，言君子隨事而治之以禮，方著君子身上説。上“治”字是已治了，下“治”字是方去治，二“譬如”分知行。“若無禮”以下，正言何之何見之實，事之本在身。“手足”三句，總言身之不脩，爲下衆事有失張本，如此頂上百事皆失來，皆失則已且不治，何以教人，故無以率天下而使之協合也，此夫子承上文反言以明禮之急也。曰：“事以禮治，吾何以觀禮哉！”即事之得其治而不亂者是也，即事之治，説禮極妙。上古禮制未起，止是人事，聖人從人事之亂而無序處，整頓條理一番，便是治，便是禮，非禮自禮而事自事也。“即”字最重，是以君子有見於此，凡人倫事物之間，隨其事之所自來，而治以事所自有之禮，無一時而非事，則亦無一時而不在禮也。君子所以率先天下而協合之者以此。若治國而無禮，則一步不可行，譬猶瞽之無相與，倀倀乎其何之？一物無所見，譬如終夜有求於幽室之中，非燭何見？是故手足無禮，則皆妄動而無所措，耳目若無禮，則皆妄視妄聽而無所加，進退揖讓無以裁制而使之中節，是故以之居處云云。凡衆之動失其宜，如此則何以倡天下之衆，而使之和洽也哉！明禮則成指掌之治，不明理則無祖洽之功，甚矣明之要也。

按：别，即前“辨”字。策，謂講武教戰之謀策。制，謂全師克敵之法制。

○“子曰：愼聽之”節

此舉食享仁賓客之一端，結上文禮以全仁，而重勉三子以知禮也。“聖人已”截，是舉享禮行四節，諸禮通行五節，合爲九節之禮，以歆群賢之學禮。“知仁焉”以上，舉享禮專行四節，可以觀仁。“在禮矣”以上，舉諸禮通行五節，見其備禮，但諸禮通行，亦在享禮中見出。四節非不在於禮，五節非不本於仁，互言以見耳。“入門”以下，又在九節中抽出三大節，舉禮樂所示之義，以見當學意。

禮之周流無不遍，夫子固爲三子詳言之矣。然猶以爲未盡也，故呼三子而告之曰：“愼聽之，女三人者，吾語女禮，猶有大享之九節焉，此九者之中，爲大享之所專行者有四焉，此諸侯之事。若無與於女三人者，然其義甚大，苟知而事之，知者知其和序之禮，事者習其威儀節奏也，總是躬行實踐意，則不必身爲諸侯。雖今日窮居畎畝之中，亦能中正和樂，而可進於聖人禮樂之道矣，此女三人所當愼聽也。以大享之四節言之，諸侯相朝而大享舉矣，於是揖讓入門而樂之在縣者興，以迎賓，及揖讓升堂，則主之獻賓也，賓卒爵而樂闋，一節也；賓之酢主也，主卒爵而樂闋，二節也；工人升歌《清廟》之詩，三節也；堂下以管奏《象》、《舞》之曲，而與羽籥更迭而作，四節也。由是主人薦其獻賓所薦牲體之俎，而禮物備矣；序其自始至終所行所奏之禮樂，而儀則明矣；備其執事服役之百官，而衆職舉矣。夫大享之禮，所以仁賓客也。仁心存於中，斯禮文見於外，觀四節之禮如此，則藹然親愛之意，見於節文之中，故君子觀之而知其心之仁也，即前章所謂仁賓客也。不惟此也，行步中規之圓，五節也。還步中矩之方，六節也。出門迎賓時，車行整緩，和鸞之聲，與《采齊》之詩相中，七節也。客出歌《雍》詩以送之，相期以和敬事天子，八節也。禮畢而徹，歌《振鷺》之詩，相期以永終譽，九節也。夫規矩之中，《采齊》之中，則行步登車在禮矣。《雍》詩之歌，《振羽》之歌，則送客徹器在禮矣，是君子無一事而不在於禮也。然是禮也，豈無義以示之哉！蓋金之爲聲至和也，入門而作之，正以示賓尊主，主讓賓，一於和而不離也。《清廟》之詩，文王道德之音也，升堂而歌之，正以示賓以義接主，主以禮接賓，一於德而不流也。《象》、《武》之曲，美武王能大文王之事也，堂下以管吹之，正以示賓謹進退之節，主厚飲食之養，而共成此禮事也。惟其如此，是故古者兩君之相見，不必諄諄然親相與之言，但以禮樂之道相示，則所謂情德與事，自可嘿喻於不言之表矣，此固禮樂所存之深意也，三子可不致力於斯哉！"

按：前言子貢退，今乃言之，蓋既退而復來也。通節主大享言，大享者，諸侯相朝，既朝而享之之禮也。禮有享，有食，有燕，享禮重於食、燕，諸侯饗諸侯，視諸侯，享大夫之禮爲大，故曰大享。"苟知此""知"字重看，蓋不能知，則不能行，先把大禮源頭見得明徹，就是和序極底的工夫，即上"明"字義也。畎畝之中，正與兩君相見反，聖人已，只以"和序"字發揮。"知仁在禮"兩段，通只就大享説。"下管《象》、《武》"之上，《注》云缺"升歌《清廟》"一句。一云，升堂樂闋中，即有《清廟》在内，何必補出，極當。君子知仁，蓋仁乃禮之本也。常説，於樂闋知相愛之仁，於升歌知讓德之仁，於管《象》知成事之仁，不如渾渾發意，起繳處以樂闋、升歌、管《象》叫明爲妙。三君子皆指兩君説。一云，此君子是觀禮者，勿從。

此節九四分析，就《注疏》而論，鄭、孔、皇、盧，其説各别，况後之人，何所依據乎？分析既無依據，儱侗亦復不協，此等經文，只合闕疑，未可臆斷。訓詁家相沿已久，前解本於鄭、孔，姑存之。一云，"行中規"三句，不過形容其行、其還、其和鸞之曲中耳，如何分得五節、六節、七節，殊有理也。

○"禮也者，理也"節

此見禮樂之本，惟君子能體之也。"理"、"節"二字，在心上看，是禮樂之本也。首二句虚論其理。"無理不動"二句，方著君子説，是無時無處不體驗此理節，此不輕用禮樂之謂。"不能《詩》"六句，《詩》、《樂》上著二"能"字，可見與德皆在中之理也，而君子非此弗動者也，即無節不作之理也，禮得理，則樂得節矣。

夫子曰："禮主於序，人心中有理而不亂者是也。樂主於和，人心中有節而不流者是也。君子知其然，無理不動，動必有理，則禮之本得矣。無節不作，作必有節，則樂之本得矣。君子體禮樂之道如此，然所謂無理不動者，其理何在乎？彼《詩》本人情，該物理，禮中通達之理也。不能《詩》，則不能通禮之意，必有倒行而逆施者，於禮不亦繆乎？樂發聲音，形動静，禮中文采之理也。不能樂，則不能成禮之文，必有樸野而不文者，於禮不亦素乎？德本於忠信，行於義理，禮中淳實之理也。薄於德，則徒事儀文不能培禮之基，於禮不亦虚乎？是皆不得其理者也。禮樂非二用，言禮而樂在其中矣，曷亦求端於本哉！"

按：禮中有自然之理，就是序，樂中有自然之節，就是和。君子動以理，必本理之在吾身者出之，防其亂也；作以節，必本節之在吾心者出之，防其流也。不能《詩》，常説作行禮之資，恐與上段血脈不貫，君子之無理不動者，必會《詩》樂德中之妙，而時出之，行禮時方有一段太和真意，方是無禮不動。所以通篇言禮，忽又兼樂，忽又及《詩》，《詩》與樂皆所以調和禮者也。

"子曰：制度在禮"節

此夫子重思行禮之人也。首二句，發上節末句未盡之意，子貢之問，又從不能樂於禮素生來。夫子答之，未嘗以"窮"字爲非，但只教子貢不可因其言而貶其人也，始終許夔爲古人，益見禮必待人而行意。

夫禮之寓於器物者曰制度，禮之寓於設施者曰文爲，此皆禮之所有。在禮者也，必有忠信之人，然後制度、文爲，各得其宜而禮行矣。苟非其人，道不虚行，其如制度、文爲何哉！子貢曰："禮以人行如此，然則夔但以樂稱，其不通於禮乎？"夫子曰："夔其古之賢人與？蓋膺帝命而時亮天工，教胄子而群后交讓、信乎古之賢人也。蓋禮樂非二道，和序無二理，苟達於禮而不達於樂，則質而無文，故謂之素，達於樂而不達於禮，則和而無節，故謂之偏。夫夔在當時爲典樂之官，今之人遂以爲達於樂而不達於禮，是以傳此達樂之名也。若使當時命爲禮官，安知不達於禮耶？信乎知樂必幾於禮，夔也。畢竟爲古之賢人也，豈可徒泥其名而遂非其人哉！"

按：制度，如簠簋俎豆之類；文爲，如升降上下之類。"在人"二字，根上文“德”字，言行禮之難其人，而所以行禮者，必有神而明之，達於禮樂之原，而不徒拘制度、文爲之末者，在夔正其行之之人也。窮，不達也。子貢此意，謂夔既能樂，又非薄德，何緣但聞其達樂，不聞其達禮，故問夔之於禮，其果不達與？古之人，禮樂出於一，今之人，禮樂分爲二，謂之素偏，是泛言，下方透出夔來。“達”字生於“窮”字，素者直情徑行，無從容委曲之意，偏者得此遺彼，無備道全美之實，今人是也。

○“子張問政”節

此總論禮樂盡爲政之道也。上下無二旨，前言“君子明於禮樂”二句，爲政之道已盡，此處且虚，不當以“和”、“序”字换禮樂，禮樂與政相通處，不宜透發，只在本文而已，及《注》中“惟”字上發揮。因子張復問，故言。“言而履之”以下，發明“君子用禮樂”二句意，言行指好邊説，本諸身是禮樂之本，重“履樂”二字，“力”字重看，即必要履中正、樂和平之意。以南面而立，“以”字正見舉而措之，非徒居尊位已也。“太平”不必泛講，只把禮樂意發揮。“諸侯”三句，正是太平之象，句句入和序意，纔與禮樂有情。

自篇首至此，夫子告三子爲政之道，詳且備矣。子張未達，以爲所言禮樂，皆治己之事，而未及治人也，故問政。夫子曰：“爲政之道，前者已嘗告女矣。道在知而行，是獨契和序之源，而實體於躬行之際，由是措之政事，即是爲政之道，奚必别求所謂政哉！”下文言履行樂，即此禮樂，力此二者，即明於禮樂之意，舉而措之，即“南面而立”以下意而已，言無他説也。子張復問，意以政事多端，若必明禮樂以措之，則禮樂不止如前所云也，是必以儀文器數爲禮樂，而不以躬行心得爲禮樂矣。故夫子以鋪筵二股發其端，下明禮樂之本，而以“諸侯”三句指其事。言中理矣，必身踐履之，則當然之序，實有諸已，乃所謂禮也；行中理矣，必心安樂之，則自然之和，無待於外，乃所謂樂也。君子致力於言行二者，斷然爲之而不疑，確然守之而不變，無斯須不履不樂處，以臨民運治於南面之上，以序召序，以和召和，而天下自爾太平矣。所謂太平者，何以見之？諸侯分封於天下者也，被吾禮樂之化，畏服懷德而來朝矣；萬物推行於天下者也，順吾禮樂之感，得序不亂，得和不乖，莫不從其理而服體矣；百官佐理乎天下者也，率吾禮樂之教，遵職守分，莫敢不承事矣，此正所謂舉而措之者也。又何必求政於禮樂之外，求禮樂於吾身之外哉！

按：天下太平，渾說和序化成處，冒下三項。“服體”二字要認，物之有理，猶人之有體，萬事皆從其理，如視聽之聰明，手足之恭重，便是服體，承者，奉順不失之意，以各盡職言，蓋力此二者，是致中和的工夫，說參贊化育的禮樂，就本造化和節來，說治民物的禮樂，就本吾身和序上起，方是實理。

“禮之所興”二節

此承上文而言禮樂之可措於政處。首四句作冒，“目巧”至“義也”，是說古人治禮之義，不可作禮興衆治之實。“室而無”等，因上文而反言之，制禮之義不容已，是禮廢衆亂，而禮興衆治之意自見。“昔者”一段，申言聖人必由禮以治衆也。“辨貴賤”至“踰越”是衆治，“由此”句是禮興，當補出“樂之興廢，爲衆人之治亂”，可例見。末二句，記者自作結語。

夫禮樂何以致太平也。蓋禮之興廢，即係衆之治亂，然則治衆只在興禮耳，豈禮外有政也哉！且以禮切於政者言之，雖以目巧之室，亦必有奧阼，席則有上下，車則有左右，行則有隨，立則有序。蓋奧以居尊，阼以居主，上下左右以明尊卑，隨行以辨長幼，序立以辨爵齒，此皆先王制禮微義也，知其義則禮興而衆治矣。若室而無奧阼，至亂於位也，所謂禮廢而衆亂也，以故古昔聖帝明王之治天下，諸侯之治一國，所以辨貴賤、長幼、遠近、男女、外內，莫敢相踰越，皆由此禮之一塗出也。言禮則樂可知已，夫子言禮，如明而該乎物我，幽而及乎鬼神，夫固至矣，盡矣。三子聞此言昭然若目不明，頓開發而有所見，其所得者深矣。

禮記説義纂訂卷之二十

陝西涇陽楊梧鳳閣著
兄楠龍棟定
姪昌齡三開、紹齡七來
男延齡九如
孫惺慧益較

○孔子閒居

按：閒居，即燕居，無異義也。一云，退朝曰燕，退燕曰閒。前言禮，燕居之事也，此言《詩》，閒居之事也。燕居稱仲尼，閒居稱孔子，以此。

“孔子閒居”九節

此九節，全要重“志氣”二字看，下氣志塞天地、氣志不違、氣志如神，這是君子運禮樂的神情血脉，志氣所以能運禮樂，又本于無私，清明則無私，所以清明在躬，便能使氣志如神，便完了個王道，可見君子爲父母之道，即三王參天地之道。

“孔子閒居”節

此見爲民父母之道，不外於禮樂也。達原，是明其致治之本。有敗先知，是審其將亂之幾。“此之謂”句，總頂，和序爲禮樂之原，達者渾融玅契，心與之一，而未始有違也。禮樂之原，即五至、三無之根脚，五至、三無，雖不出禮樂之外，又是禮樂之原施于政治處，比“原”字又進一步。蓋“原”字只説個身心上和序，未見至意，此從本原上發于政治，五樣俱出，便到無以復加地步。三無又即五至中之禮至、樂至、哀至，以全在吾心上用功夫，不假外面粗迹，故曰無。非致五至之外，又有個行三無也。“致”字與“行”字一例，横於天下，即五至、三無東漸西被南暨北訖意，致行是横的工夫，横是致行的成功，致之行之，則横矣，此當一氣屬下不斷。有敗先知，全從“達”字這點心上得來，所云“至誠如神也”。末句總承。子張問曰：“《詩・大雅・泂酌篇》有云‘凱弟君子，民之父母’，敢問君子必何如而後可以爲民之父母乎？”夫子告之曰：“君子所以作民父母者，以節民莫大于禮，而吾心之序，乃禮之原也。君子達禮之原，而洞徹秩序之所自起。和民莫大于樂，而吾心之和，乃樂之原也。君子達樂之原，而朗照太和之所由來，是以一心會中和之理矣。由是以禮樂之道而施之於政事，自其極盛而無以復加者謂之至。至，蓋有五焉，君子則推而致之，以廣其充周不窮之用。自其至微而不泥于迹者謂之無。無，蓋有三焉，君子則施而行之，以運其密微不見之神，將始也，致行于一身，而終也横被於天下，皆所以滿達之量。而不特此也，治亂倚伏，不可爲常，必待其禍敗之已發而後救，則無及矣。四方將有禍敗之釁，然心切憂民，必有先知之幾，曲爲之備，預爲之防，不使至于卒然而不可爲也。夫父母之於子，不過爲之就利去敗而已，今明於致治之道，則利爲之理，而所以體恤者無不周，審其將亂之幾，則害爲之弭，而所以成全之者無不至，《詩》所謂“凱樂弟易”者此也，是不謂民之父母乎？”

按：禮樂之原，尚在五至、三無之前，五至、三無，正是禮樂，説者把五至、三無，就是禮樂之原，則本文“致”、“行”二字，及下諸“禮樂”字，俱説不去。五至由粗以入精，故曰致，三無自内以達外，故曰行。既無矣，曷以行？言實有是心，實爲是事，而要歸於無思無爲，不謂之行不可也。“四方”二句，常説與“達禮樂之原”三句相對，然意自貫串，亦不必拘，先知根“達”字來，不序、不和便是敗，不言成者，思患而預防，敗尤在於先知也。此致五至、行三無，實實憂民緊要處。“此之謂”句，真能以父母自處者，五至終以哀，三無終以喪，正其切於憂民者也，非五至、三無外别有一種憂民之心。

“子夏曰：民之”節

此節“相生”以上，是五至之目，下是贊其道之妙，五至只禮至、樂至盡之，即上禮樂之原，下無體之禮、無聲之樂也。志至、詩至原其始，哀樂相生要其終，俱重治道説，總由人君身上，推到及於民處。志氣即精神心術之廣被於天下者，如詩禮樂哀皆是也，但當時雖有禮樂，未有措置，故曰“志氣塞天地”，即所謂橫于天下也，此之謂，只在志氣充塞上見。

夫子曰：“五至之道，豈有外于禮樂哉！蓋子民君子，既達禮樂之原，則必欲斯世斯民，盡納于和序，稍不如心，便惻然不忍，此愛民一念，真是懇到，故曰‘志至’。此心既是真懇，自然出于言，凡咨嗟咏歎間，無非輸其節民、和民美意，而好善惡惡，每形之一美一刺之間，故曰‘詩至’。發于咏歌者既切，則美者感發其善而力行，刺者懲創其惡而力去。凡出身加民，必實見于威儀，於以陶斯民于至序，所謂言而履之，故曰‘禮至’，蓋自君身之序推言之也。吾身既得其序，則政事寬靜，恩出于己而無强，澤被子民而不知，于以納斯民于太和，所謂行而樂之，故曰‘樂至’，蓋自君政之和實言之也。夫既以天下和序爲樂，必以不和不序爲憂，則視之如傷，防之恐後，有與民同患之盛意，故曰‘哀至’。由是樂民之樂者，民亦樂其樂，憂民之憂者，民亦憂其憂，所謂哀樂相生也。其目如此，然所以謂之至者，何哉？夫治民者，多法制，則其形可見，而自‘志至’達于‘樂至’，不假于有形之法制者也，故正目視之，而不可見。多訓誡，則其聲可聞，而自‘志至’達于‘樂至’，不假于有聲之訓誡者也，故傾耳聽之，而不可聞。惟此一愛民之志存于中，勵精之氣輔于外，而存神過化，直充塞乎天地，道至充塞天地，則極盛而無以復加，此之謂五至矣。”

按：五至，只重五個“至”字，相因次序不甚重。志謂心所存主，一“志”字貫下四者，詩、禮、樂、哀，總是他志中要如此，故緊接不可見聞，以贊其志之充塞無間也。詩、禮只以言行搭去，《注》中美刺興起，太把“詩”、“禮”字看深了，禮之所至，有就吾身説者，不知“詩”與“志”已涉在民上了，蓋以感于咏歌者施于政事。凡政教皆中正之歸，此禮至也。樂至有就效驗説者。然致五至，尚俱是爲治底工夫，蓋禮極其至，則政爲善政，教爲善教，不乖乎事之理，不拂乎人之情，此樂至也。“哀樂相生”句，一云是承上起下語，在上二句見出，不必説到君民感應上。夫到相生地步，君民之間，都是一段精神相爲流通，纔見極至，此句只宜照《注》。“明目”四句，只要引起“塞天地”句，與《中庸》以“不見不聞”引“體物不遺”一例，塞處正是至處，不見聞與塞天地雖不平重，然惟不見聞而塞天地，既不涉於形聲，又不淪于空寂，方形容得“至”字出，志即“志至”“至”字，主之則有志，舒之則爲氣，志一氣動，不可判然分看，此雖只説至的道理，其實三無之理，便在其中。

“子夏曰：五至既得”節

此指三無之實而証以《詩》也。無聲、無體、無服，即上樂至、禮至、哀至，三無原就治道説，俱根“達于禮樂之原”來。樂以政言，而不假節奏，故曰無聲；禮以容顏，而不假儀物，故曰無體。但善政民悦、自有常度等語，宜會意用之，不可直説犯下，引各《詩》處，且就本意説，下句方體《詩》推開，照《注》發揮。其，讀曰基。逮，讀曰棣。

彼樂必有聲，子民者，達樂之原，致吾心之和，措民于協和，不必有鐘鼓之聲而後和也，是爲無聲之樂。禮必有體，子民者，達禮之原，致吾身之序，以納斯民于至序，不必有儀文之體而後中也，是爲無體之禮。喪必有服，子民者，達禮樂之原，憂民之失所，而哀矜憐恤，不必有服屬之親而後喪也。禮樂施于平時，喪則施于變故，心皆至仁而无迹可見，民受其賜而不知誰之爲，此之謂三無。子夏既已悟其理，敢問何詩近之，蓋欲賦詠而藉興於詩也。夫子又告之曰：“《周頌・昊天有成命》篇‘夙夜其命宥密’，咏文武寛政安民也。夫人君有寛靜之善政以安民，則民心自然喜悦，百姓太和，協氣嘉生，天下之樂在是，固不必有鐘鼓之聲，是無聲之樂也。《邶風・柏舟》之篇‘威儀逮逮，不可選也’，咏仁人盛德之儀不擇也。夫人君威儀根于盛德，則至序充周，從心所欲，咸不踰矩。天下之禮在是，固不必有玉帛之形，是無體之禮也。《邶風・谷風》之篇‘凡民有喪，匍匐救之’，咏婦人自述恤患也。夫人君有哀民之至情，而禦菑捍患，惻不容已。憂以天下在是，則不必有齊疏之服，是無服之喪也。由三詩觀之，而三無之義，可以興而起矣。”

按：引詩不必與本旨脗合，只大意彷彿，故曰近。到五起縱説横説，益不拘矣。不可選，言其敬謹之心，到處詳慎。若有選擇，便多不到處矣。

“子夏曰：言則”二節

此二節，見聖賢無窮之意，首節子夏聞三詩而有請益之意，下節詳五起之實。前説三無，恐玄虛而不知體認，故言五起，令人有可下手處。“服”訓作“習”，是政事推行服習，不狃于小康近利，而必究至于極意。五起，五種詩詞也。起，謂起發未盡之藴，兼工夫效驗渾渾説，下言五起之實，前二段是工夫，後三段是效驗，一段深一段，各自相蒙，皆是由身心而推于天下後世。須知五起即在三無中衍出，非三無之外，又别有個五起也，每段首要補服習意，尾要補興起意。

“言則大矣”節。子夏聞三詩而恍然有得也，故曰：“夫子言三無而近之以三詩。斯言也，充周不窮，大矣，純粹以精，美矣，且發揮政治之道，無以復加，盛矣。然言豈遂盡于三詩而已乎，葢請益之意也。”夫子曰：“何爲其然也？天下之玅理無窮，學者之深造無已，就此三無中，君子之服習之也，猶有五種詩，或由微而漸著，或由狹而漸廣，或由暫而漸久，足起發其義焉，葢謂三無之服，必得五詩之詠而興動其趣，然後能循序漸進，從容自得，而工夫效驗，闡發而無餘，乃所謂起也。”

“五起”節。夫子告之曰：五起之道，不過此三無之服，深造自得而已，葢無聲之樂，自心之和也，故其始能于自心中，求暢適之理，則和而不乖，《詩》之所謂“氣志不違”者可詠也。無體之禮，自身之序也，故其始也，能于身中求舒緩之宜，則序而不迫《詩》之所謂“遲遲”者可咏也。無服之喪，自心之仁也，故其始也，能于自心中求惻隱之真，而哀矜滿前，《詩》之所謂“内恕可悲”者可咏也。人心之本體，原是至和，無聲之樂既不違乎和，則此心之和常存，于本體物所失矣，不如《詩》之“氣志既得”乎？人身之威儀原是至序，無體之禮既序而不迫，則必致敬而不怠，而威儀得中，不如《詩》之“威儀翼翼”乎？人心之本體，原通天地，無服之喪，既内存仁恕，則合天地萬物爲一體矣，不如《詩》之“施及四國”乎？氣志既得，則發而中節，天下之達道，人之所以樂從也。無聲之樂，《詩》又不云“氣志既從”乎？威儀得中，則莊涖動善，則而象之，衆之所以悦服也。無體之禮，《詩》又不云“上下和同”乎？萬物一體，則實心實政，容保無疆，能哀人，自能養人。無服之喪，《詩》又不云“以畜萬邦”乎？人心之從，本于氣志之得，則令聞廣譽日新不已。無聲之樂，《詩》所以云“日聞四方”也，上下和同，本于威儀之中，則太和之在宇宙間者，愈久而愈大。無體之禮，《詩》所以云“日就月將”也，萬邦之畜，本于仁恕之施，則所養者衆，其德至純，而又甚顯著。無服之喪，《詩》所以云“純德孔明”也。日聞不已，則吾心之和，方興而未艾，故無聲之樂，其終也，有如《詩》所云“氣志既起”者焉。久而且大，則吾心之序，不特及于近，而且無遠不届，故無體之禮，其終也，有如《詩》所云“施及四海”者焉。德既孔明，則吾心之仁澤，足以被于後世，愈久而不忘，故無服之喪，其終也，有如《詩》所云“施于孫子”者焉。所謂五起如此，總之始起於心，既得於身，繼徵於人，又終而施於悠久，皆自内及外，自近及遠也。施，並音異。畜，音旭。

按：樂以和言，氣志和之本也，故屬樂；禮以序言，威儀序之著也，故屬禮。喪以仁言，内恕仁之存也，故先内恕。陳注將禮樂喪逐項分敘，看去自明，俱當以首句爲主，下皆本此説去，而服行始有全功。遲遲翼翼，既由至序中來，自然從容，自然欽翼，緩或失之於怠等語，不用爲妥。上下和同，指朝廷説。日就月將，指一國説。施及四海，指天下説。一云，上下指君民言，不如指朝廷之有次第。日就月將，兼德業言，日若有就，月又將然，敬之操功不息也。“氣志既起”句，謂聲譽之隆，方興未艾，不特顯于當時，而且揚于後世。既起云者，在在無不興起，而不知其所自。心和則氣和，氣和則形和，而天地萬物之和應，到此地位，方可塞乎天地。一云，日聞不已，則氣志之在我者，必將益勵其和，方興未艾，蓋既享天下之名，必思保天下之治也。只宜從前就效驗説。

“五起”所引俱詩詞可歌咏者，每一起而一韻，用以咏歎贊美，猶《洪範》“皇極之敷”言體也，欲使父母斯民者，恒歌咏以起發其義，而盡所以服行之也。

“三王之德，參於”節

此明三王無私之德也。何謂三無私，就天地説，此未奉時事；此之謂三無私，就三王説，已在既奉之後了。天地日月，只是一個無私，三王所以覆載照臨，一順其理而爲之，則王心之廣大，就是天地，王心之昭明，就是日月，不在行迹上摸擬者。

子夏曰：“古云：‘三王之德，參于天地’，敢問德何如，斯可參天地矣？”孔子曰：“造化無私，其道有三，奉斯三者以勞天下，蓋天下欲見勞于王者甚衆，而與之以淡漠，天下將忘其勞，與之以煦濡，又恐所爲勞者祗屬私情，而無以樹德于天下，故非奉三無私，不可以言勞。無私覆者，言無不覆而民忘其覆也，地與日月倣此。三王奉此，則無私不在天地日月，而在三王矣，此之謂三無私，此所以與天地參也。《商頌·長發》之詩不云乎？言湯之盛德，足以格天。天之所祐，集命于湯，聖敬合天，可見成湯有無私之德，而夏禹文德不可例見哉！”

按：德指及民之德，參猶合也。子夏問所以參天地之故，奉者奉持而行也，勞者慰安勤恤意。一云，勞，如字，對“逸”字看。自古聖人出其身以爲天下役，豈好勞惡逸，蓋天欲扶傾開泰，將此大任責之聖人，聖人雖欲辭其勞而不可得也。亦通。引《詩》注解甚明。一云，降者猶自天而降生也。不可從。“日齊”，《詩》作“日躋”，升也。祗，敬也。式，法也。九圍，九州之界也。

“天有四時”節

此言天地無私之教，見三王奉行之本也。“天有四時”與“地載神氣”吊起，春夏秋冬即四時，而風霜雨露，則四時中之氣候也，風霆即神氣，而露生則受風霆之神氣以有生者，俱要一串說。教猶示也，謂以無私示人也，全要體無私意，蓋無私者，天地之德，自有三本奉之，則天地爲至德，而天地爲至教矣。以天言之，天有四時，何謂四時？春夏運啓閉之始，秋冬運啓閉之終，由四時之錯行，而有風雨爲之發生，霜露爲之肅殺，天之覆見于此，而一毫之私不與，無非教也。以地言之，地載神氣，神氣者天氣也。下降而地載之，于是神氣之變化，散而爲風，薄而爲霆，風霆流行而成形，庶物因之以露生，地之載見于此，而一毫之私不與，非至教乎？此三王之所奉也。

按：上文無私覆載，以形體言，此節以化工言，不可看作兩項，兩段俱是句句赶說下，不可斷，然前段重在氣之運上，後段重在物之成上。“春夏”至“霜露”，皆覆物事，“神氣”至“露生”，皆載物事，載，猶承也。陰陽，氣也，能變化之謂神。“流形”就承上句“風霆”說，不可看作兩層。流形者流行而有迹可見也。露謂呈露，物始生曰露，神氣散而爲風，薄而爲霆，風行而植物之甲者拆，霆震而動物之蟄者蘇，所謂露生也。雨露亦能生物而此專以風霆言者，風霆無方而莫測，尤爲氣之神故也，觀天地可以例日月，觀天地日月可以知三王。又云，此天地無私之德，所謂大信不約，大時不齊，無心而成化者也。聖人奉之，刑賞一春夏秋冬也，鼓舞振作一神氣也，政教恩澤一風霆雨露流形發生之機也。

“清明在躬”節

前言湯無私之德，此言文武無私之德，總見其與天地參意。首六句，泛説至德獲福之機，至引《詩》以下，方實指文武言。“清明”二句不平，所謂至誠如神也，清明是體，如神是用，惟清明所以如神，惟如神所以能塞乎天地，此“神”字就是“達禮樂之原”的“達”字，“四方有敗必先知之”的“先知”字，不是虛虛的如神。可見吾心清明，方能得和序，而爲禮樂之根本。

此言文武無私之德也。彼聖人者，本源澄澈，物不能淆，清也。本體光明，物不能蔽，明也。此無私之體，是謂與天地合德也。惟清明之德，身實有之，由是志氣充塞，與天地相爲感通，動而必應，呼吸影響，不如神乎？此無私之用也。何謂如神？聖心無欲，乃時所適，天意人情，有不得不如是者，即聖人亦順爲之。所謂耆欲也，此耆欲將至，則天必先開發其朕兆，豫生賢人以爲之輔，猶天降時雨，山川先爲之出雲也。聖人以至德獲福如此，不徵諸《詩》乎？《大雅·嵩高》篇，“嵩高”四句，言名世之英，應期而豫出也。“維申”四句，言中興之烈，得賢而後昌也。是《詩》也，固宣王之詩也，其諸文武之德與？蓋文王純德不顯，則周命維新，而二老先歸；武王敬義夾持，故大統克纘，而十亂畢集，是天即無形之嵩嶽，而賢佐即文武之申甫也。孰非文武無私之德，有以致之哉？故曰“此文武之德也”，而參天地之業，迄今與禹湯而並稱，有由然矣。

按：前説湯之德，此説文武之德，蓋湯武放伐，疑有私，禹禪受，無可疑也。常説“詩”以上，泛論三王。近云，清明在躬，就指文武説，成湯敬德合天，爲湯無私之德，文武清明合天，爲文武無私之德，引《詩》乃徵有開之説，而末句“此”字，非承《詩》來，通綰一節，謂備清明之至德，用克享乎天心，此文武無私之德也，當與前“湯之德也”例看，常説自妥，近説宜知。氣志即志氣塞乎天地之志氣，天地間未萌之機，耳目所不到，而氣志到之；天地間或然之數，形象之所難測，而氣志測之。氣志如神，即《中庸》“至誠善必先知”意，有開必先，常説徑作賢才之輔。一云，耆欲猶言福祥也，所該者廣，引《詩》言豫生賢佐，乃其中之一事，只渾説，不可因《詩》言遂以“有開必先”單指生賢看。“天降”二句，以降時雨比耆欲至，以出雲比“有開必先”。《詩》曰“嵩高惟嶽”，言崧然而高聳者五嶽也，其山峻大，上至于天，惟此五嶽降其神靈，以生申甫，爲周之翰幹。四國則于以蕃蔽其患難，四方則于以宣布其德澤。甫，甫侯，此謂宣王時人，蓋爲穆王作《吕刑》者之子孫也。申，申伯也，皆姜姓之國，此雖宣王之詩，然亦可借以言文武之德。《嵩高》之詩，蓋宣王之舅申伯，出封于謝，尹吉甫作詩以送之也。

“三代之王也”節

此承上説三王盛德，而尤本于先德意。首二句冒下，言三代致王之由，且渾説。至“三代之德”，方就三代實事説，天不曰德而曰令聞者，德必積而令聞彰，還重德爲本。

夫三代之王天下，固有無私之德矣，蓋有自焉，其先世積德累行，已素具無私之令聞，其克享天心，固結民心，非一人一日之故也。《大雅·江漢》之詩曰：“明明天子，令聞不已。”詩本爲宣王修譽咏也。惟三代先世無私令聞，爲啓佑後人之本者，足以當之，如夏有顓頊，修百物以明民共財；殷有契，敷五教以親睦百姓；周有后稷、太王、王季，教稼穡積功累仁，是三代先世之德也。何以見三代有無私之德也？其《詩》曰“弛其文德，協此四國”，本爲宣王修文咏也。惟太王積功累仁，以聯故國人心，以固維新天命，足以當之，是太王之德也。太王周先世也，觀太王而夏商之先世不可見乎？是知先王無私之德，自積祖已然，三王又能繩祖武而奉三無私，此所以與天地參而能王天下也，于是子夏蹶然而起，負墻而立，曰：“弟子聞此民父母、參天地之至教，敢不敬而承乎！”蓋禮樂之原，無私之德，皆不外身而求之也。

按：兩詩俱《江漢》之詩，本咏宣王，俱取類以爲證。“明明”字不可空看過，即清明在躬，無私之德也。“文德”“文”字亦要着意。太王亦周興王之君，令聞以文德，不以武功也，即遷岐一事可見。弛文德、協四國，則勞天下之証也。一云，前詩承上“令聞”來，贊美三代先世之德，只宜空説。後詩承“三代之德”，實指太王，以例夏商。若“三代之德”句，即以顓頊、契、后稷點入，則下太王説不去，此亦有見。

父祖之説，鄭注所無，起於孔疏，而陳注因之，相沿已久，不可變也。一云，上節以有開必先爲主，是無私之感應，足以得天心，此節以先其令聞爲主，是無私之聞望，足以得人心，總言無私之效也。前引詩是証三代，後引詩是比例三代，宜知。

坊記

按：此篇所記，皆以禮坊民之事，故以名篇，而篇首即出“禮以坊德”句，爲一篇之總。《經解》云：“禮禁亂之所由生，猶坊止水之所自來也。”當周之衰，以舊坊爲無所用而壞之者多，則坊之之道，固不可以不記。程子曰：“《坊記》不知何人所作，觀其引《論語》曰，則不可以爲孔子之言，漢儒如賈誼、董仲舒所言，蓋得此篇之意，或者其所記與？”其言甚有理，有天下國家之責者，其尚致審于斯。

○“子言之：君子之道”節

此首揭禮之爲坊大也。坊有二義，一蓄水不使不足，一障水不使有餘。下“坊德”是蓄其在内者，坊淫坊欲，是障其在外者，坊民理之不足，兼制民欲之有餘，要專看“不足”二字。有生以後，大抵理不足而欲有餘，坊只爲不足而設，此處不不足，彼處便不有餘了。下三句重坊德爲本，恐民不守禮，故有刑，爲愚不肖者而設也。恐民輕視禮，故有命，爲賢智者而設也。總之維禮以坊德也，坊德所以坊禮義之源，不使不足也，如此説與坊民不足意始得。

子言之，與“子云”同義。君子之道，其以爲世坊，辟則水之有坊與，何也？水無坊，則或泛而有餘，或竭而不足，民無坊，則人欲易有餘，天理易不足，知坊爲坊民之有餘，而不知理欲貞勝，正坊民之所不足者也。坊有餘，其坊小，坊不足，其坊大，大爲之坊，民猶踰之，而坊可已乎？是故君子有見于此，知民所不足莫如德，于是爲之禮以坊之，而保合其固有之良，其或有背于禮而淫者，則坊之以刑，而民有所畏，有附于禮而欲者，則又坊之以命，而力無所施，刑之制粗，命之説精，于以坊淫欲之有餘，則輔禮成德，而民庶幾無不足者矣。此所以爲君子之道也。

按：“君子之道”“道”字，即下文所謂禮刑命者是。二句虚喚起，下正解其意，不足在天理上，人欲熾勝而有餘，則天理消滅而不足。一云，人心之欲無涯，而常苦不足，以不足而無涯，未有不踰其則者，故云“坊民之所不足者也”，不作理不足説，亦妥。德是禮源頭，坊德所以養其源，坊淫所以遏其流，至于命以坊欲，則又深而言之。

“小人貧斯約”節

此夫子重貧富之坊也。“小人”四句，是人情。“禮者”一句，是坊這人情，且先説禮之能事如此，下面方説聖人制禮，須知節文約驕中俱是用得的，不是節屬驕亂，文屬約盜。下重一“制”字，乃節制，非創制也。驕、約，氣也。禮，天禮之節文，能制氣者也。首言貧富，中言富貴，末言貧貴，彼此互文，古文法如此。亡，讀曰無。

子云：“貧富，人所時有也，小人不能安貧，斯氣歉而約，不能守富，則氣盈而驕。約而不獲恣，斯苟得而爲盜，驕而不能遜，斯犯上而爲亂。”二者皆情之流失也，而原起于無禮，聖人知人情有過、不及之兩端，因而爲之節，使過焉者雖欲爲，而有制而不敢爲。爲之文，使不及者雖欲不爲，而有章而不得不爲，于以爲民坊，而得其中正之則者也。即以富貴之情言之，故聖人之制富貴也，如家富不過百乘之類，所以制富而不使之至于驕，如一夫受田百畝之類，所以制貧而不使之至于約，如貴賤有等、衣服有别之類，所以制貴而不使其以逼上爲快足也。富貴、貧賤，各守其禮，故不至于盜且亂而亂益亡也，禮之不可已也如是夫。

按：“禮者，因人之情”十七字，作一氣讀，泛就人情言，不專屬貧富上。“故聖人制富貴”以下，方就貧富言，貴不慊於上，慊，快也足也，快心滿志，便不免有淫縱之患。唯受限於制，則終日循分之不暇，又何至慊？此説亦有意。《注》“伐冰”二句，作取物快足説，太淺。一云，慊恨君禄爵之薄，又穿鑿矣。禮制亦多，富貴獨先焉者，以人之大欲存也。

“子云：貧而好樂”節

此節重寧衆之坊也，亦在貧富上見，下“諸侯”字不可忽過。“荼毒”分，上是見不爲悖亂者之難，下是先王制一定之禮以坊之也。此節分明是王者待宗藩之策，上三句俱指諸侯、卿大夫言，古者諸侯、卿大夫，都是王者宗族，看“衆而以寧”句極重，分明有個族大難制之意。

子云：“禮以坊貧富固矣，至有家國者，不但富，而且衆，此尤不可無坊也。不觀貧而好樂、富而好禮、與能以衆、盛而安寧者，天下其幾乎？”

言此三者不多見也。《詩・大雅・桑柔》篇云，言貴賤者因貪富貴而作亂，寧爲荼毒之行而不顧，可見衆之不易寧也，故先王慮之，制諸侯之國，不得過兵車千乘之地，制都邑之城，不得過百雉之數，制卿大夫之家，不得過兵車百乘之地，皆所以坊其地廣人衆而不得寧也，以此坊民，諸侯猶有畔者，而况可不坊耶！

此節貧富蒙上文來，單重"衆而以寧"句。衆而以寧，與《左傳》"能以衆整"語氣同，下有國有家，正有衆者也。"民之貪亂"二句，民苦政亂而刺厲王也。"制國""制"字，貫下二句。雉，度名，高一丈，長三丈爲一雉，每雉五堵，百雉則五百堵矣。以城垣廣狹之度言，諸侯猶有畔者，正意却在言外。

〇"子云：夫禮者"節

此嚴疑、微之坊也。"疑"、"微"二字且虚説，"章疑别微"起下三句，"以爲民坊"起末句。以上就制禮者説，尚未着在人上，到下面方是君子用禮之實。章、别，正所以爲民坊，串看。有等、有别、有位，正"章疑别微"事，要與讓意相貼。疑不章，民以惑心生爭心；微不别，民以隱幾生競端。章别則讓，讓則得其坊矣。

是非不决之爲疑，然得禮則是，失禮則非，禮以章明之，則理明而從違審。邪正方隱之謂微，然合禮則正，悖禮則邪，理以分别之，則幾决而取舍定。凡此皆所以坊民，使之從是而去非，趨正而避邪，如坊過水之流者也，何也？蓋貴賤之等，自一命以至九命；衣服之别，自一章以至九章；朝廷之位，自極尊以至極卑，其間等級之度，毫髮不可僭差，此正疑、微之所在也。誠使禮建分定，而有等、有别、有位，則疑以禮而章，微以禮而别，民有不安分以讓其上者哉！

按：疑以人心言，微以事迹言，章疑異于决疑，疑者似同而實異。章言顯也，决言其成也。别微異于明微，微者似有而實無，别言其有辨也，明言其既著也。等，還在等威名分上説。民，即有位者是。蓋使疑不章，微不别，民雖欲讓而無所讓矣，可見辨分，乃所以定志而生其共讓也。一云，此節重朝廷之坊，朝廷有位，當在上二句見出，有等、有别，方謂之有位，如貴賤以爵列也，爵以詔德，觀其貴賤，則知德之厚薄也。衣服以功賜也，服以顯庸，觀其衣服，則知其功之大小也。朝廷有位，則爵命、衣服所自居也。民之視其位，則知其定分而行自遜讓矣。讓在爵之賤者讓於貴，服之殺者讓乎隆說，此說“章”、“别”較有關係。

“子云：君子辭貴”節

此夫子明辭富貴之道也。上“君子”是設言辭富貴之效，下“君子”方是着實說。辭貴恐立乎本朝而道不行也，辭富恐素餐，總是人浮於食之意。夫恐不稱富貴而辭之，則動心忍性，增益所不能，以培才德，而爲不浮食之根本者，無不至矣。食浮，浮在上也，與行浮于名之浮同，二句原其心也。說者俱作舉受禄一端，辭爵例見。近云，通承爲是，此正辭富貴之道也。亡，讀曰無。

君子于爵之貴者，則嫌其德之薄，不足以居，而辭之矣。若夫賤則安之而有所不辭，於禄之富者，則嫌其功之少，不足以受，而辭之矣。若夫貧則安之而有所不辭，賤不貪貴，貧不慕富，則無爭奪之心，自無爭奪之禍矣，故亂益亡也。夫君子非性與人殊也，才德薄而受禄厚，則質之於心不安，才德厚而受禄薄，則反之于心無愧，故酌于二者之間，與其使食浮于人也，寧使人浮于食，求無愧于心而已，此正辭富貴之道，而豈但計其亡亂已哉！

○“子曰：觴酒豆肉”節

此言君子教讓之坊也。“觴酒”至“犯君”，三者皆教讓之事，而民猶踰之者，以讓在禮文，而不本于己身也。下段二者，皆是由己身以盡讓，故民感之而作讓，作讓只貴人賤己，先人後己盡之。“稱君”二句，正貴人賤己、先人後己之一事。

子云：“禮六十以上，籩豆有加，所以尚齒也，故上之人，觴酒豆肉，讓而受惡以率之，然民猶有犯齒者。三命不齒，席于尊東，所以貴貴也，故上之人，衽席之上，讓而坐下以率之，然民猶有犯貴者。族人不得戚君位，所以尊君也，故上之人，朝廷之位，讓而就賤以率之，然民猶有犯君者。”《詩·小雅·角弓》篇云，凡人之不善其相怨也，各執一偏，而不能參彼己之曲直，又其端甚微，僅一受爵不讓耳，而禍遂至亡身而後已。以此見人情之難坊，而上之不可不讓也。然則民如之何而作讓耶？其讓本于己身乎？夫子又云：“君子分之所在，貴人而賤己，如不自尊其身，而尊人之身是；善之所在，先人而後己，如不自尚其功而尚人之功是。所謂身讓也，則民亦感之而作讓，無犯上之事矣。”故禮稱人之君曰君，尊之也。自稱其君曰寡君，示謙也。稱君且然，况己身乎？此貴人賤己，先人後己之意也。民之作讓，信當以身先矣。

按：惡，謂酒肉之惡者，禮以臥者爲袵，坐者爲席，合言之一也。《角弓》詩，兄弟因杯酒得罪相怨，觀者爲持平之論以解之，引此証犯齒，而犯貴、犯君可例見。爵，《注》作酒器，不如從《詩》作爵禄爲長。貴賤先後，總是不驕不爭的意思。一云，貴賤以位言，先後以齒言，亦通。

“利禄先死者”節

此夫子重仁厚之坊也。人臣之于君，有死于國事者，亦有生而有功于國者，有爲國事而出亡在外者，亦有有功而存處國内者。君有財利榮禄之事，一時並與，必先與死者，後與生者，以此化民，則民亦仁厚而不偝死者矣。先與亡者，後與存者，以此化民，則民亦忠義而可付託大事矣。《詩·邶風·燕燕》篇云：“先君之思，以畜寡人。”是不偝死忘生之意也，以此坊民，民猶偝死而號無告，况不坊乎！

按：利禄之所施，不必及其身也。録其人之功，以及其親族而已。若《周官》“以其養死政之老與孤”，《禮》言“去國三世，爵禄有列于朝”之類，皆是也。以死者君之心猶所不忍，則民勸于孝思，故曰“民不偝”。以亡者君之心猶所不絶，則民勉于忠義，故曰“民可以託”。偝死而號無告，言民偝棄死者，其生者老弱號呼，無所控訴也。

○“子云：有國家者”節

此夫子明尊賢之實化也。上言實德足以化民，是論其理。下二句實指君子之務實，與小人不同也。君子、小人，俱在上者，如《論語》“易事難悦”章之“君子小人”。言者，言禄車也。

子云：“人君好賢，甚不可空言而無實行也，是故有國家者，貴有德之人，不吝于頒禄而賤禄，則民興于讓德，尚有能之技，不吝于賜車而賤車，則民興于才藝，實行之化民如此，君子可事空言哉！”故君子約言，稱人之賢則必禄之，稱人之能則必車之。若小人則先言矣，口惠而實不至，何以感人哉！

〇"子云：上酌民言"節

此言主德當順民情，爲人君自用者坊也。"亂也"以上，總是論上下感應之理，下面方着在爲治之上説。犯就是"不天上施"，"亂"又説進一步，"報禮重"正對"亂"字，兼常變説，比"天上施"又進一步，引《詩》証酌民言之意。

子云："君子之于民，分相隔而心相通者也。待我政教已出，民心洶洶，方思去用衆言以挽回之，則遲矣。其取輕忽于民心，亦既多矣。酌民言，全在未發將發時，自心上量度審處，如此則輿論否，如此則輿論可，而後布之于民，民之天上施也，只是王政得中，合其公心，即是天道，反是而民言之不酌。上之所施，違犯乎民心，則民亦不天上施而悖逆之矣。是故君子有見于此，凡施政教，必信以主之，不欺民爲愚而有陵忽意，必讓以出之，不恃己之爲尊而有驕矜意，便是隨時取中了，則民報君之禮必重。居常則盡臣子之職，處變則效忠貞之節，相忘于信讓之化者，真有如天之所施，雖死而不易矣。亂何自生耶？"《詩·大雅·板》之篇，先民，上古之君也；有言，有政教之頒也；詢于芻蕘，問于取草取薪之賤者。引以見民言之不可不酌也。

按：酌民言，便是不欺于人而信，不驕于己而讓，若説以實心去酌，虛心去酌，又多一層了。"天上施""上"字，指君上言，非天上之上，如云上之有施，而民天視之也，則犯也，只就人君説，言事或妄行，違犯公義，不就民心違犯説。報禮重，亦就天上施處略推開説，仍照信讓意講。

"子云：善則稱人"四節

此夫子明讓善之化也，通指爲君上者言。善者人所欲而稱之人，過者人所避而稱之己。斯道以之待人，則爲厚道；以之事君，則爲忠臣。以之事親，則爲孝子。凡此皆非爲民然者，而民夷隨感而化，可見辭讓之心，人皆有之，顧上之倡導何如耳。

"善則稱人"二節，言推善引過之風，深入於民心，民不爭，于善邊較重，怨益亡，於過邊較重。怨亡深于不爭，讓善又深于怨亡，使天下皆密于自治，自知善不及人，所以讓也。

夫善者人之所欲居也，有善而讓之於人，政教謀猷之善曰"惟爾賢士大夫之助焉”。過者，人之所欲諱也，有過而枉之於己，政教謀猷之失曰“惟我一人之無良焉”，則己既不矜不伐，天下自莫與己爭功能者，民何爭之有？然豈惟不爭而已哉！善稱人而過稱己，則自治益嚴，而無可怨之道，人心愧服，亦無致怨之由矣。《詩》之所謂“履無咎言”，其斯不爭無怨之謂乎！然豈惟怨亡而已哉！善則稱人，過則稱己，則民之得于觀感者，自知伐善爲可耻，以吾之所以讓善者，而讓之于人，豈不讓善乎？《詩》云“考卜惟王”云云，觀武王之讓功于龜，則讓善之意可推矣。

按：人，謂臣也。不爭，不與上爭能也。若民不與人爭，便涉下文讓善意矣。怨益亡，上不爲下所怨也。

“善則稱君”二節。善則稱君，有實實引君靜正其心，使之從善改過意。有此真心，方是良臣，方能作忠。善稱親，承志之孝，過稱己，怨慕之孝，作孝切上意。有慎修其身，論之于道而不陷親于有過意。

此民作忠作孝之化也。子云：“人臣之于君也，善未必盡出於君，稱君者辭人所不能辭，而君德以彰，是讓善之忠；過未盡由于己，稱己者居人所不能居，而君過以掩，是引慝之忠。則民化之，亦盡忠于君也。”臣而如此，是誠臣之良顯，有古大臣風矣，故引《書・君陳》，證歸美于君之事。善未必盡出于親，稱親者曰“貽謀之臧”，過未必盡出于己，稱己者曰“繼述之弗言也”。作孝者，民皆化之盡孝于親也，引《書・泰誓》證歸美于親之事。

按：作忠須體上“善”、“過”意發揮，仰君之德，不敢與君爭功，而藹然有承休之念。知己之非，不與君同過，而油然有匡辟之思，引《書》證“善則歸君”之意，而“過則稱己”意自在。君陳，《周書》成王命君陳曰：“謀猷之嘉善者，入告君于内，而不使人知，是導君以善也，而不善者不入告矣。及君行之，乃將順之于外，曰‘此君之德，非我之力也’，是稱君以善也，而不善者則自任之矣。有臣若此，豈非良顯之臣哉！”言切于事謂之謀，是方計者；言合於道之謂猷，是將行者。良以德言，足爲天子之倚毗也；顯以名言，致吾君于堯舜也。

“君子弛其親之過”節

此夫子明子道之坊也。云“君子之于親也，親之有過，則棄忘之，而至于善行之可法者，則敬述之而不忘”，引《論語》明敬美之意，引《書》義不協，借“不言”二字，爲諱親之過，以明弛過之意。讙，與“歡”同。

按：此節主父沒而言，弛過、敬美，重“敬美”邊。弛過若作棄忘看，一常人能之，何曰君子？蓋爲善以蓋前愆，則親之過忘，不僅子爲父隱也。敬其美，有善繼善述意，不僅善則稱親也。高宗云，見《商書·説命》篇。不言，居喪不言也。讙，樂其政教也。

“子云：從命不忿”節

此夫子明不匱之孝也。云：“人子於親，有命則從，倘或以他事致忿而色未平，愉色婉容之謂何？故當從命而不忿。親有過，當微諫，而其微也，或以積誠難久，而未免有倦，喻親於道之謂何？故貴微諫而不倦。親有事則勞，而其勞也，倘或以任重難勝，而未免有怨，共爲子職之爲何？故須勞而不怨。可謂孝矣。”言無往而不用其情如此，方可謂孝。末句引《詩》以贊之，蓋有忿、有倦、有怨者，愛敬之未至也，有匱者也，不忿、不倦、不怨者，愛敬之不替也，孝之不匱者也。

按：父母或惡而苦之，或怒而撻之，皆勞也。

“子云：睦於父母”節

此承上章明錫類之孝也。首二句泛論其理，第三句方着爲子者説，合族就是睦，言君子因而睦之以合族之禮也。此人子之情誼，不特與父母相流貫，且與父母之族黨相流貫，方謂之體親志之孝。

夫宗族父母之黨，正吾親所愛敬者，推吾愛敬父母以愛敬之，是能體親之心，而廣爲子之道，故可謂孝。夫惟睦族爲孝，然非合族則無由致其睦之之道，故聚會宗族爲燕食之禮，正睦黨之不容已處，綽綽有裕，故能合族。若交相爲瘉，豈能合族乎？

“子云：於父之執”節

此亦承上章明錫類之孝也。此節三段，各自爲意，上下原不相蒙，大旨當以“敬”字串看。

子云孝子之不匱，不但推之睦族已也，又推之而敬于其友焉，是故於父之執，可以乘其車，蓋車所同也；不可以衣其衣，蓋衣所獨也。若此者，君子所以廣孝，而敬父之執，同于父也。子又云："君子之所以爲孝者，非以其養，以其敬也。若徒以養，小人皆能養其親，君子不敬，何以别于小人乎？甚矣，敬之要也。"子又云："禮父子不同位，蓋同位則尊卑相等，是不敬也，故不同位者，正君子所以厚其敬親之道也。"《商書·太甲》篇云："厥辟不辟，忝厥祖。"蓋言君不均而與臣相褻，則辱其先祖，爲子者若使父不父而忝祖，豈得謂之敬乎？

按：《曲禮》"父子不同席"，謂所坐之席也。此言不同位，謂所立之位也，各有尊卑，同則相褻，以厚敬，責子之盡敬也。君父之道宜尊嚴，引《書》言，因君見父也，重爲子一邊，爲子者可以同父之位，而貽父以忝祖之辱乎？

"子云：父母在"節

此以慈明孝之當厚也。子云："慈孝之心一也。"而人之情往往薄於孝而厚于慈，是故父母在，人不稱老，所謂恒言不稱老也。孝所以事親，慈所以畜子，言孝不言慈，慮其厚于子而薄于親也。閨門之内，戲而不嘆，所以致娱而不忍傷也，皆孝之厚也。

按：戲，謂孺子言笑，如老子所爲，非戲謔也。一云，孝者吾之所以事親，慈者親之所以待我，吾所得自盡者孝而已，又何心于父母之慈哉！故言孝不言慈，薄于孝是薄盡于親，厚于慈是厚望親心。二説皆人情所有，讀之感嘆。

○"子云：長民者，朝廷"節

此夫子重興孝之坊也。"長民者"三句，作上下感應説，特虛論其理，下"有事"、"追孝"兩段，乃是孝親實意，又是興孝之本，上作孝指事生言，有事追孝，主事死言，修宗廟根有主來，敬祀事根有尸來，二者皆不忘處。

子云："君子之孝，非第孝其親已也。老近于親，長民者，在朝廷尚尊之地，而行敬老之禮，然則人各有親，奈何不隨分以自盡乎其作孝也？天性之愛，自不容已者，然徒知其孝心，而未知所有事于孝也，故又以身示教焉。其于祭祀也，爲之尸以象其生焉。在宗廟也，爲之主以象其存焉。若此者，所以示民事死如事生，事亡如事存，不忘其所由生耳。"惟宗廟之有主也，故修之以飾其廟貌。惟祭祀之有尸也，故敬之以致其明禋。若此者，所以教民追養繼孝于無窮耳。君子之身教如此，庶乎教民興孝而不忍遺親矣，而民猶有忘親者焉，又豈可以無坊乎？

按：長民者，謂天子、諸侯也。朝廷之上，易于貴爵而賤齒，尚知敬老，况自己之親乎？“有尸”二段，辭平而意串，有事以行言，追孝以心言，祭非主則無依，非尸則無享，故有主有尸。尸用于祭祀之時，故言敬，如盡志盡物是；主棲于宗廟之内，故言修，如補葺潔除是。皆不忘親以教民興孝處。

“子云：敬則用祭器”節

此夫子重賓禮之坊也。“敬”字提起作冒，下以陳器、用物、行禮三段趕串説，一步深一步，用祭器了，又要不菲不美，不菲不美了，又要親饋，總是主人委曲致敬于賓意。引《易》與《詩》，總是明主人當敬賓意，食者利之所存，禮則義之所在，此篇所記坊者十六，而此獨曰示民。

彼敬者，主人之所以接賓也。主人敬客，故燕享之物，一以籩豆簠鉶等祭器盛之，而以神道事焉，可謂敬矣。然美菲不當于中，雖用祭器無益也，故君子不過于儉，而以菲廢禮，不過于豐，而以美沒禮，可謂敬矣。然親饋不致其敬，雖用祭器無益也，故食禮，主人親饋與否，而客之祭不祭因之，豈惟不祭哉！苟主人不親饋而無禮，則君子雖美不食焉，况于菲乎？《易》曰“東鄰”等，言在誠不在物也。《詩》云“醉酒飽德”，言在德不在酒也，非即主人當敬之謂乎？夫享食待賓之末，近乎利，恭敬待賓之本，純乎義，此亦賓禮義利之辨也，奈何以此示民，民猶爭利而忘義，况不坊乎？

按：兩個“君子”不同，前以主焉，後以賓言，引《易》喻奢而慢，不若儉而敬也，引《詩》言君子享燕，非專爲酒肴，亦以觀威儀，講德美也。幽明雖殊，其貴敬而輕食，一而已。

“子云：七日戒”節

此夫子重祭禮之坊也。上四段言祭禮各有所示之教如此，使禮容不肅，亦何以端立教之本，下肅禮容，正敬心之所寓，容肅則廟中莫敢不敬，故爲立教之本。“觀”字中有交相肅意，引《詩》以明無不肅之意，在上二句言外。

子云：“禮之所行，教之所示也。而教之所傳，觀之所得也。故祭禮將祭之時，有齊戒之禮以純其志，有承奉趨走之禮以敬其尸，是敬神之道，故云‘以教敬也’。陳祭之時，醴齊、醍齊、澄酒，此三酒味薄者在上，味厚者在下，貴薄而賤厚，是示民不貪淫于味也。獻酬之時，尊者飲多，卑者飲少，示民有上下之等也。既祭之後，因祭祀之酒食，會宗族之昭穆而燕飲之，教民以和睦之道也。”禮各有義，義各有教。如此，豈惟以此四事示教，至于始終禮儀，率與祭之人觀望之，如堂上觀室中，則室中不得不肅，堂下觀堂上，則堂上不得不肅也，則禮儀盡合乎法度，笑語盡得其所宜，如《小雅·楚茨》詩云，何往而非示教也哉！

按：《曲禮》“大夫、士下君尸，君自下尸”，是過之者趨走也。尸爲上，主人、主婦、賓長各一獻，是尸飲三；衆賓爲下，獻尸畢，然後獻衆賓，是衆賓飲一，而上下以飲之多少辨矣。此總是教民以敬處，而禮容尤敬心之所寓，故主人事尸于室，固致其敬，而堂上有長賓、長兄弟，觀室中之敬以爲敬，則室中肅而堂上亦肅。長賓、長兄弟，事尸于堂上，固致其敬，而堂下有賓弟子、兄弟之子，觀堂上之敬以爲敬，則堂上肅而堂下亦肅。室中堂上禮儀，以升降上下之節言，堂上禮儀以酌獻酬酢之文言，惟其相觀，是以卒度、卒獲，與《小雅》相似，故引《詩》以贊之。

一云，舊説四段示教之義，“堂上”二句示教之本，看來禮儀之肅，就在上四段示教中見出，蓋室中即主人事尸，堂上即長賓、長兄弟之酌獻，而堂下即賓弟子、兄弟子之聚食者。觀不止觀視，言上下内外，更相傚法，爲所觀者不敢不肅，而觀之者又能不肅乎？只體示教意講，不必另討一番。

“子云：賓禮每進”節

此夫子以賓禮起喪禮之坊也。子云：“賓禮，賓自外而入，故每進以讓。喪禮，喪自内而出，故每加以遠。”其進其加，皆以漸致，禮之道也，何以見之？浴于中霤，飯于牖下，小斂于户内，大斂于阼，殯于客位，祖于庭，葬於墓，由中霤而墓，以漸而遠，皆喪禮示遠之事。以吊言之，弔于壙，殷既封而弔也，弔于家，周反哭而弔也，所弔雖異，其示民不偝死之意則一也。子又云：“死者，人之終，故送終爲大事。”孔子從周者，以喪禮大備于周也。不止謂上弔于家一事，以此坊民，諸侯猶薨而不葬者。

按：賓禮，兼朝聘燕鄉言，鄉飲酒禮，主人迎賓至門三辭，至堦三讓，皆主人先入先登，是每進以讓也。章首賓、喪並言，下獨言喪禮者，重卒葬而言。殷人壙上而弔，于送死太簡，周人孝子反哭至家始弔，於送死殷勤，是情理備具，夫子所以從周。

“子云：升自客階”節

此夫子明喪禮之坊也。云：“人子居喪，升自客階，弔于賓位，親既往而猶避其階與位，皆不忍遽代父，所以教民追孝也。未終喪則不稱君而稱子，不敢以君位自居，所以示民不爭而興讓也。”故《魯春秋》記晋喪曰“殺其君之子奚齊，及其君卓”，蓋奚齊以未沒喪而稱子，卓子以既沒喪而稱君，是其証也。以此坊民，子猶有弒其父者。

按：升與受弔，皆指君言，觀下“教民”字可見。未沒喪，未終喪也。《春秋傳》曰：“諸侯於其封内三年稱子，至其臣子，踰年則謂之君矣。”奚齊與卓，皆獻公之子也。獻公卒，驪姬之子奚齊立，其年申生之傅里克殺之，娣之子卓立，明年而弒。《春秋》記殺其君之子奚齊，及其君卓，是奚齊以未沒喪而稱子，卓以既沒喪而稱君，事在魯僖公九年、十年，引此重“子”字、“君”字，以明未沒不稱君也。

○“子云：孝以事君”節

此夫子重君父之坊上。子云：“世子于父，尊則君矣，故在朝則孝以事君，入學當齒讓，故弟以事長，蓋世子君在斯爲臣，父在斯爲子，斯時一心惟知尊君敬長而已。示民不貳，示民知意之不敢副貳於上也。”一有副貳之心，便是急於爲政，故君子有君在不謀仕，嫌欲急于爲政也。惟君有故而代之卜，則命龜之詞，稱君之貳某，其餘他事，皆不敢稱君貳，此世子之禮，忠孝無二心也。

按：此節通作世子説，于下二句方協。不貳，謂不貳其心，非副貳其君長之説。夫事君長，乃吾分内事，如何反爲示民而設？原來君子不過自盡其不貳之心，要之上行則下效，觀感興起，皆吾之身教使然，便若有以曉示之耳。凡示民、教民處，都要如此看，君子即世子也。

○“子云：禮之先幣”節

此以交際明事君之坊也。此只是要人先事後禄之意，爲何此意在交接之禮上見之？蓋交際之禮，人人通行，寓此意于此禮之中，庶人人共知，而相勉于貴行先事意。細分之，首二句論禮先于物之義，“先財而後禮”四句，反看。以上都是説禮，以下方着君子説。君子，正明夫先事後禄之義者。“故”字不空，此弗納之心，正以禮先幣帛之心，二句要看得重，嘿示臣工，正在此處，引《易》以証之。末二句深明禮之當先於物，以爲人臣之坊。

夫交際之見，有辭讓之禮，有幣帛之將，君子相見，必先恭敬行禮，而後用幣帛也。蓋以禮者事之象，幣帛者禄之象，先禮而後幣帛，正欲使民于事君之事，則先之。勵夫靖共之節，于當得之禄則後之，去其責報之心，敬事後食之心，嘿示于賓主交際之間矣，禮之所示如此。苟使先幣帛之財，而後辭讓之禮，則民感之而爲利矣。無辭讓之心，而直行己情，則民感之而爭奪矣。利且爭，安望其能先事而後禄哉！君子明于先後之義，故于人之有饋于己者，或恭敬不足而無以爲相見之詞，則不敢納其饋，蓋不敢先財而後禮也。《易》曰：“不耕獲，不菑畬，凶。”言人臣無功而食禄者，必有凶矣，則彼不行禮而貪財者，夫何爲哉！君子以此坊民，固欲民之先事後禄，而民猶有貴禄賤行者。

按：禮指相見揖讓之節，須本恭敬來。無辭者，無交接之禮辭也，如孟子辭曰“饋贐聞戒”之類。弗能見，謂無詞以爲相見也。《注》云，他故疾病，太泥。視，猶顧也，納也。凡納饋者，必視其物而後納之，不見不納，不欲以財先立也。《易·無妄》六二爻詞，田一歲曰菑，三歲曰畬。今《易》文無“凶”字，而有“利有攸往”五[一]字，言必先種之乃得獲，若先菑乃得畬也，安有無事而取利者乎？以喻人臣無功而食君之禄，則有凶也，此蓋斷章取義，姑借爲證。

○“子云：君子不盡利”節

此言義利之坊也。不盡利以遺民，當作一氣看，此句且虚説，到下面君子，方實言其事。前引《小雅·大田》詩，以爲不盡利遺民之証，後引《衛風·谷風》詩，又是不盡利以遺民之效。穧，音劑。

子云：“天地生財，止有此數，不在官，則在民，故君子不盡取利于己，而必以遺之于民。”觀之《詩》曰，彼處有遺餘之秉把，此處有不收斂之鋪穧，寡婦之不能耕者，取之以爲利焉，此非所謂不盡利以遺民者乎？而其實何如？故君子仕則不稼，既享其在官之禄，不侈其在民者，是遺稼之利于民也。

田則不漁，既得其在山之利，不取其在水者，是遺漁之利于民也，所食者備四時之膳矣，則當遺珍之利于民，不更用力以務求珍羞也。大夫之于羊，士之于犬，既殺而食其肉，則當遺其皮之利于民，而不復坐其皮也，此皆不盡利以遺民之事也。不然，吾恐“采葑采菲”，與“無以下體”不相似，而何“德音莫違，及爾同死”之有哉！

按：上下公共取之，纔謂之利，若上人盡取而不遺民，則財聚民散，爭奪相殺，不謂之利矣。不盡利者，正有其利者也。遺民者，正自利者也。田稼既多，穫刈促遽，彼有遺秉，此有不斂穧，與寡婦捃拾以爲利。証以利遺民也。祭享則皮毛並用，豈可坐之？坐之則是無故而殺之也。坐，若《左氏》所謂“食其肉，寢其皮”，是矣。不宜豕，則以有剛鬣，不宜坐故也。近云，坐如《春秋傳》“裹糧坐甲”之坐，委而不散之意。不坐，猶言伐冰之家，不畜牛羊也。一云，大夫無故不殺羊，士無故不殺犬。不坐者，不坐享犬羊之奉也，犬羊之皮，豈可坐乎？亦辨駁有理。

“夫禮，坊民所淫”六節

此下六條，皆明男女之坊也。

“夫禮，坊民所淫”節，言男女媒幣之坊。情之蕩爲淫，分之閑爲别，有淫無别，可嫌之行也。夫禮則防隄之，章明之，正使之光明正大，無苟合之嫌也，如是則綱常正而倫理明，猶衆目之有紀而不亂也，禮之爲用如此，故昏姻之男女，必有媒以通相交之情，而無媒則不交；有幣以通相接之禮，而無幣則不見，其所以能坊淫章、别以爲民紀者，蓋以此。《豳風·伐柯》詩云云，以此坊民，民猶有自獻其身於男子者，况不坊乎！

按：《詩·齊風·南山》篇，今《詩》作《析薪》，而“伐柯如何”乃在《豳風·伐柯》篇，則此誤引也。

“取妻不取同姓”節，言男女二姓之坊。子云：“男女貴于有别，故不取同姓，所以厚别，即買妾亦然。”以此坊民，猶有不别，若昭公者。

按：《春秋》例，當云夫人姬氏薨，以諱同姓，故止云“孟子卒”。

“禮，非祭”節，言男女交爵之坊。子云：“禮，非祭，男女不交爵。”蓋祭有夫人獻尸之禮，非祭，則同姓諸侯相享，夫人親獻，異姓則使人攝，是異姓不交爵也。以此坊民，陽侯猶殺繆侯而竊其夫人，二君蓋同姓，故大享兩君相朝，即同姓亦廢夫人親獻之禮矣。大禮之不可無坊如此。

“寡婦之子”節，言男女德色之坊。子云：“寡婦之子，非有才德著見焉，則弗友也。君子以避嫌，故遠之也。”“朋友之交”以下，謂凡朋友皆然，不止謂寡婦之子也。以此坊民，民猶以色厚于德，好色厚于好德也。

按：非有見而與友，則無好德之實，難免好色之嫌，君子辟遠，正在此處。

“好德如好色”節。鄭云“此句似不足”，是也。

“諸侯不下漁色”節。禮，諸侯不内娶，蓋下娶本國卿大夫、士之女，則是如漁者之於魚，但以貪欲之心求之，曰漁色矣。色荒則紀綱弛，民之婚禮，亦因之而廢，故君子遠色，所以立民之紀，使不以色而廢禮亂常也。不但此也，“故男女授受”云云，皆遠嫌也，以此坊民，民猶淫泆而亂于族。

按：婦人疾，但問其安否，不問其疾所在。嫌媚，略之也。亂于族，非妃匹也。

“昏禮，壻親迎”節，此親迎戒女之坊。子云：“婦人之道，在家從父，出嫁從夫，故昏禮胥親迎，舅姑親進女子以授壻，蓋恐不知從夫之道，而有違命之事也。”以此坊民，婦道猶有不至而事所違者。

按：婦人謂夫之父母曰舅姑，男子亦謂妻之父母曰舅姑，但加“外”字耳。壻親迎之時，婦之父母，承奉女子以付授于壻而戒之，父戒女曰：“夙夜無違命。”母戒女曰：“毋違宫事。”恐此女于昏事乖違也。不至，不親夫以孝舅姑也。

中庸

按：此篇之義，詳見朱子《章句》，或問“唯尊德性，道問學”二語，與陸氏所學不同，當時紛紛往復辨論，至今疑之。夫此特二儒各因其性之所近以入門者如此，晚年已悔而歸一矣。況其本根節目之大，未嘗不同，則亦何必置疑于其間哉！學者宗陸而斥朱，亦豈陸氏之意乎！

【校箋】

[一]當作四。

禮記説義纂訂卷之二十一

陜西涇陽楊梧鳳閣著
兄楠龍棟定
姪昌齡三開、紹齡七來
男延齡九如
孫惺慧益較

○表記

按此記君子之德，見于儀表者，看來篇中言仁最多。仁者，天下之表也，其以此名篇乎？

"子言之：歸乎"節

此夫子思歸欲以儀刑立教也。隱而顯，是歸乎之故，下三句是隱而顯之實，隱以身言，顯以道言。莊、威、信在自己心上來，不可説在人去了。昔夫子周流不遇而嘆曰："道不行矣，吾其歸乎！"蓋君子身雖隱而身範的道理，包得大在裏面，自然顯著而不可掩。何以見其顯也？不待矜持而貌自然莊，不待嚴厲而色自然威，不待言語而信在言前，自然確實是道顯于身，而儀刑之本在我，何患不足以成教化，何必身顯始爲顯哉！此吾所以思歸也。

按：確不可拔，龍德之隱也，然勿用之中，自有利見之具，則潛龍之妙於顯也。莊、威、信，想見君子用心潛審，不事表暴，乃見龍德之學。一云，君子隱而顯，言君子之心雖隱微潛伏，而戒慎恐懼，常若天地民物之交于前，而至光顯者，蓋無所不致其純審矣。"不待矜持而自然莊敬"三句，闇然合乎天載，而遯（遁）世依乎中庸，何必歷聘説駕而後足以行道哉！

“子曰：君子不失足”節

此夫子明善動之理也。此節全重“敬忌”一句，與《注》中三“慮”字緊關，慮正是敬忌之心，三“不失”是動無不謹，三“足”字是動無不善，皆在自己身上體貼。惟謹故善，引《甫刑》證言，貌色例見。子曰：“君子之心，常存敬畏。”有所行也，必慮之，曰可以行，可以無行，惟理所當行則行，否則寧弗行也，何嘗失足于人乎？有所喜也，必慮之，曰可以喜，可以無喜，惟理所當喜則喜，否則寧勿喜也，何嘗失色於人乎？有所言也，必慮之，曰可以言，可以無言，惟理所當言則言，否則寧弗言也，何嘗失口于人乎？不失足于人，故貌之動也，人畏之，非人畏也，不失足中有可畏者也。不失色于人，故色之正也，人憚之，非人憚也，不失色中有足憚者也。不失口于人，故言之出也，人信之，非人信也，不失口中有足信者也，皆一敬之所致也。《周書·甫刑》曰：“敬忌而罔有擇言在躬。”此正可明言足信之事，則貌與色可知矣。

按：三“不失”着工夫，不失足以舉動言，即容貌之周于身者，色則容之見于面者。三“足”字重在己説，未便説到人上。《甫刑》即《吕刑》，《周書》篇名，吕侯子孫後改封甫，故稱《甫刑》，猶荆稱楚，殷稱商也。敬，有不敢逸意。忌，戒也，有不敢放意。别處説敬，不説忌，此説一個“敬忌”，于不失足、不失色、不失口最切，非平常敬忌的工夫到得，安得致此。

“子曰：裼、襲之不相”節

此夫子明敬事之道也。此舉禮文而釋其意，“欲民”句，着行禮之人講，不是上行下效意。此節重“辨”字，毋相瀆之敬，全在“辨”上，不憚勞意輕。

子曰：“衣之有裼、襲，所以别文質，各有異宜者也。行禮者或裼或襲，或先裼後襲，先襲後裼。雖一時間，亦必易服從事。若是乎不相因者，蓋禮者敬而已矣。”節文甚辨，而又不憚其勞，欲民之毋相瀆也，豈得相因而任便也哉！

“子曰：祭極敬”節

此明朝祭禮當慎其終也，要看二“極”字，二“不繼”字。敬以祭之心言，辨以身之節文言，“極”已到至處了，“繼”又進了一步，言慎終如始意，不可作一正一反看，須知敬心略放開，便是樂心辨别，略輕忽，便是倦態，此最易起者，故朝祭戒之。子曰："禮至乎宗廟朝廷而極矣。"顧至極之禮，非至極之心不足以持之。夫祭，誰敢不敬？而敬之心未純，未幾而繼以樂者有之。惟極敬者，自灌獻至燕飲，無非如在之誠，無有繼以樂者矣。朝，誰敢不辨？而辨之心未篤，無何而繼以倦者有之。惟極辨者自臨御至聽政，無非端肅之度，無有繼以倦者矣。君子戒慎于不覩不聞，剖析于惟精惟一。凡以求極敬極辨已耳，豈于臨事時勉攝哉！

按：極敬、極辨，俱有平日學問工夫在。"樂"字、"倦"字，俱要看得細，如燕飲以洽情，適寢以就便，皆不可已，而易涉于樂與倦者，極敬、極辨，則有其事而無其心矣。極者，竭盡而無餘之辭；繼者，前竭而後承之謂。

"子曰：君子慎以辟"節

此夫子明敬修之妙也，慎以處事言，篤以立身言，恭以接人言，總一"敬"字盡之，三"以"字俱是自然，無工夫，不可作以求説。

子曰："君子慎言行則寡過，况于禍乎？所謂以約失之者鮮也，篤于行則誠著，豈能掩乎？所謂闇然而日章也，與人恭則人敬，豈有辱乎？"所謂不侮，人人自不侮也。一修己敬而人己咸得如此，君子之求諸己也，以是夫。

"子曰：君子莊敬日"節

此夫子明主敬之學也。首二節泛論其理，不就君子身上説。一"日"字言其功之審也，其躬儳焉，先由内以及外，如不終日，又因外以及内，是安肆時事。"不以"二字，正其用功處。子曰："修己在敬，敬修要純，一君子也。"外莊内敬，則身心有所檢來，日强一日，而爲聖爲賢，由此漸進；内安外肆，則身心胥于放蕩，日偷一日，而爲愚爲不肖，由此下達。消長之理如此，是以君子養其内以齊其外，齊其外以安其内，不以一日之暫，少開間隙，使内外有儳焉。錯出之形，而内亦拘迫不安，如不能終日也。斯之謂莊敬，而日强在其中矣。

按："莊敬"二句宜活看。君子誠莊敬，則日進于强，如安肆則日入于偷，間不容髪，所以日偷亦云君子。莊以貌言，敬以心言，安者逸于外，肆者放于内。一云，俱當屬心，只觀《注》"内心無所檢束"自見，可從。以聖賢、愚不肖説，强與偷，猶後一層，莊敬便是强。君子惟莊敬，所以天理益精明純固，故曰“日强”。安肆便是偷，君子倘一念安肆，天理便間斷，而有駸駸汗下之勢，故曰“日偷”。“君子一日”句，口氣甚緊，蓋身心相關，心無檢束，則形必參錯，外既參錯則心亦拘迫。記者畫出日偷樣子與人看，若主一以正内，而心廣體胖，何至于“如不終日”乎？躬合身心，切勿分看。

“子曰：齊戒以事”節

此夫子明教敬之道也。曰“天下至幽者莫如鬼神，至尊者莫如君，先王制禮、教民、齊戒以事鬼神，擇日月以見君，恐民之不敬鬼神與君也”。甚矣，敬之不可以已也。

按：《玉藻》“將適公所，宿齊戒，則見君亦齊戒也”，《周禮》“祭祀前十日，帥執事卜日，則事鬼神亦擇日也”，此分言者，互相備也。朝廷之臣，每日朝君，何云擇日月，或出使在外，或食别都，見君必擇日月也。不敬即鬼神與君言，恐民不敬，有示教之意。幽明之交，上下之際，尤其所當敬者，故並言之。

“子曰：狎侮，死焉”節

此夫子嚴狎侮之戒也。曰“人之褻狎侮慢于人，至于得禍以死，而猶不知畏者，爲其所蔽故也”。苟使知畏，則慎以避禍，將必悔而改矣，何至于死哉！

按：此見夫子憚狎侮人者心事，《書》曰“德盛不狎侮”，又曰“弗畏人畏”，“畏”與“狎侮”正相反。

“子曰：無辭不相接”節

此夫子貴交接之敬也。曰“交之易褻也，起于褻而不敬，故古者賓主相接，必有請事之辭，無辭不相接也，相見必有執贄之禮，無禮不相見也”。豈樂爲是虚文也哉！詞以正會合之名，贄以章恭敬之實，無詞則直情徑行，無幣則恭敬莫將，易至相褻，此欲民之無相褻也。《易·蒙卦》詞曰“初筮告”云云，賓主接見，信當如初筮之誠，不可如再三之瀆矣。

按：引《易》不甚協，姑證以無相褻瀆之義。

“子言之：仁者，天下”節

此言人性之德，有關于天下也。“天下”二字要緊，正見爲用之大處，是自然功用，非人去求之也。《注》中“仁之體”二句，是表的原頭；“義之體”二句，是制的原頭；“報之爲禮”四句，是利的原頭。夫子謂人日在仁、義、禮大道中而不覺，“表”、“制”、“利”三借字，有猛然提醒人意，不惟使之由，而使之知也。

子曰：人莫不言仁、言禮、言義矣。至或以一節當之，抑知其根于性而統于同乎？仁者心之愛也，其爲體大而尊，元善在是，而使人儼然知所敬，真猶標準一立，而人咸望之以爲趨也。不曰“天下之表”乎？義者信之宜也，其爲體方而嚴，物範在是，而使人凛然知所畏，真猶制度一立，而人咸守之以爲法也。不曰“天下之制”乎？至報之以爲禮，以交際往來，此感彼應而有不容已者，所以使人有文以相接，而不至于慤，有恩以相愛，而不至于疏，真猶利源一開，而人咸賴之爲用矣。不曰“天下之利”乎？彼呴呴爲仁，斷斷爲義，屑屑爲禮，外德性而言功用，抑小矣，安所當于天下也哉！

一云，“利”字作人心自然而然者，易利者義之和，孟子“故者以利爲本”，義同，看太深了。

“子曰：以德報德”節

此夫子明報禮之貴持平也。此承上文言報之禮，足以感動人心，爲末世説也。“《詩》：‘無言’”二句，以怨報怨，以德報德者，此報之義也。引《書》“民非后”四句，是上下之常，亦報之義，但“報”字之意在言外，且少却怨一邊，皆報之平也，然亦有失其平者。君子寧過于厚，毋過于薄，然則必如何報而可？以德報德，以直報怨，是斷案。

子曰：“報固天下之利矣，然其中有德怨焉，不可不知也。人有德于我者，我必以德報之，然後民知所勸，而務于施德。人有怨于我者，我必以怨報之，然後民知所懲，而不敢施怨。”《大雅·抑》詩篇“無言不讎”，此可證報怨，“無德不報”，此可證報德。《商書·太甲》篇“民非后，無能胥以寧”，是安民之德宜報也，“后非民，非以辟四方”，是翼君之德宜報也。俱報之常理，若失其平，則寧以德報怨，毋以怨報德。夫子又曰：“以德報怨，雖不足以有懲，然衆將德之，而吾身寛裕有容矣，是寛身之仁人也。以怨報德，則忘人之德，悖理逆天，刑戮之民而已，豈但不足爲勸也哉！”

按：以德報德，以怨報怨，末世人情，大都如此，引《詩》、《書》爲前段作個證佐。言，惡言也。讐，答也，屬報怨邊。“無德”句，屬報德邊。一云，言兼得失，德兼吉凶，此泛論報也。民有德于后，君之于民，時使薄斂，此上有以報乎下；后有德于民，民之于君，出死斷亡而不偷，此下有以報乎上。此又上下之報也。

“子曰：無欲而好仁”節

此見安仁之難，而成仁之有道也。

子曰：“好必生于欲，惡必生于畏，若無所欲而好仁，無所畏而畏不仁，此所謂無所爲而爲之性焉、安焉之事，故曰天下一人而已矣。”惟安仁之人難得，故君子講明仁之道理，則自己之所能者言之，必曰無欲之好，無畏之惡，方純于道也。至于立法而使民爲仁，則惟以民之所能，即有欲而好、有畏而惡，亦足矣，是以一人望天下，而不以一人强天下，這纔是聖人以仁成就一世的妙術也。

按：無欲、無畏，是不爲欲善其身而自然爲仁，不爲畏置其身于惡而自然惡不仁。“議道”二句，是于立法中盡牖民之術。議道，與天下論好仁、惡不仁之道也。己，指安仁者説。無欲、無畏，安仁者之所能。常説知側重“置法”句爲民，而不知議道亦爲民，蓋議道不自己，則道之分量未滿，置法不以民，則民之鼓舞不暢，非責己嚴、責人恕之説。一云，率性之謂道，通變之謂法，立言以待天下之豪傑，立法以待天下之常人，無非爲道而已。

“子曰：仁有三”節

此節見仁以情異，體仁者不可廢義也。要把“情”字與“義”字看得聯絡，獨重異情上，爲仁受過，正是他情之不得已，而無愧於仁處。其中真情有無數委曲，豈不是異，下道義乃得過緣由，遇仁之窮，不得不以義濟之，有過則合義，不過則不合義，必如此處之，方是當然之道，而合于義者，異情乃爲義而生之情異也。可見義是成仁之物，與人一體，真若左右之不離者，體仁者豈可薄義。“厚于仁者薄于義”三句重，“厚于義”三句輕，不過形上句耳。

彼人之爲仁，其等有三，其功均與仁一，而情則時勢所遭，有難一律齊者。與仁同功，不可信其爲仁，恐假公以濟私也。必也與仁之過相同，然後可信其仁，蓋君子苟可以成仁，寧處于過而不辭，過同于仁則有仁之實可知矣。安仁、利仁、强仁，所謂仁有三也。然由仁者、知者、畏罪者來，其功雖同，而情則異，然則爲仁受過者義，而成其過爲仁人之過者亦義也。有仁無義，非道之過也，猶有右無左也，是以體仁者仁爲右，而道即爲左以輔仁，何也？以仁即仁之心而道即人心之公義也。徒有不忍之心，而義不足以濟，親而不尊，其弊究且與厚義薄仁、尊而不親者等，彼從情得過者，烏可廢義乎哉！

按："仁"字以愛之理言，就事功上見。惟"仁右"與"仁人"二"仁"字兼心德説，下"安仁"、"利仁"，亦與《論語》在理欲上説者不同。既曰仁，又何曰過，蓋欲全夫仁，或爲仁受過也。下"義"字已含在内了。安利至强仁，以造仁淺深言，指出三種人物，發明所以異情處，須發他不得已而甘受過心腸，此中便有當然之道。左右仁道，即志至氣次意，全重仁與道相資爲用，不重先後之序，仁右道左虚説，仁右就在道上形，道左就在仁上形。仁人道義，申仁右道左之故，左能助右之不及，義能輔仁之行，方見相資處。仁何屬人？仁以慈愛之存于心言，是本然者，乃人所以爲仁之理也。道以慈愛之宜于事言，是當然者，乃行而宜之之謂也。末六句言義仁不可偏廢，見體仁者必得義以濟，方與情不窮而仁始全。

"道有至有義"節

此列道之三等也。上止論道，下方着人之造道説。王霸無失，俱以治功言，以王、以霸謂有得于王霸之道，非便可以爲王霸也。與"無失"句例看，至道變而爲匡正之具，則有義，至道垂而爲日後之憲，則爲考。義與考，總以救仁道之衰耳!

天下之治道有三，有純粹至善，渾全無迹，而爲仁之道者，仁不足則濟之以義，而毅然能斷又一道矣。仁義之道衰，維之以法，而率由舊章，又一道矣。人君誠得其渾全純粹之道，則以德行仁，即王者以王心爲王政，亦不過是，故曰至道以王。下之而得其裁制斷割之道，則以禮明義，即霸者仗威信以服人，秉風裁以處事，蓋其遺風焉，故曰以霸也。又下之得于稽考先王之道，而事無輕舉，則鑒成憲以無愆，學古訓而有獲，蓋其定式焉，可以無失矣。

“子言之：仁有數”節

此夫子剖仁義之微也。仁有數，以力之所至言，便見人當會其全而不可以一端自盡意。義有長短大小，以用之所宜言，説義無定體，便見人當合其宜，而不可以一偏自拘意。以下“仁”字俱屬治道看，曰“愛人之仁”，便繼以數世之仁，曰“資仁者”，便繼以終身之仁。引《詩》是足上意，非証也。“數世”句在武王養賢貽後上見，須本武王愛人之仁，先有中心憯怛意思。“終身”句，即在“我今”二句，須本率法資仁意思。

夫仁豈一端乎？隨所舉多寡，所至遠近，皆可以仁名，仁有數矣，義豈有定體也乎！長短各有宜，大小各有辨，隨其用之所宜，皆可以義名，義不有長短大小乎？且以仁有數者言之，憯怛根于中心，而一體天下，是愛人之仁也，所發深矣。勉强率法，而借外益内，資仁者也，所發淺矣。惟所發有淺深，故所及有遠近，《大雅·有聲》詩“豐水”云云，述武王預養官使，以人才啓後也，則今日爲親臣，後日爲世臣，此精神流于數世之後，故子若孫得所憑依，非數世之仁乎？《邶風·谷風》詩“我今”云云，言志在近憂，無及遠慮也，則强仁自淑冀以令終一身，而我後之恤有不暇，非終身之仁乎？雖有淺深遠近不同，然皆可以仁名，則仁可見有數矣，而義之有長短大小，不可類推哉！

按：有數，如下文淺深遠近是也。有長短大小，如宜長短則長短，宜小大則小大，孔子仕止久速之類，禮器高下文素之類。“率法”與“憯怛”對，“强之”與“中心”對。“資仁”之“仁”字，以古之仁道言，與上下“仁”字不同。《有聲》詩末章，只言武王遷鎬，以安民之功貽子孫，並不及官人一事，此引《詩》乃以官人言，《詩》共八章，前四章言文王遷豐，後四章言武王遷鎬，建辟雝以行教化之事。《谷風》篇言婦人爲夫所棄，故作此詩，以敘悲怨之情，又自思我身且不見容，何暇恤我已去之後，知其不能禁而絶意之辭。

“子曰：仁之爲器重”節

此夫子明成仁之有道也。今之人非不爲仁，只是求仁者，責人太刻，把人爲仁意氣，都銷阻了，所以夫子發此議論。器重道遠，以重遠形容仁體之大也。莫勝莫致，非不舉不行也，但不能勝其重、致其遠耳。舉重致遠，人事宜然，故曰“義”。度者，量度期求之意。

子曰：“仁也者，統四端，兼萬善，其爲器重，與生相爲終始，一息不容少懈。其爲道遠，惟器重，故舉之者多得此遺彼而莫能勝。惟道遠，故行之者多始勤終怠而莫能致。此可見，少能舉之行之，固此器此道之數，及由此愈舉愈重，有不可盡勝者，愈行愈遠，有不可盡致者，亦此器此道之數，是取數多者，正仁道之所以爲大也。然則人欲勉于仁而盡勝盡致，自非弘毅之士不能，天下弘毅者有幾人？蓋亦難矣。君子曰：‘人已難于勉仁，而我可復責以太難乎？’”是故君子之于人也，概舉人道之宜盡者，以繩度人，則一疵尚存，全體之累，一息少懈，終身之累，非聖人不足以當之，難爲人矣。惟就今時人，望今時人，則能舉能行者，異于不舉不行者，漸勝漸致者，異于僅舉僅致者，賢者不可知哉！自責固當盡義，而望人必當以人，君子之成仁有道如此。

按：器若器用，道若道路，舉若手舉，行若足行，俱借來字面。器重道遠，以仁本體言。“莫能”二句，着體仁者説，取數過，在“爲器重”二句見出。“勉于仁”二句，在“莫能勝”二句見出，“是故”緊頂仁之當盡説，“以義度人”四句，須側重“以人”句，度人、望人，俱就舉行上説，此四句並舉得失，是設言，正意尚在言外。

“子曰：中心安仁”節

此夫子勉人爲仁也。上二句言安仁之難，下即《詩》之好仁者以勉之也。天下一人，見人不可不好仁意。玩《大雅》“舉”字，便屬勝重邊；玩《小雅》“行”字，便屬致遠邊，正暗應上節“舉”、“行”字。如此，便指“愛莫助之”、“景行行止”説，蓋即其好之之辭，而推其好之之心也。“鄉道”以下，有申詩人好仁之心之篤，正發“如此”二字意。“《詩》之好仁”至末，通贊詩人好仁處，勉人意俱在言外見之。

彼仁不遠人，欲之即至，顧人用力何如耳？仁之爲器重，爲道遠，中心安仁，只是勝重致遠，一出于自然意，天下一人而已矣，可貴也哉！然而非難也，《大雅·烝民》篇，以全德歸山甫之克舉，是即舉之能勝者而欲助之；《小雅·車舝》篇，以高山比景行之可法，是即行之能致者而欲法之。《詩》之好仁，如此其篤哉！由其言而推其心，蓋鄉仁道而行，必中途力竭然後止，然力疲而志勇，有欲罷不能者。自今日言，身雖老矣，只見仁之當好，忘身之老也。以後日言，年數雖不足，只憂求仁之不切，不知年數之無幾。惟俯焉一無他顧而日有孳孳，以至于斃而後已，今人惟不好耳。果能如詩人愛欲助、行欲法，則始也勉仁，終也安仁，天下豈止一人而已哉！

按：天下一人，非阻人以難，言安仁者少，正起下文好仁意。一章要緊相接，不可云“安仁者固少，人當勉于仁也”。《烝民》詩，此宣王命樊侯仲山甫築城于齊，尹吉甫作詩以送之。仲山甫，樊侯之字也。《車舝》詩，言高山則可仰，大道則可行，借仰高山以興行大道，引《詩》斷章，作景大之德行説。

“子曰：仁之難成”節

此見君子能成己之仁也。夫子歷來説許多仁的難處，此節教人下手工夫，人之遠于仁者，只是詿誤變了那點真心，一時反不來，寡過是近仁之基，恭儉信敬讓，是寡過之實，寡過則德進而仁成矣。

夫子曰：“仁道難成，非始今日，其來久矣。何也？仁者無欲之謂，人人爲私欲所溺，則所好多在不仁，此仁所以難成也。惟仁者不失其所好，自然無過，縱或有過，其情則善，可不待多言而過易辭也。然何以見仁者之過易辭也，恭之德雖非禮，恭則不侮，得禮之意而近乎禮；儉之德雖非仁，儉則不奪，得仁之意而近乎仁；信之德雖非情，信則不欺，得情之意而近乎情，三者之德可好如此。惟不二其心，敬以行之，不侈其心，讓以行之，則所好果在仁，即有過，過于厚與愛者也，必非過于忍與薄者也，過而不甚矣。”然敬讓行此，如何便過不甚恭近禮者也？敬讓以行此恭，則侮人之過自寡，信近情者也。敬讓以行此情，則人相諒而情可信，儉近仁者也。敬讓以行此儉，則于我知足，于物無忤，而自然容易，以此而尚有失于忍與薄者，不亦鮮乎？所以雖有過不甚矣，信乎仁者之過易辭也，未有寡過而德不日進者，《抑》之詩曰“溫溫恭人，維德之基”，即恭之基德，而儉與信可知矣，仁之能成不足徵哉！

按：“好”字與“過”字對，好在心上看，下正見過之所以易辭處。“所好”暗指下恭儉言，過易辭，暗含下文兩段。若周公之過，過于愛親，孔子之過，過于愛君，爲君親而有過，此其所以易辭也。一云，易辭不是仁者欲釋其過而爲之辭，仁者求無愧此心耳。然此心誠得所好，即不幸而有過，亦天理人情之宜有者，知者亦必以天理人情原之矣，所以有辭于天下後世也，故曰“易辭”，此説細入。“恭近禮”以下，皆言志仁而寡過之事，前段恭儉信以外面一節之好言，禮仁情以全體之好言，恭儉信行仁之資，而敬讓則歸本于心，工夫全在敬讓行此上，是行仁工夫益密處，力此三者，而不敢忽處就是敬，不自足處就是讓，非又是一事也。“恭寡過”三句，承“敬讓以行”，“此”而指人説。恭寡過，此是寡慢人之過，比前兩“過”字説得狹些。前言“信近情”，後却變信爲情者，爲下有“信”字相礙也。“可信”“信”字，與上“信”字異，是人相諒也。前“情”字是本，然誠實之理，不作性情之情，信既近情，則信亦直可謂之情矣。儉則寡于欲而易以處，故容易，曰不甚，曰鮮，總是其過易辭之意也。得則爲當，失則爲過，過之不甚，由其失之鮮，故始言過，終又言失，寡過便進德。引《大雅・抑》之篇，是足上文，非証也。

“子曰：仁之難”節

此見君子能成人之仁也。“惟君子能之”乃一節之大旨。“君子”至“以行其言”是責之恕，“禮以節之”至“有壹也”是教之密，引《詩》總此兩意，方見出能之意來。

夫子曰：“人之于仁也，責之太難，則有以重其畏難之心，教之太疏，又無以啓其從入之路。仁之難成久矣，惟君子能之者，豈有異術哉！”君子之立心也恕，以無欲之好、無畏之惡，此己所能而人所不能也。不以己所獨能之仁，重困乎人而病之，又不以人所不能之仁，暴人之短而愧之，其立心如此，其制爲好仁惡不仁之行也。就其有欲而好、有畏而惡之情，而不以己之無欲無畏者制之，其意何也？欲使民跂及乎此者，樂其當從，而勸勉以行聖人立教之言，不及乎此者，感其易行，而愧耻以行聖人立教之言，此以人治人之術也。民已向仁矣，但立法未詳，民心猶不壹也。又制爲禮以節其爲仁之行，毋過不及而使之齊，制爲信以結其爲仁之志，毋始勤終怠而使之固，所以養其内也。制爲容貌之文，使之因外以檢内，制爲衣服之稱，使之因服以思德，所以養其外也。制爲朋友之交，使之切磋以極于成。凡此内外夾持，人己交修，欲其念念事事，專壹乎仁而無他岐外誘之惑也。如是而民有不仁者，獨不愧于人而畏于天，如《小雅・何人斯》篇所云乎，信乎君子能成人之仁矣。

按：此節舊分責人以恕，成人有道，看來成人之仁，只在“不制以己”一句，而“禮以節之”五句，正不制以己之實也。君子聖人，只是一個人，上言立心之恕，下言立教之恕，一串，非兩平，欲民之有壹也，正申明“使民”一句意。“使”字、“欲”字，俱在聖人立教之心上説，勸勉暗與病人相反，愧耻暗與愧人相反。時説賢者勤勉，不肖者愧耻，亦通。“移”字，《注》讀爲“稱”。一云，讀如字，蓋服其服，未有不循禮而蹈信者，其潛移默化之力居多也。只從《注》説。引《詩》見民之從仁，非証上文也，當總承上兩段來。上言愧人，我愧之也，下言愧耻，彼自愧也。我未有制而先愧之民，徒知仁而不能行，而甘心受耻，是以愧之者阻之也。我已有制而民猶不能仁，彼將自愧，是以愧之者激之也，則愧耻者激發人心一大機括也。

“是故君子服其服”節

此承上容貌衣服而言，欲其有德行以實之也。“服其服”六句，歸重德上。“君子耻服”四句，歸重行上。前後兩個“君子”，俱是設言。六個“則”字，俱是必然之理。中間“君子耻處”，方是實説。“耻”字有工夫在內，惟所惡在此，故所欲在彼，衰絰、甲胄、端冕，申服其服之實，哀色、敬色不可辱之色，申其有容之實。當云有哀敬不可辱之德行而發之色也，既有容貌衣服，則有言詞以文之，德行以實之，不言可知。引《詩》爲有其服而無德行之証。

夫禮、信、朋友之足以成仁，固矣。容貌、衣服，如何亦足以成仁？蓋立教者雖由外以感其中，而受教者必實中以稱其外，故服其服，則容以爲飾，言以爲華，德以爲本，此華實之理也，故服其服而無其容，有其容而無其辭，有其辭而無其德，有其德而無其行。君子耻之，耻其有華而無實也。然則君子可徒美其服哉？如衰絰、端冕、甲胄，正服之美者，有敬哀不可挫辱之色，則德行著矣。《詩·曹風·候人》之篇，言鵜鶘竊魚而食，以興小人無功德而受顯服，爲不稱也，寧非君子之所耻哉！

按：衣服仁之章，容貌仁之符，言詞仁之文，三者皆爲仁不可少。然從此做，亦只是外面文飾工夫，德者仁之存于中而完其真，故君子欲以德而實于內，行者仁之施，于外而中其節，故君子欲以行而實于外，蓋止云得于中，其得與不得尚未可知。惟見于行事之間，方是實有其得，此君子又以有德無行爲耻也。德是好仁惡不仁，實有諸已，行是好仁惡不仁，所行皆善無惡也。鵜鶘常入水中食魚，今乃在魚梁之上，竊人之魚以食，未常濡溼其翼，如小人居高位以竊禄，而不稱其服也，故取以爲証。一云，玩本文語氣，當重衣服一邊説，衣服乃身外之物，而聖人立以爲教者何？蓋君子服其服，自然文以君子之容，由容以及于德，此必然之理也，故"衰絰"三句皆在衣服上説，可知衣服有關于德行如此，此聖人制行，而必衣服以制之者，良有以也。

"君子之所謂義者"節

此夫子明義在有事，而重其責于上也，全爲人君不敬天，只要臣子奔走承奉乎己而發。君子所謂義，猶云義之爲義也。貴就暗指天子，賤就暗指諸侯。"天下"是虚字，此句雖貴賤平説，然已含有貴率賤之意，而重在貴邊了。"故"字由天子親耕倡率來，"勤"字重看，"輔"字指得廣。事上帝，事天子，正于上有事相照應。

今夫義者，公而不偏之謂，人但知賤之事貴，而不知貴之率賤，則偏私非公矣。此義其所義，非君子之所義也。君子之所謂義者，自貴及賤，隨其分之所宜，莫不各有當爲之事，賤不獨勞，貴不獨逸，是貴賤皆有事于天下也，而貴尤急焉，至貴莫如天下，天子必親耕、具粢盛秬鬯以事上帝，竭力致敬如此，故諸侯亦外而藩屏，内而贊襄，勤以輔事于天子。夫事上帝天子之事，事天子、諸侯之事也，而天子實爲之倡，然則天下豈可有無事之義也哉！

按：皆有事，皆任勤勞之事于天下也。粢盛秬鬯，皆藉田所出，故以親耕統之，爲粢盛以充簠簋，爲秬鬯以實尊彝。《小宰》注云"天地大神，至尊不祼"，此祭上帝有秬鬯者。凡鬯有二，若和之以鬱，謂之鬱人，鬱鬯所掌是也，祭宗廟則用以灌地；若不和以鬱，謂之秬鬯，鬯人所掌是也，謂五齊之酒，以秬黍爲之，以菜芳調之，故曰"秬鬯"，得以事上帝。一云，秬，黑黍，天地至和之氣所生，名曰鬯，言和氣調暢也。

"子曰：下之事上也"節

此統論臣道之盡仁也。"求福不回"分，前泛論人臣，後引古人爲証也。首四句作頭，"庇民"句引起，全重"不敢有君民之心"上。"仁厚""厚"字，全在這點小心裏看出來。恭儉信讓，是役仁役禮之事，"不自尚"等是恭儉信讓之事，看來"小心畏義"一句與"不敢有君民之心"，最爲關緊，仁禮皆以及于人者言，即所謂事，即前所謂德。當以"仁禮"二句爲主，以"小心畏義"句作鍵，中間數句，但要會仁禮意，不必分貼，總是摹出一個君子不敢之心耳。中引《詩》亦重“不回”句，君民大德，事君小心，當據四聖實跡講，上句亦是伴下句的，不重，此“小心”與《詩》中“小心”一類看，與“小心畏義”微異，後引《詩》末二句，從前四句來，引他只重在“小心”與“不回”上。

今夫下之事上也，雖有覆庇斯民之大德，不敢有君國子民之心，此仁之厚也，蓋無大德者，無君民之心，此是合該了。惟業愈大而心愈小，是直到那純篤深遠不可窺的地步，仁豈不厚？故君子事君，有求盡仁厚之道焉。誠以有庇民之德，而無君民之心，所以愛吾君也，是之謂仁，所以敬吾君也，是之謂禮。君子以恭儉者行仁之資，則主一而不散，樽節而不侈，以恭儉求爲仁；信讓者行禮之資，則真實而不欺，謙冲而不滿，以信讓求爲禮。然恭儉信讓之事，非可一端盡也。事業雖可尚也，而不自尚，持身雖可尊也，而不自尊。儉于位，辭尊居卑也；寡于欲，辭富居貧也；讓于賢，見賢能舉也；卑己尊人，處衆能下也。凡此者，正以其小心而畏義，而求以事君焉耳。君而得我，小心自是；君而不得，亦小心自是，而以聽天命。《大雅・旱麓》詩云“莫莫葛藟，施于條枚。凱弟君子，求福不回”，不回者，小心之謂也。是道也，古之人有行之者，其舜、禹、文王、周公也歟？數聖人者，莫不有君民之大德，有事君之小心，如百揆時敘，地平天成，舜、禹及民之德大矣。而讓德弗嗣，祇承于帝，心又何小。發政施仁，制禮作樂，文、周之德大矣。而服殷不改，致政無二，心有何小。《大雅・大明》詩云“惟此文王”云云，言文王之小心不回也，而三聖可例知矣。

按：“仁之厚也”以上，泛論道理如此。“天命”以上，方就君子説。仁禮渾然無迹，而以恭儉信讓體貼出來。役，《注》云爲，即行也。恭是不以寵利居成功，儉是不以小位受大禄，信是秉精白以承休德，讓是竭忠順以媚一人。役仁役禮，不是求盡仁，只是求盡厚道，統臣心事，都在一“厚”字看出，其發源全在“不敢”二字。蓋世之爲臣者，敢于自大，以故少有功德及人，便自謂至仁，自謂至禮，便自尚，便自尊，便貪位極欲，便嫉賢傲人，以至事君之不純，皆此一念不小心畏義之故。君子惟持一小心以事君，是故人若見爲仁、爲禮、爲德之大，而君子何常自知其爲仁、爲禮、爲德之庇民乎？義以名義之重言，以聽天命，只自盡役仁、役禮之心，正天命所在，故以聽天命。大德、小心串説，不可平看。君民，即庇民也。事君小心，即不敢有君民之心也。《大明》詩言文王小心翼翼，然以明事上帝，遂能懷來多福，蓋其德不回邪，故受此四方侯國之歸也。

“子曰：先王謚以尊”節

此夫子重行意也。此節與上節雖都是臣道，然上節以大德、小心作主，此節以尚行不尚名作主。説謚法原不重，只要引起下文耳。君子指爲臣者。“不自大其事”三段，總是尚行不尚名也，處情、處厚、下賢，都緊跟上文，不可作解上文之意，此三段内，就含有自卑了。“雖自卑”句，只重民敬尊上，通節只“自卑”二字，這自卑不是有意自卑，以邀人之尊敬我，雖大聖在天地間，只憑自己力量，止做得一件事到底，這一件事以他聖人忖量來，還恐未到得極處，所以只管自家謙讓，不遑民敬尊，有莫不大事尚功、彰善美功意。引后稷者，后稷與上節四聖爲一類，其務行不務名，正臣道之仁處。

夫事君者，貴務實，不貴務名，即謚法觀之，先王論行以爲謚，蓋欲尊其名，使聲譽得而尊顯，然惟取其一節之大者，以專其善，而不枚舉他長，此何義也？蓋以名常有餘，行常不足，耻名之多浮於行也。謚法且然，況臣道乎？故君子之爲臣者，事功雖多侈也，而略無自矜之心，正欲處其實，不處其華耳。過行若可率也，而不爲過人之行，正欲居其厚，不居其薄耳。人有善，吾彰之人有功，吾美之亦以其賢有可尚，吾求下此人之賢耳。夫處情、處厚、下賢三者，無非自卑之道，然謙尊而光，卑而不可踰，是故君子雖自卑，而民敬尊之矣。是道也，古之人有行之者，后稷也。夫子又曰：“后稷之烈，在教民稼穡，是天下之爲烈也，豈一人之手，一人之足遵而用之哉！宜以仁自居矣，然其心惟欲行之浮于名也，自謂便習民事之人而已。”是其務行而不務名，自卑之臣道，后稷其得之矣。

按：常説，名，聲譽也。一云，名，即生前之名，有謚則諱其名矣，故曰“謚以尊名”，如公叔文子之子請謚，請所以易其名是也，然畢竟從名譽説爲得。事與功對，所爲者爲事，所成者爲功。善與巧對，德謂之善，事謂之功。事如善于養民、教民，功謂養民而民遂生，教民而民復性是也。過高之行，如事君援不及、煩不知，治民責難知、責難行是也。一作不貳過解，不可從。彰之美之，則不妒賢，正以求下賢也。三者通加一“求”字，可以覘君子心事。“雖自卑”句，只就上文看出，玩耻名浮于行，只是務實的心事，如何與自卑相關。即此耻心，便是自卑處，便是不敢有君民之心處，故重自卑爲的。后稷功烈徧天下，見他有庇民大德了，自謂便人，見他自卑不敢有君民之心了。此正處情等心事，民迄今稱之，何常不尊且敬耶？

“君子之所謂仁”節

此見君道難於盡仁，人君當兼體也。仁，指仁民之治道説，但且虚，下引《凱弟》之詩以明之，“凱以”二句，不重釋詩，乃承“凱弟”二字，便屬君子言也。“凱弟”二字，盡所爲仁，强教悦安，凱弟之事，“樂而毋荒”四句，是强教悦安之實。玩數“而”字，每句重下截爲是。“使民”二句重，“使”字在君子盡尊親之道説，不是民已尊親了。兩個“如此”字相同，至德以人言，須推到心上，比“仁”字前一步。

今夫人君父母天下，謂有以仁之也。君子所謂仁，人君鮮能兼體而並用者，不亦難乎？何言乎君子之仁也？《詩・大雅・泂酌》篇“凱弟君子，民之父母”，凱之爲言强教之謂也。開導其善心，懲創其逸志。雖人情有所不堪，終不苟且姑息也。弟之爲言説安之謂也，所欲與聚，所惡勿施，使各遂其分，願而無不獲也。然其義雖爲二事，而其實則相並行，人情莫不欲樂，樂極則荒。今則有禮以制之而不使之荒，治民莫善於禮，禮勝則離，今則有樂以合之，而能使之親；威莊易流于猛，今則出于自然，則不猛矣；孝慈易流于狎，今行之以敬，則不狎矣。夫樂也，孝慈也，以説安之也，而毋荒而敬，則强教未嘗不存。有禮也，威莊也，以强教之也，而親而安，則説安又未嘗不存。惟强教也，則其尊可比于父；惟説安也，則其親可比于母，人君兼之，故可爲民之父母而無愧也，此惟有聖人之至德，擴凱弟之心，爲强教悦安之政，相濟時出，方不爲偏。苟非至德，吾恐厚仁者薄義，有説安無强教，弟而不凱矣，何以爲民之父？厚義者薄仁，有强教無説安，凱而不弟矣，何以爲民之母？此仁之所以難也。

按：君子所謂仁，猶言論君子是仁也，便含有剛柔不偏，恩威並著意。首“君子”泛言，凱弟君子，方指人君説。樂以利用厚生言，禮以正名定分言，二句是政教之及民者。威莊以貌言，孝親慈衆以行言，二句是德化之在身者。毋荒是和樂中有節制，如勞來匡直是，而親是嚴肅中有浹洽，如撫字恩愛是，而安是莊涖而不過于拘檢，有平易近民之意，而敬是惠孚而不流于狎玩，有嚴毅勵俗意，皆本凱弟時出之，乃强悦相濟之道，君子之所謂仁者如此。“有父之尊”二句，不要分開，聯講爲妙。至德，性中之仁義是也。

“今父之親子也”節

父母是承上“有父之尊”二句而言，不可作四項平看。“水之於民”以下，是因父母偏于尊親，例舉偏不能兼者，以明君道盡仁之難。過文。當云“豈特父母然哉！”概天地之間，求尊親之兼備者亦難矣，要一步深一步，方有情景。

君道一身而兼父母，試就父母之難兼者言之，今父之親子也，云云。以此觀之，母親而不尊，父尊而不親。又就父母而推廣之，水柔民狎而玩之，親而不尊；火烈民望而畏之，尊而不親；土近于人而有利可愛，親而不尊；天遠于人而有威可畏，尊而不親；命令示人于明而近于人，親而不尊；鬼神示人于幽而遠于人，尊而不親。尊親之難兼如此，此兼之者之所以爲至德也。

按：土以養人爲德而可愛，天以教人爲德而可畏，故有尊親之分。“命之于民”三句，前《注》“命者，造化所以賦人”，但玩下節尊命、尊神，則“命”字作命令爲長。人君教命，欲人生厚，是親也，附近于民，使民勤事，是不尊神道嚴敬，降人禍福，是尊也，人神道隔，無形可見，是不親。

“子曰：夏道尊命”節

此言三代之治，未免有偏，故其民亦偏于尊親，而各有其弊，以見君道盡仁之難，要知三代鑒前代之弊而矯之，卒以矯弊者流而自弊，時勢使然，不害其通變而不倦也。又要知這三樣民之弊，着實有分別。你看蠢愚、喬野之民，雖是癡呆，何等樸實！到那動蕩好勝，就有不安分的意思了。然機心機事還不深，至利巧等風一熾，則雕琢元氣極矣。夫子曰：“古君道之以仁，治者三代尚矣，而要其終，不能無偏焉。夏之道以命令爲尊，而不輕出鬼神，雖其敬事，而在所遠者也。惟于人情之所宜近者近之，而意主忠厚焉，如禄者人之所慕也，則先之，而威者人之所畏也，則後之，賞者人之所喜也，則先之，而罰者人之所惡也，則後之，皆近人而忠之事也。近則失于玩，故民雖知親其上，而尊敬則未也。其蠢愚無知者，尊命而少開諭之敝，喬傲鄙野而質樸者，專事誠慤之敝，皆忠之末流也。殷人欲矯遠神之艱，故尊鬼神而以事神之道率民。先鬼後禮，先罰後賞，皆率民事神之意，故民雖知尊其君，而親愛則無矣。其流蕩而不知靜定之所者，先鬼後禮之敝，務自勝以免刑，而無耻者，先罰後賞之敝也。周人欲矯後禮之敝，故尊禮而尚施惠以爲恩，亦如夏之近人而忠也。欲矯後賞之敝，故其賞罰無所先後，但以爵列之高下爲準，如賞因命數，刑有八議，及命夫婦不躬坐獄訟之類，皆是也，故親而不尊亦與夏同。便利而多機巧，美文辭而大言不慚，賊害而蔽于理，皆禮文煩縟而沒其實之敝也。三代相承，各有其敝。如此，固時勢使然，毋亦至德之未易易也歟！”

按：每段都分兩截，親而不尊等，都是當時治體，以下方指民。《注》以尊親等屬民者，非。尊命不輕出教命，故下云“未瀆辭”。近人而忠，夏周之所同也，然夏之敝質而野，周則文而不慚，何哉？蓋夏之近人本于尊命，命之所制者簡；周之近人本乎尊禮，禮之所飾者煩。其源既異，其流亦不同也，尚忠者失之玩，尚質者失之亢，尚文者失之狗人，俱指末流之敝云。

“夏道未瀆辭”節

上文止言三代一偏之敝，此則言其漸遠于古也，總承上章而兼言之。“不求備”二句，即近人而忠之事，求備于民，即先罰後賞之事，爵賞刑罰之窮，則見其禮文之極備，曰“不求備”，曰“求備”，曰“窮”，此雖三代因時之政，抑亦世變之愈下也。細玩夏的好處，全在不求備、不大望二者，至殷而求備，至周而賞罰窮，漸漸失之美意，然人心自然要到這地步，不如此，也維持世道不來。

夫子曰：“夏道尚忠，重文告之命，不待言辭之瀆，而民已曉諭也。不求備，不重責人之過，省刑罰也。不大望，是不過于求民之財，薄税斂也。以忠感人者，人亦以忠應之，尊君親上之心，自不能已也。殷人後禮者也，則敦本尚質，豈至瀆禮乎？先罰者也，求于民者，豈不大備乎？周之代殷也，頑民貳訓，三紀而不服，成王極力以擾馴之，先之以周公，繼之以君陳，又繼之以畢公，然後民遵其化，是强民也。祭所當祭，非所祭者，不在祀典，是未瀆神也。然其爵賞刑罰之事，損益夏商，文飾忠質，其制度至周，詳悉備具，無以復加，故曰‘窮矣’。三代之道如此，雖風氣既開，相時維持，抑亦至德之不復見也。”

“子曰:‘虞、夏之道’”節

此較論治道之所尚也。前言夏殷周，此又兼言虞，以起下文。首四句是申上節意，如民未厭其親，勝而無耻是也。此處只宜虛虛影文質意講，决不可明用出。所以然者，以政之有文質耳。虞夏之質，殷周之文，皆天地間極盛之氣運也，所以只重“至矣”三句，正贊他的盛。末四句是足“至矣”之意，質、文俱在政教及人上説。帝王治天下，立本之道，雖無不同，而趨時之制，不能無異，此文、質之所由分也。

夫子曰：“虞夏之時，其政寬，民之相忘于太和者，祇見其歡忭，而不聞其怨咨，故其道寡怨于民。殷周之時，其事煩，民之受束于法綱者，雖享其更始，而未免敝於末流，故道不勝其敝，此何以故？以政治之文質異也。”子又曰：“虞夏之質，其時風氣未開，世俗方朴，其治一以忠厚簡略行之，而質已至。殷周之文，其時風氣已開，人文已著，其治不得不以制度觀美潤之，而文已至，何也？虞夏非無文也，雖有其文，但文少而質多，不勝其質，質之所以至也。殷周非無質也，雖有其質，亦質少而文多，不勝其文，文之所以至也。惟質勝于虞夏，所以貴人之略，天下樂其質之便，所以寡怨于民者在是。惟文勝于質，所以責人之詳，天下苦其文之靡，所以不勝其敝者在是，觀古道而君道之難于盡仁益見矣。”

按：此上三章，當爲疑經，非孔子之言也。孔子嘗學夏殷之禮而深惜其無徵，極稱周禮之文而屢發從之之志，何至數其敝壞至此極乎？且以强怨與不勝敝歸諸當代，决非聖人爲下不倍之義。

“後世雖有作者”節

此尚論虞帝君道之盡仁也。首二句説虞帝治道不可及，下舉君道之盡仁，以見其不可及之實。一節重“子民如父母”句，前二句正起此句，生死無私，只一心爲民也。“子民如父母”至“能散”，是大舜之用中也。“君子”至“有辨”，是君子之化中也。憯怛、忠利，只形容一個誠心便了。“安而敬”四句，是憯怛、忠利的實事，承尊親説來。兩“有”字，並五“而”字，見憯怛、忠利事異而機實合，親重有尊，尊重有親，以時出之，用中的妙處在此。“尊仁”六句，須串發，方見化中意，忠以事君言，義以處友言，文以交際言，寛以待人言，每句亦各重下截。威貼忠利之教邊，明貼憯怛之愛邊，德威、德明應用中，惟威、惟明應化中，重“德”字。見虞帝有至德，乃能如此也。“如此”二字，緊頂“德威”二句説，與“至德”應，“孰能”與“不可及”又相應。

子言之曰：“自虞而後，夏殷周之王，猶可及也，後世雖有作者，惟虞帝盛治不可及已。”蓋舜之君天下，其生也，有天下而不與，其死也，不傳子而傳賢，生死無私心，惟在于民，真若父母之于子也。其子民，愛不徒愛，有憯怛之愛，如奠居足食，出于中心而不可懈；教不徒教，有忠利之教，如明倫制器，根于至誠而無不利。惟愛之至，所以有母之親；惟教之善，所以有父之尊，胡以明其親而尊也？在身則從容自如而安然，敬而不至日肆，布政則嚴肅難犯而威然，愛而不至寡恩，富而制之以禮，節于財而不驕不淫也，惠而施之以散，周于物而不豐殖厚藏也，皆聖人用中之德也。君子化之何如？尊仁爲行矣，且不敢犯天下之公義，慈愛中有裁制也，以費爲耻矣，且不敢狥一己之私欲，樽節中能共財也。抗節者易失于犯，今則寓真愛于規諷，而靜以正之，不好直以翹過，何犯乎？義正者，易傷于割，今則存善，道于忠告，而婉以成之，不任法而矯俗，何不順乎？交際酬酢，儀文燦然矣。然進退作止從容，文之中有靜焉，不浮靡妄動也。寛裕有容，與物爲體矣。然親疏賢否之得宜，容之中有辨焉，不混淆無等也。君子化而歸中如此，非虞帝用中以感之，曷克致此？《周書·甫刑》曰苗以虐爲威，以察爲明，舜反其道以德爲威，而天下無不畏，以德爲明，而天下無不明。非虞帝之尊親不偏，其誰能如《甫刑》所言乎？信哉！後有作者，虞帝其弗可及也已。

按：“《甫刑》”二句，今《尚書》以明堯德，而云虞舜者，言虞帝亦能如是，且記者斷章而爲義也。

“事君先資”節

此見臣道貴先資之信也。人臣一生事業，全在始進，此會的談吐中，就見規模大略了。先資者，異日志同道合，做許多事業，先藉這場話爲憑據，直到臣有死于其言，纔是成信的實地步，向來説事君只説個忠，今説個“信”字，信乃成忠之本也。

人臣事君，其經世之學，已豫定于胸中矣，而始進之日，必先形之論列，以爲委質之資，由是拜獻其身，以效己之能，使前者所約之信，皆見諸行事，而不徒爲空言焉，故君以先資之言責臣，不欲其失信也。臣死守此先資之言，不敢自失其信也。如是，則無素飡之耻，亦無曠官之罪矣，此上下所以無負與？

按：拜猶今言拜官之拜，受其命也。獻即《書》"自靖自獻"之義，效其能也。其身既獻，則一無係累，斷無愛身避患之事。"死"字活看，必踐其言，生死以之也。"是故"二句不平，重在下句。"受禄不誣"二句，正接着下句，人亦或以忠獲罪，此所以不言無罪，止言益寡而已。

"子曰：事君，大言入"節

此承上言見事君當慎始進也。"入"字要看得深，如宫商之相調，鹽梅之相和，水火之相濟，務共成天下之是，方謂之入，非入告之説。"受禄"二句要説得與"大利"、"小利"相關。惟言異而利亦異，故君子必因言以受禄焉。"望"字是進言者之心。

夫子曰："事君者，既先資其言矣。然而言有大小焉，如大言而君入之也，功及天下，澤及萬世，則望大利矣。如小言而君入之也，一介之善行，一官之事治，則望小利矣。"然禄亦有大小焉，小言宜受小禄，蓋原無非常之樹立，無假于尊官而後可也。若受大禄，則報禮之重，難以稱其所居，此古人所以辭尊富居卑貧也。大言受大禄，必如此柄用，方可展布以興大利也。若受小禄，則名位之卑，難以遂其所期，此古人所以貴遇合不輕仕也。《易·大畜·彖辭》曰"大畜之君子，才德所藴者大，則食于朝而不食于家乃吉"，非所謂不以大言受小禄也乎？而成信可知。

按：此節作申上先資成信看。小言受大禄，是報踰其分，小言于君猶未入也。大言受小禄，是君不我知，大言于君終不入也，故皆不受。細玩"不受小禄"，不是既入仕途者，伊尹不遇成湯，傅説不遇高宗，則必不輕出也。

"子曰：事君不下達"節

此見臣道始終一于正直也。"不下達"二句，居官之正直，非其人弗自，始進之正直。此三者皆正直之道，這裏要補出"獲上"，以爲引《詩》張本。

夫子曰："事君者，其于君也不下達，責難陳善，必致之于高明。雖不知不及，似弗容强，而吾厚望之念獨專，不尚辭，正己格心，初不尚乎諫諍。雖嘉謨嘉猷，非不入告，而吾感孚之意居多，自所由以進者，必其正大光明，方可同寅協恭，非其人寧弗自焉。”《小雅·小明》之篇云，人臣能安靖恭敬其職位，惟正直之道是與？則神明聽之，將用福禄與汝矣。夫正直之道，神且福之，况于君乎？

一云，此節以“不下達”爲主，不下達者，責難于君，引之于堯舜也。然徒事口説之煩，非所以引之上達也，故儀行不重辭焉。始進不正之身，非所以輔之上達也，故薦拔不依匪人焉，此是不陷君于邪，正之道也，不逢君以曲，直之道也。此説盡有見解。

“子曰：事君遠而諫”節

此見臣道戒侵曠而隨分當盡職也，此節重在“諫”上。遠者固不可諫，近者何可以不諫？邇臣、宰臣、大臣，統是三公九卿，作一人看，以地則爲邇臣，以職則爲宰臣，以位則爲大臣，皆近君者也，故法當諫，諫如君德未和、百官未正、四方未安之類。

事君者，位遠于君而諫，是凌節犯分以求自達，讇君之心也。位近于君而不諫，是懷禄固寵以求自安，尸利之計也。甚矣，近之不同于遠也。夫子又曰：“近臣有三，有侍從密勿而爲邇臣者，守君德之和，匡正引導，使七情中節，不使其過于和，流而爲同，不及于和，乖而爲異也；有表率朝宁而爲宰者，在正百官，俾式序在位，大臣法，小臣廉也；有位極人臣而爲大臣者，在慮四方，深憂遠計，制治未亂，保邦未危也。然則君德未和，邇臣當諫，百官未正，宰臣當諫，四方有事，大臣當諫，隨分盡職，何諂與尸利之有！”讇，與“諂”同。

“子曰：事君欲諫”節

此明臣道盡諫之心也。要看“欲”、“不欲”字，此以人臣之心言也。陳亦是諫，不可認在諫外，諫與陳雖皆以言規君乎，而兩者心事，愛不愛大相懸矣。“愛”字要吸上講，方與引《詩》有情。

夫事君之道，有諫焉，有陳焉，諫者欲君改過而不欲使人知君之過，忠而愛也。陳善閉邪之謂陳，諫之不從，不得已而後陳，則有犯無隱，暴君之過矣，忠而未必愛也。所以事君者，欲此不欲彼也。《小雅·隰桑》之詩曰“心乎愛矣，瑕不謂矣”，蓋慕賢者而欲與之語也。人臣好其君，豈忍忘其君之疾哉！故欲諫者，即其遐不謂之心也。曰“中心藏之，何日忘之”，蓋思慕賢者而蓄之行也。人臣愛其君，豈忍暴其君之短哉！故不欲陳者，即其中心藏之謂也，是詩也可以興矣。

按：此節舊説以“忠”、“愛”二字作眼，欲諫是忠，不欲陳是愛。引《詩》上二句是証欲諫，下二句是証不欲陳。看來，欲、不欲，此人臣愛君之心所不能自已者，只証愛君之心極其真至，不必拘拘分貼爲是，《小雅》本慕賢之詩，記者借以爲喻。

“子曰：事君，難進”節

此明臣道進退之節也。首四句是設言個得失如此，下文方着人臣説。

夫子曰：“事君者進以禮而不枉己，退以義而不苟容，由是自重以重朝廷，位必稱德，位有序而不亂也。若易進難退，則奸人在位，賢、不肖混淆而亂生矣。”故君子事君，進也必難，慎之至也，一如主待賓，三揖而後進然。退也必易，决之甚也，一如賓待主，一辭而遂退然。正欲位必稱德而遠亂故耳，豈過爲矯激之行也哉！

按：此君子據大德大賢者言。難進者，必待人君之敬已至而後進，無急速意。易退者，不待人君之意已懈而即退，無濡滯意。有序與亂，就在難進易退上見，只大德大賢在上便是。“故”字緊接上文，三揖一辭，借賓禮言臣道也。要知君子謹進退，非爲位，自重之道如是耳。“以遠亂”句亦屬事君者説，不屬賓主説。

“子曰：事君慎始”節

此見臣道始終如一之心也，要知下以義自安，正慎始敬終之心，“慎”、“敬”玩一“而”字，重“敬終”邊，“使”字屬君説。

夫子曰：“事君者，自筮仕之始，以及宦成之終，中間官守言責之職，盛衰得失之境，一以慎敬之心行之而不敢懈，蓋人情終難如始，終始一心，方爲純臣之道也。若此者，有見于義命之當安耳。”夫子又曰：“人君御臣之柄有六，以我爲賢，則貴之富之；以我爲不肖，則賤之貧之；以我爲無罪，則生之；以我爲有罪，則殺之；君之所加，命之所在也，故順受而不苟爲趨避；若欲使之爲亂，從君于昏，則有義存焉，雖富貴生全以誘之，貧賤殺戮以迫之，而終不肯從也，此所以能慎始而敬終也。”

“子曰：事君，軍旅”節

此見臣道貴厚也。首三句先論事君之理，下方實指爲臣説，重履事意，蓋得志與否正履事之實，而得力處，全在慎慮熟慮上。慎則去驕心，而代之以競惕心；熟則去怨心，而代之以詳審心。如此履事，事豈不終？“終事”二句，總承得志、不得志兩邊，蓋得志而慎慮，事固終矣，此功高而衆忌之日也，宜退也；不得志而熟慮，事亦終矣，此主疑而身危之日也，尤宜退也。退則功名可保，而且不累君以薄臣之名，豈不厚乎？引《易》明事君者當履其事，不可以高尚自托意。夫子曰：“事君者，無難無易，皆君之事。我若辟難，誰任難者？故軍旅不辟難，無貴無賤，皆君之位。我若辭賤，雖當賤者，故朝廷不辭賤。不辭難者，處難之位，履難之事，而難亦易也。不辭賤者，處賤之位，履賤之事，而賤亦貴也。若處其位而不履其事，猶之乎辟難辭賤者耳。軍旅、朝廷之事，不亂乎哉！”故君子有見于此，君使其臣或列于朝廷，或托之軍旅，心孚而展布得遂，此得志時也，則惟恐自滿而僨事，必慎慮而從之。臨事而懼，好謀而成，感恩而報，義當然也。心違而動，輒拂亂，此不得志時也，則不敢疾怨而僨事，此孰慮而從之，慎思于己，參謀于人，以功贖罪，亦義當然也。必終其事而退，正見無不履之事也。如曰不履，必不事王侯、高尚其事，如《易》蠱上九爻詞可耳，豈有居位而辟難、辭賤以即于亂也哉！

“唯天子受命於天”節

此見人君當法天以率臣也。“唯”字重看，只冠首句，與二句無干，這兩句先論理，下方着君臣説，只重天子上。士，通諸臣而言，惟天子受命于天。士所以受命于君，受命于君，即所以受命于天也。可見天子能令臣下受命，都是天理，君命逆則臣下不受，而士肯受命于君乎？故引《詩》以証，詩刺衛君無德，國人耻以爲君也。

天子有命，以鼓舞天下也。以上言，則受命于天，天有理義，君推之以治人，如典禮德刑皆天也；以下言，則爲士所受，君有理義，臣代之而有終，如敦庸命討皆君也。是君者上以受命，而下以出命者也，君命所關之重如此，故由其道而順天，則臣亦順，言遜于汝志也；不由其道而逆命，則臣亦逆，言逆于汝志也。夫君命逆，則不可以爲君。《詩・衛風・鶉奔》篇言人之無良，曾鵲鶉不若，而我乃以爲君乎？所謂君命逆，則臣有逆命也，而順命可知已。

“君子不以辭盡人”節

此見君子不尚辭之意也。言非不可以觀人，但不可以盡人，不以辭盡，全有觀行工夫在。下二句推不以辭盡人之故也。

夫子曰：“君子觀其言，必攷其行，不以人言辭之善，而盡其爲人之實。”蓋有言者不必有德也，故世教盛則尚行之風行，而行有枝葉，根本厚而枝葉繁，固可盡人之實矣。若當教衰之時，則尚言之風行，而辭有枝葉，則心愈不實，即辭不過蕪語蔓説而已，豈可盡其爲人乎？惟衰世然後尚辭，君子不以辭盡人者以此。

按：辭非泛然口説，言之出而爲章者以辭稱，其持之有故，言之成理，令人心折者也。“盡人”“人”字，指賢者言，不兼善惡，不可盡人，即君子色莊之意，根本盛就所養言，在行前一步。

“是故君子有喪”節

此辨天下邪正之交也，此即交際以明上文之意。水者，無情而有情之物，比君子之交，未嘗溺于世情，又未嘗絶天下世情，醴者入其術中，未有不必迷者也。淡以成者，以我之淡，成人之淡，兩淡相投，非但全交，有散朋黨之風，息爭競之氣意，甘則壞已之心術，且壞人之心術矣。

夫子承上説，觀人者既不可以辭盡，則君子自處，而可徒尚枝葉之詞乎？是故君子于有喪云云，三者皆不問，是君子之相接也，不貴虚詞，如水之淡；小人之相接也，虚詞相借，如醴之甘。君子之淡，雖一時恝然，而終不害乎信，故有成。小人之甘，雖誤説一時，而終必至于露。交道所以難終也，豈不壞乎？《小雅・巧言》篇云“盜言孔甘，亂是用餤”，正甘以壞之謂也，而淡之成可知矣。

按：不能賻等，則其言不出于誠心，君子耻之，故與其不能惠而問之，不如不問之爲愈也。不問就是如水，水就是淡，淡則無後怨而可久，此交之所以成，甘者取悦于頃刻，而不顧于後，此交之所以壞，此所謂辭有枝葉者也。詩言讒人之言，甚爲甘美，使人嗜之而不厭，則亂是用進矣。今辭有枝葉，雖未至于爲讒，而勢有必至者，故引是詩，憂其亂之進而深警之也。言之甘者必有以盜乎人，故曰盜言。《傳》曰“幣重而言甘，誘我也”，正是盜意。

“君子不以口譽人”節

此見君子樂善之誠也，爲操爵禄人者發，“稱人”二句，正不以口譽人之實，“飢寒”二句，客詞耳。

按：君子不徒以口譽人而有樂善之實，則民作忠，中心勸于善矣。《注》稱善過，實不是正解，蓋人實有是善，君子必舉而加諸上位，以副吾好德之心，故民勉于爲善。若只忠實不爲尚口之窮，此説尚淺也。《詩·曹風·蜉蝣》篇憂昭公之無所依，故曰“其于我而歸説乎”。説，舍息也。舍息則衣食在其中，而爵可例推。

“口惠而實不至”節

此見君子貴實惠也，爲輕諾寡信者戒，口惠泛説，不專着稱善，以己怨形容諾責决不可也，引《詩》以明諾責之意。

夫子曰：“今有人焉，口惠于人，而實則不至，人將怨之，而菑及其身矣。”此下方着君子説，諾而不踐，則人責之，已而不諾，則人怨之，二者均之得罪于人也。然諾者，始雖不拂人意，而終害乎信；已怨者，始雖拂人意，而終不害乎信，是以君子寧爲此不爲彼也。下“已怨”“已”字對“諾”字看，蓋力不及，不能强副，義不可不宜傷惠，非故意不許也。《衛風·氓》之篇，晏晏，和柔也，旦旦，明也，始焉言笑以成信誓，不思其反覆，後之反覆，是始者不思之過也。今則無如之何，亦已而已矣，此詩之本解，引以見人當慎始不可輕諾也。

“君子不以色親人”節

此見與人貴實情也。首三句，君子待人之道。末二句，君子持己之道。惟持己有道，自無待人之失矣。“情疏”二句，緊接上句，正見以色親人之不可也。

夫子曰：“君子之與人也，表裏無間，有是親愛之情由于中，然後有是愉悦之貌見于外，所謂以情親人，不以色親人也。蓋色親人，是情疏而貌親矣，意必欺人不見，以圖其利，在小人則穿窬之盜也歟！”甚矣，情之貴實也。子又曰：“君子相接之情欲信，内與外符也。所出之辭欲巧，有稽無妄也，情辭一出于實，豈有以色親人之失哉！”

按：“穿窬之盜”句，要説得貼合，蓋穿窬爲惡于内，而詐善于外，亦與人外合而中離也，恐人之見其情，又何異穿窬之盜，不必説到爲不義之事上。此説較細。情欲信，情即相接之情，當信而不可僞。一云，情欲信，“情”字，又在外面説，從“色”字生來，與上文“情”字不同。欲信者，好善惡惡欲其皆誠也，此又情親先一着工夫，亦通。“辭欲巧”句，依《注》，“巧”當作“考”。一云，情之於信，正猶辭之欲巧。一云，巧，如字解，欲和順美巧，不違于理，與巧言令色者異。一云，于内則情欲信，于外則辭欲巧，俱不可從。

“昔三代明王”節

此明祭禮用卜筮之敬也，皆事天地之神明略斷，無非卜筮，指牲物言。“不敢”句，原其意，以事神明者，就聽命于神明，便公而敬矣。“是以”就承上文來，不犯日月，只説期有素定，當用一“固”字作引起語，下不違不襲，又是用卜筮之敬，正申其實也。

夫子言之：“昔三代明王，皆祀天地之神明，其牲物無不卜筮而用之者，蓋不敢以其私褻事上帝，凡以明有敬也。惟其如此，是以冬至祀天，夏至祀地，其日月素定，而他祀固不可犯矣。至于牲物，則不違卜筮，卜筮又不相襲也，其敬爲何如哉！”

“大事有時日”節

此承上文祀天地而並及之，只重在小事上，下面外事、内事，都以小事言。“大事”二句，意重“有筮”一邊，筮兼卜在内。不違龜筮，依《注》在“齊盛”之下。時日與牲牷等物，皆聽命于龜筮，而不敢以私褻，則神人之心皆順，此是卜筮之效。

不特此也，事天地之大事有時日，凡祭内外神之小事，既無時日，安得不以筮定之？然筮又因事之内外，以分日之剛柔，如山川社稷之外事，用剛日，宗廟之内事，用柔日，又不特時日也。夫子又曰：“祭之敬也，時日既定，而其中牲牷、禮樂、齊盛，皆决之卜筮而不敢違，則無所不敬，是以神歆其誠，錫之以多福，而災害不生，人悦其誠，皆以爲知禮，而怨尤不作，孰非一敬之所感哉！”

按：違龜筮而百姓怨者，則以鬼神依人而行故也。鬼神有害，在百姓有怨可知。鬼神有禍福，故曰害，百姓有休戚，故曰怨。無害乎鬼神，祭則受福，無怨乎百姓，得其歡心。先鬼神而後百姓者，亦以祭祀爲主。一云，不違龜筮，指剛日、柔日説。牲牷等在不違之外，只牲牷等備便是。若依《注》，牲牷可卜，禮樂粢盛，卜之何爲耶？

“子曰：后稷之祀”節

此見祭之福在誠而不在物也。祀指后稷之祀帝嚳言。三段總一“誠”字盡之。后稷初封于邰，始受國爲祭主，故曰“肇祀”。無罪悔，言兢兢業業，惟恐有罪悔也。以迄於今，在禄及子孫上看。近云，后稷之禄及子孫，根本還在欲儉上，蓋易富辭恭，不過是儀物祝贊之間，其遺澤猶小，至他精誠一念，惟欲以我之小心，達于始祖，更不多一雜念。儉者，此欲收斂凝聚精神不散越之意，這念頭豈不是子孫興王根本？

聖人一身，上享祖宗，下保子孫，皆卜于祀典中，而其本在一念之欲也。惟后稷之祀，竭力以供粢盛，無非誠信，故易備也。當其時，不貴外物之異，而惟存内心之誠，但見詞之達于神者，宣其怵惕之念而極恭，欲之萌于中者，無有希冀之私而極儉，其誠如此，所以禄及其子孫，至武王而有天下也。《大雅・生民》詩曰：“后稷肇祀，庶無罪悔，以迄于今。”是周家八百王業，皆后稷精誠一念培之也哉！

按：祀在誠不在物，有恭敬之祝詞，則誠足以享神，無求福之大欲，則誠專于報本，故不美多品。其易備也，以此庶無罪悔，無多欲之悔也。以迄于今，無欲之沛澤遠也。在昔后稷常受禄矣，今則由父而子而孫，天眷引之而勿替，始封于邰，特邦君耳。今則由家而國而天下，王業至今而益昌，蓋意念愈簡約，則潛通于祖考者愈真，希冀愈澹泊，則永錫于胤祚者愈厚，后稷初何心於禄及子孫哉！

“大人之器威敬”節

此詳卜筮之禮也，威敬不着人説，只言龜筮之體。《注》中“玩”字從威生來，“褻”字從敬生來。“天子無筮”二句，此因分而異藏，其常也。“天子道以筮”四句，此因分而異用，其變也，其因分有辨，正是因其威敬而不敢玩褻處，屬天子、諸侯説。

彼龜筴之爲物，先王以寓神道之教，是謂“大人是器”。是器也，凛乎神明之在上，有威可畏而不可玩。確乎吉凶之不爽，有德可敬而不可褻，其體若此，用之可無辨乎？天子有事用卜而不用筮，以龜重于筮也。諸侯在國居守，有筮而不用卜，嫌與天子同也。然天子亦有用筮時，如巡狩征伐，出而在途，有事則筮，以龜不可褻，明殺于在内也。諸侯亦有不用筮時，蓋守筮用于本國，若在他國，則不以筮，不欲人疑其吉凶之問也。諸侯亦有用卜時，蓋出行卜所處之寢室慮他故也。天子亦有不用卜時，蓋適諸侯，則舍祖廟，居有常處，不須卜也。凡此皆卜筮之用，蓋其器威敬，故用之者極其辨而不敢忽如此。

按：大人，即《注》聖人，不作兩樣。“天子”二句，或用卜不用筮，或用筮不用卜。下四句是不用筮者，有時而用筮，用筮者又有時而不用筮，不用卜者有時而用卜，用卜者又有時而不用卜，用此器有辨，正可見威敬處，非威敬之實也。

“君子敬則用祭器”節

此見君長之當敬也。君子，指諸侯及小國之君言。“敬”字提起，貫下來則敬其禮，用祭器是也，往則敬其事，詢龜筮是也。“以敬事”句總頂，對民而言，則君子爲上，對君長而言，則君子又爲下。

夫子曰：“禮之當敬者，莫如天子之適諸侯，大國之適小國。君子則敬其禮而陳祭器，以設燕享焉。”事之當敬者，莫如諸侯之朝天子，小國之聘大國，君子則敬其事，故擇日月而假諸龜筮焉，于以嚴上下之分，而諸侯敬事其君，别大小之等，而小國敬事其長也。由是君子在民上，民則觀我之敬上而興敬于我，瞻顔色弗與爭，望容貌不生慢，不爲民所瀆也。君子在君長下，君長則感我之敬彼而施敬于我，時朝見而燕享隆，時聘問而和好篤，不爲上所褻也，孰非一敬所孚契哉！

按：常説以首君子指諸侯及小國之君説。敬用祭器，指諸侯享天子，小國享大國説。“不廢”二句串看，指諸侯朝天子，小國朝大國説。雖有“則”

字、“是以”字，定作兩對，其沿已久。近云，如此説則“是以”二字無着落，當以首君子指天子及大國之君説。用祭器者，主人敬賓，變其常禮，而用祭器以燕享之，此天子、諸侯爲主，而待來朝之賓也，是以諸侯之爲賓者不廢云云。首二句不重，引起下文也。“不廢”以下，只承諸侯及小國之君説，不與首句相干，祭用祭器，燕用燕器，禮之常也。燕用祭器，則變其常禮矣。君指天子，長指大國之君。不廢日月，以守朝見之期言；不違龜筮，以卜貢獻之物言。一云，只作擇日月以見君，亦可。兩個“上”字不同，前以諸侯小國之君言，後以君長言。

禮記説義纂訂卷之二十二

陝西涇陽楊梧鳳閣著
兄楠龍棟定
姪昌齡三開、紹齡七來
男延齡九如
孫惺慧益較

○緇衣

篇中有“好賢如《緇衣》”之言，故以名篇。

“爲上易事也”節

此見人君欲刑不煩，惟當以誠待下也。上通君長而言，下通臣民而言。“易知”承“易事”來，“刑不煩”承“易知”來，易事、易知文平意串，只是一個不用機心，若機心一動，則上之待下，有許多牢籠駕馭，承事者竟不知君心所向何在，安得易事？爲下者不得不巧于逢迎，深于藏匿，惟恐吾君洞見我之心事，則待我愈疑，而愈難于把捉，胡得使上易知？如此上以深文制其下，而益不足，下日求免于罪戾，而益不能，刑豈不煩乎？全重在易事邊。

夫爲人上者，至誠以御下，而好惡一皆當理，則民即以其所好惡者事之，而即愜其意，不必曲爲承順而後可，豈不易事乎？由是下之于上也，貌服從，心亦服從，觀其貌可以知其心矣。不必苦于推測而後見，豈不易知乎？如是則誠心相與，奸詐不生，刑可措而不煩矣。

按：此通在好善去惡上説，庶于刑措有情。易事，易爲下之所事。易知，易爲上之所知。通節一直縮下。

“好賢如《緇衣》”節

此見君道當極好惡之誠也，如《緇衣》，如《巷伯》，只是言好惡之極誠意，好惡兼有用舍予奪在。作愿者，樂于爲善，人人有《緇衣》之心也，非徒謹厚之謂。咸服者，畏于爲惡，人人有《巷伯》之心也，非止懼刑之謂。引《詩》謂文王好惡一出乎誠心，故能取法文王而萬國咸作信也。

子曰：“人君雖好善，而無誠好之心，則雖賞不勸，雖惡惡而無誠惡之心，則雖刑不懼。好賢如《緇衣》之篤，則人知上之誠好賢，不必爵命之數勸，而民起愿，惡惡如《巷伯》之深，則人知上之誠惡，惡不必刑罰之施用，而民畏服。”《大雅·文王》篇曰“儀刑文王，萬國作孚”，蓋惟能取法乎文王，故萬國作而信之，人能取法乎《緇衣》、《巷伯》，有不作愿咸服者哉！

按：《緇衣》，鄭國《風》首篇，美鄭武公之詩，其曰“緇衣之宜兮，敝，予又改爲兮。適子之舘兮，還，予授子之餐[二]兮”，言好之無已也，好至此至矣。《小雅·巷伯》篇，寺人刺幽王之詩。巷伯，宫巷之長，時有遭讒而被宫刑者爲之，其曰“取彼譖人，投畀豺虎。豺虎不入，投畀有北。有北不受，投畀有昊”，欲其死之甚也，惡至此至矣。爵與刑原以助好惡之不及，好惡誠，民心不勝其感動踴躍，爵則不能不用，故但曰“不瀆”，刑或可以不用，故遂曰“不試”。“儀刑”二句，詩言成王，儀刑文王，故萬邦作而信之。《注》謂“文王爲天下之所儀刑”，便涉作孚意矣。

“夫民教之以德”節

此見君道重格心之化也，以中道爲主，以首段引起，而又以末段反証之。雖中段申言德禮之效，末段申言刑政之報，還分賓主爲是。前兩段只見得民心係于所感。“君民”一段，着實在君身上，又是一番説話，非德禮之實也。末則引言以見其當子愛云云也。

子曰：“德者所以養人于中，而外有不正，則又以禮齊之，此順其性分之理而善養人也，故民有格心。政者所以率人于外，而内有不從，則又以刑齊之，此逆其性命之理，而以力服人也，故民有遯心。先王之爲治，亦未嘗廢其政刑者，蓋有德禮以爲本，而以刑政爲之助。故君民者，欲與聚惡勿施，愛民如子也，此德禮之無私者，則民皆愛戴親附，致力行已之善，如子從父母之命，民之心格于愛矣。立信以結民志，以實心行實政，即德禮之不欺者，則民皆傾心用情，不忍倍上之信，而爲善之念益真，民之心格于信矣。篤恭以涖乎民，即威可畏，儀可象。一德禮之儀刑者，則民皆中心遜順，而爲善之念益凛，民之心格于恭矣，反是民豈惟有遯心哉！曷觀之《甫刑》乎？苗民不用善，正宜感以德禮，乃制爲五虐之刑，名之曰法，于是民漸染爲惡德，故大舜竄之而苗世遂絶，此虐刑之報也。蓋絶人之世者，人亦絶其世，故引以爲煩刑之戒。”

按：格，至也，猶言向化也。遯言其藏也，心藏于内而外服之也。以子信恭應德禮，亦只大概説，不必分子愛信結爲德、恭涖爲禮。一云，“子愛”六句，當在德禮後一層，蓋德禮而民格心，只須子愛信結恭涖矣，焉用政刑？此又費層折，勿從。民親不倍遯心，俱有爲善意。

“下之事上也”節

此見君道貴慎行也。“上好是物”二句，就是民從其所行，以上都重民之從。下三句方重君上，是民之表，原其不可不慎之故，就在“上好是物，下必有甚”上見之。表者，人之所取以爲正也，表一立而天下咸趨，表端影直，表曲影斜，又是餘意。

子曰：“言之感人也淺，行之感人也深。下之事上也，不從其所令，從其所行，如上好是物，是其所行也，下必有甚焉，而從之不爽者矣，即所好而所惡可知，上下感應之機如此，故上之所好惡，不可不慎，是民之表也。夫爲民表，如之何不慎也哉！”

按：好是物，就是行了。物兼善惡，“甚”字要看，蓋一人之心，所好有限，把此好風民，散而爲天下之好，則從此一物上，變出無數千端萬緒，無所不至，如上好利，則下之利孔，千瘡萬竇，不可勝窮，豈不是甚！還着不好邊居多，慎在發好、發惡始念上，到民從之後，欲慎無由矣，表者立標準于此，有表立影隨之意。

“禹立三年”節

此見仁化之易也。立不指立位，就有建極以率先天下意。“豈必”句推開，不用禹講，此句重看。三引言皆明君仁莫不仁，証“必盡仁”一句。

子曰："繼舜而王者，禹也。禹，仁君也，有祗台之德、勤儉之風，立于上以爲民表，僅三年耳，而仁命覃敷，聲教四訖，百姓皆遂其爲仁之心焉。可見朝廷之上，得一仁人如禹者，則出治有本，天下皆仁人矣，豈必盡是仁人而後成化哉！《小雅·南山》詩云，師尹有赫赫之仁，而下民之具瞻者遂于仁矣。《周書·甫刑》云，一人有多慶之仁，而兆民之永賴者遂于仁矣。《大雅·下武》云，武王成王者之仁，而下土之法式者遂于仁矣。所謂君仁莫不仁者，義彰彰矣。"

按："禹立"二句，開口先要説禹爲仁人，可爲化民張本。禹承堯舜後，體如天好生之意，以仁天下，故百姓遊于唐虞之天，繼治而化之者易。遂，如遂生之遂，法君爲仁，則遂其性天矣，豈必盡仁，言得一仁人爲民之表，則天下皆仁矣。有慶，有善也。孚，信也。式，法也。引三言一步進一步，瞻止以位，賴尚虚，式纔實了，總發明君仁莫不仁意。

"上好仁"節

此亦言仁化之易也。首二句且虚論理，"長民"以下，方就人説。章志、貞教，皆尊仁之事，子愛在欲民之同歸于善見得，正是上好仁，致行己以悦上，正是爲仁爭先人，末引《詩》以証。

子曰："上好仁，則下之爲仁爭先人，蓋仁者人之生理，爲仁者天下之公心，况上有以倡之而出于中心之好，民有不踴躍奮發而爭先者乎？感應之理如此，故長民者，好仁惡不仁，君之志也，志隱于中，爵禄刑罰以彰明之。爲善去惡，君之教也，教本于善，正身率人以正教之，此皆尊仁以子愛百姓也，故民致力行己之善以説其上，亦如子從父母之命也。《詩·大雅·抑》之篇，有能梏人以德行者，則四國皆服從之，非即此仁之覺，上好而下爭先之謂乎？"

按：此節"己"字重看，仁原己本有之物，志己心之志，教己身之教，所以下面不曰"致力行仁"，而曰"致力行己"。爭先人，謂爭勝乎人，甚言爲之勇也。曰章，曰貞，曰尊，于"好"字最切。曰致，于"爭"字最切。尊仁以爲子愛，即是推以教民，使志存乎仁，身行乎仁也，則愛非姑息，致行以爲説上，亦是民皆欲志乎仁，身行乎仁也，則説非曲承。

“王言如絲”節

此見君道言行之當合也，要重言一邊看。“可言也”至“弗行也”，總之不倡游言之實，當以此段作主。首四句起此耳，“則民”句言其效，《詩》仍是証人君之行，民化在言外，王與大人、君子，總是一人。

人君一有訓教號令之言，方發諸口，若甚微矣。然聲聞于外，天下臣民，皆恭敬遵奉之不暇，其所出則甚大也。所謂如絲而如綸，如綸而如綍者是矣。王言所關之大如此，故大人以誠修詞，不倡爲無根不定之言，恐微之不慎，以長天下虚浮之風也。夫言行自有中道，在世有窮高極遠之論，而漫無實用者，是可言不可行之過言也。不倡游言者，肯言之耶？世有驚世駭俗之行，而不足爲訓者，是可行不可言之過行也。不倡游言者，肯行之耶？君子之言行中矣，天下敢有越中之民乎？有言也，言不過于性，言之必可行也。有行也，行不高于言，必爲可繼之道也。《大雅・抑》之篇，“淑甚爾止，不愆于儀”，慎行之意也。天下豈有行不讐而言得游者哉！

按：王者之言，始于宫闈，而家道之齊否判焉；達于朝廷，而政事之得失形焉；布于畿甸，而風俗之美惡著焉；宣于海宇，而生民之休戚分焉；動于天地，而兩間之災祥見焉；傳於史策，而萬世之是非明焉。其端甚微，其末甚大，如絲、如綸、如綍，言小者大，大者愈大也。凡言不根于心得，便是游言，不倡游言，便包有行在内，冒下兩段。不可行，游言也，不可言，游言之行也。“可”、“不可”字活，都要照“游”字看，如言雖有理，而時異勢殊，或不可違于行，是謂無用之言；行似有理，而過中失正，或不可言以爲法，是謂苟難之行。論言及行者，行顧言，方謂之不倡游言也。可言不可行之言，與可行不可言之行，俱是好言好行，但太高了些，不可説到誕怪險僻。兩“不危”“危”字，對“安”字看，不過中便是安了。

“君子道人之以言”節

此見君道重實行也。玩三個“而”字，宜重行邊。首二句言空言不足以禁人，惟實行乃足以禁人。“慮”字、“稽”字，是君子自慮自稽，慮有務求爲善後意，稽有求協于中正意。“終與敝”到人身上了，要知“慮”與“稽”，俱就防其太過邊説，不及之“終”與“敝”猶可言，太過之“終”與“敝”壞人心術，不可言，故須着意慮之稽之。下“謹言慎行”，亦是小心不敢求過之意，兩引《詩》，言行一歸于敬，是可得言行之本，民化意在言外見。

子曰：“君子欲道民于爲善，必先講明其理，以引誘獎勸，故以言。欲禁民之爲惡，必先無惡于己，故以行。蓋言可以道人之善，而不能禁人之不善，惟以行，則有而後求，無而後非。藏身之恕，民之所以喻也，故君子有見于此，道人以言不先慮其身終之可行與否，遂以之道民，民苟不能行，便相習而流于虛矣，故廢言之初，即慮此言之所終。若終竟可行，則言終竟不可行，寧勿言也。禁人以行，不稽其有敝與否，遂以之禁人，民苟不能守，便效之而流于偏矣，故制行之初，即稽此行之所敝。民將來無敝，則行之，將來有敝，寧勿行也。如此，則言行盡善矣。以是道民，民將自道，以是禁民，民將自禁，則民謹于言而慎于行矣。《大雅·抑》詩云‘慎爾出話，敬爾威儀’，敬之分于言行也。《大雅·文王》篇曰‘穆穆文王，於緝熙敬止’，言行之合于敬也。民之謹慎其言行也，厥有由哉！”

按：“慮”與“稽”，要與《詩》“敬”、“慎”闗合。稽，猶考也。敝，謂敝于理。惟其始敝于理，所以行之或偏，謹慎在言行無過上説。出話，言也。威儀，行也。敬止，言其言行一于敬也。老莊之言，非不善也，其終爲游虛之害，夷惠之行，非不善也，其敝有隘不恭之失，况人君乎？

“長民者衣服”節

此君道重德化也。“衣服”二句，根修德來，衣服以稱德之有于中，容貌以驗德之著于外，以齊其民，是以此齊民德也。“壹”即上不貳有常意，引《詩》斷章取義。周，忠信也，與《詩》指鎬京者不同。

子曰：“人之有衣服容貌也，所以表德也，是故長民者，衣服不貳而表裏如一，從容有常而始終如一，是上之德一矣。以是而齊其民，民有不各一其德乎？衣服不貳，民之德亦不貳矣。從容有常，民之德亦有常矣。《小雅·都人士》詩云‘彼都人士，狐裘黄黄’，非服其服之謂乎？‘其容不改’，文以君子之容也，‘出言有常’，遂以君子之辭也，‘行歸于周’，實以君子之德也，此即不貳有常之義，故爲萬民所望而德一也。”

按：從容，以容貌之從容言，謂舉動有常度也。齊者齊其德，非齊其容貌衣服也。“一”字從“齊”字生，謂齊一不參差也，亦在修德以稱此容服上看。

“爲上可望”節

此見君臣合德之妙也。君臣相得之美，在相與之情來。“可望”、“可述”二句，文似兩平，然大旨只重君一邊説，況引湯與尹，正是湯任尹之專，而後尹成王佐之業，一德皆從湯心上起。引《書》以証君臣相得，義爲近之，引《詩》以証咸有一德，義不甚協。

子曰：“上下之間，以誠相與者也。誠使君之待臣也，表裏如一，望其容貌，而可知其專任之誠心，則下可盡心于任事，而忠誠備至，其職業皆可稱述。而志之鼎彝也，惟上可望而知，則君不見疑于臣，惟下可述而志，則臣不見惑于其君。德之一而不忒如此，《商書·尹吉》曰‘惟尹及湯，咸有一德’，《曹風·鳲鳩》詩云‘淑人君子，其儀不忒’，此萬世爲君臣者所當法也。”

按：可望、可述，要看兩“可”字，非真去望他述他，只形容君臣相與之誠處，“述”字對“望”字淺，只重在“知”與“志”，不可以“述”字、“志”字平講。尹吉，伊尹告，太甲也，言己與湯，咸有一德，而心相信，引以証不疑不惑之意。淑人君子，兼上下看，不忒不止威儀，要體可望、可志講，見其儀則之無差忒也。《注》作証一德看。勿從。吉，讀作“告”。

“有國家者章善”節

此見人君當端好惡以一民情也，示厚在上人説，不二在下人説，只是個有善無惡。自性本然處曰厚，自心之必然處曰不二也，正直即善也，惡正直之反。

子曰：“理欲之大分，善居其厚，而惡居其薄者也。有國家者，誠于人之善，爵以章明之。人之惡，刑以癉病之，此非作好作惡也。惟民生厚，有善無惡，故爲此以示其厚，使爲善而去惡也。由是民情一於爲善，而惡不能貳之矣。《詩·小雅·小明》之篇‘靖共爾位，好是正直’，言臣道莫善于正直而好之，非章善之謂乎？癉惡可知矣。”

一云，彰善而著之，惡者耻其不若，則惡者病矣。夫不待刑罰而使惡者知耻，則爲上者之用心厚矣，民豈有攜貳之情乎？

“上人疑”節

此明君臣相信之理也。首四句反起，中兩段正説，末引《詩》反証之，而正意在其中。

子曰："人君示民以不信，則上之人可疑，將百姓之從違靡定，未有不惑者也。人臣事君不以忠，則下之人難知，將君長之聽察徒勤，未有不勞者也。然則君臣當如何，而後可耶？故君民者，有見于此，章吾所好在善，示民習于善而成美俗，慎吾所惡在惡，御民使不爲惡而去淫行，則民曉然知上好善，亦好之，上惡惡，亦惡之，咸以君之心爲心矣，何惑焉？爲臣者有見于此，必修其身，使有可儀則之行，足爲君之觀法，而規規口舌諫諍間非所重，故君力可及者輔之。惟中正是導，若過高之事，君力不及，不以之强君也。君智能知者道之，惟切要是告。若索隱之知，君知不到，不以之煩君也，則簡而易從，易而易知。君不苦于力量識見之未逮，何勞焉？《詩·大雅·板》之篇，'板板'二句，此正君道失而百姓惑之謂也。《小雅·巧言》曰'匪其止恭'二句，此正臣道失而君長勞之謂也。"

按：首四句，"忠"、"信"二字最要緊，疑與難知，俱要照下文看，疑乃上人自執成疑，謂猶豫而好惡不明，非令人可疑也。難知，是口裏説一樣，自身行又是一樣，便難知了。章好，如前章好仁也，章志貞教則章矣，令人爭先人，則示民成俗矣。慎惡，惡必在不仁。御，止也。臣有可儀之行，格君心之非，靜而正之，不事乎煩説也，行乃格君之要，二句串説，"不及"以詭異之事言。"援"有極力意，"不知"以隱僻之理言，"煩"有苦心意，二句正不重辭處。大抵堯舜之道，易知簡能，不及、不知，皆君所不必爲、不必知之事，不然責難于君非矣。不勞，只是樂于從善意。

"政之不行也"節

此見君道爵刑之貴當也。首四句推個政教不行、不成之故，以起下文。中間一句，乃此節正意，宜重看。不足勸、不足耻，就藏有"褻刑"二字意，引《詩》、《書》証不褻刑，而爵禄可知。

子曰："人君欲民爲善去惡，政所以正人，教所以化人，爵禄刑罰所以輔之也。而有不行不成者何？則以政教虚而爵刑實也。爵禄或加于小人，不足以勸善，刑罰或加于君子，不足以耻惡。然則何由行，何由成乎？是以上人不可以褻刑，而刑罰必加于小人，不可以輕爵，而爵禄必施于君子，然後民知所勸懲矣。《周書·康誥》曰"敬以致謹，明以致察，乃以行罰"，不褻刑之謂也。《甫刑》曰“伯夷布刑，以啓廸斯民”，不褻刑而成政教之理也。誠如《詩》、《書》所言，何政不成、教不行之有？”

按：不行，謂不得推行于下。不成，謂無有成功可紀。刑爵正政教之大端，勸與耻，正是爲善不爲惡意。“不可以”句，只是捲上意，重“不可以”三字。《康誥》、《甫刑》皆周書，敬刑罰之權，明刑罰之理，兩平看。播，布也。廸，啓廸也。今《書》無“不”字，言啓廸，有政行教成意。

“大臣不親”節

此敬大臣之道也，通節總言大臣當敬意。敬大臣，所以寧百姓。慎邇臣，所以敬大臣也。曰民表、民道，可見關百姓之寧。曰必慎、必敬，總以成大臣之親。“毋以小謀大”一段，又因敬大臣而推言之，引葉公顧命，戒待臣者不可有偏私之失也，要重“慎邇臣”上。大臣不見親敬，皆邇臣爲之媒蘖，況小謀大三者之弊，皆是邇臣非人所致，蓋君心之好惡，邇臣能知而移易之，君心一移，即大臣也難爲力，所以最要慎。

子曰：“人君之于臣也，既曰大臣矣，而不見親信。此大臣者，無以行君之令，而致之民。政教煩苛，而百姓不輯寧，此則由爲君者，誠篤之心、恭敬之禮，皆有所不足，徒以富貴太過，爲榮寵大臣故也。不知大臣之所以爲大臣者，豈爲富貴哉！忠敬不足，大臣不得治其事，而邇臣相與黨比以奪其柄，百姓之所以不寧矣，即是而觀，大臣不可以不敬也。一國觀望所係，猶表立而人趨之，是民之標表也。一不敬則既爲人君所厭薄，旋爲邇臣所排擠，憂讒畏譏，表何以立？然敬大臣，自慎邇臣始。若侍御僕從之屬，須遴選精、防範嚴，何也？民之好惡係于君，君之好惡，邇臣先得之，承吾好惡以致之民，若率領斯民而爲之引導也。一不慎，則既竊吾君之威福，旋操大臣之長短，背公植黨，道何以端？可見國之大患，在小臣合謀以詆大臣，遠臣進言以間近臣，内之寵臣圖四方宣力之臣，君能以此爲戒，則大臣不至怨君之不用，近臣不至疾君之不我信，遠臣之不賢，不至壅蔽而不見知于主上，如此乃爲真能敬大臣者，而百姓何患不寧哉！葉公之顧命曰‘毋以小臣之謀，敗大臣所作之事，毋以嬖御人之寵，疾莊正之后，毋以嬖御士之讒，疾莊正之大夫卿士’，即此慎邇臣之義也。”

按：此節全以大臣爲主，首“大臣”包下大臣、近臣、遠臣説。忠敬不足，此大臣不親之故。忠敬俱屬君説，孟子曰“待先生如此其忠且敬也”，是一証。《注》分貼君臣，未是。邇臣比，與小謀大不同，相比以奪其柄，在不治之後，讒謀以成其隙，在不治之先。從古大臣之離間，未有不由小人之讒搆者，故敬大臣，要在慎邇臣也。由大臣説到邇臣，因邇臣又説到外臣，不必泥相串意。小謀大三者，任臣之大害，故因敬大臣而並戒之。大臣牧伯也，與之計議未定，不可以小謀敗之。近臣四輔三公也，與之論道有爲，不可以遠言間之。外臣諸侯也，與之同守天下，以經理邦國，亦不可以内寵圖之。所以然者，小大内外遠近之臣，意見各出，恐各爲朋黨，彼此交爭，轉相陷害，故不使圖謀，君能如此，則小大意合，内外情通，大臣不怨恨于君，近臣不爲人所非毀，遠臣不被壅蔽也。一云，“君毋以小謀大”一段，俱根能慎來，“小謀大”句，貫下二句。遠、内俱指小臣，近、外俱指大臣，亦通。“邇臣不疾”句，一云，邇臣肅然于宫禁，不忿疾以起危疑，則本節三“邇臣”字，三“疾”字，總一樣看，殊不悖理。小謀，小臣之謀也。大作，大臣之所爲也。嬖御人，愛妾也。莊后，適夫人齊莊得禮者。嬖御士，愛臣也。莊士，亦謂士之齊莊得禮者。

“大人不親其所賢”節

此見君道好賢之所貴專也。兩“其”字指大人説。所賢、所賤，本心之明也。不親所賢，而反信所賤者，總讒人熒惑君心，一至于此。“民是”二句，總所謂則民不服也，親夫以民言，教煩以上言。引《詩》、《書》皆爲不親賢之証。

子曰：“大人于賢者，既知而貴之矣，而不能親之，于不肖者，既知而賤之矣，而反信任之，以此示民，上失其所親，則下亦失其所親。雖有教令，亦將不從，祇以爲煩而已。《小雅·正月》之詩，言彼小人初用事，求我以爲法則，惟恐不得，及其得之，則又執我堅固，如仇仇然，終亦莫能用也。求之甚艱，而棄之甚易，其無常如此。周詩《君陳》曰‘未見聖’云云，《書》所言亦即此意，皆不能親賢者，可爲鑒也已。”

“小人溺於水”節

此概舉人情易溺者，明君子之當慎也，歸重民上。水與口皆例辭，溺者覆沒而不能出之意。皆在所褻，正爲不可不慎根源，三個“易以溺人”，且言水、口、民，本是如此，言外方云小人、君子、大人爲所溺也。末“君子”上下通稱，兼小人、君子、大人而言，此句雖頂上三項，慎民是主。

子曰：“人情大可畏者，只在于所易褻之中，無位之小人，則溺于水矣。豈惟水有溺，口亦有溺，有位之君子，則溺于口矣。民有有溺，天子、諸侯之大人，則溺于民焉。三者之溺，雖有不同，然皆其所褻而玩之，非其所慎而畏之者也。何以見溺于水也？夫水日用不可缺，至近於人，而實能溺人，其德性雖至柔易狎，而其勢則深險而難親也。人情玩其易而忘其難，易以溺矣。何以見溺于口也，言者常失之多，聽者常厭其煩，蓋放而出之甚易，追而悔之甚難，人情縱其易而忘其難，易以溺矣。何以見溺于民也？夫民蔽于七情之人欲，如欲富欲逸之類，其心鄙陋而不知變通，不可喻以義命之理，撫之則后，虐之則仇，誠可敬畏而不可侮慢者，人惟玩其卑而不能敬，故易以溺人而至敗亡也。夫大可畏者，每在所褻如此，是以君子不可不慎，慎之維何？舟而不游，所以慎其溺于水也。發必當理，所以慎其溺于口也。仁育義正所以慎其溺于民也，然其本則在吾心而已，術豈多乎哉！”

按：溺口、溺民，皆從“溺水”“溺”字生來。溺于民，如至柔而操至强之勢，至卑而握至尊之權，倐而后，倐而仇。國以民存，亦以民亡，大人有陰入陷阱之中而不知者，是也。“水近于人”句，且虛喝起，近于人，如泳之游之是也，下方解其義。“易出”句緊頂“費”、“煩”二字，如過言一出，駟馬莫追是也。只是煩瀆可厭，尚未到人煩，悔只是悔其失言，尚未到招禍。曰有鄙心，則不但鄙陋，有任其臆見，以希冀在上者。“可敬”句，緊頂“夫民閉于人”句，此處要看一“敬”字，褻則溺，敬則不溺。末句“慎”字，正是敬也，敬有保愛之意，慢有凌虐之意。

“《太甲》曰：毋越厥命”節

此節明不可不慎于民也。上文不可不慎意，却重民上，故此引《書》皆大人之事，《太甲》之畏命，《兑命》之慎政，《太甲》之畏禍，《尹告》之圖終，特明其意，不必一一相合。

夫所謂不可不慎者，何以見之？《商書》伊尹告太甲曰：“不可顛越其命，以自取覆亡，若虞人之射，弩機既張，必往察其括之合于法度，然後發之，則無不中也，此以畏命爲慎者也。”傅説告高宗曰：“言語所以文身，輕出則有起羞之患；甲胄所以衛身，輕動則有起戎之憂；衣服所以命有德，謹于在笥者，戒輕與也；干戈所以討有罪，嚴于省躬者，戒輕動也，此以謹政爲慎者也。”太甲又曰“天作孽”云云，此以畏禍爲慎者也。尹吉曰：“惟尹躬先見于西邑夏，夏之先王，以忠信有終，故其輔相者亦能有終也。”此以圖終爲慎者也。四書之言，皆不可不慎之旨也。

按：太甲言天命之當重，事機之當審，不平，審事機，正所以重天命也。言無自顛越女之政教，以自毀敗。括，矢末銜弦處也。言爲政，亦當以己心參於群臣及萬民，可乃後施也。

“民以君爲心”節

此見君民一體之義。君之愛民，當如心之撫百體也。首二句虚説，“心莊”六句，詳首句之實，“心以”二句，詳次句之實，“心莊”二句不重，先説個心能役體，以引起下句耳，“心好之”二句，“心以體全”二句，都是興辭，不與下文平，“詩文逸詩”五句不重，歸重在正《詩》上，引《書》正意在言外。

子曰：“君之于民，分至懸矣。而孰知民以君爲心，君即以民爲體乎？夫以君爲心，則好惡一從乎君矣，君可不審好審惡以爲之王乎？以民爲體，則休戚一同乎民矣，君可不留存保亡以愛此體乎？何以見民以君爲心也？心莊正則内無所歉，而體自和舒，心恭肅則内無所肆，而體自嚴敬。以知心好于内，則不論爲理爲欲，而身無不安于外者，猶君之于民也，所好之仁暴不可知，而民即群然欲于下矣。好之從君，故知民以君爲心也。何以見君以民爲體也？體全則心與俱全，體傷則心與俱傷，猶之君與民也。歸之爲天下君，叛之爲一匹夫，民存與存，民亡與亡也，未有民之休戚而君不與者，故知君以民爲體也，治民者當思所以聯屬之矣。誦《詩》而知先正以清明貽福，秉成以勞苦貽禍，是民之安危，每由于君之善否，載觀君牙，天之于民厚矣，乃寒暑之過正，雨暘之失中，民猶怨咨，視民如傷之念，君可頃刻置哉！”

按：此節承上文“大人溺于民”而言，君民一體，全重君爲民心上。一身之中，全是身作主，君民之間，全是君作主，民不過率從而護衛之耳，所以引《詩》言君當生全，小民不當勞而使之怨意。心好，兼道心好理，人心好欲説。君好，兼好仁好暴説。逸詩爲人上謂之先正，以其正身而正天下也。言，教令之言。明者義理昭著而明白，清者義理精微而瑩徹，君能盡道如此，國家則安寧而無事，都邑則化行而俗成，庶民則熙皞而樂生。幽王不然，權移于下，故詩人傷之曰："今則誰人能秉持國家成算乎？信任群小而不自爲政，政出多門則多事，百姓所以爲勞也。"此三句今見《小雅・節南山》篇。成，平也。君牙，周穆王司徒也，作《尚書》篇名《君牙》。祁，大也。暑雨祁寒，民猶怨咨，况人君不能保民，有不怨咨乎？

"子曰：下之事上也"節

此見臣道當豫言行之修也。首四句言人臣言行之當慎，反言以起下文。"下"與"君子"，不作兩人看。有物、有格，就事上説。"多聞"三句，是求有物、有則之功，從古未有不深理學而得爲名臣者，故推本于務學。多聞、多志是一層，質是一層，守、親是一層，都是在學上説，"精知略"作總，行之方是以此事君，此"行"字解作推行，包有言行在，與前兩"行"字不同。既行之，則有物、有格，而義一行類矣。引《君陳》，此多聞、多志之説也。引《鳲鳩》，此義一、行類之説也。

子曰："下之事上，身以爲本，言以論之。若身不正，言不信，則義之當從者二三而不一，行之于身者反常而無類，何以正君而使之信從哉！此事上者所以必慎于言行也，然則如之何而後信且正耶？故君子事上，言必有物焉，見之獻納者，根之實理而不浮，乃言之信也。行必有格焉，形之踐履者，納之矩度而不踰，乃行之正也。且持此言行，生則不可奪有物、有格之志，蓋志者言行之所由出也；死則不可奪有物、有格之名，蓋名者言行之所由成也。然此等言行非可不學而至也，是故君子有平日之修焉，聞不多，無以盡言之善，然多聞中可否具在？必質正于衆人之同，以爲善言者，斯守之而服膺勿失焉。識不多，無以盡行之善，然多識中從違莫决，必質正于衆人之同，以爲善行者，斯親之而問學不厭焉，又于所守所親之中，剖析毫釐，辨察疑似，精以知之，而得其至約之所在，然後用之獻納，則爲嘉謨嘉猷。有物之言也，用之匡輔，則爲善政善教，有格之行也。義豈有不一，而行豈有不類者哉？《周書・君陳》曰：'出入自爾衆人，共虞度庶言之同異'，此言當謀之于衆，取其同然也。《曹風・鳲鳩》篇：'淑人君子，其儀一也'，此言君子之行，卒歸于一也。"斯以下事上之道也。

按：舊説，身正然後無好異之行，是以行有類；言信然後有不可移之義，是以義主于壹。不壹者或從或違也，不壹從不信來；無類者或善或否也，無類從不正來，兩下分承，相沿已久。近説，不壹、無類渾承，行無類，本義不壹來。可從。有物，若有物在中，非無實之空言。有格，若有格限之，非踰矩之過行，此就工夫已到者説。“生”、“死”字活，即《中庸》“至死不變”意，言不因死而變志，遂貽不令之名也。多聞志，學善之博；質守親，擇善之固；精略行，用善之精，上二層是工夫。言有物、有格，其初從務學得來，“略”字要認。王道妙于易簡，凡言行之大中至正，一定而不可易者爲約，行之即執兩端而用中意，到于行之處，方是有物、有格。

“唯君子能好其正”節

此正君子柄用之化也。首二句引起之辭，重在中四句。君子、小人，皆指在相位者，但以人品分別耳。好正，在進賢同寅上見。毒正，用《注》中“禍”字意方切。有鄉有方，所謂進賢退不肖也，鄉亦方也。不惑不疑，以好正惡邪意講，末引《詩》以證。

子曰：“國家用人，必重用人之人者，蓋以一人邪正，而天下之邪正係焉也。唯君子者，其身正，遂與正人相合，能好其正焉。一念篤契，肝胆可通。小人者，其身不正，恐正人妨害已之所爲，嘗毒其正焉，而有禍之之心。惟好其正，所汲引者皆正人，而朋友有鄉，所屏退者皆不正人，而其惡有方。不特此也，天下之人，皆聞風而興起于正，是故邇者習于所見而不惑，遠者得于所聞而不疑也。《周南・關雎》詩云：‘君子好仇’，蓋言君子之仇匹，非能好其正之謂乎？”

按：好其正，彙征連茹，實能用之也。毒其正，殄絶善類，娼疾以惡也。只重“君子能好其正”一句，“好”字體《緇衣》注中“誠”字意，方與“能”字親切。毒者百計中傷，必至褫奪，其心始快。仇，與“逑”同。

“輕絶貧賤”節

此夫子傷世之勢交也，亦以在位者言。“輕”字中，便含有不可絶意，“重”字中便含有可絶意。總之道義輕而勢利重，引《詩》言朋友之交，不在富貴貧賤上。

子曰："人之交友，以其賢也，然賢者不必不貧賤，而不賢者不必不富貴。苟不問其人之賢否，但以其貧賤而輕絶之，以其富貴而重絶之，則其人必不能好賢，即好賢而不堅，必不能惡惡，即惡惡而不著也，此其心全在于勢利，人雖曰不利，吾不信也。《大雅·既醉》詩云'朋友攸攝，攝以威儀'，夫威儀之攝，豈可與勢交者道哉！"

"私惠不歸德"節

此夫子嚴世之利交也。"惠"要看得大，應"好我"的"好"字，惠是好的，但曰私，非以此餌我，即以此憐我也。"不自留""自"字當玩，旁人或見爲有惠于我，君子之心，不自爲惠而留之。

子曰："大凡人與人相與，以禮物相惠，亦交際之常，但私而不合于德義之公，則是利交而已，君子必不留而受之。《小雅·鹿鳴》詩曰'人之好愛我者，示我以大道而已'，夫以周行之示爲愛，則私惠之非愛也明矣，君子所以不自留也。"

"苟有車"節

此見人當致慎于言行之實也。此節如詩興體，車、衣不必重説。"軾"字活，對下"敝"字看。"見"、"聞"不重，只重君子之心上，所以爲見聞之地者，不可不慎也。要看二"必"字，言則必聞，行則必成，誰得而掩之？何可不慎？引《詩》証衣之必敝，而車與言行可例見。

子曰："言行者，誠中形外之理，故車之必見軾也，衣之必見敝也。夫物亦有然者，况人之言行，豈可掩乎？苟于言也，前人所未明之理，實自我發之，則言且垂之不朽，言者一時而誦説者在世世矣，豈不聞其聲乎？苟于行也，古人所未見之業，實自我創之，則行且垂法無窮，行者一人，而景仰者遍天下矣，豈不見其成乎？觀《葛覃》之言，而知其人實有是言行者，人心服而習之，寧有厭時哉！"

按："苟"字訓"誠"。一云，乃或若之意，非。聲以聲聞言，成以底績言，只著好一邊説，舊説言行處，俱兼善惡，不必從。引《詩》明衣之必敝，近就服習君子之言行無厭説。

“言從而行之”節

此言君子訥言以爲敏行，計而民化也。首四句泛論言行之盡善，未屬在人身上。“寡言”二句，方實指君子之言行盡善，當以“信”字作主，“飾”字與“信”反看，“飾”字即大美小惡，大美小惡，便不成信了，言行不飾，正是信。“君子寡言”二句，正君子不飾處，自信也。不大美小惡，正民之不飾處，民信也。引《詩》、《書》証“寡言”二句。

子曰：“言行之道，貴信而不貴飾者也，而世多飾焉，則以其不知合一之理故耳，是故言不必行，則言可飾。若言矣，隨而行之，則言必慮其所終，言不可飾也，行不必言，則行可飾。若行矣，隨而言之，則行必顧其所言，行不可飾也。故君子有見于此，寡言而力行，以成其不可飾之信，以此化民，則民知行之不掩言，不矯情以干天下之譽，知言之浮于行，不隱過以文一己之非。蓋有美雖可達而不自大，惡雖可小而不自小者，而一務實勝矣。《大雅·抑》詩云‘白圭之玷尚可爲，斯言之玷不可爲’，寡言之意也。《小雅·車攻》篇云‘允也君子，展也大成’，行以成信之意也。《周書·君奭》曰‘在昔上帝降割罰于殷，而申重獎勸文王之德，集大命于其身，則言行不飾，實有其德’，即天命且不違也，况百姓有不式化者乎？”

按：《注》訓“從”爲“順”，不如前講於文義爲合。大，彰顯意。小，掩覆意。美惡行也，大之小之，皆行不足而言有餘之意，言以飾其行也。兩“也”字，《詩》作“矣”。《君奭》，《周書》篇名，召公奭也。周田觀，當依《書》作“割申勸”，蓋字之誤也。割，罰也。申，重也。勸，勉也。文王，《書》作“寧”王，孔注以爲“文王”，與此同，疑即其命維新之謂也。

“南人有言曰”節

此甚言無恒之不可也。“古之遺言”句，美方言之合于古。“龜筮”二句，釋遺言之意。引《詩》與《兑命》証“龜筮不能知”句，引《易》証“而况于人”句，總見無恒之不可也。

子曰：“南人有言曰‘人而無恒，不可以爲卜筮’，古之遺言與？何也？德惟一，動罔不吉，德二三，動罔不凶。今無恒之人，二三其德者，先知如龜筮，且不能定其吉凶，况于人有不惡而加之以羞者哉！《小雅·小旻》詩云我龜既厭，則不告之以其所謀，則知無恒者，龜之所厭者也。又觀《周書·兑命》篇，則知無恒者爲惡德，爲黷祀，不可受爵而事神也。又觀之《易》，則知無形者羞之承，而凶之不免者也。追思方言，博觀古訓，人可無恒乎？”

按：不能知，還是不能測其心術，吉凶意尚略後些。《兑命》原文曰：“爵罔及惡德，惟其賢，惟厥攸居，政事惟醇，黷于祭祀，時謂弗欽，禮煩則亂，事神則難。”“純而”二字，作“黷于”二字，惡德、黷祀，分作兩項爲的，惡德無恒者也，《易》則言不可無恒之義。“偵”當依《易》讀曰“貞”，然婦人從一而終，故恒其德吉。若夫子制義，以從婦爲恒則凶，自從婦外，未有無恒而可者也。

奔喪

按：古者男子有事于四方，故或不幸而有奔喪之事，此先王所以作爲之禮也。

“奔喪之禮”節

此記奔喪之禮，奔喪者聞親之喪，奔而歸也。親喪，總五服而言。使者，來赴之人，以哭答使者，驚怛之哀吾辭也。問故，問死之由。遂行，不爲位也。日行百里者，古者吉行五十里，今以凶變之遽，故倍之也。不以夜行，雖有哀戚，猶避患也。唯父母之喪，見星而行，見星而舍。舍，止息也。侵晨冒昏，視凡喪爲尤促也。若未得行，奉君命而使事未竟也，則成服而後行，過國至竟哭，去時親在，今返親亡，故有感而哭，哭辟市朝，恐驚衆也。竟，並與“境”通。辟，讀曰避。

按：人子遭父母之喪，無私恩，非孝子也，無公義，非忠臣也。君子不以私害公，不以家事辭王事，故親之生也，勞於王事，則有不遑將父母之懷。及其死也，狥于王事，則有未得奔喪之禮，其成服而行也，有感而哭，則有不勝哀慕之情。忠、孝兩盡，此人道所以爲至也，後世此義不行，故親存則絶裾以赴功名之會，如溫嶠之於晋；親亡則徘徊不去，布置奸人，盤踞左右，以圖起復，如史嵩之於宋者，君亦何賴于此也。吁，可嘆哉！

“凡喪：父在，父爲主”節

此記喪主之禮，言父在而子有妻子之喪，則父主之，統于尊也。父沒之後，兄弟雖同居，各主妻子之喪矣，親親也，同居且然，則異居可知。親同，長者主之，謂父母之喪，長子爲主，其同父母之兄弟死，亦惟長者爲主，不敢奪嫡也。不同，親者主之。若從父兄弟之喪，則彼親者自主之，不奪人喪也。知此四者，則喪之大體定矣。

問喪

按：前半篇通論孝子悲哀痛疾之意，後半篇列問喪禮斂袒免杖之義，故以“問喪”名篇。

“親始死，鷄斯徒跣”節

此一節言初死至斂三日以前之哀。“夫悲哀”以下，總結上意，形變于外，即上所謂笄纚、徒跣、扱衽、交手也。口不甘味，即上所謂水漿不入口，三日不舉火也。

人子不幸值親之死，孝子先去冠，唯留笄纚，三日，乃去笄纚括髮也。徒跣，無屨而空跣也。衽者深衣前裳，以號踊踐履爲妨，故扱之于帶。交手哭者，交手拊心而哭也。肺上燥，故云焦。肝近肺，故云乾。腎下潤，故云傷。舉此三者，五藏俱傷，可知也。哀痛之甚，情不在食，故不舉火。旁親以下，食不可廢，故鄰里爲之糜粥，糜厚而粥薄，薄者以飲之，厚者以食之。

按：鷄斯，當作“笄纚”，聲之誤也。

“三日而斂，在牀”節

此一節既斂至葬三日以後之哀。“三日”以下，言其禮也；“惻怛”以下，言其義也。初死而動尸，則將斂矣。啓殯而舉柩，則將葬矣。孝子爲親之不得復見也，惻怛痛疾，悲哀于是爲甚，故以志則煩鬱而不安，以氣則滿塞而不下，無可奈何，故聖人制禮，使袒且踊，所以運動其身體，庶幾可以安靜其心，使不煩鬱；降下其氣，使不滿塞也，此哭踊無數之義也。

“婦人不宜袒”節

此承上男袒而言婦人不袒之義，其禮雖殊，其哀則一也。婦人不宜露體，故以發胸擊心代男子之袒，男踊如人之跳，足起而高，女踊如爵之跳，足不離地，殷殷田田，擊心之聲也，如壞墻者，如墻欲崩，不可支持之意，故辟踊哭泣，哀以送之。

按："爵"與"雀"同，"殷殷"與《詩》"殷其雷"之"殷"，音不同而義同。"田田"與《孟子》"填然鼓之"之"填"，字不同而義同。辟，拊心也。往，送葬也。

"送形而往"合下節

此言送葬反哭之義，遷柩以葬，形猶在柩，是送形而往也。成壙而歸，則形魄已歸于地，唯有精靈而已，是迎精而反也。一往一反，正孝子思親而不能留之際也，故其在道往送，望望然瞻望之意，汲汲然促急之情，如追其反而弗及，以親之形猶在前也。反哭之時，皇皇然徬徨之意，若有求而弗得。如慕，如孺子之啼慕于母；如疑，如人之有疑，不知神之來否也。及其既歸，求而無所得之，始而入門，中而升堂，終而入室，皆弗得見，則真亡矣，喪矣，不可復見已矣。終天之恨，他何所寓其情哉？惟有哭泣辟踊，盡哀而已矣，無可奈何之甚也。人子知此，則于生前精形具在之時，凡可以盡其情者，豈可有一毫之不至乎？

"心悵焉愴焉"節

此孝子反哭至終喪之情，以虞祭時言，心悵恨愴悽，恍惚嘆愾，皆失志無可奈何之貌，知其不可復見，心已絶望，但志愈悲哀而已，于是虞祭以安之。虞祭于殯宫，神之所在，故稱宗廟，以鬼享之，尊而禮之，冀其鬼魂復反也，此虞祭之義也。哀親之在外，故不忍居于内，此葬後猶居倚廬之義也。哀親之在土，故不忍寢于床，此葬後寢苫枕塊之義也。唯其如此，故哭泣無時，服勤三年，思慕之心，常不能忘，孝子之志也，此喪必三年之義也。凡此四者，皆非勉强僞爲于外，乃原于天性，發于至情，真實而不可已者也。悵，音唱。愴，音創。愾，音概。徼，古堯反。處，上聲。苫，尸占反。

按：服勤，憂勞也。

"冠者不肉袒"節

此與下節皆釋免義，冠在首，至尊之服也，以對肉袒，則褻矣，故以免代冠，此始死去冠笄纚者，免之義也，此禮之正也。然有不能備禮者，秃者頂無髮，免則露頂矣，故不免。傴者曲背而形不直，袒則形褻矣，故不袒。跛者足不正，踊則足勞矣，故不踊。免而袒，袒而踊，先後之次，皆所以爲悲也。有一疾則廢一禮，豈其情不悲哉？身有錮疾，不可備禮耳，其悲則一也。然則何以爲悲？女子不踊，則擊胸傷心，男子跛而不踊，則稽顙觸地，若無所容然，此皆可以爲哀之至矣，豈必備禮哉！此禮之權也。

按：露四體而袒衣謂之袒。冠則在首之上，服至尊也。免雖在首而非冠焉，故以之代冠，免狀似冠而廣一寸，將踊先袒，將袒先免。心既悲哀，肉袒形褻，故不可褻其尊服而冠也。若有吉事，而内心肅敬，則雖袒而著冠。

“免者以何爲也”節

此記者設問以明免不免之義，免者已冠之人，爲喪去冠，而服之者也，此成人必免之義也。若童子未冠，則不免矣，然《儀禮・喪服記》曰：“童子不爲族人服緦麻，以幼未知疏遠之哀也。”唯孤于當室則緦，以爲父後承家事，當與族人爲禮也。緦者其免也，言免乃有緦服也。童子不免，禮之常也，唯當室則免矣。童子不杖，以幼哀不至病，禮之常也，唯當室則杖矣。此童子亦免之義也，其言杖者，因免而及之。

“或問曰：杖者何也？”節

此記者設問以明杖之義，父母異杖何也？答言竹桐雖異，然孝子之心則一也。爲父苴杖，以竹爲之，取其圓以象天，父猶天也，又取其歷四時而不改，終身之痛也。爲母削杖，以桐爲之，取其方以象地，母猶地也，又哀戚之心，同于喪父也。又言喪服三年，以杖扶病，此必杖之義，禮之正也。然爲母杖者，當父在之時則不敢杖，家無二尊也。堂上不杖，以父在堂而避之也。堂上不趨，以父在堂，不敢以喪事急遽，動父之情也，此非故隆父殺母，是人情之實，禮義之經也。上章結語曰：“孝子之志也，人情之實也。”此章重以上章之二句結之，而又增“禮義之經”四句，以盡其義。

服問

按：此篇所記，與《喪服小記》篇内“喪服”一章相類，無問辭而名曰服問者，蓋是有人問喪服，而知禮者援《禮經》傳記，逐節答之，記者但録其答辭爾。

"《傳》曰：有從輕"四節

《大傳》服從有六，而此言其四，皆禮之可以變易者，則服亦從而隆殺之，有從輕而重，有從無服而有服者，以其人情無所嫌而伸之也。有從重而輕，有從有服而無服者，以其人情有所嫌而屈之也。先王制服，人情而已矣。然而服術之六，從服爲末，而從服之中，有至無服，則雖禮之微者，不可不辨。

按：禮家雖有"凡小功以下爲兄弟"之文，然稱外祖父母從母爲外兄弟，終是未詳，其意蓋謂外家之親而服小功兄弟之服者，以外祖父母及從母皆是小功服，故以兄弟稱之。

"《傳》曰：母出"節

此記母黨之服，此節雖非《大傳》之文，然亦舊《傳》所説，故以"傳曰"冠之，己母被出而父再娶，己母義絶，子雖不絶母服，而母黨之恩則絶矣，故服繼母之黨，而不服己母之黨也。若己母死而父再娶，己母祔廟，則仍服己母之黨，既服己母之黨，則無更服繼母之黨之理矣，雖外親亦無二統也。《注》："其母，謂出母也。"非。爲，並，去聲。

"凡見人，無免絰"節

此朝君無免绖之義也。凡往見人無免絰者，不但見人，雖朝君亦然，唯入公門有税齊衰者，然不税絰，皆以絰重故也。《傳》亦舊記文，君子不奪人之喪，所以教孝也，亦不可奪喪，所以存孝也。傳，去聲，下並同。

按：此謂不杖齊衰爾。若杖齊衰及斬衰，雖入公門，亦不税，凡所謂税，皆暫釋衣服，反吉服，若康王麻冕黼裳是也。

"《傳》曰：辠多而刑五"節

此以刑之平，明喪之平也，言罪雖多而皆不出乎墨、劓、剕、宫、大辟五者之刑，喪雖多而皆不出乎斬衰、齊衰、大功、小功、緦麻五者之服，先王之制如此。凡以罪重者附于上刑，罪輕者附于下刑，情親者附于大功以上，情疏者附于大功以下，唯其等列之相似而已，所以雖多而五者足以該之，蓋得其要也。

按：辠，古“罪”字。辠多，如墨辟千，劓辟千，剕辟五百，宫辟三百，大辟三百之類。喪多，如《儀禮·喪服》篇“斬衰”章“爲某人”等，“齊衰”章“爲某人等”之類。上附、下附，列也，言上下各有所比附而爲之等列也。

《間傳》

按：間，如字，名“間傳”者，以記喪服之間，輕重所宜，或曰當讀爲“間厠”之“間”，間者厠于其間而非正也。齊桓、晋文爲正霸，秦穆、楚莊非正霸，而厠于二正霸之間，則謂之間霸。青赤黄白黑皆正色，緑紅騮碧紫非正色，而厠于正色之間，則謂之間色。《儀禮·喪服》正經，自有正傳分釋各章經文，此篇總論喪禮哀情之發見，非釋經之正傳，而厠于《喪服》之正傳者也，故名《間傳》云。

“斬衰三升”節

凡喪有受，有變，有除。凡受以大受小，以多受寡，故三升以六升受之，四升以七升受之，去麻易葛。所謂變也，練後縓緣，祥先素縞，大祥彌吉故也。

按：縓，淺絳色，一入謂之縓，禮有四入之説，亦是漸漸加深色耳。古人亦不專以素色爲凶，蓋古人常用皮弁，皮弁純白，自今言之，則爲大凶矣。

“男子除乎首”節

此明三年之喪終服受變除之節，小祥男子除首絰，婦人除要絰，此除服先重也。居重喪而遭輕喪，男子則易要帶，婦人則易首絰，此易服易輕也。因言除服而及易服之禮。

“又期而大祥”節

二十五月而大祥，大祥之祭，素冠縞紕，朝服，祭畢而餘哀未忘，故縞冠素紕麻衣，更反微凶之服也。禫祭玄冠朝服，祭畢，首著纖冠，身著素端黄裳，以至吉祭，吉祭之時，身尋常吉服，平常所服之物也，無不佩也。

按：素縞，縞冠素紕也。白經赤緯曰縞。麻衣，十五升麻深衣也，謂之麻者，純用布，無采緣也。大祥之後，更間一月，而爲禫祭，此時首著纖冠，黑經白緯曰纖，禫祭猶未純吉，未得無所不佩，禫之後月吉祭後，所佩紛帨之屬，乃得如平嘗也。

“易服者何爲易輕”節

此因上説而問之，乃説所以易輕者之義，蓋卑可以兩施，而尊者不可貳，如斬衰受服之時既厚，卒哭而遭齊衰初喪，男子輕要，得著齊衰，要帶，而兼包斬衰之帶，婦人輕首，得著齊衰，首絰，而兼包斬衰之絰，故云輕者，包也。男子重首，特留斬衰之絰，婦人重要，特留斬衰要帶，是重者特也。

按：包，謂兩施也。特者單獨而無所兼之義，輕重兼男婦言。男子重首輕要，婦人重要輕首。

三年問

按：此篇專問父母喪所以三年之義，故以“三年問”名篇。夫宰我親受業于孔門，猶以短喪爲問，則此篇疑有爲而作也。

“三年之喪，何也？”節

此記者欲釋三年之義，故假設其問，自稱情至道也，從五服上論，以下方以三年之喪説。

先王之制喪服，自三年而下，凡五等，蓋稱哀情之輕重，而立隆殺之禮文，因以表章衆人，而别其所爲服者之親疏，與夫服喪者之貴賤，其節分明中制，不可損益，是乃萬世不易之常道也。嘗自病者觀之，創小則易差，創大則難愈，故其日久也。賢者喪親，猶鉅創之痛既甚，故其差亦遲，既痛深差遲，故稱其痛情而立三年之文，以表其爲至痛之極。三年之文，斬其衰，苴其杖，居則在倚廬，所食者粥，所寢者苫，所枕者塊，皆此三年喪之外文，所以爲内情至痛之表飾也。賢人君子，于此二十五月之時，内心之悲哀推痛猶未能盡，憂思悲慕猶未能忘，而聖人裁之，止限二十五月，其喪服之外文，以是斷割者，豈不是送死之情須有已，復生之禮須有限節也哉！此其所以不可損益也，故曰無易之道也。

按：情，哀情也。文，禮文也。飾，有表章意。群，謂五服之衆人也。親，謂大功以上。疏，謂小功以下。貴，謂天子、諸侯絶，卿大夫降。賤，謂士庶人服族。痛甚者其愈遲，釋上“創鉅”一句。“三年之喪”以上，正答重喪之所以三年，此下又言重喪雖名三年，實則二十五月也，蓋二十四月，則兩期矣，其第二十五月者，第三年之月也。大祥後除練服，去絰杖，則喪服畢矣。其喪後所服，至二十七月禫祭畢而除者，此非喪之正服也，故喪之正服，止于二十五月而已復生，除喪而反生者之事也。

“凡生天地之間者”節

此節從天地間人物説一番，見先王三年之制不容已處。蹢躅，與“躑躅”同。踟蹰，音馳廚。啁噍，音周啾。

按：鳥獸知愛其類，而不如人之能充其類，即就鳥獸觀，翔回鳴，號謂鳥，蹢躅、踟蹰謂獸。鳴號悲傷發于聲，蹢躅悲傷見于行，鳴號之先而翔回，蹢躅之後而踟蹰，皆謂遲留，將去不忍去也。啁噍，小鳥聲，其聲群沸迫急，失其常度也。頃者，言斯須而不能久，此皆鳥獸之愛其種類處。

“將由夫患邪淫”節

此言愚不肖之情薄也，邪淫之害性，如疾痛之害身，故其親朝死而夕已忘之。若從其情而不以禮勉其不及，則親死不哀，不如鳥獸矣。至親如此，疏者可知，送死如此，生者可知，能保其群居而不亂乎？此不及之敝也。

“將由夫修飾之”節

此言賢知之情厚也，修飾之君子，視二十五月之久，如駟過隙之速，若遂其情而不以禮節其過，則哀情無窮已之時矣，此太過者之敝也。先王因人過與不及，爲之立其中道，而制爲二十五月之節限，但使足以成其文章條理，則先王憂世立教之心遂矣，故曰釋之也。爲，去聲。

按：患邪淫之人則不及，修飾之君子則太過，均之不可由也。中制，以中道爲制，在無過不及上説，非中人之制也。壹，謂齊同，言君子小人皆齊同，使成文章義理。一云，“壹”作“但”字看，不可從。

"然則何以至期也"節

此問三年之喪，何以至期而練也？答言：至親以期爲斷，此時宜變服也。又問以期斷何義也？答言：期年，則天地之氣已易，四時之候已變，兩間之物莫不更新矣，以是之故，而以人事法象之，故期而練也。

"然則何以三年也"節

此明喪必三年之義。又問：既云以期斷矣，何以必至三年也？答言：孝子加隆于親，所以倍一期，故至再期也。

"由九月以下，何也"節

此問親喪三年之外，又有從大功九月以下之服，何也？答言：此等之服，所以使其恩以漸而殺。"九月"以下，總不若父母也，此下明五服之義，而婦重于三年之喪也，故三年以爲隆，恩愛隆重也，緦小功漸殺，情理殺薄也。期與九月，在隆殺之間者也，取法象于天地者，三年象閏，期象一歲，九月象物之三時而成，五月象五行，三月象一時也。取則于人者，三年免懷，故服三年，期九月、五月、三月，亦隨人情變殺也。人之所以相與群居而情無不睦、禮無不至者，其理于喪服盡之矣。若夫三年之喪，則于人道中爲文理之極至者，故謂之至隆，非期九月以下所能及也。更百王，歷古今，相傳而行，不知其從何代而始也，引孔子之言，以明三年之喪無貴賤，一也。

按：自"故三年"至"盡矣"，統五服而言，天以有所垂，故曰取象；地以有所效，故曰取法；人以有所作，故曰取則。象法天地渾講，不必分何爲象天，何爲法地，和以情言，謂歡然相愛也。壹以禮言，謂欽然相接也。至文，以文理極盛言。至隆，以恩義隆重言，在弗及上見。所同，以制禮言。所一，以行禮言。

深衣

按：此篇專記深衣之制度。《經》曰"有虞氏深衣而養老"，《傳》曰"庶人服短褐深衣"，則自天子至于庶人，皆服之也。古者衣裳殊制，以别上下也，唯深衣衣裳相連，蓋燕私之服爾，然其被于體也深邃，其取義也深遠，故以"深衣"名篇。

“古者深衣”三節

此詳深衣之制也。“古者深衣”句作冒，蓋有制度，制有所限，度有所裁，便見聖心有裁處，令人服其服，思實其德意。下四句，雖俱是説制度，然皆以“應規矩”一句爲主，玩第四節自見。“以應”二句，與“袂圜”四句，遠取諸物也。“短毋”四句，合“袼之高下”一條，近取諸身也。“制：十有二”句，仰觀于天也，皆深衣之制，所以應規、矩、繩、權、衡也。

後人衣服，任意爲之，無制度甚矣。記者若曰，古者深衣，蓋有制度以應規矩權衡焉，不但已也，短毋見膚，短之制也，恐其褻也，長毋被土，長之制也，恐其汙也。兩旁之襟曰衽。其衽也，與裳相續，而合縫者，又覆縫之，以鉤束其邊，便于著也，衽之制也，要之上七尺二寸，齊之下一丈四尺四寸，是要之縫，半于下爲相稱也，要之制也。袖與衣合縫者曰袼，其前曰袂，袼之高下，可以運肘爲度，袼之制也。袂之長短，以反詘之及肘爲度，袂之制也。繫于要者爲帶，帶下毋厭髀骨，上毋厭脇骨，惟當其間無骨者，正謂要也，視朝祭服之帶少下矣，帶之制也，此所謂近取諸身也。其制之大，十有二幅，蓋天有十二月以成歲，深衣有十二幅以成衣，則天數也，所謂上取諸天也。衣之袂漸殺至袪，其形圜如規以應圜，衣之袷曲領相交，其形方如矩以應方。衣之負縫，自背及踝，如繩之直以應直。衣之下齊，前後齊平，如權衡以應平，此正所謂應規、矩、繩、權、衡者，遠取諸物也。

按：古者深衣，明此衣古聖所作，非今始有也，“蓋有制度”以應“規、矩、繩、權、衡”作一句讀，是一篇之主，且虛虛説。下面“袂圜”四句，政指其實，中間長、短、衽、要、袂、袼、帶、幅，其適宜處，亦不可謂非制，但與五法無干。凡布帛以刀裁，其長短謂之制，以尺量其長短謂之度。應，猶重也，合也。膚，足之膚也。被土，覆被于地上也，衣有尺寸，裳無尺寸，隨人之身而定其長短，但無太短而露膚，太長而被土，有約而不失于儉，費而不及于奢意。續衽鉤邊，衽謂裳之旁際，邊謂裳之無布幅處。凡裳前三幅，後四幅，既分前後，則其旁兩幅分開而不相屬，惟深衣之裳，以六幅之布，交解裁之，爲十二片，每片一旁有布幅，一旁無布幅，將此兩旁相合縫之，縫畢，又將有布幅一旁覆掩無布幅一旁，而重縫之，謂既合縫了，又再覆縫，以合縫者爲續衽，覆縫爲鉤邊。袼，當臂之處，袖與衣接之縫也。運，回轉也。肘不能不出入，袼之高下，與衣身齊，使可回肘，毋太狹也。自袂至袪，其長反摺之及肘，毋太短也。"帶，下毋厭髀"二句，此帶上下之制也，其制有十有二幅。舊説，裳之六幅，每幅分爲二。近云，謂衣六幅，裳六幅，是爲十二幅。夫裳以六幅布裁爲十二片，不可言十二幅，又但言裳之幅而不言衣之幅，尤不可。衣裳各六幅，象十二月之六陽六陰也，可從。自"短，毋見膚"至此，與規矩等無涉，特以起下四句耳。"應規"等句，正申前"以應"句也，此言其形，下言其義。袂幅每摺長二尺二寸，從袂至袪，漸殺爲尺二寸，袂在前，以動而致用，故欲圜圜者動也。曲袷交領也，以右襟之末，斜交于左脅，以左襟之末，斜交于右脅，則領不直垂而方矣。袷在中，以靜而成體，故欲方，方者靜也，及踝，至足之跟也，負繩及踝謂衣之背縫，與裳之後縫，上下相當，如繩之直也，非謂真負繩也，裳之下齊如權之衡，低昂平也。

○"故規者，行舉手"節

此節言所取之義，欲使服者文以容，實以德意。要看個"法"字，深衣之成法，全在這三個"取"字中來，蓋無私直平之理，原在天地間，不知所取而制之衣服間，此服何足貴？貴之者，貴其取義之深，令人服而思之，無私直平，理于是乎全也。聖人、先王只一人，曰聖人，自用服者言，曰先王，自制服者言，貴是貴其五法之義，服是服其五法之備也。

夫袂圜應規者，欲使行者舉手揖讓以爲容儀，圓融而不直遂，是應圜所示之義也。負繩抱方者，欲使負直以直其政而正人，應直之義。抱方，以方其義而正已，應方之義，故《易》坤卦六二象，辭曰"六二之動，柔順而中正，得坤道之純"，故其德内直而外方，此借以証直方之義，此負繩抱矩所示之義也。下齊如權衡者，欲使思衡之低昂，由權之輕重，則知心之平側，由志之安危于以安其志于應物之際，而平其心之本體，是應平所示之義也。五法之施已得其當矣，故聖人從而服之，而不徒服其服也。應規取圜之無私焉，應矩取其方之無私焉，應繩與權衡取其直平之理焉，故先王從而貴之。貴之者貴其義也，貴之則必服之矣。是故端冕以修禮容文事也，而修文之暇深衣以居，不可以爲文乎？介冑以臨戎事，武備也，而臨戎之餘，深衣以處，不可以爲武乎？端冕以臨朝祭，若贊助禮儀之節，則深衣是服焉，不可以擯相乎？介冑以臨行陣，若運籌帷幄之中，則深衣是服焉，不可以治軍旅乎？深衣爲用之廣如此，此聖人所以服之也。夫五法已施所爲完也，其質則布，其色則白，所爲弗費也。朝祭之服，服之善者也，下則深衣矣，謂非善衣之次乎？

按：繩直在背，故曰負。袷方在前，故曰抱。負繩之直，則思直以正人，正人在後。抱矩之方，則思方以正己，正己在前。柔順正固，坤之直也；賦形有定，坤之方也。坤德以直方而無不利，見直政方義者，皆效法于地意，直其政，以紀綱法度之公平言，方其義，以裁割斷制之均齊言。志以應物，動而爲用，安危無常，故譬則權。心以存主，静而爲體，本體自平，故譬則衡。安志、平心串説。“五法已施”二句，結上文而起下文，故規矩至貴之，又解所以施五法之故，上文之義就著衣之人説，下文之義就深衣説，要看得明。“可以爲文”四句，舊説“可文”、“可武”虚説，“擯相”、“軍旅”乃其實也，亦自相穩貼。

“具父母、大父母”節

此言深衣之緣也。具父母、大父母，所謂重慶，衣純以五采色之繢盡飾也。具父母，所謂具慶，衣純以少陽色之青致文也。如孤子，衣純以素，致哀也。所緣者三處，純袂袖口也。純邊，謂襟旁及下齊也。廣各寸半，此其制也，惟袷則廣二寸。

按：大父母，祖父母也。衣即深衣也。純即緣也。繢者畫文備五采以爲樂也。青殺于繢，采殺于大父母也，素以凶飾而已。純袂，舊説“緣”字當衍，純袂謂純其袖口，純邊謂純其襟旁及裳下也。一云，“緣”不作衍。純袂，袖口也。純緣，襟旁也。純邊，下齊也，此又一解。

投壺

按：此篇蓋《儀禮》正文，壺者，實酒之器，投壺者，射禮之細也。原其始，必燕飲之間，或因庭之修廣，不足以張侯置鵠，或因賓客之衆，不足以備官比耦，欲行射禮而不可得，故姑舉席間之器，以寄射節，亦庶幾可以樂賓而習容講藝也。此投壺之所由興，先王以其亦可觀德而不廢也。

“投壺之禮”節

當燕飲而投壺，外容賓主歡洽之情，内寓先王觀德之道，此投壺所由始也，而其禮何如？奉矢于主人，將以授賓也，奉中于司射，將以待算也，執壺于使人，將以待投也，于是主人請曰“某有”云云，致其謙也。賓曰“子有”云云，亦致其謙也，及既而主固辭，而賓固辭矣，終而主固請，而賓敬從也，斯投壺之禮行矣。夫投壺之間，而禮度明肅，雍容揖遜如此。

按：中者，盛算之器，謂之中者，射以中爲善，故盛算之器，因以爲名。投壺，射之類，故亦名中也，高一尺五寸，背鑿圓孔，以盛算，士以鹿，大夫以兕。此篇乃大夫、士禮，則此謂鹿中或兕中也，酒肴亦使者所供，故曰某既賜，投壺樂賓，亦樂之類，故曰重以樂，再辭而後從，所以致尊讓也。

“賓再拜受”節

當夫賓之敬從也。主之授矢，賓之受矢，非其時乎？賓雖于西階上拜授也，而矢尚在主人之手，勢不容答賓之拜，故般還退遜而告之曰辟也。主雖于阼階上拜送也，而矢已在賓之手，勢不容答主人之拜，故亦般還退遜而告之曰辟也。一矢之授受不苟如此。般還，與“盤旋”同。辟，並讀曰避。

按：賓再拜，則主亦再拜矣。主人阼階上，則賓在西階上矣，互文也。受送，皆矢也。般還，不敢直前，避之容也。曰辟者，告之使知其不敢當也。般還以身言曰辟，口爲退辟之言也，此送矢受矢之儀。

“已拜，受矢”二節

已拜，受矢，主人拜送矢之後，主人之贊者，持矢授主人，主人于阼階上受之，而進就楹間，視投壺之處所，詳審周密，慎而不敢慢也，復退反阼階之位，揖賓就投壺之筵，禮度明肅而不敢亂也，此以上記賓主始請就位之儀。

司射自西階進于賓主筵之南，度量置壺，壺去筵中間以二矢半爲度，度壺畢，仍還西階上之位，取中以進而設之，既設中，乃于中之西而東面，手執八算而起立以請賓，俟投，此司射度壺設中之儀。

按：凡射人各四矢，《詩》言“四矢反兮”是也。四矢，則四算，投壺亦如是，八算者，賓主各四。

“請賓曰：順投”節

此司射請賓之辭，有三樣時候，“順投”二句，是每番正投時；“勝飲”

二句，是每番罷投時；“一馬”二句，則第三番立馬之後也。釋算在投之時，立馬又在勝之時，每一入而即釋一算，所以表其入之數，每一勝而始立一馬，所以表其勝之數也。

司射請賓曰，投矢于壺，以矢本入者爲順投，乃名爲入，則爲之釋算，若以末入，不釋算也，賓主須更迭拾投。若以前既入而喜，不侍後人投，而已頻投者爲比投，其投雖入，亦不釋算也，及投畢而勝負分，則勝者酌酒以飲不勝者，非正爵乎？正爵既行後，當立馬以表其勝矣。禮以三馬爲成，若專三馬，則爲一成，但勝者未必專頻得三，若止得二，而劣偶得一，則取劣偶之一，以足勝偶之二，而爲三，是一馬從二馬也，或頻得三，或取足三，皆謂三馬。三馬既立，是勝已成矣，則又酌酒以慶賀多馬之人，是其始也；嚴釋算之法，其終也。備表勝之禮，此告賓之辭也，而請主人之辭亦如之。

按：立馬者，取算以爲馬，表其勝之數也。算與馬一也，謂算爲馬者。馬是威武之用，投壺及射，亦是習武，故云馬也，此預告賓主，欲其遵之而行，無失禮而已。

“命弦者曰”節

司射命樂工之弦者曰：“請以弦歌《貍首》之詩，以爲投壺之節。”其詩樂作止，與投壺疾徐相間處，俱要相應，而均平如一焉，于是太師曰“諾”。蓋習其音而謹其事矣，此詩樂之節也。

按：弦，瑟琴也。貍首，《詩》篇名。言賓主燕會，不以菲薄廢禮。雖諸侯之射節，而亦可通用于大夫之投壺也，故司射命樂工奏此詩，以爲投壺之節。間，歇也。每一章而一歇，作則偕作，止則偕止，故曰若一，此以前皆指未投時説。

“左右告矢具”節

司射告左主右賓，以矢具，乃請更迭而投，有矢入壺者，司射坐而釋一算于地焉，司射東面而立，則南爲右，而北爲左，釋賓之算于右，在司射之前，稍南，以尊賓也，釋主之算于左，在司射之前，稍北，以卑主也。

按：兩“左右”不同，前“左右”字，只當賓主字，指投壺者，蓋席皆南向，主左賓右，東爲左，西爲右也。“賓黨于左”二句，則又以司射東向之位論左右，南爲右，北爲左也，坐而釋算，前此司射東面而立，釋算則跪也。曰黨，則不止賓、主二人。此二句，主算不主人，賓黨皆坐于右，主黨皆坐于左，故從其類也，地道以右爲尊，以左爲卑。

“卒投。司射執算”節

此數算告勝之儀也。左右卒投，請數，是預告之辭。“三算”三句，且渾説個數之法，勝負鈞之意，數後方見出來。“遂以”之下，又告于數之後也。四“奇”字分二義，以奇算告，只管“純”、“奇”二句，鈞則無奇算了。

此節是一番卒投後，數算告算，此其時矣。司射執算請曰：“左右既卒投，請數算以明勝負焉。”夫算自其全具謂之純，自其單隻謂之奇。數算時，若二矢協于二算，則合爲一純，以此一純，别而取之，不使雜于他算之中也。若止一矢而得一算，則未協于純而謂之奇矣。數算既畢，遂以所餘之算告焉，如所餘者雙數也，則直以純告曰“謀賢于某若干純”，如所餘者單數也，則直以奇告曰“某賢于某若干奇”，若左右鈞平，較若畫一也，則告之曰“左右鈞”，不言純奇矣。

按：算術之法，二算爲一純，一純則一取之，如今人計數以雙是也，一算則爲一奇隻而已，數後見有勝者，則以左右等分外之餘算告曰：“某賢于某若干純。”如勝者多二算，則云一純，或所奪者是奇而非純，則曰：“某賢于某若干奇。”如勝者多三算，則云三奇，多一算，則云一奇也。賢猶勝也，左右只當賓主看，此是一番投後，每人四矢，不過四算，下面一馬從二馬，方是三番投後。四“奇”字分作兩義，“一算爲奇”“奇”字，與“奇則曰奇”兩“奇”字，俱當“隻”字看，惟遂以奇算告。“奇”字，作“餘”字看，此依《注》説也。一云，數算之法，二算合爲一純，故地下取算之時，每一純則别而取之，若止一算，不滿純者，遂以奇算告，此三句專爲“奇則曰奇”一句設，玩本文“遂以”二字，不應以四“奇”字作兩義解。此説上下相蒙，從之。

“命酌曰：請行觴”節

此卒投行爵之儀也。司射當數算、告算之畢，乃命酌者請行罰酒，于是勝黨之子弟應之曰“諾”，蓋西階南向，洗酌而奠于豐上矣。其當飲者，跪取豐上之酒，奉之而言曰：“蒙賜之飲，受之以禮而不怨也。”勝者跪而答曰：

“敬以此觴奉養，獻之以禮而不矜也。”

按：“皆”字兼賓主言，只論當飲者，不論賓主，故曰皆跪。

“正爵既行”節

此請行慶之儀，兩正爵既行，前是罰爵，後是慶爵，罰負者，慶勝者，罰爵三番，慶爵禮畢一行。“慶禮”二字，微讀，俱是禮家陳事之言，請立馬，請慶多馬，請徹馬，俱是司射請辭。飲慶爵者偶親酌，不使弟子，無豐，投壺與射，皆三番而止。慶爵禮畢，徹馬後，行無算爵。

正禮罰爵既行，司射乃告賓主，請爲勝者樹立其馬，所立馬，各當其初釋算之前，此皆一番時事，如是者三番，每番勝立一馬，三番勝立三馬，或兩勝而立二馬，或一勝而立一馬，則二馬者助成其勝，而以行慶禮焉。慶禮司射詞曰：“三馬既備，請慶多馬。”賓主皆應曰“諾”，則慶爵斯行矣，正禮慶爵既行，司射乃請徹去其馬，蓋投壺禮畢也。

按：馬，即算也。方其執之，則謂之算，以計多少爲算，及其釋之，則謂之馬，以威武勝敵爲義。

“算多少”節

此計矢算壺之制，算之多少，視其坐上人之矢數，每人四矢四算，則一賓一主共八算，推而賓黨、主黨，若四人，則十六算矣。室中地狹，長五扶，堂上稍廣，長七扶，庭中大廣，長九扶，皆陽數也。筭長尺二寸，夫投壺頸長七寸，腹長五寸，口徑二寸半，容斗五升，亦皆陽數，壺中實小豆焉，爲其矢之躍而出也。壺去席亦二矢半，亦陽數。君子之所法象，必本諸天，求諸陽，因節文而托其義，雖小事不廢也。矢以柘若棘爲之，蓋柘棘心實，其材堅且重，毋去其皮，質而已矣。

按：“籌”字屬上不屬下，《注》訓作“矢”。一云，籌，數也，不訓作“矢”。蓋下文“矢”字凡三見，不應上面獨以“籌”字代“矢”字也，此有理可從，投壺有三處，日中于室，日晚于堂，太晚于庭中，各隨光明故也。“扶”與“膚”同，四指曰扶，扶廣四寸，矢之長短隨地廣狹。室中狹，長五扶，二尺也。堂上稍廣，矢長七扶，二尺八寸也。庭中大廣，矢長九扶，三尺六寸也。修，亦長也。若，及也。

“魯令弟子辭曰”節

此引二國令弟子之辭，燕飲之間易狎，童子之心易流，是不容不戒也。魯之戒弟子曰：“毋憮，放肆張大也。毋敖，敖慢先人也。毋偝立，不正所向。毋踰言，遠談他事。憮敖禁矣，即偝立踰言。亦有常爵，謂有常例罰爵也。”薛令弟子辭曰“毋憮”云云。浮，猶今言“浮白”之“浮”，謂罰爵之盈滿者，二國之詞小異，其以教敬一也，故並列。此下記庭中之位，不可無所分也，賓以義接主，司射贊禮，庭長正禮，冠士立者觀禮，皆有義道，故屬賓黨。主以仁接賓，樂人樂賓，使者承賓，童子事賓，皆有仁道，故屬主黨。各有其屬，則各有其序，庶幾燕安而不亂矣。

按：弟子，賓黨主黨之年穉者。司射，始終相禮者。庭長，即司正也。使者，即前使人，亦所使薦羞者。賓黨位在西階下，東向，主黨位在阼階下，西向，若度壺、請命、弦歌、釋算之類，則其位不與此同。

“取‘半’以下”節

此二國鼙鼓之節，圖于譜，而異其用者也。圓者擊鼙，方者擊鼓，鼙亦鼓類，故首以“鼓”字統之。“半”以下，“半”字下之圖也，盡用之謂全圖也。取用者，謂魯薛取用之，非後人也。以《詩》序考之，當以前圖爲主，後附載不用。

彼鼙七而鼓五，魯鼓之半也。鼙五而鼓三，薛鼓之半也。魯薛則取此半者爲投壺禮，蓋投壺主于樂賓，其禮簡，故樂取其半也。鼙十三而鼓十，魯鼓之全也，鼙十六而鼓十二，薛鼓之全也，魯、薛則盡用此全者爲射禮，蓋射主觀德，其禮隆，故樂取其全，此二國行禮用樂之曲當也。

鼓鼙歌

鼙十三兮鼓十聲，魯人射鼓甚分明。七鼙五鼓投壺用，賓主相忘樂至情。薛人射鼓子須知，十二鼓聲十六鼙。擊鼓三聲鼙五下，用于賓主樂投時。

【校箋】

[一]餐，當作粲。

禮記説義纂訂卷之二十三

陝西涇陽楊梧鳳閣著
兄楠龍棟定
姪昌齡三開、紹齡七來
男延齡九如
孫惺慧益較

○儒行

按：此篇言儒者之行，誠有是事，然謂孔子之言則非也，蓋儒行一出于義理，皆吾分之所當爲，非以自多求勝于天下。今其言乃有矜大勝人之氣，少雍容深厚之風，况孔子與上大夫言，猶且誾誾，至于告君，乃反如此，豈理也哉！但其大義自不可忽，學者果踐其言，則亦不愧于儒矣。

“魯哀公問于孔子”節

此見儒者所重，在學不在服也。哀公見孔子被服儒雅，而威儀進退皆有與俗不同者，疑而問之。夫子此對，與爼豆、軍旅之對相似，正欲啓其所當問而勉之以學也。

魯哀公問于孔子曰：“夫子之服，其儒者之服與？”夫子對曰：“儒何以其服爲哉？逢掖之衣，魯衣也，章甫之冠，宋冠也。丘少居魯，衣魯之衣，長居宋，冠宋之冠。丘聞之也，君子欲體道于己，則其學也不得不博，至于服，因其鄉之所宜而已，不求異于人，丘不知所謂儒服也。”

按：古者衣服皆有等差，未聞儒者有異服也，末世上下僭亂，至于無别，儒者獨守法度，衆所以謂之儒服。“君子”二句，只重“學也博”句，“學”字兼知行，“服”字兼衣冠，“學也博”二句串看，要看“博”字，道充于己，而天下至精至粹，無一不朗然悉備于胸中，這纔謂之博，“鄉”字泛看，非指魯宋也，服鄉者，取其隨俗自適而已。

“哀公曰：敢問儒行”節

此見儒者自立之行，以用世爲大也。此節自立在四個“待”字，自立中有兩意，不可偏重不求人説。自立在有待之先立得定，方可以待用，如在待上看立，此立只是不邀求之意，便淺了，于所以立得定一段工夫在何處？且于“自”字不明。《注》中皆我自立而有待也，此句甚好，蓋他人之立以一身，儒者之自立以天下，自立以一身者小，自立以天下者大也。

哀公因夫子儒服之對，遂曰：“敢問儒行。”夫子對曰：“儒行多端，遽然數之，不能終其事，欲詳悉數之，則必久留，恐更待僕人，尚未盡也。”于是哀公命設席，孔子得坐侍而言之，乃曰：“儒者之行，莫貴于自立，故其澡修于燕閒，德已足珍矣，然以待世之聘也，苟玄纁弓旌之不我至，寧抱僕耳。勉强于學問，已博洽矣，然以待世之問也，苟就顧延訪之不我及，寧汶汶耳。儒之懷忠體信，有舉我而爲之心腹者乎？待之而已，不則吾之忠信自固也。儒之勉强力行，有取我而任之繁劇者乎？待之而已，不則吾之力行愈堅也。蓋先立于己者有素，而後待人之我用，其見卓，其守定，故曰‘其自立有如此者’。”

按：席上之珍，是喻詞，以德言，人身之有德，如席上之有珍。珍本貴重之物，而又以席上藉之，以防外物之或褻，尊之至也。夙夜窮理，則先民知覺，故足備君顧問，内懷忠信，則其誠可任，外能踐履，則其才可取，此以天下國家爲已任者也。

“儒有衣冠中”節

此見儒者之容貌，凡容貌易窺者淺，難窺者深，此段容貌皆從心裏描寫出來。“中”與“慎”，正是心裏工夫，下如慢非慢等，是他中與慎極妙處，要重“中”、“慎”二字。

彼儒者衣之在身，冠之在首，皆中于禮，而非隨俗之冠服。心之所動，事之所作，皆慎其德，而無輕率之動作。由是所讓之大，如千駟萬鍾之類，則直情以抗之，如慢焉而不恭；所讓之小，如飲食坐立之類，則委曲以辭之，如僞焉而不誠。容貌之大，忠犯人主之怒，勇奪三軍之帥，毅然不可犯而如威；容貌之小，身皆不勝，言若不出口，退然不敢爲而如愧，其出處仕止之關，進則難而退則易也。粥粥，卑謙貌，若無所能之人也。是他人之容貌，脩飾于外，而儒者之容貌，斂戢于中。脩飾于外者，若可觀，而中實無主。斂戢于中者，外若不足觀，而中實不可及也，故曰“其容貌有如此者”。

按：“中”訓“正”極好，不必謂中於禮，正自合禮也。動以心言，作以事言。《注》訓“慎其德”，“德”字不可忽。二句會得禮與德意，便是容貌之主宰，下四句俱根此來。“大則”二句之“大”、“小”字，是着力字，與泛常大小不同。威是“依勢作威”之“威”。粥粥若無能，此就是形容難進易退處，從前出處説，不在交際上説。大讓、小讓，大小、難易，都是説他好處，慢、僞、威、愧、無能，皆是不好處，如而實非，正藉以形容其好處耳。一云，此節自“衣冠中”至“無能也”，作七件平看，衣冠壯此容貌者，心主此容貌者，事顯此容貌者，與下五句例看，特句法有長短耳，亦通。

“儒有居處齊難”節

此儒者備豫之行也。“居處齊難”四句，敬以持己也。“道塗不爭”二句，恕以待物也。“愛其死”二句，渾承敬恕來，大旨全重敬上，能以齊、恭、信、正之理持身，又豈復見得世上何處險？何處易？何處陰？何處陽？而起爭心，愛死養身也，全從、齊、恭、信正上來，恕是此心推出的，沒工夫。“備豫”緊承“有待”、“有爲”來，敬恕是窮居時，有待、有爲，都指後日達時説。

凡事豫則立，不豫則廢，然必備乃能豫也，故儒者有備豫之行焉。其居處則齊莊而可畏難，其坐起則恭肅而敬慎，言必先信，信在言先也，行必中正，行合于道也，所謂敬也，以是而處物，道塗不爭險易之利，險以避之爲利，易以由之爲利。不爭，與人同其利也。冬夏不爭陰陽之和，冬以陽爲和，夏以陰爲和，不爭，與人同其和也。所謂恕也，惟敬以恕，則忿懲欲窒，全生之道，是愛其死也，蓋不欲死于其所不必死，將以當天下之變，而死于所當死也，非以有待乎？唯敬以恕，則身立德充，蓄德之資，是養其身也，蓋欲脩之于無事之時，將以任天下之重，而用之于有事之日也，非以有爲乎？蓋他人之備豫在一身，儒者之備豫在天下，他人之備豫在一時，儒者備豫在後日，故曰“其備豫有如此者”。

按：舊説止“愛死”句貼恕，“養身”句貼敬。夫君子脩己以敬，以保其身，獨非愛死之事乎？則專以不爭爲愛死者，的不可從，然上言“待”，下言“爲”，亦有互意，是謂先事而擔荷之地已具，不敢辦于臨時也。

“儒有不寶金玉”節

此儒者近人之行也。“儒有不寶金玉”六句，是所以自爲者德而已。“非時不見”六句，是所以應世者義而已。德義者，天之所以與我而我之所以爲德者也，自爲應世一皆以之，是不遠人以爲道也。一云，首六句，自脩之事。“難得”二句，正根此説。“非時不見”六句，正難得易禄之實。以忠信義文爲主，惟有自爲之德，當有應世之義。近人只根此六句説，而歸在易禄上，下文解易禄居後，而不依前面次序者，爲近人設也，近人非求親于人，乃不爲已甚之意。

人但知金玉爲寶耳，儒則以爲忠信吾心懷藏之德也，其德可貴，故以爲寶焉。人但知土地可祈耳，儒則以爲義乃吾身往來之大道也，義立則正大光明，無往不順，故以爲土地焉。人但知多積爲富耳，儒則以爲文乃裕身華國之業也，多文則學以聚之，充滿積實，而道藝有餘，故以爲富焉。自爲以德如此，以是應世安往而不善，故君欲得而臣之乎？甚難也。得既難，禄之亦宜難矣。既得而禄養之又易也，禄既易，畜之亦宜易矣。既禄而畜留之又難也，必有道之時方見，不亦難得乎？必道義相契然後合，不亦難畜乎？當勞之事，汲汲先之，而禄則後而不計焉，不亦易禄乎？是其介而未嘗不和，凛然不可犯之中，實藹然可親也，故曰“其近人有如此者”。

按：金玉藏于家，忠信存于心，土地見于外，立義制于行，積之多非一日可致，文之多非博學不能，故各以相比，非時不見，以出處言，在未仕之先，非義不合，以去就言，在既仕之後。

“儒有委之以貨財”節

此儒者特立之行也。舊説利害、才勇、言行、威謀，皆人所易流易倚而不能自主者，儒者獨能卓然于其間，故曰“特立”。一云，此節不作十事平看，以“義”、“守”二字爲諸事之貫，唯他義守的工夫持得定，所以勇足犯難，才足任事，動可當理，機可應猝，可以改過消毀，可以立威善謀，特立以義守爲特立也，此説亦有道理。

天下之事變無常形，而儒者所由惟一理，委以貨財，淹以樂好，人所易奪也，儒者以義勝之。刼之以衆，沮之以兵，人所易怵也，儒者以守定之義守如此，何難天下事哉！患難之至，死生關焉，儒者直前之勇，足以捍難而不顧，殆猶鷙蟲之值，不程量其勇而攫搏之者矣。重任之來，安危係焉。儒者有爲之才，足以任事而不辭，殆猶重鼎之任，不程量其力而獨舉之者矣。事之已然者爲往，如言行已發是也，動必當理，何嘗至于悔？事之未然者爲來，如言行未發是也，機足應變，何待防之豫？過言出于己之失，知而必改，何主于再？流言出于人之毀，禮義不愆，何至于極？威以餙貌，儒者以德爲威，無形之威也，孰得而挫折之？謀以集事，儒者以懼好謀，萬全之謀也，奚必以嘗試之，是其心所運用，身所經歷，非義以妙天下之通，則守以貞天下之一也。見獨立不懼之操，有中立不倚之體，故曰“其特立有如此者”。

按：貨財，金玉之類，委是恣其出入，樂是好聲色之類，淹是浸漬之深，此皆利也。此處見得明，守得定，是謂不虧其義。刼，以力脅奪也。沮，恐怖之也。衆以人言，兵以器言，此皆死之所關也，不更其守，則無變節矣。鷙蟲，猛鳥獸也。攫，以脚取之也。搏，以翼擊之也。程，猶量也。“鷙蟲”二句，把才勇正意講，上句以患難言，下句以事故言。鷙蟲、重鼎，只是借喻。不悔，如言行可法可則意。不豫，如言行不殆不疚意。“來者不豫”與“不習其謀”要有辨，二者俱是用智，但來是我在於此，聽物自來，而不必豫也；謀是我去謀事，倉卒應變，而不必習也。

“儒有可親”節

此儒者剛毅之行也。舊説“可親”至“可辱也”一段，是剛毅之見于與人者，“其居處”至“面數也”，是剛毅之見于處已者，作六事平看，此皆剛不可屈、毅不可撓之事，全在義理上得力，斯爲儒者之剛毅。一云，儒者與人之剛毅，全從處已之剛毅得來，所謂無欲之原、天行之健，與尚氣好勝者異，最得主柄。

夫儒者之立，立于義而已，以義處之，則親可也，近可也，如殺之亦可也。倘以非義加之乎，則天下無足以奪之者，身可刼之、迫之、辱之哉！此剛毅之處人則然，而有本焉。居處以安身，不主于淫，飲食以養身，不過于溽，過失可微辨即改，何待面數焉！此天性之剛毅，一本于義理，所以至此，故曰“其剛毅有如此者”。

按：可親以情言，不可刼以力言，可近以義言，不可迫以勢言，可殺其身，以有命也，不可辱其志，以有義也。淫，泛溢過侈也。溽，濃厚滋味也。不淫不溽，無慾也，無慾則剛矣。微辨，隱諷也。面數，指斥之也。要善看，言心者，奮發人教詔即自新也，此剛毅之見于處過時。

“儒有忠信以爲”節

此見儒者自立之行也。此自立，在《注》更天下之變而不易上見。如何暴政不更，蓋忠信禮義仁義，只是自家的真心，以此心禦人欺侮，便是忠信禮義；以此心去行，便是仁；以此心而處，便是義。真心上持得定，世變何能搖動得我？“所”字指上忠信數者言。

儒者忠信以爲心，以誠自處耳。人之感其德者，無不獻其誠焉，是無形之甲胄，有以禦人之欺矣。禮義以爲行，以敬自處耳。人之感其德者，無不致其敬焉，是無形之干櫓，有以禦人之侮矣。然是忠信禮義也，以之爲大行之具，即仁也，仁之體大而尊，其達而行也必廣及物之恩，其尊重此仁以出也，若戴于首者然。以爲立身之節，即義也，義之體方而嚴，其窮而處也，必嚴守己之貞，其懷藏此義以處也，若抱于胸者然。是道也，乃居身之所也，自信之篤，毅然不可奪，雖有暴政，亦不更其所焉，是他人之自立以勢，儒者之自立以理，自立以勢者可奪，自立以理者不可奪也，故曰“其自立有如此者”。

按：忠信存心者，甲胄服之于身而在內，故喻忠信。禮義處事者，干櫓皆運之手而在外，故喻干櫓。“仁”、“義”二字，仍當“忠信”、“禮義”字，變換言之耳。行、處以窮達言。一云，行、處分窮達，則暴政説不去，通節俱指窮居言，行不特應酧，一念動處即是行，處不止決斷，持定亦是處，以此四者自守，横逆加之而不變，自立之至者也。亦通。

“儒有一畝之宫”節

此見儒者之仕以道也，儒者仕道之正，在不疑不諂上，而不疑不諂，又在貧苦中得來，看其他宫室衣食這樣菲陋，不知受多少艱辛，世情都被他參透，所以出仕只以我之正道做事業，君信任我也得，不信任我也得，此心自信得過，何疑何諂之有？

“儒有一畝之宫”云云，居之貧也；易衣而出，衣之貧也；并日而食，食之貧也。宜乎出處之間，委曲遷就，以爲居處衣食之計矣。然而上答之，身出而道在必行，不疑乎上之未信，而有患失之心；上不答，道屈而身在必退，不諂乎上以求合，而有患得之心，一于道而不必于仕，所以爲儒者之仕而不同于世之苟仕者也，故曰“其仕有如此者”。

按：徑一步，長百步，爲一畝，折而方之，則東西南北各十步。宫牆垣也，言牆方六丈也，二尺爲版，五版爲堵，周環之，言室方一丈也。一説，不敢以疑者，匹夫之家，忽而來弓旌之聘，苟非道足自信，能無疑乎？不敢以疑，其抱負可知矣。

“儒有今人與居”節

此儒者憂思之心，在明道淑人也，此憂思在危、起居猶不忘百姓上見，蓋讒口高張、賢士身危之日，只要保身，不顧生民高蹈可矣，其憂尚輕；只要救民，不惜吾身，拼一死足矣，其憂尚淺。儒者又要全名，又要伸志，如何結得君相？如何勝得讒諂？這焦勞無日得釋者。

儒者今人與居，友一鄉之善士，以至友天下之善士也。古人與稽，又尚論古之人，誦其詩讀其書，而尚論其世也，今世行之，後世以爲楷者，行而世爲天下法也。以是自任，則斯道不明，人心陷溺，百姓之病猶己之病矣。使遇其時而伸其志，其不忘病，固所深願。設或不幸而弗逢明世，在上不援，在下不推，又有讒諂之人，阿比爲黨而危之者，若可憤世而忘之矣。然身可危而志不可奪，故雖危其起居而志終不爲之少屈，猶將不忘百姓之病，必欲以所學所行拯救之也。時有否泰，道有通塞，而愛道覺民之心愈堅愈切，此所以爲儒者之憂思而不同乎世之戚戚者也，故曰“其憂思有如此者”。

按：與稽爲楷，此便是任道之責，此便是憂世之心。“適弗逢世”以下，是舉其時勢之艱，而猶不忘其憂，以見其憂之深耳。一云，以前四句作爲學，憂思只到“不忘百姓”句見之，非是。適，猶言偶然也。弗援，在君者不引我以升也。弗推，在臣者不舉我以進也。危，欲毁害之也。起居，猶言舉事動作。危起居，謂因事中傷之也。竟，終也。竟信其志，民病乃其志也，不忘乃所謂信也。“雖危”二句，即“身可危”二句，上虚下實。

“儒有博學而不窮”節

此見儒者寬裕之行也。舊説，“博學”二句，以脩己言。“幽居”二句，以處世言。“禮之以和”三句，以立禮言。“慕賢而容衆”二句，以待人言。此儒者寬大廣裕之行如此。一説，以學行爲主，唯學行之積也厚，故窮達無往非道，而體禮也有法，待人也有度，寬裕皆從此來，裕即寬之至，不是兩項。

儒有博學而不窮，溫故知新之益也，篤行而不倦，賢人可久之德也，知行並進，其德成矣。時而處，學行足以有守，而窮不失義，幽居而不淫；時而出，學行足以有爲而達不離道，上通而不困，窮達如一，其性定矣，用之何所不宜哉？故其用禮也，知禮之體難嚴，而用以和爲貴，儒者内焉以敦確誠實爲美，禮之質立矣，而外焉以和順從容爲法，禮之用行矣。其待人也，于賢者切景行之懷以致其慕，衆者擴同人之量以致其容，涵容之中，未始無分辨之意。擬諸其類，其猶毁方而瓦合乎？蓋陶瓦之初，毁其圓以爲方，合其方而復圓，儒者待人，與此何異？蓋談人以氣質爲迂緩，或易失于因循，而儒者本德性爲問學，故優游涵容，自成其博大，故曰“其寬裕有如此者”。

按：“寬裕”二字，諸説俱牽粘不合，還在後段行禮、待人二項上看，前學行其大本。“幽居”二句，在知行内討出。“禮之”句，且就禮説，不着在儒者上。“美”、“法”二字着力，忠信指資質言，甚好，只言其學禮之本，不應禮之體上，止言用之和，主寬裕言故也，全重“優游之法”句，優游所謂和，就涵在忠信内，舍忠信無所謂和也。“慕賢”句，重容衆邊，纔與寬裕合。毁方者毁其圓以爲方是分辨意，貼慕賢；瓦合者合其方而復圓是涵容意，貼容衆。宜在此二句得解。

“儒者有内稱”節

此見儒者舉援之行也。内稱、外舉作一頭，“程功”一段，是薦賢無所私，而下“不求報于賢，君得其志”一段，是薦賢者有其効，而上不求報于其君，君得其志與利國家串看，利國即君得其志也。大旨，儒者薦賢，只要使君得其志，惟一心要君得志又何知有親怨，有富貴，有人之報我者，此公心全從忠君上生出來，所以極大。舉，言舉之于上，援，言引之于下。

薦賢之事，及于所親則似私，及于所怨則似矯。儒者内有所稱，外有所舉，惟其賢能而已，初不以親怨，故而辟之也。然稱舉太易，又未必得人也，必程算其功，一一皆善，積累其事，一一皆當。然後于下位者，推而進之于隱居者，推而達之，此賢能者方慨生平之未遂，得儒者推而薦之，寧無報答心乎？儒者曰："以人事君，吾之分也，而何望其報乎？"蓋一望其報並其推薦之心而亦私矣，及此賢者輔助其君，使君得其志而國家享其利，君人者，方撫髀共理之無人，得儒者推而薦之，寧不思以富貴隆其報乎？儒者曰："薦賢爲國，非自爲也。"又何以富貴爲乎？蓋一求富貴，並爲國之心皆利心矣。夫舉援始終一于至公如此，與市恩徼寵者異，故曰"其舉賢援能有如此者"。

按：程算積累，不以一事偶合，輕許其爲人之實，但此節只重薦賢之公，不輕薦意還輕，然亦必如此，而後可以不辟親，不辟怨也。君之志在治國家，國家享安富之利，則人君遂望治之心矣。《傳》稱祁奚舉其子午，舉其讐解狐，正不避親怨之故。而大夫僎之同升諸公；趙文子所舉于晋國管庫之士七十有餘家；管仲遇盗取二人焉，上以爲公臣，是皆所謂公爾忘私、國爾忘家者也。

"儒有聞善以相告"節

此見儒者任舉之行也。通節重在"久相待"二句，首四句正所以任舉根基，惟道同情同，賢乃可舉，故儒者舉之，不然是比黨矣。任，猶保任之任，上既言舉賢援能，此又言任舉者上以待天下之士言，此以待其朋友，義氣之交，原有厚薄也。

儒者之于友也，聞善言則相告，見善行則相示，欲其進德脩業以爲任舉之地也。居嘗則有爵位相先之義，處變則有患難相死之心，言其心孚意契以堅仕舉之節也。由是友在下僚，則已待之而同升，友在遠地，則已致之而同進。是其始也，博聞廣見以相砥礪，其既也，維持薦拔以慰彈冠，此交友任舉之行也。

按：久，謂淹滯下僚者，以時言。遠，謂投置閑散者，以地言。相待、相致，只是欲彼之升進也。升進之權在君，待、致則儒者之心耳，蓋他人任舉，或在偶然勢利之合，儒者任舉，則在道德相信之深，與市恩徼寵者不同。

“儒有澡身而浴德”節

此儒者事君有特立獨行之行也。通節以浴德爲本，而浴德又以澡身爲本，此儒者主乎最得力處。下格君心而優文行，善治亂而斷同異，皆此德真得處。末句通承，特立以操持言，獨行以作用言，這操持作用，皆從性天澡雪得來，世上未有之操持，未有之作用也。故曰特、曰獨，不是刻意矜持，故峻丰裁，如東漢之氣節也。

夫吾身乃正君之本，身有不澡，德無由而浴也，故身之所接，存養省察，防其非僻，而使欲淨理還，德之在我者，克全。其湛一，事君不病于無本矣，由是嘉謨嘉猷，入以告于君而不矜不伐，出以順于外，方君過未形，時則靜也。隱言以告之，則君日遷善遠惡，而不知誰之所爲也。君過已形，所謂麤也。顯言以翹之，吾見巽言諷諫，未嘗失之太急也。以脩身言，制行之高，如功在社稷，澤被士民，皆自然而致，不必臨深以相形。文華之多，如黼黻皇猷，潤色國家，皆素蓄而有不必加少以相益。世治則德常見重而人不我輕，世亂則德周于身而邪不能沮。以與人言，與其所可與，不必同乎已也。苟與已同而理非，則弗與矣，非其所可非，不必異乎已也。雖與已異而理是，則弗非矣，此蓋有卓然特立一身之體，有毅然獨行一時之用，大人正已物正之道也，而豈他事君之所可及也哉！故曰“其特立之獨行有如此者”。

按：身屬外，德屬内，澡、浴皆洗滌自新意，宜串看，下總是事君之事。陳言，是已有所見而陳之。伏，隱也，是不張大意，此平時納誨之道。正之、翹之，就因事諫諍上説。靜然屬君心，靜即人生而靜之靜。麤謂其君麤疏而有過也，此君過之顯然者，對上“靜”字，正有潛消意。翹有顯舉意，在陳言之外，俱屬臣説，行即所爲之見于功業者，文即所學之見于制作者，俱切事君看。行之高，一盛德大業，自然而然，即臨之不少加，不臨不少損，不必因人之短顯已之長；文之多，一積中發外，乃其素有，加之不見有餘，不加不見不足，不必取其所無，增其所有，須本澡身浴德來，深高多少，都是借字。世治則士貴矣，故不輕，世亂則士賤矣，故不沮，有恐怖意。一云，治可進而不輕于進，進必以禮，亂可退而不沮其退，退必以義，此又一見。“臨深加少”二句，《注》分文行，弗輕、弗沮，《注》分德志，亦不必太泥。“同弗與”二句，在不黨同伐異，共濟國是上説，前特立，自守之義居多，此加獨行，達道之義居多，此其稍異也。

“儒有上不臣天子”節

此儒者規爲之行也。“慎靜”、“尚寬”兩平説，“强毅”比“尚寬”進一步，“博學”比“慎靜”進一步。“近文章”二句，承上起下之詞，惟博學故能近文章，惟强毅故能砥礪廉隅。“知服”要與“與人”對看。兩個“以”字，只重在强毅、博學上。不臣、不仕，分應首二句，謀度屬心，作爲屬身，總是所得深，所守堅，而在外不能奪意。一云，通節要重“慎靜”爲主，以下皆慎靜中得來的，慎靜就是道學中敬守的工夫，胸中養得致一不妄動的力量，到其待人自然和厚重中有嚴厲之操，其學問自然博洽中有精一之守，其律身自然文雅中有稜角之丰裁，此儒全在靜中得力，可從。

天子，人所急欲臣之者也，而儒者上不臣天子；諸侯，人所急欲事之者也，而儒者下不事諸侯。豈忘世哉，志切自脩而有不暇焉耳。夫守身尚其敬，儒者存養者察，謹飭而不妄動；待人取其寬，儒則一視同仁，寬裕而實能容。待人固尚寬，倘苟同以詭隨，則依阿也，而非真寬也。又厲堅忍之操，見其强毅者凛乎難奪焉，守身固慎靜，倘漠然以無爲則枯槁也，而非真靜也，則窮事物之理而切要者，又服膺勿失焉，惟慎靜則謹厚有餘矣。而又加之以博學，則文章燦蔚，不徒有質無文，爲一謹厚之士而已，惟尚寬而仁柔有餘矣。而又加之以强毅，斯稜角峭厲，不徒有圓無方，爲一和柔之士而已，是其一段陶鎔變化之妙，在内者重功名爲輕。是以天子、諸侯，欲得其人而臣事之，雖分國如錙銖之輕，彼亦不屑矣，此其中之所謀度。外之所作爲，惟懼自脩自信工夫，少有未到，便于理多違，于心有歉，尚何知有王侯之可仕哉！此與要求利禄者不同，故曰“其規爲有如此者”。

按：慎靜，有敬一不妄動意。尚寬，有天地萬物皆一體意。砥厲廉隅，都是假借字眼，廉，猶陛之廉，隅，猶城之隅，厲，礪也。砥厲，磨石名，細曰砥，粗曰厲，以石治金，以況君子之不苟，砥以平之，厲以利之，則脩治之謂也。分國如錙銖，好賢而輕視其國也。一云，通節散散説。“慎靜”句作一段，慎靜易至于迫狹，而濟之以尚寬，持己得中矣。“强毅”句作一段，强毅易至于忤物，而濟之以容與，則待人得和矣。能博者未必能約，博而知服，博、約一原也。脩飭者或少實功，近而砥厲，文行交致也，作相濟説，亦通。

看來不臣不仕，固高不仕之節，却與枯槁沉淵、傲世玩物者不同。下文一段實落工夫，即漆雕開不仕之意，不然上有分國如錙銖之君，正儒者效用之日，安得不臣不事乎？不臣、不仕，或是時尚未可相時而出耳，若應世無術，驕語貧賤，亦足羞也。

“儒有合志同方”節

此儒者交友之行也。“合志”二句，是窮時事。“並立”二句，是達時事。“久不”二句，包窮達而言，本方立義直説，歸重在義上，“義”與“行”字應，“同”、“不同”俱以行説，與“同方”、“同術”異。近云，通節獨重“志”字，下“同術”、“相樂”、“不厭”、“不信”，皆合志之所爲也，此合之志何在？本方立義，是其志也，同此義者進而友之，不則退而避之，惟其以義擇交于始，故能以義全交于後，此比舊説有主意。

彼心之趨向爲志，儒者之于友也，則合志而同其方。道之所習曰術，儒者之于友也，則營道而同其術。幸而並立，則樂其志之同伸，而無忌心焉，不幸而不得並立，則憂其志之不得同伸，讓位相下，而無厭心焉。久不相見，而志恒相孚，聞流言不信焉，儒者交友之善如此，所以然者，以所立之志在義中耳。葢儒者之行，其本方，而心術隱微之地無私曲也；其立義，而泛應周旋之間皆時宜也。故以是交人，其志一而同于本方立義者，則進而與友；其志異而不同于本方立義者，則退而不與友。惟其一義以爲交之本，此志之所以同方，並立也，相下也，流言也惡足以間之哉！故曰“其交友有如此者”。

按：方謂趨向之地，據所懷志意言，術言脩習之業，據所習道藝言。《注》：“方，即術也”，殊混。道正志之所出也，惟同方故同術，串看此二句，正是交友之事。“並立”四句，只言其交之固。“其行”以下，又原其始。若以同道同術爲不厭不信之本，便不消後三句矣，亦不必分窮時達時，只如此説，何等直截。一云，“並立”二句，文平意串，乃學問有得之言，非爵位相先之説。並立，猶並駕齊驅也。亦好。

“溫良者，仁之本也”節

此儒者尊讓之行也，八者皆是虛論其理，“儒者兼此”三句方實就儒者説。《注》：“‘讓善’字，即‘仁’字。”自道之本體而言曰仁，自仁知體備于己而言善。

此節皆以發見之盛，而表其存心之仁也。溫良由于德性和易，始發爲近人之容，是仁之根本發露也。敬慎然後心能收斂，始不爲人欲所間，是踐履仁之實地也。廣大舒緩，仁之充廣，仁者以天地萬物爲一體也。孫以接人，仁之能事，仁者無衆寡，無小大，無敢慢也。禮儀有節，仁之發于容貌者也。言談有中，仁之發爲文章者也。樂播聲容，仁之至和所爲也。分人以財，積而能散，仁之施予如此也。八者曰本，曰地，曰作，曰能，曰貌，曰文，曰和，曰施，而歸之于仁，蓋仁者諸德之總而百行之原也，儒者則兼此八者而有之矣，而猶且不敢自以爲仁而言仁也，蓋重仁之道而當之力，仁之所以造其極，遜仁之美而不自居，仁之所以集于虚，故曰“其尊讓有如此者”。

按：仁之爲道，統之不外乎一心，發之則徵于庶行。“溫良”等八者，皆仁之條件，尚未屬儒上，到“兼此而有”，方露“儒”字，八件敘得有次序，皆指在外者言，仁則指在心者言。惟其有仁存于心，故發于外者自然盡善也。一云，“地”字要認，仁者心存不放，自有此敬慎發見于外，故曰仁之地，不可謂敬慎以踐履乎仁也。“兼此”“此”字指溫良之類，不指仁說。一云，尊讓，德至尊而衷則謙讓也，亦好。儒者這許多美行，都是仁生出來的，其砥礪一生，也只成就個“仁”字，文清公云：“夫子溫良恭儉讓，止是一仁。”與此相合。

“儒有不隕穫”節

此總承上文而申結之也，下三句以“道”字爲主，隨所在而與道俱之意，故曰儒言，儒以道得名也。“至舍”以下，是記者記事之辭，言行指儒者言行説。

夫儒者之行，無一不備如此，則道具于己，安往而不善。其處貧賤也，道足以自守，而不爲之隕穫；其處富貴也，道足以有爲，而不爲之充詘。以至君王長上有司，勢雖足以困我也，然道在我，豈得困迫我而違道哉！命之曰儒，夫固以道得名也。今衆人之名儒也，不有其行而徒爲其服。惟其妄也，故常爲人所詬病，亦爲儒者所自取也。若天下之真儒，則孰得而詬病之哉！孔子至舍，哀公館之，具食以致其養，具官以治其事也，及聞儒行，而好德之心，自有所不能已，向固于儒者之言而信之矣，今則加信而不以儒相詬，向篤于儒者之行而義之矣，今則加義而不以儒相病，終沒吾世，其敢以儒爲戲乎？

按：隕，如籜之隕而飄零；穫，如禾之刈而枯槁，總困迫失志之貌。充則以滿而必溢，詘則以高而必危，總喜樂失節之貌。

大學 闕

○冠義

按：冠禮之起，書傳無徵正文，《世本》云“黄帝造旃冕”，是冕起于黄帝也。黄帝以前，以羽皮爲冠，以後乃用布帛，其冠之年，天子、諸侯皆十二。又云：冠、昏、射、鄉、燕、聘，天下之經禮也。《儀禮》所載，謂之禮者，禮之經也。《禮記》所載，謂之義者，舉其經之節文，以述其制作之義也。其文有錯出《郊特牲》者，當移置此。男子二十而冠，男子陽之類，二十則爲陰之數，二十而冠，以陰而成乎陽；女陰之類，十五陽之數，十五而笄，以陽而成乎陰，陰陽之相成，性命之相通也。

“凡人之所以”至末

此詳釋冠禮之義也。章首當有“郊特牲”。“冠義”二字，如《祭法》、《鄉飲酒》之例，引起冠禮。“故冠而後服備”至“重冠”，應正容體一邊，言冠有以致禮義之備，故聖王重之。“古者筮日、筮賓”至末節“重冠”，應正君臣一邊，言冠有以致禮義之立，故古者重之，重冠故行之。“于廟”以下，總承兩邊，一爲脩身而重，一爲明倫而重也。近云，此節雖有“禮義備”、“禮義立”二段，不可截然兩平，蓋自禮義備説起，原要歸重禮義立上去也，後面雖有兩段分承，然讒説容體正等，隨轉到以正君臣等，中間“以”字，正是過度處，大旨只重“將責爲人子等之體行焉”一句，行焉者欲其身體而道明德立也，其餘許多禮數，無非提醒他，要他行此四者，“重冠”與前“重冠”相應，只在敘倫上見，頗有理。

“凡人之所以爲人”節

“禮義之始”提頭。舊説，一是飭之爲威儀，一是敘之爲彝倫也。“故冠而後服備”以下，正申禮義備一邊，冠者禮之始，正與“禮義之始”應。一云，此節要重正君臣等上，看冠爲服備而設，備服爲明倫而設。看“以正君臣”“以”字，分明是以此禮義之備者，而正君臣等也，况“備”字對“立”字，不過“立”者生人之道，植立于此也，“備”不過威儀整飭而已。前面“禮義之始，在于正容體”等，是“正”爲正倫始事也。後面“故冠而後服備，容體正”等，言從此方可以正彝倫了，故即承之曰“冠者，禮之始也”，此“禮”字指君臣父子長幼之大禮而言。

凡人之所以爲人者，爲其有是禮義耳，而禮義不過敬身，以明倫而已，吾之一身，禮義之所關也，故容體欲其可度，顔色欲其可觀，辭令欲其可從，及夫容體正等，則動容中而後禮義寓于吾身者，全備而無缺矣，禮義備可以之而敘倫矣。當知彝倫禮義之根本也，故以正君臣等焉。及夫君臣正而有義，父子親而有恩，長幼和而有序，則人紀肇脩而後禮義立也。冠服者，威儀之象也。冠加于首，則服周于身，是冠而後服備也。服其服，則文以容，遂以辭，是服備而後容體正等也，由是而彝倫之故有其基矣，故曰“冠者，禮之始也”，是故古者重冠而制之爲禮焉。

按：禮、義不平，禮以義起也。順，順理也。中間由重冠説到冠禮諸儀，由諸儀説到成人，纔由成人説到子弟臣友，此文字針線暗度之妙。脩身之禮義始初處，身既脩，更從此敘彝倫，故接一“以”字。君臣、父子、長幼不平，重在臣、子、幼一邊，禮、義無甚分别，故後只説個“禮之始也”，不須更着“義”字，此重冠虚講，即下“筮日”等，與後“古者重冠”句重講不同。

“古者冠禮：筮日”節

承上“重”字來，“筮賓”以上，言行冠之慎，下推其所由慎也，全重“禮爲國本”一句。《注》中“禮重則人道立，此國之所以爲國”句甚精，人道即指下子、臣、弟、幼之禮説，蓋冠事原只望他，在“禮義立”上做工夫，講者體上“正君臣”一段與下“孝弟忠順”一段，便明。

以禮義之所由立者言之，古者冠則筮日以求夫天之吉，筮賓以求夫人之賢，若是則何哉？正所以敬重此冠事也。冠者大禮之一，敬重冠事，正所以敬重禮教，禮者立國之本，敬重禮教，正使國之人盡知立人之道從此起，而禮義之教有基無壞矣，不亦爲國本乎？一重冠而國本在焉，此先王所以重冠禮也。

按：聖王重冠是重禮，故緊承冠禮。“筮日”云云，端是重禮以爲國本也。事是冠的節目，即下“冠于阼”等，禮是冠之體統，即下所謂“成人”，禮義爲國本，即下以爲人“可以治人”意，三“所以”一步深一步。

“故冠于阼”節

此舉適子言，皆是舉儀禮之文而釋其義也。阼與客位，主廟中者言，三段以著代爲主，著代在于成人道，故“三加”期其人之成，字之敬其人之成也。

其禮伊何故冠于阼階者？主人之階，父老則傳之子，所以著其傳付之意也。醮于客位，以賓禮禮之，三加而其服彌尊，加禮于有成之人也，已冠而賓遂字之，以成人之道待之，故敬其名也。

按：筮日、筮賓，是敬冠事，然未及所行之禮，故緊接“冠于阼”，緇布不若皮弁之精，皮弁不若爵弁之文，故曰彌尊。成人之道也，泛泛説，責成意雖未露，而已寓于此語中矣。冠于阼，醮于客位者，適子也。若庶子則冠于房外南面，遂醮焉，所以異者，不著代也。三加彌尊，冠而字之，則適、庶通得行之，初加之辭曰：“令月吉日，始加元服，棄爾幼志，順爾成德，壽考維祺，介爾景福。”再加曰：“吉日令辰，乃申爾服，敬爾威儀，淑慎爾德，眉壽萬年，永受胡服。”三加曰：“以歲之正，以月之令，咸加爾服，兄弟具在，以成厥德，黄耇無疆。”受天之慶，棄爾幼志，順爾成德，脩其内而已。敬爾威儀，淑慎爾德，内外脩也。以成厥德，德之成也。壽考維祺，未有數也，故次之以眉壽萬年。眉壽萬年猶有數也，故終之以黄耇無疆，不唯服之加也，故曰“三加彌尊”，加有成也。《郊特牲》曰：“醮於客位，加有成也。”三加彌尊，喻其志也。志言其始，成言其終。已冠而字之，尊其名也。

“見于母，母拜之”節

此釋既冠見人之義，重適子説。上段成人者，見禮于所親，將爲家政主也，下段成人者，見禮于所尊，將爲國政輔也。見，并音現。冠，如字。

不特此也，見于母，見于兄弟，皆拜之者，以其成人，故與之爲禮也。玄冠齊冠，玄端齊服，執雉爲摯，奠見于母，遂以此摯見于爵尊者之鄉大夫，齒尊者之鄉先生，皆以成人之禮見，而不與未冠者同也。

按：母拜之，正其受拜之禮，兄弟拜之，正其相拜之禮，蓋幼時父母兄弟慈愛之驕穉之已耳，今以其成人，故母與兄弟，各還其相見之正禮，即坐受亦謂之拜，非真拜子也，如男子跪拜曰拜，婦人手拜之謂。《注》云：“適長代父承祖，與祖爲正體，故禮之異于衆子也。”亦通得，但費周折耳。一云，母有從子之義。又一云，廟中冠子，以酒脯奠廟訖，北面取脯見母，拜其脯從尊者處來，此又因母無拜子之事而曲附之者也。冠端用齊，致敬也，取精明之至意。摯用雉者，士以雉，凡冠禮皆依士禮而行故爾。鄉大夫，謂親臨之官。鄉先生，年德俱高者，或致仕之人也。不言見父與賓者，蓋冠畢先見之也。齊，俱音齋。

“成人之者”節

此承上兩章成人而言，只要起下“成人之者”一句，通節分四段看，自首至“其禮可不重與”，解待以成人之意，下至“聖王重禮”，推所以責成人禮行之故，“冠者”三句，結束上文以起下文，又推冠之實而解其義也。

既冠成人，賓與父母兄弟，君與卿大夫、鄉先生，無不成人之矣。是成人之者，豈徒優之以成人之形，將責于成人之禮焉也，責成人禮焉者將責之以爲人子則孝，爲人弟則弟，爲人臣則忠，爲人少則順，四者之禮而實見之行焉。將責四者之行于人，則禮非虚禮，其禮可不重與？禮之重行如此，故孝、弟、忠、順之行立，而後可以爲子、爲弟、爲臣、爲少而爲人，可以爲人而後可以求人、非人而治人也。行重則禮亦重，故聖王之重禮如此也，而冠禮始基之，故曰“冠者，禮至始也”。嘉禮有四，冠尤其重者也，是故古者重冠，重冠故行之于廟，所以尊重此冠事，豈但尊重事，且又不敢擅重事之意焉，乃所以自卑而尊先祖也，安得不行之于廟也乎？禮行而禮義立，此冠禮之所以爲善也歟！

按：通節六個“禮”字，分兩意，其禮可不重？聖王重禮，此二字相叫應，指上二節待冠之禮言，餘俱指孝、弟、忠、順爲人，在禮義立上説。治人在人從禮義上説，蓋此天理，在禮中行禮之精意謂之義立，在人身上體禮之實事謂之行立。冠肇基乎倫理之大，故曰“禮始冠”，兼統乎人道之全，故爲嘉事之重。嘉事，嘉禮也。前以筮爲重冠，此又以行之于廟爲重冠，互見也。行于廟在筵几東序，醮酒户西上見，此後雖只有兩個“所以”字，當作三層意看，蓋不敢擅重事，亦是所以之意。

昏義

按：謂之昏者，娶妻之禮以昏爲期，因咎焉，必以昏者，取陽往陰來之義，又天下之情，不合則不成，然物不可以苟合，故受之以賁，蓋敬則克終，苟則易難，必受之以致餙者，所以敬而不苟也。昏禮者，其受賁之義乎？《郊特牲》亦有錯簡，當取以歸于此篇。

“昏禮者，將合”節

此詳釋昏禮之義也。“重之”分，上言昏禮所係之大，而“君子重之”以下，是詳其重之之實也。君子包下男女二家，“重”字該下“敬慎重正”。“納采”五句，男家君子之敬慎重正也，“主人筵几”四句，女家君子之敬慎重正也。末句總承，不必單指釋廟中説。一云，君子指男黨説，方得敬慎本意，蓋昏是男家大事，女黨所係，輕于男也。此節止主人筵几于廟，而拜迎着女家説，其餘都是男家的事，敬慎着男黨心裏説，重正着男黨所行之禮節説，惟此事重而欲其正，故不得不敬慎也，甚有理。

夫昏禮何爲者，蓋將以合二姓之好，上焉事宗廟，而爲祭祀之主，下焉後世，而綿本支之傳，所係之重如此，故君子重之而不敢忽也。惟其重之，是以納采、問名、納吉、納徵、請期，凡此禮之行，皆男氏遣使者以將命，而女氏之主人先筵几于廟中，而後出而拜迎男家使者于廟門之外，使者既入廟門，三揖三讓，而後升堂，此時男家使者傳男家之命，而聽主人之答命，皆在于廟焉，是男家所以敬慎重正，此昏禮也。

按：昏禮自有次第，媒妁之言既達，女家先許之矣，男家不敢必也，故納鴈爲采擇之禮以求之，既納采將加之卜矣，不敢必主人之女也，故問女生之母名氏。既告之名，男卜而吉矣，則納此吉卜于女氏。既納吉矣，則納幣以爲昏姻之證。既納幣，則昏姻定矣，故往請成昏之期，期本男家所定，言請者，示不敢自專，謙也。重之如何加“敬”、“慎”、“正”三字？凡人重其事，必先主敬，然其間更有許多宜詳慎處。如納采而下，却何等細密周到，必“敬”、“慎”、“正”三字，然後足以盡重之義。四禮皆用鴈，惟納徵無鴈，以有幣也，用鴈者以摯見之禮見之，用幣者，以聘士之禮聘之，天子、諸侯又用玉。

“父親醮子而命”節

此節推親迎之禮，與上文五禮，並列而爲六者也。三個“也”字，當分三段看，親之乃迎之入室以後事，下文獨以親之爲言者，其餘雖與共牢合巹，俱屬親迎一類，然皆敬慎重正之事耳。

期定而親迎舉，則父親以酒醮子而命之迎，所以必親迎者，蓋男秉陽剛，以帥人爲德，女秉陰順，以從人爲道，正男先于女之義也，此親迎之始也。子承父命以迎，女家主人筵几于廟，而拜迎壻于門外，壻執鴈入，揖讓升堂，百拜奠鴈者，蓋父母以女授壻，壻乃親受于父母，故奠之不敢不拜也，此親迎之時也。受女畢，婦登車，壻降堦出大門，御婦車，致其敬也，授之以綏，使之升也，婦升則壻執轡，以輪之三周爲率，取陰陽奇偶之數成也。既三周，則御者代之，而壻乘己車先行，俟于門外，而揖婦以入，禮之也。牢，牲也。以一瓠分爲兩瓢謂之巹。酳，演也，謂食畢飲酒，演安其氣也。不異爵有合體之義，不異牢有同尊卑之義，皆所以親愛其婦也，此既迎之後也，皆親迎之禮也。

按：執鴈有四義，取其順陰陽而往來，一也；不再偶，二也；本大夫之摯，而士亦用之，攝盛也，三也；昏不用死摯，故越雉而用鴈，四也。

“敬慎重正”節

此節釋六禮之義，夫婦有義，及下父子君臣，逐句入敬親意，重子、臣邊。雖有敬親二意，然看“後”字、“别”字、“義”字，還重敬邊，與哀公問興敬爲親，舍敬是遺親也旨同。禮之本，在有别，而有義有親有正，皆從此生，禮始于冠，“禮”字，即前君臣、父子、長幼之道也，概舉諸禮，總明昏禮爲禮之大體也。

君子之于昏禮，既敬慎重正矣，而加之親迎者，何哉？蓋昏禮爲禮之大體，非微文疏節可比。若不敬慎重正，則禮有未盡，男女嫌于無别，若不親之，則情有未盡，男女便過于别，今日無以成男女之别，則亦無以立夫婦之義于他日矣。然昏禮必成别而立義者，何也？今日男女敬與親兼盡而能有别，然後以今日之敬親，爲將來之敬親，而夫婦有義，然豈惟夫婦有義哉？内而親者，莫過于父。夫婦有義，而後推之以事父，敬以盡爲子之禮，親以盡爲子之情，父子始有親矣。外而尊者，莫過于君，父子有親，而後推之以事君，敬以盡爲臣之禮，親以盡爲臣之情，君臣始有敬矣。夫婦、父子、君臣，三綱也，人道之大，惟此三者而有義、有親、有正，皆始于男女有别如此，故曰“昏禮者，禮之本也”。惟爲禮之本此，所以爲禮之大體也，然禮之大體，豈惟昏禮爲然哉！夫禮始于冠，所以責成人也；本于昏，所以基人道也；重于喪祭，所以慎終追遠也；尊于朝聘，所以明君臣之義也；和于射鄉，所以合賓主之歡也。凡此皆人道所寓，人倫所關，皆不可不以敬愛行之，故曰“此禮之大體也”，然則昏禮爲禮之本，亦可見也哉！

按：敬慎重正在先，親之在後，故曰“而後”，不可與上“而”、“而後”字例看。禮之大體，要看得與末一樣，自納采至合巹，皆爲男女，至見舅姑理家事以後，方爲夫婦，成男女之别，立夫婦之義，一串説。愛、敬二者，在男女之别都有了。夫婦之義，雖指後日説，“立”字却在于今，言此義大，明于天地間而植焉。振，舉也，與“成”字一類，義之體嚴，夫婦常失于過和，過于和則不嚴，而大義廢而不立，嚴之道在，始合之日，立其大體，大體立得定，則一日之義即終身之義矣。有親有正，俱以“愛”、“敬”字貫，冠、喪、祭、朝、聘、射、鄉，因昏禮而並及之，父子有親，君臣有正。鄭注：“言子受氣性純則孝，孝則忠也。”思之殊有妙理，宜知。

“夙興，婦沐浴”二節

此釋見及饋饗之意，“興”字泛言，不单指婦興，“婦”字在“興”字下方露出。婦禮、婦順，是將來之禮順，成之、明之，則在今日，下節以“先降”二句爲主，上二句乃敘下者也。一獻之禮，兼獻、酬、酢而言，此之一獻，乃舅獻婦酢姑酬也，末句乃申釋者也。

昏禮之次日，夙興，婦沐浴以俟見舅姑，正明之時，贊禮者見婦于舅姑，爲婦者執笲以盛棗、栗、腶、修而見，以告虔焉。方舅姑之始見也，贊者設醴以禮婦，婦舉脯醢及醴皆祭之，蓋祭所以昭敬，敬事舅姑，于兹爲始矣，非成其爲婦之禮乎？及舅姑之入室也，爲婦者盥潔而具夫特豚之饋，左胖舅俎，右胖姑俎，蓋饋所以致養，就養舅姑，于此爲始矣，非以明婦之順乎？昏禮之又明日，舅姑共饗婦以一獻之禮，主一獻畢，姑置婦之酬爵也，于是降階而各退矣。舅姑先降自西階者，賓階也，婦降自阼階，阼階者，主階也，蓋以姑老則傳之婦，明此冢婦將有代姑爲主于内之責也。

按：進食于尊者曰饋，以特豚饋，合升而分載之。一獻禮，初是主酌酒奉賓，行獻曰獻，次是賓酌酒復主曰酢，又次是主酌酒復賓酬勞曰酬，三者備，斯爲一獻。止一獻者，家人不事多文，且以尊臨卑，故尊惟一獻。奠酬而止，明正禮成，不復舉也，兩降階，各就燕寢也。以著代者，子之承父，將以爲主于外，婦之代姑，將以爲主于内，故此與冠禮並言著代也，此條專重在“著代”上，著代必重其事，故先之以獻饗，此謂冢婦也，庶婦則使人醮。

○“成婦禮，明婦順”節

此總結上文，分之則爲婦禮、婦順、著代三者，總之則歸于“重責婦順”也。“蓋藏”以上，婦順之實。“是故”以下，敘婦順所係之重，此重責之故也。“重責”與“重之”二字不同，重責即厚望之意，重之者，指“成婦禮”三句，舊説彝倫與事功平講，“和”字承“順舅姑”三句，“理”字承“成絲麻”二句。一云，只當以順于彝倫爲主，而帶下事功言。婦順者，先在順舅姑，和室人，而後當于夫之心，當于夫而後可相夫以成事，以審守，倘舅姑不順，室人不順，則不得夫心，雖有才能事功，何自而成？“和”、“理”二字串看，蓋婦順備而後内之情意和，情和而同心協贊，家道方理，和與理合，而始可長久。“和理”的“和”字，不可與“理”字分貼彝倫事功，和只貼情誼，理只貼家業，如此説，比舊更覺渾融。

合而觀之，成婦禮以致敬，明婦順以致孝，而又申之以著代之義者，何哉？蓋欲厚望之以婦順也。婦順者，舅姑之禮至隆也，故可順而不可逆。室人之禮相敵也，故雖和而不必同，上順下和，而後夫之心乃得當焉，此順道之在彝倫，爲婦所當先體備者，由是絲麻布帛之事，此婦而順者能成之，委積蓋藏之蓄，此婦而順者能審其多寡輕重而守之，此順之在彝倫者，移之事功，而一順無所不順矣。惟婦順備于彝倫之脩，則閨門雍熙而内無不和，既和矣，以之共成夫事功，則家庭整飭，而内無不理，和且理，則情意維係，而家不離散，締造昌大，而家不廢墜。家道之長久如此，此聖人于娶婦之始重以責之也。

按：成禮、明順、著代，三平説。又申之，申猶加也，乃轉换文法，不重。“重責”與“重之”相應。上下相從，謂之順。室人，即妯娌。可否相濟，謂之和。當于夫者，蓋古之君子正心脩身以齊其家，不昵于衽席燕私之好，而忘孝弟和順之心，故爲婦者惟順且和而後稱也，根婦德之教來。絲麻布帛以紡績言，能成其事，則祭服可備，而又可以無寒。少曰委，多曰續，囷倉曰蓋，竇窖曰藏，審而守，則粢盛可備，而又可以無饑，根婦功之教來。合此二者，婦德脩則猜忌不啓，婦功脩則常用不匱。和理、長久，皆從此得來。通節三“而後”字，都是難詞。

“是以古者婦人”節

此承上章言，上章言重責婦順于正娶之時，此章言教成婦順于未嫁之日，《儀禮》但有《士昏禮》，此以諸侯之宗女言。德、言、容、功，婦順之本，不可即爲婦順，德又爲言、容、功之本，女子一貞順，則自然鎮靜、端莊、勤勵，一齊都有了，“成”字重在教上，祭只是告其教之成耳。

惟婦順不可不備，是以古者有見于此，于婦人先嫁之三月，必有以教之，而教之之所，祖廟未毁，此女猶于此祖有服，于君爲親也，則女師教之于公宫。既毁無服，于君爲疏也，故教于宗子之家。其教之事，則以貞順之婦德，與詞令之婦言，婉娩之婦容，絲麻之婦功，四者之教成，祭其所出之祖，牲用魚，羹用蘋藻，皆水物，以陰從陰也。若是乎有教者，蓋以德、言、容、功，婦順之本，今日雖未爲人婦，而將來婦順之道，固已成于此，此教之所以不可不豫也。

按：諸侯五廟，公宫，祖廟也。諸侯如此，天子可推，大夫、士、庶可知。婦德重在貞順，故教必先此。《詩》云：“婦有長舌，維厲之階。”言固德之著也。隨受之以婦言，又曰“無非無儀，容亦德之徵也”，隨受之以婦容。又曰“婦無公事，休其蠶織”，婦功亦定不可少者，故終之以婦功。《冠義》一篇，重在將責爲人子、弟、臣、少之禮行焉。《昏義》篇，重在“所以重責婦順焉也”一句，魚爲俎實蘋藻爲羹，有魚藻而無牲牢，非正祭也。娩，音免。

○“古者天子后”節

此言君后治内治外，而各獲其效，見昏禮所關之大也。其中又有微意，明先王所以成婦順者，其本源固自有在，又不但公宫宗室之教而已。“以聽”、“以明”章，兩“以”字相趕説，明、章内就有身體意，不身體而欲章之，便是其家不可教而能教人者無之了。後“陽道陰德”四字最重，乃天子與后所先有諸己而後求諸人者，道者達道，德者達德，人所共有，必從君后身上起，身正方可化人，前後俱用“聽”字，獨此二句用“理”字、“治”字，謂以身教去理之治之也。理治有功夫，“聽”字無工夫，時講平敘者非。“教順成俗”此九句覆説，爲末句設耳。“盛德”本在“教順成俗”之前，但看“此之謂”句，則盛德只當于聽男教女順上説，不作推原看。

試由昏禮推而上之，天子之君后，即天下之男女，有主施教化之責者也。古者天子后立六宫之職，自三夫人而下，爲九嬪，爲二十七世婦，爲八十一御妻，數皆三倍。婦人從夫也，女秉陰柔，正位于内，以從人爲德，所貴在順，内治不脩，則婦順不明，家不可得而理矣。立此六宫，與之共聽天下之内治，如婦德、婦言、婦容、婦功之類，正以明章天下之婦順，使天下之爲婦者，皆知其德當如是也，如此則内無不和而家理矣。天子立六宫之職，自三公以下，爲九卿，爲二十七大夫，爲八十一元士，取陽數成于三而終于九也。男秉陽剛，正位于外，以帥人爲道，所貴在教。外治不修，則男教不章，國不可得而治矣。立此六官，與之共明天下之外治，如邦治、邦教、邦政、邦刑、邦事之類，正以明、章天下之男教，使天下之爲男者，皆知其道當如是也，如此則外無不和而國治矣。由是言之，天子所聽者，天下之男教也，后之所聽者，天下之女順也。男教剛健中正，是陽之道，天子聽男教，則剛健之道實體于身，而推其所得者，以理陽道。女順柔順中正，是陰之德，后聽女順，則柔順之德實得于己，而推其所有者以治陰德。夫以陽道理外，是天子所聽于外者，皆以人治人之事，故曰“聽外治”。以陰德聽内，是后所聽于内者，皆職分以内之事，故曰“聽内職”。由是男教脩于上，而下之爲男者化而成俗，女順備于上，而下之爲女者化而成俗。男教成俗，則外無不和，而國于是乎治；女順成俗，則内無不順，而家于是乎理，是豈可以倖致哉？此必朝廷之上，剛健中正，而父道不愧，宫闈之内，柔順中正，而母儀不忒也，寧不可見君后之盛德耶？不然，本之不立，將何以振肅六宫，表率六宫，而章明天下之女順男教哉！

按：先言后者，先齊其家之義也，言后並及三夫人、嬪、御者，見關乎天下，取之當慎重意。王后六宫，在天子六寢之後，亦大寢一，小寢五，與天子同，但不曰寢而曰宫耳。理，猶治也，謂使得其條理也。六官是總名，“三公”至“元士”皆六官之職，内外之職，君后主之，夫人、三公之類輔之。兩個“和”字，以人言，家國理治，略後一層，聽男教、聽女順作主。下四句，只就此趕去，總從上文“以聽”、“以明章”句生來，以天之氣數，分則爲陰陽，以地之位限，别則爲内外。“教順成俗”三句，從上文兩個“故天下”句生來。

“是故男教不脩”節

此言天子與后相須而成之義。“陰事”以上，言君后脩職以弭變。“天子之與后”四句，從上看出，相須而成只指天子與后説，不連日月陰陽，此上總只虚提其理。“天子脩男教”四句，方是君后實盡其道，此正蕩陰事陽事實際，君后以父母待天下，天下豈不以父母戴君后？

夫國家理治，固可以觀天子與后之盛德矣。苟或男教不脩，陽事不得，適見于天，日爲之食，是天子之責也，故天子素服而修六官之職，以舉男教而蕩滌乎天下陽事之有穢惡者。婦順不脩，陰事不得，適見于天，月爲之食，是后之責也，故后素服而脩六宫之職，以舉婦順而蕩滌乎天下陰事之有穢惡者。從此看來，是君后豈但家國與天道相感通焉，故天子之與后，職内職外，其事雖若相反，而理陰理陽，其道則實相成，猶日與月代明以成化工，陰與陽互根以成萬物。一有不脩，則適見于天，烏能獨成其化哉！則男教女順誠不可不脩也。天子脩男教以訓天子之爲男者，則與義方之教無以異矣，不爲父道乎？后脩女順以閑天下之爲婦者，則無姆儀之訓無以異矣，不爲母道乎？故曰“天子之與后，猶父之與母也”。斬衰，父之服，齊衰，母之服，報其恩也，王后爲之服，報以義也。

按：常説，“相須而成”以上，是驗之天道，下段是擬之人倫，如此平衍，殊無虚實起伏，要重后一邊，一則見后當盡職，一則見君當擇后，以了昏禮之義。又云，上節聽治以成國家之治，此陰事以上，修治以弭日月之變，皆君后分言，故天子之與后，君后合言。味“相須”二字，歸重到婦順、母道邊，纔與篇義“責婦順”、“成婦順”意相合。

禮記說義纂訂卷之二十四

陝西涇陽楊梧鳳閣著
兄楠龍棟定
姪昌齡三開、紹齡七來
男延齡九如
孫惺慧益較

鄉飲酒義

按：鄉飲酒之禮，所以正交接，序長幼，仁鄉黨，鄉人凡有會聚，皆當行之，《論語》“鄉人飲酒”是也。不特三年賓賢能，鄉大夫飲國中賢者，州長習射，黨正蜡祭，四事而已，故以“鄉飲酒義”名篇。

○“鄉飲酒之義”節

此詳釋鄉飲酒之義也，通節主鄉大夫飲國中賢能者說。揖、讓、盥、洗、交拜，言其禮；尊讓、絜、敬，言其心。要看“所以相接”字，蓋交接在飲酒之儀，而交接的神情意趣，一歸于禮義而相安者，全是這行禮之心，免人禍，要得行禮之久，自有潛移默奪、不知不覺的意思。

夫鄉飲之禮豈無義乎？方其賓之未入也，主人拜迎賓于庠門之外，及賓之既入，賓主三致乎揖讓之禮。若是乎揖讓者，蓋讓本乎此心之所尊，所以致其尊讓之心也。其獻賓也，主人盥洗而後揚觶者，蓋盥以絜手，洗以絜爵，所以致其絜之心也。賓主拜，洗爵拜，受爵拜，送爵拜，飲盡爵拜，賓主若是乎相拜者，禮以拜爲敬，所以致其敬之心也，合之所謂尊讓、絜、敬也。禮行于外，君子之相接，而義隱于中，正君子之所以相接也。君子尊讓則于人不爭，絜敬則于人不慢，不慢不爭，人亦莫之爭慢焉，則遠于鬬辨矣。不鬬辨則無暴亂之禍，斯鄉飲酒之行，君子之所以免于人禍者在是，豈故欲人爲煩文也哉！

絜，與“潔”通。

按：首句是一篇大旨。庠，鄉學也。言庠門，則鄉大夫飲可知。若州長、黨正，則言序門矣。“三揖”二句，除“入”字前爲頭三揖者，入門揖，當碑揖，當階揖，此賓之尊主。三讓者，一禮讓，再固讓，三終讓，此主之讓賓。看來拜迎揖讓，通是賓主相讓。惟尊故讓，勿平爲妥。“盥洗”句重盥洗，不重揚觶，單指主人説。拜至指主，拜洗指賓，拜受指賓，拜送指主，拜既指賓，“所以致敬”句，不必分承，只是賓主相拜、相敬便了。不爭、不慢，屬君子身上看。一云，尊讓則民不爭，絜、敬則民不慢，亦可。鬭，毆辱也。辨，訐訟也。有淺深，如强者鬭于力，弱者辨于口，是先王亟亟制禮，專在約束人群，使免于禍亂，故曰“免人禍”，須玩一“人”字。

“故聖人制之以”節

此節舉其禮而釋其義也。鄉人、士、君子，言鄉飲行禮，有此四樣人，下正見其制之以道也。

承上言惟尊讓、絜、敬，可免人禍，故制爲儀節，莫不有道存焉。其行禮之人有四：曰鄉大夫者，鄉人也，有飲國中賢者之禮；曰州長者，士也，有習射鄉飲之禮；曰黨正者，亦士也，有蜡祭鄉飲之禮；曰卿大夫者，有賓興賢能鄉飲之禮。總謂之鄉飲也。其道維何？設酒于房户之中間，以此酒爲主，人獻賓，賓酢主人之具，乃賓主共致敬者，故近户，賓道也，近房，主道也，此設尊之義也。既設酒尊，又必有玄酒之尊者，蓋色玄乃天然之色，味淡乃天然之味，貴玄酒之質故也，此設玄酒之義也。羞自東房而出者，以主位在東，示主人之恭敬于賓也，此羞出自東房之義也。設洗于庭，當室翼之東者，亦以主位在東，示主人洗心浴德，而以敬心事賓也，此設洗之義也。所謂聖人制之以道者如此。

按：尊有玄酒，已見貴質，而《注》云“北面尚尊”，玄酒在尊之西，地道尚右，是貴其質素也，似蛇足。州長，一州之長。黨正，黨人所取法也。

“賓主，象天地也”三節

此三節總言鄉飲之禮，取法于造化意。首節鄉飲之人，法造化之象。二節鄉飲主人讓賓之節，法天象之成。三節鄉飲之禮，法造化之時，亦聖人制之以道處。

“賓主，象天地也”節

此釋立人之義也，賓主何爲也？賓有盛德，人所則效，猶天成象于上，人所取正，是象天之尊也。主人陳其酒饌，以敬養賓，猶地厚德載物，萬物資生也，是象地之養也。介僎何爲也？介以輔賓，僎以輔主人，象陰陽二氣之運行而成歲功也。三賓何爲也？三賓亦以輔賓，象三光之懸象著明，亦所以輔天而成覆幬也。

按：鄉飲，許多人物禮數皆爲賓主而設，猶陰陽等皆爲天地而設。天地無此等爲之輔翼，不成天地了。賓主無此等贊相，亦不成賓主之禮矣。三賓爲衆賓之長，參于賓以贊威儀，猶三光爲衆星之特大，以照下土。陰陽蓋指日月耳，三光日月星也。既象日月，又象三光者，蓋介賓僎兩而三賓三，故以象三兩之數，三賓之外，又有衆賓。

“讓之三也”節

此釋三讓之義，魄陰象賓，明陽象主，主人讓賓至于三者，象明之讓魄，在前後三日也，蓋望後爲生魄，魄生雖若可見，然必至晦後三日之朝而後見。前此則明，猶盛也。朔後爲死魄，魄死雖若不可見，然明後三日之夕，尚有可見者，過則明漸盛矣，此由明讓魄則魄現，明不讓魄則魄隱，故以三日爲斷也。

按：月之中有魄焉，有明焉，本質爲魄，魄陰象賓，受日之光爲明，明陽象主，明未盛而魄成。其迹有似于讓，故以讓言，蓋席上賓之尊，全是借主之威光以全其尊，蓋主是當權者，賓是主所延接者，所以尊不尊，全係于主人讓之之誠意。

“四面之坐”節

此合下節釋布席之義，而因推德所由備也。“象四時”句，下文“天地”一段，就是四時。“賓主”一段，就是象四時，不可再深一步看，至“仁義接，賓主”以下，原只爲坐席俎豆有數，不過即席間之所陳設者帶言之。説者乃至以“俎豆有數”句，與“仁義接”二句對，下俱以坐席豆數並陳説去，不是聖而禮從内説出外邊，禮而德從外説進内去。曰聖曰禮，只要歸到德上，得于身，又是申其所以爲德，聖人務焉，就承這德説，正與“聖人制之”相應。

夫鄉飲之賓主、介僎，必辨東西南北四面而坐，何爲也？蓋以春夏秋冬之四時，四時備而天道得以成歲，四坐備而鄉飲得以成禮也。何謂象四時？天地嚴凝之陰氣始于西南爲秋，而盛于西北爲冬，此氣一行，覺凛然不可犯，天地之尊嚴氣也，肅殺閉藏，萬物各正，非天地裁制之義氣乎？天地溫厚之陽氣始于東北爲春，而盛于東南爲夏，此氣一行，覺藹然可親，天地之盛德氣也。發揚動盪，萬物咸育，非天地生長之仁氣乎？主人者，自卑而尊賓，故坐賓于西北，而坐介于西南以輔賓者，蓋以賓者謹進退之節，接人以義者也。惟義故坐于西北，應義氣之盛而介之輔賓以義者，坐于西南，應義氣之始也。主人者敦飲食之養，接人以仁，以德厚者也。惟仁故坐于東南，應仁氣之盛而坐僎于東北以輔主人者，亦以僎之輔主以仁，故坐于東北，應仁氣之始也，此所謂象四時也。由是知主之接賓者，一體天地溫厚之氣，以爲接之心，是以仁接也，賓之接主者，一體天地嚴凝之氣，以爲接之心，是以義接也。是賓主各有事，而于坐席寓其義，以至于席上俎豆多寡，莫不各有至當不易之數，精粗内外，通貫顯明，不曰聖乎？聖立而敬以行之于坐席之間，則有交而兼有本，不謂之禮乎？禮則天理之節既備，而以之體長幼，則人倫之敘克敦，天之所賦我，至是而渾全，不謂之德乎？是德也，鄉飲禮行，而彝倫之理，自我有之，亦自我實得也，謂非得于身而何？夫鄉飲馴至于得身如此，故曰古之人。學此鄉飲之直道者，正欲實得此倫理于身也，故聖人以此爲先務，行之庠序，使民率而由之，嘿成其德也。鄉飲之設位，而必取法于造化也，豈無意哉！

按：盛德、尊嚴在氣上，仁氣、義氣則在物上矣。四“此”字相趕説下來，亦相承説上去，不可平。尊嚴、盛德氣，就體言。仁氣、義氣，就用言。尊賓應尊嚴氣，接人以義，應義氣以德厚，應盛德氣，接人以仁，應仁氣，仁義接，就以坐席所象言，不必廣説，接賓主有事，是坐席有序，與俎豆有數，詞雖平而意宜串，俎以盛牲體，豆以盛脯醢。有數者，因年爲多寡也。聖、禮、德，皆于席位、俎豆見之，聖就禮義通明上看，以儀文之顯著于外者言。聖立即坐席俎豆間禮義既立也，敬以心之肅于内者言。曰禮者，不惟有文而又有本，即心之敬上見。禮兼内外説，“體”字當別字，言坐席、俎豆，一體別長幼以行之也。曰德者，彝倫攸敘，有得于我也。由聖説到禮，有淺深，由禮説到德，無淺深。曰聖、曰禮，只要歸德上。曰得于身，得身只要原到德上，但此“德”字，因行鄉飲而得，似自外來，故記者又申之曰“德也者，得于身也”，雖是釋“德”字之義，然玩《注》所得皆吾身之實理，還宜在鄉飲上説，言鄉飲所得非襲取也，重“身”字看。“古之學術道”句，舊説，泛指諸禮，不如實指鄉飲更便捷。鄉飲是禮法，故曰術。聖人制之以道，故曰術道。學只是行之意，聖人務之，重在行此以成民之德上，安國又下一層。

又云，通節緊關處在“仁義接”一句，上文就天地之仁義説來，便爲下“德”字張本，下面由聖、禮遞到德，俱從此出來，不特賓主之事爲仁義，俎豆之數，也是仁義所陳，敬也是仁義之心，體長幼，也是仁義去體。諸講把此句另屬，賓主有事者，不是得于身，是得此仁義于身。務焉者，使民習此仁義，而安之以致實得之地也，不必拘拘以席位、俎豆，及天理、人倫對待並講。

“祭薦，祭酒”節

此釋升席降席之義。“成禮也”以上是一截，乃舉其禮而釋其義，略輕。“于席末”以下作兩股，即上文啐酒成禮之中，詳其始而入口之禮，有貴禮賤財之義，繼而卒觶之禮，有先禮後財之義。此二段最重，貴賤先後推開説，不在鄉飲上，但其義則寓之席末及階下耳。貴禮賤財與先禮後財，無甚分別，故省之也。末句重一“作”字，蓋人之輕禮教，不是無良心，只是爲財的念頭所汨沒了，聖人只把財的邊教人，賤且後，則禮自然貴且先，爭心大約爲禮而起者少，爲財而生者多，所以一輕財，爭便息了。

鄉飲之行，主人獻賓，有脯醢與酒，賓即席祭之，蓋祭以昭敬，此賓敬主人之禮而不敢慢也。賓既祭酒，興取俎上之肺嚌齒之，所以嘗主人之禮而不敢虛也，皆于席中行之，至于啐酒，所以成主人之禮，則于席末者，言是席之正，非專爲飲食也，爲敬以行禮也，故祭薦，祭酒，嚌肺，正行禮，則于席中，啐酒入口，近于財，則于席末，席上昭其貴，席末昭其賤，此貴禮而賤財也。啐酒猶在席末，卒觶致實，則必退避其席，而于西階者，言是席之上，非專爲飲食也，故祭之與嚌，則在席上，卒觶盡酒，則于西階，席上昭其先，西階昭其後，此先禮而後財之義也。一飲酒之間，而致嚴于義利之辨若此，故民皆先義而作敬讓以行禮，後利而恥爭奪以趨財矣，感化之義，不既深哉！嚌，音劑。啐，音翠。

按：周禮重肺，祭必先肺，祭畢則先嚌之，嚌肺則徧嘗在其中矣。席正，即席上，謂席中也。席末，席西頭也。酒爲觶中之實，《儀禮》所謂“主人取爵實之”是也。必于西階上者，以向于此拜受也。先中有貴意，後中有賤意。作敬讓，屬禮説，不爭，屬財説。

○“鄉飲酒之禮”節

此承前“俎豆有數”句，因釋坐立豆數之義，而結以孝弟之教也。民就是鄉飲之人，重一“知”字。明尊長養老，正要使民知此孝弟也。民知而後乃能入孝弟，是良能因良知而出也。教成之效起于知，君子行禮時提醒他。“行立”“立”字，有固守意，此孝弟由良知而出，自守之定而不變也。

以鄉飲之席位言，六十者坐于堂上，五十者侍于堂下，以聽政令役使之事，長者尊而逸，所以明尊長也。以豆數言，六十者三豆，七十者四豆，八十者五豆，九十者六豆，老者厚而豐，所以明養老也。長近于兄，老近于親，民知尊長養老，而後乃能入孝弟。長吾之長，亦長人之長，老吾之老，亦老人之老，民入孝弟，出尊長養老，而後孝弟之教成，人人親其親，長其長，而天下平矣，國不以之而安乎？此鄉飲禮之所以爲善也。

按：同節重“孝弟”二字，明尊長養老，正教孝弟處，三“而後”字疊法，口氣亦不可太快，歸重成孝弟之教上。尊卑在儀，故于坐立之不同見，養老在物，故于豆數之不同見。前言俎豆，此獨言豆者，舉小該大也。《注》：“豆當從偶數，此但十年加一豆，非正理也。”此坐立豆數，于《儀禮》無所見，蓋《周禮》州長會民、黨正屬民之禮，非賓興賢能之飲。合諸鄉射，是因鄉射而先行鄉飲之禮，故云合也。

○“孔子曰：吾觀于”節

此言鄉飲禮之裕于治，以見道大。此下五節，皆引孔子之言，“王道易易”句，乃五節之大綱，與末句正相叫應，在“道”字上看出，此實理，此實事。上段在拜迎與不拜迎上，見出義别下段在酬與不酬，酢與不酢上，見出義辨，平對。

孔子曰：“吾觀于鄉飲，而知王道之易易也。”蓋王政不止于鄉飲，而王者之道盡于鄉飲。天下雖大，分明處各自爲一鄉令，鄉鄉都去行此正身之禮教，則分開各成一禮俗，合來便成一，蕩平世界了，豈不是王道之易易，何也？王道不過先自治而後治人，自正身以正天下而已，試觀賓之未至也，主人親速賓及介，至衆賓則不速而自從。賓之初至也，主人拜賓及介，至于衆賓則不拜而自入，是賓貴于介，介貴于衆賓，而拜迎不拜迎分焉。貴賤之義，不于是明乎？賓三揖至于階，主三讓以賓升，主人拜至後，行獻賓禮，而酬、酢、辭讓之節備，及介則省酬矣。然猶坐飲也，至于衆賓升堂受爵，惟祭酒則坐，飲則立而不坐。既飲後乃不酢主人，而即降又省酢矣。是賓之獻、酬、酢，禮煩爲隆，而介則主人省酬，衆賓並不酢主人，是介與衆賓以漸而殺，隆殺之義，不於是别乎？

按：速者即其家而肅迎也，介亦迎之，主酌賓爲獻，賓答主爲酢，主又答賓爲酬，辭讓之節煩，謂賓禮三者備也。介省酬，衆賓並省酢矣。衆賓，兼三賓、衆賓而言。

“工入，升歌三終”節

此鄉飲禮用樂之義，先分作，次間作，次合作，以漸致和樂之極也，以上是和之以樂。“一人”以下，是節之以禮也。和樂不流，全在立司正上見。

鄉飲之行，非樂不和，非禮不肅，故樂行而禮肅焉。歌者在上，故此工入而升堂，歌《鹿鳴》、《四牡》、《皇皇者華》三篇。匏竹在下，故吹笙者入于堂下，奏《南陔》、《白華》、《華黍》三篇。歌與笙終，主人酌酒獻歌者、笙者，勞工人也，此分作之節也。使不更迭而作，則汎濫無統，無以辨其異，故主人獻工後，堂下之笙，與堂上之歌，更迭而作，如始歌《魚麗》，間以笙之《由庚》，次歌《嘉魚》，間以笙之《崇丘》，又次歌《南山》，間以笙之《由儀》，是三終也，此迭作之節也。使不合併而作，則音曲間斷，無以統其同，故于間歌既終後，堂下之笙，合于堂上之歌，齊併而作，如始歌《關雎》，笙吹《鵲巢》合之，次歌《葛覃》，笙歌《采蘩》合之，又次歌《卷耳》，笙吹《采蘋》合之，是三終也，此並作之節也。斯時賓主之情既洽，而旅酬之禮將行，于是工以樂備告于樂正，樂正告于賓而遂出，樂正自此不復升堂矣。使樂而無節，則賓主之情易怠，故主人之吏，一人舉觶，以示旅酬之行，乃立一司正，以董正旅酬之失節。夫笙歌屢變，而間合迭興，是和之以樂者深矣，即立司正以正其禮儀，知其能和樂而不至流放，此鄉飲所以爲盛歟？

按：獻之，《注》作“獻工”。一云，徑作獻賓，《詩》曰：“我有嘉賓，鼓瑟吹笙。吹笙鼓簧，承筐是將。”此獻賓之一証也，有據可從。“終”字便是各有條理意，亦是樂之有節處，間言歌，合言樂，互文也。工告樂備遂出，作兩人看，衆工以樂備告樂正，舉樂正，則樂工可知，儀禮工四人，大夫之制也。一人，主人之吏也，鄉飲所設使者。司正，猶今監酒司罰者，贊相行禮人爲之。其歌附左。

《魚麗》、《嘉魚》、《南有臺》歌，《由庚》、《崇丘》、《由儀》來笙，《關雎》、《葛覃》、《卷耳》歌歌，《鵲巢》、《采蘩》、《菜蘋》和笙。

“賓酬主人”節

旅酬之時，賓受主人之獻而酬主人，以其厚飲食之禮也。主人受賓之酬而酬介，以其輔賓而行禮也。介受主人之酬而酬衆賓，以三賓之屬，亦有勞于斯席也。是禮之行，衆賓皆以齒爲序，長者先飲，少者後飲也，豈惟衆賓爲然，終于沃洗之至賤，亦以齒而相酬，如是，則弟長之禮，無貴無賤，皆得以通行而無遺漏矣。

按：“少長”句只承衆賓而言，若賓、主、介只一人，何少長之有？終于沃洗，言相酬亦以齒也。弟長，就少者承順長者言。

“降，説屨，升坐”節

此節“脩爵無數”句，見安燕，“飲酒之節”以下，見不亂。“之節”句作總。“朝不廢朝”二句，是不廢事。“主人拜送”二句，是不忘禮，此正飲酒之節也。

俎既徹矣，賓、主降復初入之位，咸脱屨焉。屨既脱矣，賓、主復升堂而坐，燕行無算厥焉。夫無算爵行，宜乎其醉而廢事矣。然飲酒之節，朝以聽政，聽政罷而後飲，是朝不廢朝，夕以脩令，先夕而罷，猶可治事，是莫不廢夕。賓出，主人拜送，品節文章，終竟申遂無少缺焉。知其能安于燕樂，而不至忘敬致亂矣。

按：未徹俎時，皆立而行禮，至是乃坐。政是奉于君而行于己者，令是出乎身而加乎民者，修令何以言私？對君政言耳。

○“贵贱明，隆殺辨”節

此言鄉飲該王道之全也。王道易易，全在“足以正身”上看出，貴賤、隆殺、少長，分也。秩其分使閑于紀，和樂、安燕，情也。約其情，使合于中，便是身之和敬兼全了，故曰正身，身一正，再不勞，在家國天下更着工夫，即此正身之理，便是治安之理。“故曰”二句，正應前二句，易易，是裕如意。一説，惟取足于五者，何等簡易可守，不可從。

此節是結上四節，合而觀之，主人敬伸于賓、介，而簡于衆賓，是貴賤明，主人禮隆于賓，而殺于介與衆賓，是隆殺辨。樂終而立司正，是和樂不流，旅酬而序長幼，是弟長無遺，不廢事，不忘禮，是安燕不亂，是五者行之于身，則情制分秩而内外身心不過乎物矣，不足以正身乎？身正則由己及人，此情此分同也。一國禮讓成俗，不足以安國乎？國安則由近及遠，此情此分同也。天下禮讓成俗，而不足以安天下乎？夫王道以正身爲本，以安國、安天下爲身之推，今鄉飲五行，足以致之，是王者以身正人之道，此焉在矣，我所謂觀于鄉而知王道之易易者，不于是益信哉！

按：“足以”字宜玩，只論其理如此耳，彼國安而天下安，要照口氣，如云國之未安，勿問天下，國之既安，何憂天下哉！此五行在鄉飲之中，而正身却在鄉飲之外，安國比正家須加許多工夫，天下安比國安，特由近而之遠耳。

“鄉飲酒之義”節

此申釋鄉飲立人之義，自篇首以下説歸孝弟教成而後國可安，此屬教一邊。自“孔子曰”以下，説歸身正、國安、天下易，此屬政一邊。此節申言之，歸到賓、主諸人上，以見政教之有自因覆釋前義而結之也。“象三光”以前，却是前面有的，不必重看，只要引起下文，以歸到末句耳。惟賓、主、介僎三賓是象天、地、日月三光的，故便以天、地、日月三光，代那賓、主、介僎三賓，此三句不須再添“象”字意了，只重在“經”、“紀”、“參”三字。

此覆解前文未盡之意，鄉飲酒之義，既立賓以象天之尊，立主以象地之養，設介僎以象日月以辅天地，立三賓以象三光之麗天矣，以是觀之，古之制禮也，非徒取象于造化而已也。蓋禮之大綱謂之經，經不立，則渙散不整，而體統紊矣。今立賓主以象天地，而仁義相接，體統以立，經之以賓主者，經之以天地矣。禮之輔翼謂之紀，紀不立，則禮度隳矣。今立介僎以象日月，則輔賓輔主而禮度明肅，是紀之以介僎者，紀之以日月矣。禮之間雜謂之參，有經有紀而無參，則愿慤而無以致文于斯禮矣。今立三賓以象三光，而參于賓、主、介僎之間，則獻、酬、酢之際，有所陪焉，而足成錯綜之文，是參之以三賓者，參之以三光矣，謂非政教之本哉！政教之立也，而得經以植其體統，得紀以暢其條目，又得參以餙其猷爲，以此正人而人可徵，以此化天下而天下胥化矣，謂非王政之托始，王教之造端哉！

按：前言介僎象陰陽，此變言日月者，前以氣言，此以體焉，辭偶不同耳。制禮指鄉飲言，政以正人言，即五行備而足以安天下是也。教以化人言，民知尊長養老而足以稱教是也。本有托始造端意，此下終篇，多是前所未盡之意。

“烹狗于東方”節

此申烹狗東方，及申洗水俱東之義。烹狗以養賓也，必于堂東者，法陽氣之發于東方，以養萬物也。設洗于阼，又設水罍于洗之東者，法天地之海在左也，天地之間，海居東南，蓋東方形卑，水性流而就下，東方屬木，水德趨其所生故也。

按：天地之位，南前而北後，東則左也。“祖”字當“法”字看。左海，兼水之性、水之德二意説，此與前當東榮不同，别取一義。

“尊有玄酒”節

又釋設玄酒之義，太古無酒，用水而已，後王因謂水爲玄酒設酒尊者，必有玄酒，示民思禮之所由起也。

按：鄉飲雖不用玄酒以酌，亦設之在右者，義正在此，本即根由意，此與前貴質之義微異。一云，天一生水，水是木火金的本，一陽來復之始，玄酒味方淡，淡是諸味之本。宜知，勿從。

○“賓必南鄉”節

此與下節皆釋席嚮之義。“賓必”句作頭，下文皆是釋義，春夏秋冬言方之所屬，蠢假愁中言四時之名之義，聖仁義藏，則就上文見出四時之德來，俱就天地言。從四方説到天子立處，見以天子之位處賓，示尊賓之意。

夫鄉飲之行，賓位西北，必向南者何也？言其備四時之德也。以四時之德言之，東方爲震，春時屬焉，春之義者言蠢，物生動之象也。蓋天地以陽氣生產萬物，而使之蠢動，乃大生之聖德也。南方爲離，夏時屬焉，夏之義言假，物盛大之象也。蓋天地以陽氣育萬物，而養之長之，其勢盛矣，是天地不忍之心愛養之仁德也。西方爲兑，屬秋之時，秋之義言愁，物歛東之象也。蓋天地愁歛之以秋時肅殺之氣，乃天地裁制之德，止萬物而不過，所謂守義者也。北方爲坎，屬冬之時，冬之義言中，物自外入中之象也。蓋天地以此氣復還，乃翕聚之德歸萬物之根，而復其命，所謂收藏者也。夫四時各一其時，即各一其德，未必能兼備如此。惟天子當依、當寧而立，其左在東，東取于聖，體其生物之德，其向則南，南取于仁，體其假物之德，其右則西，西取于義，體其成物之德，其後若偝，偝取于藏，體其蓄物之德。夫天子南向備四方之德如此，今賓位必南向，是亦左聖向仁，右義偝藏矣，亦所以備四方之德矣，豈非一時行禮之所尊耶？

按：前言位，此言鄉，“東方”四段，言四方之德，且勿露尊賓意，至“天子”段方詳之。“聖”字屬天地，原非借聖人之“聖”字以名，《注》訓聖人德合天地，不是“養”、“長”平説，假之總承。愁，歛縮之貌。察猶察察，嚴肅之意。義獨言守，指保合言也。藏也，是天地之德。一説，把“藏也”解在物上，非。左有尊陽之義，向有對時育物之義，右有卑陰之義，偝有後而輕之之義，是就左向右偝作解，其實只聖仁義藏之德，無一不備便了，所謂立賓以象天者此也。

“介必東鄉”節

此節覆申前數節未盡之義。“介必”與“主人”二段，申東鄉、東方之義，與上文“賓必南鄉”爲一例，下則并及三讓與三賓之義也。舊説以三卿屬三讓講，三卿何爲獨法三月，《書》曰“卿士惟月”，此溺舊説而附會者，殊爲未妥，玩本文“是以禮有三讓”，自是結局了。三卿明與三賓相形，蓋三卿是參治之人，三賓是參禮之人，説三賓爲政教之本者，蓋此篇重賓介處多，而三賓似乎可略，故復就經紀參中抽出言之，明不特賓、主、介僎爲政教之本，只此三賓，便爲政教之本，何也？以其爲禮之大參也。

鄉飲之行也，以主對賓則相直嫌于太褻，介必東鄉，坐賓主之間有以間之，庶賓不至于下隣于主，主不至上逼于賓，而賓全其爲賓矣，仍是尊賓之意。主人必居東方者，蓋東方屬春，而產萬物，酒食皆主人造，亦如春之產萬物也，所以居東方也。月成魄以三日，成時以三月，故禮有三讓，取法于月之成魄也。國有三卿，所以輔諸侯而行政教也。今立三賓以共輔賓者，蓋以凡物一則奇，兩則偶，三則相參，而變化生焉，此政教所由出也，故義取于三也。

按：鄉飲禮不主于敬主，欲以尊賓，若賓主相對，則是禮主于敬主矣。天子南面而立，而坐賓亦南向，爲尊賓也。今賓在左，主在右，介以間之，若主人不敢正對賓者然，非尊賓乎？“主人”一段，雖與象地同義，然彼以地言，此以方言，所取自不同也。“月者”三句釋三讓，而增成時一義，因三日而例及之，輕帶。一云，三讓之義，前“三月成魄”句已盡了。“月者”四句，通爲引起三賓，細玩本文“是以”口氣，還作釋三讓之義説。惟三卿與三讓原無干，當以三卿引三賓説。政教之本，前已言之，宜輕，只重在“大參”字上，須以“經紀”二字形容，蓋經有天地，而無以參之，則賓主孤立于上，紀有日月，而無以參之，則介僎孤立于下，禮且不成，政教何有？有三賓則參錯于賓、主、介僎之間，而有輔翼贊助之力，禮不患于無文，而政教從此出矣。與三卿輔諸侯以出政教同義。説得有理，可從。衆賓爲禮之小參，而三賓爲禮之大參，蓋其參於禮者所係甚大也。

射義

按：《繫辭》云“弦木爲弧，剡木爲矢”，又《世本》云“揮作弓，夷牟作矢”，二人黄帝臣，射者男子之所有事，其爲禮若緩而實急，若輕而實重，先王患人不知其急且重也，故于鄉射以習禮樂，于燕射以致安譽，于賓射以通好，於大射以擇士。天下無事，則用之于禮義，天下有事，則用之于戰勝，皆不可闕也，《儀禮》載其儀，此篇釋其義。

“古者諸侯之射”節

此詳釋二射燕飲之義也。而“必先行”句，且莫發其義，下四句正明所以燕飲之故，此節以射爲主，二禮進一步説，二義又進一步説，只重射不重義，射以觀德，德莫重于人倫，君臣長幼，皆倫理所在，未射而預明之，則射時自不徒用力而忘德矣，此先王重本之意。

射之爲道，昉于古也。古者諸侯之射曰大射，不遽射也，必先行燕禮。卿大夫、士之射曰鄉射，不遽射也，必先行鄉飲酒之禮。行燕禮者，非徒行君臣之禮也，臣拜君賜，竭力于君，君答臣拜，不虚取下，此皆燕禮中所寓之義而能明之，必有所以明之者，是所貴于行燕禮也。行鄉飲酒禮者，非徒行長幼之禮也，坐立有位，尊長教弟，俎豆有數，養老教孝，此皆鄉飲酒中所寓之義而能明之，必有所以明之者，是所貴于行鄉飲禮也，古人之重射如此。

按：諸侯選群臣以與祭，有大射，正君臣所聚時，當論分，故行燕禮。卿大夫會民而習禮樂，有鄉射，正長幼所聚時，當論齒，故行鄉飲酒禮。先禮而後射，預熟其周旋進退之節，閑其雍容揖遜之度，及射時自各循尊卑長幼之序，有不期于中禮中鵠哉？

“故射者，進退”節

此原制射之義，前觀德行，是素養于未射之先，而觀者足以徵其已往，此在容體比于禮上，後觀盛德，是功成于既射之後，而觀者遂可覩其將來，此在節奏比于樂上，前後二“德”，皆指樂于義理，久于恭敬上説，以射爲主，以禮樂爲目。

“故”字承上文言，“言中”截，一氣順下，無過文，須看兩個“然後”字，皆相因説無工夫，“此”字指中禮、中鵠言，“德行”字，得之于心謂之德，行之于身謂之行，在素養上看，須要模寫樂于義理，久于恭敬，純熟工夫出，方是。蓋正直豈臨時可倖能，平日此心在天理上慣熟，射時不期正直而自正直，故中。

君子惟行禮于未射之先，故及其大射、鄉射也，進退者升降之節，周還者轉折之容，必中于禮，無失儀也。惟中禮，素能禮以閑其心，而内志必正，素能禮以閑其躬，而外體必直。惟正則目力之巧，運于弓矢而持之審。惟直則膂力之强，决于弓矢而持之固。夫然後巧力俱全，大射可以中正，鄉射可以中鵠，豈不可言中乎？夫射而中禮、中鵠如此，必其内外之養習于義理者熟，體乎恭敬者久，即射之中禮，中的而具見之，故曰“此可以觀德矣”。德行即行禮明義。志正、體直，不可泛言。

按：進退周還中禮，亦由平昔正直來，志正根禮之凝慮來，體直根禮之肅容來，只就持弓挾矢時説。舊説，内志正，則持弓矢審而巧能中，外體直，則持弓矢固而力能中。一云，不必分貼，言審而且固，則巧與力俱全矣。可以言中，不是已中了，只是央其必中，不然，若倖而中，可謂中也乎？賓射之的謂之正，正者正也，明射者内志正也。大射之質謂之鵠，鵠者直也，明射者外體直也。《周禮》方十尺曰候，今之射垜也，四尺曰鵠，三尺曰正，四寸曰質。大射之候，棲皮爲鵠，賓射之儀，畫布曰正。凡候皆以布爲之，其中三分之一，以皮綴其中，爲射之的，故曰棲皮爲鵠。賓射之候，外亦爲皮，其中三分之一，則用朱畫之，謂之正。正、鵠皆鳥之捷擊者，齊魯之間，名題肩爲正。鵠，鳱鵠也，小而難中，是以中之爲儁。鳱，音干。

○“其節：天子《騶虞》”節

此釋射節詩歌之義，在“不失職”爲節分，上是舉節射之詩而明其義，下是推明義之效而結其意。官備等四“樂”字，即下其“節之志”的“志”字，在意趣契合上説。射者取詩節射，必其詩之意義，與己之志趣相合者，然後用之。志趣相合處，乃樂也。此下重“明其節之志，以不失其事”一句，又最重一“明”字，不失事，從明中得來，成、立皆由不失事來，是知行並進工夫，德行屬脩己，功成屬治人，今日能明節之志而不失事，則他日功成德行立，是不可以觀將來之盛德乎？

古者之射，不獨中禮已也，又節之以樂焉，以其節言之：彼茁者葭，一發五豝，《騶虞》之詩也，天子射，以之爲節。曾孫侯氏，四正具舉，《貍首》之詩也，諸侯射，以之爲節。于以采蘋，南澗之濱，非《采蘋》之詩乎？卿大夫射，以之爲節。于以采蘩，于沼于沚，非《采蘩》之詩乎？士射，以之爲節。然何所取而歌是詩哉？蓋《騶虞》詩，官備之詩也，天子體天地好生之心以育萬物，非備官孰其致之？故以是爲節，以官備之義與吾備官之心，相契而樂之也。《貍首》詩，時會之詩也，諸侯奉天子而勤王事，非時會不足以表之，故以是爲節，以時會之義與吾時會之心相契也。《采蘋》詩，爲女教之循者發也，卿大夫循未仕所學先王之法，乃可與國政，故以是爲節，取循法之義爲可樂也。《采蘩》詩，爲内職之脩者發也，正猶士竭忠力以供乃職，故以是爲節，去不失職之義爲可樂也。是故天子以《騶虞》爲節，是以備官爲節矣；諸侯以《貍首》爲節，是以時會天子爲節矣。卿大夫以《采蘋》爲節，是以循法爲節矣；士以《采蘩》爲節，是以不失職爲節矣。《騶虞》、《貍首》、

《采蘋》、《采蘩》，節也，備官、時會、循法、不失職，節之志也，是事與功所從出而德行則其本焉。誠明乎志以成其事，在天子則備官而萬物育，諸侯則會時而王事脩，卿大夫則法循而群工廸，士則盡職而亮采明，所爲之事皆底績也，非功成乎？功成則天子好生之德足以觀仁，諸侯從王之勤足以達義，卿大夫信度之忱足以昭守，士從事之恪足以表忠，粹乎德行之咸備也，非德行立乎？德行既立，則恭敬義理在我，自有以絶猛暴而弭悖亂，暴亂之禍，無自而作矣。夫國之不安，暴亂爲之也，今功成遂致無暴亂，國其有不安者乎？由功成以至國安，正盛德所在，而實本于明節之志，以不失其事，故曰“射者，所以觀君臣之盛德也”。

按：四個“樂”字，都是推那以之爲節的意思。“是故”一段表上文而覆言之，以起下文，明在德節之時。不失事，又指後面爲君爲臣者言。備官等四者，在心爲志，發于行爲事，事之成爲功，實有諸身之爲德行。功成，德行立，只是一事，德行立，無暴亂之禍，却是两事，功成則國安，又振上三句而申之，無暴亂之禍，便是國安。盛德與德行立不同，德行立在功成上見，盛德又在功成、國安上見，其實無兩德也。

“是故古者天子以”節

此釋天子大射之義。首句作頭，以下推其故也。玩末句“故”字自見，天子、聖王只是一人。“務焉”與“以選”句正相應。

此節承上來，惟射可以觀德，是故古者天子于諸侯、卿大夫、士也，既舉之在位矣，其將祭也，又以射而選之焉，蓋以男子生有懸弧之義，射者乃其所有事也，因而餙之以燕與鄉飲酒之禮，而使其進退周旋之必中，餙之以《騶虞》、《貍首》之樂，而使其明節樂志之是聽。惟餙以禮樂，故諸事中可數爲立德行者，莫若射，蓋德行之立，雖在平居進脩之時，而禮樂之比，尤可驗于持弓挾矢之際，射之善如此，故聖人以是爲教而選人必以也。

按：諸侯繼世而立，卿大夫有功乃升，固非專以射用，但既用之後，擇人行祭必以射之中否觀人賢不肖也。男子之事，推起説，“故事”至“莫若射”作一句。“盡禮樂”重一“盡”字，禮樂中和之藴盡見于射。數爲，如大射，鄉射，爲之不一而足也。德行本上兩節而言，如樂義理，久恭敬，盡仁忠，恪法職，皆是，此句在平日教化學習上説。天子大射，則其虎侯、熊侯、豹侯，虎侯天子所自射也，熊侯助祭諸侯所射也，豹侯卿大夫、士所射也，以射選人，而天子亦自射者，以身先之也。

“是故古者天子”二節

此承上文，仍就大射言。“射爲諸侯也”以上，是天子制射之實，下文“是以天子制之”一句，正應此也。自“是以諸侯君臣”至“則安則譽也”，是言諸侯務射之效，下文“諸侯務焉”一句正應此也。末二句是又申言天子、諸侯所以制射、務射之意。或有以爲效者，非。

古者天子之制節，要看“盡志”二字，蓋習禮樂不盡志去習，如何習得來？盡志者，平日未射之先，敬以直内義以方外的工夫，習熟得慣，然後臨時將平素正直的厚養發出來，所以比禮比樂而得命中也。君臣盡志于射以習禮樂，泛説而教士在其中。若就做教士，則下節“相與盡志”句説不去。

大射之制，不但選臣已也，又以之而試士焉，是故古者天子之制，諸侯每歲獻，貢士於天子，天子將祭，必試之于射宫，而觀其射，射之時，其容體比于禮，其節比于樂，而中多者得與于祭，明德惟馨，所以榮之也。其不比而中少者，不得與于祭，不德是懼，所以愧之也。數與于祭，不但士榮也，而君有慶，有進賢之功也。數不與于祭，不但士愧也，而君有讓，無知人之哲也。數有慶，非虚慶也，而益地，厚其禄也。數有讓，非徒讓也，則削地，薄其禄也。或中或否，雖在于士，而益地、削地，則在諸侯，故曰“射者，射爲諸侯也”。惟其如此，是以諸侯、君臣，無不盡志于射，以習禮樂，蓋懼削之辱，求益地之榮也。夫君臣既習禮樂，則必數有慶而益地矣。流亡之禍，何從而至哉？此射之所以爲教也。

按：射宫，即學宫也。比，親合也。數與，謂每歲士相繼助祭也，有德行可知，數不與反此，《書》傳云：“諸侯于天子，二歲，一貢士。”此云歲、貢，歷代制有不同也。射者士也，貢士者，諸侯也，或中或否，雖在士，而有慶有讓則在諸侯，故曰“射者，射爲諸侯也”。此節雖因上文説來，然另是一意，不可就指爲選諸侯、卿大夫、士云。

“故《詩》曰：曾孫侯氏”節，此載《貍首》之辭而釋其義，乃諸侯之燕射也，養有涵育薰陶，俟其自化意，下“自爲正”，正是養處。自爲正者，自家于直内方外的工夫，汲汲去做，惟恐負吾君薰陶我的盛意，此心出于自爲，便有省察克己的真功效，如此習禮纔精。

《貍首》之詩曰“曾孫侯氏”云云，此言何謂也？蓋言諸侯之爲君，大夫、庶士之爲臣，相與盡志于射以習禮樂，則貫之天子者，皆中多之士，試之射宫者，皆與祭之人，君有益地之慶，其心豈不安樂乎？謂之好德賢賢有功，其名譽豈不光顯乎？射禮之有益如此，是以天子制之選士，以賞罰諸侯而諸侯務焉，盡志以習禮樂。夫天子制之者，所以化導諸侯，使之優游于禮樂之中，而征伐之兵無所事，諸侯務焉，所以禮樂自養，而爲正身安國之具也。

按：詩，《貍首》篇中之一章也，《貍首》今亡，先儒因古載投壺禮，命弦者請奏《貍首》，後有此詩，遂以爲《貍首》，今未見其必然也。稱“曾孫侯氏”者，諸侯推本始封之君，故以曾孫言。四正，謂舉正爵以獻賓、獻君、獻卿、獻大夫，凡四也，具皆也，此是燕禮。四獻畢，此時大夫、君子，下及庶士，官無大小，無有處其職司而不來者，皆御侍于君所，此是射禮。“以燕以射”雙承，謂先燕後射，然重在射上，則燕則譽謂安樂而有名譽。又言習射之效，上“燕”字，以燕禮言，下“燕”字以安樂言，詩言止此。“君臣相與”二句，應詩首七句，君指侯氏，臣指大夫、庶士，則安則譽，應詩末一句。“此天子”以下，又就習禮樂上説，深一層，“此”字就根“制”、“務”二字來。

“孔子射於矍相”三節

此卿大夫之射，先行鄉飲而後射。獨言孔子者，舉聖人鄉射之義，以爲習禮樂之學也。此三節一節深于一節，首言斥惡也，次言留善也，終言責善之備也，先後淺深之序如此。

“孔子射于矍相”節。此孔子爲魯司寇，行鄉射之禮。矍相，地名。觀者如堵墻，殆有慨于古禮復興，喜見尚德之遺意也。射至于司馬，蓋鄉飲旅酬畢，轉司正爲司馬也，恐來觀有欲射者，于是使子路執弓矢出而延之，以誓衆選賢焉，其言曰：“賁軍之將，無勇，亡國之大夫，不忠，與爲人後者、忘親、貪利、不孝，此等人不得入。非是者皆入，蓋去者半，入者半矣。”此斥惡之教也。

按：與爲人後者，宗族既爲之立後，此人復求爲之後也。“賁軍”二句，《注》雖分勇、忠，其實“忠”之一字該得，以忠孝立論，可。

“又使公罔之裘”節。射畢將旅，又使公罔之裘，序點揚觶而語，蓋誓衆選賓也，于是公罔之裘，揚觶而語曰：“幼壯而盡孝弟之道，耆耋而守好禮之心，不與流俗同其頹靡，而脩身以俟死，今衆人有如此者不？當在此賓位也。”蓋去者又半，處者半矣，此舉善也。

按：流俗，失俗也。“不從流俗”二句，一正一反。位，射位也。去留相半，見難得意。

“序點又揚觶而語”節。序點又揚觶而語曰：“幼壯固孝弟矣，今則好學而不倦。耆耋固好禮矣，今則好禮而不變。旄期至老矣，猶能論道而無違誤，則終身不離道，又不但不從流俗，脩身俟死而已。今衆人中，有能自信他日果能如此不？當在此賓位也。”蓋廑有存者，去者多而留者寡矣，此貴善之備也。旄，與“耄”通。廑，與“僅”同。

按：幼壯孝弟，言其善始；好學不倦，言其善終；耆耋之好禮，則未至于道；旄明稱道，則不止于禮；不從流俗者，不從于外而已；禮不變，則不變于内，此其輕重之别也。據射禮，司射比三耦，及戒賓，皆預選以充，未聞臨時選取者，豈大聖人之所作爲自異于人與，是可疑也。

○“射之爲言者，繹也”節

此釋“射”字之義，有關于人倫也。繹也，舍也，先以二字釋射之義。各繹己之志，應繹；“心平體正”四句，應舍，皆統射之意言，然意有未盡，又以“故曰”八句申繹之實，又以“各射己之鵠”句申舍之實，皆從射之理言，此進一步法。“故天子”以下，從上文以爲臣鵠，及射臣之鵠生來，是舉侯射之一端，以証所繹，所舍之義。細玩“繹”、“舍”二意，該重“繹”邊，蓋我所當盡的道，必先繹得其中的理透，然後可以其所已明者去身體他。若不先尋其理，則仁敬孝慈，何處下手做起？則繹的工夫緊要于舍可見，“舍”字造詣亦不淺，此就是知止而後有定。

射之爲言者何義也？言若理形于前，尋而繹之也。或曰不但于繹此理，而取于舍此道也，何也？天下之理，欲舍則先繹，能繹則可舍。凡所謂繹者，謂其行射之人，各繹在己所志之理也。夫既各繹己之志，而期于中，由是内而心無不平，外而體無不直，心平體直，則持弓矢審且固，巧力俱全而射中矣。射至于中，則得其所止，又不謂之舍乎？故曰：爲人父者，志在于慈，見鵠而繹之，以爲父慈之鵠。爲人子者，志在于孝，見鵠而繹之，以爲子孝之鵠。爲人君者，志在于仁，見鵠而繹之，以爲君仁之鵠。爲人臣者，志在于忠，見鵠而繹之，以爲臣忠之鵠。所謂義在于繹者如此，既以爲己之鵠而繹之，故父子之射者，各射己父子慈孝弟之鵠，君臣之射者，各射己君臣仁忠之鵠。所謂義在于舍者又如此，從此看來，射義見矣。故天子有郊廟之祭，則大射以擇懷邦之士，名之爲射侯，是射侯者，蓋言諸侯之得爲不得爲係之也，如貢士射中，而繹、舍兼全，則君有慶而益地隨之得爲諸侯矣；射不中而繹、舍皆失，則君有讓而削地隨之不得爲諸侯矣，故曰“射者射，爲諸侯也”，王射所關之大如此，則夫繹與舍夫寧可以自己哉！

按：繹與舍，《注》分理，道只一“道”字便了。“繹”有“知”意，在始射時看，“繹”有“行”意，在既射時看，繹己之志，志在理上悟。且漫説理之所在，如此則又與爲鵠沓復了。四個“以爲鵠”，總是那個射的，但彼視之如己之道然，以爲此乃己之鵠，不可不中也，於是射而中之，中雖中射之的，但自彼中之，如中己之道然，以爲我能中己之道矣，所謂以神遇而不以目遇。四“爲”字着實有意味，以爲父的道理視此鵠，則思其爲者必到至精之地，則夫克昌燕翼，以爲裕後之圖者，雖嘗預脩于平日，而亦必因射以致思，蓋不以鵠視鵠，而以慈視鵠矣，爲子與君臣倣此。射侯者張虎、熊、豹、麋之皮，而方制之其中棲鵠、虎、豹等皮，示服猛意。張皮侯爲鵠而射之，此説大射之名也。射爲諸侯，方釋射侯之義，蓋諸侯視之以爲侯鵠，而射中即中侯之鵠云耳，要説得與繹、舍相關。

“天子將祭”節

此節覆言天子以射選貢士之法，正發明射爲諸侯之義。天子將祭，正郊廟大事也。先集侯國所貢之士，試射于澤宫，試之于澤者，豈徒近水澤之謂？取採擇遴選乎士也，蓋擇其可與祭與否耳。射于澤則不中者黜矣，其中者始得射于射宫，又復考其禮樂之比否，德行之優劣也，無非精于擇士之意。與祭與不與祭，以貢士言；讓削慶益，以諸侯言。進爵絀地，用《注》中“先”字説。

按：澤，在野外寬閑之處。宫，在國，國學也。先澤後宫，習事之漸也。“射宫”以下，文重而意略，即前試士事，但補出前澤宫一段，而申釋繹與舍之義耳。射中射不中，皆言射宫之射也。進爵承益地言，絀地承削地言。進言爵，絀言地，互文也。一云，“進爵”句，申言益、削之事，不專于地，亦與爵相關，《注》“進則爵輕于地，故先進爵而後益以地，絀則地輕于爵，故先削地而後絀爵”，是也。與互文説異，此可從。末須繳“射中”二句，方得旨，此爲士者所以視爲士鵠，而射中即中士之鵠也，亦繹與舍之義也。

○“故男子生，桑弧”節

此釋男子始生而射之義，有關于臣道也，亦承上繹、舍之義而言。又由是觀之，故男子生，未暇卜食，先以桑弧蓬矢六，射天地四方者何？蓋以天地四方者，非異人任，正男子之所有事也。始教如此，故其成人也，必先有志于其所有事，彌綸天地，綱紀四方，然後敢享天地四方之養而用穀也。正此先射而後卜，毋以飯食之謂也。然而士而無天地四方之功，是不能繹其志而中其鵠者耳，不有愧于始生，而射之義也乎？射，音石。飯者，音反。食，音似。

按：“男子生”之下，便當補未飯食之意。“天地四方”二句，只解得射天地四方之義，見責任之重。先射而後飯食之，又于下文解出。男子生，則設弧于門左，三日，負之人爲之射，桑弧蓬矢，取其質也，自天子達于庶人皆然，豈但人臣？《注疏》原是統説，陳注單指臣道，殊不合理。“故必先有志”句，欲使此于先有志意于其所有事之處，謂天地四方也。“飯食”句，謂射畢用穀，猶若事畢設飯食也。飯食，乳之也，卜母以乳。

○“射者，仁之道也”節

此釋升射及飲不勝之義，見射備仁之道也。此與《孟子》不同，彼主爲仁言，而此以射爲喻，求正諸己，在未射之先。“發而不中”三句，在既射之後，見爲仁由己意。

按：射與仁，一屬藝，一屬理，何以射有仁道？蓋道乃身心性情最切實的理，而正己反求，乃身心最真切的工夫，正己是存理遏欲也，反求是自治益詳也，豈不是仁之道？

“君子無所爭”節

此見射之爲君子也。孔子原以無所爭爲主，引來却以射爲主，孔子常曰：“君子無所爭，必也于射見其無爭乎？其未射也，揖讓而升，以射焉，其既射也，揖讓而下以飲焉。雖有勝負之形而實無較勝負之心，其爭也君子，此所以爲無爭也。”

按：此引孔子言，以釋“揖讓而升，下而飲”之義。君子無所爭，以平日恭敬言。必也射乎，謂無爭正于射箭，非于射而後有爭也。揖讓如出次，當階及階，凡三揖，言升不及下飲者，始終雍容揖遜也。

“孔子曰：射者何以”節

此見射之爲賢者也，安能以中分？上明能中之在于賢，下申所以求中之心也，兩段串看。

孔子又言曰：“射者何以能使射中與樂節相應乎？何以能聽此樂節與射中相合乎？甚矣，中之難也。若依循樂聲發矣，發而不失正鵠，如此乎能射而又能聽，然後可以言中，其惟有德行之賢者乎？若夫不肖之人，彼將安能以中也？夫賢者能中，然求中之心，非敢以賢勝人也。”《詩・小雅・賓之初筵》云“發彼有的，以祈爾爵”，祈之爲言求也，求中以辭爾爵也，爵何以爲當辭也，蓋以酒者所以養老，所以養病，已非老病而受其養，則不讓矣。求中以辭爵者，辭養也，求中之心一出于讓，此其所以爲賢而能中也與?

按：首兩句見《郊特牲》，彼先言聽，主樂而言，此先言射，主射而言。引《詩》一段，比上所引孔子之言又進一步，言升固揖讓，下而飲亦揖讓，即射中祈爵，亦所以崇讓。夫求中是爭意，然求中所以辭爵、辭養。是其爭，乃其所以讓，要在此際見得。

燕義

按：此篇釋《儀禮・燕禮》之義，燕禮有四等，諸侯無事，朝畢而燕，一也；卿大夫有勤勞之功，與群臣燕飲以樂之，二也；卿大夫有聘，而來還與之燕，三也；四方賓客與之燕，四也。然此皆諸侯之禮，王燕禮今亡，故《注》云“此明君臣燕飲之義”。

“古者周天子”節

此因燕禮有庶子之獻，而先舉其官職以明之也。庶子、國子、卒、遊卒，總是諸侯、卿大夫、士之適子，將來承襲父爵，代父宣力者，合而言之曰庶。

養于國學曰國，副貳曰卒，未仕曰遊卒。庶子官，則其統率之官名也。庶子之卒，上是記者之言，下是引《周禮》文，以實陳庶子官所職之事，戒令教治，泛言庶子所職的事。有此二項，戒而令之，鑄其材欲其爲有用之品也；教而治之，陶其性，欲其爲大受之器也。別等，正位，就在戒令教治之中。"國有大事"二段，詳戒令之事。"凡國之政事"至末，詳教治之事，正等別位之意自寓，全重"存"字。脩道學道，正是存之事，庶子官全是存養這邊的工夫多。

古者周天子設官分職，有所爲庶子官者，蓋爲政于公族，以職掌其諸侯、卿大夫、士、庶子之卒者也。職之維何掌其征役之戒令，以待國家之用，而有事不患其無才，又掌其道德之教治，以成國子之德，而無事乃所以爲豫就中，別其等，尊卑親其父也。正其位，朝廷之位尚爵，學校之官尚齒也。以掌戒令言之，國有典禮大事，庶子官則率國子而委致于太子。若祭祀賓客等禮之服役，因能授任。惟太子命，孰得而役哉？國有甲兵之戎事，國子當效其勤勞者，庶子官則舉國子而授之以車甲，合之于卒伍之際，而置有司以統領之，治之以軍旅之法，坐作進退，一如軍旅之事，處之以義也，此統之者太子也。司馬不得而征之，優之以恩也。以教治言之，凡國之政事，如力役土功之類，非禮事軍事比也，國子則存游卒于學，使之正心脩身以脩其德，格物致知以學其道，不以小事分其心，庶幾涵育薰陶，而道明德立，可以大有爲也。然有以養之，而不有以考之，是作之無機矣，于是春則合聚之于太學，秋則合聚之于射宮，以考其道德之藝而進退之，進者選其才而官使之，退者復使之脩德學道以待後語也。夫教治脩，則所以養之無事之日者預，戒令名，則所以責之有事之時者重，此庶子之官之職也。"之卒"、"游卒"之"卒"，並音翠。

按："掌其戒令"二句是一層，"國有大事"至末是一層，總只一意，先略而後詳耳。惟太子所役使者，蓋太子將爲君，國子將爲臣，其事使之分，已定于斯矣。以軍法治之者，蓋古王者之師，取諸世族，庶子皆承襲父位，休戚與同，所以使效勞竭忠，無異慮也。存，優厚之意。脩者治其物誘之累，屬行；學者究其精微之蘊，屬知。春學秋射，只言其地，陰陽之義也，兩"合"字正是去考他。一云，教之以文，教之以武，非。藝即道德，以其習于人故曰藝。一云，考其文藝、武藝。一云，考其道德之寓，而爲藝者。俱不可從。又云，前止致于太子者何？蓋董國子之法不嚴，則征役太煩，管轄太多，不得優游涵養于道德之中，所以主之者止一太子，及之者止于大禮大戎。要知戒令、教治，不可平看，蓋無事之教治，正所以爲有事之戒令也。戒令雖是使之習禮戎之事，亦是脩德學道之不可少者，蓋禮與戎，藝事之最大也。前用之治之者，以其已成材也，此存之者，以其未成才也，吾于是而知先王之待世族庶子，慮深遠也。

“諸侯燕禮之義”節

此釋位次之義。在“定位也”截，不可作兩扇對。“君立”四句，以臣位言。“君席”五句，以君位言。君席阼階，以設席言。“君獨升立”二句，以登席言。大旨總見尊君之義，下居主位，莫敢敵尊君不必言矣，即上定諸臣之位，亦是尊君，正見惟君東南，南嚮也。

諸侯燕禮之義何如？燕禮方行，以諸臣之位次言之，君固立于東南矣。南向邇卿，而卿立于君之側焉。大夫少進，而大夫立于卿之下矣。所以然者，以近君者爲貴，遠君者爲賤，定諸臣之位，正見君之尊也。以君之位言之，君設席於阼階，而不于西階，蓋以此席惟君爲主，居主位，不嫌專惠也。君獨升于席上，而西面特立者，蓋以諸臣不得爲賓，莫敢敵，以示無二大也。此可見燕以通情，而辨分未嘗不嚴也。

按：“諸侯燕禮之義”句，管下三節，定臣位以君身爲準，則在君位上見，合下節雖一事，各爲一義。然定位居主位，似處之以情而莫敢適，又臨之以分莫敢亢禮，似臨之以分，而禮之又處之以情，蓋席位則嫌于太褻，賓立則嫌于太峻，嚴以分，又通以情，斯爲燕禮之善。

“設賓主，飲酒”節

此釋賓主之義也。首二句，總言所以設賓主者有其義，下四句，分言所以設賓主者有其義，合下節言以“明嫌”爲主。“明嫌”以上，燕禮設賓之義，所以嚴分。“賓入”以下，燕禮有賓禮之義，所以通情，但微重通情邊。

凡飲必設賓主，獻酬合歡，此飲酒之常，所以成賓主之禮也。君本爲主，而使宰夫爲之者何？蓋以君尊，臣莫敢與亢賓主之禮，宰夫之位卑而司膳，有主道，故設之爲主也。公卿本是賓而設大夫爲之者何？蓋公卿位尊，疑其近于君，而尊卑無别也。大夫位卑而遠于君，明其無逼上之嫌也。賓入中庭，君降一等而揖之者何？蓋以分雖臣也，位則賓也，是君之尊禮于賓也。

○“君舉旅于賓”節

此釋君臣交拜之義，可以成和寧之治也。明臣禮也，明君上之禮也，各就交拜上虚會作冒。“臣下”至“君寧”，詳臣禮之實而及其用。“禮無不答”至“不相怨也”，詳君禮之實而及其用。“和寧”二句，總結上兩段，而起末句。“故曰”之下，方見“燕”字。“臣下”至“大義也”，與燕無干，燕禮之拜儀節耳。爲何説出這段大義來，禮會無非勤勉交儆意，即此便見明良交泰之象，但平日各自做各自的事，不得明，燕時正君臣交會之日，情意浹洽之時，借拜之禮以明之。

諸侯之行燕禮，君舉旅于賓，及君所特賜爵，臣皆降席，再拜稽首升席，又成拜者，所以明臣下之禮當如是也。君子臣拜，必答拜之，禮無不答拜者，所以明君上之禮當如是也。何爲明臣禮？臣之拜君，言臣之不虚受于上也，蓋臣下竭力盡能以立功于國，君必報之以爵禄，故臣下皆務竭力盡能以立功，是竭力盡能，所謂臣禮也，是以國安而君寧，則臣盡禮之所致矣。何謂明君禮禮無不答，言上之不虚取于下也，蓋上必分田制禄，明正道以道民，民因其所道足衣食而有功，然後君于十分之中而取其一，是正道薄取，所謂君禮也，故上用足而下不匱，上下和親而不相怨也，則君盡禮之所致矣。夫上下和親，和矣。由上不虚取，盡禮所致，則君禮非和之本，而和非君禮之功用乎？國安君寧，寧矣。由竭力盡能，盡臣禮所致，則臣禮非寧之本，而寧非臣禮之功用乎？是君盡君禮，臣盡臣禮，正君臣上下之所當然，君以養民爲責，君不得無以爲君，臣以忠君爲則，臣不得無以爲臣，義無有大于此者，而乃于燕禮之答拜成拜見之，故曰“燕禮者，所以明君臣之義也”，而豈徒爲獻酬交錯之儀節而已哉！

按：諸侯行燕禮，以宰夫爲獻主，以大夫爲賓。當宰夫代主人行爵酬賓之後，公取媵爵酬賓，賓以旅酬于西階上，夫是之謂君舉旅于賓。及舉旅行酬之後，公復特取一爵以賜臣，是之謂君所賜爵。舉旅再拜，君答拜之，賜爵再拜，君答拜之，是之謂禮無不答，竭力盡能，此是不虚受報之爵禄也。原輕，力是分之所當爲，以贊相言；能是才之所能爲，以謀猷言。立功，即有裨生民社稷也。正道道民，只重不虚取，言不無故而取用也。原輕，正道，如農桑之類，道民，引導民也，民道之民由之也。寡乎什一，則上之用不足，多乎什一，則下之財或匱，民之不和親，皆由此來。和寧不曰禮之效，而曰禮之用者，蓋禮之用，和爲貴，人有禮則安，和寧原是禮之用，君臣上下稍不和寧，便乖而不親，危而不安矣，此必和且寧，君臣上下乃相維而不至于相攜也，中間皆宜泛論，至末方云“于燕禮見之”。

“席，小卿次上卿”節

此釋席位、獻酬、牲羞之不同，見燕飲有辨分之義，上三事三平看。“就位于下”以上，設席有上下也。“獻庶子”以上，獻酬有先後也。“等差”以下，陳器有多寡也。以上俱不露名分字，末句方見正名定分之義。

燕禮，明君臣之義固矣，而臣之貴賤，亦因以明焉。以席位言之，小卿位次上卿，大夫位次小卿，士、庶子以次就位于下，是設席有上下也。席位既定，旅酬方行，以獻酬言之，宰夫爲主人，先酌獻君，君取媵爵以酬賓，賓以旅酬于西階上，此謂獻君，君舉旅行酬也，而後獻卿，卿舉旅行酬而後獻大夫，大夫舉旅行酬而後獻士，士舉旅行酬而後獻庶子，是獻酬有先後也。以陳器言之，俎豆、牲體、薦羞，皆有等差，是陳器有多寡也。席位則貴者上而賤者下，獻酬則貴者先而賤者後，陳器則貴者隆而賤者殺，所以明貴賤也。

按：“旅酬”數句，全重“而後”二字，方見明貴賤意。獻君、卿大夫、士、庶子，皆宰夫爲主者，酌酒以獻也。君舉旅，君爲卿大夫、士舉旅也。首一句行酬，是賓以序酬衆賓也。下三個“行酬”，是卿大夫、士以序酬卿大夫、士也。每獻必以主人，有主道也。君皆舉旅，見君之尊，與賓卿大夫、士之情洽也。賓卿等行酬者，臣榮君賜，故以獻衆人也。賓卿用媵爵，大夫用奠觶。《注》于賓卿曰獻，于大夫、士曰賜，尊卑之等也。舉旅，是舉旅酬之爵。行酬，是行旅酬之禮。舉旅固是君，行酬却是賓，總謂君旅行酬者，君舉旅而使之行酬也，下倣此。上言君而不言賓，下言卿大夫而不言君，互文也。庶子位卑，則但主人獻之，君固不復舉旅行爵，而庶子亦不得酬禮矣。牲用狗，俎以盛牲體，豆以實薦羞，其等差燕禮雖不詳載，然云唯君與賓有俎，卿無俎，大夫、士無脀，亦略可見矣。脀，音烝。

聘義

按：此釋《儀禮·聘禮》之義。夫天子之與諸侯，諸侯之與隣國，皆有朝禮，有聘禮，朝則相見，聘則相問也。朝宗覲遇會同，皆朝也。存頫省聘問，皆聘也。故聘禮，有天子所以撫諸侯者，大行人歲徧存，三歲徧頫，五歲徧省，是也。有諸侯所以事天子者，大行人時聘以結諸侯之好，殷聘以除邦國之慝，是也。有隣國交脩其好者，大行人諸侯之邦交，歲相問、殷相聘是也，《儀禮》所載，隣國交聘之禮也。

“聘禮：上公七介”節

此釋介數之義，乃大聘卿出之介數也，貴賤就君言，重明其禮異上説。

古者諸侯之國，以邦好不可不通也，而聘斯行焉。聘禮之行，必有介以爲之副也，是故上公之卿，則七介焉，侯、伯之卿，五介焉，子、男之卿，三介焉，不同者何？蓋上公貴，侯、伯次之，子、男又次之，因五等之君，所行之禮不同，故介數亦異，明其貴賤，所以明君臣之貴賤也。

按：上公，即九命作伯之上公也。王之三公，八命而已，以其加一命于三公之上，故以上言，介所以輔行使事，致文于斯禮者也。“明貴賤”有二義，自本國言，介如命數，故上公親行，則介九人，卿殺其君二等而爲七，侯、伯、子、男亦各遞減，是明君貴而臣賤也；自列國言，上公之卿七介，侯、伯之卿降公二等而爲五，子、男亦然，是明爵尊者貴而卑者賤也。一云，貴賤以出聘之卿相較，不可以下君二等，便作明君臣之貴賤。

“介紹而傳命”節

此釋聘賓用介之義，只重在介上。君子，指聘賓言。所尊，指主國之君言。

聘賓將入門，主固有擯以接賓，賓必有介以傳命，上介、次介、末介，相繼紹而傳主君之命，必如此者，蓋以賓、臣卑也。主君尊也。君子于其所尊，弗敢正自相抗，故以介傳命，使主君得全其君道之體統而我純以君道尊之也，非敬主君之至乎？

按：傳命，舊作“傳主君之命”。近云，傳賓之命。觀下“三讓而後傳命”自見，紹而傳命，就是弗敢質，就是敬之至。

“三讓而後傳命”二節

此合下節，總敘聘禮敬讓之足以全交意。首節聘賓接主之讓，賓禮凡四。

次節主君接賓之敬，主禮凡四。“敬讓”二字，總承分屬。侵主外言，自此以侵彼；陵主内言，自下以陵上，此二句推廣説敬讓之效。

方聘賓之初至也，入門，三辭陳擯之禮，而後傳聘賓之命，三辭廟受之禮，而後入廟門，不敢徑行也。三揖而後至階，不敢先登也。三讓而後從主升階，此皆聘賓所以尊讓于主也。主于聘賓之將至，既命使出迎于郊矣。又大夫束帛，而勞于郊，既拜迎于大門内，廟受其命矣。又北面拜貺，拜君命之辱焉。此皆主之所以致敬于賓也。敬讓是聘賓、主君所以相接之本意，諸侯行聘、賓主相接以敬讓，則情意孚、分守正，故外而敵國不相侵，内而尊卑不相陵矣。敬讓之效如此，此君子必行之以敬讓與?

按：賓初入廟揖，當階北面又揖，當碑又揖，三揖也。至階時，主君讓賓升，賓不敢當，讓主君者三，主君乃先升而後賓升。迎勞是一時事，作兩禮看。迎，迎賓也。勞，慰其勞也。用束帛，士卑，故遠迎于竟，大夫尊，不勞于近郊。廟受，受其説御之命也。“廟受”“廟”字重看。拜貺，拜受所將之物也。“拜君命之辱”句，釋拜貺之意，兩“致”字最重，蓋必主之敬達得到賓心裏去，賓之讓達得到主心裏去，方謂之致。君子兼賓主説，禮顯于外，君子之相接而敬讓根于心，正君子所以相接。

“卿爲上擯”節

此見賓主交盡之義也。卿爲上擯，大夫爲承擯，承副上擯也。士爲紹擯，繼續承擯也。聘事畢，君親執醴以禮賓，賓乃以私物面見主國之卿大夫，又以私物覿見主國之君。聘、覿皆畢，賓介就舘，主君使卿致饔餼于賓，又還其來聘時所執行以爲信，而受之圭璋，加以賄贈之禮，賄以答聘君，贈以答賓介也。中間饗禮再，食禮一，燕禮無數，若此者，在主國則論客，在聘賓則論君臣，交致其敬者，所以明賓客、君臣之義也。

“故天子制諸侯”三節

此見聘禮之有益于國也。首句作冒，下皆天子制之而使諸侯務焉者也。相厲以行聘之禮節，則不相侵陵；相厲以輕財重禮，則民作讓；相厲以用財盡禮，則亦不相侵陵。其效如此，故天子制之而諸侯務焉爾。“制”字甚深，養固制也，然猶是上人要他如此，直到自爲正務焉，制方了徹。

“故天子制諸侯”節，釋《儀禮》“大夫來，使無罪饗之過，則餼之”之義。“天子制諸侯”句作頭，小聘、大聘是一意，“相厲以禮”是一意，下文皆承“相厲以禮”言之，又分兩小截，“使者聘而誤”三句，是相厲以禮之實，“諸侯”以下，是相厲以禮之效。

夫聘禮之有其義如此，故天子制禮而諸侯行之，比年小聘，歲相問也。使大夫三年大聘，殷相聘也。使卿，其間相厲而勤勉者，必以禮，如卿大夫奉使行聘，而禮有錯誤，則主君但致餼而弗親饗也，所以愧耻而勉厲之也。惟其如此，故兩國諸侯必相厲以禮。相厲以禮，則外而四隣相親而不相侵，内而君臣有義而不相陵，此正天子所以養諸侯，兵不用，而諸侯自爲正之具也，而豈徒好爲是往來之儀節而已哉！

按：制禮，以禮制馭諸侯也。一云，“天子制爲”句，非。“比年”三句串説，言小聘、大聘之時，其相厲以禮如此。制諸侯，是天子養之也。自爲，正諸侯自養也。《注》中看“養”字甚精，本節只重“相厲以禮”一句，宜一直説，“所以愧厲”“厲”字，此“厲”指使者之卿大夫言，亦相厲中一事耳。與前後兩“厲”字屬諸侯者不同，使臣之失禮，即諸侯之失禮。“此天子”二句，又是天子制諸侯之意，試看以此制諸侯，使之心悦誠服，豈不是善養?

“以圭璋”節，申聘禮還圭璋之義，首重禮者，聘賓重聘禮之義也。輕財重禮，主君輕財重禮之義也。重禮便有輕財意，輕財正是重禮也。諸侯相厲，當從《聘義》推開寬説些，不指聘矣。

聘使之行禮，于君則用圭申信，于夫人則用璋，而非享禮之用束帛、璧琮，蓋圭璋受之天子，傳之先君，乃禮器也。以禮器而行禮事，是以禮爲重也，及賓去則還其圭璋，而不與束帛璧琮同受者，蓋束帛璧琮，財也，以爲輕，故受之，圭璋，禮也，以爲重，故還之，是輕財而重禮之義也，諸侯相厲以輕財重禮，則遠利而有耻，所以民作讓。

按：首二句言圭璋爲禮之重，以起下文，輕財重禮説開去，還圭璋特其義耳。不可把聘賓與主君重禮平看，首“禮”字以聘禮言，後二“禮”字以圭璋言，厲以輕財重禮，却只在這義上説，亦不曾真去輕財重禮。

“主國待客”節，申釋致饔餼饗食燕之義，因推其可貴也。首句作頭，“出入”以下分四事，而以“厚重”總之。厚重禮，是表其待客之意，盡之于禮，又是推其從厚之義。

主國之待客也，于客之去而出，來而入，皆饋三積焉。以一積言，其飧客于舍也。三牲備爲一牢，五牢之具，謂飪一牢，腥二牢，飧二牢也，則陳于舍之内，米三十車，禾三十車，芻薪倍禾，皆陳于舍之外。乘行群匹之禽，如鴈鶩之屬，則日五雙，此待聘賓也，以至群介，皆有飧牢之不同，如大夫三牢，士一牢，此待群介也。一食再饗，燕與時賜則無數，是又待聘賓之禮。其物豐厚如此，所以致厚于聘禮也。夫古之用財，如冠、昏、喪、祭等皆有賓客之需，其厚其薄，多不能均，然而聘禮用財必如此厚者，蓋以聘禮至重，當然之禮，必如此而後盡也。惟極盡於禮，是以内君臣，外隣國，有禮相接而不肯自處其薄，故無侵陵之患，此是盡禮之效也，故天子制是聘禮，而諸侯務行聘禮者，皆有見于此也。

按：諸侯之禮，上公五積，侯、伯四積，子、男三積也。飧客于舍，謂致饔飧于客之館舍也。五牢，有飪有腥有飧，烹調曰飪，生肉曰腥，牲生曰飧，皆至于客舍，獨言飧者，舉其重也。日五雙，則不止于三次矣。自“飧客于舍”至“皆有飧牢”，皆致於客舍之禮，此三積之一也。陳于内是天産作陽德，陳于外是地産作陰德。群介雖見殺于賓，玩本文語意，只重不遺介的意思。有飯有殽，設酒不飲，食禮也，體薦不食，爵盈不飲，享禮也。一獻既畢，坐飲至醉，燕禮也。或賜以束紡，或賜以金玉，時賜也。食饗所以訓恭儉，行之于朝，禮之正也，故有數，燕行于寢，時賜于舘，所以示慈惠，非禮之正也，故無數不能均，如國新時荒等殺禮故也。“盡禮”兩“禮”字，俱指當然之理説，不指聘禮，蓋必盡之于禮，不敢自薄以結隣國之好也。

○“聘、射之禮”節

此以射、聘並舉見禮之至大，而行之存乎人也。通節上截以“勇敢”作主，下截以“貴勇敢”作主。“勇敢”却有二意，先以行禮爲主，而並及于行義，禮中有義也。“貴勇敢”亦有二意，先以行禮義爲主，而並及于戰勝。大旨以强勇、立義意作主，這强勇非是小可，乃是平日直養的工夫，到塞天地，配道義，所以用的行禮上去，更能立出禮中之義來，就把這立義之勇，用敢戰勝上去，即是立義的道理，無兩樣，故總謂之盛德，德盛即立義到極的地步。

夫禮之有聘也，與其有射也，其中節文繁多，此禮之至大者也。惟至大故行之至久，質明而始行事，日幾中而後禮成，非强有力者，孰能行此禮乎?

故强有力者，將以行禮也，此獻彼酬，但見酒清人渴而不敢飲，肉乾人饑而不敢食，以至日莫人倦，猶齊莊正齊而不敢解惰，若此者，凡以有始有卒，成此至大之禮節焉耳。禮節者何？一曰君臣，一曰父子，一曰長幼。聘則爲主爲賓，皆明其義；射則爲君爲臣，皆射其鵠。以親父子，聘則諸父諸子，皆脩其好；射則爲父爲子，皆中其道。以和長幼，聘則兄弟之國，敦其和好；射則上下之耦，尚其揖遜。此三者皆衆人所難，而獨君子能之，則躬行實踐之無虧，而禮節已成于外，不謂之有行乎？惟有行也，則父子、君臣、長幼之義，皆形見于節文之中，不謂之有義乎？惟有義也，則集義之功盡，而德義之勇，已得于自反常直之中，不謂之勇敢乎？觀勇敢之謂，而勇敢之所貴可知矣。故所貴于勇敢者貴其能于禮中之義，植其根抵而不墜也，所貴于立義者貴其所立之義，實見之行耳，所貴于有行者貴其以此禮之義，成禮之節耳。要而言之，所貴于勇敢者，必有是浩然之氣，然後奮發有爲，立此禮之義于天下耳，非貴其敢行禮義也哉！然勇敢之可貴，豈惟敢行禮義而已。天下無事，則用之典禮倫常，而體此立義之道；天下有事，則用之折衝禦侮，而張此立義之威。惟用之于戰勝，則强者服而弱者懷，天下無一人敢外于義，誰其敵之？惟用之于禮義，則親義彰而序别信播，天下無一物不止其所，孰不順治焉？至無敵順治，則浩然之氣完，而涵養之徵見，非盛德其孰能如此？此善用其勇敢者也。下用之爭鬬，全是虛憍恃氣，是不善用勇敢者，此謂之亂人，刑罰之所誅也，又何貴焉？惟有之于禮義，戰勝而不用之爭鬬如此，則内有禮義之教，外有戰勝之威，由是内變不起，外患不作，而國家安寧也，此勇敢之所以可貴也，則夫欲行聘、射而圖治安者，微斯人，吾誰與歸？

按：聘乃此章正意，射則伴説耳。酒久酌則清，肉久陳則乾，齊莊于心則不解，正齊于心則不惰。三“不敢”，以禮重也，三平看。自“酒清”至“之謂勇敢”，正强有力行禮之實。以成禮節，承三“不敢”來。“以正君臣”三句，又承“以成禮節”來，兼聘、射説，此衆人所難，即非强有力弗能行也。“有行”三句，此因行禮而推其勇敢所由名。“所貴于勇敢者”八句，此覆説上文，而推其勇敢所由貴。“貴其行禮”句且虛説。“所貴于勇敢者”二句，又總結之，正與“爲其有行”句應“禮”、“義”二字，承上立義、行禮説，後面禮義都同，故勇敢强有力至如此也，又進了一步，見勇敢之可貴，不獨在行禮，合之戰勝而盛德益可見。用是君子自用，非君用之也，用到戰勝上去，即是立義的道理，蓋君子去征暴慢不義，正是正君臣、親父子、和長幼的處，我以明倫治世，彼以逆倫作亂，所以去戰則勝，用之于禮義，即用于君臣、父子、長幼間也。順治，即有親、有義、有序也。無敵順治，一云，就是盛德，非。蓋盛德本在無敵順治之先，是平日能養强勇之氣，但即此無敵順治而可見也。

○“子貢問於孔子曰”節

此言聘禮用玉，而論玉之德以結之也。貴賤就用舍上説，“昔者”作冒，溫柔至道也，言君子所以比德于玉者，以玉本有此德也。溫柔等，皆以玉之質言，仁也等，方以玉之德言，德本人之德，但玉具之耳。溫柔等單説玉之德，未有比意，至“溫其如玉”，方見比也，取《詩》言以証比德于玉之意。

子貢問於孔子曰：“敢問君子貴玉而用之，賤碈而不用者，何也？爲玉之寡而碈之多與？”孔子曰：“非爲碈之多，故賤而不用；玉之寡，故貴而用之也。夫昔者君子有德，玉亦有德，而比德于玉焉，奚言乎玉之德也。溫和柔潤其體也，而膏澤見于外，仁者寬裕溫柔而能愛物，是玉具仁之德矣。文理縝密，無罅漏可尋，體質堅剛，非琢磨可磷，知者析理精微，幹事貞固，是玉具知之德矣。廉有稜隅，而又不傷于劌而劌，蓋義主斷制，然亦合乎天理，而不苟傷人，是玉具方外之義德矣。玉戴于首，佩于身，而若下隊，禮者謙下自持，是玉具卑抑之禮德矣。玉之聲，叩之清雅發越而悠長，其終則詘然而絶止，樂者始條理而並作，和也，終條理而齊止，和而不流節也，是玉具樂之德矣。玉之疵曰瑕，玉之美曰瑜，其中彼此不相掩，一忠之是非明白，無所掩匿，是玉具忠之德也。玉之精粹瑩潔而孚，渾厚端方而尹，雖在外而由内以旁達之，一信之由中達外，而表裏如一，是玉具信之德也。玉之氣，絪緼皓彩，如白虹之照耀，天之氣亦如白虹，是玉具天之德也。玉之精神，山媚川輝，見于山川，地之精神，亦見于山川，是玉具地之德也。圭璋特達，不假幣帛，德立于己，則無不通，亦不假物，是玉一心之德矣。天下莫不貴重此玉，如用之朝廷、宗廟，無故玉不去身是也。道率乎性，而知愚賢否，莫不共由，是具一率性之道矣。玉備德之全如此，《秦風·小戎》詩云：‘言念君子，溫其如玉。’溫者君子之德，而如玉則比德于玉，君子即不貴玉，安得不爲比德而貴之，豈以其多少之謂也哉！”

按："比德于"五句，言君子貴玉之意。比德于玉，比己之德于玉也。君子備德于身，而無象德之物，則觸目儆心字意微矣，故比德于玉，寓相觀之益，切砥礪之功，以懋進脩也。因其比德，是以貴玉，下詳玉之德，在玉上説，不可用象似字面，或就以溫柔等爲比德之實者，非。"溫潤而澤"三句，都是兩層遺，忠與信何別？忠重在不掩上，信重在達于外上，蓋忠原是不欺的理，信原是以實的意思。"孚尹"有兩意，孚，信也，言色純而不雜，尹，正也，言色正而無邪。旁達者，信正在中，而孚尹旁達于外也。《注》云："尹作允。"則孚、允皆信矣。如虹而白者，玉之光彩似之。精神，精氣也。地亦山澤通氣也，玉之爲天者，天之氣亦如白虹。玉之爲地者，地之精神亦見于山川，不可便以白虹爲天，山川爲地。"圭璋"句，以行聘言，惟執圭璋，特得通達，非若璧琮之有幣也。

喪服四制

按：仁義禮知，人性之綱，喪服之制，兼此四者，則人道盡矣，故記者以此終篇。

"凡禮之大體"節

"凡立之大體"至"生也"，泛言禮有所由生而不可訾。"夫禮，吉兇"至"具矣"，始重喪禮言，正是申指禮所由生之實。知、並，去聲。

自此至終篇，專言喪禮，而此一節則四制之綱也。先王之禮，其散見于節目者，不可勝言，而統會之大體，則有可求者，此果何從生哉？彼天高地下而尊卑定，禮之列尊卑以肅分，莫非體象乎天地焉。四時錯行而往來見，禮之尚往來以成利者，莫非體法乎四時焉？幽則有陰陽，吉兇殊矣。禮之有吉有兇，皆則乎陰陽之慘舒也。明則有人情，隆殺别矣。禮之或隆或殺者，皆順乎人情之厚薄也，此則法造化、本人情而節文秩然詳明矣，不謂之禮乎？此皆禮之大體，天下萬世所當尊信者，彼從而訾之，豈知禮之所由生乎？今以喪禮言之，吉兇異道，不得相干，取之陰陽也，蓋生陽明從吉，死則陰暗從兇，所謂則陰陽者是矣。喪有四制，變通從宜，取之四時也，蓋時有四而變通成歲，制有四而變通成禮，所謂法四時者在是矣。四制之立，有恩制，有理制，有節制，有權制，取之人情也，蓋人情如是，而後見之禮制亦如是，所謂順人情者是矣。夫其所從生如此，則人道豈有外于斯哉？吾知人性有仁，而發之爲情則有恩，今喪以恩制者，是即仁也。人性有義，而發之爲情則有理，今喪以理制者，是即義也。人性有禮，而發之爲情則有節，今喪以節制者，是即禮也。人情有知，而發之爲情則有權，今喪以權制者，是即知也。夫爲人不外所性之理，合仁、義、禮、知而人道已畢，具于此，喪之四制皆備之，其義不至深遠哉！

按：口毀曰訾。陰陽四時者，人之性情，即天地之陰陽四時也。不及天地者，天地之道，亦盡于陰陽四時人情也。"吉兇異道"二句，言吉禮、兇禮各異其道，及衣服、容貌、器物不同也。

"其恩厚者"節

此明恩制。天生時，人生財，人其父生，則恩之厚者莫如父，故爲服斬衰也。

"門内之制"節

此明義制。掩，蔽也。斷，絶也。門内主恩，故私恩常掩蔽公義。門外主義，故公義常掩私恩。資，猶取也，用也。用事父之道以事君，故其敬同也。人臣爲君重服，乃貴貴尊尊之大義，故曰"以義制者也"。

按：父母之喪，三年不從政，恩掩也。有君喪服于身，不敢私服，義斷恩也，夫義主敬者也。既曰恩掩義矣，而又曰敬同者何？《孝經》有云："資于事父以事母而愛同，資于事父以事君而敬同，故母取其愛，而君取其敬，兼之者父也。"故恩雖掩義而敬則同也，五服皆有義服，此舉重者言之耳。下"貴"字、"尊"字，俱指君言。一云，貴貴，家臣爲卿大夫服，尊尊，臣爲天子、諸侯服，勿從。

"三日而食"節

此明節制。不以死傷生，釋"三日而食"至"毀不滅性"之義。告民有終，釋"喪不過三年"至"鼓素琴"之義。三日而食，食粥也。三月而沐，謂葬後將虞祭時也。《士虞禮》曰："沐而不櫛。"期，小祥也。練，以練帛爲冠也。毀，謂瘠其身也。性，性命也。苴衰，苴麻之衰也。不補，雖破不補完也。不培，一成丘壟之後，不再加益其土也。祥日，大祥之日也。鼓琴所以散哀，止以素而不加餙，以示有漸也。凡此皆以禮節之而不使過哀意。

按：祥之日，鼓素琴，竊恐未然，孔子既祥五日，彈琴而不成聲，豈有祥之日即鼓素琴之理哉！

“資于事父以事母”節

此言父在爲母期之義，大意與《曾子問》同。夫資于事父以事母，言子于父母，恩愛雖同，而服算有異者，以家無二尊也，故父在則爲母齊衰期者，見無二尊之義也。

按：《注疏》以此節爲申明節制，欲尊歸其一，大全馬氏則以爲權制，當從《注疏》爲長。期而除服，心喪猶三年，必父卒而後爲母齊衰三年，此始制也。今制父母喪皆三年，則家有二尊矣，可無嫌乎？處今之宜，服齊衰一年外，以墨衰終月算，庶可合古之禮，全今之制。

“杖者何也”節

此明權制。杖爲有爵者設，蓋以爵者有德，其恩必深，其病必重，故以杖扶之也。爵有隆殺，則病有遲速，故隨其人而授之，有三日、五日、七日之不同，此爲君服，杖之正也。《喪服》傳云：“庶人無爵而杖者何？擔主也。”擔，假也，假杖以明其爲喪主也。庶子非喪主而亦杖者何？輔病也，授杖以扶其病也，此爲親服，不應杖而杖也。未成人之婦人，及幼少之男子，有應杖者，而不授之杖，以幼未知哀，不能病也，此爲親服，應杖而不杖也。天子、諸侯之子，百官備，百物具，不假言而喪事自行，故許其極病。雖有杖，又須人扶乃起也。大夫、士無百官，百物不具，須已言而後喪事乃行，故不許其極病，但杖而起，不用扶也。庶人卑，無人可使，須身自執事，故不許其病。雖有杖不用，但面有塵垢之容而已。女秃不髽，則男秃不免可知。袒者露膊，傴者可憎，故不袒也。踊是跳躍，跛人脚蹇，故不跳躍也。老及病者，身已羸瘠，又使備體，必至滅性，故酒肉養之。此八者，爲應杖不杖、不應杖而杖一也，扶而起二也，杖而起三也，面垢四也，秃者五也，傴者六也，跛者七也，老病者八也，皆不拘其所必有，不强其所難行，而得乎變通化裁之道，故曰“以權制者也”。

“始死，三日不怠”節

此言人子當行三年之喪也。始死，哭不絶聲。踊無算，水漿不入口者三日，此三日不怠也。未葬，哭無時，居倚廬，寢不絶絰帶，此三月不解者也。既葬，卒哭，惟朝夕哭，此期悲哀者也。既練，不朝夕哭，哭無時，謂哀至則哭，此三年憂者也。恩由隆而漸殺，服因節以制節，故以三年爲斷也。此喪之三年，賢者不得過，不肖者不敢不勉，所謂品節斯，斯之謂禮，此喪之中庸也。三年之喪，自天子達，王者之所常行也，能之者惟高宗乎？《書》獨稱“高宗諒闇，三年不言”者，先王之禮墜，王者之貴，有不能行之者，高宗以善喪聞而廢所由興，故史臣善之也。

“王者莫不行此禮”節

此記者自爲聞答之辭。“慈”義未聞，疑衍文也。良，善也。“殷衰”二句，正高宗之可善處，孝常行也。今載而高之，則以不能喪者多故也。“此之謂”句，正謂此耳。既曰“君不言”矣，而又曰“言而不文”者，何也？蓋不言者，謂百官能體君心，以具百物，不待言而事行者也。若臣不能如此，則必言而後行，但不文其言辭耳。

“父母之喪”節

此承上文，言能盡三年之喪者，可以知其人之賢與德。夫三年之喪爲中制，雖天子固不可廢矣，而人之能盡此者，豈不可以觀所養乎？彼父母之喪，以麻衰爲冠，以繩爲冠纓，以菅爲屨，三日而食粥，三月而沐，期十三月而練，三年而祥。比終此三節者，“三月”句一節也，“期十三月”句二節也，“三年”句三節也。終此三節者，是仁者也，可以觀其愛，蓋非仁則愛親之心不真，而何以能終此三節也？是知者也，可以觀其理，蓋非知則察理之心不明，而何以能終此三節也？是强者也，可以觀其力，蓋非强則守禮之心不固，而何以能終此三節也？由是又有禮以治此三者，而使過者不及者適于中，有義以正此三者，而使可者、否者合其宜。是人也，以爲子則事親之道無歉，固可以謂之孝子矣。以之爲弟，則以事親者事兄而所謂弟弟者此也。以之爲婦，則以事親者事夫，而所謂貞婦者此也。孝子，弟弟也，貞婦也，不亦皆可于此而察之乎？即此觀之，喪禮之行，其關于風教也，豈淺鮮哉？

按：此以父母之喪，終四制之義，亦自其重者言之也。衰，斬衰也。繩爲冠武，垂下爲纓。菅，茅也。比，合也。

按：篇首言仁、義、禮、知爲四制之本，此獨曰“禮以治之，義以正之”者，蓋恩亦兼義，權非悖禮也。孝子、弟弟、貞婦，專言門内之治，而不及君臣者，亦猶章首專言父母之喪，而恩制爲四制之首也。

附録：前代著録资料

一、清朱彝尊《經義考》卷一四六[一]

楊氏禮記説義

未見

汪琬序曰：三禮不明久矣！官器之異同、儀文度數之詳略，其間紛紜轇轕，疑不可信者，蓋更僕不可數，而立馬不能算也。姑即《禮記》言之：一郊也，或曰用辛日，或曰擇元日，然則元日爲是乎？辛日爲是乎？一禘也，或曰春祭，或曰夏祭，然則祭於夏爲是乎？祭於春爲是乎？一廟制也，或曰大夫有皇考廟，或曰有太祖而無皇考，然則宜從《祭法》乎？抑宜從《王制》乎？一奔喪也，或曰大功望門而哭，或曰見喪者之鄉而哭，然則宜從《雜記》乎？抑宜從《奔喪》乎？一禫祭也，或曰中月，或曰祥而禫，然則宜用二十五月乎？抑用二十七月乎？一異父昆[二]弟之喪也，或曰大功，或曰齊衰，然則宜依子游説乎？抑依子夏説乎？四十九篇出於小戴一家，而猶彼此乖反，此皆學者所當盡心也。漢、唐儒者往往膠守師説，而不能詳加考求，訖於前明，則特視爲科舉時文之業，口傳耳剽，以冀倖一第，實無人焉[三]綜核貫穿於其中，何怪乎學日益陋，識日益卑，四方之風俗，亦日益壞，而天理民彝，或幾乎息也。

關西楊公鳳閣盡心於禮者有年，獨能旁搜《儀禮》、《周官》二經，淹貫馬、伏、鄭、王諸訓故[四]，以成此書。取而讀之，則吾前之所疑者，公固已深思自得，或微引其緒，或詳折其衷，繭抽解剝，悉犂然而筆之於書矣。以是裨補世教，夫豈淺鮮也哉？於是公從子三開使君，醵金刻諸吳下，工竣，而命余序之。余於《禮經》，素非耑家，而顧因公之書，以其餘日稍盡心焉，故遂承使君命，爲之序。

二、清沈初等《浙江採集遺書總録》乙集[五]

禮記説義二十四卷，刊本。

右明同知涇陽楊梧撰。疏明大義，於《集説》多所辨正。《經義考》云未見。今本係其從子三開刻於吴下，汪琬爲之序。

三、清永瑢等《四庫全書總目》卷二四[六]

《禮記説義集訂》二十四卷。浙江吴玉墀家藏本。

明楊梧撰。梧字鳳閣，一字嶧珍，涇陽人。萬歷壬子舉人，官青州府同知。是書不載經文，但如時文題目之式，標其首句，而下注曰幾節。大旨以陳澔《禮記集説》、胡廣《禮記大全》爲藍本，不甚研求古義。如鄭《注》釋“曾子弔於負夏”一條，謂“填池”當作“奠徹”。胡氏詮謂池以竹爲之，衣以青布，所謂池視重霤者，填者縣也，魚以貫之，謂將行也。與鄭大異。而此書但云“填池”當作“奠徹”，不言本自康成，亦不復考訂同異。又如“孺子䵒”一條，論設撥之制，謂設撥是設置撥楡沈之人，蓋以楡性堅忍，所謂“不剝不休，十年成轂”者，性沈難轉，故設撥以撥輴。其説本諸陸佃，與鄭注“讀撥爲拂”者迥殊，亦不題出陸名及參校鄭義。凡此之類，不可勝數。蓋鈔撮講章，非一一採自本書，故不能元元本本，折衆説之得失也。

四、清蔣光煦《東湖雜記》卷二[七]

仁和沈椒園廉訪（廷芳撰《續經義考》，未成書也，稿本散佚，曾見其副。其《楊氏梧禮記説義纂訂》二十四卷，所録□□[八]序、徐健庵司寇乾學序及龔芝麓尚書鼎孳）《傳略》。侍御[九]有案語云：“前考云楊氏《禮記説義》，而未著其名字及書之卷數，下云‘未見’，後載汪琬序一篇，蓋從《堯峰集》中纂録者。予獲是書於閩中，讀之而歎其精當明備，四十九篇之條理秩然，中惟《中庸》、《大學》二篇，以朱子有章句，故不復釋，亦以見其有識。因爲録二序一傳，以存梗概。不録汪序者，前考中已見也。”

五、王鍔《三禮研究論著提要》專著禮記類1484條[一〇]

《禮記説義集訂》24卷，明楊梧撰。楊梧，字鳳閣，一字嶧珍，明涇陽人。萬曆四十年舉人，官青州府同知。此書不載經文，但如時文題目之式，標其首句而下注曰幾節，大旨以陳澔、胡廣之書爲藍本，不甚研求古義，引鄭玄等人之説，不加標明，又不加考辨，不能折衷先儒得失，故《四庫全書總目》列入《存目》。今存版本有：

（1）清康熙刻本，名《禮記説義纂訂》24卷，明楊梧撰，清康熙十四年楊昌齡等刻本。半頁十一行，每行二十二字，白口，左右雙邊，9册。《北京圖書館古籍善本書目》、《中國古籍善本書目・經部》載之，國家圖書館、清華大學圖書館、上海圖書館、上海辭書出版社圖書館、湖北省圖書館藏有此本。

（2）清康熙刻本，名《禮記説義纂訂》24卷，明楊梧撰，清康熙十四年楊昌齡等刻本。存18卷（卷3—5、10—24），11册，《北京圖書館古籍善本書目》載之，今藏國家圖書館。

（3）《四庫全書存目叢書》本，據國家圖書館藏本影印。

六、杜澤遜《四庫存目標注》卷五經部五禮類[一一]

《禮記説義集訂》二十四卷，明楊梧撰。

浙江吴玉墀家藏本（總目）。○《浙江省第四次吴玉墀家呈送書目》：“《禮記説義》二十四卷，明楊梧著，十二本。”○《浙江採集遺書總録》：“《禮記説義》二十四卷，刊本，明同知涇陽楊梧撰，其從子三開刻於吴下。”○北京圖書館藏清康熙十四年楊昌齡等刻本，正文首行題“禮記説義纂訂卷之一”，次行至六行題“陝西涇陽楊梧鳳閣著，兄楠龍棟定，姪昌齡三開、紹齡七來、男延齡九如、孫惺慧益較”。半葉十一行，行二十二字，白口，左右雙邊。鈐“四明盧氏抱經樓藏書印”、“延古堂李氏珍藏”等印。《存目叢書》據以影印。清華、上圖、湖北省圖書館等亦有是刻。

【校箋】

[一]據《經義考新校》卷一百四十六，清朱彝尊撰，林慶彰等主編，上海古籍出版社，2010年，第2698—2699頁。

[二]文淵閣四庫本《經義考》作“兄”。

[三]《新校》於“焉”後點斷，誤。

[四]《新校》於“訓”後逗開，誤。

[五]據清沈初等撰，杜澤遜、何燦點校《浙江採集遺書總録》乙集，上海古籍出版社，2010年，第74—75頁。

[六]據清永瑢等《四庫全書總目》卷二四，中華書局影印浙刻本，1965年，第195頁。

[七]清蔣光煦《東湖雜記》卷二“續經義考”條，《續修四庫全書》本，1162册，第671頁。

[八]疑當作“蒙叟”或“牧齋”，皆係钱谦益號。

[九]按，侍御當謂沈廷芳，沈氏曾先後出任山東巡漕御史、河南按察使，故稱侍御。

[一〇]載王鍔《三禮研究論著提要》，甘肅教育出版社，2001年，第322頁。

[一一]載杜澤遜《四庫存目標注》，上海古籍出版社，2007年，第231頁。

後　記

《陝西古代文獻集成》是陝西省自建國以來實施的最大的古籍整理項目。這一課題的任務是，將歷史遺留下來，而又没有經今人整理過（或雖經今人整理，但是整理本有較多問題），並且具有很高歷史和文化價值的典籍，做成供中等文化程度以上讀者可以閱讀的整理本。工程浩大，任務繁重，時間緊迫，要求很高，需要課題組織者和參與者付出很大努力。將這項世紀工程做好，不僅爲當代，而且可以爲後世貢獻一份珍貴的精神遺産。

中國歷史上凡是經濟繁榮、富庶安泰的時代，執政者往往會在文化建設方面投入較多的精力和財力。宋初的四部大書《太平御覽》《太平廣記》《文苑英華》《册府元龜》，明初的《永樂大典》，清代康熙乾隆年間的《古今圖書集成》和《四庫全書》等，無不基于這種背景，這就是所謂“盛世修書”的傳統。

改革開放以來，陝西省在全國經濟發展方面長期居於中游甚至偏下，上一輩學者欲整理陝西古代文獻者不乏其人，但都因所需鉅資無法籌措而望洋興嘆。國家實施西部大開發的戰略以來，在國家扶持和陝西人民的努力之下，陝西經濟有了快速提升。陝西乃中華民族的發祥地，古長安又是十三朝古都，憑此地緣優勢，陝西省人民政府不失時機地提出了要將陝西省建設成中國的文化大省和文化强省的戰略目標。近年來陝西省在文化遺址的修復和文物保護方面，採取了大力度的措施，恢復和整修了相當多的文物古跡，例如日前已列入《世界遺産名録》的漢長安城未央宫遺址、漢城湖公園以及漢昆明池遺址公園、唐長安城大明宫遺址、唐芙蓉園、曲江遺址公園等；文物的修護保護也取得很大成就，秦始皇陵兵馬俑的彩繪保護、古代紙質文獻的修復保護等，這些成就舉世矚目。但是這些成果，主要是從空間上展現文物和遺址的形貌，而這些文化遺產内在的精神支撑，也就是其產生的時代與背景、存在與湮毀等豐富的文化信息，更須依靠文獻的記述。正如本課題主持人所說："歷史上的文明，文物只是一端，而文獻則構成另外一端。無文物則不睹其容，無文獻則不知其故。文物爲體，文獻爲神，著此一睛，則飛龍在天。"更何况有些精神遺產是地面文物所無法負載的。例如，宋代以後，理學成爲中國官方的主要意識形態，而陝西關中理學即關學是其重要的組成部分。關學的代表人物張載、蕭𣂏、馬理、吕柟、馮從吾、康乃心、李顒、李因篤和王心敬等人的著作，不僅是陝西省的珍貴文化遺產，也是中華民族的精神財富。張載的"爲天地立心，爲生民立命，爲往聖繼絶學，爲萬世開太平"的豪言壯語，成爲世世代代立志爲國捐軀的有志之士的座右銘。而這些遺產，也到了搶救的時刻了。

陝西堪稱中國古代文獻的淵藪。產生於這塊土地上的古代經典文獻有《周易》《周禮》《史記》《漢書》等，《詩經》和《尚書》中亦有相當篇目與這一地域有關，而歷代這裏出現的文獻瑰寶，更是不勝枚舉。

有鑑於此，我們認爲編纂一套能比較全面反映陝西省古代文化輝煌成就的大型叢書時機已經成熟，並且刻不容緩。2011年初，我們向陝西省政府提出建議：抓住當前有利時機，傾省内外可以利用的學術資源，盡速啟動，用十年左右時間編纂一套全面反映陝西古代文獻成就的大型叢書《陝西古代文獻集成》。

陝西省人民政府主要領導迅速做出批示："對我省歷史上形成的，目前又没有被整理出版的典籍，應下力氣投入，以傳承歷史文化和文明。"

項目組經過審慎的摸底調查，决定精選出三百種左右的典籍進行整理，在"十二五"和"十三五"期間各完成一百五十種左右，約需投入兩千萬元左右。經過以著名古籍整理專家周天游教授爲主任的陝西省古籍整理出版工作領導小組專家委員會的數次開會研究論證，認爲方案切實可行，上報省政府。陝西省發展和改革委員會、陝西省財政廳對這項工作非常重視，决定撥出專項資金予以支援，並立項爲陝西省"十二五"古籍整理重大項目。

其后，課題組精心落實了課題的實施。

一、成立《陝西古代文獻集成》編輯修纂工作班子。一是編修委員會，由陝西省省長任主任，中共陝西省委宣傳部部長和主管文化的副省長任副主任，各相關主要單位的領導任成員；二是成立專家委員會，由陝西省古籍整理出版工作領導小組（簡稱"省古籍整理領導小組"）專家委員會代行職責；三是成立編纂委員會，設在項目直接承擔單位西北大學，負責項目的編纂實施工作。由一批在國内享有盛譽的專家擔任顧問，另由一批以陝西省内爲主的年富力强的古代文獻學者擔任委員會成員。編纂委員會確定了一期工程的具體進展計劃，並且提出，這一項目在省古籍整理領導小組統一領導下實施開展，省古籍整理出版辦公室負責項目的總體協調和日常行政事務工作，督促檢查項目的進展情况和經費使用情况。西北大學爲項目的第一承擔單位，負責項目的具體組織和實施。爲落實這些要求，省古籍整理領導小組於2012年9月下發文件，通知了各相關單位。

西北大學還在項目主持人賈三强教授所在的文學院成立了重大項目管理辦公室，從辦公場所、人員配備方面提供了必要條件，使項目順利啟動。

二、確定子課題。按照省政府文件精神，課題組决定先整理一批没有經過近人整理，或雖有近人整理本，但整理本存在較多問題的典籍。爲了有利於今人閱讀，以便使這些文化資源成爲今天的經濟建設、文化建設、社會建設和環境建設的有用信息，我們决定不採用國内有些省市採取的古籍影印的方式，而是採用古籍點校本，並用繁體字横排本的形式，這樣既尊重了古代文獻的原有形式，又便於今人閱讀。既然確定爲目前只做尚未有今人整理本的陝西古代典籍，課題組經過反復研究論證，確定下來300多個子課題，依傳統古籍分類法，分成經、史、子、集四部。按前後兩期實施，“十二五”期間先行完成150多個子課題。在這些子課題的確定中，專家委員會意見得到了極大的重視。

三、開展項目的招標工作。根據專家委員會的建議，對於子課題的承擔，我們决定採用招標制和委託制結合的辦法，以招標制爲主，無人投標或投標者明顯不合要求者，再採用委託專家承擔的方法。省古籍整理領導小組在2012年9月下發文件，公開向省内徵集一期工程151個子課題的承擔者。以省内高校和科研單位爲主，學者踴躍申報，經編纂委員會初審，决定將74位學者申報的117項子課題交付專家委員會審查。2013年1月，專家委員會審定107項子課題合格。入選者絶大多數是近年來從事文獻研究已有成就的中青年學者，有一部分已對所申報的子課題有了相當深入的研究。對於無人申報或申報者不合要求的課題，還有專業性太强如中醫藥方面的子課題，我們採取了委託具有高水準的相關專家承擔的方式。因此，所有150余子課題都已先后確定了整理者。

四、多次召開相關會議，進行學術交流，互促互進，並及時解决實際問題。在項目規劃時，我們就提出了課題進行中，每年召開一次學術研討會、一次行政事務會的設想。前者主要交流課題研究中的學術問題，後者主要針對項目進行中出現的各種事務性問題，及時加以解决。2013年3月，東亞漢學研究學會（秘書處設日本長崎大學）、西北大學文學院和陝西省社會科學院古籍研究所聯合舉辦，西北大學文學院承辦了“陝西地方文獻國際學術研討會”。與會專家學者50余人，分別來自日本、中國大陸和臺灣地區，共提交論文41篇。論文專業性强，水準高，圍繞陝西古籍整理、古代文獻編年、宗教文獻的文學闡釋、陝西地方方言、域外漢學的開拓與發展等學術問題，進行了深入的交流。會議期間，舉行了“陝西古代文獻”課題開題報告會。與會專家一致認爲項目具有重大文化意義，並且對項目的各方面問題提出了許多好的意見和建議。對於這次會議，《中國社會科學報》2013年3月4日曾專發消息《“陝西古代文獻集成”項目啟動》予以報導。會議論文由東亞漢學研究學會會刊《東亞漢學研究》出版特別號《“陝西地方文獻國際學術研討會”論文集》。

2014年6月，西北大學文學院和陝西省社會科學院古籍研究所舉辦了“第二屆陝西地方文獻學術研討會”，會議的參加者全部是項目的承擔者，各位學者專家對自己承擔課題中的學術問題做了歸納研究，發表的論文有很强的現實針對性。對于項目的深入開展和將項目做成高品質的學術成果，這可謂是高調的集結號。會議論文集由商務印書館出版。

行政事務會議也力爭開成辦實事、解决實際問題、不務空談的交流會。雖然我們已給各位課題承擔者發了《工作手册》，專門規定了體例，但是在實際操作中，仍然出現了一些問題。于是2013年10月召開的行政事務會議，專就體例不一展開了研討。集思廣益，將各位專家學者的意見建議分門別類做了梳理，又重新修訂了《工作手册》，大家反映良好。

根據實際需要，從事編修編纂的單位建立了暢通的管道，問題一發生，就做出快速反應，及時溝通，及時解决。2015年年末，省政府主管文化的副省長過問了項目的進展，明確表示，這個項目是省上親自抓的重大文化項目，也是建國以來投資最多的軟文化工程，受到省委省政府主要領導的關注，必須抓緊、抓好。爲此，陝西省社會科學院、陝西省古籍整理辦公室、陝西省古籍整理專家委員會、西北大學四家單位的領導和項目主持人開會，對當前面臨的問題一一過濾，採取相應對策。如稿件完成後的審閱、成書的分集等具體問題均有涉及，並且有了明確的應對之策。

五、利用電子信息時代的優勢，建立隨時應答的動態管理模式。項目日常的工作人員主要由在校博碩士生等組成。他們利用年輕上進、精通電子信息技術的優勢，提出了很多很好的建議。例如建立了全員電子通信網，隨時隨地可與各位項目承擔者進行聯繫，實現無紙交流、無紙辦公，並且建立了聯絡群，可以隨時發佈各種信息，對各種問題進行及時應答。具有普遍性的問題，還可由專門或專業人士進行解答。

與此同時，我們建設了“陝西古代文獻集成”信息終端，硬件軟件已經採購到位，待安裝調試成功後，計劃將一些共用的資源録入，逐步建成課題組的大資料庫、大信息庫。這個終端的建成，必將爲課題的開展起到重要的促進作用。

陝西省古籍整理辦公室從項目的選題到項目的立項，從經費的管理到經費的監督，從督促項目的進展到聯絡出版、印刷等事宜，認真負責落實，先後召開了五次專家委員會會議、五次項目進展情況督促檢查會、六次專項出版印刷會，下發正式文件三次，認真組織實施，積極協調各方相關單位，使項目有序推進，對于項目按時間、保質量地完成，起到了重要的作用。

陝西人民出版社承擔項目的出版工作。從社領導到編輯均表現出了極强的責任心和專業素質，在此表示誠摯的謝意。

賈三强

丁酉年春日